תלמוד בבלי

— מהדורת נאה —

בבא קמא חלק ב

Steinsaltz Center

ירושלים

KOREN

Please note that the number ranges that appear at the bottom of each daf of the Vilna pages indicate the corresponding pages of the Koren Talmud Bavli translation and commentary.

תלמוד בבלי

הוצאת קורן ירושלים

מהדורת נאה

מסכת בבא קמא
דף יז. עד דף לו.

COMMENTARY BY

Rabbi Adin Even-Israel Steinsaltz

EDITOR-IN-CHIEF

Rabbi Dr Tzvi Hersh Weinreb

EXECUTIVE EDITOR

Rabbi Joshua Schreier

STEINSALTZ CENTER
KOREN PUBLISHERS JERUSALEM

עין משפט נר מצוה

קעח א מיי' פ"א מהל' ת"ת הלכה ג סמג עשין יב טוש"ע י"ד סימן רמו סעיף יח:

א ב ג מיי' פ"א מהל' נזקי ממון הלכה ה סמג עשין סז טוש"ע ח"מ סימן שפט סעיף א וסעיף ו וסימן שצ סעיף א:

ב ד מיי' שם פ"ב הלכה ג סמג שם טוש"ע ח"מ סימן שצ סעיף ג:

ג ה מיי' שם הלכה ד טוש"ע שם סעיף ה:

ד ו מיי' שם הלכה י טוש"ע שם סעיף י:

גמרא

וחד אמר: שבעה, ואמרי לה: שלשים. ת"ר: "וכבוד עשו לו במותו" — זה חזקיה מלך יהודה, שיצאו לפניו שלשים וששה אלף חלוצי כתף, דברי ר' יהודה; א"ל ר' נחמיה: והלא לפני אחאב עשו כן! אלא, שהניחו ס"ת על מטתו, ואמרו: קיים זה מה שכתוב בזה. והאידנא נמי עבדינן הכי! אפוקי מפקינן, אנוחי לא מנחינן. ואיבעית אימא: אנוחי נמי מנחינן, "קיים" לא אמרינן. אמר רבה בר בר חנה: הוה אזילנא בהדיה דר' יוחנן למשאל שמעתא, כי הוה *עייל לבית הכסא והוה בעינא מיניה מלתא, לא פשיט לן עד דמשי ידיה ומנח תפילין ומברך, והדר אמר לן: אפילו "קיים" אמרינן, "לימד" לא אמרינן. *והאמר מר: [א]גדול תלמוד תורה, שהתלמוד מביא לידי מעשה! ל"ק: הא למיגמר, הא לאגמורי. *א"ר יוחנן משום ר"ש בן יוחאי, מאי דכתיב: (ישעיה לב) °"אשריכם זורעי על כל מים משלחי רגל השור והחמור"? כל העוסק בתורה ובגמילות חסדים — זוכה לנחלת שני שבטים. שנאמר: "אשריכם זורעי", ואין זריעה אלא צדקה, (הושע י) שנאמר: °"זרעו לכם לצדקה וקצרו לפי חסד", *ואין מים אלא תורה, שנאמר: (ישעיה נה) °"הוי כל צמא לכו למים". וזוכה לנחלת שני שבטים; זוכה לכילה כיוסף, דכתיב: (בראשית מט) °"בן פורת יוסף בנות צעדה עלי שור", וזוכה לנחלת יששכר, דכתיב: (שם) °"יששכר חמור גרם". אית דאמרי: אויביו נופלין לפניו כיוסף, דכתיב: (דברים לג) °"בהם עמים ינגח יחדו אפסי ארץ", וזוכה לבינה כיששכר, דכתיב: (דה"א יב) °"ומבני יששכר יודעי בינה לעתים לדעת מה יעשה ישראל".§

הדרן עלך ארבעה אבות

כיצד [ב]הרגל מועדת? לשבר בדרך הלוכה. [ג]הבהמה מועדת להלך כדרכה ולשבר. [ד]היתה מבעטת, או שהיו צרורות מנתזין מתחת רגליה, ושברה את הכלים — משלם חצי נזק. [ה]*דרסה על הכלי ושברתו, ונפל על כלי ושברו — על הראשון משלם נזק שלם, ועל האחרון משלם חצי נזק. [ו]התרנגולין מועדין להלך כדרכן ולשבר. היה דליל קשור ברגליו, או שהיה מהדס ומשבר את הכלים — משלם חצי נזק.§

גמ' סד"א

רש"י

וחד אמר שבעה. ימים. זה חזקיה מלך יהודה. לישנא דתלמוד הוא, ולא לאשמועינן דזהו חזקיה — דהאי קרא בחזקיה כתיב, אלא אגב אורחיה דמפרש מאי "כבוד עשו לו במותו" נקיט ואמר הכי. חלוצי כתף. כמו "וחלצה נעלו" (דברים כה). שקרעו בגדיהם עד שנראו כתפיהם. והאידנא מפקינן. ספר תורה קמי גברא רבה. אנוחי. על מטתו לא מנחינן. כי הוה עייל לבית הכסא. כלומר: זימנא חדא כי הוה עייל לבית הכסא אמר לן הכי: קיים — אמרינן, לימד — לא אמרינן. ו"לימד" אמרו לחזקיה והאידנא לא, משום כבודו דחזקיה, ד"לימד" עדיף מ"קיים". מביא לידי מעשה. אלמא מעשה עדיף. למיגמר. לעצמו — מעשה עדיף, אבל לאגמורי לאחריני — עדיף ממעשה. הלכך, "לימד" לא אמרינן. זורעי. היינו צדקה וחסד, כדמפרש לקמיה. לנחלת שני שבטים. דהכי משמע: רגליכם ישולחו בנחלת השור והחמור, יוסף ויששכר. בנות צעדה עלי שור. היינו כילה. חמור גרם. מתרגמא "עתיר בניכסין". יוסף איקרי שור, "בכור שורו הדר לו" (דברים לג).

הדרן עלך ארבעה אבות

כיצד הרגל מועדת. כלומר: במה הרגל מועדת. לשבר בדרך הלוכה. כלומר: בכך היא מועדת — שמשברת דרך הלוכה. הבהמה מועדת כו'. קפריך בגמ': היינו רגל היינו בהמה, הא תנא ליה: לשבר דרך הלוכה! היתה מבעטת. שינוי הוא זה ותולדה דקרן, (א) הלכך חצי נזק ותו לא. או שהיו צרורות מנתזין כו'. אע"ג דלאו שינוי הוא, אלא אורחיה הוא — אפ"ה ח"נ ותו לא, דהלכתא גמירי להו. וברשות הניזק קאמר, דברה"ר פטור, כדאוקימנא בריש פ"ק (דף ג:) דצרורות תולדה דרגל לפוטרו בר"ה. ונפל על כלי. אחר. ראשון. נזקי רגל הן, ומשלמת כולה. ואחרון ע"י צרורות נשבר — הלכך חצי נזק. דליל קשור ברגלו. כל דבר הנקשר ברגל התרנגול קרי דליל. ואית דגרסי: דלי. מהדס. מרקד. משלם חצי נזק. דדליל היינו צרורות, כדמפרש בגמ' דסלדייה סדויי. הידוס נמי — כגון שהפיו, והצרורות שברו את הכלים.

תוספות

שלשים וששה אלף. "לו" בגימטריא הכי הוי. **והלא** לפני אחאב עשו כן. שעשו לו הספד גדול, כדאמרינן במגילה (דף ג. ושם): "כמספד הדרימון בן טברימון" כדמתרגמינן: כמספד אחאב בן עמרי דקטיל יתיה הדרימון בן טברימון. ובמלחמה היה, שהיו שם עם רב וכולן ספדו עליו. ואע"ג דכתיב (מלכים א כב) "ויעבור הרינה במחנה" ואמרינן (סנהדרין דף לט:): "באבוד רשעים רינה" באבוד אחאב בן עמרי רינה — היינו לצדיקים שבדור, אבל עבדיו ואוהביו היו מספידין אותו.

אלא שהניחו ס"ת על מטתו. ואע"ג דבפ' בתרא דמו"ק (כה.) גבי רב הונא משמע דאסור לעשות כן, משום דאסור לישב ע"ג מטה שס"ת מונחת עליה, וב"הקומץ רבה" (מנחות דף לב:) איכא פלוגתא דאמוראי — ליכא למיפרך מדר' נחמיה דהכא, דשאני חזקיה דהוה גדול בתורה ובמעשים טובים ביותר. **והאמר** מר גדול למוד תורה שמביא לידי מעשה. פי' בקונטרס: אלמא מעשה עדיף. וקשה לר"ת: דאדרבה, מהכא דייק ספ"ק דקדושין (דף מ: ושם) למוד גדול ממעשה, גבי זקנים שהיו מסובין בעליית בית נתזה בלוד, ונשאלה שאילה זו בפניהם: למוד גדול או מעשה גדול? נמנו כולם ואמרו למוד גדול שמביא לידי מעשה! ואומר ר"ת דה"פ: והאמר מר שלמוד מביא לידי מעשה, וכיון שאנו אומרים "קיים" — הרי אנו אומרים שלמד, דאי לא שלמד — היאך קיים? שהלמוד מביא לידי מעשה. ולא מסיק אדעתיה השתא לחלק בין למד ללימד. ומשני: הא לאגמורי — [דלימוד] ודאי לא אמרינן, דהא ודאי עדיף שמביא את הרבים לידי מעשה כשמלמדם. ובשאלתות דרב אחאי גאון *ל"ג "קיים אמרינן לימד לא אמרינן". אלא גרס: ומנח תפילין, והדר אמר לן, ותו לא. ופריך גמרא: והיאך הוה מנח תפילין תחלה קודם שהיה אומר להם השמועתא? והלא למוד גדול ממעשה! ומשני: הא למגמר, הא לאגמורי, דליגמר נפשיה — למוד גדול שמביא לידי מעשה. אבל לאגמורי לאחרים — לא עדיף, ולפיכך היה מניח תפילין תחלה*.

הדרן עלך ארבעה אבות

כיצד הרגל מועדת. אמתניתין דפ"ק (דף טו:) קאי. ותימה: אי אדפתח — ליתני "כילד השן" ברישא. ואי אדסליק — הא תנינא: ושור המזיק ברשות הניזק והאדם, בסוף! ואומר ר"י: ודאי אדפתח ביה קאי, ושן ורגל כחד חשיבי משום דשוין בהלכותיהן, ומחד קרא נפקי. ומשום דתנא רגל בתר שן — נקט הכא רגל ברישא, דסליק מיניה.

הבהמה מועדת. אית דגרס "והבהמה" בוי"ו, וה"פ: כילד העדאה דרגל — לשבר דרך הלוכה, פי': דרך הלוכה היא העדאתה. וכן בסיפא גבי שן. אבל קשה לר"י: מה חידש כאן שלא שנאה בפרק קמא? ונראה לר"י: דל"ג בוי"ו. וה"פ: כילד הרגל מועדת לשבר דרך הלוכה שאמר בפרק קמא (דף טו:) — הבהמה מועדת כו'. ומ"מ דייק בגמרא שפיר היינו רגל היינו בהמה, דהרגל מועדת והבהמה מועדת הכל אחד. **היתה** מבעטת. אגב דשוה לצרורות נקט לה הכא. **דרסה** על הכלי. אור"י: דאיצטריך לאשמועינן, דסד"א דמשונה הוא כיון דדרסה כ"כ בחוזק שניתז השבר על כלי אחר ושברו, ומסתמא להזיק נתכוונה.

רבינו חננאל

וכבוד עשו לו במותו (אמר רב) זה חזקיה מלך יהודה שהושיבו ישיבה על קברו. *) ואינו דבר גדול להושיב ישיבה בקבר אדם גדול ותפילין בראשיהן ור' נחמיה אמר שהושיבו ספר תורה על מטתו ואמרו קיים זה מה שכתוב בזה. והאידנא מפקינן ומנחינן קיים לא אמרינן. פי' חלוצי כתף כך שמענו שמוציא יד אחד מבית הצואר שלא ממקום הקרע כדי שהוא הקרע ברור ונמצא הכתף חלוץ מן החלוק. ר' יוחנן קיים אמרינן לימד לא אמרינן. **) והא אמר מר גדול תלמוד תורה שהתלמוד מביא לידי מעשה. ופרקי' לא קשיא למיגמר הוא תלמוד גדול שהתלמוד מביאו לידי מעשה לאגמורי הוא לאחריני מעשה גדול. ש"מ דלמיגמר, הוא ולאיעסוקי קמיה רביה מפי עדיף וקדים על לאגמורי הוא לאחריני. אמר ר' יוחנן כל העוסק בתורה ובגמילות חסדים זוכה לנחלת שני שבטים. והן יוסף ויששכר: הדרן עלך ארבעה אבות

כיצד הרגל מועדת לשבר בדרך הלוכה הבהמה מועדת להלך כדרכה כו' מקשי רבינא היינו רגל היינו בהמה. ופריק ליה רבא תנא הרגל שהיא אב וקתני הבהמה תולדות. אלא מעתה סיפא דקתני השן

*) אולי צ"ל ואינו כבוד גדול להושיב ישיבה וכו'. **) נראה ברור דרבינו היה לו גי' השאלתות שהובא בתוס' ד"ה והאמר וכו'.

מסורת הש"ס / הגהות

תורה אור

כי הוה נפיק כ"ה גירסת השאלתות פר' לך לך

מגילה כז. קידושין מ:

ב"ק ה: ע"ש ספרי פ' עקב

[לקמן כב. ע"ז כ:]

[לקמן יט.]

[פ' לך לך סימן ז]

[עי' תוספות קדושין מ: ד"ה לימוד]

הגהות הב"ח

(א) רש"י ד"ה היתה וכו' דקרן היא הלכך:

ה א מיי' פ"א מהלכות נזקי ממון הלכה י סמג עשין סח טוש"ע ח"מ סימן שצ סעיף א:
ו ב ג מיי' פ"ב שם הל' ג סמג שם טוש"ע שם סעיף ג ז:
ז ד מיי' שם הלכה יב טוש"ע שם סעיף א:
ח ה מיי' שם טוש"ע שם סעיף ט:
ט ו מיי' שם הלכה יג טוש"ע שם סעיף א:
י ז מיי' שם טור ש"ע שם סעיף ז:
יא ח מיי' שם פ"א הל' י סמג שם טוש"ע שם סעיף א:
[יבמות כ: וש"נ]
יב ט מיי' שם פ"ב הל' יד ועיין בהשגות ובמ"מ סמג שם טוש"ע שם סעיף יא:
יג י טוש"ע שם סעיף ה בהג"ה ועי' במיי' פ"ב מהלכות נזקי ממון הלכה י ובהשגות שם:
[נדה מג.]

גמ' א"ל רבינא לרבא: היינו רגל היינו בהמה! א"ל: תנא אבות וקתני תולדות. אלא מעתה, סיפא דקתני:* השן מועדת, הבהמה מועדת, מאי אבות ומאי תולדות איכא? הוה קמהדר ליה בבדיחותא, וא"ל: אנא שנאי חדא ואת שני חדא. וטעמא מאי? אמר רב אשי: תנא שן דחיה וקתני שן דבהמה; ס"ד אמינא: °"ושלח את בעירה" כתיב (שמות כב), בהמה — אין, חיה — לא, קמ"ל *דחיה בכלל בהמה. אי הכי, הא מבעי ליה למיתני ברישא! האי* דאתיא ליה מדרשא חביבא ליה. אי הכי, רישא נמי ליתני ההיא דלא כתיבא ברישא! הכי השתא?! התם, אידי ואידי אבות נינהו, הך דאתיא ליה מדרשא חביבא ליה, הכא, שביק אב ותני תולדה? איבעית אימא: איידי דסליק מרגל פתח ברגל. תנו רבנן: בהמה מועדת להלך כדרכה ולשבר, כיצד? [א]בהמה שנכנסה לחצר הניזק, והזיקה בגופה דרך הלוכה, ובשערה דרך הלוכה, באוכף שעליה, ובשליף שעליה, ובפרומביא שבפיה, ובזוג שבצוארה, וחמור במשאו — משלם נזק שלם; סומכוס אומר: צרורות, וחזיר שהיה נובר באשפה והזיק — משלם נזק שלם. הזיק, פשיטא! אלא אימא: התיז והזיק — משלם נזק שלם. צרורות מאן דכר שמיהו? חסורי מחסרא והכי קתני: [ב]צרורות כי אורחייהו — חצי נזק, [ג]וחזיר שהיה נובר באשפה והתיז והזיק — משלם חצי נזק; סומכוס אומר: צרורות, וחזיר שהיה נובר באשפה והתיז והזיק — משלם נזק שלם.§ ת"ר: *[ד]תרנגולין שהיו מפריחין ממקום למקום ושברו כלים בכנפיהן — משלם נזק שלם, [ה]ברוח שבכנפיהן — משלמין חצי נזק; סומכוס אומר: נזק שלם. תניא אידך: [ו]תרנגולין שהיו מהדסין ע"ג עיסה ועל גבי פירות וטינפו או ניקרו — משלם נזק שלם, [ז]העלו עפר או צרורות — משלמין חצי נזק; סומכוס אומר: נזק שלם. תניא אידך: תרנגול שהיה מפריח ממקום למקום, ויצתה רוח מתחת כנפיו ושיברה את הכלים — משלם חצי נזק; סתמא כרבנן. אמר רבא: בשלמא סומכוס, קסבר: כחו כגופו דמי. אלא רבנן, אי כגופו דמי — כוליה נזק בעי לשלם, ואי לאו כגופו דמי — חצי נזק נמי לא לשלם! הדר אמר רבא: לעולם כגופו דמי, *וחצי נזק צרורות — הלכתא גמירי לה.§ אמר רבא: כל שבזב טמא — בנזקין משלם נזק שלם, כל שבזב טהור — בנזקין משלם חצי נזק. ורבא, צרורות אתא לאשמועינן? לא, רבא — [ח]עגלה מושכת בקרון קא משמע לן. תניא כותיה דרבא: בהמה מועדת לשבר בדרך הלוכה, כיצד? בהמה שנכנסה לחצר הניזק, והזיקה *בגופה דרך הלוכה, ובשערה דרך הלוכה, באוכף שעליה, ובשליף שעליה, ובפרומביא שבפיה, ובזוג שבצוארה, וחמור במשאו, ועגלה מושכת בקרון — משלם נזק שלם. תנו רבנן: [ט]תרנגולים שהיו מחטטין בחבל דלי, ונפסק החבל ונשבר הדלי — משלמין נזק שלם. בעי רבא: דרסה על כלי ולא שברתו, ונתגלגל למקום אחר ונשבר, מהו? בתר מעיקרא אזלינא וגופיה הוא, או דלמא בתר תבר מנא אזלינא וצרורות נינהו? [י]תפשוט ליה מדרבה, *דאמר רבה: זרק כלי מראש הגג, ובא אחר ושברו במקל — פטור, דאמרינן ליה: מנא תבירא תבר! לרבה פשיטא ליה, לרבא מבעיא ליה. ת"ש: הידוס אינו מועד, וי"א: ה"ז מועד; הידוס ס"ד? אלא לאו הידוס והתיז, ובהא קמפלגי, דמר סבר: בתר מעיקרא אזלינן, ומר סבר: בתר תבר מנא אזלינן! לא,
בהתיז

גמ' היינו רגל היינו בהמה. מאי רגל ומאי בהמה דתני תרתי במתני'? הא חדא היא, ואמאי הדר תני "הבהמה מועדת". **תנא אבות.** רגל ממש, שדרסה ברגליה. וסיפא קתני תולדות: הבהמה מועדת להלך כדרכה ולשבר בגופה ובשערה ובשליף שעליה דרך הלוכה, דתולדות דרגל הן, דהזיקה מצוי ואין כוונתה להזיק. **מאי אבות ומאי תולדות איכא.** (והא) ליכא למימר דהאי דתנא בהמה מועדת לאכול פירות וירקות הוי להו תולדה, דהיינו שן ממש. ותולדה דשן — היינו נתחככה בכותל להנאתה. **הוה קמהדר ליה.** רבא לרבינא. **בבדיחותא.** בשחוק. **וא"ל אנא שנאי חדא.** רישא, ואת שני סיפא. **וטעמא מאי.** אסיפא קאי. **בעירה.** היינו תרגום של "בהמה". **קמ"ל.** מתני' דשן דחיה נמי מיחייב. **דחיה בכלל בהמה.** דכתיב (דברים יד): "זאת הבהמה אשר תאכלו" ומפרש בתריה: איל צבי ויחמור. **אי הכי הא.** שן בהמה מבעי ליה למיתני ברישא, והדר שן חיה. **רישא** נמי ליתני. בהמה דהוי תולדה, ברישא, דלא כתיבא. **אידי ואידי.** שן דחיה ושן דבהמה. **הכא.** גבי רגל. **שביק אב ותני תולדה.** בתמיה. **דסליק מרגל.** בפ"ק (דף טו:) תנן: הרגל מועדת, ולא תנן הבהמה. **אוכף.** שול"א בלע"ז. **שליף.** משאוי שבאמתחת ובמרצופין. **התיז.** דהוה צרורות. **סומכוס.** לית ליה הלכתא דחצי נזק צרורות, אלא נזק שלם ס"ל. **נובר.** בחוטמו. ובלע"ז פוריי"ר. **צרורות כי אורחייהו.** כלומר, אע"ג דאורחייהו להתיז צרורות — משלם חצי נזק, כדמפרש לקמיה דהלכתא גמירי לה. וכן חזיר הנובר ומתיז צרורות בחוטמו הוי נמי כצרורות דרגל, דכל מה שהוא כחו ולא גופו קרי צרורות. **בכנפיהם.** שנגעו בכנפיהם בכלי. **רוח שבכנפיהם.** היינו צרורות, דכחו הוא. **מהדסין.** מרקדין. **ונקרו.** בחרטום שלהם, שקורין בי"ק. **העלו עפר.** מן הארץ לעיסה. **חצי נזק נמי לא.** דלא אשכחן חצי נזק אלא במשונה, אבל במידי דאורחיה לא. **שבזב טמא.** משמע: נגיעה ממש. **שבזב טהור.** כגון שזרק חפץ על אדם — הוי טהור. ובנזקין כעין צרורות — חצי נזק. **צרורות אתא לאשמועינן.** בתמיה. **עגלה מושכת בקרון.** אתא לאשמועינן דבזב טמא, אם הלכה קרון שהזב עליה על גבי כלים — טמאים משום מדרס הזב. ובנזקין נמי עגלה שמשכה בקרון ע"ג כלים — כגופה הוי ולא כצרורות, ואם התיז צרורות מתחת הקרון, דבזב טהור — בנזקין נמי צרורות נינהו. **בפרומביא.** רסן. **זוג.** אישקליט"א. **מחטטין.** מנקרין בחרטומיהן. **בתר מעיקרא.** שדרסתו, ובגופה תבר מנא. **ושברו** במקל. קודם שנח. **פטור.** המשברו, וחייב הזורק. **אלמא:** בתר מעיקרא אזלינן, והואיל וסופו לישבר לכשינוח — כמי שנשבר הוא דמי. **הידוס.** רקידת התרנגולים. **הידוס ס"ד.** אמאי לא ליהוו מועד? הא אורחיה הוא! **הידוס והתיז.** שגלגל הכלי ברקידתו למקום אחר ונשבר. מ"ד מועד לנזק שלם, סבר: בתר מעיקרו אזלינן.
בהתיז

סד"א ושלח את בעירה כתיב. אע"ג דכבר אשמועינן ברישא דאפי' תרנגולין מועדין — מ"מ ניחא ליה לאשמועינן גבי שן. וקשה קצת: אמאי לא תנא נמי תולדה בשן כמו ברגל?

קמ"ל דחיה בכלל בהמה. לא מהיא דרשה ד"בהמה המקשה" (חולין דף עא.) קאמר הכא דחיה בכלל בהמה, דהא הכא אפילו עוף נמי הוי בכלל בהמה, כדקתני: התרנגולת מועדת. אלא ילפינן בהמה משבת, כדאמרינן בס"פ "הפרה" (לקמן* דף נד:) דבעירה ובהמה הכל אחד, דמתרגמינן "בהמה" בעירה.

וחמור במשאו. אע"ג דכבר שנה "בשליף שעליה" אצטריך לאשמועינן, לפי שאין משאוי של חמור מהודק ומחובר בו כבשאר בהמה, וס"ד דלא הוי כגופו.

נובר באשפה. "יכרסמנה חזיר מיער" (תהלים פ) מתרגמינן: ינוברינה. ואע"ג דתנא צרורות דרגל — אשמועינן צרורות דשן, דלהנאתו קעביד.

כל שבזב טהור. אין זה הכלל דוקא. דהא קנה בקומטו של זב והסיט בו הטהור — טהור,* ולענין נזקין אין חילוק. וכל עיקר האי כללא לא בא אלא למעט זורק.

בתר מעיקרא אזלינן כו'. ומדתנן: דרסה על הכלי ושברתו, דמשמע: הא נתגלגל למקום אחר ונשבר שם חייב ח"נ — ליכא למידק. דאדרבה, מדמפליג בין ראשון לשני ולא מפליג בראשון גופיה, איכא למידק איפכא.

זרק כלי מראש הגג כו'. נראה דאם זרק אבן או חץ על הכלי, ובא אחר וקדם ושברו — דפשיטא דחייב, ולא שייך כאן מנא תבירא תבר. דאי אזלינן נמי הכא בתר מעיקרא — לא משכחת בצרורות ח"נ. וסברא פשוטה היא לחלק בין זורק אבן לזורק כלי עצמו.

והא

[לקמן יט:]
[לקמן נג: נדרים פא. נזיר לה: זבחים קטו: חולין נט. עא. פב.]
[תוספתא פ"ב]
לעיל ג.
[שם.]
לקמן כו.

גליון הש"ס
גמ' דאתיא ליה מדרשא חביבא ליה. ב"ב קח ע"ב.

רבינו חננאל

השן מועדת והבהמה מועדת כו' פי' בשלמא גבי רגל מפרש בעיטה והיא תולדה וקתני לה הכי גבי בהמה ש"מ דמשום תולדות קתני בהמה אלא לגבי שן מאי מן התולדות דשן א) דקתני בהמה לאתויי תולדה דשן. ופריק רב אשי רישא שן דחיה סיפא שן דבהמה וכולהו אבות נינהו ושאר השמועה פשוטה היא. ת"ר הבהמה מועדת להלך לדרכה ולשבר כיצד בהמה שנכנסה לחצר הניזק והזיקה בגופה דרך הלוכה או בשערה דרך הלוכה או באיכוף שעליה או בשליף שעליה בפרומביא שבפיה בזוג שבצוארה וחמור במשאו משלמין נזק שלם. וצרורות כי אורחיהו כגון שהיה פרה מהלכת וצרורות מנתזין מתחת פרסותיה וחזיר נובר באשפה והתיז והזיק משלמין חצי נזק. סומכוס אומר צרורות וחזיר שהיה נובר באשפה והתיז והזיק משלם נזק שלם. ת"ר תרנגולין שהיו מהדסין בעיסה או על גבי פירות וטינפו או ניקרו משלם נזק שלם. העלו עפר או צרורות חצי נזק סומכוס אומר נזק שלם. תניא אידך תרנגולין שהיו מפריחין ממקום למקום ושברו כלים בכנפיהם נזק שלם. ברוח שבכנפיהם חצי נזק סומכוס אומר נזק שלם. וליתא לסומכוס דתניא תרנגול שהיה מפריח ממקום למקום ויצאתה רוח מתחת כנפיו ושברה כלים משלם חצי נזק וסתמא כרבנן. אמר רבא במסקנא לעולם כחו כגופו דמי חצי נזק דצרורות הלכתא גמירי לה. אמר רבא כל שבזב טמא בנזקים משלם נזק שלם. וכל שבזב טהור בנזקין חצי נזק. ואמר רב אשי הא שמעתא דרבא בע"ז פרק ר' ישמעאל בסופו בהאי לישנא אמר רבא כל שבזב טמא בנכרי עושה יין נסך. כל שבזב טהור בנכרי אינו עושה יין נסך ב) מכאן אר"ש בן לקיש קנה בקומטו של זב והסיט בו את הטהור טהור וזהו ששנינו במשנתינו [זבים ספ"ג] טהור מכה את הטמא. אבל קנה בקומטו של טהור והסיט בו את הזב טמא כדתנן וטמא שמכה את הטהור טמא וכן אם זרק זב חפץ ונגע בטהור טהור דתנן [שם פ"ד] זב שהקיש על כסוסטרא ונפל ככר של תרומה טהור. ורבא קיימא ליה דכחו כגופו דמי. ומדחזינן דמותיב רב חייא בר אשי לרב אשי נטל החבית וזרקה בחמתו לבור זה היה מעשה והתירו ודייקינן מדקתני בחמתו דשרי הא שלא בחמתו אסור וכי האי גונא בזב טהור. ופריק כגון דאזיל מיניה מיניה. אחר"י שפת"חנו ד"רך למבי"נים נחזו"ר לפר"ש שמו"עתנו אקשינן על רבא וכי צרורות אתא לאשמועינן ג) כל שבזב טמא דבר ידוע הוא כל נגיעה בזב טמא תנינא בהדיא כיוצא בו בנזקין בין הזיקה בגופה בין בשערה בין בשליף שעליה כל שהוא מכוחה נזק שלם. לא נשאר אלא כגון ההקשה שמקיש הזוב ונפל ככר של תרומה שהוא טהור [תוספתא דזבים פ"ד ובעירובין דף לה] זה הכלל הבאין מכח רעדה טהורין מכח הסטה טמאין כך בנזקין צרורות הניתזין מכח הליכת הבהמה חצי נזק גם שנינו זה. ופרקי' לא עגלה מושכת אתא לאשמועינן כלומר כשם שהזב היושב בספינה כדתנן [זבים פ"ג] הזב והטהור שישבו בספינה או באסדה או שרכבו על גבי בהמה אע"פ שאין בגדיהן נוגעים הרי אלו טמאין כיוצא בו היושב בעגלה המושכת עם הזב כך אם היו בעגלה מושכת כלים ונשברו חייב ד) היושב בעגלה לשלם נזק שלם. ד"א ה) עגלה מושכת בבהמה בשליף שעליה כשם שזה נזק שלם כך זה נזק שלם. תניא כותיה דרבא הרגל מועדת לשבר עד ועגלה מושכת משלמין נזק שלם. תרנגולין שהיו מחטטין בחבל דלי ונפסק החבל ונשבר הדלי משלמין נזק שלם. בעי רבא דרסה על כלי ולא שברתו ונתגלגל למקום אחר ונשבר מהו בתר מעיקרא אזלינן וגופו הוא או דילמא בתר תבר מנא אזלינן וצרורות נינהו. תפשוט ליה מדרבה דאמר זרק כלי מראש הגג ובא אחר ושברו במקל פטור מאי טעמא מנא תבירא תבר. ואמרינן לרבה פשיטא ליה ולרבא מבעיא ליה.

א) נראה דצ"ל מאי מן התולדות דשן תנא במתני' דקתני בהמה וכו'. ב) אולי צ"ל וכן אמר ר"ש בן לקיש [בנדה דף מג] קנה בקומטו וכו'. ג) נראה דצ"ל דהא כל שבזב טמא דבר ידוע הוא דכל נגיעה דבשל זב טמא וכו'. ד) גי' רבינו עגלה מושכת כגי' הרי"ף ופי' בזה הוא כפי' הרב המאירי ז"ל שהובא בש"מ כאן ע"ש. ה) נראה דצ"ל עגלה מושכת בבהמה המושכת בעגלה מיירי דהוי כמו שהזיקה בשליף שעליה כשם כו'.

בהתיז צרורות, ובפלוגתא דסומכוס ורבנן קמיפלגי. ת"ש: תרנגולין שהיו מחטטין בחבל דלי, ונפסק החבל ונשבר הדלי – משלמין נזק שלם. שמע מינה: בתר מעיקרא אזלינן! תרגמא [א]אחבל. והא חבל משונה הוא! [ב]דמאום בלישה. והא "נשבר דלי" קתני! אלא סומכוס היא, דאמר: צרורות – נזק שלם משלם. אי סומכוס, אימא סיפא: ניתז ממנו שבר ונפל על כלי אחר ושברה – על הראשון משלם נזק שלם, ועל האחרון משלם חצי נזק; ואי סומכוס, מי אית ליה חצי נזק? וכי תימא, שאני ליה לסומכוס בין נזק כחו לכח כחו, ואלא הא *דבעי רב אשי: כח כחו, לסומכוס, ככחו דמי או לאו ככחו דמי? תפשוט ליה דלאו ככחו דמי! אלא לאו רבנן היא, ש"מ: בתר מעיקרא אזלינן! אמר רב ביבי בר אביי: [ג]דקאזיל מיניה מיניה. *בעי רבא: חצי נזק צרורות, מגופו משלם או מעלייה משלם? מגופו משלם – דלא אשכחן חצי נזק דמשלם מעלייה. או דלמא מעלייה משלם – דלא אשכחן כאורחיה דמשלם מגופיה? ת"ש: הידוס אינו מועד, ויש אומרים: הרי זה מועד; הידוס סלקא דעתך? אלא לאו הידוס והתיז, ובהא קמיפלגי, מאן דאמר אינו מועד – קסבר: מגופו משלם, ומאן דאמר מועד – קסבר: מעלייה משלם! לא, בפלוגתא דסומכוס ורבנן קמיפלגי. ת"ש: *הכלב שנטל חררה והלך לגדיש, ואכל החררה והדליק את הגדיש – על החררה משלם נזק שלם, ועל הגדיש משלם חצי נזק; מאי טעמא – לאו משום דהויא להו צרורות? ותני עלה: משלם חצי נזק מגופו! ותסברא? לר' אלעזר נזק שלם מגופיה מי אשכחן? אלא, כגון דשני בהא בגחלת, ורבי אלעזר סבר לה כר' טרפון, *דאמר: משונה קרן בחצר הניזק – נזק שלם משלם. ולא היא, מאי טעמא מוקמת לה כרבי טרפון – משום נ"ש, רבי אלעזר סבר כסומכוס, דאמר: צרורות – נזק שלם משלם, וסבר לה כרבי יהודה, דאמר: *צד תמות במקומה עומדת, וכי קתני מגופו – אצד תמות. אמר ליה רב סמא בריה דרב אשי לרבינא: אימור דשמעת ליה לרבי יהודה – בתם ונעשה מועד, במועד מתחילתו מי

[לקמן יט.] [לעיל ג:] [לקמן כח:] [לעיל יד. וש"נ] [לקמן לט: מה:]

רש"י

בהתיז צרורות. והצרורות שברו הכלים, והוא לא נגע בכלי. מאן דאמר מועד – סבר לה כסומכוס, ומאן דאמר אינו מועד – סבר לה כרבנן. ונשבר הדלי. קס"ד דעל ידי שהיה התרנגול מנקר את החבל נתגלגל הדלי ונשבר. תרגמא אחבל. הא דקתני "נזק שלם" – אחבל. משונה הוא. שאין דרך שן לאכול את שאין ראוי לה, ואלי נזק לשלם. דמאום בלישה. שמדובקת בו עיסה. "דמאום" לשון לכלוך. אלא סומכוס היא. ולעולם בתר תבר מנא אזלינן, וצרורות הן. וסומכוס היא. בין כחו לכח כחו. דלי שנתגלגל הוי כחו, והאחר שנשבר בצרורות הדלי – הוי כח כחו. דבעי רב אשי. לקמן בשמעתין. דקא אזיל. דלי. מיניה מיניה. דתרנגול, ולא נשבר על ידי גלגול למקום אחר, אלא הוא דוחפו כל שעה, ובשעת שבירה נמי. קסבר מגופו משלם. והיינו "אינו מועד", דדינו כתם לכל מילי. קסבר מעלייה משלם. והאי "מועד" דקאמר – לאו לנזק שלם, אלא לענין עלייה לחצי נזק. לא בפלוגתא דסומכוס ורבנן. ומועד לנזק שלם קאמר. ועל החררה נ"ש. דהיינו שן. והדלקת גדיש הוי צרורות, דאינו אלא כחו, שהוא מניח כאן הגחלת והוא הולך ודולק למקום אחר. והא מתניתין היא בפירקין. ותני עלה. בתוספתא: מגופו משלם להאי חצי נזק. ותסברא. משום צרורות כי אורחייהו מחייב לה? לר' אלעזר. דאמר בברייתא נזק שלם. ואפילו אי סבירא ליה כסומכוס דאמר: צרורות נ"ש, מגופיה מי אשכחן נזק שלם? וכל אורחיה, כגון צרורות, רבא גופיה לא קמיבעי ליה, אלא אליבא דרבנן דאמרי: חצי נזק מבעיא ליה אי הואי האי כשאר חצי נזק ומגופו, או דלמא בתר כאורחיה אזלינן, וכל כי אורחיה מעלייה הוא. אבל אליבא דסומכוס פשיטא ליה לרבא דמעלייה משלם, דהא לכל מילי כמועד משוי להו. אלא כגון דשני בגחלת. שנטלה בפיו והניחה, דהיינו שינוי. אלא בעיין מהכא לא תפשוט, דאי בצרורות כאורחייהו – דכולי עלמא מעלייה משלם. והכא בצרורות שבשינוי בהן קמיפלגי. ובצרורות כי אורחייהו, בין ר' אלעזר בין תנא קמא סבירא להו כסומכוס, דנזק שלם משלם. הלכך, הכא דשני בצרורות, קאמר ת"ק חצי נזק ומגופו משלם, דמשונה הוא ותולדה דקרן. ורבי אלעזר סבר כרבי טרפון דאמר משונה קרן בחצר הניזק משלם נזק שלם. והואיל ומשונה הוא, אע"ג דנזק שלם משלם – מגופו הוא דמשלם, כדאמרינן לקמן (דף כד:) בשמעתין: לרבי טרפון משונה קרן בחצר הניזק, מגופו משלם. ולא היא. האי "ותסברא" דקפרכת, ובעית למידק מדרבי אלעזר דלאו בצרורות כי אורחייהו מצינן לאוקמיה – לאו דוקא. ודחייה הוא דמצי לדחויי, ולמימר דלאו בכי אורחיה פליגי אלא בדשני. אבל מגופיה לא תידוק הכי, דהא שפיר מצית לאוקמא בצרורות כי אורחייהו, ותפשוט דצרורות מגופו משלם. דמאי טעמא מוקמת לה בשינוי ורבי טרפון – משום דנזק שלם במידי דאורחיה לא אשכחן מגופו – הא לא תיקשי, דלעולם בצרורות פליגי, ורבי אלעזר כסומכוס. וס"ל כר"י דאמר. לקמן במועד: צד תמות במקומה עומדת, לקמן בפרק "שור שנגח ארבעה" (דף מה:). והלכך, גבי צרורות נמי, לסומכוס דחשיב ליה מועד – משלם החצי מגופו, וכי קתני "מגופו" – אצד תמות. במועד מתחילתו. כגון צרורות דאורחייהו.
מי

תוספות

והא חבל משונה הוא. בשלמא אי אדלי קאי – איכא לאוקמי בחבל גרוע וישן ובלוי, דאורחיה הוא ליפסק בחטיטה מועטת שמחטטין למצוץ המים שבחבל. אבל השתא, דקאי אחבל – ע"כ איירי בחבל חזק דשייכא ביה תשלום. אי נמי, אי אדלי קאי – מצינו לפרש דנפסק היינו שהותר הקשר שהיה בו הדלי קשור בחבל.

תפשוט דלאו ככחו דמי. הוה מצי למימר דזיל הכא קמדחי ליה, וזיל הכא קמדחי ליה. אלא דבלאו הכי משני שפיר.

ועל הגדיש משלם ח"נ. לקמן (דף כב.) מפרש: למ"ד: אשו משום חציו – על כל הגדיש משלם חצי נזק, דחציו דכלב הן והוי צרורות, לבד ממקום גחלת. ולמ"ד אשו משום ממונו – על כל הגדיש פטור, ועל מקום גחלת חצי נזק – בדאדייה אדויי.

נזק שלם מגופו מי אשכחן. פירוש: בכי אורחיה.

במועד מתחילתו מי שמעת ליה אלא כגון דשני ואייעד. זו גירסת הקונט'. ומפרש: כיון דאייעד הדר ה"ל כי אורחיה. וכי היכי דצרורות כי אורחייהו שמועדים מתחילתן ח"נ ותו לא, הא נמי דשני ואייעד לא חמור ממועד מתחילתו, ואין העדאה לצרורות ששינה בהן. ומדקתני דמשלם מגופו – אלמא לצרורות כי אורחיה נמי מגופו, ותפשוט דרבא. וקשה: דהיכי פשיט הא דרבא? דלמא צרורות כי אורחיה – מעלייה, אבל היכא דשני, אע"ג דאייעד – משלם מגופו, דצד תמות במקומה עומדת! ואין לומר דאין הכי נמי, דלא אתי למפשט בעיא דרבא אלא בא לומר שיש ליישב הברייתא בע"א – דאין זה סוגית התלמוד. ונראה כגירסא דגרס: אלא כגון דאייעד. ולעולם מצי למפשט בעיין, ולא תקשה מידי דרבי אלעזר, דלא פליגי בפלוגתא דסומכוס ורבנן, ולא בדשני כדקאמרינן ובפלוגתא דרבי טרפון ורבנן, אלא תרוייהו כרבנן דסומכוס. והכא בצרורות כי אורחייהו ובדאייעד. והשתא פשיט בעיא דרבא דיש העדאה לצרורות, דאיירי בצרורות כי אורחייהו. וכן משמע מדקאמר "או דלמא תולדה דרגל היא" משמע דאיירי בלא שינוי. וכן מדמייתי עלה הידוס אינו מועד – דאכי אורחיה מייתי לה לעיל. ותימה: דלקמן (דף יט.) מוכח דמיירי על ידי שינוי, גבי הא דבעי רב אשי יש שינוי בצרורות, וקאמר: ותפשוט מדבעי רבא יש העדאה, מכלל דאין שינוי. פירוש: דאי יש שינוי – היכי אתי מרביע נזק לנזק שלם. וכן לקמן פריך: והא משונה הוא. משמע: דאי הוה מוקמא פלוגתייהו בהעדאה – ניחא. משמע דבעיא דרבא על ידי שינוי איירי! ונראה דבתרוייהו מבעיא ליה, אם יש העדאה או לאו. דאי יש העדאה בצרורות כי אורחייהו – גם על ידי שינוי יש העדאה, דעיקר העדאה בקרן כתיבה. ואי אין העדאה בכי אורחייהו – גם ע"י שינוי אין העדאה, דע"י העדאה לא הוי טפי מכי אורחיה. ומה שפ"ה דבעי' דיש העדאה לא שייך לאוקמא בכי אורחיה, דכיון דהוי אורחיה מה לי פעם ראשונה מה לי פעם רביעית – לאו פירכא הוא, כיון דדמייה רחמנא לקרן בחצי נזק – שייכא ביה העדאה.
אלא

עין משפט נר מצוה

יד א ב ג מיי' פ"ב מהל' נזקי ממון הלכה יד ועיין בהשגות וכמ"מ סמג עשין סו טוש"ע ח"מ סי' שצ סעיף יא וע"ש:

רבינו חננאל

ואמרי' ת"ש הידוס אינו מועד כו'. ופשוטה היא. ת"ש תרנגולין שהיו מחטטין בחבל דלי ונפסק החבל ונשבר הדלי משלמין נזק שלם. ואוקימנא דמאום בלישה דלאו משונה ובדלי פשיט רב ביבי דקאזיל מיניה מיניה פי' מיניה *) (דדלי) כי התרנגול מנקר בלישה שבחבל ומגלגל הדלי עמו והקישו לאבן ונשבר הדלי ונפסק החבל בחיטוטו כהאי גוונא משלם נזק שלם דהכי ודאי בגופם הזיקו את הדלי ולא בכוחם אבל אם נפסק החבל שלא מחמת חיטוטו ונפל הדלי ונשבר זה דין צרורות הוא וחצי נזק הוא דמשלם ואמרי' כי האי גוונא כגון דקאזיל מיניה מיניה בע"ז פ' ר' ישמעאל ובין בזה בין בזה אחד הוא. ובעיא דרבא לא איפשיטא ודינא כדין תיקו. בעי רבא חצי נזק צרורות מגופו משלם או מן העלייה. ת"ש כלב שנטל את החררה והלך לגדיש אכל את החררה והדליק לגדיש על החררה משלם נזק שלם ועל הגדיש משלם חצי נזק. על הגדיש חצי [נזק] מ"ט משום דהוו להו צרורות ותני עלה פי' תני בברייתא ועל הגדיש משלם חצי נזק מגופו. ש"מ מגופו משלם. ואקשי' אי הכי לר' אלעזר דאמר (על הגדיש) נזק שלם מגופו. והא דר' אלעזר לא אשכחנן לה בהדיא היכא איתמרא מיהו מסתברא דבגדיש מיירי. ופרקי' אלא כגון דשני בהא גחלת. פי' דאדייה אדיוה ור' אלעזר סבר לה כר' טרפון דאמר משונה [קרן] בחצר הניזק נזק שלם. ודחי' לה ואמר ולא היא אלא ר' אלעזר סבר לה כסומכוס דסבר צרורות נזק שלם. וסבר לה כר' יהודה דאמר צד תמות במקומה עומדת וכי קתני מגופו לדברי הכל לרבנן פשוטה היא ולר' אלעזר מצד תמות בלחוד קתני מגופו והחצי שהוא מועד מן העלייה כר' יהודה. והא דרבי יהודה בסוף פ' שור שנגח ד' וה' שוורים הלכה קשרו בעליו כו' עד ר' יהודה אומר תם חייב מועד פטור (גמ') אמר רב אדא בר אהבה לא פטר ר' יהודה אלא צד העדאה שבו אבל צד תמות במקומה עומדת. ודחי' **) רב חמא להאי סברא ואמר אימור דשמעת ליה לרב יהודה האי סברא בקרן (ליה) [דשייכא ביה] תמות ומועדות אבל בשן ואש דמועדין

*) אולי צ"ל מיניה דתרנגול **) בגמ' רב סמא בריה דרב אשי

גליון הש"ס

…מ' או לאו ככחו דמי. …י' לקמן כב ע"א תוס' …ה ור"י בדאנחה אנוחי: …שם דקאזיל מיניה מיניה. …קמן מד ע"ב: שם ור"א …בר לה כר' טרפון. עי' …קמן דף כא ע"ב תוד"ה ומר סבר:

מִי שָׁמְעַתְּ לֵיהּ? אֶלָּא, כִּי קָאָמַר רַבִּי אֶלְעָזָר נֶזֶק שָׁלֵם – כְּגוֹן דְּאִיַּיעַד, וּבְהָא קָמִיפַּלְגִי, מָר סָבַר: יֵשׁ הַעֲדָאָה לִצְרוֹרוֹת, וּמָר סָבַר: אֵין הַעֲדָאָה לִצְרוֹרוֹת. אֶלָּא הָא דְּבָעֵי רָבָא: יֵשׁ הַעֲדָאָה לִצְרוֹרוֹת, אוֹ [א]אֵין הַעֲדָאָה לִצְרוֹרוֹת; אִי לְרַבָּנַן – אֵין הַעֲדָאָה לִצְרוֹרוֹת, אִי לְרַבִּי אֶלְעָזָר – יֵשׁ הַעֲדָאָה לִצְרוֹרוֹת! אָמַר לָךְ רָבָא: כִּי מִיבַּעְיָא לִי לְדִידִי – אַלִּיבָּא דְּרַבָּנַן דִּפְלִיגִי עֲלֵיהּ דְּסוּמָכוֹס, אֲבָל הָכָא, בֵּין לְרַבָּנַן בֵּין לְרַבִּי אֶלְעָזָר – כְּסוּמָכוֹס סְבִירָא לְהוּ, דְּאָמַר: צְרוֹרוֹת נֶזֶק שָׁלֵם מְשַׁלֵּם. וְטַעֲמָא מַאי אָמוּר רַבָּנַן חֲצִי נֶזֶק? דְּשַׁנֵּי וְלָא אִיַּיעַד, וּבִפְלוּגְתָּא דְּרַבִּי טַרְפוֹן וְרַבָּנַן קָמִיפַּלְגִי. אֵימוּר דְּשָׁמְעַתְּ לֵיהּ לְר' טַרְפוֹן נֶזֶק שָׁלֵם, מִגּוּפוֹ מִי שָׁמְעַתְּ לֵיהּ? אִין, מֵהֵיכָא מַיְיתֵי לָהּ – מִקֶּרֶן מֵרְשׁוּת הָרַבִּים, דַּיּוֹ לָבֹא מִן הַדִּין לִהְיוֹת כַּנִּדּוֹן. וְהָא רַבִּי טַרְפוֹן לֵית לֵיהּ דַּיּוֹ! *כִּי לֵית לֵיהּ דַּיּוֹ – הֵיכָא דְּמַפְרִיךְ קַל וָחוֹמֶר, הֵיכָא דְּלָא מַפְרִיךְ ק"ו – אִית לֵיהּ דַּיּוֹ. גּוּפָא, בָּעֵי רָבָא: יֵשׁ הַעֲדָאָה לִצְרוֹרוֹת, אוֹ אֵין הַעֲדָאָה לִצְרוֹרוֹת? לְקֶרֶן מְדַמֵּינַן לֵיהּ, אוֹ דִּלְמָא תּוֹלָדָה דְּרֶגֶל הוּא? ת"ש: הִידּוּס אֵינוֹ מוּעָד, וְיֵשׁ אוֹמְרִים: הֲרֵי זֶה מוּעָד; הִידּוּס ס"ד? אֶלָּא הִידּוּס וְהִתִּיז; מַאי לָאו כְּגוֹן דַּעֲבַד תְּלָתָא זִימְנֵי, וּבְהָא קָמִיפַּלְגִי, מָר סָבַר: יֵשׁ הַעֲדָאָה, וּמָר סָבַר: אֵין הַעֲדָאָה? לָא, בְּחַד זִימְנָא, וּבִפְלוּגְתָּא דְּסוּמָכוֹס וְרַבָּנַן קָמִיפַּלְגִי. ת"ש: בְּהֵמָה שֶׁהִטִּילָה גְּלָלִים לְעִיסָּה, רַב יְהוּדָה אוֹמֵר: מְשַׁלֵּם נֶזֶק שָׁלֵם, וְרַבִּי אֶלְעָזָר אוֹמֵר: [ב]חֲצִי נֶזֶק; מַאי לָאו כְּגוֹן דַּעֲבַד תְּלָתָא זִימְנֵי, וּבְהָא קָמִיפַּלְגִי, מָר סָבַר: יֵשׁ הַעֲדָאָה, וּמָר סָבַר: אֵין הַעֲדָאָה? לָא, בְּחַד זִימְנָא, וּבִפְלוּגְתָּא דְּסוּמָכוֹס וְרַבָּנַן קָמִיפַּלְגִי. וְהָא מְשׁוּנֶּה הוּא! [ג]דִּדְחִיק לֵיהּ עָלְמָא. *וְלֵימָא רַב יְהוּדָה הֲלָכָה כְּסוּמָכוֹס, וְלֵימָא רַבִּי אֶלְעָזָר הֲלָכָה כְּרַבָּנַן! גְּלָלִים אִצְטְרִיכָא לֵיהּ; ס"ד אָמִינָא הוֹאִיל וּבָתַר גּוּפֵיהּ גְּרִירִין – כְּגוּפֵיהּ דָּמֵי, קמ"ל. תָּא שְׁמַע, *דְּתָנֵי רָמִי בַּר יְחֶזְקֵאל: [ד]תַּרְנְגוֹל שֶׁהוֹשִׁיט רֹאשׁוֹ לַאֲוִיר כְּלִי זְכוּכִית וְתָקַע בּוֹ וּשְׁבָרוֹ – מְשַׁלֵּם נֶזֶק שָׁלֵם. *וְאָמַר רַב יוֹסֵף, אָמְרִי בֵּי רַב: [ה]סוּס שֶׁצָּנַף, וַחֲמוֹר שֶׁנָּעַר, וְשִׁיבֵּר אֶת הַכֵּלִים – מְשַׁלֵּם חֲצִי נֶזֶק; מַאי לָאו כְּגוֹן דַּעֲבַד תְּלָתָא זִימְנֵי,
וּבְהָא

מִי שְׁמַעְתְּ לֵיהּ. הָא לָא הָוֵי לָהּ תַּמּוּת מֵעוֹלָם. וְאִי בִּצְרוֹרוֹת כִּי אוֹרְחֵיהּ מוֹקְמַתְּ לָהּ, וּלְמִפְשַׁט דִּצְרוֹרוֹת מִגּוּפוֹ מְשַׁלֵּם, דְּר' אֱלְעָזָר תִּיקְשֵׁי! אֶלָּא. אִי בָּעֵית לְאוֹקְמָהּ בִּצְרוֹרוֹת כִּי אוֹרְחַיְיהוּ, וּלְמִפְשַׁט בָּעְיָא דְּרָבָא דְּמִגּוּפוֹ מְשַׁלֵּם – לָא תּוֹקְמָהּ בִּצְרוֹרוֹת דְּחַד זִימְנָא וְכִי אוֹרְחֵיהּ, דְּאִם כֵּן דְּר' אֱלְעָזָר לָא מַשְׁכַּחַתְּ לָהּ. אֶלָּא בִּדְשַׁנֵּי בִּצְרוֹרוֹת, וְאִיַּיעַד שְׁלֹשָׁה זִימְנֵי בְּהָכִי, דַּהֲדַר הָוֵה לֵיהּ כְּאוֹרְחֵיהּ. וְאָמְרִי רַבָּנַן: חֲצִי נֶזֶק כִּשְׁאָר צְרוֹרוֹת דִּמוּעָדִין מִתְּחִילָּתָן, וְאפ"ה חֲצִי נֶזֶק וְתוּ לָא. הַאי נַמִי דְּשַׁנֵּי וְאִיַּיעַד – לָא חָמוּר מִמּוּעָד מִתְּחִילָּתוֹ, וְאֵין הַעֲדָאָה לִצְרוֹרוֹת שֶׁשִּׁינָּה בָּהֶן. וּמִדְּקָתָנֵי "מִגּוּפוֹ" – אַלְמָא צְרוֹרוֹת כִּי אוֹרְחֵיהּ נַמִי מִגּוּפוֹ. וְרַבִּי אֱלְעָזָר סָבַר: דִּצְרוֹרוֹת כִּי אוֹרְחַיְיהוּ כְּרַבָּנַן דִּפְלִיגִי אַסּוּמָכוֹס, וְשַׁנֵּי וְאִיַּיעַד נָפְקָא מִתּוֹלָדָה דְּרֶגֶל וְנַעֲשָׂה תּוֹלָדָה דְּקֶרֶן, וְיֵשׁ לָהֶן הַעֲדָאָה לְשַׁלֵּם נ"ש; הַחֲצִי מִגּוּפוֹ, דְּכָל תַּמּוּת בִּמְקוֹמָהּ עוֹמֶדֶת, וַחֲצִי מִן הָעֲלִיָּיה. לִישָּׁנָא אַחֲרִינָא: אֶלָּא בִּדְאִיַּיעַד בִּצְרוֹרוֹת כִּי אוֹרְחַיְיהוּ תְּלָתָא זִימְנֵי, וּבְהָא פְּלִיגִי; רַבִּי אֱלְעָזָר סָבַר: יֵשׁ הַעֲדָאָה לִצְרוֹרוֹת, כִּשְׁאָר חֲצִי נְזָקִין שֶׁבָּאִין עַל יְדֵי הַעֲדָאָה לִכְלַל נ"ש. הַאי נַמִי שֶׁתְּחִילָּתוֹ ח"נ, כִּי אִיַּיעַד תְּלָתָא זִימְנֵי – מְשַׁלֵּם נֶזֶק שָׁלֵם וּמִגּוּפוֹ אַצַּד תַּמּוּת. כָּךְ שָׁמַעְתִּי, *וְעִיקָּר. אֲבָל קָשֶׁה לִי: כֵּיוָן דְּמֵעִיקָּרָא הָוֵי אוֹרְחֵיהּ, וַאֲפִי' הָכִי ח"נ מְשַׁלֵּם, מַה לִּי חַד זִימְנָא מַה לִּי מְאָה זִימְנֵי? אֶלָּא הָא דְּבָעֵי רָבָא יֵשׁ הַעֲדָאָה לִצְרוֹרוֹת. כִּי אוֹרְחַיְיהוּ, אִם עֲשָׂאָן שָׁלֹשׁ פְּעָמִים, מִי אָמְרִינַן: כֵּיוָן דִּבְזִימְנָא קַמַּיְיתָא מְשַׁלֵּם חֲצִי נֶזֶק כִּי קֶרֶן – לְקֶרֶן מְדַמֵּינַן לֵיהּ (וּלְגִיר' קַמַּיְיתָא: אֶלָּא הָא דְּבָעֵי רָבָא יֵשׁ הַעֲדָאָה לִצְרוֹרוֹת אִם שִׁינָּה בָּהֶן וְעָשָׂה ע"י שִׁינּוּי ג' פְּעָמִים, מִי אָמְרִינַן: כֵּיוָן דְּשִׁינּוּי הוּא – נָפְקָא מִדִּין צְרוֹרוֹת דְּרֶגֶל וְחָל עֲלַיְיהוּ דִּין קֶרֶן, וְכִי אִיַּיעַד מְשַׁלֵּם נֶזֶק שָׁלֵם. וְכִי גְּמִיר הִלְכְתָא – אַצְּרוֹרוֹת כִּי אוֹרְחַיְיהוּ שֶׁהֵן תּוֹלָדָה דְּרֶגֶל גְּמִיר). א"ד: כֵּיוָן דְּתוֹלָדָה דְּרֶגֶל הִיא, דְּהָא אוֹרְחֵיהּ הוּא – אֵין לָהֶם הַעֲדָאָה. דְּהָא מִזִּימְנָא קַמַּיְיתָא אִיַּיעַד לֵיהּ, וַאֲפִי' הָכִי אֵינוֹ מְשַׁלֵּם אֶלָּא חֲצִי נֶזֶק. אָמַר לָךְ רָבָא כִּי קָמִבָּעְיָא לִי אַלִּיבָּא דְּרַבָּנַן דִּפְלִיגִי עֲלֵיהּ דְּסוּמָכוֹס. וְכִדְפָרְשִׁינַן. וְהָכָא ס"ל דְּבֵין רַבָּנַן וּבֵין רַבִּי אֱלְעָזָר – כְּסוּמָכוֹס, וּבִזְמִנָא קַמַּיְיתָא קָמִיפַּלְגִי, דְּקָאָמַר רַבִּי אֱלְעָזָר נ"ש וְרַבָּנַן אָמְרִי חֲצִי נֶזֶק, וּבִדְשַׁנֵּי בִּצְרוֹרוֹת, כְּגוֹן שֶׁזָּרַק הַכֶּלֶב הַגַּחֶלֶת בְּיָדוֹ עַל הַגָּדִישׁ. דְּכֵיוָן דְּלָאו הָנֵי צְרוֹרוֹת כִּי אוֹרְחַיְיהוּ – הָווּ תּוֹלָדָה דְּקֶרֶן. הִלְכָּךְ, לְרַבָּנַן ח"נ וּמִגּוּפוֹ, וְר"א כְּרַבִּי טַרְפוֹן דִּמְשׁוּנֶּה בַּחֲצַר הַנִּיזָּק מְשַׁלֵּם נ"ש. וְנִיחָא לֵיהּ לְרָבָא לְאוֹקְמִינְהוּ לְרַבָּנַן וְרַבִּי אֱלְעָזָר כְּסוּמָכוֹס, דְּאִילּוּ לְרַבָּנַן לָא פְּסִיקָא לֵיהּ לְאוֹקְמֵי לְהָא בִּצְרוֹרוֹת ע"י שִׁינּוּי, דְּכֵיוָן דְּבְכִי אוֹרְחֵיהּ סְבִירָא לְהוּ לְרַבָּנַן דִּפְלִיגִי עֲלֵיהּ דְּסוּמָכוֹס דְּח"נ הוּא דִּמְשַׁלֵּם וְתוּ לָא, דִּלְמָא בִּצְרוֹרוֹת ע"י שִׁינּוּי סְבִירָא לְהוּ דְּיֵשׁ שִׁינּוּי לִרְבִיעַ נֶזֶק, וְכִדְבָעֵי רַב אַשִׁי לְקַמָּן: יֵשׁ שִׁינּוּי לִרְבִיעַ נֶזֶק כו'. מֵהֵיכָא קָמַיְיתֵי לֵיהּ. רַבִּי טַרְפוֹן, לִמְשׁוּנֶּה בַּחֲצַר הַנִּיזָּק. מִקֶּרֶן בִּרה"ר. כִּדְמְפָרֵשׁ בְּמַתְנִיתִין. הִלְכָּךְ דַּיּוֹ לָבֹא מִן הַדִּין לִהְיוֹת כַּנִּדּוֹן, וּמַה לְהַלָּן מִגּוּפוֹ – אַף כָּאן מִגּוּפוֹ. וְהָא רַבִּי טַרְפוֹן לֵית לֵיהּ דַּיּוֹ. דְּאִי אִית לֵיהּ דַּיּוֹ – לֹא יְשַׁלֵּם אֶלָּא חֲצִי נֶזֶק, כְּקֶרֶן בִּרה"ר. כִּי לֵית לֵיהּ דַּיּוֹ הֵיכָא דְּמַפְרִיךְ ק"ו כו'. כְּגוֹן אִי הֲוָה אָמְרִינַן דַּיּוֹ דְּלָא מְשַׁלֵּם אֶלָּא פַּלְגָא – מַאי אַהֲנֵי לָן ק"ו, הָא מִקְּרָא נַמִי שָׁמְעִינַן דְּבִרְשׁוּת הַנִּיזָּק לָא גָּרַע, דְּהָא בִּקְרָא דִּנְגִיחַת תָּם לָא כְּתִיב רה"ר. אֲבָל הֵיכָא דְּלָא מַפְרִיךְ ק"ו – אִית לֵיהּ דַּיּוֹ, כִּי הָכָא, דְּאָתֵי ק"ו לְנֶזֶק שָׁלֵם, וְאַהֲנֵי לֵיהּ דַּיּוֹ לְמִגּוּפוֹ. לְקֶרֶן מְדַמֵּינַן לֵיהּ. הוֹאִיל (וּמְשׁוּנֶּה הוּא) חֲצִי נֶזֶק הוּא דִּמְשַׁלֵּם, כִּי קֶרֶן. אוֹ דִּלְמָא. מֵעִיקָּרָא כִּי עָבְדָא כִּי אוֹרְחֵיהּ – תּוֹלָדָה דְּרֶגֶל הִיא, דְּהָא אוֹרְחֵיהּ הוּא וְהֶיזֵּיקָא מָצוּי, וְאפ"ה ח"נ הוּא דִּמְשַׁלֶּמֶת, הִלְכָּךְ זוֹ הִיא הַעֲדָאָתָהּ וְאֵין לָהּ הַעֲדָאָה אַחֶרֶת. גְּלָלִים. הַיְינוּ צְרוֹרוֹת. וְהָא מְשׁוּנֶּה הוּא. דְּאֵין דַּרְכָּהּ לְהַטִּיל גְּלָלִים לָעִיסָּה, וְתוֹלָדָה דְּקֶרֶן הִיא. דִּדְחִיק לַהּ עָלְמָא. שֶׁעוֹמֶדֶת בְּמָקוֹם צַר, וְאֵין לָהּ מָקוֹם לָזוּז מִשָּׁם. וּבְשֶׁלֹּא לַהֲנָאָתָהּ עָסְקִינַן, כְּגוֹן בִּמְשַׁלֶּשֶׁת. דְּאִי לַהֲנָאָתָהּ – תּוֹלָדָה דְּשֵׁן הִיא. וְנִרְאֶה בְּעֵינַי דְּכָל גְּלָלִים לַהֲנָאָתָהּ הוּא, וְאפ"ה לָאו תּוֹלָדָה דְּשֵׁן נִינְהוּ, דְּשֵׁן הֶיזֵּיקָא דְּגוּפֵיהּ הוּא, וְהָנֵי צְרוֹרוֹת נִינְהוּ. וְהָא דְּאָמְרִינַן בְּפ"ק (דף ג.): טִינּוֹפָה פֵּירוֹת לַהֲנָאָתָהּ הָוֵי תּוֹלָדָה דְּשֵׁן, הַיְינוּ כְּגוֹן שֶׁנִּתְגַּלְגְּלָה עֲלֵיהֶן כְּדֶרֶךְ סוּסִים וַחֲמוֹרִים שֶׁקּוֹרִים בולט"ר, וְכֵן עִיקָּר. וְאִי קַשְׁיָא דְּר"א אַדְּר' אֱלְעָזָר, דִּלְעֵיל אָמַר נֶזֶק שָׁלֵם בִּצְרוֹרוֹת גַּבֵּי כֶּלֶב שֶׁנָּטַל חֲרָרָה, וְהָכָא תָּנֵי ח"נ – בְּעַל כּוֹרְחֵיהּ הַהִיא דִּלְעֵיל מוֹקְמִי' כִּדְאוֹקִימְנָא בְּרֵישָׁא, כִּדְשַׁנֵּי בְּגַחֶלֶת, וּבִפְלוּגְתָּא דְּרַבִּי טַרְפוֹן וְרַבָּנַן, וּבִמְקוֹם גַּחֶלֶת וְלֹא בִּשְׁאָר הַגָּדִישׁ. וְהָא דְּשַׁנֵּי רָבָא: בֵּין ר"א בֵּין רַבָּנַן כְּסוּמָכוֹס סְבִירֵי לְהוּ – דַּחוּיֵי הוּא דְּקָא מַדְחֵי, מִפִּי מוֹרִי. וּבְעֵינַי נִרְאֶה בְּסַךְ מִילְּתָא: בְּהֵמָה שֶׁהִטִּילָה גְּלָלִים אֲמוֹרָאֵי נִינְהוּ, וְרַב יְהוּדָה גָּרְסִינַן. וְר"א הַיְינוּ ר"א בֶּן פְּדָת, וְלָא תִּקְשֵׁי דְּר"א אַדְּרַבִּי אֱלְעָזָר. וְנִרְאִין הַדְּבָרִים, דְּהָא פָּרְכִינַן: וְלֵימָא רַב יְהוּדָה הֲלָכָה כְּסוּמָכוֹס וְר"א הֲלָכָה כְּרַבָּנַן. וְאִי תַּנָּאֵי נִינְהוּ הֵיכִי פָּרְכִינַן הָכִי? הָא אֵין דֶּרֶךְ תַּנָּאִים לַחֲלוֹק בְּלָשׁוֹן זֶה! וְעוֹד: דִּלְעֵיל גַּבֵּי הִידּוּס מוּעָד אַמַּאי לָא פָּרְכִינַן הָכִי? וּבָתַר גּוּפָהּ גְּרִירִין. דִּבְגוּפָהּ טְעָנָהּ לְהוּ כְּגוּפָהּ דָּמְיָין, קמ"ל. וְתָקַע בּוֹ וּשְׁבָרוֹ. שֶׁנִּבְקַע הַכְּלִי מֵחֲמַת הַקּוֹל. בְּקוֹלוֹ. וְכָל הָנֵי צְרוֹרוֹת נִינְהוּ, דְּכֹחוֹ הוּא.
מְשׁוּנֶּה

אלא הא דבעי רבא יש העדאה כו'. ואע"ג דרבא לא הוה ידע הברייתא, מדבעי מגופו משלם — מ"מ דייק גמרא דנפשוט מינה תרוייהו. ודחי: לא נפשוט מינה לא הא ולא הא.

בין לרבנן בין לרבי אלעזר כסומכוס ס"ל. והיינו דיחוי דלמעלה ותסברא, [אלא שלא האריך למעלה כל כך]. וא"ת: ולמה דחק לומר כסומכוס ס"ל? וי"ל: משום דאי כרבנן, א"כ תפשוט דאין שינוי לצרורות לרביע נזק. ועוד: דאי בצרורו' כי אורחייהו יסבור רבי אלעזר ח"נ כרבנן — בצרורות ע"י שינוי לא יתחייב נזק שלם, אע"ג דסבר כרבי טרפון. דליכא ק"ו, דכיון דבצרורות שן ורגל בחצר הניזק אין משלם אלא ח"נ, גם צרורות דקרן לא ישלם כ"א ח"נ. ולא רצה להעמיד כרבנן ובמקום גחלת, וכגון דאנחה אנוחי על הגדיש בשינוי, דניחא ליה למימר דמשלם ח"נ על כל הגדיש, כרבי יוחנן.

היכא דלא מפריך ק"ו אית ליה דיו. וא"ת: ונימא איפכא, ק"ו לשלם מן העלייה, ודיו לח"נ! וי"ל: דהכי שפיר טפי, דכי אמר דיו לענין מגופו לא משנינן מח"נ כלל מכמו שהיה, אלא שאנו מוסיפין עליו עוד ח"נ אחר. אבל אי אמרת דיו לח"נ — עקרת ליה לגמרי מח"נ קמא, דמפקא ליה מתשלומי גופו ומוקמינן אתשלומי עלייה. ובכל צד שאנו יכולין לעקור קל וחומר ולקיים דיו — יש לנו לקיים.

רבינו חננאל

מתחילתן הן (אין) [מי] יש בהן צרורות *) אלא האי כלב כגון דאייעד פי' שעשה זה הכלב ג' פעמים כך נטל חררה והלך ואכלה על גבי הגדיש והדליק הגדיש ור' אלעזר סבר אע"פ שהן כצרורות מועד הוי ורבנן סברי כי האי גוונא לא הוי מועד. ואמר אלא הא דבעי (רבה) [רבא] יש העדאה לצרורות אי לא כו' אמר לך (רבה) [רבא] כי קמיבעי לי יש העדאה לצרורות אי לא אליבא דרבנן דפליגי עליה דסומכוס אבל הכא בין רבנן דאמרי חצי נזק ובין ר' אלעזר דאמר נזק שלם כסומכוס סבירא להו דאמר צרורות כי אורחיהו נזק שלם. ומתולדות דקרן מוקמי להו והכא בדשני הכלב ולא אייעד ורבנן כרבנן ור' אלעזר כר"ט דאמר משונה [קרן] בחצר הניזק נזק שלם. ומקשינן עלה אימור דאמר ר' טרפון במשונה נזק שלם מגופו מי שמעת ליה דאמרת ר' אלעזר כר' טרפון. ומהדרינן אין מהיכא קמייתי לה מקרן ברשות הרבים והכי קאמר ומה קרן **) שמתחלה חצי נזק חייב במשונה שן ורגל שמתחלתן נזק שלם אינו דין שחייבין במשונה דיו לשן ורגל הבאין מן הדין להיות כקרן הנדון. מה קרן במשונה מגופו משלם אף שן ורגל במשונה מגופו. ומקשי' והא ר' טרפון לית ליה [דיו]. ופרקינן כי לית ליה דיו היכא דמפריך ק"ו כגון שדן זה בנזק שלם וזה בחצי נזק. וא"ת דיו לבא מן הדין להיות כנדון מה קרן חצי נזק אף שן ורגל חצי נזק כי עקר הדין שהקרן קל מפני שמשלם חצי נזק ושן ורגל חמורין שמשלמין נזק שלם ואם תעמיד זה חצי וזה חצי אין אחד מהן חמור על חברו ונתפרך הקל וחומר אבל אם תדין דיו לבא מן הדין להיות כנדון לא מיפריך ק"ו אית ליה ולשלם מגופו לא איפריך ק"ו ואסיקנא לשמעתא בתחלת ד' אבות נזיקין הא דבעי (רבה) [רבא] חצי נזק צרורות מגופו משלם או מן העלייה לרב פפא פשיט' ליה דמן העלייה משלם. גופא בעי (רבה) [רבא] יש העדאה לצרורות אי לא ת"ש הידוס אינו מועד וי"א הרי זה מועד ואוקים הידוס והתיז צרורות ש"מ חלוקה ודחינן לה ואמר לעולם בדלא אייעד ובפלוגתא דסומכוס ורבנן פליגי. ת"ש בהמה שהטילה גללים לעיסה (ר') [רב] יהודה אומר נזק שלם ור' אלעזר אומר חצי נזק מאי לאו דעביד ג' פעמים ובהא קמפלגי ר' יהודה סבר יש העדאה ור' אלעזר סבר אין העדאה ודחינן לא בחדא זימנא ובפלוגתא דסומכוס ורבנן פליגי גללים משונה היא ופרק דדחיק ליה עלמא כלומר היה דחוק ונתזו הגללים בתוך העיסה כגון זה אינו שינוי כדבעי' למימר לקמן שהיתה מהלכת במקום שאי אפשר לה וכו'. ולימא ר' יהודה הלכה כסומכוס ור' אלעזר הלכה כרבנן. גללים איצטריכא לה סד"א הואיל ובתר גופא גרירא כי גופא דמיא קמ"ל דכצרורות הן. ת"ש דתני רמי בר יחזקאל תרנגול שהושיט ראשו לאויר כלי זכוכית ותקע בו ושברו משלם נזק שלם. ואמרי בי רב (שור) [סוס] שצנף וחמור

*) נ"ל לא תמות. **) עי' בגמ' ובפרש"י.

טו א מיי' פ"ב מהל' נזקי ממון הל' ב סמג עשין סו טור ש"ע ח"מ סי' שצ סעיף ג

רש"ל

טז ב ג טוש"ע שם סעיף ח:

יז ד ה מיי' שם הלכה ט י ועיין בהשגות ובמ"מ טוש"ע שם סעיף ט:

[ע' תוס' מנחות ל: ד"ה ולימא]

קדושין כב:

ג"ז שם

[לקמן כה.]

הה"ג מוה' שכנא מחק תיבת ועיקר ומהרנ"ש לא הסכים עמו

רש"ל מ"ז ובחילופי גרסאות כתוב וז"ל ואולי היה כתוב למטה הך ולגי' כו' אחר ד"ה אמר לך ושם מחק רש"ל אבל כאן כמ"ש לפנינו הוא נכון עכ"ל

רש"ל מ"ז ונ"ל וחצי נזק

גליון הש"ס

גמ' ותקע בו ושברו. עיין ב"י יו"ד סי' קיג ד"ה מ' דניפות:

וּבְהָא קָמִיפַּלְגִי, מָר סָבַר יֵשׁ הַעֲדָאָה, וּמָר סָבַר: אֵין הַעֲדָאָה? לָא, בְּחַד זִמְנָא, וּבִפְלוּגְתָּא דְּסוּמָכוֹס וְרַבָּנַן קָמִיפַּלְגִי. וְהָא מְשׁוּנֶּה הוּא! [א]דְּאִית בֵּיהּ בִּזְרָנֵי. בָּעֵי רַב אַשִׁי: יֵשׁ שִׁנּוּי לִצְרוֹרוֹת לִרְבִיעַ נֶזֶק, אוֹ [ב]אֵין שִׁנּוּי לִצְרוֹרוֹת לִרְבִיעַ נֶזֶק? תִּפְשׁוֹט לֵיהּ מִדְּרָבָא, דְּבָעֵי רָבָא: יֵשׁ הַעֲדָאָה לִצְרוֹרוֹת, אוֹ אֵין הַעֲדָאָה לִצְרוֹרוֹת – מִכְּלָל דְּאֵין שִׁנּוּי! דִּלְמָא רָבָא אִם תִּמְצֵי לוֹמַר קָאָמַר; אִם תִּמְצֵי לוֹמַר אֵין שִׁנּוּי – יֵשׁ הַעֲדָאָה אוֹ אֵין הַעֲדָאָה? תֵּיקוּ. *בָּעֵי רַב אַשִׁי: כֹּחַ כֹּחוֹ, לְסוּמָכוֹס, כְּכֹחוֹ דָּמֵי אוֹ לָא? מִי גָּמֵיר הֲלָכָה וּמוֹקֵי לָהּ בְּכֹחַ כֹּחוֹ, אוֹ דִּלְמָא לָא גָּמֵיר הֲלָכָה כְּלָל? תֵּיקוּ. § "הָיְתָה מְבַעֶטֶת אוֹ שֶׁהָיוּ צְרוֹרוֹת מְנַתְּזִין מִתַּחַת רַגְלֶיהָ וְשָׁבְרָה אֶת הַכֵּלִים מְשַׁלֵּם חֲצִי נֶזֶק". § אִיבַּעְיָא לְהוּ: הֵיכִי קָאָמַר? הָיְתָה מְבַעֶטֶת וְהִזִּיקָה בְּבִיעוּטָהּ, אוֹ צְרוֹרוֹת כְּאוֹרְחַיְיהוּ מְשַׁלֵּם חֲצִי נֶזֶק, וְרַבָּנַן הִיא. אוֹ דִּלְמָא: הָיְתָה מְבַעֶטֶת וְהִזִּיקָה בְּבִיעוּטָהּ, אוֹ צְרוֹרוֹת מֵחֲמַת בִּיעוּט מְשַׁלֵּם חֲצִי נֶזֶק; הָא כִּי אוֹרְחֵיהּ מְשַׁלֵּם נֶזֶק שָׁלֵם, וּמַנִּי – סוּמָכוֹס הִיא? ת"ש מִסֵּיפָא: דָּרְסָה עַל הַכְּלִי וּשְׁבָרַתּוּ, וְנָפַל הַשֶּׁבֶר עַל כְּלִי אַחֵר וּשְׁבָרוֹ – עַל הָרִאשׁוֹן מְשַׁלֵּם נֶזֶק שָׁלֵם, וְעַל הָאַחֲרוֹן חֲצִי נֶזֶק; וְאִי סוּמָכוֹס, מִי אִית לֵיהּ חֲצִי נֶזֶק? וְכִי תֵּימָא, רִאשׁוֹן – רִאשׁוֹן לְהַתָּזָה, וְשֵׁנִי – שֵׁנִי לְהַתָּזָה, וְשָׁאנֵי לֵיהּ לְסוּמָכוֹס בֵּין כֹּחוֹ לְכֹחַ כֹּחוֹ. אֶלָּא הָא דְּבָעֵי רַב אַשִׁי: כֹּחַ כֹּחוֹ לְסוּמָכוֹס, כְּכֹחוֹ דָּמֵי אוֹ לָאו כְּכֹחוֹ דָּמֵי – תִּפְשׁוֹט לֵיהּ דְּלָאו כְּכֹחוֹ דָּמֵי! רַב אַשִׁי כְּרַבָּנַן מוֹקֵי לָהּ וּבָעֵי לָהּ הָכִי: הָיְתָה מְבַעֶטֶת וְהִזִּיקָה בְּבִיעוּטָהּ, אוֹ צְרוֹרוֹת כְּאוֹרְחַיְיהוּ – חֲצִי נֶזֶק; הָא מֵחֲמַת בִּיעוּט – רְבִיעַ נֶזֶק, וְיֵשׁ שִׁנּוּי. [ג]אוֹ דִּלְמָא: הָיְתָה מְבַעֶטֶת וְהִזִּיקָה בְּבִיעוּטָהּ, אוֹ צְרוֹרוֹת מֵחֲמַת בִּיעוּט – חֲצִי נֶזֶק, וְאֵין שִׁנּוּי? תֵּיקוּ. § בָּעֵי מִינֵּיהּ רַבִּי אַבָּא בַּר מָמֵל מֵרַבִּי אַמִי, וְאָמְרִי לָהּ מֵרַבִּי חִיָּיא בַּר אַבָּא: הָיְתָה מְהַלֶּכֶת בְּמָקוֹם שֶׁאִי אֶפְשָׁר לָהּ אֶלָּא אִם כֵּן מְנַתֶּזֶת, וּבָעֲטָה וְהִתִּיזָה וְהִזִּיקָה, מַהוּ? כֵּיוָן דְּאִי אֶפְשָׁר לָהּ – אוֹרְחֵיהּ הוּא, אוֹ דִּלְמָא הַשְׁתָּא מִיהָא מֵחֲמַת בִּיעוּט קָמְנַתְּזָה צְרוֹרוֹת? [ד]תֵּיקוּ. § בְּעָא מִינֵּיהּ ר' יִרְמְיָה מֵר' זֵירָא: הָיְתָה מְהַלֶּכֶת בִּרה"ר (*וּבָעֲטָה) וְהִתִּיזָה וְהִזִּיקָה, מַהוּ? לְקֶרֶן מְדַמֵּינַן לֵיהּ וְחַיֶּיבֶת, אוֹ דִּלְמָא תּוֹלָדָה דְּרֶגֶל הוּא וּפְטוּרָה? אֲמַר לֵיהּ: [ה]מִסְתַּבְּרָא, תּוֹלָדָה דְּרֶגֶל הוּא. הִתִּיזָה בִּרה"ר וְהִזִּיקָה בִּרה"י, מַהוּ? א"ל: עֲקִירָה אֵין כָּאן, הֲנָחָה יֵשׁ כָּאן?! אֵיתִיבֵיהּ: הָיְתָה מְהַלֶּכֶת בַּדֶּרֶךְ וְהִתִּיזָה, בֵּין בִּרה"י בֵּין בִּרה"ר – חַיָּיב; מַאי לָאו הִתִּיזָה בִּרְשׁוּת הָרַבִּים וְהִזִּיקָה בִּרה"ר? לָא, [ו]הִתִּיזָה בִּרה"ר וְהִזִּיקָה בִּרה"י. וְהָאָמְרַתְּ: עֲקִירָה אֵין כָּאן, הֲנָחָה יֵשׁ כָּאן! א"ל: הֲדַרִי בִּי. אֵיתִיבֵיהּ: *דָּרְסָה עַל הַכְּלִי וּשְׁבָרַתּוּ, וְנָפַל הַשֶּׁבֶר עַל כְּלִי אַחֵר וּשְׁבָרוֹ – עַל הָרִאשׁוֹן מְשַׁלֵּם נֶזֶק שָׁלֵם, וְעַל הָאַחֲרוֹן מְשַׁלֵּם חֲצִי נֶזֶק, וְתָנֵי עֲלָהּ: בַּמֶּה דְּבָרִים אֲמוּרִים – בִּרְשׁוּת הַנִּיזָּק, אֲבָל בִּרה"ר – עַל הָרִאשׁוֹן פְּטוּרָה, וְעַל הָאַחֲרוֹן חַיֶּיבֶת; מַאי לָאו הִתִּיזָה בִּרְשׁוּת הָרַבִּים וְהִזִּיקָה בִּרְשׁוּת הָרַבִּים? לָא, הִתִּיזָה בִּרְשׁוּת הָרַבִּים וְהִזִּיקָה בִּרה"י. וְהָאָמְרַתְּ: עֲקִירָה אֵין כָּאן, הֲנָחָה יֵשׁ כָּאן! אֲמַר לֵיהּ: הֲדַרִי בִּי. אִינִי? וְהָאָמַר

רש"י

מְשׁוּנֶּה הוּא. הַתַּרְנְגוֹל, שֶׁאֵין דַּרְכּוֹ לִתְקוֹעַ בִּכְלִי. דְּשָׁדוּ בֵּיהּ בִּזְרָנֵי. שֶׁיֵּשׁ זְרָעִים בַּכְּלִי, דְּאוֹרְחֵיהּ לְהַכְנִיס רֹאשׁוֹ בְּתוֹכוֹ וְלֶאֱכוֹל. וְכֵיוָן דְּאוֹרְחֵיהּ לֶאֱכוֹל – אוֹרְחֵיהּ נַמִּי לִצְעוֹק. יֵשׁ שִׁנּוּי לִצְרוֹרוֹת לִרְבִיעַ נֶזֶק. לְרַבָּנַן דִּפְלִיגִי אַסּוּמָכוֹס, וְאָמְרִי צְרוֹרוֹת כִּי אוֹרְחֵיהּ חֲצִי נֶזֶק. הֵיכָא דְּשִׁינָּה בָּהֶן, כְּגוֹן בָּעֲטָה בְּרַגְלָהּ וּמֵחֲמַת בִּיעוּט הִתִּיזָה צְרוֹרוֹת וְשָׁבְרָה כֵּלִים – מִי חָשֵׁיב שִׁנּוּי, וְהָוֵי כְּתָם וּמְשַׁלֵּם רְבִיעַ נֶזֶק. דְּהָא אַהַעֲדָאָתָן חֲצִי נֶזֶק, הִלְכָּךְ תַּמּוּתָן רְבִיעַ נֶזֶק. אוֹ אֵין שִׁנּוּי. לְשַׁלֵּם רְבִיעַ, דִּלְעוֹלָם חֲצִי נֶזֶק. שֶׁאֵין תַּמּוּת וְהַעֲדָאָה בָּהֶם, דְּלָא אַשְׁכַּחַן תָּם דִּמְשַׁלֵּם בְּצִיר מִפַּלְגָּא. מִכְּלָל דְּאֵין שִׁנּוּי. דְּאִי יֵשׁ שִׁנּוּי לִרְבִיעַ הָוֵי ס"נ לְהַעֲדָאָתָן, וְאַמַּאי אִצְטְרִיכָא לְרָבָא לְמִיבָּעֵי? וַדַּאי אֵין הַעֲדָאָה לְשַׁלֵּם נֶזֶק שָׁלֵם, דְּהָא תַּמּוּת רְבִיעַ נֶזֶק וְהַעֲדָאָה חֲצִי נֶזֶק. וּמְשַׁנֵּי רַב אַשִׁי: דִּלְמָא רָבָא "אִם תִּמְצֵי לוֹמַר קָאָמַר", וְתַרְוַיְיהוּ מְסַפְּקִי לֵיהּ, וְהָכִי קָא מִבָּעֲיָא לֵיהּ: יֵשׁ שִׁנּוּי אוֹ אֵין שִׁנּוּי. וְאִם תִּמְצֵי לוֹמַר אֵין שִׁנּוּי, וְזוּ הִיא צַד תַּמּוּתוֹ, יֵשׁ הַעֲדָאָה לְתַמּוּת זוּ אוֹ אֵין הַעֲדָאָה? מִי גָּמֵיר הֲלָכָה. לְמֹשֶׁה מִסִּינַי דַּחֲצִי נֶזֶק צְרוֹרוֹת, וּמוֹקִים לָהּ בְּכֹחַ כֹּחוֹ, אוֹ לָא גְּמִיר. וְהִזִּיקָה בְּבְעִיטָה. בְּלָא צְרוֹרוֹת, וְתוֹלָדָה דְּקֶרֶן הִיא. ת"ש דְּקָתָנֵי סֵיפָא דְּמַתְנִי'. דָּרְסָה עַל הַכֵּלִים כו'. מִדְּמִחַיֵּיב לִצְרוֹרוֹת חֲצִי נֶזֶק – ש"מ מַתְנִי' לָאו סוּמָכוֹס הִיא. רִאשׁוֹן לְהַתָּזָה. אוֹתוֹ כְּלִי שֶׁנִּשְׁבַּר מֵחֲמַת הַתָּזַת שִׁבְרֵי כֵלִים שֶׁדָּרְסָה עָלָיו קָרֵי רִאשׁוֹן, וְאַע"ג דִּצְרוֹרוֹת נִינְהוּ – מְשַׁלֵּם נֶזֶק שָׁלֵם, דְּסוּמָכוֹס הִיא. אַחֲרוֹן אַחֲרוֹן לְהַתָּזָה. כְּגוֹן שֶׁמֵּאוֹתוֹ כְּלִי שֶׁנִּשְׁבַּר ע"י צְרוֹרוֹת הִתִּיזוּ שְׁבָרִים וְשָׁבְרוּ כְּלִי שְׁלִישִׁי, דַּהֲוֵי כֹּחַ כֹּחוֹ, וּמִשּׁוּ"ה מְשַׁלֵּם חֲצִי נֶזֶק. תִּפְשׁוֹט. בָּעֲיָא דְּרַב אַשִׁי. רַב אַשִׁי כְּרַבָּנַן מוֹקֵי לָהּ. וְהַךְ בָּעֲיָא דְּבָעֵי רַב אַשִׁי לְעֵיל: יֵשׁ שִׁנּוּי לִצְרוֹרוֹת אוֹ אֵין שִׁנּוּי – אַהָא מַתְנִיתִין בָּעֵי לָהּ, וְהָכִי קָבָעֵי: הָיְתָה מְבַעֶטֶת כו'. הָיְתָה מְהַלֶּכֶת. בְּחַצַר הַנִּיזָּק מְלֵאָה צְרוֹרוֹת, וְאִי אֶפְשָׁר שֶׁלֹּא תְּהֵא מְנַתֶּזֶת כו'. אוֹרְחֵיהּ הוּא. וְכִצְרוֹרוֹת דְּעָלְמָא הוּא, וּמְשַׁלֵּם ח"נ. אוֹ דִּלְמָא הַשְׁתָּא מִיהָא מֵחֲמַת בִּיעוּט הוּא. וְא"ת יֵשׁ שִׁנּוּי לִצְרוֹרוֹת לִרְבִיעַ נֶזֶק – הָא רְבִיעַ נֶזֶק מְשַׁלֶּמֶת. לִישָּׁנָא אַחֲרִינָא: אוֹרְחֵיהּ הוּא וּצְרוֹרוֹת נִינְהוּ, וְתוֹלָדָה דְּרֶגֶל, אֲפִילּוּ אַיְיעַד בְּבִיעוּט וְהִתִּיזָה – הָא לָא מְשַׁלֵּם אֶלָּא חֲצִי נֶזֶק, דְּהָא בְּלָאו הָכִי הֲוָאי מְנַתְּזָה. אוֹ דִּלְמָא מֵחֲמַת בִּיעוּט אָתֵי, וְאִם הוּעֲדָה בְּכָךְ – מְשַׁלֶּמֶת נֶזֶק שָׁלֵם, דְּכֵיוָן דִּמְשׁוּנֶּה הוּא הָוֵי תּוֹלָדָה דְּקֶרֶן. מִפִּי הַמוֹר"ה. אֲבָל הָרִאשׁוֹן עִיקָּר. לְקֶרֶן מְדַמֵּינַן לֵיהּ. הוֹאִיל (*וּבְעִיטָה) וְחַיֶּיבֶת ח"נ כִּי קֶרֶן. אוֹ דִּלְמָא. כָּל צְרוֹרוֹת כִּי אוֹרְחַיְיהוּ תּוֹלָדָה דְּרֶגֶל נִינְהוּ, וּפָטוּר בִּרה"ר. הִתִּיזָה בִּרה"ר. כִּי אוֹרְחֵיהּ, וְהָלְכוּ צְרוֹרוֹת בִּרְשׁוּת הַנִּיזָּק וְשָׁבְרוּ כֵּלִים. הֲנָחָה יֵשׁ כָּאן. בִּתְמִיָּה. כְּלוֹמַר פָּטוּר, הוֹאִיל וַעֲקִירָה הֲוַאי בִּמְקוֹם פְּטוּר. וְהִזִּיקָה בִּרה"ר. חַיֶּיבֶת. אִי אָמְרַתְּ בִּשְׁלָמָא: צְרוֹרוֹת כִּי אוֹרְחַיְיהוּ לְקֶרֶן מְדַמֵּינַן לְהוּ – לְחַיֵּיב בִּרה"ר כִּי קֶרֶן, דְּהָא דָּמֵי לְקֶרֶן, דִּמְשַׁלֶּמֶת חֲצִי נֶזֶק כִּי קֶרֶן, וְאַע"ג דְּקֶרֶן מְשׁוּנֶּה הוּא, וּצְרוֹרוֹת אוֹרְחָהּ הוּא. הִלְכָּךְ, בִּרְשׁוּת הָרַבִּים חַיֶּיבֶת חֲצִי נֶזֶק. אֶלָּא לְדִידָךְ, דְּאָמְרַתְּ: כָּל צְרוֹרוֹת כִּי אוֹרְחֵיהּ לְרֶגֶל מְדַמֵּינַן לְהוּ, מִשּׁוּם דְּהָוֵי תּוֹלָדָה דְּרֶגֶל, וְאַע"ג דְּהָתָם נֶזֶק שָׁלֵם וּצְרוֹרוֹת חֲצִי נֶזֶק – אַמַּאי תָּנֵי בִּרה"ר חַיָּיב? עַל הָרִאשׁוֹן פָּטוּר. דְּרֶגֶל הָוֵי, וְעַל הָאַחֲרוֹן חַיָּיב. מַאי לָאו כו'.

תוספות

ובהא קמיפלגי. תימה: מנליה דפליגי? דלמא רמי בר יחזקאל בדאייעד, ואמרי בי רב בדלא אייעד! וי"ל: דא"כ מאי קמ"ל אמרי בי רב. ואין לתמוה: היכי פליג אברייתא. דסתם "אמרי בי רב" משמיה דרב, ורב תנא ופליג. א"נ: משום דלא מיתני בי ר' חייא ור' אושעיא — לא מותבינן מיניה תיובתא*.

וכי תימא ראשון להתזה. ואע"ג דלא שייך לפרש הכי ברייתא דלקמן, דתני עלה: בד"א — ברשות הניזק, אבל ברה"ר — על הראשון פטור ועל האחרון חייב. ואי ראשון להתזה — כך יכול להיות ראשון להתזה או ברשות הניזק או ברה"ר כמו שני להתזה, מכל מקום מתניתין מצי שפיר מיפרשא הכי.

רב אשי כרבנן מוקי לה ובעי לה הכי. הוה מצי למימר דאת"ל קאמר; את"ל לאו ככחו דמי — מתניתין רבנן היא או סומכוס היא. אלא עדיפא ליה למיבעי ביש שנוי ואין שנוי. ונראה דבעיא דלעיל לא היתה אלא אי מתניתין איירי בצרורות כי אורחיה או ע"י שנוי, ותו לא, והתלמוד הוסיף מדעתו רבנן היא או סומכוס היא. ורב אשי מפרש דאיבעיא להו אי יש שנוי לרביע או אין שנוי. וכה"ג איכא פ' "המקבל" (ב"מ דף קיב. ושם ד"ה אומן) גבי בעיא דרב ששת דקבלן עובר ב"בל תלין" או אין עובר, שהוסיף התלמוד לומר אומן קונה בשבח כלי כו', ורב ששת שאלו סתם. וב"הגוזל קמא" (לקמן דף צט. ושם ד"ה בשליחא) מוכח דמיירי בשליחא דאגרתא*.

במקום שאי אפשר לה אלא א"כ וכו'. אין לפרש דאיירי ברה"ר, ומיבעיא ליה דאם אורחיה פטור מידי דהוה ארגל — מדלא קאמר היתה מהלכת ברשות הרבים כמו בבעיא דבסמוך. ופ"ה עיקר.

רבינו חננאל

וחמור שנער ושבר את הכלים משלמין חצי נזק מאי לאו כגון דעבד ג' פעמים וכו' ודחינן לא בחדא זימנא וכו' והא משונה היא דשדו ביה בזרני פי' כגון שהיו זרעונין בכלי והכנים העוף ראשו בתוכו ואכלן שאינה משונה אלא כך דרכו. בעי רב אשי צרורות כי אורחייהו הא קיימא לן הלכתא חצי נזק יש שינוי בצרורות ואם ישנה לא יתחייב אלא חצי של חצי הנזק שהוא רביע לכל הנזק או אין שינוי ועלתה בתיקו. וכן בעא עוד רב אשי כח כחו לסומכוס דאמר צרורות נזק שלם מוקים לה בכוחו והא דגמירא לך הלכתא צרורות חצי נזק גם הוא גמיר הלכתא דא ומוקים לה בכח כחו או דלמא לא גמיר הלכתא ועלתה גם זו בתיקו. פי' כח כחו כגון שהיה פרה מהלכת ונתזה צרור מתחת רגליה ושברה כלים זה כחה אבל אם נתז עוד שבר מן הכלי ונפל על כלי אחר ושברו זו היא כחו כחו. פיס' היתה מבעטת או שהיו צרורות וכו' איבעיא להו מתני' היכי פירושא היתה מבעטת והזיקה בבעיטה דהיא תולדה דקרן וצרורות כי אורחיהו ובתרויהו חצי נזק ורבנן היא או דלמא היתה מבעטת והזיקה בבעיטה שהיא תולדה דקרן אי נמי צרורות בבעיטה חצי נזק הא צרורות כי אורחיהו נזק שלם ומתני' רבנן א) היא. ת"ש מסיפא דמתני' דרסה על כלי ושברתו ונפל על כלי אחר ושברו על הראשון משלם נזק שלם ועל האחרון חצי נזק ואי סומכוס מי אית ליה חצי נזק פי' דרסה על כלי ושברתו קיימא לן רגל ברשות הניזק נזק שלם אבל אם נתז מכח דריסתה השבר ההוא ונפל על כלי אחר ושברו דהיינו צרורות כי אורחיהו חצי נזק ש"מ מתני' רבנן היא דלסומכוס לית ליה חצי נזק. וכי תימא הא דתני דרסה לאו דרסה על הכלי ממש אלא דרסה על אבן והלכה ונפלה האבן מכח דריסתה על כלי ושברתו ועוד נתז שבר מן הכלי בעת שבירתו ונפל על כלי אחר ושברו שנמצא הכלי הראשון נשבר מכחה ולפיכך משלם נזק שלם ושני מכח כחה לפיכך חצי נזק אלא הא דבעא רב אשי כו' ואמרי' רב אשי כרבנן מוקי לה ובעי לה הכי היתה מבעטת והזיקה בבעיטה וצרורות כי אורחיהו בתרוייהו חצי נזק. הא צרורות מחמת ביעוט חציו של חצי שהוא רביע של נזק ויש שינוי לצרורות וכל דין משונה לשלם חצי מה שמשלם כדרכה או דלמא היתה מבעטת כו' ועלתה בתיקו. בעי ר' אבא בר ממל היתה מהלכת במקום צרורות שאי אפשר לה אא"כ מנתזת ובעטה והתיזה מהו כיון דלא אפשר לסגויי אא"כ מנתזת אורחה הוא ב) ורגל ברשות הניזק נזק שלם משלם או דלמא השתא מיהת מחמת ביעוט נתזן וצרורות נינהו ועלתה בתיקו. וכל הני שמעתתא דסלקא להו בתיקו קיימא לן דממונא לקולא ולא מפקינן. בעי ר' ירמיה מר' זירא היתה מהלכת ברשות הרבים והתיזה מהו לקרן מדמינן ליה וחייב לשלם או דלמא תולדה דרגל היא והרגל ברה"ר פטורה. אמר ליה תולדה דרגל היא פשט ליה כרבא דאמר בריש פירקן קמא צרורות תולדה דרגל הן ופטורה ברה"ר. תוב בעא מיניה התיזה ברשות הרבים והלך הצרור והזיק ברשות היחיד מהו. אמר ליה עקירה אין כאן הנחה יש כאן כלומר במקום העקירה רשות הרבים ופטורה וכיון שאין חייב על העקירה בהנחה לא איכפת לן היכא היא. ואותיב עליה והדר ביה ואמר ליה הדרי בי. ש"מ: ת"ר התיזה ברשות הרבים והזיקה ברשות היחיד

א) נ"ל סומכוס. ב) פי' רבינו בבעיא זו אינו מובן לכאורה דהרי כל צרורות ג"כ הוי אורחיה ומ"מ הלמ"מ דאינו אלא חצי נזק והרי"ף ז"ל ג"כ נראה דמפרש כפי' רבינו והדבר צ"ע.

עין משפט נר מצוה

יח א מיי' פ"ב מהל' נזקי ממון הל' ט י ועי' בהשגות ובמ"מ סמג עשין סו טוש"ע ח"מ סי' שצ סעיף ט:

יט ב ג ד מיי' פ"ב מהל' נזקי ממון הלכה ו סמג עשין סו טוש"ע ח"מ סימן שצ סעיף ז ח:

כ ה מיי' שם הל' ה ועיין בהשגות ובמ"מ טוש"ע שם סעיף ג:

כא ו מיי' שם הלכה ד טוש"ע שם סעיף ד:

[לעיל יח.]

ר"מ מ"ז

לעיל יז.

ר"מ מ"ז

[כדאיתא חולין קמא.]

[ועיין תוס' נדה לז: ד"ה כי]

עין משפט נר מצוה

כב א ב מיי' פ"א מהל' נזקי ממון הל' יא סמג עשין סו טוש"ע ח"מ סי' שצ סעי' ב:

כג ג ד ה ו מיי' שם פ"ב הלכה י יא ועי' בהשגות ובמ"מ סמג שם טוש"ע שם סעיף י וע"ש בהגה"ה:

כד ז מיי' פ"א שם הל' ה ופ"ג שם הלכה א סמג שם טוש"ע ח"מ סי' שפט סעיף ו:

כה ח ט מיי' שם פ"ג הלכה א ג סמג שם טוש"ע ח"מ סי' שצא סעיף א ב:

כו י מיי' שם הלכה ג טוש"ע שם סעיף ז וסימן שפט סעיף טו:

כז כ מיי' שם הל' א סמג שם טוש"ע שם סימן שצא סעיף ח:

כח ל מיי' שם הל' ט טוש"ע שם סעי' ט:

כט נ מיי' שם הל' ו טוש"ע שם סעיף ג:

ל ם ע פ מיי' שם הל' ח טוש"ע שם סעיף ד:

לא צ ק מיי' שם הלכה ז טוש"ע שם סעיף ג:

אבל קשרו אדם חייב. פי': בתר דנייח, ומשום בור. ולאו דוקא קשרו, אלא כל היכא דלא אצנעיה — כקשרו דמי. כדקאמר: אי דלא אצנעיה — פושע הוא.

אלא מתני' בדאדייה אדויי. ואיירי בדליל הפקר, או דתבריה ואצנעיה. **וכי** אתמר דרב הונא בעלמא אתמר. דלא מתוקמא אמתני', דקשרו אדם חייב משמע הכל. ובדאדייה אדויי ° נמי חייב בעל תרנגול. ובקונטרס פי': דלא מתוקמא אמתניתין משום שהקושר היה פטור, כיון דאדייה אדויי שלא נתקל אדם בבורו. וקשה לפי': מ"מ ליחייב משום אשו, דהוי כאבנו וסכינו ומשאו שהניחן בראש גגו ונפלו ברוח מצויה והזיקו בהדי דאזלי. דהאי תרנגול הוי כרוח מצויה, מדפריך: אי דלא אצנעיה פושע הוא.

נקשר מאליו פטור. ד"איש בור", ולא שור בור.

קשרו אדם חייב. לאו דוקא קשרו, דה"ה אם היה במקום המוצנע והניחו במקום התורפה שפשע בו, ואפי' לא הגביהו ולא קנאו. ודלא כמו שפירש הקונטרס דקני' בהגבהה כשקשרו, ויש לו להאי דליל בעלים. דכל תקלה שהניחה ברה"ר מיחייב ביה משום בור אע"ג שלא זכה בה. דעד כאן לא פליגי רב ושמואל (לקמן ד' כח:) אלא בדלא אפקרי', אבל בדאפקרי' — בין לרב בין לשמואל היינו בור.

וחזיר שאכל חתיכה של בשר. אכילה ע"י הדחק היא, כדמסיק. והא דתנן גבי מדורות הגוים, ומייתי לה בפרק קמא דפסחים (דף ט.): כל מקום שחזיר וחולדה יכולין להלך אין צריכין בדיקה. אומר ר"ת: דשאני נפלים דרכיכי.

וְהָא"ר יוֹחָנָן. לְקַמָּן בְּהַאי פִּירְקִין (דף כו.). כִּי קָאָמַר רַבִּי יוֹחָנָן. אֵין חֲצִי נֶזֶק חָלוּק – עַל חֲצִי נֶזֶק דְּקֶרֶן קָאָמַר, דִּכְתִיב "יֶחֱצוּן" "וְחָצוּ" תְּרֵי זִימְנֵי, לְאַפּוּקֵי מִמַּאן דְּפָרֵיךְ לְקַמָּן: וְלֹא תְּהֵא קֶרֶן בִּרה"ר חַיֶּיבֶת כְּלוּם מִק"ו. אֲבָל חֲצִי נֶזֶק דִּצְרוֹרוֹת – לְעוֹלָם פָּטוּר בִּרה"ר. אַקִּילְעָא. פרק"א שֶׁלִּפְנֵי הַבַּיִת. כִּשְׁכְּשָׁה בִּזְנָבָהּ מַהוּ. אוֹרְחָהּ הוּא, וּפְטוּרָה בִּרה"ר, אוֹ לָא? וְכִי יֹאחֲזֶנָּה. בַּעְלָהּ בִּזְנָבָהּ וְיֵלֵךְ? וַדַּאי פָּטוּר בִּרה"ר. הָא אוֹרְחָהּ הִיא. וְתוֹלָדָה דְּרֶגֶל הִיא. כִּשְׁכּוּשׁ יְתֵירָא קָמִבָּעְיָא לֵיהּ. אִי אוֹרְחֵיהּ הוּא, אוֹ לָא. לֹא שָׁנוּ. דַּחֲצִי נֶזֶק וְתוּ לָא. אֶלָּא שֶׁנִּקְשַׁר מֵאֵלָיו. הַדְּלִיל בְּרֶגֶל הַתַּרְנְגוֹל. אֲבָל קְשָׁרוֹ אָדָם חַיָּיב. הַקּוֹשֵׁר נֶזֶק שָׁלֵם, דְּהָוֵי בּוֹר. וְאִם נִתְקַל בּוֹ אָדָם – חַיָּיב בְּנִזְקוֹ. נִקְשַׁר מֵאֵלָיו. דְּמַתְנִיתִין. מַאן חַיָּיב. לְשַׁלּוּמֵי חֲצִי נֶזֶק. אִי בַּעַל הַדְּלִיל. שֶׁאֵין הַתַּרְנְגוֹל שֶׁלּוֹ. פּוֹשֵׁעַ הוּא. וְכוּלֵּיהּ נֶזֶק בָּעֵי לְשַׁלּוּמֵי, שֶׁהֲרֵי בּוֹרוֹ הוּא שֶׁהִשְׁלִיכוֹ לִרה"ר. אֶלָּא דְּאַצְנְעֵיהּ. בְּבֵיתוֹ, וְהוֹצִיאוֹ תַּרְנְגוֹל מִבֵּיתוֹ, וְחַיָּיב בַּעַל הַתַּרְנְגוֹל. אִישׁ בּוֹר וְלֹא שׁוֹר בּוֹר. "כִּי יִכְרֶה אִישׁ בּוֹר" אָמַר רַחֲמָנָא, וְלֹא כִּי יִכְרֶה שׁוֹר בּוֹר. וְהַאי דְּלִיל תַּרְנְגוֹל כָּרָהוּ. אֶלָּא מַתְנִי'. לָא מִתּוֹקְמָא אֶלָּא בְּאַדְיֵיהּ אַדּוּיֵי, שֶׁזָּרַק הַתַּרְנְגוֹל הַדְּלִיל וְשִׁיבֵּר בִּזְרִיקָתוֹ כֵּלִים, דְּהָווּ צְרוֹרוֹת, וַאֲפִילּוּ קְשָׁרוֹ אָדָם נַמִי לָא מְשַׁלֵּם אֶלָּא ח"נ בַּעַל הַתַּרְנְגוֹל, וְהַקּוֹשֵׁר פָּטוּר, שֶׁלֹּא נִתְקַל אָדָם בְּבוֹרוֹ. וּדְרַב הוּנָא לָא מִתּוֹקְמָא אַמַּתְנִי', אֶלָּא בְּעָלְמָא אִתְּמַר, וְהָכִי אִתְּמַר: דְּלִיל הֶפְקֵר כו'. נִקְשַׁר מֵאֵלָיו. בְּתַרְנְגוֹל, וְנִתְקַל בּוֹ אָדָם – פָּטוּר, דְּמַאן לִיחַיֵּיב? דְּלִיל לֵית לֵיהּ בְּעָלִים, בַּעַל הַתַּרְנְגוֹל נַמִי – "אִישׁ בּוֹר" אָמַר רַחֲמָנָא, וְלֹא שׁוֹר בּוֹר. קְשָׁרוֹ אָדָם חַיָּיב. הַקּוֹשֵׁר, דְּקַנְיֵיהּ בְּהַגְבָּהָה, וְיֵשׁ לוֹ לְהַאי דְּלִיל בְּעָלִים. מִשּׁוּם מַאי מְחַיֵּיב. דְּהָא לָאו בּוֹר מַעֲלְיָא הוּא, שֶׁהֲרֵי לֹא הִזִּיק בַּמָּקוֹם שֶׁקְּשָׁרוֹ שָׁם, שֶׁהַתַּרְנְגוֹל גְּרָרוֹ לְמָקוֹם אַחֵר. בּוֹרוֹ הַמִּתְגַּלְגֵּל. דְּמַיְיתִינַן לֵיהּ בְּפ"ק (ד' ו.) בְּ"הַצַּד הַשָּׁוֶה".

מתני' כֵּיצַד הַשֵּׁן מוּעֶדֶת. וּמְשַׁנֵּי: לֶאֱכוֹל אֶת הָרָאוּי לָהּ. מְשַׁלֶּמֶת ח"נ. דִּמְשׁוּנֶּה הִיא. אֲבָל בִּרה"ר פָּטוּר. דְּבָעֵינַן "וּבִעֵר בִּשְׂדֵה אַחֵר", וְאַכְּסוּת וְכֵלִים נַמִי פָּטוּר. בַּגְּמָרָא מְפָרֵשׁ לָהּ. מַה שֶּׁנֶּהֱנֵית. לָאו תַּשְׁלוּמִין מַעַלְיָא נִינְהוּ, כִּדְמְפָרֵשׁ בַּגְּמָ'. מִצְּדֵי הָרְחוֹב מְשַׁלֶּמֶת מַה שֶּׁהִזִּיקָה. כְּדִין קֶרֶן, תָּם חֲצִי נֶזֶק וּמוּעָד נֶזֶק שָׁלֵם. וּבַגְּמָ' מְפָרֵשׁ לָהּ. **גמ'** וּפָרָה שֶׁאָכְלָה שְׂעוֹרִין. שֶׁהֵן מַאֲכַל חֲמוֹר. וַחֲמוֹר שֶׁאָכַל כַּרְשִׁינִין. שֶׁהֵן מַאֲכַל פָּרָה. וְכֵן חֲזִיר וְכֶלֶב, וְאע"ג דְּאֵין רְגִילִין בְּכָךְ, הוֹאִיל וְאוֹרְחַיְיהוּ לְמֵיכְלִינְהוּ ע"י הַדְּחָק. כְּשֶׁהֵן רְעֵבִין – רְאוּיִין לָהֶן קָרֵינַן בְּהוּ. כָּל מִידֵּי דְּלָאו אוֹרְחֵיהּ. לְמֵיכַל כָּל שָׁעָה. וַאֲכָלָהּ ע"י הַדְּחָק. כְּלוֹמַר: וְאוֹרְחֵיהּ לְמֵיכַל ע"י הַדְּחָק כִּי הָנֵי. שְׁמֵיהּ אֲכִילָה. וַאֲפִילּוּ שֶׁלֹּא ע"י הַדְּחָק. שׁוּנְרָא דְּאָכַל תַּמְרֵי. אוֹרְחֵיהּ לְמֵיכְלִינְהוּ ע"י הַדְּחָק. אֲבָל כְּסוּת וְכֵלִים, אֲפִילּוּ ע"י הַדְּחָק לָאו אוֹרְחֵיהּ לְמֵיכְלִינְהוּ, אֶלָּא מִתְכַּוֵּין לְהַזִּיק. וּפַלְיֵיהּ. לְעָסוֹ. לִישָּׁנָא אַחֲרִינָא: פַּלְיֵיהּ – סְדָקוֹ. וְלָא שְׁמַעְתִּי. אַסַּלָּא חֲצִי נֶזֶק. דִּמְשׁוּנֶּה הוּא. וּכְגוֹן דְּתָפַס נִיזָּק, דְּאֵין דָּנִין דִּינֵי קְנָסוֹת בְּבָבֶל, וּפַלְגָּא נִזְקָא קְנָסָא. אוֹרְחֵיהּ לְפַלּוּסֵי סַלָּא. כְּשֶׁהוּא לוֹעֵס הַפַּת, לוֹעֵס הַסַּל עִמּוֹ. בְּחַיָּה. שֶׁאֵין דַּרְכָּהּ בְּפַת אֲפִילּוּ ע"י הַדְּחָק, אֲבָל חֲמוֹר – דַּרְכּוֹ בְּכָךְ. דְּמִטּוּי. צָלִי אֵשׁ. בְּטַבְיָא. צְבִי, אֵין דַּרְכּוֹ בְּפַת וּבָשָׂר. וּבְפַתּוֹרָא. שֶׁעַל הַשֻּׁלְחָן אֲכָלוֹ, שֶׁאֵין דַּרְכּוֹ בְּכָךְ.

וְהָאָמַר ר' יוֹחָנָן: *אֵין חֲצִי נֶזֶק חָלוּק לֹא לִרְשׁוּת הַיָּחִיד וְלֹא לִרְשׁוּת הָרַבִּים; מַאי לָאו הִתִּיזָה בִּרְשׁוּת הָרַבִּים וְהִזִּיקָה בִּרְשׁוּת הָרַבִּים? לָא, הִתִּיזָה בִּרה"ר וְהִזִּיקָה בִּרְשׁוּת הַיָּחִיד. וְהָאָמַרְתְּ: עֲקִירָה אֵין כָּאן, הַנָּחָה יֵשׁ כָּאן! א"ל: הֲדַרִי בִּי. אִיבָּעֵית אֵימָא: כִּי אָמַר רַבִּי יוֹחָנָן — אַקֶּרֶן. יָתֵיב רַבִּי יְהוּדָה נְשִׂיאָה וְרַבִּי אוֹשַׁעְיָא אַקִּילְעָא דְּרַבִּי יְהוּדָה, נְפַק מִילְּתָא מִבֵּינַיְיהוּ: כִּשְׁכְּשָׁה בִּזְנָבָהּ, מַהוּ? א"ל אִידָךְ: וְכִי יֹאחֲזֶנָּה בִּזְנָבָהּ וְיֵלֵךְ? אִי הָכִי, קֶרֶן נַמִי נֵימָא: וְכִי יֹאחֲזֶנָּה בְּקַרְנָהּ וְיֵלֵךְ? הָכִי הַשְׁתָּא?! קֶרֶן לָאו אוֹרְחֵיהּ, הָא אוֹרְחֵיהּ. וְכִי מֵאַחַר דְּאוֹרְחֵיהּ, מַאי מִבָּעְיָא לֵיהּ? א כִּשְׁכּוּשׁ יְתֵירָא מִבָּעְיָא לֵיהּ.§ בָּעֵי רַב עֵינָא: כִּשְׁכְּשָׁה בְּאַמָּתָהּ, מַהוּ? מִי אָמְרִינַן מִידֵּי דַּהֲוָה אַקֶּרֶן; קֶרֶן לָאו יִצְרָא קָתָקֵיף לֵיהּ — הָכָא נַמִי לָא שְׁנָא. אוֹ דִּלְמָא קֶרֶן כַּוָּונָתוֹ לְהַזִּיק, הָא אֵין כַּוָּונָתָהּ לְהַזִּיק? ב תֵּיקוּ.§ "הַתַּרְנְגוֹלִין מוּעָדִין לְהַלֵּךְ כְּדַרְכָּן וּלְשַׁבֵּר" וכו'.§ אָמַר רַב הוּנָא: לֹא שָׁנוּ ג אֶלָּא שֶׁנִּקְשַׁר מֵאֵלָיו, אֲבָל קְשָׁרוֹ אָדָם — חַיָּיב. נִקְשַׁר מֵאֵלָיו מַאן חַיָּיב? אִילֵימָא בַּעַל הַדְּלִיל, הֵיכִי דָּמֵי? אִי דְּאַצְנְעֵיהּ — ד אָנוּס הוּא, וְאִי לָא אַצְנְעֵיהּ — פּוֹשֵׁעַ הוּא! אֶלָּא, חַיָּיב בַּעַל תַּרְנְגוֹל, מַאי שְׁנָא כּוּלֵּיהּ נֶזֶק דְּלָא — דִּכְתִיב: °"כִּי יִפְתַּח אִישׁ בּוֹר" (שמות כא) *וְלֹא שׁוֹר בּוֹר, חֲצִי נֶזֶק נַמִי "אִישׁ בּוֹר" וְלֹא שׁוֹר בּוֹר! אֶלָּא, ה מַתְנִי' *בְּדְאַדְיֵיהּ אַדּוּיֵי. וְכִי אִתְּמַר דְּרַב הוּנָא — בְּעָלְמָא אִתְּמַר: ו דְּלִיל הֶפְקֵר, אָמַר רַב הוּנָא: נִקְשַׁר מֵאֵלָיו — פָּטוּר, קְשָׁרוֹ אָדָם — חַיָּיב. מִשּׁוּם מַאי חַיָּיב? אָמַר רַב הוּנָא בַּר מָנוֹחַ: מִשּׁוּם *בּוֹרוֹ הַמִּתְגַּלְגֵּל בְּרַגְלֵי אָדָם וּבְרַגְלֵי בְהֵמָה.§

מתני' ז כֵּיצַד *הַשֵּׁן מוּעֶדֶת? לֶאֱכוֹל אֶת הָרָאוּי לָהּ. ח הַבְּהֵמָה מוּעֶדֶת לֶאֱכוֹל פֵּירוֹת וִירָקוֹת. ט אָכְלָה כְּסוּת אוֹ כֵּלִים — מְשַׁלֵּם חֲצִי נֶזֶק. י בַּמֶּה דְּבָרִים אֲמוּרִים — בִּרְשׁוּת הַנִּיזָּק, אֲבָל בִּרְשׁוּת הָרַבִּים — פָּטוּר. כ וְאִם נֶהֱנֵית — מְשַׁלֶּמֶת מַה שֶּׁנֶּהֱנֵית. כֵּיצַד מְשַׁלֶּמֶת מַה שֶּׁנֶּהֱנֵית? אָכְלָה מִתּוֹךְ הָרְחָבָה — מְשַׁלֶּמֶת מַה שֶּׁנֶּהֱנֵית, ל מִצְּדֵי הָרְחָבָה — מְשַׁלֶּמֶת מַה שֶּׁהִזִּיקָה. מִפֶּתַח הֶחָנוּת — מְשַׁלֶּמֶת מַה שֶּׁנֶּהֱנֵית, מִתּוֹךְ הֶחָנוּת — מְשַׁלֶּמֶת מַה שֶּׁהִזִּיקָה.§

גמ' תָּנוּ רַבָּנַן: הַשֵּׁן מוּעֶדֶת לֶאֱכוֹל אֶת הָרָאוּי לָהּ, כֵּיצַד? בְּהֵמָה שֶׁנִּכְנְסָה לַחֲצַר הַנִּיזָּק, וְאָכְלָה אוֹכָלִין הָרְאוּיִין לָהּ וְשָׁתְתָה מַשְׁקִין הָרְאוּיִין לָהּ — מְשַׁלֵּם נֶזֶק שָׁלֵם; *וְכֵן חַיָּה שֶׁנִּכְנְסָה לַחֲצַר הַנִּיזָּק, וְטָרְפָה בְּהֵמָה וְאָכְלָה בָּשָׂר — מְשַׁלֵּם נֶזֶק שָׁלֵם; מ וּפָרָה שֶׁאָכְלָה שְׂעוֹרִין, וַחֲמוֹר שֶׁאָכַל כַּרְשִׁינִן, וְכֶלֶב שֶׁלִּיקֵּק אֶת הַשֶּׁמֶן, וַחֲזִיר שֶׁאָכַל חֲתִיכָה שֶׁל בָּשָׂר — מְשַׁלְּמִין נֶזֶק שָׁלֵם. אָמַר רַב פַּפָּא: הַשְׁתָּא דְּאָמְרַתְּ כָּל מִידֵּי דְּלָאו אוֹרְחֵיהּ וְאָכְלָה לֵיהּ *ע"י הַדְּחָק נ שְׁמֵיהּ אֲכִילָה, הַאי שׁוּנְרָא דְּאָכַל תַּמְרֵי, וַחֲמָרָא דְּאָכֵיל בִּינִיתָא — מְשַׁלֵּם נֶזֶק שָׁלֵם. הַהוּא חֲמָרָא דַּאֲכַל נַהֲמָא וּפַלְיֵיהּ לְסַלָּא, ס חַיְּיבֵיהּ רַב יְהוּדָה לְשַׁלֵּם נֶזֶק שָׁלֵם אַנַּהֲמָא, וְאַסַּלָּא חֲצִי נֶזֶק. וְאַמַּאי? כֵּיוָן דְּאוֹרְחֵיהּ לְמֵיכַל נַהֲמָא, ע אוֹרְחֵיהּ נַמִי לְפַלּוּסֵי סַלָּא! פ דַּאֲכַל וַהֲדַר פַּלְיֵיהּ. וּפַת אוֹרְחֵיהּ הוּא? וּרְמִינְהוּ: צ אָכְלָה פַּת וּבָשָׂר וְתַבְשִׁיל — מְשַׁלֵּם חֲצִי נֶזֶק; מַאי לָאו בִּבְהֵמָה? לָא, ק בְּחַיָּה. חַיָּה, בָּשָׂר אוֹרְחֵיהּ הוּא! דְּמִטְוֵי. וְאִיבָּעֵית אֵימָא: לְעוֹלָם בִּבְהֵמָה, וּבְטַבְיָא. וּבְפָתוֹרָא.

ההוא

רבינו חננאל

היחיד חייב וזה שאמר ר' יוחנן אין חצי נזק חלוק לא ברשות היחיד ולא ברשות הרבים אוקימנא אקרן כרבנן ולא כר' טרפון. כשכשה בזנבה והזיקה כרגל דמי דהא אורחא היא וברשות הרבים פטורה כי מבעיא לן כשכוש יתירא. וכן כשכוש באמתו הני תרי איבעיין ולא ולא איפשיטן: **מתני'** התרנגולין מועדין להלך כדרכן. ולשבר וכו' אוקימנא למתני' דאדייה אדויי פי' שדידה התרנגול את הכלי בדליל שברגלו ושברו שהיא משונה בחצר הניזק שישלם בעל התרנגול חצי נזק כרבנן. דליל הפקר אמר רב הונא נקשר מאליו ברגלי התרנגול ודידה ושיבר כלי פטור בעל התרנגול מאי טעמא דכתיב כי יכרה איש בור ולא שור בור וזה הבור תרנגול עשאו. קשרו אדם ברגלי התרנגול ודידה ושיבר כלים חייב הקושרו מאי טעמא אמר רב הונא בר מנוח משום בור המתגלגל ברגלי אדם וברגלי בהמה וקיי"ל בבור נזק שלם: **מתני'** כיצד השן מועדת לאכול כו' ת"ר בהמה שנכנסה לחצר הניזק ואכלה אוכלין הראוין לה ושתתה משקין הראוין לה משלמת נזק שלם. וכן פרה שאכלה שעורים וחמור שאכל כרשינין וכלב שלקק שמן וחזיר שאכל חתיכה של בשר משלמין נזק שלם. וכן חיה שנכנסה לחצר הניזק וטרפה בהמה ואכלה בשר משלמין נזק שלם. דייק רב פפא מהא דקתני פרה שאכלה שעורים וחמור שאכל כרשינין וחזיר שאכל בשר. ואמר השר דאמר כל מידי דלא אורחיה ואכלה על ידי הדחק שמה אכילה. שונרא דאכל תמרי וחמרא דאכל ביניתא משלם נזק שלם. ההוא חמרא דאכל נהמא ופלסיה לסלא חתך בשיניו הסל חייב רב יהודה אנהמא נזק שלם ואסלא חצי נזק דמשונה היא. ורמינן עליה אכלה פת ובשר ובשר ותבשיל משלמין חצי נזק. ופרקי' מתני' בחי כגון ארי שאין דרכו לאכול פת. ואקשי' אי חיה (אי) [הא] בשר אורחיה היא. ואוקימנא בשר צלי או כגון צבי שאין דרכו לאכול בשר. פי' פתותא א) פת (פתיתה) [פתותה] בתוך המו ההוא

א) וכ"ה בשיטה מקובלת בשם רבינו דגרים בפתותא והוא פת הנטמה בקערה וזה אין דרכה לאכול ע"ש.

מסורת הש"ס

[לקמן כו.]

[לקמן מח. נח.]

[עי' ביצה לט. פירש"י שם]

[לעיל ו.]

[לעיל יז:]

לעיל טז:

[שבת עו. ועי' לקמן קי.]

גליון הש"ס

תום' ד"ה וכי כו' נמי חייב בעל תרנגול. עי' לקמן כג ע"א תוס' ד"ה ולחייב:

ההוא ברחא דחזא ליפתא אפומא דדנא, סריך סליק, אכלה לליפתא ותבריה לדנא. חייביה רבא אליפתא ואדנא נזק שלם; מאי טעמא? כיון דאורחיה למיכל ליפתא, אורחיה נמי לסרוכי ולמסלק. אמר אילפא: *בהמה ברשות הרבים, ופשטה צווארה ואכלה מעל גבי חברתה – חייבת; מאי טעמא? גבי חברתה כחצר הניזק דמי. לימא מסייע ליה: היתה קופתו מופשלת לאחוריו, ופשטה צווארה ואכלה ממנו – חייבת; כדאמר רבא: בקופצת, הכא נמי בקופצת. והיכא איתמר דרבא? אהא דאמר רבי אושעיא: בהמה ברשות הרבים, הלכה ואכלה – פטורה, עמדה ואכלה – חייבת; מאי שנא הלכה, דאורחיה הוא? עמדה נמי אורחיה הוא! אמר רבא: בקופצת. בעי ר' זירא: מתגלגל, מהו? היכי דמי? כגון דקיימא *עמיר ברשות היחיד וקא מתגלגל ואתי מרשות היחיד לרה"ר, מאי? ת"ש, דתני רבי חייא: משוי מקצתו בפנים ומקצתו בחוץ, אכלה בפנים – חייבת, אכלה בחוץ – פטורה; מאי לאו מתגלגל ואתי? לא, אימא: אכלה, על מה שבפנים – חייבת, על מה שבחוץ – פטורה. איבעית אימא: כי קאמר רבי חייא – בפתילה דאספסתא. § "אכלה כסות" וכו'. § אהייא? אמר רב: אכולהו, מאי טעמא? *כל המשנה ובא אחר ושינה בו – פטור. ושמואל אמר: לא שנו אלא פירות וירקות, אבל כסות וכלים – חייבת. וכן אמר ריש לקיש: אכולהו. ואזדא ריש לקיש לטעמיה, *דאמר ריש לקיש: שתי פרות ברשות הרבים, אחת רבוצה ואחת מהלכת, בעטה מהלכת ברבוצה – פטורה, רבוצה במהלכת – חייבת. ורבי יוחנן אמר: לא שנו אלא פירות וירקות, אבל כסות וכלים – חייבת. לימא, רבי יוחנן לית ליה דריש לקיש אפילו בשתי פרות? לא, לעולם אית ליה, כסות עבדי אינשי דמנחי גלימי ומתפחי, אבל בהמה לאו אורחה. § "ואם נהנית משלמת" (וכו'.) § וכמה? רבה אמר: דמי עמיר, רבא אמר: *דמי שעורים בזול. תניא כוותיה דרבה, תניא כוותיה דרבא. תניא כוותיה דרבה, רבי שמעון בן יוחי אומר: אין משלמת אלא דמי עמיר בלבד. תניא כוותיה דרבא: אם נהנית – משלמת מה שנהנית, כיצד? אכלה קב או קביים, אין אומרים תשלם דמיהן, אלא *אומדין כמה אדם רוצה להאכיל לבהמתו דבר הראוי לה אע"פ שאינו רגיל. לפיכך אכלה חטין או דבר הרע לה – פטורה. א"ל רב חסדא לרמי בר חמא: *) לא הוית גבן באורתא *בתחומא, דאיבעיא לן מילי מעלייתא. אמר: מאי מילי מעלייתא? א"ל: הדר בחצר חבירו שלא מדעתו, צריך להעלות לו שכר או אין צריך? היכי דמי? אילימא בחצר דלא קיימא לאגרא, וגברא דלא עביד למיגר – זה לא נהנה וזה לא חסר! אלא בחצר דקיימא לאגרא וגברא דעביד למיגר – זה נהנה וזה חסר! לא צריכא, בחצר דלא קיימא לאגרא וגברא דעביד למיגר, מאי? מצי אמר ליה "מאי חסרתיך", או דלמא מצי אמר:

הא

*) ב"ב נח.

רש"י

ההוא ברחא. עז. בקופצת. שקפצה ואכלה על גוארה, שאין דרכה בכך, ותולדה דקרן הוא, וחייבת חצי נזק קאמר. כגון דקיימא עמיר ברשות הניזק. ובהמה ברשות הרבים, ומגלגלת ואתי מרשות היחיד לרשות הרבים. מאי. בתר אכילה אזלינן ופטורה, או בתר דשקלה ליה אזלינן וחייבת. והוא הדין נמי אי בהמה ברשות הניזק ועמיר ברשות הרבים וגילגלתו מרשות הרבים לרשות היחיד, אי בתר אכילה אזלינן – חייבת, ואי בתר דשקלה ליה אזלינן – פטורה. משוי. קס"ד אמתחת מלאה שעורין ואכלה בפנים – חייבת. מאי לאו. כגון שאכלתו כולו. והכי קאמר: אכלתו בפנים, כגון שגלגלה את כולו בפנים – חייבת, גילגלתו לחוץ – פטורה. אלמא: בתר אכילה אזלינן. אימא אכלה על מה שבחוץ פטורה. על מה שהיה מונח מתחילה בחוץ פטורה, ועל המונח בתחילה בפנים חייבת. דבתר דשקלה ליה אזלינן, בין היא בפנים בין היא בחוץ. ואיבעית אימא. לעולם כדקתני: אכלתו בפנים חייבת על כולו, אכלתו בחוץ פטורה על כולו. ולא תפשוט דגלגול מילתא הוא, דכי א"ר חייא – בפתילה דאספסתא, משוי של שחת, שעליו ארוכין, וראשו אחד בפנים וראשו אחד בחוץ. דכיון דהאי רישא כי גריר ליה אזיל אידך בתריה – כמאן דמנח כולו כחד דוכתא דמי, הלכך אזלינן בתר בהמה. כי קמיבעיא לן – כגון שעורין, דכוליה גרעין קאי בפנים או בחוץ, וכי אכלה האי – לא אזיל האי בתריה אי לא מגלגלה ליה. פתילה. על שם דארוך הוא קרי ליה פתילה. אכולהו. הא דקתני מתניתין "ברה"ר פטורה" – אכולהו קאי, ואפילו אכסות וכלים דשינוי הוה ותולדה דקרן. כל המשנה. כגון זה שהניח כסותו וכליו ברה"ר. ובא אחר ושינה בו. כגון זו שאכלתו. בעטה מהלכת ברבוצה פטורה. ואף על גב דברה"ר חייבת – הכא פטורה, דכל המשנה כגון זו שרבצה ברה"ר ובא אחר כו'. מתפחי. עומדין לפוש. בהמה לאו אורחה. לרבון. דמי עמיר. שאם אכלה שעורין כדי שביעתה אינו משלם לו אלא דמים שהיה צריך ליתן בקשין ובתבן להאכילה. דאמר ליה: אי אפשי להאכילה שעורין אלא קשין ותבן. דמי שעורין בזול. כפי שהיה צריך ליקח שעורין למאכלה אם היה רוצה להאכילה שעורין. ולא יתן לו כשער שבשוק, דלמא איהו לא מאכיל לה שעורין, אלא בזול יתן, כדאמרינן בפרק "מי שמת" (ב"ב קמו:): וכל זוזא חשיב בארבע דנקי, דהיינו שני שלישי הדמים. אע"פ שאינו רגיל. להאכילה שעורין אלא עמיר, משלם לו דמי שעורין כפי מה שאדם אחר רגיל ליתן לבהמתו קב או קביים. לפיכך. כיון דמשערינן בדבר הראוי לה. אכלה חטים או כל דבר הרע לה. דלא נהנית – פטורה ברשות הרבים. בתחומא. לא היית קרוב אצלנו שתוכל לבא. ל"א: בתחומא – בבית המדרש. ראשון שמעתי. ה"ג: אי נימא בחצר דלא קיימא לאגרא וגברא דלא עביד למיגר זה לא נהנה וזה לא חסר. דלא עביד למיגר – זה שדר באותה חצר אינו עשוי לשכור חצרות, לפי שמזומנין לו בתים להשאיל, או יש לו בית אחר. זה לא נהנה. דהא שכיחי ליה בתים בחנם. וזה לא חסר. דהא לא קיימא לאגרא, ופשיטא דפטור. זה נהנה. שהרי היה לו לשכור בית אחר. וזה חסר. דחצרו קיימא להשכיר, והוה מוגר לאחריני. דלא קיימא לאגרא וגברא דעביד למיגר. דהוה ליה זה נהנה וזה לא חסר. מאי חסרתיך. הא בלאו הכי לא מוגרת.

תוספות

מתגלגל מהו. פ"ה: דמספקא ליה אי בתר אכילה אזלינן ואי בתר לקיחה. וקשה: דלקמן (דף כא:) גבי כלב שנטל חררה והלך לגדיש פשיטא לן *דאי אכליה בגדיש דעלמא – דפטור. ועוד: דלשון מתגלגל לא משמע הכי. ונראה לר"י: כגון דקיימי פירות ברשות הניזק ומגלגלי ואתו לרשות הרבים. דאי לאו שהבהמה מעכבתן בפיה ואכלתן שם – היה סופן להגיע ברשות הרבים. וקמבעיא ליה אי חשיבי כמונחים ברשות הרבים או לאו. וקאמר, ת"ש: משוי מקצתו בפנים כו'. מאי לאו במתגלגל, דאורחיה דמילתא כך היא במקצתו בפנים ומקצתו מבחוץ, וקתני: אכלה בפנים חייבת, אע"פ שסופו להתגלגל בחוץ אם לא שאכלתן. ו"אכלה בחוץ פטורה" תנא אגב רישא דמילתא, דפשיטא היא. אימא על מה שבפנים חייבת. פירוש: על מה שראוי להיות בפנים, שאין סופו להתגלגל בחוץ — חייבת. ואיבעית אימא: בפתילה דאספסתא, שעליו ארוכים. וסד"א ניזול בתר רוב עלה שבפנים, או בחוץ.

ואזדא ריש לקיש לטעמיה. תרווייהו צריכי: הך דהכא צריכא — דלא נימא כסות עבדי אינשי דמנחי גלימא ומתפחי. והההיא דב' פרות אשמועינן דוקא בעטה רבוצה במהלכת חייבת, הא הוזקה — פטורה, כדדייק לקמן פרק "המניח" (דף לב.) דאבעי לה לסגויי באידך גיסא.

זה אין נהנה וזה אין חסר הוא. אפילו [א] בחצר דקיימא לאגרא וגברא דלא עביד למיגר הו"מ למימר דפטור, כיון שלא נהנה, אע"פ שגרם הפסד לחבירו. דאפילו גירשו חבירו מביתו ונעל דלת בפניו — אין זה אלא גרמא בעלמא. זה נהנה וזה חסר הוא. דכל זמן שרואין את זה עומד בביתו — אין מבקשין ממנו להשכיר.

הא

עין משפט נר מצוה

לב א מיי' פ"ג מהלכות נזקי ממון הלכה ח סמג עשין סז טוש"ע ח"מ סי' שצא סעיף ה:

לג ב ג מיי' שם הלכה י ועי' בכ"מ שהאריך טוש"ע שם סעיף יא:

לד ד מיי' שם הלכה ד ועיין בהשגות ובמ"מ טוש"ע שם סעיף יב:

לה ה שם ש"ע בהג"ה:

לו ו מיי' שם הלכה ג טוש"ע שם סעיף ב:

לז ז ח ט מיי' שם הלכה ב ג טור ש"ע שם סעיף ח:

רבינו חננאל

ההוא ברחא פי' איל וי"א שעיר עזים דחזא לפתא אפומא דדנא סריך סליק אכל ללפתא ותבריה לדנא חייביה רבא לתרויהו נזק שלם מאי טעמא כיון דאורחי' לאכול לפתא אורחיה נמי לסרוכי ולמיסק. אמר אילפא בהמה ברשות הרבים פשטה צוארה ואכלה מעל גבי חברתה חייבת מ"ט גבי חברתה כחצר הניזק דמי לימא מסייעא ליה כו' ונדחת. אמר ר' הושעיה בהמה ברשות הרבים הלכה ואכלה פטורה דאורחה הוא ושן ברשות הרבים פטורה. עמדה ואכלה חייבת ותרצה רבא בקופצת ואוכלת ממקום גבוה שאינו חשוב כרה"ר שאינה יכולה לאכול כשהיא מהלכת וכיון שלא שימרה בעלה וקפצה ואכלה חייבת אבל אם היה נמוך אפי' עמדה ואכלה פטורה דהיינו אורחה. בעי ר' זירא מתגלגל מהו כגון דקאי ברשות היחיד וקא מתגלגל ואתי *) מרשות הרבים לרשות היחיד מאי בתר עקירה אזלינן ופטור או בתר הזיקה וחייב. ת"ש דתני ר' חייא משוי מקצתו בפנים ומקצתו בחוץ כו'. ודחי' לה ומתרצינן לה הכי אימא על מה שבפנים חייבת על מה שבחוץ פטורה. איבעית אימא בפתילה דאספסתא דנקראין דרזי כלומר אינו שעורין וכיוצא בהן אלא אספסתא ומוטלת כשלדא בפנים ובחוץ מה שבפנים רשות הניזק וחייב. מה שבחוץ רשות הרבים ופטורה. ובעיא דר' זירא לא איפשיטא ודינה כדין תיקו: מתני' אכלה כסות או כלים משלם חצי נזק. חלקו רב ושמואל בסיפא דמתני' דקתני אבל ברשות הרבים פטור רב אמר אכולהו פירות ירקות כסות וכלים כולם דינם שוה ברה"ר פטור מאי טעמא כי זה שהניח כליו וכסותו ברה"ר שינה שאין דרך בני אדם להניחם דרכים ואם באת הבהמה ושנת ואכלתן שלא כדרך הבהמות פטורה. ושמואל אמר אין שן ורגל פטורין ברשות הרבים אלא בפירות וירקות שכן דרכן אבל אכלה כסות וכלים כקרן דיינינן ליה שהוא שינוי וחייב ברה"ר. פיסקא וקיימ' לן כשמואל ולא עוד אלא דר' יוחנן קאי כותיה ואע"ג דריש לקיש קאי כרב דבריו דחוין הן. אבל בשתי פרות ברשות הרבים אחת רבוצה ואחת מהלכת בעטה מהלכת ברבוצה פטורה. רבוצה במהלכת חייבת **) קיי"ל כותי' דהא ר' יוחנן מודה ליה ומפרש כסות וכלים עביד איניש דמנח ברה"ר ומתפחי והמניח אין אומר ששינה שכנגן זה אינו שינוי בהמה לאו אורחה למרבץ ברשות הרבים ורבא נמי דהוא בתרא מחייב אפי' בביעוט מהלכת ברבוצה כדבעינן למימר לקמן (דף כד ע"ב) פיס' ואם נהנית משלמת מה שנהנית וכמה רבה אמר דמי עמיר תניא כותי' ר"ש אומר אינה משלמ' אלא דמי עמיר בלבד. רבא אמר דמי שעורין בזול. תניא כותיה כיצד משלמת מה שנהנית אכלה קב או קבים אין אומר משלם דמיהם אלא אומדין כמה אדם רוצה להאכיל לבהמתו דבר הראוי לה אע"פ שאינו רגיל לפיכך אכלה חטים או דבר רע לה פטור: ירושלמי רב אמר אכלה שעורין משלם תבן. וכיון דתניא כתרווייהו ורבה רבו של רבא קיימ' לן כותיה. הא דאמר ליה רב חסדא לרמי בר חמא לא הוית גבן באורתא כו' דברין פשוטין הן חצר דלא קיימא לאגרא וגברא דלא עביד למיגר פטור דהא זה לא נהנה שכן כל מקום ששוכן אינו נותן שכר מפני שהוא חשוב ונשוא פנים ומבקשים הכל

*) וכ"ה ג"כ גי' הרמב"ם ז"ל. **) עי' לקמן דף ל"ב ע"א דכתב רבינו ויש אומרים כיון דרבא בתרא הוא הלכתא כוותיה.

הגהות הגר"א

[א] תוס' ד"ה זה אין כו' אפי' בחצר כו'. נ"ב אבל הרי"ף וש"פ כתבו דכה"ג חייב וערא"ש:

מסורת הש"ס (ציונים בגליון)

[לקמן כח:]

[לקמן כא:]

גי' הרמב"ם והראב"ד ושאר פוסקים איפכא כגון דקיימא ברשות היחיד וקא מתגלגל ואתי מרה"ר לרה"י וע"ש

[לקמן כז:]

לקמן לב. [כז:]

[לקמן קיב. ב"מ מב: ב"ב קמו: כתובות לד:]

[תוספ' פ"א]

[פי' בבית המדרש שהוא תחומה של תורה. כ"ה בערוך]

גליון הש"ס

גמ' לא הוית גבן באורתא. זבחים דף ב ע"ב:

לח א ב ג מיי' פ"ג מהלכות שכנים הלכה ג סמג עשין פב טור ש"ע ח"מ סי' קנח סעיף ו וע"ש:

לט ד מיי' שם פ"ד הלכה ג סמג שם טוש"ע ח"מ סי' קסד סעיף ה:

מ ה מיי' פ"ג מהלכות גזילה ואבידה הלכה ט סמג עשין עג טור ש"ע ח"מ סי' שסג סעיף ו:

מא ו מיי' פ"ג מהלכות מעילה הלכה ה וע"ש בכ"מ סמג עשין רי:

מב ז ח מיי' שם הלכה ח:

הא איתהנית? א"ל: מתניתין היא. הי מתניתין? א"ל: *לכי תשמש לי. שקל סודריה כרך ליה. א"ל: אם נהנית — משלמת מה שנהנית. אמר רבא: *כמה לא חלי ולא מרגיש גברא דמריה סייעיה, דאע"ג דלא דמי למתניתין קבלה מיניה! האי זה נהנה וזה חסר, והאי זה נהנה וזה לא חסר הוא. ורמי בר חמא? סתם פירות ברשות הרבים אפקורי מפקר להו. תנן: *אהמקיף חבירו משלש רוחותיו, וגדר את הראשונה ואת השניה ואת השלישית — אין מחייבין אותו; הא רביעית — מחייבין אותו, ש"מ: זה נהנה וזה לא חסר — חייב! שאני התם, דאמר ליה: את גרמת לי הקיפא יתירא. ת"ש, א"ר יוסי: באם עמד ניקף וגדר את הרביעית — מגלגלין עליו את הכל; טעמא דגדר ניקף, הא מקיף — פטור, ש"מ: זה נהנה וזה לא חסר — פטור! שאני התם, גדאמר ליה: לדידי סגי לי בנטירא בר זוזא. ת"ש: *דהבית והעלייה של שנים שנפלו, אמר בעל העלייה לבעל הבית לבנות והוא אינו רוצה, הרי בעל העלייה בונה בית ויושב בה עד שיתן לו יציאותיו; יציאותיו הוא דמחייב ליה בעל הבית, הא שכרו — לא, ש"מ: זה נהנה וזה לא חסר — פטור! שאני התם, דביתא לעלייה משתעבד. ת"ש, רבי יהודה אומר: אף זה (א) הדר בחצר חבירו שלא מדעתו — צריך להעלות לו שכר; ש"מ: זה נהנה וזה לא חסר — חייב! שאני התם, משום שחרוריתא דאשייתא. שלחוה בי רבי אמי, אמר: וכי מה עשה לו, ומה חסרו, ומה הזיקו? רבי חייא בר אבא אמר: *נתיישב בדבר. הדר שלחוה קמיה דרבי חייא בר אבא, אמר: *כוליה האי שלחו לי ואזלי, אילו אשכחי בה טעמא *לא שלחנא להו? איתמר, רב כהנא א"ר יוחנן: האינו צריך להעלות לו שכר, רבי אבהו אמר רבי יוחנן: צריך להעלות לו שכר. אמר רב פפא: הא דרבי אבהו *לאו בפירוש איתמר אלא מכללא איתמר, דתנן: *נטל אבן או קורה של הקדש — הרי זה לא מעל, נתנה לחבירו — הוא מעל וחבירו לא מעל, ובנאה לתוך ביתו — הרי זה לא מעל עד שידור תחתיה שוה פרוטה, ואמר שמואל: *והוא שהניחה על פי ארובה; ויתיב רבי אבהו קמיה דר' יוחנן וקאמר משמיה דשמואל, זאת אומרת: הדר בחצר חבירו שלא מדעתו — צריך להעלות לו שכר, ושתק ליה. איהו סבר: מדשתיק מודה ליה, ולא היא, אשגוחי לא אשגח ביה; כדרבה, דאמר *רבה: הקדש שלא מדעת כהדיוט מדעת

הא איתהנית. אפילו למ"ד בפ"ק דב"ב (דף יב:) כופין אותו על מדת סדום, ויהבינן ליה אחד מגרה — שאני הכא שהיה יכול למונעו מתחילה מלדור בביתו. ולמ"ד התם: מעלינן ליה כנכסי דבר מורין — משום דלמי למונע חבירו מתחילה לדור בביתו. אבל הכא כבר דר. ואם תאמר: הכוא דמכתב לו חבירו בבית הבליעה דריש "אלו נערות" (כתובות דף ל:) אמאי חייב האוכל? זה נהנה וזה לא חסר הוא, שאם היה מחזיר היתה נמחקת, ואין שוה כלום! וי"ל: דלא דמי, הואיל ונהנה מחמת החסרון שהיה מתחילה. מידי דהוי אהא דתנן: מתוך הרכבתה משלם מה שנהנית, דלאעיקה לא מחייב, דהוי שן ברה"ר, אלא אהנאת מעיו מחייב, אע"פ שאם מחזירו אין שוה כלום.

אפקורי מפקר להו. לא לגמרי, דא"כ אפילו מה שנהנית לא משלם. אלא מתייאש מהם, שסבור שיתקלקלו מחמת שרבים דורסים עליהם, *עד שלא יבואו לדמי מה שנהנית.

את גרמת לי הקיפא יתירא. מתוך פירוש הקונטרס משמע דמיירי בגדר שבין שדהו לשדה ניקף. וקשה: דהיכי חשיב ליה זה נהנה וזה אין חסר? הואיל שכל אותו הגדר לא נעשה אלא להפסיק בין שדותיו לשדה ניקף! ועוד, דהוה ליה למימר: את גרמת לי כל זה היקף. דהקיפא יתירא משמע שגרם ליה להרבות! אלא נראה שמתוך סביב לד' רוחות הקיף. והקיפא יתירא — משום שממחמת שדה האמצעי ההיקף גדול יותר מדאי.

אם עמד ניקף. בסדר המשנה ל"ג בהדיא ניקף, אלא לנייחא דמפרש התם דקאי אניקף דייק הכא.

טעמא דניקף הא מקיף פטור. ואפילו רבנן לא פליגי אלא משום דא"ל את גרמת לי הקיפא יתירא. וא"ת: ואי זה נהנה וזה לא חסר פטור, אפילו עמד ניקף נמי! וי"ל: שאני עמד ניקף, דגלי אדעתיה דניחא ליה בהוצאה. ולא דמי לדר בחצר חבירו, דלא גלי אדעתיה אלא בחנם.

ת"ש ר"י אומר. ואפילו רבנן לא פליגי אלא משום דביתא לעלייה משתעבד.

נתנה לחבירו כו'. בפ"ק דחגיגה (דף י:) פריך: מכדי מגזל גזליה, מה לי הוא מה לי חבירו? ומשני: באבני בנין המסורות לגזבר עסקינן. וא"ת: מ"מ למעול, דהוי מתכוין לקנות. ואפילו למ"ד (ב"מ דף מא.) שליחות יד צריכה חסרון — ה"מ כשאין מתכוין לקנות הכל! וי"ל: דאין אדם מועל אלא במתכוין להוציאו מרשות מי שהוא, והכא הוא סבור שלו הוא.

והוא שהניחה ע"פ ארובה. פ"ה: דלא קבעה בבנין, דלא הוי שינוי, הלכך לא מעל עד שידור תחתיה. ותימה: כי קבעה נמי לא קני, דשינוי החוזר לברייתו הוא, כדאמר ב"הגוזל קמא" (לקמן צו:): האי דגזל נסכא ועבדיה זוזי — לא קני בשינוי, מ"ט — דהדר עביד להו נסכא. ושמואל עצמו הדר ביה כדאמרינן בפרק "השואל" (ב"מ דף צט.): *לא אשנח ביה.

אשגוחי לא אשגח ביה.

כהדיוט

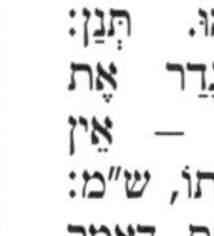

הָא אִיתְהֲנֵית. דְּאִי לָאו חָצֵר דִּידִי הֲוַת אוֹגַר אֲחֵרִינִי. לְכִי תְּשַׁמֵּשׁ לִי. כְּשֶׁתְּשַׁמְּשֵׁנִי שִׁימּוּשׁ אֶחָד אוֹמַר לָךְ. כָּרַךְ לֵיהּ סוּדְרָא. קִיפֵּל לוֹ סוּדָר שֶׁלּוֹ. מְשַׁלֶּמֶת מַה שֶּׁנֶּהֱנֵית. אַלְמָא: בָּתַר הֲנָאָה אָזְלִינַן. גַּבְרָא דְּמָרֵיהּ סַיְיעֵיהּ. רָמֵי בַּר חָמָא. דְּאַעַ"ג דְּלָא דָּמְיָא. הַהִיא בְּעָיָא לְמַתְנִיתִין. קִיבְּלָהּ. רַב חִסְדָּא מִינֵּיהּ וְלָא אוֹתְבֵיהּ מִידֵּי. מַפְקַר לְהוּ. וְלָא חִיסַּר מִידֵּי, דְּהָא סוֹפָן לְאִיבּוּד. מְשַׁלֵּשׁ רוּחוֹתָיו. שֶׁהָיָה לוֹ לִרְאוּבֵן שָׁלֹשׁ שָׂדוֹת אֵצֶל שְׂדֵה שִׁמְעוֹן מִשָּׁלֹשׁ רוּחוֹתָיו. וְגָדַר. רְאוּבֵן אֶת הָרִאשׁוֹנָה סָמוּךְ לִשְׂדֵה שִׁמְעוֹן, לְצַד מְחִיצּוֹת חִיצוֹנוֹת שֶׁהָיוּ לוֹ בֵּינוֹ לְשָׁאָר הַבִּקְעוֹת. וְאֶת הַשְּׁנִיָּה וְהַשְּׁלִישִׁית כָּזֶה. אֵין מְחַיְּיבִין אוֹתוֹ. אֵין מְחַיְּיבִין אֶת שִׁמְעוֹן כְּלוּם, דְּמַאי אַהֲנֵי לֵיהּ? הֲרֵי שָׂדֵהוּ פְּתוּחָה מִצַּד רְבִיעִית. הָא רְבִיעִית. הָא אִם הָיָה לוֹ לִרְאוּבֵן ד' שָׂדוֹת מְאַרְבַּע רוּחוֹת שֶׁל שִׁמְעוֹן, וּגְדָרָן — מְחַיְּיבִין אֶת שִׁמְעוֹן לָתֵת אֶת חֶלְקוֹ בִּמְחִיצּוֹת הַפְּנִימִיּוֹת שֶׁבֵּינוֹ לִרְאוּבֵן. זֶה נֶהֱנֶה. שִׁמְעוֹן. וְזֶה לֹא חָסֵר. רְאוּבֵן, שֶׁהֲרֵי יֵשׁ לוֹ לִגְדּוֹר שָׂדֵהוּ. הֶקֵּיפָא יְתֵירָא. דְּאִי לָאו שְׂדֵה שֶׁל שִׁמְעוֹן בֵּין שְׂדוֹתָיו — הֲוֵי סַגֵּי לֵיהּ בִּמְחִיצּוֹת חִיצוֹנוֹת, וְהָווּ כָּל שְׂדוֹתָיו גְּדוּרִים, וְהִלְכָּךְ חָסֵר הוּא בִּשְׁבִילוֹ. אִם עָמַד נִיקָּף וְגָדַר אֶת הָרְבִיעִית. גַּלֵּי אַדַּעְתֵּיהּ דְּנִיחָא לֵיהּ בְּהֶקֵּיפוֹ שֶׁל רְאוּבֵן, וּמְגַלְגְּלִים עָלָיו אֶת הַכֹּל — לָתֵת אֶת חֶלְקוֹ בְּג' מְחִיצּוֹת פְּנִימִיּוֹת שֶׁל רְאוּבֵן. הָא מַקִּיף. הָא אִם קָנָה מַקִּיף עוֹד שָׂדֶה רְבִיעִית אֵצֶל שִׁמְעוֹן וּגְדָרָהּ — פָּטוּר שִׁמְעוֹן. לְדִידִי סַגֵּי לִי בְּנַטִּירָא בַּר זוּזָא. לֹא הָיָה יְכוֹלֶת בְּיָדִי לִגְדּוֹר גֶּדֶר שֶׁל אֲבָנִים, וְסַגֵּי לִי בְּגֶדֶר קוֹצִים בַּר זוּזָא לְהַבְדִּיל בֵּינִי וּבֵינְךָ. הַבַּיִת וְהָעֲלִיָּיה. בַּיִת שֶׁל זֶה, וְהָעֲלִיָּיה שֶׁעַל גַּבָּהּ הָיְתָה שֶׁל אַחֵר. יְצִיאוֹתָיו. מַה שֶּׁהוֹצִיא עַל הַבַּיִת. אַלְמָא מְדַיְּיהִיב לֵיהּ כָּל יְצִיאוֹתָיו וְאֵינוֹ מְנַכֶּה לוֹ שְׂכַר מַה שֶּׁעָמַד בַּבַּיִת, אַלְמָא: זֶה נֶהֱנֶה — שֶׁהָיָה לוֹ לִשְׂכּוֹר אַחֶרֶת, וְזֶה לֹא חָסֵר — דְּבְלָאו הָכִי לָא בָּעֵי אִיהוּ לְמִבְנְיֵיהּ, פָּטוּר הַנֶּהֱנֶה. דְּבֵיתָא לַעֲלִיָּיה מִשְׁתַּעְבַּד. שֶׁבַּעַל הַבַּיִת לִסְבּוֹל הָעֲלִיָּיה, הִלְכָּךְ הַדִּין עִם זֶה לָדוּר בּוֹ. רַבִּי יְהוּדָה אוֹמֵר כו'. מַתְנִי' קַמָּא פְּלִיג, דְּבַעַל הָעֲלִיָּיה צָרִיךְ לְהַעֲלוֹת שָׂכָר לְבַעַל הַבַּיִת. שַׁחֲרוּרִיתָא דְּאַשְׁיָיתָא. כְּשֶׁמַּשְׁחִיר לוֹ הַכְּתָלִים, הִלְכָּךְ חָסֵר הוּא. אֲבָל בַּיִת יָשָׁן — לָא. שְׁלַחוּהָ בֵּי רַבִּי אַמִּי. לְהָא בְּעָיָא דִּלְעֵיל, זֶה נֶהֱנֶה וְזֶה לֹא חָסֵר מַהוּ? מַה חִסְּרוֹ. זֶה עָמַד בַּבַּיִת דְּלָא קַיְימָא לְאַגְרָא. נִתְיַישֵּׁב בַּדָּבָר. נְעַיֵּין בָּהּ. לָאו בְּפֵירוּשׁ אִתְּמַר. לָאו בְּהֶדְיָא שָׁמְעָה רַבִּי אַבָּהוּ מִינֵּיהּ דְּר' יוֹחָנָן. נָטַל אֶבֶן אוֹ קוֹרָה. מִפָּרֵשׁ בְּמַסֶּכֶת מְעִילָה דְּבְגִזְבָּר עָסְקִינַן. לֹא מָעַל. דְּמְעִיקָּרָא נָמֵי בִּרְשׁוּתֵיהּ הֲוֵי כִּי הַשְׁתָּא, וְלָא שִׁינּוּי הוּא. נְתָנָהּ לַחֲבֵירוֹ. קַנְיֵיהּ חֲבֵירוֹ. דְּגִזְבָּר יֵשׁ לוֹ רְשׁוּת לִיתֵּן, וְזֶה שֶׁהוֹצִיאוֹ לְחוּלִּין מָעַל. בְּנָאָהּ. גִּזְבָּר בְּתוֹךְ בֵּיתוֹ, לֹא מָעַל כו'. וְהוּא שֶׁהִנִּיחָהּ ע"פ אֲרוּבָּה. וְלֹא קְבָעָהּ בְּבִנְיָן, דְּלָא הָוֵי שִׁינּוּי. הִלְכָּךְ לֹא מָעַל עַד שֶׁיָּדוּר תַּחְתֶּיהָ. זֹאת אוֹמֶרֶת. מִדְּקָתָנֵי דְּכִי דָּר תַּחְתֶּיהָ חַיָּיב, וְאַעַ"ג דְּשֶׁלֹּא מִדַּעַת הֶקְדֵּשׁ עָבַד. בְּהֶקְדֵּשׁ לֵיכָּא לְמֵימַר שֶׁלֹּא מִדַּעַת, דְּדַעַת שְׁכִינָה אִיכָּא. הִלְכָּךְ כְּהֶדְיוֹט מִדַּעַת דָּמֵי. אֵין

133–136

כְּהֶדְיוֹט מִדַּעַת דָּמֵי. *שְׁלַח לֵיהּ רַבִּי אַבָּא בַּר זַבְדָּא לְמָרֵי בַּר מָר, בְּעֵי מִינֵּיהּ מֵרַב הוּנָא: הַדָּר בַּחֲצַר חֲבֵירוֹ שֶׁלֹּא מִדַּעְתּוֹ, צָרִיךְ לְהַעֲלוֹת לוֹ שָׂכָר אוֹ לֹא? אַדְּהָכִי נָח נַפְשֵׁיהּ דְּרַב הוּנָא. א"ל רַבָּה בַּר רַב הוּנָא, הָכִי אָמַר אַבָּא מָרִי מִשְּׁמֵיהּ דְּרַב: [א]אֵינוֹ צָרִיךְ לְהַעֲלוֹת לוֹ שָׂכָר, וְהַשּׂוֹכֵר בַּיִת מֵרְאוּבֵן — מַעֲלֶה שָׂכָר לְשִׁמְעוֹן. שִׁמְעוֹן מַאי עֲבִידְתֵּיהּ? הָכִי קָאָמַר: נִמְצָא הַבַּיִת שֶׁל שִׁמְעוֹן — מַעֲלֶה לוֹ שָׂכָר. תַּרְתֵּי?! [ב]הָא דְּקַיְימָא לְאַגְרָא, הָא דְּלָא קַיְימָא לְאַגְרָא. אִתְּמַר נַמִי: א"ר חִיָּיא בַּר אָבִין אָמַר רַב, וְאָמְרִי לַהּ אָמַר ר' חִיָּיא בַּר אָבִין אָמַר רַב הוּנָא: הַדָּר בַּחֲצַר חֲבֵירוֹ שֶׁלֹּא מִדַּעְתּוֹ — אֵינוֹ צָרִיךְ לְהַעֲלוֹת לוֹ שָׂכָר, וְהַשּׂוֹכֵר בַּיִת מִבְּנֵי הָעִיר — מַעֲלֶה שָׂכָר לַבְּעָלִים. בְּעָלִים מַאי עֲבִידְתַּיְיהוּ? הָכִי קָאָמַר: נִמְצְאוּ לוֹ בְּעָלִים — מַעֲלִין לָהֶן שָׂכָר. תַּרְתֵּי?! הָא דְּקַיְימָא לְאַגְרָא, הָא דְּלָא קַיְימָא לְאַגְרָא. אָמַר רַב סְחוֹרָה אָמַר רַב הוּנָא אָמַר רַב: הַדָּר בַּחֲצַר חֲבֵירוֹ שֶׁלֹּא מִדַּעְתּוֹ — אֵין צָרִיךְ לְהַעֲלוֹת לוֹ שָׂכָר, מִשּׁוּם שֶׁנֶּאֱמַר: °"וּשְׁאִיָּה יוּכַּת שָׁעַר". *אָמַר מָר בַּר רַב אַשִׁי: לְדִידִי חֲזִי לֵיהּ, וּמְנַגַּח כִּי תוֹרָא. רַב יוֹסֵף אָמַר: בֵּיתָא מִיתְּבָא יָתֵיב. מַאי בֵּינַיְיהוּ? אִיכָּא בֵּינַיְיהוּ, דְּקָא מִשְׁתַּמֵּשׁ בֵּיהּ בְּצִיבֵי וְתִיבְנָא. [ג]הַהוּא גַּבְרָא דִּבְנָה אַפַּדְנָא אַקִּילְקַלְתָּא דְּיַתְמֵי, אַגְבֵּיהּ רַב נַחְמָן לְאַפַּדְנֵיהּ מִינֵּיהּ. לֵימָא, קָסָבַר רַב נַחְמָן: הַדָּר בַּחֲצַר חֲבֵירוֹ שֶׁלֹּא מִדַּעְתּוֹ צָרִיךְ לְהַעֲלוֹת לוֹ שָׂכָר? הַהוּא, מֵעִיקָּרָא קַרְמָנָאֵי הֲווּ דָּיְירֵי בֵּיהּ וְיָהֲבִי לְהוּ לְיַתְמֵי דָּבָר מוּעָט, א"ל: זִיל פַּיְיסִינְהוּ לְיַתְמֵי, וְלָא אַשְׁגַּח, אַגְבֵּיהּ רַב נַחְמָן לְאַפַּדְנֵיהּ מִינֵּיהּ. § "כֵּיצַד מְשַׁלֶּמֶת מַה שֶּׁנֶּהֱנֵית" וכו'.§ אָמַר רַב: וּבְמַחֲזֶרֶת, וּשְׁמוּאֵל אָמַר: [ד]אֲפִילּוּ מַחֲזֶרֶת נַמִי פָּטוּר. וְלִשְׁמוּאֵל, הֵיכִי מַשְׁכַּחַתְּ לַהּ דִּמְחַיֵּיב? כְּגוֹן [ה]דִּשְׁבַקְתַּהּ לְרַחֲבָה וְאָזְלָה וְקָמָה בְּצִידֵּי רְחָבָה. וְאִיכָּא דְּמַתְנֵי לְהָא שְׁמַעְתָּא בְּאַפֵּי נַפְשָׁהּ: מַחֲזֶרֶת — רַב אָמַר: חַיֶּיבֶת, וּשְׁמוּאֵל אָמַר: פְּטוּרָה. וְלִשְׁמוּאֵל, מְשַׁלֶּמֶת מַה שֶּׁהִזִּיקָה, הֵיכִי מַשְׁכַּחַתְּ לַהּ דִּמְחַיְּיבָא? כְּגוֹן דִּשְׁבַקָהּ לְרַחֲבָה וְאָזְלָה וְקָמָה בְּצִידֵּי רְחָבָה. מֵתִיב רַב נַחְמָן בַּר יִצְחָק: מִפֶּתַח הַחֲנוּת — מְשַׁלֶּמֶת מַה שֶּׁנֶּהֱנֵית, הֵיכִי מַשְׁכַּחַתְּ לַהּ? פְּשִׁיטָא בְּמַחֲזֶרֶת, וְקָאָמַר (מָר) מַה שֶּׁנֶּהֱנֵית — אִין, מַה שֶּׁהִזִּיקָה — לָא! הוּא מוֹתִיב לַהּ, וְהוּא מְפָרֵק לַהּ: דְּקַיְימָא בְּקֶרֶן זָוִית. אִיכָּא דְּאָמְרִי: מַחֲזֶרֶת — כּוּלֵּי עָלְמָא לָא פְּלִיגִי דְּחַיֶּיבֶת, כִּי פְּלִיגִי — בְּמַקְצֶה מָקוֹם מֵרְשׁוּתוֹ לִרְשׁוּת הָרַבִּים, וְהָכִי אִתְּמַר, אָמַר רַב: ל"ש אֶלָּא מַחֲזֶרֶת, אֲבָל [ו]מַקְצֶה מָקוֹם מֵרְשׁוּתוֹ לרה"ר — פְּטוּרָה; וּשְׁמוּאֵל אָמַר: אֲפִילּוּ מַקְצֶה מָקוֹם מֵרְשׁוּתוֹ לִרְשׁוּת הָרַבִּים — חַיֶּיבֶת. לֵימָא, בְּבוֹר בִּרְשׁוּתוֹ קָמִפַּלְגִי, רַב דְּאָמַר פָּטוּר, °קָסָבַר: *בּוֹר בִּרְשׁוּתוֹ — חַיָּיב, וּשְׁמוּאֵל דְּאָמַר חַיָּיב, קָסָבַר: בּוֹר בִּרְשׁוּתוֹ — פָּטוּר? אָמַר לָךְ רַב, לְעוֹלָם אֵימָא לָךְ: בְּעָלְמָא

רש"י

אֵין צָרִיךְ לְהַעֲלוֹת לוֹ שָׂכָר. וְעוֹד אָמַר אַבָּא מָרִי דְּהַשּׂוֹכֵר בַּיִת מֵרְאוּבֵן כו' וְנִמְצֵאת בַּיִת שֶׁל שִׁמְעוֹן, וְהוּא שְׂכָרָהּ מֵרְאוּבֵן – מַעֲלֶה שָׂכָר לְשִׁמְעוֹן. תַּרְתֵּי. בִּתְמִיָּה. כְּלוֹמַר: תַּרְתֵּי מִילֵּי קָאָמַר דְּסָתְרָן אַהֲדָדֵי. דְּהַאי דְּשָׂכַר בֵּית שִׁמְעוֹן מֵרְאוּבֵן – הֲוָה לֵיהּ דָּר בַּחֲצַר שִׁמְעוֹן שֶׁלֹּא מִדַּעַת שִׁמְעוֹן, וְקָאָמַר צָרִיךְ לְהַעֲלוֹת לוֹ שָׂכָר, וְרֵישָׁא קָאָמַר אֵין צָרִיךְ. הָא דְּקַיְימָא לְאַגְרָא. מַעֲלֶה שָׂכָר לְשִׁמְעוֹן, דַּהֲוָה לֵיהּ זֶה נֶהֱנֶה וְזֶה חָסֵר. הַדָּר בַּחֲצַר חֲבֵירוֹ. דְּלָא קַיְימָא לְאַגְרָא, שֶׁלֹּא מִדַּעַת – אֵין צָרִיךְ לְהַעֲלוֹת שָׂכָר. שֶׁנֶּאֱמַר וּשְׁאִיָּה יוּכַּת שָׁעַר. שֵׁד שֶׁשְּׁמוֹ שְׁאִיָּה מְכַתֶּתֶת שַׁעַר בַּיִת שֶׁאֵין בְּנֵי אָדָם דָּרִין בּוֹ, וְהִלְכָּךְ זֶה שֶׁעָמַד בּוֹ הֱגִינָהוּ. לִישָּׁנָא אַחֲרִינָא: בַּיִת שֶׁהוּא שָׁאוּי וְיָחִיד מֵאֵין אָדָם – יוּכַּת שַׁעַר, מַזִּיקִין מְכַתְּתִין אוֹתוֹ. בֵּיתָא מִיתְּבָא יָתֵיב. בַּיִת שֶׁהוּא מְיוּשָּׁב בְּדִירַת בְּנֵי אָדָם – יָתֵיב יִשּׁוּבוֹ קַיָּים, לְפִי שֶׁהַדָּרִין בְּתוֹכוֹ רוֹאִין מַה שֶּׁהוּא צָרִיךְ וּמְתַקְּנִין אוֹתוֹ. דְּקָמִשְׁתַּמֵּשׁ בּוֹ. בַּעַל הַבַּיִת בְּגִבָּבֵי וְתִיבְנָא, שֶׁהָיוּ עֵצָיו וְתַבְנוֹ בְּתוֹכוֹ וְזֶה הָלַךְ וְדָר בּוֹ. מִשּׁוּם שְׁאִיָּה לֵיכָּא – הוֹאִיל וּמִשְׁתַּמְּשִׁין בּוֹ, מִשּׁוּם בֵּיתָא מִיתְּבָא – אִיכָּא, דְּאֵין זֶה יִשּׁוּב, וְזֶה שֶׁדָּר בּוֹ יָפֶה עָשָׂה וְהֱגִינָהוּ. אַקִּילְקַלְתָּא. (א) אַשְׁפָּה. דְּמְתַרְגְּמִינַן אַקִּילְקַלְתָּא "מֵאַשְׁפּוֹת יָרִים אֶבְיוֹן" (תהלים קיג). קַרְמָנָאֵי. שֵׁם אוּמָּה. ל"א: קַדְמוֹנָאֵי = קַדְמוֹנִים הָיוּ יוֹשְׁבִין בּוֹ, וּמַעֲלִים שָׂכָר לַיְתוֹמִים, וַהֲוָה לֵיהּ קַיְימָא לְאַגְרָא. אָמַר רַב וּבְמַחֲזֶרֶת. רֹאשָׁהּ מֵרְחָבָה לְצִידָּהּ שֶׁל רְחָבָה וְאָכְלָה פֵּירוֹת, קָתָנֵי מַתְנִיתִין דִּמְשַׁלֶּמֶת מַה שֶּׁהִזִּיקָה, אע"ג דְּכוּלָּהּ קַיְימָא בְּרַחֲבָה. פְּטוּרָה. הוֹאִיל וְגוּף הַבְּהֵמָה קָאֵי בְּרַחֲבָה דְּאוֹרְחָהּ הוּא לְהַחֲזִיר רֹאשָׁהּ, וְשֵׁן בִּרה"ר הִיא. וְקָמָה בְּצִידֵּי רְחָבָה. שֶׁאֵין דֶּרֶךְ שְׁוָורִים לָלֶכֶת שָׁם, הִלְכָּךְ לָאו כִּרה"ר דָּמֵי. בְּאַפֵּי נַפְשָׁהּ. לָאו אַמַּתְנִיתִין. מַחֲזֶרֶת. שֶׁהֶחֱזִירָה רֹאשָׁהּ וְאָכְלָה בְּצִידֵּי רְחָבָה. פְּשִׁיטָא בְּמַחֲזֶרֶת. דְּהָא פֶּתַח חֲנוּת בְּתוֹךְ הָרְחָבָה לֵיכָּא. וְלָא מַשְׁכַּחַתְּ לַהּ אֶלָּא בְּמַחֲזֶרֶת. וְקָתָנֵי: מַה שֶּׁנֶּהֱנֵית כו'. דְּקַיְימָא. חֲנוּת בְּקֶרֶן זָוִית, כְּגוֹן מָבוֹי קָטָן הַכָּלֶה בְּמָבוֹי גָּדוֹל. וְקַיְימָא חֲנוּת בְּרֹאשׁ מָבוֹי קָטָן וּמָשׁוּךְ קְצָת כְּלַפֵּי פְּנִים, וּכְשֶׁנִּכְנְסָה בְּהֵמָה מִמָּבוֹי גָּדוֹל לְקָטָן פָּגְעָה בַּפֵּירוֹת מִיָּד דֶּרֶךְ הִילּוּכָהּ, דְּלָאו מַחֲזֶרֶת הִיא.

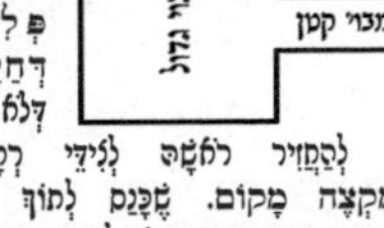

כ"ע לָא פְּלִיגֵי דְּחַיָּיב. דְּלֹא הָיָה לָהּ לְהַחֲזִיר רֹאשָׁהּ לְצִידֵּי רְחָבָה. בְּמַקְצֶה מָקוֹם. שֶׁכָּנַס לְתוֹךְ שֶׁלּוֹ וּבָנָה, וְהִנִּיחַ מִקַּרְקָעוֹ לרה"ר וְשָׁטַח שָׁם פֵּירוֹת. וְנִכְנְסָה שָׁם בְּהֵמָה דֶּרֶךְ הִילּוּכָהּ וַאֲכָלָתַן. לֵימָא. רַב וּשְׁמוּאֵל בְּחוֹפֵר בּוֹר בִּרְשׁוּתוֹ וְהִפְקִיר רְשׁוּתוֹ וְלֹא הִפְקִיר בּוֹרוֹ קָמִפַּלְגֵי. וּבִפְלוּגְתָּא דְּרַבִּי יִשְׁמָעֵאל וְר"ע דִּפְלִיגֵי בָּהּ לְקַמָּן בְּפֶרֶק "שׁוֹר שֶׁנָּגַח אֶת הַפָּרָה" (דף מט:), דְּרַב סָבַר חַיָּיב, וּמִשּׁוּם הָכִי פְּטוּרָה הַךְ בְּהֵמָה דְּזֶה שֶׁשָּׁטַח שָׁם פֵּירוֹתָיו הֲוָה לֵיהּ כְּמוֹ בּוֹר, שֶׁאִם הוּחְלְקָה בָּהֶן בְּהֵמָה חַיָּיב, שֶׁהֲרֵי הִפְקִיר רְשׁוּתוֹ, הִלְכָּךְ לֹא הָיָה לוֹ לַעֲשׂוֹת כֵּן. וְקַיְ"ל בְּ"הַמַּנִּיחַ אֶת הַכַּד" (לקמן דף ל.): כָּל הַמְקַלְקְלִין בִּרְשׁוּת הָרַבִּים שֶׁהִזִּיקוּ – חַיָּיבִין לְשַׁלֵּם, וְכָל הַמַּחֲזִיק בָּהֶן זָכָה. וּשְׁמוּאֵל סָבַר פָּטוּר. הִלְכָּךְ בְּהֵמָה שֶׁאֲכָלָתַן חַיֶּיבֶת – שֶׁהֲרֵי בִּרְשׁוּת עַצְמָהּ, וּרְשׁוּת הָרַבִּים נַמִי לָא הָוֵי – שֶׁאֵין זֶה דֶּרֶךְ הִילּוּכָהּ.

בְּעָלְמָא

תוספות

כהדיוט מדעת דמי. פ"ה: דלדעת שכינה איכא. וקשה: דשלא מדעתו לאו דוקא, אלא אורחיה דמילתא נקט, וה"ה מדעתו. אלא נראה: כהדיוט מדעת דמי, כלומר: דלדעת שכינה איכא, שלא יהנה אדם בלא מעילה.

ויהבי להו ליתמי דבר מועט. ומתוך כן חייב לשלם מה שנהנה, אע"פ שלא חיסר כל כך. וכן מוכח כולה שמעתין, כדאמרינן לעיל משום שחרוריתא דאשייתא.

ובמחזרת. פי' בקונטרס: דלדוקא במחזרת. אבל אכלה בלא חיזור, כגון שלידי הרחבה בולטין ואכלה מאותה בליטה — משלמת מה שנהנית. בפי'* אחר של רש"י פירש: דמחזרת חייבת משום קרן, דמשונה הוא. וקשה לפירושו, דלעיל אמרינן: כיון דאורחיה למיכל ליפתא — אורחיה נמי — לסרוכי ולמיסק. הכא נמי אורחיה לחזור, ואפילו לעלות בצידי רחבה. ועוד: דמשלמת מה שהזיקה משמע נ"ש. ועוד: דמשמע בסמוך דחיובא דמקצה מקום לרה"ר כחיוב מחזרת. ונראה לר"י: דצידי רחבה חשיבי חצר הניזק, שכל אחד יש לו רשות להניח פירותיו כנגד פתח ביתו בצידי רחבה. ולרב אפילו במקום שיכול לאכול בחיזור חשיב חצר הניזק, וחייבת נזק שלם מטעם שן, ולשמואל מקום שיכולה לאכול בחזרה חשיב לה כרשות הרבים.

מפתח החנות. הן תריסי החנויות שמניחין לפני החנויות כשפותחין אותן, ונותנין שם פירות. **מה** שנהנית. לא רצה להעמיד כגון שפתח החנות בולט לתוך הרחבה, ויכולה לאכול בלא חיזור, דמודה רב דפטור, לפי שאין דרך החנות להיות בולט כל כך.

דקיימא בקרן זוית. כגון מבוי עקום, וכשמגעת לעקמומיתה קודם שתפנה לצד אחר אוכלת מפתח החנות כנגדה בלא חיזור. ובתוך החנות משלמת מה שהזיקה אע"פ שאוכלתן בלא חיזור, דחצר הניזק ממש הוי. ובירושלמי משני הך פירכא דמפתח החנות אליבא דרב כגון שהיה חמור טעון גדיים, ובשעת עמידתו פשטו צואריהן ואכלו. לפ"ה אתי שפיר, דלגבי חמור שאוכל בחיזור חשיב קרן, ולגבי גדיים דאכלי כי אורחייהו חשיב שן. ולפי' ר"י נ"ל דכל מה שהגדיים יכולין להגיע ולאכול חשיב רה"ר אפילו לחמור שאין יכול לאכול בלי חיזור. כי זה דוחק לומר דגבי חמור חשיב חצר הניזק ולגבי גדיים שעל גביו חשיב רשות הרבים.

כי פליגי במקצה מקום כו'. שכנס לתוך שלו והניח מקרקעו לגבי רה"ר. ולא שהפקיר רשותו — דא"כ הוי רה"ר גמור, אלא הניח לשטוח שם פירותיו. אבל כ"ז שאין פירות שם — יש רשות לבני רה"ר להלך שם. ומסקינן פלגותא, דרב דאמר דחשיב שן ברה"ר אפילו אין יכולין לאכול בלא חיזור. דלא דמי למחזרת בצידי הרחבה דחייב, דצידי הרחבה הם גבוהים ורחבים ומובדלים ממנו, וחשובים חצר הניזק, אבל מקצה מקום — שוה הוא לרשות הרבים. ושמואל אמר חייבת — משום שהפירות מונחין ברשותו, והוי חצר הניזק, אף על פי שיש רשות לבהמות לדרוס אצלה. **דרב** סבר בור ברשותו חייב. ולכך פטור — דחשיב כמו כורה בור, שאם הוחלקה בהמה באותם פירות חייב. הלכך, כל הקודם זכה, כדין תקלה ברשות הרבים כדפירש בקונטרס, ובהמה שאכלה פטורה. ורב לטעמיה דאמר בפרק "המניח" (לקמן דף ל:): זכה בין בגופן בין בשבחן. ואין לתמוה: איך מפטר מפירות

פנימיים

עין משפט נר מצוה

מג א מיי' פ"ג מהלכות גזילה ואבידה הלכה ט טוש"ע ח"מ סי' שסג סעיף ו:

מד ב מיי' פ"ג מהלכות גזילה ואבידה הלכה ט סמג עשין עג טור ש"ע ח"מ סי' שסג סעיף ט וסעיף י:

מה ג סמג עשין ג:

מו ד ה מיי' פ"ג מהל' נזקי ממון הלכה ט סמג עשין סז טוש"ע ח"מ סי' שצא סעיף ט:

מז ו טוש"ע שם סעי' י:

וכן פרש"י במתני'

רבינו חננאל

דמי וחייב ובהדיוט שלא מדעת קיימא לן חצר דלא קיימא לאגרא פטור שנאמר ושאיה יוכת שער. השוכר בית מראובן ונמצא אותו הבית כי לשמעון הוא משלם הדר בו שכירות לשמעון וכן השוכר בית מבעלי העיר ונמצאו בעלים משלם השכירות לבעליו. ההוא גברא דבנה אפדנא אקילקלתא דיתמי ואגביה רב נחמן לאפדניה מיניה להשתלם השכירות ממנו. לימא קסבר הדר בחצר חבירו בלא דעתו צריך להעלות שכר לא אלא משום דמעיקרא קרמנאי הוו יתבי בההוא קילקלתא והוו יהבי ליתמי דבר מועט ואמר ליה ר' נחמן זיל פייסינהו ליתמי לא אשגח ביה ואגבא לאפדנא מיניה: מתני' מצידי הרחבה משלמת מה שהזיקה. אמר רב ובמחזרת כגון שיש חנויות פתוחות בצדדין של רשות הרבים והיתה מהלכת ומחזרת ראשה וחוטפת בפיה מן הפתחים ואוכלת. ושמואל אמר אפי' מחזרת פטורה ומשלמת מה שהזיקה היכי משכחת לה כגון דשבקה לרחבה ואזלה וקמה בצידי רחבה ואותיב רב נחמן עליה דרב ממתני' מפתח החנות משלמת מה שנהנית מאי לאו במחזרת וקתני מה שנהנית אבל מה שהזיקה לא. ופריק מתני' כגון דקיימ' זה פתח החנות בקרן זוית כגון שהיה רחב הרחבה ו' אמות ובמקום אחר ד' אמות ובאותן ב' אמות פתח פתוח לחנות ובה פירות והבהמה בדרך הילוכה פשטה ואכלה מאותו הפתח בלא חזרה והשן ברשות הרבים בלא שינוי פטורה. ואשכחן בתלמוד ארץ ישראל רב אמר עקמה צווארה ואכלה משלמת מה שהזיקה והתנינן מפתח החנות משלמת מה שנהנית. תיפתר בשהיה חמור טעון גדיים ובשעת עברתן פשטן צואריהן ואכלו מפתח החנות פי' לפי דרכם אכלו הגדיים בלא עקימת הצואר ועל כגון זה שנינו מה שנהנית. איכא דאמרי מחזרת כולי עלמא לא פליגי דחייב כי פליגי במקצה מקום מרשותו ונתן בו פירות והניחה הבהמה רשות הרבים והלכה לה אל הפירות ואכלתם רב אמר פטור כרשות הרבים הוא חשוב ושן ברשות הרבים פטור א) לרב ואלו חפר בו במקום זה שהקצהו לרשות הרבים כגון שהכניס כותלי חצירו בפנים והניח מחצירו מקום משוה לרשות הרבים בלא מחיצה ונפל באותו הבור שור חייב בעל המקום ההוא שחפר בור באותו מקום כי כחופר בור ברשות הרבים ב) דמו. ושמואל אמר מקצה מקום מרשותו לרשות הרבים כי האי גונא חייב שהרי לא הפקידו וכחצירו הוא והשור שאכל פירות באותו מקום שהקצה מרשותו ג) ונפל שמה שור

א) נראה דצ"ל ולרב או חפר בו כו'. ב) מדברי רבינו אלו נראה דלא גרס דלימא בבור ברשותו פליגי וצ"ע. ג) אולי צ"ל חייב לשלם ואם נפל שמה וכו'.

מסורת הש"ס

לקמן נז. [ע"ש ב"מ סד:]

סוטה מח.

[לקמן נ.]

הגהות הב"ח

(א) רש"י ד"ה אקילקלתא אשפה. נ"ב וכן הוא במס' ע"ז דף כח ע"א ובהוריות דף יב ע"א:

גליון הש"ס

גמ' קסבר בור ברשותו חייב. עי' לקמן דף כח ע"ב תוס' ד"ה הנ"מ:

עין משפט נר מצוה

מח א מיי' פ"ב מהל' נזקי ממון הלכה טו סמג עשין סז טוש"ע ח"מ סי' שצ סעיף יב:
מט ב מיי' שם הלכה יז ועיין בהשגות ובמ"מ סמג שם טוש"ע ח"מ סי' שצב:
נ ג מיי' שם הלכה טו סמ"ג שם טוש"ע ח"מ סי' שצ סעיף יב וסי' שנו סעיף א:
נא ד ה ש"ע שם סי' שצ סעיף יא בהגה"ה:
נב ו ז מיי' שם הלכה טז סמג שם טוש"ע שם:

בעלמא בור ברשותו פטור, ושאני הכא דאמר: לאו כל כמינך דמקרבת להו לפירותך לרה"ר ומחייבת להו לתוראי. ושמואל אמר: בעלמא בור ברשותו חייב. דבשלמא בור, איכא למימר לאו אדעתיה, אלא פירות מי איכא למימר לאו אדעתיה? הא חזי להו! לימא מחזרת תנאי היא? דתניא: אכלה מתוך הרחבה – משלמת מה שנהנית, מצידי הרחבה – משלמת מה שהזיקה, דברי ר"מ ורבי יהודה, רבי יוסי ור"א אומרים: אין דרכה לאכול אלא להלך; ר' יוסי היינו תנא קמא! אלא מחזרת איכא בינייהו, ת"ק סבר: מחזרת נמי משלם מה שנהנית, ורבי יוסי סבר: משלמת מה שהזיקה. לא, דכולי עלמא מחזרת אי כרב אי כשמואל, והכא ב"ביער בשדה אחר" – קא מיפלגי, מר סבר: "ובער בשדה אחר" – ולא ברה"ר, ומר סבר: (שמות כב) "ובער בשדה אחר" – ולא ברשות המזיק. ברשות המזיק?! לימא: פירך ברשותי מאי בעי! אלא, דאילפא ורבי אושעיא איכא בינייהו.§

מתני' הכלב והגדי שקפצו מראש הגג ושברו את הכלים – משלם נזק שלם, מפני שהן מועדין. הכלב שנטל חררה והלך לגדיש, אכל החררה והדליק הגדיש – על החררה משלם נזק שלם, ועל הגדיש משלם חצי נזק.§

גמ' טעמא דקפצו, הא נפלו – פטור; אלמא קסבר: תחלתו בפשיעה וסופו באונס – פטור. תניא נמי הכי: הכלב והגדי שקפצו מראש הגג ושברו את הכלים – משלם נזק שלם, נפלו – פטורין. הניחא למ"ד תחלתו בפשיעה וסופו באונס – פטור, אלא למ"ד חייב מאי איכא למימר? כגון דמקרבי כלים לגבי כותל, דכי קפצי בקפיצה לא נפלי עלייהו, ואפילו תחלתו בפשיעה ליכא. אמר רב זביד משמיה דרבא: פעמים שאפילו נפלו נמי חייב, משכחת לה בכותל רעוע. מאי ניהו? דאבעי ליה לאסוקי דעתא דנפיל ארחי? סוף סוף לא נפל ארחי ונפול אינהו, תחלתו בפשיעה וסופו באונס הוא! לא צריכא, בכותל צר. תנו רבנן: הכלב והגדי שדלגו ממטה למעלה – פטורין, מלמעלה למטה – חייבין; אדם ותרנגול שדלגו, בין מלמעלה למטה בין מלמטה למעלה – חייבין. והתניא

רש"י

בעלמא בור ברשותו פטור. דלא חייבה תורה אלא על בור ברה"ר, וכדיליף רבי ישמעאל טעמיה התם. בעלמא בור ברשותו חייב. הואיל והפקירו. והכא מ"ט בהמה שאכלתן חייבת. דבשלמא בור איכא למימר לאו אדעתיה. דשור לנטורי נפשיה מבור, וכיון דברשות נכנס, דהא אור הפקיר רשותו – חייב בעל הבור אבל פירות כו'. הא קא חזי להו. ואפילו הוחלקה בהן פטור. ואע"ג דכל תקלה בור הוא – הנ"מ ברה"ר, דאין לו רשות לתת שם תקלה. ר' יוסי היינו ת"ק. דקס"ד דלאו אתוך הרחבה קאי רבי יוסי דלבעי לחיוביה, דהא כתיב: "ובער בשדה אחר" ולא ברה"ר. אלא אצידי רחבה קאי, דאין דרכה לאכול אלא להלך, וזו שאכלה חייבת. הלכך היינו ת"ק. מחזרת איכא בינייהו. דשמעינן לר"מ דאמר בצידי הרחבה משלמת מה שהזיקה, וכגון דאזלה וקמה בצידי רחבה, אבל מחזרת לא. וקאמר רבי יוסי: אין דרכה להחזיר ראשה ולאכול אלא להלך, וזו שהחזירה ואכלה – חייבת. והכא בבער בשדה אחר פליגי. ואתוך הרחבה נמי מחייב ליה רבי יוסי. ולא ברשות המזיק. שאם הכניס פירותיו לחצר בעל הבית שלא ברשות, ואכלתן בהמתו של בעל הבית – פטור. לימא ליה מאי בעית ברשותאי. וקרא למה לי? דאילפא ורבי אושעיא. דאמר אילפא לעיל: בהמה שפשטה צוארה ואכלה מעל גבי חבירתה חייבת. ודר' אושעיא דאמר: בהמה המקופלת ואכלה מתוך הקופה חייבת. איכא בינייהו. ר"מ סבר: מתוך הרחבה לעולם פטור, אלא לפי מה שנהנית, ואפילו בדאילפא ור' אושעיא. ואתא רבי יוסי למימר: אין דרכה לפשוט צוארה על חבירתה, ואין דרכה לקפוץ מדרך ולאכול, אלא להלך. ואית ליה דאילפא ודרבי אושעיא. **מתני'** מפני שהן מועדין. לקפוץ. וברשות הניזק קאמר, דתולדה דרגל היא. על החררה משלם נזק שלם. דהוי שן ברשות הניזק. ועל הגדיש חצי נזק. מפרש בגמ'. **גמ'** תחלתו בפשיעה. דאיבעי לאסוקי אדעתיה דלמא קפצי, דהא אורחייהו לקפוץ. וסופו באונס. דהא נפלו, ונפילה לא הוה ליה לאסוקי אדעתיה. הניחא למ"ד כו'. אמוראי פליגי בה בפרק ["המפקיד"] (ב"מ ד' מב.). דמקרבי כלים לגבי כותל. טובא, דליכא תחלתו בפשיעה. דאי הוו קפצי – לברא מינייהו הוו קפצי. וכי נפול להדי כותל ואיתביר מנא – אנוס הוא. שאפילו נפלו חייבין. ואפילו למ"ד תחלתו בפשיעה וסופו באונס פטור. משכחת לה בכותל רעוע. שמעקה הגג רעוע, דאפילו לגבי נפילה הוי פשיעה. דאיבעי ליה לאסוקי. בתמיה. לא נפל ארחי ונפול אינהו כו'. כלומר, כיון דסוף סוף לא נפל ארחי – אין סופו בפשיעה. בכותל צר. שמעקה הגג צר ודחוק, וכי הניחם בראש הגג הוה ליה לאסוקי אדעתיה דקפלי אמעקה כדרכן, (ומן המעקה שהוא צר נפלי). לישנא אחרינא: צר – משופע. מלמטה למעלה פטורין. מנזק שלם. וחייב בחצי נזק, דמשונין הן. אדם ותרנגול כו'. אדם אי נמי לאו אורחיה לקפוץ מלמטה למעלה – חייב, דאין באדם צד תמות אלא בבהמה. ותרנגול דרכו לדלג אפילו מלמטה למעלה.

בזקירא

תוספות

פנימיים דלא הוו תקלה, דכיון דיש רשות לבני רה"ר ללכת שם כשאין שם פירות, א"כ כשיטלו חיצוניים נמלא פנימיים סמוכים לרה"ר, לפיכך כל המחזיק בכולן זכה. והא דתנן מתוך הרחבה משלמת מה שנהנית, ולא אמר דפטורה מטעם דכל הקודם זכה — מיירי שלא נתנו ברה"ר כדי להשבית, דלא קנסו גופו, כדמשמע ב"המניח" (לקמן דף ל:). וקשה לר"י על פי' זה, דהא רב אמתניתין קאי ואמר: לא שנו אלא במחזרת, וא"כ רב נמי איירי בשלא נתנו להשבית. ועוד דקאמר: אלא פירות הא קחזי ליה. ואי בור לאו אדעתיה — פירות נמי לאו אדעתיה! ונראה לר"י לפרש: דרב סבר בור ברשותו חייב, דכשהפקיר רשותו ולא הפקיר בורו ונפל בו שור לא מלי א"ל תורא בביראי מאי בעי, דאין אדם יכול לזהר כל כך כשעובר ברה"ר שלא יכנס ברשות אחרים, ולפיכך לא היה לו לקרב בורו ממש לרה"ר. והא נמי פטורה, שלא היה לו לקרב פירותיו ממש לרה"ר, שאין בני רה"ר יכולין לזהר עלמן. ושמואל מחייב דמשום שלא היה לו לקרב פירותיו סמוך לרשות הרבים אין לפטור, שיכול בעל הפירות לסמוך וגם בעל הבור יכול לסמוך. ודאי דבעלמא פטר רב, והכא אמר ליה: נהי דכי מתזקה א"ל תורא בביראי מאי בעי, מכל מקום לאו כל כמיניה לחיובי לי במאי דמקרבת לפירות ברשות הרבים. ושמואל סבר: נהי דבעלמא לאו אדעתיה כשנפל לבור, הכא לא מלי למימר הכי למפטר בהמה שבכוונה אכלתן. **אי** כרב אי כשמואל. רבי יוסי לא מלי סבר כשמואל, דהא מחייב ברה"ר. אלא כלומר, אי כרב דחשיב חלר הניזק אי כשמואל דחשיב ליה רה"ר, אע"ג דלר' יוסי אין נפקותא. ולפי' הקונטרס ניחא טפי, אי כרב דחשיב ליה קרן אי כשמואל דחשיב ליה שן.

ומר סבר. פי': ר"א, "ובער בשדה אחר" ולא בשדה המזיק, אבל ברה"ר חייב. וא"ת: דהא לעיל (יח.) אמר דר"א ס"ל כרבי טרפון, ועל כרחך מקרן ברה"ר מייתי לה, וא"כ שן ורגל פטור ברה"ר! וי"ל: דלעיל מיירי לפי המסקנא דהכא.

דאילפא ורבי אושעיא. לאו מענין אחד, דרבי אושעיא מיירי בקופלת דהוי קרן, ואילפא איירי על גבי חבירתה דחשיב שן. **הא** נפלו פטורין אלמא קסבר כו'. וא"ת: היכי דמי? אי מקרבי כלים לגבי כותל היכי מיתברי בקפילה? והא אמרינן בסמוך דכי קפלי מאברא קפלי. ואי מרחקי — היכי משתברי בנפילה? וי"ל: כגון שהיו לא מרוחקות ולא מקורבות, דמיתברי בין בנפילה בין בקפילה. אי נמי בכלי ארוך, דאי נפלי — לצד הסמוך לכותל מיתבר, ואי קפלי — מיתבר לצד המרוחק. **אדם** ותרנגול כו'. וא"ת: ומה חידוש באדם דחייב? וי"ל: דנפקא מינה אם הפקיד ביתו לחבירו לשמור, ויש שם חש"ו, שיש לו ליזהר שלא ידלגו מלמטה למעלה וישברו כלים. [ואומר ר"י]: [א] מתוך כך נראה לפרש דהא דקתני הכלב והגדי שדלגו מלמטה למעלה פטורין — דהיינו לגמרי, דחשיב אונס. להכי אילטריך לאשמועינן באדם דחייב. דאי פטורין מנ"ש וחייבין ח"נ, ואינו אלא משנה בעלמא — אמאי אלטריך לאשמועינן באדם דחייב? ואתי שפיר הא דמסיק: ומאי פטורין. ואית דגרסי: אי הכי אמאי פטורין. דמעיקרא ניחא ליה פטורין, דס"ד פטורין לגמרי קאמר מלמעלה למטה כמו מלמטה למעלה, דלאו אורחיה למיקפץ כלל. אבל כיון דמוקי בדאפיך מיפך דאינו אלא משונה בעלמא, אמאי פטורין? ונראה דגם לפי המסקנא מלמטה למעלה פטורין לגמרי, דאנוס הוא, דלמה יחזור מסברא ראשונה.

והתניא

רבינו חננאל

שור פטור בעל הבור דיכיל למימר ליה תורך ברשותי מאי בעי ופשטינן לה לעולם אימא לך בור באותו מקום שהקצהו לרשות הרבים פטור דבור ברשותו הוא אי הכי אמאי פטר בו את השן משום דיכיל מרי דתורא למימר ליה לאו כל כמינך דמקרבת לפירך ברשות הרבים ומחייבת לתוראי. ולשמואל אימא לך לעולם בור כי האי גוונא חייב דכרשות הרבים הוא. אי הכי אמאי מחייב בו את השן אמר לך בשלמא בור איכא למימר דלאו אדעתיה אלא פירות מי איכא למימר לאו אדעתיה הא קא חזי להו ואתינן לאוקומה מחזרת כתנאי ודחי' לה ואמר לא כולי עלמא מחזרת אי כרב אי כשמואל והכא [בהא] פליגי ר"מ ור"י [ס"ל] שן ברשות הניזק הוא שהיא חייבת אבל ברשות הרבים אינה משלמת אלא מה שנהנית ורבי יוסי ור' אלעזר סברי אפי' ברשות הרבים השן חייבת וזה שכתוב ובער בשדה אחר למעוטי ברשות המזיק כגון שהכנים אדם פירות בחצר חבירו ובא שורו של בעל החצר ואכלם שהוא פטור ומתמהינן זה הוצרך שיאמר לימא לי' בעל החצר פירך ברשותאי מאי בעי והדרינן מהא ואמרינן אי דאילפא דמחייב בבהמ' הפושטת צווארה ואוכלת מעל גבי חברתה אי דר' הושעי' דמחייב בעומדת ברה"ר ואוכלת [איכא בינייהו] לר"מ ור' יהודה לא שנא להו (ברשות) בין מתוך הרחבה בין מעל גבי חברתה בין מהלכת בין עומדת ואפי' קופצת הכל ברשות הרבים אינה משלמת אלא מה שנהנית. ור' יוסי ור' אלעזר אומרים אינה פטורה ברשות הרבים אלא כעין דרכה במקום שמהלכת בלבד אבל אלו כולן חייב: **מתני'** הכלב והגדי שקפצו מראש הגג א) ותניא נמי הכי כי הא גוונא ומדברי שניהן דייקינן טעמא דקפצו בפשיעה הא בעו לקפוץ ונפלו פטורין שמעינן מינה דתחילתו בפשיעה דאיבעי ליה אסוקי אדעתא דילמא קפצי וסופו באונס פטור ב) אלא למאן דאמר חייב מאי איכא למימר ופרקי' כגון הכלים שנשברו היו סמוכין לכותל כעין דבוקים שאפי' היו הגדיים נופלין מכח קפיצה חוץ לכלים היו נופלים ובין בתחילה ובין בסוף אנוסין הן. רב זביד אמר פעמים אפי' נפלו חייבין כגון שהיה הכותל רעוע ואמאי חייבין דאיבעי להו אסוקי אדעתא דילמא נפלי ארחי ותברי למאני ודא היא פשיעה ואע"ג דלא נפלי ארחי ונפלי אינהו הגדיים ושברו כלים חייבין האי נמי תחילתו בפשיעה וסופן באונס הוא וכדאמרי'. ואוקימנא בכותל צר שאינו יכול להלך עד שיפול והכל פשיעה: ת"ר הכלב והגדי שדילגו פי' שקפצו כגון זו ששנינו במשנתנו מלמטה למעלה פטורין אדם ותרנגול שדילגו בין כך ובין כך חייבין פי' אדם מועד לעולם ותרנגולין היינו אורחייהו ואקשינן והתניא

מסורת הש"ס

[לקמן כה:]
[לעיל כ.]
לעיל יח.
[לקמן ט. נח. ב"מ לו: מב. נג:]
ס"א ונפל כותל ונפל אינהו

הגהות הגר"א

[א] תוס' ד"ה אדם כו' מתוך כך נראה כו'. נ"ב אבל לגי' הרי"ף ע"כ משלם חצי נזק:

גליון הש"ס

רש"י ד"ה מחזרת וכו' דשמעינן לר"מ. כעין זה ביומא דף סד ע"ב ברש"י ד"ה כי קאמר:

א) נראה דצ"ל ושברו את הכלים משלם נזק שלם. ב) נראה לחסר וצ"ל ופרכינן הניחא למ"ד דתחלתו בפשיעה וסופו באונס פטור אלא למ"ד חייב וכו'.

וְהָתַנְיָא: הַכֶּלֶב וְהַגְּדִי שֶׁדִּלְּגוּ, בֵּין מִלְמַעְלָה לְמַטָּה בֵּין מִלְמַטָּה לְמַעְלָה — [א] *פְּטוּרִין! תַּרְגְּמָא רַב פַּפָּא: [א]דְּאַפֵּיךְ מֵיפַךְ, כַּלְבָּא בִּזְקִירָא וְגַדְיָא בִּסְרִיכָא. אִי הָכִי, אַמַּאי פְּטוּרִים? [ב]פָּטוּר מִנֵּזֶק שָׁלֵם, וְחַיָּבִין בַּחֲצִי נֶזֶק.§ "הַכֶּלֶב שֶׁנָּטַל".§ אִתְּמַר, ר' יוֹחָנָן אָמַר: [ג]אִשּׁוֹ מִשּׁוּם חִצָּיו, וְרֵישׁ לָקִישׁ אָמַר: אִשּׁוֹ מִשּׁוּם מָמוֹנוֹ. וְרֵישׁ לָקִישׁ מַאי טַעֲמָא לֹא אָמַר כְּרַבִּי יוֹחָנָן? אָמַר לָךְ: חִצָּיו מִכֹּחוֹ קָאָזְלִי, הַאי לָא מִכֹּחוֹ קָאָזֵיל. וְרַבִּי יוֹחָנָן מַאי טַעֲמָא לֹא אָמַר כְּרֵישׁ לָקִישׁ? אָמַר לָךְ: מָמוֹנָא אִית בֵּיהּ מַמָּשָׁא, הָא לֵית בֵּיהּ מַמָּשָׁא. תְּנַן: הַכֶּלֶב שֶׁנָּטַל חֲרָרָה כו'; בִּשְׁלָמָא לְמ"ד אִשּׁוֹ מִשּׁוּם חִצָּיו — חִצָּיו דְּכֶלֶב הוּא, אֶלָּא לְמ"ד אִשּׁוֹ מִשּׁוּם מָמוֹנוֹ, הַאי אֵשׁ לָאו מָמוֹנוֹ דְּבַעַל כֶּלֶב הוּא! אָמַר לָךְ רֵישׁ לָקִישׁ: הָכָא בְּמַאי עָסְקִינַן — דְּאַדְיֵיהּ אַדּוֹיֵי, דְּעַל חֲרָרָה מְשַׁלֵּם נֶזֶק שָׁלֵם, וְעַל מְקוֹם גַּחֶלֶת מְשַׁלֵּם חֲצִי נֶזֶק, וְעַל גָּדִישׁ כּוּלָּהּ פָּטוּר. וְרַבִּי יוֹחָנָן? [ד]דְּאַנְחַהּ אַנּוֹחֵי, עַל חֲרָרָה וְעַל מְקוֹם גַּחֶלֶת מְשַׁלֵּם נ"ש, וְעַל הַגָּדִישׁ מְשַׁלֵּם חֲצִי נֶזֶק. תָּא שְׁמַע: *[ה]גָּמָל טָעוּן פִּשְׁתָּן וְעָבַר בִּרְשׁוּת הָרַבִּים, נִכְנְסָה פִּשְׁתָּנוֹ לְתוֹךְ הַחֲנוּת וְדָלְקוּ בְּנֵרוֹ שֶׁל חֶנְוָנִי וְהִדְלִיק אֶת הַבִּירָה — בַּעַל גָּמָל חַיָּיב, הִנִּיחַ חֶנְוָנִי נֵרוֹ מִבַּחוּץ — חֶנְוָנִי חַיָּיב. רַבִּי יְהוּדָה אוֹמֵר: בְּנֵר חֲנוּכָּה — פָּטוּר; בִּשְׁלָמָא לְמ"ד אִשּׁוֹ מִשּׁוּם חִצָּיו — חִצָּיו דְּגָמָל הוּא. אֶלָּא לְמ"ד מִשּׁוּם מָמוֹנוֹ, הַאי אֵשׁ לָאו מָמוֹנָא דְּבַעַל גָּמָל הוּא! אָמַר לָךְ רֵישׁ לָקִישׁ: הָכָא בְּמַאי עָסְקִינַן — [ו]בִּמְסַכְסֶכֶת כָּל הַבִּירָה כּוּלָּהּ. אִי הָכִי, אֵימָא סֵיפָא: אִם הִנִּיחַ חֶנְוָנִי נֵרוֹ מִבַּחוּץ — חֶנְוָנִי חַיָּיב, וְאִי בִּמְסַכְסֶכֶת אַמַּאי חַיָּיב? בְּשֶׁעָמְדָה. עָמְדָה וְסִכְסְכָה, כ"ש דְּחֶנְוָנִי פָּטוּר וּבַעַל גָּמָל חַיָּיב! אָמַר רַב הוּנָא בַּר מָנוֹחַ מִשְּׁמֵיהּ דְּרַב אִיקָא: הָכָא בְּמַאי עָסְקִינַן — כְּגוֹן שֶׁעָמְדָה לְהַטִּיל מֵימֶיהָ, רֵישָׁא

רש"י

בִּזְקִירָא. קְפִיצָה. סְרִיכָא. שֶׁנּוֹעֵץ לְפָרְנָיו בַּכּוֹתֶל, שֶׁאֵין דַּרְכּוֹ בְּכָךְ, וּמְשׁוּנִּים הֵן. אִשּׁוֹ. הַשּׁוֹלֵחַ אֶת הַבְּעֵרָה. מִשּׁוּם חִצָּיו. חִיְּיבוֹ הַכָּתוּב, דְּאִיהוּ קָעָבֵיד, דְּהָוֵי כְּזוֹרֵק חֵץ. מִשּׁוּם מָמוֹנוֹ. כְּשׁוֹרוֹ וּבוֹרוֹ שֶׁהִזִּיקוּ. וְקס"ד דְּאִיכָּא בֵּינַיְיהוּ כְּגוֹן שֶׁהִדְלִיק בְּגַחֶלֶת שֶׁאֵינוֹ שֶׁלּוֹ, דְּלְרַבִּי יוֹחָנָן חַיָּיב – דְּחִצָּיו הֵן, וּלְר"ל פָּטוּר – דְּלָאו מָמוֹנוֹ הוּא. הַאי לָאו מִכֹּחוֹ. דְּאֵשׁ מֵאֵלֶיהָ הוֹלֶכֶת וְדוֹלֶקֶת לְמֵרָחוֹק. הָא לֵית בֵּיהּ מַמָּשָׁא. דְּשַׁלְהֶבֶת הִיא הַמַּזֶּקֶת, דְּאֵין לָהּ מַמָּשׁ. הִלְכָּךְ, כִּי חַיְּיבֵיהּ רַחֲמָנָא – מִשּׁוּם חִצָּיו הוּא דְּחַיְּיבֵיהּ. חִצָּיו דְּכֶלֶב הֵן. דַּהֲוָה לֵיהּ צְרוֹרוֹת, הִלְכָּךְ מְשַׁלֵּם ח"נ. וְאָדָם הַמַּדְלִיק מש"ה חַיָּיב נ"ש – שֶׁאֵין דִּין צְרוֹרוֹת בָּאָדָם. לָאו מָמוֹנוֹ דְּבַעַל כֶּלֶב הוּא. אֶלָּא דְּבַעַל חֲרָרָה. דְּאַדְיֵיהּ אַדּוֹיֵי. שֶׁזְּרָקוֹ. וְעַל מְקוֹם גַּחֶלֶת. מָקוֹם שֶׁנָּפְלָה גַּחֶלֶת שָׁם. מְשַׁלֵּם חֲצִי נֶזֶק. דִּצְרוֹרוֹת הֵן, וְהַכֶּלֶב עֲשָׂאָן. לִישָּׁנָא אַחֲרִינָא: דִּמְשׁוּנֶּה הוּא. וְעַל גָּדִישׁ כּוּלֵּיהּ פָּטוּר. דְּאִשּׁוֹ מִשּׁוּם מָמוֹנוֹ, וְהַאי לָאו מָמוֹנוֹ הוּא. וּצְרוֹרוֹת לֵיכָּא לְמֵימַר – דְּהָא מִמְּקוֹם גַּחֶלֶת וְאֵילָךְ דָּלְקָה אֵשׁ מֵאֵלָיו. וּמִשּׁוּם הָכִי אוֹקְמָהּ בְּדְאַדְיֵיהּ אַדּוֹיֵי, דְּאִי אַנְחָהּ עִם הַחֲרָרָה כִּי אוֹרְחֵיהּ לָא מָצֵי לְמִיתְנֵי ח"נ אַמִּידֵי, דְּאַמְּקוֹם גַּחֶלֶת חַיָּיב נֶזֶק שָׁלֵם, דְּאוֹרְחֵיהּ הוּא לִיטּוֹל חֲרָרָה עִם הַגַּחֶלֶת. וְר' יוֹחָנָן. דְּאָמַר: אִשּׁוֹ מִשּׁוּם חִצָּיו – מוֹקִים לָהּ בִּדְאַנְחָהּ כִּי אוֹרְחֵיהּ, דְּעַל חֲרָרָה נ"ש, דְּשֵׁן הִיא, וְאַמְּקוֹם גַּחֶלֶת נ"ש, דְּאוֹרְחֵיהּ הִיא וּבְיָדַיִם עֲבַד. וְאַגָּדִישׁ כּוּלֵּיהּ ח"נ. דְּחִצָּיו דְּכֶלֶב הוּא, וְהַיְינוּ צְרוֹרוֹת. בִּירָה. = בַּיִת גָּדוֹל. בְּנֵר חֲנוּכָּה פָּטוּר. שֶׁמִּצְוָה לְהַנִּיחָהּ בִּרה"ר לְפַרְסוּמֵי נִיסָּא. לָאו מָמוֹנוֹ דְּבַעַל גָּמָל הוּא. אֶלָּא דְּחֶנְוָנִי. בִּמְסַכְסֶכֶת אֶת כָּל הַבִּירָה. שֶׁהַגָּמָל עוֹבֵר בִּפְנֵי כָּל הַבִּירָה וּמְסַכְסְכוֹ, דְּהָא וַדַּאי הָוֵי כּוּלּוֹ כִּמְקוֹם גַּחֶלֶת. אֲבָל בְּעָלְמָא שֶׁהָאֵשׁ הוֹלֶכֶת מֵאֵלֶיהָ – לָאו חִצָּיו הֵן. מְסַכְסֶכֶת. מַדְלֶקֶת. בְּשֶׁעָמְדָה. עָמַד הַגָּמָל בִּמְקוֹמוֹ, וְסִכְסֵךְ אֶת כָּל הַבִּירָה, שֶׁהָיְתָה חֲבִילָתוֹ גְּדוֹלָה כְּנֶגֶד כָּל הַבִּירָה. וְהַגְּמָרָא לָא שָׁבַק לְאַסּוּקֵי לְמִילְּתֵיהּ וּפַרְכֵיהּ. כָּל שֶׁכֵּן. שֶׁהָיָה לוֹ לְמַהֵר וּלְנַהֲגָהּ שֶׁלֹּא תְּסַכְסֵךְ. בְּעָמְדָה לְהַטִּיל מֵימֶיהָ. דְּאָנוּס הוּא, וְסִכְסְכָה. לְאַפּוּשֵׁי

תוספות

והתניא הכלב. אמתניתין הו"מ למפרך, אלא נטר עד דמייתי ברייתא ופריך אתרוייהו. **דאפיך** מיפך. וא"ת: למ"ד תחילתו בפשיעה וסופו באונס [חייב], לחייב נ"ש, דתחילתו בפשיעה דאורחיה וסופו באונס דלאו אורחיה! וי"ל: דלא אמר משום דתחילתו בפשיעה לגבי רגל לחייב נ"ש לגבי קרן, דאפילו פושע גמור לענין קרן לא חייבתו תורה אלא חצי נזק. דאי לאו הכי — הרי שנכנס לחצר הניזק וטרף ואכל, לחייב נ"ש, דתחילתו בפשיעה לענין דריסה. וכן כל קרן בחצר הניזק תחילתו בפשיעה לענין שן ורגל. **גדיא** בסריכא. שנועץ לפרניו בארץ וקופץ כמו הכלב. ולא דמי לסרוכי וסליק, *שנסרך בחבית עד שמגיע ללפת. [לעיל כ.] **ועל** הגדיש ח"נ. ואע"ג דלגבי שולח בעירה לא מחייב עד דמסר לו שלהבת לר"ל, ולר' יוחנן עד דמסר לו גווזא — פעמים שיש גחלת הרבה בחררה, דהויא כמו מסר לו גווזא לר"י ושלהבת לר"ל. **אשו** משום חציו. לא שיבעיר בעצמו האש, אלא כל מקום שפשע ולא שמר גחלתו — חציו נינהו. **אשו** משום ממונו. כלומר חיוב ממונו יש בו, ולא שיהא האש שלו. דאפילו הדליק באש של אחר חייב, כדאשכחן בפ' "הכונס" (לקמן דף נו.) בכופף קמתו של חבירו בפני הדליקה ומטיא ברוח מצויה, וגבי גץ שילא מתחת הפטיש, *אע"ג דמסתמא מפקיר ליה. [לקמן סב:] ועוד: דאין לך אדם שיתחייב בדליקה, שיפקיר הגחלים וידליק גדיש של חבירו. ולא כפ"ה דפי' דאיכא בינייהו דאדליק בגחלת שאין שלו. **רבי** יוחנן מ"ט לא אמר כר"ל. אע"ג דדריש טעמא דר' יוחנן מקראי — הוה ליה לאוקמי קרא לדרשה אחריתי, דסברא כריש לקיש. א"נ, קס"ד השתא דמאן דאית ליה משום חציו — לית ליה משום ממונו, וקבעי: היכא דכלו לו חציו, אמאי לא מחייב משום ממונו? **ממונו** אית ביה ממשא. אע"ג דבור לית ביה ממשא, שחייבה תורה להבלו ולא לחבטו — מ"מ ממונו כעין חציו, שדרכו לילך ולהזיק — אית ביה ממשות. א"נ, בור נמי חשיב אית ביה ממשא, דע"י כריית הבור משתנה ממשות של קרקע ונעשה חלל, אבל מקום הילוך שלהבת אינו משתנה ממשותו, אלא שנעשה דולק ושורף. וא"ת: ממונו נמי לית ביה ממשא, כגון צרורות ברוח שבכנפיהם בריש פירקין, דאיכא לסומכוס נ"ש! וי"ל: דמ"מ גוף הממון שפשע בו אית ביה ממשא, שיש לו לשמור ממונו שלא יזיק לא ברוח ולא בשום דבר, ואין שום ממון שלא יהא בו ממשא במה שפשע. אבל יש אש שאין בו ממשות, כגון שיבר כלי ברוח פיו. ויש אש שאין בו ממשות, כגון שלהבת בלא גחלת, כדאמרינן בסוף בילה (דף לט.). הילכך דמו להדדי, שאין בשניהם ממשות בהמזיק שפשע בו, רק בגוף האדם. **דאדייה** אדויי. הו"מ לאוקמי באנח אנוחי ע"י שינוי כדאמרינן בריש פירקין. **ורבי** יוחנן בדאנחה אנוחי. לא מצי למימר באדייה אדויי ועל כל הגדיש ח"נ, דאי כח [ב] כחו לאו ככחו דמי — הוי על כל שאר הגדיש פטור. **לאו** ממונו דבעל כלב הוא. דהוא לא הדליקו, ועל אש של כלבו לא חייבתו תורה. ואע"ג דלגבי בור אצטריך מיעוט "איש בור ולא שור בור" כדאמרינן ב"שור שנגח את הפרה" (לקמן דף מח. ושם): תרי איש כתיב, מ"מ פשוט ליה לגמרא משום [איזה] דרשא דפטור על אש בהמתו, דג' אבות נאמרו בשור ולא יותר. **במסכסכת** כל הבירה כולה. דהוי כולה מקום גחלת. **ואי** במסכסכת אמאי חייב. חנווני הכל. גם בעל הגמל יתחייב עמו כיון שגם הוא פושע בסכסוך. אבל אי בלא מסכסכת — ניחא ליה, דלא הוה ליה לאסוקי אדעתיה שיהא נר מבחוץ. אבל כיון דאוקמיה במסכסכת — אי אפשר שלא יראה הדליקה, כיון שדולקת כל כך שמסכסכת כל הבירה דרך הילוכה, והיה לו להרחיק ולמונעה מלהיות הולכת ומסכסכת. אבל אין לפרש אמאי חייב חנווני, בעל הגמל יתחייב הכל — דהא לקמן (דף כג.) פריך: וליחייב בעל הגחלת. ואע"פ שבעל הכלב פשע — גם בעל הגחלת יש לו להתחייב, שלא שמר גחלתו. ומשני: כשעמדה. כלומר: לאו במסכסכת דרך הילוכה, אלא בעמדה במקום אחד והרבה כל כך במשאוי שמסכסכת כל הבירה בעמידה. ופריך: דכ"ש חנווני פטור. לאו פטור לגמרי, אלא כלומר: פטור מחלקו של בעל הגמל, דיותר מסכסכת בעמידה משאילו היתה הולכת ועוברת בלי עיכוב. ומשני: כשעמדה להטיל מימיה, דאנוס הוא בעמידה זו.
רישא

עין משפט נר מצוה

נג א ב מיי' פ"ב מהל' נזקי ממון הלכה טז סמג עשין סו טוש"ע ח"מ סי' שצ סעיף יב:

נד ג מיי' פי"ד מהלכות נזקי ממון הלכה טו סמג עשין סז טוש"ע ח"מ סי' תיח סעיף א:

נה ד מיי' שם פ"ב הלכה יז סמג שם טוש"ע ח"מ סי' שצב:

נו ה ו מיי' שם פי"ד הלכה יג סמג שם טוש"ע ח"מ סי' תיח סעיף יב ובהג"ה וע"ש בטור:

מסורת הש"ס

ציין בס' ת"ח שגרס חייבין

לקמן סב: שבת כח:

רש"ל

רבינו חננאל

והתניא הכלב והגדי שדילגו בין כך ובין כך חייבין ותרגמוה דאפך מפיך כלבא בסיקרא וגדיא בסירכא. פי' *) דרך הגדי בסיקרא כדאמרינן [עירובין טז.] כדי שיזדקר הגדי בבת ראש והכלב בסירכא כדאמרי' דלמא אתי למיסרך וכיון שדילגו בשינוי דלאו כי אורחיהו הוה ליה משונה וקיימ' לן משונה בחצר הניזק פטורה מנזק שלם וחייבים חצי נזק כרבנן. איתמר ר' יוחנן אמר אשו משום חציו כאלו בידיו מכה והוא המזיק בעצמו ודינו כדין אדם המזיק בעצמו. ריש לקיש אמר משום ממונו כלומר כמו שמתחייב בנזק שורו וכיוצא בו שחייב בהיזקן כך באשו דהא אינו הולך מכחו ומזיק אלא מכח הרוח וכל מה שחייב בנזקי ממונו חייב באשו ור' יוחנן אמר אינו ממונו דהא השלהבת המזקת אין בה ממש להשמר כמו השור וכיוצא בו. ואקשי' על ריש לקיש ממתני' הכלב שנטל את החררה והלך לגדיש כו' בשלמא ר' יוחנן כו' דאמר אשו משום חציו חיצי דכלב הן לפיכך חייב בעל הכלב אלא לר"ל אמר משום ממונו האי אש לאו דבעל הכלב הוא [אלא] לבעל החררה הוא. "וראינו" לר"בות"ינו ה"גא"ונים" בשמ"ועה" ז"ו פי' ונ"רא"ה לנ"ו ב"ו פ"ירכ"א ב"עיקר" ה"ד"ין ו"לפ"יכך נ"מנ"ענו" מ"לדבר" ל"א ענ"ין הפ"ירו"ש ול"א ב"פירכ"א. ופריק ריש לקיש כגון דאדייה אדויי כלומר לא הגביה את החררה אלא בדרך דידוי הובאה אל הגדיש ולא יצתה הגחלת מחזקת בעליה ועל החררה משלם נזק שלם שזה דרכו לחטוף ולאכול ועל מקום הגחלת משלם חצי נזק שמעשה עשה בידים אבל משונה היא ומשונה בחצר הניזק חצי נזק כרבנן. ועל שאר הגדיש פטור שאינו ממון בעל הכלב שהרי לא עקר והניח ובעל הגחלת נמי לא מיחייב דהא אוקימנא לקמן בששימר גחלתו והכלב חתר והוציאה. ור' יוחנן אמר אפי' אנחה אנוחי כגון שעקר והניח על החררה ועל מקום גחלת נזק שלם שדרך הכלב לחטוף חררה בגחלת בוקה ולאכול ועל שאר הגדיש חצי נזק דמשונה היא. ת"ש גמל טעון [פשתן] עובר ברה"ר וכו' בשלמ' לר' יוחנן חציו של גמל הן אלא לריש לקיש לאו ממון בעל גמל הוא ופריק ר"ל במסכסכת כל הבירה ירו' מסכסכת כגון [ליחכה] נירו וסיכסכה אבניו שעמד הגמל והדליק כל הבירה בסיכסוך כעין חיכוך שנמצאת הדלקת כל הבירה כגון מקום גחלת בגדיש דלרב' הכל נזק שלם. ואקשי אהדין פירוקא סיפא דקתני אם הניח חנוני נרו מבחוץ חנוני חייב ואי במסכסכת אמאי חנוני חייב. הגמל הזיק בידים ופירק בשעמדה. ואקשי' כל שכן אם עמדה ומסכסכת ודאי היא הזיקה בידים חנוני אמאי חייב. ופרקי' אנוסה שעמדה

• וכן גרס ג"כ בערוך ערך סקר.

הגהות הגר"א

א] גמ' בין מלמטה למעלה פטורין. נ"ב גירסת הרי"ף והרמב"ם חייבין ומפרשים תרגמא ר"פ אקמייתא כו' (ועבהגר"א חו"מ ס"ן): [ב] תוס' ד"ה ורבי יוחנן כו' דאי כח כחו כו'. נ"ב וכ"פ הרמב"ם. והרא"ש בסימן ב' חולק ועבהגר"א סימן ש"ן ס"ק יג ובסי' של"ב ס"ק ב'):

נז א מיי' פי"ד מהלכות נזקי ממון הלכה י סמג עשין סט:

רֵישָׁא בַּעַל גָּמָל חַיָּיב — דְּלָא אִיבָּעֵי לֵיהּ לְאַפּוּשֵׁי בְּטְעִינָה, סֵיפָא חֶנְוָונִי חַיָּיב — דְּלָא אִיבָּעֵי לֵיהּ לְאַנּוּחֵי נֵרוֹ מֵאַבָּרַאי. תָּא שְׁמַע: *א*הַמַּדְלִיק אֶת הַגָּדִישׁ, וְהָיָה גְּדִי כָּפוּת לוֹ וְעֶבֶד סָמוּךְ לוֹ וְנִשְׂרַף עִמּוֹ — חַיָּיב, עֶבֶד כָּפוּת לוֹ וּגְדִי סָמוּךְ לוֹ וְנִשְׂרַף עִמּוֹ — פָּטוּר; בִּשְׁלָמָא לְמ"ד אִשּׁוֹ מִשּׁוּם חִצָּיו, מִשּׁוּם הָכִי פָּטוּר. אֶלָּא לְמַאן דְּאָמַר אִשּׁוֹ מִשּׁוּם מָמוֹנוֹ, אַמַּאי פָּטוּר? אִילּוּ קָטַל תּוֹרֵיהּ עַבְדָּא, הָכִי נַמִי דְּלָא מִיחַיַּיב? אָמַר לָךְ רַבִּי שִׁמְעוֹן בֶּן לָקִישׁ: הָכָא בְּמַאי עָסְקִינַן — כְּשֶׁהִצִּית בְּגוּפוֹ שֶׁל עֶבֶד, דְּקָם לֵיהּ בִּדְרַבָּה מִינֵּיהּ. אִי הָכִי, מַאי לְמֵימְרָא? לָא צְרִיכָא, בִּגְדִי דְּחַד וְעֶבֶד דְּחַד. ת"ש: *הַשּׁוֹלֵחַ אֶת הַבְּעֵירָה בְּיַד חֵרֵשׁ שׁוֹטֶה וְקָטָן — פָּטוּר מִדִּינֵי אָדָם וְחַיָּיב בְּדִינֵי שָׁמַיִם; בִּשְׁלָמָא לְמ"ד אִשּׁוֹ מִשּׁוּם חִצָּיו, חִצָּיו דְּחֵרֵשׁ הוּא. אֶלָּא לְמַאן דְּאָמַר אִשּׁוֹ מִשּׁוּם מָמוֹנוֹ, אִילּוּ מָסַר שׁוֹרוֹ לְחֵרֵשׁ שׁוֹטֶה וְקָטָן, הָכִי נַמִי דְּלָא מִיחַיַּיב? הָא אִתְּמַר עֲלַהּ, *אָמַר רֵישׁ לָקִישׁ מִשְּׁמֵיהּ דְּחִזְקִיָּה: לֹא שָׁנוּ אֶלָּא כְּשֶׁמָּסַר לוֹ גַּחֶלֶת וְלִיבָּה, אֲבָל מָסַר לוֹ שַׁלְהֶבֶת — חַיָּיב, מַאי טַעֲמָא? בָּרִי הֶיזֵּיקָא. וְרַבִּי יוֹחָנָן אָמַר: אֲפִילּוּ שַׁלְהֶבֶת — פָּטוּר, קָסָבַר: צְבָתָא דְּחֵרֵשׁ קָא גָּרֵים, לָא מִיחַיַּיב עַד דְּמָסַר לֵיהּ גַּוְוזָא סִילְתָּא וּשְׁרָגָא. אָמַר רָבָא: קְרָא וּמַתְנִיתָא מְסַיַּיע לֵיהּ לְרַבִּי יוֹחָנָן; קְרָא, דִּכְתִיב: °"כִּי תֵצֵא אֵשׁ", תֵּצֵא מֵעַצְמָהּ, "יְשַׁלֵּם הַמַּבְעִיר אֶת הַבְּעֵרָה", שְׁ"מ: אִשּׁוֹ מִשּׁוּם חִצָּיו; מַתְנִיתָא, *דְּתַנְיָא: פָּתַח הַכָּתוּב בְּנִזְקֵי

שמות כב

תורה אור

לְאַפּוּשֵׁי. גְּמַלֵּיהּ בִּטְעִינָה, עַד שֶׁתִּכָּנֵס לְתוֹךְ הַחֲנוּת. וְהָיָה גְּדִי כָּפוּת לוֹ. לַגָּדִישׁ. וְעֶבֶד סָמוּךְ לוֹ. לַגָּדִישׁ. וְנִשְׂרַף עִמּוֹ חַיָּיב. אַגְּדִי וְאַגָּדִישׁ, לְפִי שֶׁאֵין לוֹ דִּין מִיתָה בִּשְׁבִיל הָעֶבֶד, שֶׁהָיָה לוֹ לִבְרוֹחַ. עֶבֶד כָּפוּת לוֹ וּגְדִי סָמוּךְ לוֹ וְנִשְׂרְפוּ עִמּוֹ פָּטוּר. אַגְּדִי וְאַגָּדִישׁ, דְּקָם לֵיהּ בִּדְרַבָּה מִינֵּיהּ. שֶׁהַהוֹרֵג הָעֶבֶד נֶהֱרָג, דִּכְתִיב: "נָקֹם יִנָּקֵם" (שמות כא). וְהַאי דְּנָקַט גְּדִי — מִשּׁוּם דְּמוֹקְמִינַן לְקַמָּן בִּגְדִי דְּחַד וְעֶבֶד דְּחַד. דִּבְגָדִישׁ וְעֶבֶד לֵיכָּא לְאוֹקְמֵי הָכִי, דְּאוֹרְחָא דְּמִלְּתָא לְשַׁדּוּרֵי אִינִישׁ עַבְדֵּיהּ לִשְׁמוֹר גְּדִישׁוֹ. וְאַיְּידֵי דְּנָקַט גַּבֵּי עֶבֶד כָּפוּת וְסָמוּךְ — נָקַט גַּבֵּי גְּדִי כָּפוּת וְסָמוּךְ, וְאע"ג דִּבִגְדִי אֵין לוֹמַר הָיָה לוֹ לִבְרוֹחַ, שֶׁהֲרֵי אֵין בּוֹ דַּעַת. וְאִם אֵינוֹ כָּפוּת וְסָמוּךְ נַמִי חַיָּיב, כִּדְאָמְרִינַן בִּשִׁילְהֵי פִּרְקִין (דף כו.): שׁוֹרוֹ כְּמָמוֹנוֹ. אִם קָטַל תּוֹרֵיהּ עַבְדָּא ה"נ דְּלָא לִיחַיַּיב. מָמוֹן? הָא כְּתִיב: "כֶּסֶף שְׁלֹשִׁים שְׁקָלִים יִתֵּן לַאֲדוֹנָיו" (שם). שֶׁהִצִּית בְּגוּפוֹ שֶׁל עֶבֶד. דְּהָא וַדַּאי מַמָּשׁ הֲרָגוֹ. בִּגְדִי דְּחַד וְעַבְדָּא דְּחַד. וְאִיצְטְרִיךְ לְאַשְׁמוּעִינַן דְּאע"ג דְּאֵין חַיָּיב מִיתָה בִּשְׁבִיל הַגְּדִי — מַפְסִיד בַּעַל הַגְּדִי. אִילּוּ מָסַר שׁוֹרוֹ לְחֵרֵשׁ ה"נ דְּלָא מִיחַיַּיב. הָא אָמְרִינַן בְּפ"ק (ד' י.): חוֹמֶר בְּשׁוֹר מִבְּאֵשׁ שֶׁאִם מְסָרוֹ לְחֵרֵשׁ – חַיָּיב. גַּחֶלֶת וְלִיבָּה. הַחֵרֵשׁ. דְּלָא דָּמֵי לְשׁוֹר, דְּשׁוֹר מְזוּמָּן לְהַזִּיק, אֲבָל הָא דְּגַחֶלֶת – חֵרֵשׁ עָבֵיד לֵיהּ לְהֶיזֵּק. בָּרִי הֶיזֵּיקָא. מְזוּמָּן הֶיזֵּיקוֹ, וְהָוֵי כְּשׁוֹרוֹ. וְר' יוֹחָנָן אָמַר אֲפִילּוּ שַׁלְהֶבֶת פָּטוּר. וְר' יוֹחָנָן לְטַעְמֵיהּ, דְּאָמַר: אִשּׁוֹ מִשּׁוּם חִצָּיו, וְהָכָא חִצָּיו דְּחֵרֵשׁ הֵן. גַּוְוזָא. = עֵצִים יְבֵשִׁים. וְסִילְתָּא. עֵצִים קְטַנִּים דַּקִּים. דְּהַאי וַדַּאי פּוֹשֵׁעַ הוּא. תֵּצֵא מֵעַצְמָהּ. מַשְׁמַע, וְלֵיכָּא לְאוֹקְמֵי קְרָא כְּשֶׁהִדְלִיק הוּא עַצְמוֹ גְּדִישׁוֹ שֶׁל חֲבֵירוֹ, אֶלָּא בְּתוֹךְ שֶׁלּוֹ הִדְלִיק, וְהָאֵשׁ הָלְכָה מֵעַצְמָהּ, וַאֲפִילּוּ הָכִי קָרֵי "מַבְעִיר אֶת הַבְּעֵרָה" כְּאִילּוּ הִדְלִיקוֹ בְּעַצְמוֹ, אַלְמָא: אִשּׁוֹ מִשּׁוּם חִצָּיו.

בנזקי

רישא בעל גמל חייב וכו'. אע"ג דמעיקרא נמי הוי טעמא דרישא וסיפא הכי. אלא דמעיקרא היה הטעם פשוט יותר למאן דאמר אשו משום חציו, דמתחייב בעל הגמל על תחלת הדלקת הפשתן, ואע"פ שהאש הולכת מעצמה ע"י רוח מצויה. אבל למ"ד משום ממונו, דלא מחייב אלא על שמשככת הבירה, וזה לא פשע כ"כ שלא ראה הדליקה עד שעמדה סמוך לבירה, ואז לא היה יכול לסלקה לפי שעמדה להטיל מימיה. ולכך הוצרך לפרש דאפ"ה חייב, דלא איבעי ליה לאפושי בטעיניה, דהוה ליה לאסוקי אדעתיה כשיכנס פשתנו לתוך החנות ותדליק בנר ותעמוד להטיל מימיה לא יוכל לסלקה משם. **והיה** גדי כפות לו. תימה: דליתני ברישא גדי ועבד סמוך, ובסיפא גדי ועבד כפות, דהוי רבותא טפי! ופי' רשב"ם: דגדי נמי היה לו לברוח. ורישא דקתני גדי כפות ועבד סמוך — דוקא בכה"ג חייב. ובסיפא גדי סמוך ועבד כפות לו, פי': או עבד כפות לו. וה"פ: גדי סמוך לו, ועבד כמו שאמר ברישא, שהיה סמוך לו — פטור, אע"ג דלא קם ליה בדרבה מיניה, משום דהיה לו לברוח. ועבד כפות לו, וגדי כמו כן כפות כמו שאמר ברישא — פטור, אע"ג דלא היה לו לברוח — דקים ליה בדרבה מיניה. וההוא דסוף פירקין (ד' כז.) עבדו כגופו, שורו כממונו — איירי בעבד ושור כפות, והבעלים עומדים אצלם. וכשהניח הגחלת על לב עבדו פטור — שמחשב בלבו שהאדון יסירנה, ולא יסמוך אתשלומין. אבל כשהניח על לב שורו — אינו חושש האדון להסירה, לפי שישלם לו דמי שורו. ור"ת מפרש: דאיצטריך גדי כפות דחייב, אע"ג דפטרינן טמון באש, דדרשינן: מה קמה בגלוי אף כל בגלוי, וס"ד דכל דבר דלאו אורחיה הכי לאו כעין קמה הוא ופטור, וגדי אין דרכו להיות כפות וס"ד למפטריה, וקמ"ל השתא ברישא דאפ"ה חייב. וסיפא קמ"ל דאע"ג דסמוך הוא, דהוי כי אורחיה — פטור. לכך תניא ההיא מתניתין ד"הכונס" (לקמן דף סא.) בתר פלוגתא דטמון דר' יהודה ורבנן, ובתר הך בבא דגדי כפות קתני: ומודים חכמים לר' יהודה במדליק הבירה שמשלם כל מה שבתוכה, שכן דרך בני אדם להניח בבתים. והפסיק התנא בהאי בבא כדפרישית, לאשמועינן דאע"ג דלאו אורחיה בגדי להיות כפות — חייב. ואפילו למ"ד אשו משום חציו, דלא שייך בדידיה למפטר טמון — מ"מ אצטריך לאשמועינן דחייב היכא דכלו לו חציו לאחר שריפת העבד. ואע"ג דשריפת העבד מחמת חציו, ושריפת גדי מחמת ממונו — שייך ביה שפיר קם ליה בדרבה מיניה, הואיל וע"י מעשה אחד בא הכל. ותדע, דלמ"ד משום ממונו מוקי כשהצית בגופו של עבד ופטרינן ליה אע"ג דלא הצית בגופו של גדי. ולפי' ר"ת ורשב"ם אתי שפיר הא דנקט גדי ולא נקט גדיש. ובקונטרס פי': משום דמסקינן בגדי דחד ועבדא דחד, וסתמא העבד לבעל הגדיש, שאדם מניח עבדו לשמור גדישו. ולפירושו נ"ל: הא דפריך מאי למימרא — הוה מצי למימר: ולטעמיך תיקשה לר' יוחנן אמאי נקט גדי. **קטל** תוריה עבדא ה"נ דלא מיחייב. פ"ה: הא כתיב "כסף שלשים שקלים יתן לאדוניו". וקשה: דאם רצה לומר דה"ה לגבי אשו דמשלם שלשים של עבד — הא אי אפשר לומר כן, דבפ"ק (דף ט.) אמרינן דהשור משלם שלשים של עבד משא"כ באש. ואם ר"ל דכי היכי דהתם משלם קנס ה"נ משלם דמי הגדי — הא לא גמרינן ממון מקנס! ונר' לר"י, דהכי פריך: ה"נ דלא מחייב בממון שהזיק עם הריגת העבד? והא בדבר שממונו עושה לא שייך קם ליה בדרבה מיניה. **בגדי** דחד ועבדא דחד. וכן נמי אמר רבא בפ' "בן סורר ומורה" (סנהדרין דף עד.): רודף שהיה רודף אחר חבירו להורגו ושיבר הכלים, בין של נרדף בין של כל אדם — פטור. וקשה: דבפ"ק דסנהדרין (דף י. ושם) אמר: ממון לזה ונפשות לזה — חייב! ותירץ הר"ר יצחק בר מרדכי: דכל רודף אחר חבירו חשיב מיתה ותשלומין לאחד, משום דמחייב מיתה לכל אדם, דהכל חייבין להורגו להציל הנרדף. ור"ת מפרש: דבכל מקום מיתה לזה ותשלומין לזה פטור, לבד מעדים זוממין — דבעינן שיתקיים "כאשר זמם" בכל אחד. ואע"ג דבעדים זוממין נמי, כשהוא מיתה ותשלומין לאחד פטור — התם משום דבההוא גברא מתקיים "כאשר זמם". והביא ראיה, דגמרינן (כתובות דף לה.) שאין מיתה ותשלומין מ"לא יהיה אסון ענש יענש" הא אם יהיה אסון — לא יענש, והתם מיתה לאשה ותשלומין לבעל. ומיהו, אין זה ראיה, דעל כרחך נ"ל דהא חשיב מיתה ותשלומין לאחד כיון שהן גוף אחד, דאי לאו הכי, למאי דבעי למימר מעיקרא בפ' "בן סורר ומורה" (סנהדרין דף עד.) גבי רודף, דמיתה לזה ותשלומין לזה חייב, היכי הוה משני ליה לקרא? ועוד הביא ראיה, דתנן במכילתין (דף לד:) דהוא שהדליק הגדיש או שחבל בחבירו בשבת — פטור, דקם ליה בדרבה מיניה, אע"ג דהוי מיתה לשמים ותשלומין לחבירו. ואין זה דיוקא, דזה חשיב מיתה ותשלומין לחד. וקצת קשה לר"י: מה חידוש יש בגדי דחד ועבדא דחד טפי ממה שהיה של אחד? הלא אין מתחייב מיתה לפי שהפסיד לו עבדו, דאפילו הרג עבד של עצמו חייב! וצריך לדחוק: דמ"מ נ"ל חידוש יותר*.

חציו דחרש הן. תימה לר"י: אי חשיב מסירה לחרש כרוח מצויה — לר' יוחנן נמי מחייב, ואי לא חשיב כרוח מצויה — א"כ מה קשה לר"ל? הא לא דמי למסר שורו, דהא כ"ע מודו דאין חייבין כלל על האש אלא דיכולה להזיק ברוח מצויה! ואומר ר"י: דלמ"ד אשו משום חציו הוא — לא מחייב אלא באש שיכול להזיק ברוח מצויה הרבה וקרוב לודאי היזק, כעין חציו. והכא אין במעשה השולח קרוב לודאי היזק, הלכך לא דמי לחציו, דחציו דחרש הן. אבל למ"ד משום ממונו, אע"ג דלא מזומן כולי האי — מחייב, מידי דהוי אמסר שורו קשור כראוי לחרש — דחייב, דדרכו (א) לנטורי ע"י עסקיו של חרש, אע"ג דלא הוי קרוב לודאי כעין חציו. והא דפוטר ר' יוחנן אפילו במסר לו שלהבת — לאו משום דאזיל לטעמיה דאית ליה אשו משום חציו, דהא מסיק דאית ליה נמי משום ממונו, אלא משום דקסבר שלהבת לא ברי הזיקא כמו שור, כדאמרינן בפרק קמא (דף ט.).

טמון

רבינו חננאל

שעמדה להטיל מים *) ולא סכסכה רישא בעל גמל חייב דלא איבעי ליה לאפושי בטעינה דליעול בגו חנותא למיחך בדליקתא ודמי כמאן דאפיק תורא דמינטר ואזיק דחייב מן דאפקיה. סיפא חנוני חייב דלא איבעי ליה לאנוחי נרו מאבראי וכיון דאנחיה הוא ברא הזיקה. ת"ש המדליק את הגדיש כו' היה עבד כפות לו וגדי סמוך לו ונשרף עמו פטור. בשלמא לר' יוחנן פטור משום דקם ליה בדרבה מיניה שחייב על העבד דין מיתה אלא לריש לקיש הלא השור כשינגח עבד משלם בעל השור ואע"פ שהשור חייב מיתה. ופריק ריש לקיש כגון שהצית המדליק אש בידיו בגופו של עבד והרגו וממנה יצאה האש והדליק הגדיש דהא ודאי חייב על העבד דין מיתה וקם ליה בדרבה מיניה וקיימ' לן אין מת ומשלם. ואקשי' זה לא היה צריך לתנא לשנותו ופריק אפי' גדיש דחד **) וגברא דחד סד"א הני מילי אין מת ומשלם כגון דמיתה ותשלומין לחד אבל מיתה לחד ותשלומין לחד לא קמ"ל ת"ש השולח את הבערה ביד חרש שוטה וקטן פטור בשלמא לר' יוחנן חיצי חרש הן ולפיכך פטור אלא לריש לקיש אילו מסר שור נגח לחרש והזיק השור הכי נמי דבעל השור פטור ופרקי' לריש לקיש לא שנו שפטור השולח את הבעירה אלא בזמן שמסר לו גחלת וליבה החרש שהרי קנאה החרש בשנוי מעש' והאי הליבוי אבל אם מסר לו שלהבת שממונו כמות שהוא חייב בעל גחלת כמו שחייב בשורו ור' יוחנן דאמר אפי' מסר לו שלהבת פטור יאמר לך צבתא דחרש גרם. כלומר המעשה של חרש הוא ועד שימסור לו עצים מכותתין כעין קנה מרוסס שהאש כשמתאחזת בהן אינן צריכין ליבוי כגון זה ודאי מעשה השולח הן והילכתא כרבי יוחנן בכולהו ואע"ג דשני ר"ל אשינויה לא סמכינן. אמר רבא קרא מסייע ליה לר' יוחנן דכתיב כי תצא אש וגו' מתניתא דתניא פתח הכתוב

*) לכאורה נראה דל"ל וסכסכה וכן פרש"י.
**) נראה דל"ל גדיש וגדי לחד ועבד לחד ועי' פרש"י ד"ה עבד כפות.

לקמן מג: סא:

לקמן ע. נט: קדושין מב

לעיל ט: נט: [ע"ש]

לקמן ס:

הגהות הב"ח

(א) תוס' ד"ה חציו כו' דדרכו לנטורי על ידי עסקיו:

[עי' תוס' כתובות ל: ד"ה רב אשי]

(א) רש"י ד"ה היכי וכו' והזיק בטמון מי לא מיחייב: (ב) ד"ה ה"ג וכו' וקס"ד דגחלת וחררה לחד וגדיש לחד: (ג) ד"ה אמאי משלם וכו' אמאי משלם חררה שן הוא:

נח א מיי' פי"ד מהלכות נזקי ממון הלכה ד טוש"ע ח"מ סי' ת"ח סעיף יג ועיין במ"מ פי"ד מהלכות נזקי ממון הלכה טו:

נט ב מיי' פי"ד מהל' נזקי ממון הלכה ד סמג עשין סז טוש"ע שם סעיף ו וסעיף יג:

ס ג מיי' שם הלכה טו טוש"ע שם סעיף יז:

סא ד ה ו מיי' פ"ב שם הלכה יז יח ועי' בהשגות ובמ"מ סמג שם טור ש"ע ח"מ סי' שצב:

סב ז טוש"ע ח"מ סי' שצ סעיף ז:

בנזקי ממונו וסיים בנזקי גופו, לומר לך: אשו משום חציו. אמר רבא, קשיא ליה לאביי: למ"ד אשו משום חציו, טמון באש דפטר רחמנא היכי משכחת לה? וניחא ליה, [א]כגון שנפלה דליקה לאותו חצר, ונפלה גדר שלא מחמת דליקה, והלכה והדליקה והזיקה בחצר אחרת, דהתם כלו ליה חציו. אי הכי, לענין גלוי נמי כלו ליה חציו! [א] אלא, למאן דאית ליה משום חציו אית ליה נמי משום ממונו, [ב]וכגון שהיה לו לגודרה ולא גדרה, דהתם שורו הוא ולא טפח באפיה. וכי מאחר דמאן דאית ליה משום חציו אית ליה נמי משום ממונו, מאי בינייהו? איכא בינייהו, [ג]לחייבו בארבעה דברים. § "על החררה משלם" כו'. § מאן חייב? בעל כלב. וליחייב נמי בעל גחלת! [ד]בששימר גחלתו. אי כששימר גחלתו, מאי בעי כלב התם? [ה]בשחתר. אמר רב מרי בריה דרב כהנא: זאת אומרת, סתם דלתות חתורות הן אצל כלב. דאכלה היכא? אילימא דאכלה בגדיש דעלמא, הא בעינן "וביער בשדה אחר" (שמות כב) וליכא! לא צריכא, [ו]דאכלה בגדיש דבעל חררה. תפשוט [ז]דפי פרה כחצר

רש"י

בנזקי ממונו. דכתיב: "כי תצא אש" — דמשמע מעצמה. בנזקי גופו. דקרי ליה "מבעיר". היכי משכחת לה. אילו אדם זורק אבן והזיק בטמון (א) לא מיחייב בנזק? הא קיימא לן בהאי פירקין (דף כו:): "פצע תחת פצע", לחייב את השוגג כמזיד ואונס כרצון! לישנא אחרינא: האי אבן לעולם בטמון הוא נכנס ומזיק. ולא שמעתי. וניחא ליה. ומשני לה הכי. ונפלה גדר. של חצר. שלא מחמת דליקה. דאי מחמת דליקה — חציו הם. דכלו לו חציו. שבשעה שהדליק האש, דהיינו זריקת אבן — לא היה ראוי להזיק בחצר אחרת. אית ליה נמי משום ממונו. והיכא דליכא לחיוביה משום חציו, ואיכא לחיוביה משום ממונו — מחייבינן ליה. הלכך, לענין גלוי, אע"ג דכלו לו חציו — חייב משום ממונו. וכגון שהיה לו לגודרה. בטרם תעבור הדליקה שם היה לו שהות, ויכול לגודרה. ולא גדרה. דאע"ג דליכא לחיוביה אהבער ראשון — מתחייב על שם סופו, שלא שימר גחלתו לגדור בפניה. שורו הוא ולא טפח באפיה. הרי זה ככונס שורו לדיר ולא נעל בפניו, ויצא והזיק. וכי מאחר דמאן דאית ליה משום חציו אית ליה נמי משום ממונו מאי בינייהו. היכא דגחלת שלו היתה, מאי איכא בין ר' יוחנן דמחייב ליה משום תרתי, לר"ל דלא מחייב ליה אלא משום חדא? דהא על כרחך היכא דגחלת שלו נמי פליגי, דהא אמרן לעיל לרבי יוחנן אשו משום חציו — אלמא באשו נמי פליגי היכא דגחלת שלו. בשלמא עד השתא דשמעינן משום חציו דוקא ולאו משום ממונו, וכדאמרת: ממון אית ביה ממשא הא לית ביה ממשא — איכא בינייהו היכא דאיתיה ממונו וליתיה חציו, כי הך דנפלה גדר דכלו לו חציו, דלמ"ד משום חציו דוקא — פטור. אבל השתא דלתרווייהו חייב, מאי בינייהו? לחייבו בד' דברים. למ"ד משום חציו — נמי מחייבינן ליה אם שרף אשו יד אדם חייב בארבעה דברים: נזק וצער ריפוי ושבת. אבל בושת לא, דאמרינן בשילהי פירקין: אינו חייב על הבושת עד שיהא מתכוין. אבל ד' דברים — חייב, דפשיעה היא, דהוה ליה לאסוקי אדעתיה שהרוח מוליכתה. וכדאמרינן בשילהי פירקין: נפל מן הגג ברוח מצויה — חייב בד' דברים ופטור על הבושת. למ"ד משום ממונו — פטור. והוא הדין נמי דאיכא בינייהו כל הני דלעיל, כלב וגמל, דלמ"ד משום חציו — חייב, דהא ממונו אע"ג דלאו חציו וחציו אע"ג דלאו ממונו אית ליה. ולמאן דלית ליה חציו — פטור אא"כ מסכסכת, כדאוקימנא לעיל. והאי דנקט ד' דברים, משום דאפילו היכא דהגחלת שלו משמע לו דיש חילוק בדבריהם. ועוד: דמילתא דשכיח היא מפי המורה שמעתי, *אבל לשון ראשון נראה לי. מאן חייב בעל הכלב. אמתניתין מהדר, דקתני: על הגדיש משלם חצי נזק. ה"ג וליחייב נמי בעל הגחלת. דהא בין מר ובין מר משום ממונו אית להו, הלכך לר' יוחנן דאמר לעיל: על הגדיש משלם חצי נזק, דצרורות הן — לשלם בעל הגחלת חצי האחר, דהא ממונו הוא, וריש לקיש דאמר: על הגדיש כולו הוי פטור — לשלם בעל הגחלת כוליה. וקס"ד *דגחלת (ב) דחד וחררה וגדיש דחד. בששימר גחלתו. שנעל דלתות ביתו יפה, ואונס הוא. זאת אומרת. מדחייב לבעל כלב אחררה נזק שלם — אלמא לאו שינוי הוא זה שחתר את הדלת. דסתם דלתות חתורות הן אצל הכלב. °ולא תימא משונה הוא, ופלגא נזקא משלם. בגדיש דעלמא. אמאי משלם (ג) חררה? הא שן הוא, ובעינן "שדה אחר" דניזק, וליכא. תפשוט. דמדקא משלם חררה. דפי פרתו. של מזיק, האוכלת בחצר הניזק. כחצר

ועיין רש"ל

גי' רש"ל דגחלת וחררה לחד וגדיש לחד

תוספות

טמון באש דפטר רחמנא היכי משכחת לה. פי': בשלמא למ"ד אשו משום ממונו — אין תימה דפטור טמון, ואע"ג דבכל נזקי ממונו כמו קרן שן ורגל חייב טמון, שבממון אינו חילוקים בקרן שן ורגל להלכותיהן. אבל באדם המזיק — לא חלק הכתוב, דכתיב "פצע תחת פצע" ודרשינן בסוף פירקין (דף כו:): לחייב על השוגג כמזיד ואונס כרצון. לפיכך אין סברא לדרוש אשו משום חציו. מאי בינייהו. הוה מצי למימר איכא בינייהו כל הני דלעיל: כלב שנטל חררה ואנחי אנוחי בגדיש, דלרבי יוחנן משלם על שאר הגדיש חצי נזק, ולר"ל על שאר הגדיש פטור. ולרבי יוחנן, אפילו לא הצית בגופו של עבד — קם ליה בדרבה מיניה. וטמון היכא שלא כלו חציו — חייב לרבי יוחנן. וליחייב בעל הגחלת. פירוש: גם בעל הגחלת, ולא שיפטר בעל הכלב לגמרי כדפ"ל (דף כב. ד"ה ואי) גבי חנוני אמאי חייב. ועוד: אי בשלא שמר גחלתו, ומפטר בעל הכלב — אמאי קאמר (לעיל יט:): מתני' באדייה אדויי, ודרב הונא בעלמא איתמר? לימא דרב הונא קאי אמתני'; קשרו אדם — חייב הקושר נ"ש ובעל התרנגול פטור, כמו הכא דפטור בעל הכלב! אלא ודאי בשלא שימר גחלתו חייב נמי בעל הכלב, ולכך לא מיתוקמא דרב הונא אמתני', ד"קשרו אדם חייב" משמע דחייב הכל הקושר, ובעל התרנגול יש לו להתחייב כמו כן.

וליחייב בעל הגחלת. האי לישנא לאו דוקא, דהא מיתוקמא דאכלה בגדיש דבעל החררה. אלא כלומר: שיפטר בעל הכלב מחלקו של בעל הגחלת, ולא ישלם כי אם הרביע. וא"ת: ואמאי לא פריך: וליפטר בעל הכלב מן החררה! °ונראה מכאן לדקדק דיותר יש לאדם ליזהר עצמו שלא יזיק אחרים, משלא יוזק. שמחויב לשמור גחלתו מן הכלב, אע"פ שאין לו רשות ליכנס לביתו, כדי שלא יזיק אחרים, ואפשר לשמור עצמו כדי שלא יכנוס כלב כדי ליטול חררתו. וכן משמע ב"המניח" (לקמן דף לא.) בשמעתין דקדרין, דפריך: אי נתקל פושע — שני נמי ליחייב. אלמא חשיב שני פושע לחייבו בנזק שלישי, ואינו פושע לענין שיפטר ראשון בנזקיו. בששימר גחלתו. וא"ת: ומה שמירה היא זו כיון שיכול הכלב ליכנס שם בחתירה, דסתם דלתות חתורות הן אצל הכלב? וי"ל: כיון דנטר כדנטרי אינשי — לא אטרחוהו רבנן טפי. בשחתר. ואם תאמר: ולישני כגון דנפלה גודא בליליא, וידע בעל הכלב ובעל הגחלת לא ידע! ויש לומר: דאין זה רגילות דבעל הכלב ידע ובעל הגחלת לא ידע. ולקמן, גבי עיזי דבשדות — רגילות הוא לפעמים. סתם דלתות חתורות הן. תימה: דלמא משום דהוי תחילתו בפשיעה וסופו באונס, תחילתו בפשיעה משום פתיחה! ויש לומר: דא"כ לא מיחייב בחתירה כ"א רביע, כי היכי דהוה מתחייב בפתיחה שהיה בעל הגחלת מתחייב מחצה. אבל אין לתרץ דלא אמרינן תחלתו בפשיעה בבתים פתוחים וסופו באונס בנעולים — כיון דגבי נעולים לא הוי שום פשיעה, כדאמרינן ב"הפרה" (לקמן דף נג:): דלא אמרינן מגו דהוי פושע לענין חרש הוי פושע לענין פקח כו', ומגו דהוי פושע לענין גמלים הוי פושע לענין שוורים. דלא דמי, דהתם ודאי לא אמרינן מגו — משום דלגבי פקח או לגבי שוורים הניזקין לא פשעי כלל, אבל הכא פושע הוא בכלב זה לענין זה הגדיש להיות ניזוק בגחלתו בפשיעה, היכא שלא שמר גחלתו, לכך יש להתחייב אפילו נזוקין באונס למאן דמחייב תחילתו בפשיעה וסופו באונס. תפשוט דפי פרה כחצר הניזק דמי. תימה: דאמאי לא פשיט משאר בבי דמתני', דתנן: השן מועדת לאכול הראוי לה, ומההיא דאכלה מגידי הרחבה ומתוך החנות? ועוד: אותם שהיו מדקדקין משיסה בו את הכלב, למה לא הביאו מתניתין כלב שנטל חררה, דדייק מינה השתא? ועוד: מאי קאמר "מאי בעי ריפתך בפומא דכלבא" כיון שהכלב לקחה! ונראה לר"י: דמכל הנהו דמתניתין לא מצי למפשט, ולא מההיא דנטל חררה. משום דס"ד דאם לקחה הבהמה פירות בחצר הניזק, ואכלה ברשות הרבים [או בחצר המזיק] — חייב, °דמחייבינן בלקיחה לחודה. וכן הסברא נוטה, דכיון דפשע בלקיחה — מה לנו באכילה. והא דממעטינן מ"שדה אחר" רשות הרבים — היינו לקיחה. וקמבעיא ליה: כגון אם הושיט פירות בפי פרה חש"ו וגוי דלאו בני תשלומין נינהו, וכגון שהבהמה לא היתה יכולה ליקח אם לא שהושיט לה, ואי כחצר הניזק דמי — חייב בעל הפרה, ואי כחצר המזיק דמי — פטור, כיון שנתנו אחר לתוך פיה. והא דקאמר תפשוט — לאו ממתני', אלא מסוגיא דשמעתין, דאוקמה אכלה בגדיש דבעל החררה, שמע מינה דבעו לקיחה ואכילה בחצר [הניזק], אף על פי שאין טעם בדבר זה מה לורך באכילה — אלא גזירת הכתוב הוא. ותפשוט כשנתנו אחר לתוך פיה דחייב, דכחצר הניזק דמיא. דאי כחצר המזיק דמיא, ומאי אמר ליה: מאי בעי ריפתך בפומא דכלבא? — ה"נ מצי א"ל: מאי בעי ריפתך בפומא דכלבא!

הגהות הגר"א

[א] גמ' אלא למאן כו'. נ"ב הרי"ף והרמב"ם מפרשים שחזר מתי' ראשון כגון שנפלה כו' ומפרשים לחיוב תלוי הוא משום ממונו (ועבהגר"א סי' תי"ח ס"ק ל"ג):

גליון הש"ס

רש"י ד"ה דסתם דלתות כו' ולא תימא משונה. עיין בהרא"ש בפרקין סי' ג': תוס' ד"ה וליחייב כו' האי ליתנא כו' ונראה מכאן לדקדק. עי' לקמן דף כז ע"ב תד"ה אמאי פטור: ד"ה תפשוט כו' דמחייבי' בלקיחה לחודא. עי' לעיל דף כ ע"א תוספות ד"ה מתגלגל:

רבינו חננאל

בנזקי ממונו כי תצא וסיים בנזקי גופו המבעיר לומר לך אשו משום חציו. אמר רבא קשיא ליה לר' אמי לר' יוחנן דאמר אשו משום חציו טמון באש דפטרי חכמים שחולקין על ר' יהודה היכי משכחת לה ובאנו לומר כגון שהצית אש בחצר ונפלה גדר שלא מחמת הדליקה והלכה האש והזיקה בחצר אחרת דכלו חציו בחצר ראשונה ואילו לא נפלה הגדר לא היתה האש עוברת באותה החצר. ומקשי' אי הכי אפי' בגלוי פטור הוא דכלו חציו וכל שכן על הטמון. ופרקי' מאן דאית ליה משום חציו אית ליה נמי משום ממונו וכגון שהיה לו לגדור בפניה שלא תעבור ולא גדר. ואקשי' וכי מאחר דמאן דאית ליה משום חציו אית ליה נמי משום ממונו בגלוי דכיון דהוה ליה לשמור ולגדור שלא תעבור הדליקה כמו שחייב לשמור בהמתו שלא תצא ותזיק ואם יצאה והזיקה חייב באשו שהוא כממונו. ואמרי' אי הכי מאי בינייהו איכא בינייהו לחייבו בד' דברים צער ריפוי שבת ובושת. ר' יוחנן דאמר אשו משום חציו אע"ג דאית ליה נמי אשו משום ממונו חייב בד' דברים הללו וכל שכן בנזק אבל ריש לקיש דאמר אשו משום ממונו אמר לך כשם שאינו חייב בנזקי שורו אלא בנזק בלבד כדבעינן למימר לקמן. כך אינו חייב באשו אלא נזק בלבד. בתר דאקשי' על ריש לקיש הני כולהו תיובתא ושנינהו ואוקימ' דר' יוחנן נמי אית ליה משום ממונו והלכה כר' יוחנן הדרינן לשמעתין ואמרי' תנינן במתני' על החררה משלם נזק שלם. מאן משלם בעל הכלב או בעל הגחלת ופשיטא לן דבעל הכלב [משלם] מפני

בעל הגחלת שימר גחלתו והכלב חתר והוציאה אורחיה הוא לחתור ולא שינה כי כן דרכו ואם לא חתר אלא לא שמר בעל הגחלת כראוי חייב בעל הגחלת ואוקי' דאכלה בגדיש דבעל חררה. גם נתברר מזו דפי פרה כחצר

וזה

סג א מיי' פ"ב מהלכות נזקי ממון הלכה יט ועי' בהשגות ובמ"מ סמג עשין סז טוש"ע ח"מ סי' שצא:
סד ב ג ד מיי' שם פ"ב הלכה ח סמג שם:
סה ה מיי' שם הלכה יא:
סו ו מיי' שם פ"ו הלכה א ועיין בהשגות ובמ"מ סמג שם טוש"ע ח"מ סי' שצ סעיף א וסעיף ב:
סז ז מיי' פ"ו שם הלכה א סמג שם טוש"ע ח"מ סי' שפט סעיף ה:
סח ח מיי' שם הלכה ז:

כַּחֲצַר הַנִּיזָּק דָּמֵי. דְּאִי כַּחֲצַר הַמַּזִּיק דָּמֵי, לֵימָא לֵיהּ: מַאי בָּעֵי רִפְתָּךְ בְּפוּמָא דְּכַלְבַּאי! דְּאִיבַּעְיָא לְהוּ: פִּי פָּרָה, כַּחֲצַר הַנִּיזָּק דָּמֵי אוֹ כַּחֲצַר הַמַּזִּיק דָּמֵי? וְאִי אָמְרַתְּ כַּחֲצַר הַמַּזִּיק דָּמֵי, שֵׁן דְּחַיֵּיב רַחֲמָנָא הֵיכִי מַשְׁכַּחַתְּ לָהּ? אָמַר רַב מָרִי בְּרֵיהּ דְּרַב כָּהֲנָא: כְּגוֹן שֶׁנִּתְחַכְּכָה בְּכוֹתֶל לַהֲנָאָתָהּ, וְטִנְּפָה פֵּירוֹת לַהֲנָאָתָהּ. מַתְקִיף לָהּ מָר זוּטְרָא: וְהָא בָּעֵינָא "כַּאֲשֶׁר יְבַעֵר הַגָּלָל עַד תּוּמּוֹ", וְלֵיכָּא! רָבִינָא אָמַר: דְּשָׁף צַלְמֵי, רַב אַשִׁי אָמַר: דְּפָסְעֵי פַּסּוּעֵי. ת"ש: *שִׁיסָּה בּוֹ אֶת הַכֶּלֶב, שִׁיסָּה בּוֹ אֶת הַנָּחָשׁ — פָּטוּר; מַאן פָּטוּר? (א) [א]מְשַׁסֶּה פָּטוּר, וְחַיָּיב בַּעַל כֶּלֶב; וְאִי אָמְרַתְּ כַּחֲצַר הַמַּזִּיק דָּמֵי, לֵימָא לֵיהּ: מַאי בָּעֵי יָדָךְ בְּפוּמֵיהּ דְּכַלְבַּאי! אֵימָא: פָּטוּר אַף מְשַׁסֶּה. וְאִיבָּעֵית אֵימָא: דְּאַפְּקֵיהּ לְנִיבֵיהּ וְסַרְטֵיהּ. ת"ש: *הִשִּׁיךְ בּוֹ אֶת הַנָּחָשׁ — רַבִּי יְהוּדָה מְחַיֵּיב, וַחֲכָמִים [ב]פּוֹטְרִים; *וְאָמַר רַב אַחָא בַּר יַעֲקֹב: כְּשֶׁתִּימְצֵי לוֹמַר, לְדִבְרֵי ר' יְהוּדָה — אֶרֶס נָחָשׁ בֵּין שִׁינָּיו הוּא עוֹמֵד, לְפִיכָךְ *מַכִּישׁ בְּסַיִיף, וְנָחָשׁ פָּטוּר. לְדִבְרֵי חֲכָמִים — [ג]אֶרֶס נָחָשׁ מֵעַצְמוֹ מֵקִיא, [ד]לְפִיכָךְ נָחָשׁ בִּסְקִילָה וּמַכִּישׁ פָּטוּר; וְאִי אָמְרַתְּ פִּי פָרָה כַּחֲצַר הַמַּזִּיק דָּמֵי, לֵימָא לֵיהּ: מַאי בָּעֵי יָדָךְ בְּפוּמָא דְּחִיוָאִי! לְעִנְיַן קְטָלָא לָא אָמְרִינַן. וּמְנָא תֵּימְרָא? דְּתַנְיָא: [ה]הַנִּכְנָס לַחֲצַר בַּעַל הַבַּיִת שֶׁלֹּא בִּרְשׁוּת, וּנְגָחוֹ שׁוֹרוֹ שֶׁל בַּעַל הַבַּיִת, וּמֵת — הַשּׁוֹר בִּסְקִילָה, וּבְעָלִים פְּטוּרִים מִן הַכּוֹפֶר; בְּעָלִים פְּטוּרִין מִן הַכּוֹפֶר מ"ט — דְּאָמַר לֵיהּ: בִּרְשׁוּתִי מַאי בָּעֵית. שׁוֹרוֹ נַמִי לֵימָא לֵיהּ: מַאי בָּעֵית בִּרְשׁוּתִי! אֶלָּא, לְעִנְיַן קְטָלָא לָא אָמְרִינַן. הָנְהוּ עִיזֵּי דְּבֵי תַּרְבּוּ דַּהֲווּ מַפְסְדִי לֵיהּ לְרַב יוֹסֵף, א"ל לְאַבַּיֵי: זִיל אֵימָא לְהוּ לְמָרַיְיהוּ דְּלִיצַנְעִינְהוּ. אֲמַר לֵיהּ: אַמַּאי אֵיזִיל? דְּאִי אֲזֵילְנָא, אָמְרִי לִי: לִגְדּוֹר מָר גְּדֵירָא בְּאַרְעֵיהּ. וְאִי גָּדַר, שֵׁן דְּחַיֵּיב רַחֲמָנָא הֵיכִי מַשְׁכַּחַתְּ לָהּ? כְּשֶׁחָתְרָה. אִי נַמִי, דְּנָפֵיל גּוּדָא בְּלֵילְיָא. [ו]מַכְרִיז רַב יוֹסֵף, וְאִיתֵּימָא רַבָּה, דְּסָלְקִין לְעֵילָּא וּדְנָחְתִין לְתַחְתָּאָה: הָנֵי עִיזֵּי דְּשׁוּקָא דְּמַפְסְדִי, מַתְרִינַן בְּמָרַיְיהוּ תְּרֵי וּתְלָתָא זִמְנִין, אִי צָיֵית — צָיֵית, וְאִי לָא אָמְרִין לֵיהּ: תִּיב אַמָּסַחְתָּא וְקַבֵּל זוּזָךְ.§

מתני' אֵיזֶהוּ תָּם וְאֵיזוֹ מוּעָד? מוּעָד — [ז]כָּל *שֶׁהֵעִידוּ בּוֹ שְׁלֹשָׁה יָמִים, וְתָם — מִשֶּׁיַּחֲזוֹר בּוֹ שְׁלֹשָׁה יָמִים, דִּבְרֵי ר' יְהוּדָה; רַבִּי מֵאִיר אוֹמֵר: מוּעָד — שֶׁהֵעִידוּ בּוֹ שְׁלֹשָׁה פְּעָמִים, וְתָם — [ח]כָּל שֶׁיְּהוּ הַתִּינוֹקוֹת מְמַשְׁמְשִׁין בּוֹ וְאֵינוֹ נוֹגֵחַ.§

גמ' מַאי טַעְמָא דְּר' יְהוּדָה? אָמַר אַבַּיֵי: °"תְּמוֹל" — חַד, "מִתְּמוֹל" — תְּרֵי, "שִׁלְשׁוֹם" — תְּלָתָא, "וְלֹא יִשְׁמְרֶנּוּ בְּעָלָיו" — אֲתָאן לִנְגִיחָה רְבִיעִית; רָבָא אָמַר: "תְּמוֹל מִתְּמוֹל" — חַד, "שִׁלְשׁוֹם" — תְּרֵי, "וְלֹא יִשְׁמְרֶנּוּ" הָאִידָּנָא — חַיָּיב. וְר"מ מ"ט? דְּתַנְיָא, א"ר מֵאִיר: רֵיחַק

(שמות כא)

רש"י

כַּחֲצַר הַנִּיזָּק דָּמְיָא. וּ"שְׂדֵה אַחֵר" קָרֵינָא בֵּיהּ. **וְאִי אָמְרַתְּ כו'.** גְּמָרָא קָמְהַדַּר, כְּלוֹמַר: אַמַּאי מְסַפְּקָא לָךְ? פְּשִׁיטָא דְּכַחֲצַר הַנִּיזָּק דָּמֵי, דְּאִי כַּחֲצַר הַמַּזִּיק דָּמֵי – א"כ שֵׁן דְּחַיֵּיב רַחֲמָנָא הֵיכִי מַשְׁכַּחַתְּ לָהּ? נִתְחַכְּכָה בַּכּוֹתֶל. דְּתוֹלָדָה דְּשֵׁן הִיא, אֲבָל שֵׁן מַמָּשׁ – לֹא, דְּאָמַר לֵיהּ: פִּי פָרָתִי בִּרְשׁוּתִי הִיא. **וְטִנְּפָה פֵּירוֹת.** ע"י גִּלְגּוּל, כְּעֵין שֶׁעוֹשִׂין סוּסִים וַחֲמוֹרִים. וּבְלַעַ"ז וולט"ר. **וְהָא בָּעֵינַן עַד תּוּמּוֹ.** דִּמְכַלְיָא קַרְנָא, דְּהָא "וּבִעֵר" זֶה הַשֵּׁן מִ"יְּבַעֵר הַגָּלָל עַד תּוּמּוֹ" נָפְקָא לָן בְּפֶ' קַמָּא (דף ג:). וְהָכָא לֵיכָּא "תּוּמּוֹ", שֶׁעֲדַיִין הָאֲבָנִים וְהַפֵּירוֹת בְּעַיִן. **דְּשָׁף צַלְמֵי.** כְּשֶׁנִּתְחַכְּכָה בַּכּוֹתֶל מָחֲקָה צוּרָה שֶׁעָלָיו, דְּאִיכָּא תּוּמּוֹ. **דְּפָסְעֵי פַּסּוּעֵי.** כְּשֶׁנִּתְגַּלְגְּלָה עַל הַפֵּירוֹת תְּחָבָתַן בְּטִיט וְאִי אֶפְשָׁר לְלַקְּטָן. לִישָּׁנָא אַחֲרִינָא: דְּפָסְחֵי פַּסּוּחֵי – כְּמוֹ "פַּסּוּ אֱמוּנִים" (תהלים יב), כְּלוֹמַר שֶׁשָּׁפְכָה מַשְׁקֶה בְּגִלְגּוּלָהּ, דְּכַלְיָא וּפַסְיָא קַרְנָא. **פָּטוּר מְשַׁסֶּה.** דְּגַרְמָא בִּנְזָקִין פָּטוּר. **דְּאַפְּקֵיהּ לְנִיבֵיהּ.** שֶׁהוֹצִיא שִׁינָּיו וּסְרָטוֹ, דְּלֹא הִכְנִיס יָדוֹ לְתוֹךְ פִּיו. **הִשִּׁיךְ בּוֹ אֶת הַנָּחָשׁ.** שֶׁנָּטַל אֶת הַנָּחָשׁ בְּיָדוֹ וְהִגִּיעַ פִּיו לְיַד חֲבֵירוֹ עַד שֶׁנִּכְנְסָה לְתוֹכוֹ וּנְשָׁכוֹ וָמֵת. **מְחַיֵּיב.** מִיתָה. **בֵּין שִׁינָּיו עוֹמֵד.** וּבְלֹא כַּוָּונַת הַנָּחָשׁ יָצָא הָאֶרֶס. **לְפִיכָךְ מַכִּישׁ בְּסַיִיף.** דַּהֲוֵה לֵיהּ כְּאִילּוּ הֲרָגוֹ בְּסַיִיף, שֶׁהוֹרֵג מַמָּשׁ הוּא, וְלֹא גּוֹרֵם. **נָחָשׁ בִּסְקִילָה.** כְּדִין שׁוֹר הוֹרֵג אָדָם, דִּכְתִיב: "הַשּׁוֹר יִסָּקֵל" (שמות כא). **לְעִנְיַן קְטָלָא.** הֲרִיגַת נָחָשׁ. **לָא אָמְרִינַן.** "מַאי בָּעֵי יָדָךְ" כו'. וַאֲפִילּוּ כַּחֲצַר הַמַּזִּיק דָּמְיָא אֵינוֹ פָּטוּר אֶלָּא נֶהֱרָג. אֲבָל לְעִנְיַן נְזָקִין אָמְרִינַן "מַאי בָּעֵית בִּרְשׁוּתִי", כִּדְתְנַן בְּפ"ק (דף ט:): חוּץ מֵרְשׁוּת הַמְיוּחֶדֶת לַמַּזִּיק. וּמִיבַּעְיָא לָן: פִּי פָרָה אִי כַּחֲצַר הַמַּזִּיק דָּמֵי אוֹ לָא, עַד דְּפַשִׁיטְנָא לָהּ מִכֶּלֶב שֶׁנָּטַל חֲרָרָה. **בֵּי תַרְבּוּ.** שֵׁם מִשְׁפָּחָה. **דְּסָלְקִין לְעֵילָּא.** מִבָּבֶל לְאֶרֶץ יִשְׂרָאֵל. **וּדְנָחְתִין לְתַחְתָּא.** מֵאֶרֶץ יִשְׂרָאֵל לְבָבֶל, הָווּ בְּקִיאִין בְּדִין זֶה. **עִיזֵּי דְּשׁוּקָא.** דְּקַצָּבֵי, דְּקַיְימֵי לִשְׁחִיטָה, אֶלָּא דְּמַשְׁהוּ לְהוּ עַד יוֹמָא דְּשׁוּקָא. **מַתְרִינַן בְּמָרַיְיהוּ.** אִי מַפְסְדָן, אֲפִילּוּ בִּרְשׁוּת הָרַבִּים. **תִּיב אַמָּסַחְתָּא.** מְקוֹם מַעֲמַד הַקַּצָּבִים. **וְקַבֵּיל זוּזָךְ.** אֲפִילּוּ בְּיוֹמָא דְּלָאו דְּשׁוּקָא שָׁחֵיט לְהוּ, הוֹאִיל וְלִשְׁחִיטָה קַיְימָן. **מתני'** מִשֶּׁיַּחֲזוֹר בּוֹ שְׁלֹשָׁה יָמִים. שֶׁרוֹאֶה שְׁוָורִים וְאֵינוֹ נוֹגֵחַ – חוֹזֵר לְתַמּוּתוֹ. **שְׁלֹשָׁה פְּעָמִים.** וַאֲפִילּוּ בְּיוֹם אֶחָד. **גמ' אֲתָאן לִנְגִיחָה רְבִיעִית.** שֶׁאִם לֹא שְׁמָרוֹ וְנָגַח נְגִיחָה רְבִיעִית – מְשַׁלֵּם מְעַלְיָיה נ"ש. אֲבָל אַשְּׁלִישִׁית – פַּלְגָא נִזְקָא הוּא דִּמְשַׁלֵּם. **וְלֹא יִשְׁמְרֶנּוּ הָאִידָּנָא.** בִּנְגִיחָה שְׁלִישִׁית, חַיָּיב עָלֶיהָ נֶזֶק שָׁלֵם.

תוספות

וזה הלשון לאו דוקא, דהכא לא שייך לשון זה, שהכלב לקח מעצמו. אלא כלומר: כיון דגזירת הכתוב דבעי' אכילה בחצר הניזק, ואי פי פרה כחצר המזיק — אפילו כי אכלה בגדיש דבעל החררה הוי אכילה בחצר המזיק. ואגב דשייך לשון זה בנתן אחר לתוך פיה, נקט ליה.

ומייתי משיסה בו את הכלב, דשסוי מיקרי *אפילו הכניס יד חבירו בפי הכלב או הנחש. והשיך — היינו דתחב ודחק שיני הכלב ונחש בבשר חבירו, וא"כ, אמאי חייב בעל הכלב? והלא ידו בחצר המזיק הוא, ולימא ליה: מאי בעי ידך בפומא דכלבאי! והא דקאמר שן דחייב רחמנא היכי משכחת לה, אף על גב דמשכחת לה שפיר כגון שהלקיחה היתה בחצר הניזק, אלא משום דפשטיה דקרא משמע שהביעור היתה בחצר הניזק, קבעי: היכי משכחת לה. וכריש מסכת שבת (דף ג:) איכא נמי "תפשוט" מסוגיא דשמעתין, דקאמר תפשוט מדבעי רב ביבי בר אביי. **תא** שמע שיסה בו את הכלב. ותימה: דאמאי לא משני: לענין קטלא לא אמרינן, כדאמרינן בסמוך? דהך משנה היא רישא דהשיך בו את הנחש דמייתי בתר הכי, בפ' "אלו הן הנשרפין" (סנהדרין דף עו: ושם). ושמא משמע ליה רישא בין לענין מיתה בין לענין נזקין, ולקמן נמי מייתי לה גבי בעיא משסה כלבו של חבירו. **דאפקיה** לניביה וסרטיה. הו"מ לשנויי: כגון שלא הכניס יד חבירו, אלא הכלב עצמו לקחה כששיסהו. אלא דמשני לפי מה שסבור דמיירי כשהושיט לו ידו. **יכלי** למימר לגדור מר גדירא בארעיה. היה נשמט אביי, שלא היה חפץ לילך לשם. דהתנן (לעיל דף יט:): אכלה מתוך החנות משלמת כו', ולא אמרינן: היה לו לנעול חנותו. וכן אכלה מלידי הרחבה. ולעיל נמי לא פריך דליפטר בעל הכלב מן החררה. ורב אלפס פסק כרב יוסף, וליתיה לדאביי, דדחויא בעלמא הוא. **הנהו** עיזי דשוקא כו'. דוקא בהנהו דקיימי לשחיטה. ואע"ג שישלמו מה שהזיקו — לא בעי למיקם בהדייהו לדינא, וזימנין נמי דליכא סהדי. אבל עז לחלבה ורחל לגיזתה — יכול לומר: כשיזיק ישלם, כדאשכחן גבי עיזי דבי תרבו, דאמר ליה: זיל אצנעינהו, ולא אמר ליה: זיל שחטינהו. **איזהו** מועד כו'. אומר ר"י: דהא דאמרינן ב"הבא על יבמתו" (יבמות דף סד:) דסתם לן תנא דשור המועד כרשב"ג, דאמר בשלש זימנין הוי חזקה — לא משום דתיהוי פלוגתייהו בשור המועד, דמקראי דרשינן). **שיהו** התינוקות כו'. אף על גב דאדם אית ליה מזלא — מ"מ, כיון שנעשה שפל כל כך שהתינוקות ממשמשין בו, ודאי חזר לקדמותו. ולא בא ר"מ למעט שלא תועיל חזרה שלשה ימים, אלא השמיענו דאפילו ביום אחד פעמים דאיכא חזרה, כגון ע"י תינוקות. וג' פעמים ביום אחד נראה דאין מועיל לדידיה לחזרה, אע"פ שמועיל להעדאה — דה"נ אשכחן לר"ש דבשלשה פעמים הוי מועד, ובחזרה בעי ג' ימים. **ולא** ישמרנו האידנא חייב. פי' בקונטרס בפי' ראשונה: דלרבא בפעם ג' חייב נ"ש. נ"ל לפי': הא דקאמר לקמן דאתו ג' כיתי סהדי בחד יומא, דלמ"ד לייעודי תורא אייעד, ומשלמין בעלים נ"ש — אע"פ שלא ידעו תחלה. ואינו נראה, ד"והועד בבעליו" כתיב, ואח"כ "אם לא ישמרנו" משלם נ"ש. וברייתא דלקמן קתני דאין השור נעשה מועד עד שיעידו בפני בעלים. וא"כ אפילו למ"ד לייעודי תורא — צריך שידעו הבעלים תחלה, וכי אתו ג' כיתי סהדי בחד יומא והעידו בבעלים — לא ישלמו בעלים נ"ש עד נגיחה ד'. ורש"י עצמו חזר בו, משום דבריש "חזקת הבתים" (ב"ב דף כח. ושם) קאמר סתמא דגמרא: אי מה שור המועד עד נגיחה ד' לא מיחייב כו', ופי': דמשמעות דורשין איכא בינייהו. והר"ר

*) [ועי' תוס' יבמות סה. ד"ה וטור]

רבינו חננאל

כחצר הניזק דמי דכר איבעיא ואפשיטא דכחצר הניזק דמי דהא רב מרי ואמר שן דחייב רחמנא כגון שנתחככה בכותל להנאתה והפילה הכותל או טינפה פירות להנאתה שדומה היזיקן לשן דיש לה הנאה להזיקה שכשם שיש לה הנאה באכילתה כך יש הנא' כשנתחככה בכותל וכיוצא בה ואקשי' עלי' והא כתיב ובער זה השן וכתיב כאשר יבער הגלל עד תומו ש"מ דשן דחייב רחמנא כגון דבעיר ליה כוליה שנא' עד תומו. וזה שהפילה הכותל וטינפה הפירות לא ביערם לגמרי דהא קיימי ומתחזו. ופריק רב אשי כגון דשף צלמי. פי' כגון שהיו לו צורות מצויירים בכותל נתחככה בהן ושפשפה אותם *) מלשון [בתרגום דברים ט] ושפית יתיה בשופינא ובערם מן הכותל לגמרי כדגרסי' בסוף יום הכפורים בענין שכבת זרע שישנו על בשרו אם מבערב ישפשף כלומר יחכך בבשרו עד שיבערו לגמרי ובא רב אשי ופירק [פירוק] אחר דפסע פסועי פי' כגון בצע המקום שנתחככה בהן שיברה האבנים ושחקתן והפירות בדריסה טינפתם ודרסתם [וכילתם] כדכתיב בצע אמרתו לשון כלייה והוא תמימות והשלמות ואתינן למיפשטיה מהא שיסה בו כלב כו' ופשוטה היא. דאפיק כלבא לניביה וסרטיה פי' שיני הכלב שהן ניבין גדולין יוצאין מפיו ולחוץ והכה בהן ולא הכנים [ידו] לתוך פיו. ת"ש השיך בו את הנחש כו' ופרקי' לענין קטלא דברי הכל חייב ולא יכיל מזיק למימר מאי בעית ברשותי כי קמיבעיא לן לענין ממונא ולא [איפשטא] אלא ממתני' דקתני על החררה משלם נזק שלם ש"מ דפי הכלב כחצר הניזק דמי. והשתא סלקא שמעתין כר' יוחנן דאמר אשו משו' חציו אית ליה נמי משום ממונו וקיימא לן כוותי'. הנהו עיזי דבי תרבו דהוו מפסדי לר' יוסף ואמר לאביי זיל אצנעינהו כלומר הזהר לבעליהן שישמרו אותן והשיבו אביי יאמרו דבעליהן יגדור גדר לשדהו והשיב רב יוסף אם כל שדות גדורות הן האי דכתיב ובער בשדה אחר היכי משכחת לה ופירק אביי בשתתחה הבהמה הגדר או נפל הגדר בלילה ונכנסה הבהמה ואכלה כי האי גונא השן חייבת אבל בשדה שאינה גדורה השן פטורה ועמדה הא דאביי ולא איפריכא והא דמכריז רבה ואיתימא ר' יוסף לאו דמכה היא דרב יוסף כשמעתיה ואביי הא אוקמיה בטעמא ואסתלק רב יוסף ושתק ולרבה לא איתבריריה דדבריו נינהו דהא גרסי' ואיתימ' ר' יוסף לפיכך אין כח לפסוק הלכה כמותו. פי' עיזי דשוקא. העומדין למכותה: מתני' איזהו תם ואיזהו מועד מועד שהעידו עליו ג' ימים. ותם שיחזור בו ג' ימים דברי ר' יהודה ור' מאיר אומר מועד שהעידו בו ג' פעמים וכו'. ואמרינן מאי טעמא אמר אביי תמול חד מתמול תרי כלומר אילו היה כתיב תמול אינו אלא יום אחד השתא דשינה קרא וכתב מתמול תרי יומי נינהו שלשום תלתא ולא ישמרנו ונגח רביעית נעשה מועד ומשלם נזק שלם. רבא אמר לא שנא כתיב תמול ולא שנא כתיב מתמול תרוייהו חדא יומא משמע שלשום תרי ולא ישמרנו אלא נגח עוד יום שלישי מכאן ולהבא נעשה מועד וכל מה שיגח ישלם שלם שור תחת השור ולדברי הכל נגיחה נזק שלם. ואביי ורבא בקראי פליגי ולא בעיקר הנגיחות דבהדיא קתני כל שהעידו בו ג' ימים ועוד הלא תראה בתחלת חזקת הבתים דמותיב במתמיה בדבר ברור אי מה שור המועד עד נגיחה ד' לא מיחייב הכא נמי עד שנה רביעית לא קמה ברשותיה ופריק הכי השתא התם מכי נגח ג' נגיחות הוה ליה מועד ואידך כי לא נגח מאי משלם הכא כיון דאכלה ג' שנים קמה ליה ברשותיה. ועוד שנינו משנה שלימה שור שנגח את האדם ומת מועד משלם את הכופר ותם פטור מן הכופר וזה וזה חייבין מיתה. ואקשי' בגמ' וכי מאחר דמתם קטלינן ליה מועד דקטל היכי משכחת לה. ופרש רבה פי' ודחאו רב שימי בר אשי ור"ל ורב פפא ורב אחא בריה דרב איקא כולהו סבירא להו דבתלתא זמני תם הוא. ותוב גרסינן בפ' הבא על יבמתו וסתות ושור המועד הלכתא כרשב"ג דאמר בהדי' לשלישי תנשא לרביעי לא תנשא. והכא כגון שסיכן ג' בני אדם. רב זביד אמר כגון שהרג ג' בהמות ומועד לבהמה הוי מועד לאדם הרי בפי' דבתלתא זמני תם הוא ונעשה מועד ואם הרג יהרג **) וזהו המועד שנסקל ומשלם הכופר ובטעמא חד אמר ר"נ אמר רב אדא בר אהבה הל' כר' יהודה במועד שהרי ר' יוסי מודה לו. והוצרכנו לפרש כל זה שראינו במקצת פירושי רבותינו הגאונים שאמרו כי בנגיחה השלישית משלם נזק שלם וכמדומה עבר אגב שיטפא. אמרו

*) עי' ערוך ערך שף. **) נראה דל"ל ואם הרג יהרג פעם רביעית זהו המועד וכו'.

סנהדרין טו: לקמן כד:

סנהדרין שם

[שם עח.]

[מלה זו ליתא בערוך ולא בתשבי ואולי צ"ל ומשך ועי' ערוך ע' ארס]

[יבמות סה. ע"ש]

הגהות הב"ח

(א) גמ' מאן פטור פטור משסה וחייב:

גליון הש"ס

תום' ד"ה תפשוט וכו' אפי' הכניס יד חבירו. עי' לקמן ד' ט ע"א תוספות ד"ה אילימא:

תורה אור

*ריחק נגיחותיו חייב, קירב נגיחותיו לא כל שכן? אמרו ליה: זבה תוכיח, שריחקה ראיותיה טמאה, קירבה ראיותיה טהורה! אמר להן, הרי הוא אומר: °"וזאת תהיה טמאתו בזובו", [א]תלה הכתוב את הזב בראיות ואת [ב]הזבה בימים. (ויקרא טו) ממאי דהאי "וזאת" למעוטי זבה מראיות? *אימא: למעוטי זב מימים! אמר קרא: °"והזב את זובו לזכר ולנקבה", מקיש זכר לנקבה, מה נקבה בימים, אף זכר בימים. ולקיש נקבה לזכר, מה זכר בראיות, אף נקבה בראיות! הא מיעט רחמנא "וזאת". ומה ראית? מסתברא, קאי בראיות ממעט ראיות, קאי בראיות ממעט ימים?! (שם) תנו רבנן: איזהו מועד – כל שהעידו בו שלשה ימים, ותם – שיהו התינוקות ממשמשין בו ואינו נוגח, דברי ר' יוסי; ר' שמעון אומר: מועד – כל שהעידו בו שלש פעמים, ולא אמרו שלשה ימים – אלא לחזרה בלבד. אמר רב נחמן אמר רב אדא בר אהבה: הלכה כר' יהודה במועד, שהרי ר' יוסי מודה לו, והלכה כרבי מאיר בתם, שהרי ר' יוסי מודה לו. אמר ליה רבא לרב נחמן: ולימא מר הלכה כרבי מאיר במועד, שהרי רבי שמעון מודה לו, והלכה כרבי יהודה בתם, שהרי רבי שמעון מודה לו! אמר ליה: אנא כרבי יוסי סבירא לי, *דרבי יוסי נימוקו עמו. [ג]איבעיא להו: שלשה ימים דקתני, *לייעודי תורא או לייעודי גברא? למאי נפקא מינה? דאתו תלתא כיתי סהדי בחד יומא; אי אמרת לייעודי תורא – מייעד, ואי אמרת לייעודי גברא – לא מייעד, מימר אמר: השתא הוא דקמסהדו בי, מאי? תא שמע: [ד]"אין השור נעשה מועד עד שיעידו בו *בפני בעלים ובפני בית דין, העידו בו בפני בית דין ושלא בפני בעלים, בפני בעלים ושלא בפני בית דין – אינו נעשה מועד, עד שיעידו בו בפני בית דין ובפני בעלים; [ה]העידוהו שנים בראשונה ושנים בשניה ושנים בשלישית – הרי כאן שלש עדיות, והן עדות אחת להזמה. נמצאת כת ראשונה זוממת – הרי כאן שתי עדיות, והוא פטור והן פטורים. נמצאת כת שניה זוממת – הרי כאן עדות אחת, והוא פטור והן פטורים. נמצאת כת שלישית זוממת – כולן חייבין, ועל זה נאמר: °"ועשיתם לו כאשר זמם" וגו'; (דברים יט) אי אמרת לייעודי תורא – שפיר, אלא

ריחק נגיחותיו. ג' ימים. חייב. כדכתיב: "תמול שלשום". ריחקה ראיותיה. ג' ראיות בג' ימים – טמאה ז' ימים, כדכתיב: "כי יזוב זוב דמה ימים רבים", ודרשינן (בת"כ פ' מצורע): "ימים" – שנים, "רבים" – שלשה. קירבה ראיותיה. ביום אחד – טהורה מטומאת שבעה, אלא שומרת יום כנגד יום. הרי הוא אומר וזאת כו'. ומשום גזירת הכתוב הוא דלא דרשינן ק"ו. הזב בראיות. דכתיב בהאי קרא "זוב" תלתא זימני, וכתיב "טומאתו היא", דמשמע: בהנך ג' הוי טמא. וכתיב "זאת" דמשמע: אין לך אלא מה שכתוב בו: זב בראיות ולא זבה בראיות. קאי בראיות. האי "וזאת" גבי ראיות כתיב, וממעט ראיות לזבה. ממעט ימים. בתמיה. אלא לחזרה. שאם חזר לאחר העדאתו שלשה ימים, שראה שוורים ולא נגח – חזר לתמותו. כרבי יהודה. דמתני'. נימוקו עמו. טעמיו וראיותיו עמו. לייעודי תורא. ולמעוטי היכא דנגח ביום אחד. או לייעודי גברא. לייעד בעל השור בעינן שלשה ימים. בחד יומא. והעידו על שלש נגיחות של ג' ימים. אי אמרת. לא בעינן ג' ימים אלא לייעודי תורא, ולמעוטי קירב נגיחותיו – הא מייעד, דריחק בנגיחות. השתא הוא דקמסהדו בי. כל שלשתן הכיתות באו ביום אחד, והתורה אמרה שלשה ימים. והועד בבעליו. ואין עדות אלא בב"ד. הרי כאן ג' עדיות. שאם בטלה אחת מהם לא בטלו השתים, ומשלם עליהם חצי נזק. ואם לא בטלה – הרי הוא מועד. והן עדות אחת להזמה. שהרי על ידי שלשתן הוא מועד, הלכך עדות אחת הן לכך, שאם נמצאת כת ראשונה זוממת – הוא פטור מלשלם על הנגיחה *שלישית אלא חצי נזק. והן. הזוממין. פטורין. מתשלומי נגיחה שלישית. ואע"פ שהן היו גורמים לו לשלם עליה נ"ש – פטורין, שאין העדים משלמין ממון עד שיזומו כולן. כולן חייבין. לשלם הח"נ של העדאת נגיחה שלישית בין כולן. ועד התמות משלמים שני עדים האחרונים שהעידו עליה. אי אמרת לייעודי תורא. בעינן ג' ימים, אבל גברא ביום אחד מייעד – מצי לאוקמא כשבאו כולן ביום אחד, שהביאן יזק שלישי להעיד על ג' נגיחות של ג' ימים. ומשום הכי שייכי קמאי בהד העדאה, שרגלים לדבר דלשוייה מועד אתו, דלא מצו למימר: אנן לחיובי פלגא נזקא אתינן מקמייתא ולא לשוייה מועד – דודאי הני ידעי בהני, שהרי בעל נגיחה שלישית הביאן, ומה לו ולנגיחות הראשונות? אלא כדי לייעדו, ובהדי הדדי אתו. אלא

והר"ר עזריאל פי': דאיכא בינייהו, דלאביי דדריש "לא ישמרנו" לנגיחה ד' – לא משלם נזק שלם עד יום ד', ד"לא ישמרנו" הוי יום ד' דומיא ד"תמול שלשום". אבל לרבא דלא כתיב נגיחה ד' – אפילו נגח ד' בג' – חייב. *וקשה למאי דפי' דלא משלם ברביעית נ"ש, אפי' למ"ד לייעודי תורא, אא"כ העידו בבעלים בנגיחה ג', דאמרינן לקמן בפרק "שור שנגח ארבעה וחמשה" (דף מא. ושם): וכי מאחר דמתם קטלינן ליה, מועד היכי משכחת להו? ומשני: כגון שהוזמו זוממי זוממין. ופריך: הניחא אי לייעודי תורא – שפיר, אלא אי לייעודי גברא בעינן – מאי אמר ליה: לא הוה ידענא דתוראי נגחן. ולפי מה שפיר' אפילו אי לייעודי תורא נמי לא אתי שפיר! וי"ל: דלכתחילה כשהוזמו השלשה כיתות לקחו הבעלים את השור, וכשבאו זוממי זוממין והעידו בבעליו בבית דין לא הספיקו לגמור את דינו עד שנגח נגיחה ד' בעוד שהיה בבית בעליו, וכמ"ד גומרין דינו של שור שלא בפניו. והו"מ למפרך: הניחא למ"ד גומרין, אלא בלאו הכי פריך שפיר הניחא אחר. ור"ת מפרש: שאין נאסר על ידי גמר דין כל זמן שהוא קיים, *ועדיין שלו הוא *עד לאחר סקילה או לאחר שחיטה. והשתא אתי שפיר, אפי' נגמר דינו ואח"כ נגח. והא דקתני לקמן בברייתא נמצאת כת שלישית זוממת כולן חייבין, אע"ג דעדיין לא חייב נזק שלם, מכל מקום, כיון שמייעדין אותו וממילא מתחייב נזק שלם ברביעית – כשהוזמו צריכין לשלם כפי מה שתעלה נגיחה ד' כשיגח, אע"ג דבפרק "הנחנקין" (סנהדרין דף פו:) אמר: עידי גניבה בנפש שהוזמו, ועידי גניבה ראשונה של בן סורר – אין נהרגין. התם לאו משום דיכול להיות שלא יבאו לידי חיוב פטרינן להו, אלא התם משום דמצו למימר להלקותו באנו. ועידי גניבה בנפש שהוזמו – לוקין, כדפירש התם בקונטרס. אבל הכא ע"כ לא באו כי אם לייעדו ולחייבו נזק שלם כשיגח נגיחה ד', כדמסיק ואזיל דלא מצו למימר לחיובי פלגא נזקא קאתינן. *אא"כ אין חייבין אלו הכיתות אלא כמה שעשאו מועד, ואומדין כמה נפחת שורו מדמיו, ולא צריכא השתא לנגיחה רביעית כלל. [הגה"ה ע"ש בג"ל]

הרי הוא אומר וזאת. ואם תאמר: כל שכן השתא דאיכא למימר תוכיח, דמיעט קרא בהדיא! וי"ל, דה"ק: דהתם גלי קרא דלא שייכא התם סברא של קירוב וריחוק, שאין שם הטעם תלוי משום דמוחזקת בכך רואה, אלא דגזירת הכתוב הוא דבשלשה ימים היא זבה, אפי' אם יבא אליהו ויאמר ודאי לא תראה עוד. ודלמא למעוטי זב מימים. ולא בעי למימר: אבל לא זבה מראיות – דאם כן לשתוק מ"וזאת". אי נמי: המקשה סמך אהיקשא, וכדפריך בסמוך: מה ראית.

קאי בראיות ממעט ראיות. תימה: אדרבה, קאי בזב – ממעט זב, קאי בזב – ממעט זבה? כדדרשינן בפ"ק דשחיטת חולין (דף כד. ושם) שאין הלוים פסולים במומים, דכתיב "וזאת אשר ללוים", ואין אחרת ללוים! ויש לומר: דהתם נמי הוה דרשינן וזאת ללוים ולא לכהנים, שאין שנים פוסלין בכהנים, אלא משום דדרשינן ליה מ"אשר ללוים". אנא כרבי יוסי ס"ל. והא דלא קאמר: הלכה כרבי יוסי – משום דניחא ליה למנקט תנאי דמתניתין. אי לייעודי גברא. לא שיהא מועד לעבור בהתראות – דאם כן לא היה מתחייב עד נגיחה של חמישית נ"ש. אלא לייעודי – שיודיעו בכל פעם שנגח שורו וישמרנו. תלתא כיתי עדים. לאו דוקא, דהוא הדין כת אחת. השתא הוא דקמסהדי בי. תימה לר"י: *דמ"מ קנס לא הוי, אפי' למ"ד (לעיל דף טו.) פלגא נזקא קנסא, דמכי נגח שלש נגיחות יצא מחזקת שימור! ונראה לתרץ: דאין חצי נזק חלוק, כיון דהוי קנס בחד דוכתא – הוי קנס בכל דוכתי. כדאשכחן גבי שלשים של עבד, דאפי' העבד שוה שלשים לא פחות ולא יותר – מכל מקום הוי קנס, ואי מודה ביה – מיפטר.

בפני ב"ד. זהו מסברא, דמי יקבל עדות אם לא בפני בית דין. הרי כאן שלש עדיות. לענין שלש אין ואחד מן השוק מצטרף עמהן. לימרו

רבינו חננאל

אמרו לו לר' מאיר זבה תוכיח שריחקה ראיותיה טמאה קירבה ראיותיה טהורה. תורת הזב לטמא בג' ראיות שנאמר וזאת תהיה טומאתו בזובו טומאתו בזובו היא תלויה ואינה תלויה בימים בזובו רר זובו מלמד שמטמא בג' ראיות ותורת הזבה בימים שנאמר ואשה כי יזוב זוב דמה ימים רבים ימים ב' רבים ג' ואם ראתה אשה כמה ראיות ביום אחד אינה זבה עד שתראה שלשה ימים וזהו שאמרו לרבי מאיר זבה תוכיח שאם קירבה ראיותיה ביום אחד אינה זבה כך השור אם נגח ביום אחד כמה נגיחות אינו מועד. פי' וזאת תהיה טומאתו בזובו לימד כי טומאת הזב בראיות. וכתיב וזאת למעוטי הזבה שאין טומאתה בראיות ולא יתכן למעט מוזאת הזב מליטמא בימים ולומר וזאת טומאתו בראיות ולא בימים דקיימא לן דכי ממעט קרא מן הענין דמרבה כותיה ממעטי וזהו פירושו מרבה טומאת הזב בראיות ביום אחד ממעט טומאת הזבה מראיות ביום אחד ולא יתכן לפרש דממעט הימים דהוא מרבה ראיותיו של זב שקובעין אותו לזיבה. *) אמר רב נחמן הלכה כר' יהודה במועד דאמר איזהו מועד כל שהעידו עליו שלשה ימים שהרי ר' יוסי מודה לו. והלכה כר"מ בתם דאמר איזהו תם שתינוקות ממשמשין בו ואינו נוגח שהרי ר' יוסי מודה לו. ואסקינן לה דר' יוסי נמוקו עמו פי' תורתו עמו כלומר תורתו גמרא ברורה מסורת בידו. איבעיא להו שלשה ימים דקתני לייעודי תורא או לייעודי גברא למאי נפקא מינה דאייתו תלתא כיתי שהדי בחד יומא ביום רביעי ואשהידו דנגח האי תורא בחד בשבא ובתרין בשבא תורא אחרינא אע"פ שהג' כיתות ביום רביעי העידו נעשה השור מועד וכל מה שיגח מכאן ולהבא נזק שלם משלם אבל אי אמרת לייעודי גברא בעינן להיות זו העדות כעין התראה לו כדי להזהירו לשמור את שורו יכול בעל השור לומר שעד עתה לא הוגד לי ששורי מנגח מעכשיו אשמרנו ונמצאו שלשה הללו כאילו כת אחת הן שכולן ביום אחד באו ועדיין שור זה תם. ת"ש אין השור נעשה מועד עד שיעידו בו בפני בעלים ובפני ב"ד העידו בו בפני בעלים שלא בפני ב"ד בפני ב"ד שלא בפני בעלים אינו מועד עד שיעידוהו בפני ב"ד ובפני בעלים העידוהו ב' בראשונה ב' בשניה ב' בשלישית הרי ג' עדות והם עדות אחת להזמה נמצאת כת אחת זוממת הרי כאן שתי עדיות הוא פטור והן פטורין כו' פי' כגון דאתו תרי שהדי אשהידו בפני בעלים דהדין תורא נגח תורא דראובן בחד בשבא במקום פלוני ואתו אחריני ואשהידו דבתרין בשבא נגח האי תורא תורא דשמעון במקום פלוני ואתו אחריני ואשהידו דבתלתא בשבא במקום פלוני נעשה השור מועד ומעכשיו כל מה שיגח משלם נזק שלם מן העלייה נמצאת כת ראשונה זוממת כגון שבאו עדים ואמרו לאלו העדים עמנו הייתם בההוא חד בשבא במקום המקום שהעידו כי ראו העדות באותו מקום יותר ממהלך יום בעל השור פטור הוא מלשלם נזק שעדיין אין השור מועד ונמצא שלא נגח אלא שתי נגיחות ועדיין תם הוא והעדים פטורין מן העדות כי לאחר שתתקיים עדות ג' כיתות מתחייב במועדות וכיון שמקצתן הוזמו ומקצתן לא הוזמו כשם שפטורין מי שלא הוזמו כך פטורין [מי] שהוזמו וזה דומה לב' עדים שהעידו והוזם אחד מהן והאחר לא הוזם ששניהן פטורין ולפיכך אמרה הברייתא והן עדות אחת להזמה כלומר אינן חייבין לשלם עד שיוזמו שלשתן ובענין הזה השניה והשלישית ואע"פ שהראשונה כשהוזמה פטורה משלמת צד המועדת שבנגיחה רביעית משלמת התמות שחייבתו לשלם לראובן עומדת וכן דין השניה וכן דין השלישית אבל אם הוזמו אלו הג' כיתות כולן משלמ' הראשונה מה שחייבתו בעדותה לשלם לראובן והשניה משלמת מה שחייבתו לשלם לשמעון והשלישית משלמת מה שחייבתו לשלם ללוי ושלשתן משלמות (ומשלמות) צד מועדות שבנגיחה רביעית ועל זה נאמר ועשיתם לו כאשר זמם לעשות לאחיו ופעמים שמשלמות גם צד התמות שברביעית היכי דמי כגון שהודה בנגיחה רביעית וקיימא לן פלגי נזקא קנסא ואין אדם משלם קנס על פי עצמו וכיון שהעידו הללו שהוא מועד נתחייב על עדותם השתא

*) נ"ל שצ"ל שקובעין אותו לזיבה וממעט ימים בתמיה.

עין משפט נר מצוה:

סט א מיי' פ"ב מהל' מחוסרי כפרה הלכה ז ח:

ועיין מהר"מ מ"ש בשם גליון עוד תירוץ אחר

ע ב מיי' פ"ו מהלכות אסורי ביאה הלכה ז סמג עשין רמג:

עא ג מיי' פ"ו מהלכות נזקי ממון הל' א:

עב ד מיי' שם הלכה ב ופ"ה מהל' סנהדרין הלכה יב:

עג ה מיי' פכ"א מהל' עדות הלכה ח:

מסורת הש"ס: תענית כח: ב"ב כח: | ויקרא טו | שם | [גיטין סז.] | [לקמן מא.] | ס"א רביעית | נ"ל בפני ב"ד ובפני בעלים שנאמר והועד בבעליו וכו' מהר"מ | דברים יט | עי' מהר"ם

גליון הש"ס

גמ' אימא למעוטי זב מימים. עיין תשובת רשד"ס חלק י"ד סימן רלו ותשובת הר"מ אלשקר סימן טו: תום' ד"ה [בדף כג ע"ב] ולא ישמרנו כו' ועדיין שלו הוא. עיין זבחים דף עא ע"א תוס' ד"ה אפי': בא"ד שלו הוא עד לאחר סקילה. עי' יש"ש דמכילתין סימן כ"ג בסה"ד:

אֶלָּא אִי אָמְרַתְּ לְיַיעוּדֵי גַּבְרָא, לֵימְרוּ הָנָךְ קַמָּאֵי: אֲנַן מִי הֲוָה יָדְעִינַן דְּבָתַר שְׁלֹשָׁה יוֹמֵי אָתוּ הָנֵי וּמְיַיעֲדִי לֵיהּ? אֲמַר רַב אַשִׁי: אֲמָרִיתָהּ לִשְׁמַעְתָּא קַמֵּיהּ דְּרַב כָּהֲנָא, וַאֲמַר לִי: וּלְיַיעוּדֵי תּוֹרָא מִי נִיחָא? וְלֵימְרוּ הָנָךְ בַּתְרָאֵי: אֲנַן מְנָא יָדְעִינַן דְּכָל דְּקָאֵי בֵּי דִּינָא, לְאַסְהוּדֵי בְּתוֹרָא קָאָתוּ? אֲנַן לְחַיּוּבֵי גַּבְרָא פַּלְגָא נִזְקָא אָתֵינַן! דְּקָמְרַמְּזֵי רְמוּזֵי. רַב אַשִׁי אָמַר: כְּשֶׁבָּאוּ רְצוּפִים. רָבִינָא אָמַר: בְּמַכִּירִין בַּעַל הַשּׁוֹר וְאֵין מַכִּירִין אֶת הַשּׁוֹר. אֶלָּא הֵיכִי מְיַיעֲדִי לֵיהּ? דְּאָמְרִי: תּוֹרָא נַגְחָנָא אִית לָךְ בְּבַקְרָךְ, אִבָּעֵי לָךְ לְנַטּוּרֵי לְכוּלֵּיהּ בַּקְרָא. אִבַּעְיָא לְהוּ: הַמְשַׁסֶּה כַּלְבּוֹ שֶׁל חֲבֵירוֹ בַּחֲבֵירוֹ, מַהוּ? מְשַׁסֶּה וַדַּאי פָּטוּר, בַּעַל כֶּלֶב מַאי? מִי אָמְרִינַן מָצֵי א"ל: אֲנָא מַאי עֲבֵידְנָא לֵיהּ. אוֹ דִּלְמָא אָמְרִינַן לֵיהּ: כֵּיוָן דְּיָדַעַתְּ בְּכַלְבָּךְ דְּמִשַּׁסֵּי לֵיהּ וּמִשְׁתַּסֵּי, לָא אִבָּעֵי לָךְ לְאַשְׁהוּיֵיהּ? אָמַר רַבִּי זֵירָא, ת"ש: וְתָם – שֶׁיְּהוּ הַתִּינוֹקוֹת מְמַשְׁמְשִׁין בּוֹ וְאֵינוֹ נוֹגֵחַ; הָא נוֹגֵחַ – חַיָּיב. אָמַר אַבָּיֵי: מִי קָתָנֵי נָגַח חַיָּיב? דִּלְמָא הָא נָגַח לָא הָוֵי תָּם, וּבְהַהִיא נְגִיחָה לָא מְחַיֵּיב! ת"ש: שִׁיסָּה בּוֹ אֶת הַכֶּלֶב, שִׁיסָּה בּוֹ נָחָשׁ – פָּטוּר; מַאי לָאו פָּטוּר מְשַׁסֶּה, וְחַיָּיב בַּעַל כֶּלֶב? לָא, אֵימָא: פָּטוּר אַף מְשַׁסֶּה. אָמַר רָבָא: אִם תִּמְצֵי לוֹמַר הַמְשַׁסֶּה כַּלְבּוֹ שֶׁל חֲבֵירוֹ בַּחֲבֵירוֹ חַיָּיב, שִׁיסָּהוּ הוּא בְּעַצְמוֹ – פָּטוּר, מַאי טַעְמָא? כָּל הַמְשַׁנֶּה וּבָא אַחֵר וְשִׁינָּה בּוֹ – פָּטוּר. א"ל רַב פַּפָּא לְרָבָא: אִיתְּמַר מִשְּׁמֵיהּ דְּרֵישׁ לָקִישׁ כְּוָותִיךְ, דְּאָמַר רֵישׁ לָקִישׁ: שְׁתֵּי פָרוֹת בִּרְשׁוּת הָרַבִּים, אַחַת רְבוּצָה וְאַחַת מְהַלֶּכֶת, וּבָעֲטָה מְהַלֶּכֶת בָּרְבוּצָה – פְּטוּרָה, רְבוּצָה בִּמְהַלֶּכֶת – חַיֶּיבֶת. א"ל: אֲנָא בְּהַהִיא חִיּוּבֵי מְחַיַּיבְנָא, דְּאָמְרִינַן לֵיהּ: כִּי אִית לָךְ רְשׁוּתָא לְסַגּוּיֵי עֲלַי, לְבַעוּטֵי בִּי לֵית לָךְ רְשׁוּתָא. §

מתני' שׁוֹר הַמַּזִּיק בִּרְשׁוּת הַנִּיזָּק, כֵּיצַד? נָגַח, נָגַף, נָשַׁךְ, רָבַץ, בָּעַט, בִּרְשׁוּת הָרַבִּים – מְשַׁלֵּם חֲצִי נֶזֶק, בִּרְשׁוּת הַנִּיזָּק – רַבִּי טַרְפוֹן אוֹמֵר: נֶזֶק שָׁלֵם, וַחֲכָמִים אוֹמְרִים: חֲצִי נֶזֶק. אָמַר לָהֶם רַבִּי טַרְפוֹן: וּמָה בְּמָקוֹם שֶׁהֵקֵל עַל הַשֵּׁן וְעַל הָרֶגֶל בִּרְשׁוּת הָרַבִּים שֶׁהוּא פָּטוּר, הֶחְמִיר עֲלֵיהֶן בִּרְשׁוּת הַנִּיזָּק לְשַׁלֵּם נֶזֶק שָׁלֵם, מָקוֹם שֶׁהֶחְמִיר עַל הַקֶּרֶן בִּרה"ר לְשַׁלֵּם חֲצִי נֶזֶק, אֵינוֹ דִּין שֶׁנַּחְמִיר עָלָיו בִּרְשׁוּת הַנִּיזָּק לְשַׁלֵּם נֶזֶק שָׁלֵם? אָמְרוּ לוֹ: דַּיּוֹ לַבָּא מִן הַדִּין לִהְיוֹת כַּנִּדּוֹן, מַה בִּרה"ר – חֲצִי נֶזֶק, אַף בִּרְשׁוּת הַנִּיזָּק – חֲצִי נֶזֶק. אָמַר לָהֶם: אַף אֲנִי לֹא

רש"י

אלא אי אמרת לייעודי גברא. בעינן ג' ימים, ועל כל נגיחה ונגיחה צריך להעיד ביומיה, ולא משכחת לה דמשוו ליה מועד אלא בג' ימים – לימרו הנך קמאי כו'. **ולייעודי תורא מי ניחא.** נהי דקמאי ודאי לייעודיה נתכוונו, שהרי יודעים שאין על ניזק השלישי לתבוע נגיחות ראשונות אלא כדי לייעדו ולחייבו נ"ש, אלא הנך בתראי שצריכים לו בלא עדות ב' הכתות, ולחייבו ח"נ. לימרו **אנן לאו לייעודי אתינן.** ולא הוה ידעינן בהנך כיתות, אלא לחיוביה פלגא נזקא, (א) ואין עלינו לשלם אלא חצי הנזק. ה"ג **דקא מרמזי רמוזי.** כלומר: לייעודי תורא ניחא, וביום אחד. וכגון דקא מרמזי רמוזי כת עידי ראשונה לעידי כת שלישית שיעידו. הלכך ודאי אחרונים נמי לכך נתכוונו, והיו יודעים בראשונים. וכך שמעתי. **רב אשי אמר.** לעולם לאייעודי תורא ניחא, דמוקמינן לה כשבאו רצופים – כולם באו ביחד, דהשתא ודאי ידעי הני בהני. **ואין מכירים את השור.** הלכך לא נתכוונו אלא לעשותו מועד, שהיו יודעים בעדות הראשונים. דמשום חצי נזק, כיון דאין מכירים את השור – לא אתו ומסהדי, דתם אינו משלם אלא מגופו. אבל לייעודי גברא לא ניחא, דמצו למימר קמאי: מי ידעינן דלבתר תלתא יומי אתו הני ומייעדי ליה? אנן אפלגא נזקא אתינן. וליכא למימר בהו אין מכירין את השור ולייעודי אתו – דמי הוו ידעי דסופו לחזור לנגוח שנייה ושלישית? **כלבו של חבירו בחבירו.** לוי המשסה כלב ראובן בשמעון. **ודאי פטור.** דגרמא בנזקין הוא. **הא נגח.** שור אחר על ידי משמוש התינוק – חייב, ואע"פ דשסוי הוא. **דלמא.** אע"פ דנגח, תם הוא דלא הוי, ובההיא נגיחה לא מחייב. והאי דקתני "ואינו נוגח" – לשוייה תם קתני. **שסהו בעצמו.** שנשך הכלב את המשסה – בעל הכלב פטור. **בעטה מהלכת ברבוצה פטורה.** דלא היה לה לרבוץ ברשות הרבים, וכל המשנה ובא אחר ושינה בו – פטור. **מתני' נגח נגף כו'.** כולן תולדות קרן הן. **שהוא פטור.** כדכתיב: "ובער בשדה אחר". **דיו לבא מן הדין להיות כנדון.** קרן ברשות הניזק שאתה מביא מדין קרן ברשות הרבים, דקאמרת: קרן שהחמיר עליה ברה"ר אינו דין שנחמיר עליה ברשות הניזק. לא

תוספות

לימרו הנך קמאי כו'. הוה הדין דהו"מ למפרך מבתראי, שלא ידעו בראשונים, כיון שבאו בג' ימים. אלא מקמאי פריך בפשיטות טפי.

לימרו הנך בתראי וכו'. מקמאי לא הו"מ למפרך, דמוכח מילתא דלייעודי קאתו, מדהמתינו עד נגיחה ג'. ואו"ת: מאי קאמר "מנא ידעינן דכל דקאי בבי דינא" כו'? לוקמא כגון שהיו אחרונים במעמד כשהעידו כת ראשונה! וי"ל: דעל כרחך איירי כשהעידו כת שלישית תחלה. דאי כשהעידו לבסוף – אם כן תקשה מקמאי, דדלמא לחיוביה פלגא נזקא קאתו. דליכא הוכחה במה שהמתינו עד נגיחה שלישית, דשמא לא היה להם פנאי לבא לב"ד להעיד. אלא כשהמתינו עד כשהעידו כת שלישית – אז מוכחא מלתא דלייעודי קאתו.

אלא דקמרמזי רמוזי. לפי הספרים דגרסי "אלא" משמע דבעי לאוקמי הכא נמי דקמרמזי רמוזי, וניחא אפי' אי לייעודי גברא, וכגון שבכל שלשה ימים באו אלו עם אלו וקמרמזי. ולא ברמיזה כההיא ד"הניזקין", דהתם מיירי ברמיזה גרועה, דלאו מילתא היא. א"נ: דיני נפשות שאני. וכל הנך שנויי בתראי אתו נמי לייעודי גברא*.

במכירין בעל השור כו'. ואם תאמר: אכתי מצו למימר לחיוביה פלגא נזקא קאתינן אקטן שבשוורים, כדתנן ב"המניח" (לקמן דף לה:) גדי זה אומר קטן הזיק! וי"ל: דיכול לומר: אחד מהם נאבד. א"נ דנאבד אחד מהם (ב) אחר כל נגיחה. *ואו"ת: דכיון דאין מכירין את השור, שמא אותו שנגח ראשונה לא זה שנגח שניה ושלישית! וי"ל: כגון שלאחר שהעידו כולם ראוהו והכירוהו שהיה עושה כל הנגיחות. ואם תאמר: לייעודי גברא, אין העדים שהעידו ביום ראשון יכולין לייעד, אלא שחוששין שמא יגח ב' וג' (ג) ויכירו, ומטעם זה יכולים נמי לומר: לחייבו חצי נזק באנו כשיכירו, ואפי' כי אמרינן לייעודי תורא, דמצינו למימר דמיירי כשהכירוהו עד שנגח שלשה נגיחות, ולאחר שלשה ימים כשבאו להעיד נתערב בין שוורים אחרים הדומים לו, או שכחו מה שור היה ואין מכירין אותו בשעת העדות, דהשתא ודאי לייעודי קאתו, ואף על פי שאין מכירין אותו – ישלם נ"ש כשיגח נגיחה רביעית, כרבי אחא, דאמר בריש "המוכר פירות" (ב"ב דף צג. ושם): בידוע שזה הרגו. ונ"נ, אותם שהכירו תחילה יכולים הם לומר: לחייבו חצי נזק באנו כשיכירו, דלייעודי גברא נמי לא מצי אמר, אלא שחוששין שמא יגח שנים או שלשה ויכירוהו! וי"ל: דאי לחייבו ח"נ אתו – לא היה להם להעיד כלל עד שיכירוהו, אבל ודאי לייעודי אתו, כי בין לייעודי תורא ובין לייעודי גברא, צריכין להעיד קודם נגיחה רביעית, דאין הבעלים מתחייבים עד שיודיעוהו תחילה. ולכך צריכין למהר להעיד קודם הכרה. וכן פר"ת, דהך מתני' בין לייעודי תורא בין לייעודי גברא, ובעיין לא אפשיט. ותימה דלא משני: שאין מכירין השור המנוגח, אי נמי שנגח שור של הפקר או של גוי, או שהעידו שנגח שוורים של עצמו. ואור"י: דשמא אין העדאה מועלת אלא *בפני חיוב, ולכך לא מצי למימר שאין מכירים השור המנוגח, דאי אין מכירים – שמא הוי דגוי או דהפקר.

המשסה כלבו של חבירו כו'. לא דמי לשור האצטדין (לקמן דף לט.), שהאדם נלחם עמו להורגו.

רבינו חננאל

השתא דייקינן מיהא ממתניתא אי אמרינן ליעודי תורא משכחת לה כגון דאשהידו כחדא כולהו אלא אי אמרת ליעודי גברא ולעולם לא הוי מועד עד שיעידו הללו שלש כיתות בשלשה ימים לימרו הנך שהדי קמאי דאשהידו עליה דנגח בחד בשבא לתורא דראובן מי הוינן ידעי דלמחר וליום אחרינא אתו שהדי אחריני ומשהדי עליה דחשבת לן לתלתא כיתי כי חד לחובינן דייקינן מינה דליעודי תורא הוא. ואמר ליה רב כהנא לרב אשי וי"א א) כי רב אשי הוא האמר וליעודי תורא מי ניחא הא איכא למימר נימרו ב) קמאי מי ידעינן דכל דקאי בבי דינא לאשהודי להאי תורא אתא דחשבת לן כת אחת אנן לחוביה פלגי ניזקא קא אתינן וכיון שהוזמו שילמנו צד תמות אבל בצד מועדות לא העדנו הנה אפילו ליעודי תורא לא משכחת לה אלא מאי איכא למימר דאיכא שהדי דחזו להו בהתקבצם בב"ד מרמזי רמוזי אהדדי כלומר זאת אומרת לכת האחרת הגישו העידו והנה אנחנו עוד מעידין אחריכן דלא יכלי למימר לא הוינן ידעי דלמשהדי בהאי אתו אפילו תימא ליעודי ג) גברא שנזדמנה להללו שלש כיתות אחת שהעידה תמול והאחרת שהעידה שלשום ישיבה בב"ד כאחת עם הכת השלישית שבאה להעיד היום ומרמזי אהדדי ואמר אלו שתי הכיתות לכת השלישית העידו גם אתם כאשר העדנו אנו שנחשבין כולן עכשיו ככת אחת ואינן יכולין לומר מי הוינן ידעין דלמחר וליומא אחרא אתו אחרינא ומשהדי דהא איתבריר דהוו ידעי וכיון דאיתזמו חשבינן להו ככת אחת רב אשי אמר כגון שבאו רצופין דטעם חדא היא מיהו אמר לך רב אשי כיון דחזינן להו דאתו לבי דינא רצופין אע"ג דלא חזינן להו דמרמזי ככת אחת חשבינן להו וליעודי תורא וליעודי גברא חדא אורחא וחדא טעמא לתרוייהו. רבינא אמר במכירין בעל השור והעידו ב' ביום ראשון כי ראינו שור שפירש מן השוורים של פלוני ונגח שורו של ראובן מזהירין אותו ב"ד לשמור כל בקריו והעידו אחרים כי ביום שני ראינו שור שפירש מבקרו של פלוני ונגח ביום שני שורו של שמעון והעידו אחרים כי פירש שור מן השוורים של פלוני ונגח ביום שלישי שורו של לוי ונזדמן להן לאלו שלש כיתות שראו בבת אחת אחד מן השוורים שהעידו על בעליהן כי ראו בכלל בקרו שור נגח ואמרו הכת הראשונה שזהו השור שהעדנו על בעליו ביום ראשון והעידה הכת השניה כמוהו והשלישית כמוהו נמצאו שלש כיתות בעדות בעלים ובעדות אחת לגבי השור וכי היכי דאיכא למימר מיהא מתניתא ליעודי תורא הם הכי איכא למימר ליעודי גברא ובעיא לא אפשיטא ד) ועוד דברים הללו שפירשנו מבוארין למבינים בפ' שור שנגח ארבעה וחמשה שוורים. איבעיא להו המשסה כלבו של חבירו והזיקו מהו משסה ודאי פטור בעל הכלב חייב אי לא ולא אפשיטא ה). ת"ש שיסה בו כלב שיסה בו נחש פטור אוקימנא פטור אף משסה אמר רבא אם תמצא לומר המשסה כלבו של חבירו בחבירו חייב בעל הכלב. שיסהו בעצמו פטור פי' כגון ראובן ששיסה כלבו של שמעון על עצמו והזיק הכלב ההוא את ראובן פטור שמעון בעל הכלב מאי טעמא כל המשנה כגון ראובן זה ששיסה הכלב ובא הכלב ושיסה והזיקו פטור בעל הכלב ואע"ג דרבא בבעטה מהלכת ברבוצה מחייב בהא פטור וקיימא לן שיסה בו כלב שיסה בו נחש פטור מדיני אדם וחייב בדיני שמים: **מתני'** שור המזיק ברשות הניזק כיצד נגח וכו' ור' טרפון לא דרש דיו והא דיו דאורייתא היא דתניא

א) נראה לנ"ל וי"א דרב אשי הוא לאמר לרב כהנא. ב) עי' ברש"י ובתוס' בסוגיא. ג) עי' תוס' ד"ה אלא. ד) עי' תוס' ד"ה במכירין שהביאו לדברי ר"ח אלו. ה) עי' ברא"ש סי' ד.

עין משפט נר מצוה

עד א ב ג מיי' פכ"א מהלכות עדות הלכה ח:

עה ד ה מיי' פ"ב מהלכות נזקי ממון הלכה יט ועי' בהשגות ובמ"מ סמג עשין סח טור ש"ע ח"מ סימן שצה:

עו ו מיי' שם הלכה כ סמג שם טור ש"ע ח"מ סי' שפט סעיף כ:

עז ז ח מיי' שם פ"א הלכה ז ח סמג שם טוש"ע שם סעיף יח:

הגהות הב"ח

(א) רש"י ד"ה לימרו וכו' פלגא נזקא אתינן ואין עלינו: (ב) תוס' ד"ה במכירין וכו' דנאבד אחד מהם (אחר כל נגיחה) תא"מ ונ"ב ס"א אחר כל הנגיחות: (ג) בא"ד שמא יגח שנית ושלישית ויכירוהו ומטעם זה וכו' באנו כשיכירוהו כצ"ל וכן לקמן:

[נ"ל דהנחנקין פו:]

[ועי' תוספות סנהדרין פו: ד"ה קמ"ל]

גליון הש"ס

גמרא לימרו הנך קמאי. עיין ב"ב דף ט ע"ב תוספות ד"ה מגלגלין: **שם** כי אית לך רשותא כו'. עיין לקמן דף כז ע"ב תוספות ד"ה אמאי פטור:

הוא גליון. רש"ל

מסורת הש"ס

[סנהדרין פו:] [לקמן מח.] לעיל כג: וש"נ [לעיל כ.] לעיל כ. לקמן לב. לעיל טז. [לעיל יז. וש"נ] [לעיל טו.] [בסה"מ לא גרס אף] נ"ל בבני

נ"ל שהעידו. מהרש"ם

עה א מיי' פ"ו מהל' מטמאי משכב ומושב הלכה יד:

עיין ר"מ

לֹא אָדוּן קֶרֶן מִקֶּרֶן, אֲנִי אָדוּן קֶרֶן מֵרֶגֶל: וּמָה בְּמָקוֹם שֶׁהֵקֵל עַל הַשֵּׁן וְעַל הָרֶגֶל בִּרה"ר – הֶחְמִיר בְּקֶרֶן, מָקוֹם שֶׁהֶחְמִיר עַל הַשֵּׁן וְעַל הָרֶגֶל בִּרְשׁוּת הַנִּיזָּק – אֵינוֹ דִּין שֶׁנַּחְמִיר בְּקֶרֶן? אָמְרוּ לוֹ: דַּיּוֹ לָבֹא מִן הַדִּין לִהְיוֹת כַּנִּדּוֹן; מַה בִּרה"ר – חֲצִי נֶזֶק, אַף בִּרְשׁוּת הַנִּיזָּק – חֲצִי נֶזֶק.§ **גמ'** וְר"ט לֵית לֵיהּ דַּיּוֹ? וְהָא דַּיּוֹ דְּאוֹרַיְיתָא הוּא! *דְּתַנְיָא: מִדִּין ק"ו כֵּיצַד? (במדבר יב) °"וַיֹּאמֶר ה' אֶל מֹשֶׁה וְאָבִיהָ יָרֹק יָרַק בְּפָנֶיהָ הֲלֹא תִכָּלֵם שִׁבְעַת יָמִים", ק"ו לַשְּׁכִינָה אַרְבָּעָה עָשָׂר יוֹם. אֶלָּא דַּיּוֹ לָבֹא מִן הַדִּין לִהְיוֹת כַּנִּדּוֹן! *כִּי לֵית לֵיהּ דַּיּוֹ – הֵיכָא דְּמַפְרִיךְ ק"ו, הֵיכָא דְּלָא מַפְרִיךְ ק"ו – אִית לֵיהּ דַּיּוֹ; הָתָם שִׁבְעָה דִּשְׁכִינָה לָא כְּתִיבִי, אֲתָא ק"ו אַיְיתֵי אַרְבֵּסַר, אֲתָא דַּיּוֹ אַפֵּיק שִׁבְעָה וְאוֹקֵי שִׁבְעָה. אֲבָל הָכָא חֲצִי נֶזֶק כְּתִיב, וַאֲתָא ק"ו וְאַיְיתֵי חֲצִי נֶזֶק אַחֲרִינָא וְנַעֲשָׂה נֶזֶק שָׁלֵם, אִי דָּרְשַׁתְּ דַּיּוֹ אַפְרִיךְ לֵיהּ ק"ו. וְרַבָּנַן? שִׁבְעָה דִּשְׁכִינָה כְּתִיבִי: "תִּסָּגֵר שִׁבְעַת יָמִים". וְר"ט? הַהוּא "תִּסָּגֵר" – דְּדָרְשִׁינַן דַּיּוֹ הוּא. וְרַבָּנַן? כְּתִיב קְרָא אַחֲרִינָא: "וַתִּסָּגֵר מִרְיָם". וְר"ט? הַהוּא דַּאֲפִי' בְּעָלְמָא דָּרְשִׁינַן דַּיּוֹ, וְלֹא תֹּאמַר: הָכָא מִשּׁוּם כְּבוֹדוֹ שֶׁל מֹשֶׁה, אֲבָל בְּעָלְמָא לָא, קמ"ל. א"ל רַב פַּפָּא לְאַבַּיֵי: וְהָא הַאי תַּנָּא דְּלָא דָּרֵישׁ דַּיּוֹ וְאע"ג דְּלָא מַפְרִיךְ ק"ו! דְּתַנְיָא: קֶרִי בְּזָב מִנַּיִין? וְדִין הוּא: מַה טָּהוֹר בְּטָהוֹר טָמֵא בְּטָמֵא, טָמֵא בְּטָהוֹר אֵינוֹ דִּין שֶׁיְּהֵא טָמֵא בְּטָמֵא? וְקָא מַיְיתֵי לָהּ בֵּין לְמַגָּע בֵּין לְמַשָּׂא, וְאַמַּאי? נֵימָא: אַהֲנֵי ק"ו לְמַגָּע, אַהֲנֵי דַּיּוֹ לְאַפּוּקֵי מַשָּׂא! וְכִי תֵּימָא, לְמַגָּע לָא אִצְטְרִיךְ ק"ו, דְּלָא גָּרַע מִגַּבְרָא טָהוֹר – אִיצְטְרִיךְ; סד"א: (דברים כג) °"מִקְּרֵה לָיְלָה" כְּתִיב, מִי שֶׁקִּרְיוֹ גּוֹרֵם לוֹ, יָצָא זֶה שֶׁאֵין קִרְיוֹ גּוֹרֵם לוֹ אֶלָּא דָּבָר אַחֵר גָּרַם לוֹ, קמ"ל! מִידֵי "וְלֹא ד"א" כְּתִיב? וּמַאן תַּנָּא דְּשָׁמְעַתְּ לֵיהּ דְּאָמַר: שִׁכְבַת זֶרַע שֶׁל זָב מְטַמֵּא בְּמַשָּׂא? לֹא ר"א וְלֹא רַבִּי יְהוֹשֻׁעַ. *דִּתְנַן: *שִׁכְבַת זֶרַע שֶׁל זָב מְטַמֵּא בְּמַגָּע וְאֵין מְטַמֵּא בְּמַשָּׂא, דִּבְרֵי רַבִּי אֱלִיעֶזֶר; וְרַבִּי יְהוֹשֻׁעַ אוֹמֵר: אאַף מְטַמֵּא בְּמַשָּׂא, *לְפִי שֶׁאִי אֶפְשָׁר בְּלֹא צִחְצוּחֵי זִיבָה; עַד כָּאן לֹא קָאָמַר רַבִּי יְהוֹשֻׁעַ הָתָם אֶלָּא שֶׁאִי אֶפְשָׁר בְּלֹא צִחְצוּחֵי זִיבָה, הָא לָאו הָכִי לָא! אֶלָּא הַאי תַּנָּא הוּא, דִּתְנַן: *לְמַעְלָה מֵהֶן – זוֹבוֹ

תורה אור

רש"י

לא אדון קֶרֶן מִקֶּרֶן. כְּדַאֲמַרַן לְעֵיל, אֶלָּא קֶרֶן מֵרֶגֶל: מָקוֹם שֶׁהֶחְמִיר עָלָיו בְּשֵׁן וְרֶגֶל, אֵינוֹ דִּין שֶׁנַּחְמִיר בְּקֶרֶן. דַּיּוֹ **לָבֹא** מִן הַדִּין לִהְיוֹת כַּנִּדּוֹן. דְּסוֹף סוֹף אִי לָאו קֶרֶן בִּרה"ר – לָא מִשְׁתַּכַּחְתְּ לַךְ *ק"ו. **גמ' והא דיו דאורייתא הוא דתניא.** גַּבֵּי י"ג מִדּוֹת בְּתוֹרַת כֹּהֲנִים, מִדִּין ק"ו וכו'. **היכא דמפריך.** וּמַתְנִיתִין, אִי דָּרְשַׁתְּ דַּיּוֹ – מִיפְרַךְ ק"ו כּוּלֵּיהּ, וְלָא גָּמְרַתְּ בֵּהּ מִידֵּי, כִּדְמְפָרְשִׁינַן דְּהָתָם שִׁבְעָה דִּשְׁכִינָה כו'. **הכא** חֲצִי נֶזֶק כְּתִיב. וּמַשְׁמַע נַמִּי אַרְשׁוּת הַנִּיזָּק. וְאִי דָּרְשַׁתְּ דַּיּוֹ, וְאוֹקְמַתְּ לֵיהּ בִּרְשׁוּת הַנִּיזָּק אַחֲצִי נֶזֶק – לָא אַגְמְרִינַן ק"ו מִידֵּי. **ור"ט ההוא** תִּסָּגֵר. לְאַשְׁמוּעִינַן דְּדָרְשִׁינַן דַּיּוֹ הוּא דְּאָתָא. דְּאִי לָא כְּתִיב הָכִי – הֲוָה מוֹקְמִינַן לֵיהּ אַאַרְבֵּסַר. **דאפי' בעלמא** דָּרְשִׁינַן דַּיּוֹ. וּמִיַּיתּוּרָא דִּקְרָא גָּמְרִינַן לֵיהּ. **קרי בזב** מִנַּיִין. קִרְיוֹ שֶׁל זָב, מִנַּיִין שֶׁתְּהֵא הַטִּיפָּה מְטַמְּאָה בְּמַגָּע וּבְמַשָּׂא כְּטִיפָּה שֶׁל זוֹב, דְּקי"ל בְּמַסֶּכֶת נִדָּה (דף נו.) שֶׁמְּטַמְּאָה בְּמַשָּׂא? וְקֶרִי לָא דָּמֵי לְזוֹב, כִּדְאָמַר בְּפֶרֶק "בְּנוֹת כּוּתִים" (שם דף לה:): זוֹב דּוֹמֶה לְלוּבֶן בֵּיצָה הַמּוּזֶרֶת, קֶרִי דּוֹמֶה לְלוּבֶן בֵּיצָה שֶׁאֵינָהּ מוּזֶרֶת. **ומה.** רוֹק, שֶׁהוּא טָהוֹר בְּאָדָם טָהוֹר, הָוֵי טָמֵא וּמְטַמֵּא בְּמַשָּׂא בְּאָדָם טָמֵא, כְּגוֹן זָב. כִּדְכְתִיב: "וְכִי יָרֹק הַזָּב בַּטָּהוֹר", דְּמַשְׁמַע: בְּמַה שֶּׁבְּיַד הַטָּהוֹר, כִּדְדָרְשִׁינַן בְּמַסֶּכֶת נִדָּה (דף נה:) דְּהַיְינוּ מַשָּׂא, וּכְתִיב: "וְכִבֶּס בְּגָדָיו" כו'. קֶרִי שֶׁטָּמֵא בְּטָהוֹר – הַטִּיפָּה מְטַמְּאָה בְּמַגָּע, כִּדְכְתִיב: "וְכָל בֶּגֶד וְכָל עוֹר אֲשֶׁר יִהְיֶה עָלָיו שִׁכְבַת זֶרַע" וגו', וְאָדָם נַמִּי מְטַמֵּא בְּמַגָּע, כִּדְכְתִיב: "אוֹ אִישׁ אֲשֶׁר תֵּצֵא מִמֶּנּוּ שִׁכְבַת זֶרַע" וגו' וְדָרְשִׁינַן בְּמַסֶּכֶת נִדָּה בְּפֶרֶק "יוֹצֵא דוֹפֶן" (דף מג:): מִנַּיִין לְרַבּוֹת אֶת הַנּוֹגֵעַ בְּשִׁכְבַת זֶרַע? ת"ל: "אוֹ אִישׁ" – אֵינוֹ דִּין שֶׁיְּהֵא טָמֵא בְּזָב. וְקָמַיְיתֵי לָהּ בֵּין לְמַגָּע בֵּין לְמַשָּׂא. כִּי רוֹק. **ואמאי נימא** ק"ו אַיְיתֵי מַגָּע וְדַיּוֹ אַפֵּיק **משא.** דְּהָא קֶרִי שֶׁל טָהוֹר אֵינוֹ מְטַמֵּא בְּמַשָּׂא. **מידי ולא ד"א** כְּתִיב. "מִקְּרֵה לָיְלָה" כְּתִיב, בֵּין בְּטָמֵא בֵּין בְּטָהוֹר מַשְׁמַע. הִלְכָּךְ, לְמַגָּע לָא אִצְטְרִיךְ ק"ו. **ומאן תנא** דִּשְׁמַעְתְּ לֵיהּ כו'. דְּקָאָמַר דְּמֵהַאי ק"ו מַפֵּיק מַגָּע וּמַשָּׂא, מַנִּי? לֹא ר"א וְלֹא רַבִּי יְהוֹשֻׁעַ. **למעלה** מֵהֶן. מִשְּׁלֹשָׁה אֲבוֹת הַטּוּמְאוֹת – דְּשֶׁרֶץ וְשִׁכְבַת זֶרַע וּטְמֵא מֵת, דְּקָתָנֵי לְעֵיל מֵהָךְ מַתְנִי' בְּמַסֶּכֶת כֵּלִים, וְאֵינָם מְטַמְּאִין אֶלָּא בְּמַגָּע. זובו

תוספות

אני לא אדון קרן מקרן. לדבריהם קאמר להו, דלדידיה לית ליה דיו היכא דמפריך ק"ו. וא"ת: מה לשן ורגל — שכן הזיקן מצוי, תאמר בקרן שאין הזיקו מצוי כ"כ, כדמוקמת שימור קיימי למ"ד פלגא נזקא קנסא! *ואין לומר מרשות לרשות גמרינן: ומה רה"ר שהקיל בה לענין שן ורגל, החמיר בה לענין קרן, רשות הניזק לא כל שכן. דמ"מ שייך למפרך שפיר, כדמשמע לקמן דבעי למילף כופר שלם בתם בחצר הניזק מנזקין דרגל, ופריך: מה לנזקי' דרגל — שכן ישנן בתם. וי"ל: דלאו פירכא היא, דאין חומרא זו מועלת לחייבו ברה"ר. והכי דיינינן ק"ו: ומה שן ורגל שאין חומרות מועילות לחייבו ברה"ר (א) כ"ש כו'. *ובפ"ק דזבחים (דף י.) גבי שוחט לשמה לזרוק דמה שלא לשמה דפסול ק"ו דשוחט חוץ לזמנו דכשר. ופריך: מה לחוץ לזמנו — שכן כרת, אע"פ שאין חומרא זו מועלת *לחוץ לזמנו לפסול — חומרא שהחמירה תורה שאני, דכיון שהחמירה תורה חומרא זו החמירה חומרא אחרת. וא"ת: והיכי קאמרי רבנן דיו? כל ק"ו כך הוא, דבשביל חומרא אחריתי קטנה שיש בזה מה שאין בזה יש ליתן בחמור כל החומרות שבקל! וי"ל: כיון שהחומרא מעין הדין שהוא בא ללמוד, שייך לומר דיו שפיר. וא"ת: בפרק "אחד דיני ממונות" (סנהדרין דף לה:) אמר: ותהא קבורת מת מצוה דוחה שבת מק"ו; ומה עבודה שהיא דוחה שבת — קבורת מת מצוה דוחה אותה, שבת שנדחית מפני עבודה — אינו דין שתהא מת מצוה דוחה אותה. והשתא נימא: כמו שאינה דוחה את העבודה אלא בשב ואל תעשה — כך לא תדחה שבת אלא בשב ואל תעשה! וי"ל: כיון דגוף העבודה נדחית מפני קבורת מת מצוה, אין לנו לומר שתהא ⊕ חמורה ממנה בשום מקום.

ק"ו לשכינה י"ד יום. תור"ח: משום דאמרינן *) ב"המפלת" (נדה דף לא.) שהאב והאם נותנין בו כל אחד ה' דברים, והקב"ה נותן בו י' דברים. וי"מ: דנקט י"ד יום כנגד שני הסגרות, דאין הסגר פחות מז' ימים. וכן מוכח בתוספתא דמסכת אבות**).

והא האי תנא דלא דריש דיו. וכולהו מידמו. ותימה: דבפרק "השואל" (ב"מ דף לה.) פריך: הניחא למאן דלית ליה דיו, אלא למאן דאית ליה דיו מאי איכא למימר? ואף על גב דהתם לא מפריך קל וחומר! ויש לומר: דפריך למאי דס"ד מעיקרא להנך אמוראי.

מידי ולא ד"א כתיב. תימה: דנימא דאהני ק"ו למגע ומשא לטומאה גופיה, ואהני דיו לומר דלא מטמא אדם לטמא בגדים. ובריש מסכת כלים ובסוף מסכת זבים משמע דש"ז של זב מטמא אדם לטמא בגדים. וכ"ת: לא שייך דיו לחלק בטומאה, שלא מצינו שום דבר שמטמא במשא שלא יטמא אדם לטמא בגדים — הא לעיל (דף יח:) אמרינן כי האי גוונא לר"ט: אהני ק"ו לנ"ש, ואהני דיו למגופו, ואע"פ שלא מצינו נ"ש מגופו. וכן לקמן גבי מפץ, אומר: אהני ק"ו לטומאת ערב, ואהני דיו לטומאת ז', ואע"פ דלא מצינו דבר הנוגע במת שלא יטמא ז'! ושמא יש לנו לחלק, דנ"ש ומגופו — שני דברים הן, ואין זה תלאין. וכן לקמן יש דברים הנוגעים במת שאין להן טומאת ז' ואין נעשים אב הטומאה, כגון אוכלין ומשקין וכלי חרס. אבל הכא, כיון שיש בו טומאת משא — אי אפשר להיות לתלאין. וכן בפ"ק דפסחים (דף יח. ושם) ילפינן משקין הבאין מחמת שרץ ממשקין הבאין מחמת כלי, ולא אמר דיו שיהיו שניים כמותם, דלא מצינו דבר הנוגע בשרץ שלא יהא ראשון. וא"ת: ולימא דאהני ק"ו למגע, לטמא בגדים כרוקו, ואהני דיו לאפוקי ממשא! וי"ל: הא נמי הוי לתלאין, דלא אשכחן מידי שמגעו מטמא אדם לטמא בגדים שלא יטמא במשא. ואדרבה, אשכחן מרכב בריש מסכת כלים שמגעו מטמא אדם ולא לטמא בגדים, ומשאו מטמא אדם לטמא בגדים. וא"ת: ולימא אהני ק"ו למשא, ואהני דיו לאפוקי שלא יטמא אלא אדם לחודיה, ולא לטמא בגדים, שיהא דינו כמרכב? הא נמי ליתא, דלאו פירכא היא, דמשא דלא כתיב ביה כלל — ילפינן מק"ו, ומגע דכתיב ביה — לא נגיה לכל דין מגע רוק מק"ו? **אלא** האי תנא הוא. והני תנאי דלאימי פרק בתרא דנזיר (דף סו.) ותנא דמתני' דהתם קסברי: ש"ז של זב מטמא במשא — לא שייך לאתויי כלל הכא. דהתם כולהו סברי דוקא קרוב לראייה זיבה מעת לעת או יומו מטמא ש"ז. והכא בעי לאתויי תנא שיטמא במשא כל ז', בק"ו מרוקו. וא"ת: בפרק "בנות כותים" (נדה דף לד:) דקבעי רב יוסף: ראייה ראשונה של מצורע מהו שתטמא במשא כו', ואמאי לא פשיט דמטמאה במשא מק"ו מרוקו, דטהור בטהור, כמו קרי של זב דהכא? וי"ל: דבעיין דהתם לאו אליבא דר' טרפון, אלא אליבא דרבנן, דאית להו דיו היכא דמפריך קל וחומר.

מפץ

*) [שם משמע שהאב והאם נותנין רק תשעה וכן הקב"ה ועי' בעין יעקב שם לש"ע קלא ועי' בתוס' ב"ב קיא. ובתוס' זבחים סט: ד"ה ק"ו וכפי מה לאיתא בשלשלת פרשה יתרו סימן נ"ו א"ש]. **) [ועיין מ"ש בתוס' ב"ב קיא. ד"ה ק"ו]

רבינו חננאל

דתניא מדין ק"ו כיצד ואביה ירק בפניה הלא תכלם שבעת ימים ק"ו לשכינה י"ד. אשכחן נמי בשחיטת קדשים פ' חטאת העוף בסופו ולר' מאיר לית ליה דיו והא דיו דאורייתא הוא דכתיב ויאמר ה' אל משה ואביה ירק כו' ואמרינן לעולם אית לר' טרפון נמי דיו היכא דלא מיפרך ק"ו כגון נזיפת ז' שאין כתיב אפילו ז' ובא בק"ו מאביה שיש לו ז' והוא קל דין הוא להיות לשכינה שהיא חמורה ממנו י"ד יבא דין דיו לבא מן הדין להיות כנדון והוציא ז' מי"ד נשארו ז' אהני ק"ו ללמד ז' לשכינה כי האי גונא אית ליה לר' טרפון דיו אבל היכא דמפריך ק"ו לגמרי לא דריש ואיך מפריך הכא ק"ו דדרשינן הכא מה מקום שהיקל על הרגל ברשות הרבים שהיא פטורה החמיר בקרן שנאמר וחצו את כספו לא שנא רה"ר ולא שנא חצר הניזק (לא) דלא גרעא רשות הניזק מרשות הרבים מקום שהחמיר על הרגל בחצר הניזק נזק שלם אינו דין שנחמיר על הקרן ברשות הניזק נזק שלם ואם תאמר דיו לקרן ברשות הניזק להיות כקרן ברשות הרבים חצי נזק איפריך ק"ו וחזר הדין לתחילתו דהוא מקודם שנידון ק"ו אוקימנא חצי נזק דקרא אפילו ברשות הניזק דלא גרע מרשות הרבים. ו'ראי'נו ל'רבות'ינו ה'גאו'נ'ים פ'י' כ'ך ומה הרגל שהיא קלה ברשות הרבים *) ושאינה חייבת נזק שלם חייבת ברשות הרבים חצי נזק צרורות ודכוותה הקרן ברשות הרבים **) נזק שלם וממילא למידן קרן מקרן ואמרו לו דיו לקרן ברשות הניזק להיותו כקרן ברשות הרבים וחצי נזק צרורות כשם שהקרן ברה"ר חצי נזק כך ברשות הניזק חצי נזק ו'אי'כ'א ע'ל ה'אי פ'ירוש'א פ'ירכ'א. ואקשינן וליכא תנא דלא דריש דיו ואע"ג דלא מפריך ק"ו והתניא קרויו בזב מנא לן דטמא ודין הוא טהור בטהור והוא הרוק של כל אדם שהוא טהור וגם רוקו טהור. בזב טמא שנאמר וכי ירוק הזב וכו' טמא בטהור והוא הקרי אינו דין שיהא טמא בזב פי' הרוק שהוא באדם טהור טהור. הנה רוקו של כל אדם שהוא טהור רוקו טהור אבל רוקו של זב טמא. קרי שהוא טמא בכל אדם טהור אינו [דין] שיהא טמא אפילו בזב. והעמיד קרויו של זב בזובו שמטמא אפילו במשא והיה לו לדרוש לדון דיו לקירויו של זב להיות כקרויו של טהור מה זה קרי של טהור מטמא במגע ולא במשא אף זה של זב כך וכיון שלא דרש כך ש"מ דלא דריש דיו ואע"ג דלא מיפריך ק"ו. ואוקימנא דלמגע לא איצטריך ק"ו דלא גרע מן גברא טהור דהוא בעל קרי דמטמא במגע ואע"ג דאמרינן איצטריך ק"ו למגע כבר נדחה האי סברא דאיתקשה מאן דאית ליה האי סברא ומייתי ליה מדבר אחר אקשי' עליה מידי דבר אחר כתיב ועמדה הברייתא דלמגע לא צריך ק"ו ולא גרע מגברא טהור. וכי איצטריך ק"ו לאיתויי קרויו של זב לטמא במשא ואי דריש דיו למעוטי מלטמא במשא איפריך ק"ו ומשום האי לא דריש האי תנא דיו דסבר לה כר' טרפון. ומאן האי תנא דשמעת ליה דאמר שכבת זרעו של זב מטמא במגע ובמשא לא ר' אליעזר ולא ר' יהושע דתניא שכבת זרעו של זב כו' ואפילו ר' יהושע דמטמא אינו מטמא אלא בימים

*) נע דכפי' דברי הגאונים ז"ל אלו בוודאי נפל כמה ע"ש בהעתקה והדבר צריך תיקון וצ"ע. **) אולי צ"ל קרן דבר"ה חצי נזק אינו דין דבחצר הניזק נזק שלם.

הגהות הב"ח

(א) תוס' ד"ה אני וכו' שאין חומרות מועילות לחייבו ברה"ר מועילות ברשות הניזק לחייב קרן כ"ש כו':

גליון הש"ס

תוס' ד"ה אני וכו' בפסח"ל חמורה ממנה בשום מקום. עיין יבמות דף ז ע"א תוס' ד"ה ומה עבודה ובמהרש"א שם.

ס"א חמור

ב"ב קיא. זבחים סט:

[לעיל יח:] [וש"נ]

נ"ל דתניא

[נזיר סו.]

[נדה כב.]

כלים פ"א מ"ג

(ועיין תוספות קדושין ד: ד"ה מה ליכמה)

תורה אור

אזובו של זב, ברוקו, ושכבת זרעו, ומימי רגליו, גודם הנדה, מטמאין בין במגע בין במשא; ודלמא ה"נ, לפי שא"א בלא צחצוחי זיבה! א"כ, לתנייה גבי זובו, מ"ש דקתני לה גבי רוקו? אלא משום דאתי מרוקו. א"ל רב אחא מדפתי לרבינא: והא האי תנא לא דריש דיו ואע"ג דלא מפריך ק"ו! *דתניא: דמפץ במת מניין? ודין הוא: ומה פכין קטנים שטהורים בזב — מטמא במת, מפץ שמטמא בזב — אינו דין שיטמא במת? וקמייתי לה בין לטומאת ערב בין לטומאת שבעה; ואמאי? אימא: אהני ק"ו לטומאת ערב, ואהני דיו לאפוקי טומאת שבעה! א"ל: כבר רמא ניהליה ר"נ בר זכריה לאביי, וא"ל אביי: תנא ממפץ בשרץ מייתי לה, וה"ק: המפץ בשרץ מניין? ודין הוא: ומה פכין קטנים שטהורים בזב — טמאין בשרץ, מפץ שטמא בזב — אינו דין שיהא טמא בשרץ? אלא מפץ במת מניין? נאמר °"בגד ועור" בשרץ ונאמר °"בגד ועור" במת, מה "בגד ועור" האמור בשרץ — מפץ טמא בו, אף "בגד ועור" האמור במת — מפץ טמא בו. *מופנה, דאי לא מופנה — איכא למפרך: מה לשרץ שכן מטמא בכעדשה, תאמר במת שאין מטמא בכעדשה אלא בכזית? לאיי אפנויי מופנה; מכדי שרץ אתקש לשכבת זרע, דכתיב: °"או איש אשר תצא" וגו', וסמיך ליה: "או איש אשר יגע בכל שרץ", וכתיב ביה בשכבת זרע: °"וכל בגד וכל עור אשר יהיה עליו שכבת זרע", "בגד ועור" דכתב רחמנא בשרץ למה לי? ש"מ לאפנויי. ואכתי מופנה מצד אחד הוא! הניחא למ"ד *מופנה מצד אחד למידין ואין משיבין — שפיר, אלא למ"ד *למידין ומשיבין, מאי איכא למימר? דמת נמי אפנויי מופנה; מכדי מת אתקש לשכבת זרע, דכתיב: °"והנוגע בכל טמא נפש או איש אשר תצא ממנו" וגו', וכתיב ביה בשכבת זרע: "וכל בגד וכל עור אשר יהיה עליו שכבת זרע", "בגד ועור" דכתב רחמנא במת למה לי? ש"מ לאפנויי, והוי מופנה משני צדדין. הניחא למ"ד *דון מינה ואוקי באתרא, אלא למ"ד דון מינה ומינה, מאי איכא למימר? אמר רבא: אמר קרא: °"וכבסתם בגדיכם ביום השביעי", יכל טמאות שאתם מטמאין במת לא יהו פחותין משבעה. ותהא שן ורגל חייב ברשות הרבים מקל וחומר: ומה קרן, שברשות הניזק אינו משלם אלא חצי נזק — ברשות הרבים חייבת, שן ורגל, שברשות הניזק משלם נזק שלם — אינו דין שברה"ר חייב? אמר קרא: °"ובער בשדה אחר", *ולא ברה"ר. מידי

(ויקרא יח; במדבר לא; ויקרא כב; שם טו; שם כב; במדבר לא; שמות כב)

רש"י

זובו של זב. וכולהו הנך מפרש בפ' "דם הנדה" (נדה דף נה:) דמטמאו במשא. א"כ לתני. ס"ז גבי זוב. דאתיא מרוקו. כדגמרינן לעיל: מה טהור בטהור כו'. מפץ במת מניין. שמטמא. לפי שנאמר במת גבי מדין "וכל בגד וכל כלי עור" וגו' (במדבר לא), וזה אינו לא בכלל בגד ולא בכלל עור ולא בכלל כלי עץ, מניין שאפי' הוא מטמא באהל המת? פכין קטנים טהורים בזב. בכל טומאותיו. דכלי חרס אין מטמא אלא מאוירו, ומתוך שפיו של צר אין יכול להכניס אצבעו לתוכו. ולמדרס נמי לא חזי. ובהיסט נמי, להכי אפקיה רחמנא להיסט כלי חרס דזב בלשון מגע, כדכתיב (ויקרא טו): "(*וכל כלי) חרס אשר יגע בו הזב" וגו', ומהכא נפקא לן דזב מטמא בהיסט — למימר דכל שאינו ראוי לטמא במגעו — אינו מטמא בהיסטו. מטמא באהל המת. דכתיב (*שם יט): "וכל כלי פתוח" וגו', ואי זהו כלי שטומאתו קודמת לפתחו — הוי אומר זה כלי חרס, וכתיב "טמא הוא" ואפי' פיו צר הרי הוא ראוי להאהיל עליו. מפץ שמטמא בזב. שראוי למשכב, וכתיב: "המשכב אשר ישכב" וגו' (שם טו). וקמייתי ליה. מפץ, שיהא טמא במת ז' ימים כשאר כלים שבאהל המת. ליהני דיו למעוטי מטומאת שבעה. דהא זב לא מטמא ליה במשכבו אלא טומאת ערב. תנא ממפץ בשרץ מייתי ליה. מפץ במת, ובג"ש כדלקמן: נאמר בגד ועור כו'. ולאו בק"ו מזב, כדאמרת. והכי משנה ה"ק: מפץ בשרץ מנא ליה. ואית דגרסי: תנא מפץ בשרץ מייתי. כלומר, והאי תנא מפץ בשרץ הוא דמייתי בק"ו מזב ולטומאת ערב, ולא מפץ במת. טמא בשרץ. דשרץ מטמא בכעדשה וראוי הוא ליכנס בפי פך קטן. הניחא למ"ד דון מינה ואוקי באתרא. איכא למימר דלא איצטריכא בגד ועור דמת אלא לאפנויי, דגמרינן לה מש"ז לקבולי טומאת מת, ומוקמינן טומאת מת באתרא: מה בשאר כלים טומאת שבעה — אף גבי מפץ טומאת ז'. אלא למ"ד דון מינה ומינה. דמילתא דילפינן ליה ממילתא אחריתי לכל מילי דיינינן ליה מינה, מפץ במת לטומאת שבעה מנלן? (השתא בגד ועור דמת אילטריך), דאי [משרץ הוה גמר] — אמינא טומאת ערב הוא דאית ליה. וכבסתם בגדיכם וגו'. וגזירת הכתוב הוא דלא אמרינן ביה דון מינה ומינה. חצי

תוספות

מפץ במת כו'. הא דאמרינן בכל דוכתין (נדה מט. סוכה כ.): כל המטמא מדרס — מטמא טמא מת, מהכא נפקא.

ומה פכין קטנים שטהורין בזב. שאין יכול ליגע בהם בתוכם מפני שפיהם צר. ובהיסט נמי לא מטמא, כדפירש בקונט': מה שבא לכלל מגע — בא לכלל היסט, ושאין בא לכלל מגע כו'. ואע"פ שראוי לנגיעת שער הזב — לא מטמא, (א) משום דבעינן ראוי לנגיעת בשר, דטומאת שער נפקא לן מבשר הזב. וא"ת: דבפרק קמא דנדה (דף ה:) אמרינן דכלי חרס המוקף צמיד פתיל הניצול באהל המת — אין ניצול במעת לעת שבנדה. וב"הנזקין" (גיטין דף סא:) נמי פריך בסופו: וניחוש שמא תסיטם אשתו נדה — אלמא משמע דמטמא בהיסט, אע"ג דאין בא לכלל מגע! ואור"ת: דצמיד פתיל בא לכלל מגע חשבינן ליה, מפני שעומד להפתח. ואע"ג דגבי קולית נבילה אמר ב"העור והרוטב" (חולין דף קכו:) דמחוסר נקיבה כמחוסר מעשה דמי, ואע"ג שחשב עליה לנוקבה אין מטמא במשא. דהתם סתמא אין עומדת לנקיבה אלא ע"י מחשבתו, אבל צמיד פתיל סתמו עומד להפתח. וא"ת: מה לפכין קטנים שכן מטמא מאוירן, [א] שיכול לתלות שער של מת בפיהן, ובסמוך נמי דיינינן ק"ו מפכין קטנים דמטמא בשרץ. ואם כן בכעדשה נמי יכול ליכנס בפיו! וי"ל: כלי עץ יוכיחו. מה לשאר כלים שכן נעשין אב הטומאה — תאמר במפץ כו'! פכין קטנים יוכיחו. וא"ת: מפכין גדולים מלי גמר, דלא מטמא מדרס, כדנפקא לן בפרק "ר' עקיבא" (שבת פד. ושם) דכלי חרס אין מטמא מדרס, ומטמא טמא מת! ושמא ניחא ליה למינקט פכין קטנים, שטהורין מכל טומאת זב.

שטהורין בזב. תימה: מנ"ל שלא יטמא במעיינות הזב? נהי דבשער הזב לא מטמא — הנ"מ בשער, שמבשר הזב גופיה נפקא לן טומאת שער, הלכך בעינן ראוי לנגיעת בשר. אבל רוקו, דכתיב ביה בהדיא "וכי ירוק הזב בטהור" פשיטא דלא בעינן ביה ראוי לנגיעת בשר!

מפץ שמטמא בזב כו'. וא"ת: כלי חרס המוקף צמיד פתיל יוכיח, שמטמא בזב בהיסט כדפ"ל, וטהור במת! ואומר ר"ת: דלא שייך למימר יוכיח מצמיד פתיל — שהרי כענין שמטמא בזב היה מטמא במת. דמה שמטמא בהיסט — זהו משום דהוי כמו שהזב נגע בתוכו, כדאמרינן (ת"כ פרשה מצורע): איזהו מגע שהוא ככולו — הוי אומר זה הסיטו. ובמת נמי, אם היה כזית מן המת בתוכו — היה טמא.

וקמייתי ליה בין לטומאת ערב בין לטומאת שבעה. תימה: דמה טומאת שבעה שייכא ביה? דלית ליה טהרה במקוה, כדאמרינן בפרק "ר' עקיבא" (שבת דף פד:). ואין לומר דין טומאת שבעה קאמר, כלומר שנעשה אב הטומאה, כדין דבר שמטמא טומאת שבעה — הא כיון דלית ליה טהרה במקוה אין נעשה אב הטומאה, כדמוכח בסוף עירובין (דף קד.)! וי"ל: דהאי ק"ו נמי מסני לפשוטי כלי עץ המיוחדים למדרס, שטמא במת, ומייתי להו לטומאת שבעה. א"נ: הברייתא איירי בכל מפצים, בין מפץ של עץ שיש לו טהרה במקוה, בין מפץ של סיפה וגמי. ובמסכת שבת (דף פד.) פריך ממפץ של סיפה וגמי, והכא פריך ממפץ של עץ.

ש"מ מופנה משני צדדין. תימה: למה לי גז"ש, כיון דאיתקש מת לשכבת זרע, וש"ז לשרץ? דבכל התורה כולה למידין למד מן הלמד חוץ מן הקדשים! *)וי"ל: דעל כרחך לאו לכל מילי גמרי מהדדי, לא מהיקישא ולא מגזירה שוה, כדאשכחן בריש פרק שני דחולין (דף לו:) גבי הכשר דחד לטומאת מת, וחד לטומאת שרץ, וצריכא. ומדאיצטריך ג"ש הוא דשמעינן דלכל מילי לא גמירי מהדדי, כי אם לגבי הך דהכא. ובסוף פרק "במה אשה" (שבת דף סד.): לרבות דבר הבא מזנב הסוס ומזנב הפרה שענין אחד הם, לטמא בשניהם. וכן ידות הכלים והאוכלים דילפינן ב"העור והרוטב" (חולין דף קיח.) לא מצריך תרי קראי למת ולשרץ.

אמר קרא וכבסתם בגדיכם. וא"ת: ולילף מק"ו כדמעיקרא! וי"ל: דאטומאה דכתיב בהדיא משמע ליה קרא. והשתא דילפינן מת בגזירה שוה, אע"ג דשרץ גופיה גמרינן מקל וחומר — ככתוב בהדיא חשיב ביה.

*) [כלאיתא שבועות י. זבחים מט:]

עין משפט נר מצוה

עט א מיי' פ"א מהל' מטמאי משכב ומושב הלכה יב סמג עשין רמא רמב:
פ ב מיי' שם הלכה יד:
פא ג מיי' שם הל' ח:
פב ד ה מיי' פ"א מהל' כלים הלכה יג ופכ"ג הלכה א:
פג ו מיי' פ"ה מהלכות טומאת מת הלכה א סמג עשין רלא:

רבינו חננאל

בימים שרואה בהן הזוב דחייש לצחצוחי זיבה אבל זב בימי סיפרו וליכא למיחש משום צחצוחי זיבה לא אלא האי תנא הוא דתנן למעלה מהן זובו של זב ורוקו ושכבת זרעו ומימי רגליו ודם הנדה שמטמאין במגע ובמשא דדייקינן משום דאתנייא גבי רוקו ולא קתני ליה גבי זובו ש"מ דמרוקו מרבה ומייתי ליה וקתני בין במגע בין במשא. אמר ליה ר' אחא מדפתי לרבינא והא האי תנא דלא דריש דיו אע"ג דלא מפריך ק"ו דתניא מפץ במת מנין ודין הוא ומה פכים קטנים שטהורין בזב טמאין במת מפץ שמטמא בזב דין הוא שיהא טמא במת וקתני לה בין לטומאת ערב ובין לטומאת ז' ואמאי להני ק"ו לטומאת ערב ולהני דיו למעוטי מטומאת ז' פי' פכים קטנים כלי חרש עגולין שאין בהן לא שכיבה ולא ישיבה דגרסי' במסכת שבת פ' אמר ר' עקיבא ומדרס כלי חרש מנא לן דטהור אמר חזקיה דאמר קרא ואיש אשר יגע במשכבו מקיש משכבו לו מה הוא אית ליה טהרה במקוה אף משכבו דאית ליה טהרה במקוה לאפוקי כלי חרש דלית ליה טהרה במקוה. מתיב ר' אילעא מפץ במת מנין ודין הוא ומה פכים קטנים שטהורין בזב טמאין במת כו'. רבא אמר מדרס כלי חרש דטהור מהכא וכל כלי פתוח אשר אין צמיד פתיל עליו טמא הא יש צמיד פתיל עליו טהור מאי לאו דיחדינהו לאשתו נדה וקאמר רחמנא טהור. ותנינן בתורת כהנים וכל אשר ישב עליו הזב יטמא יכול כפה סאה או תרקב וישב עליה יהא טמא ת"ל אשר ישב עליו המיוחד לישיבה פרט לזה שאומרים לו עמוד ועשה מלאכתנו נתברר תורת פכין קטנים. וכתב במת וכל בגד או עור וכל מעשה עזים וכל כלי עץ תתחטאו וכתיב נמי במת וכל כלי פתוח אשר אין צמיד פתיל וגו' והוא מפורש בשחיטת חולין אחרית פ"א איזהו כלי שטמאה קודמת לפתחו כלומר שטומאתו מאויר הוי אומר זה כלי חרש הרי למדנו שפכין קטנים טהורין במדרס זב וטמאין במת וילפינן למפץ מינייהו ומה פכין שטהורין בזב טמאים במת מפץ שהוא מכלל משכב ומושב וטמא בזב כשאר כל משכב ומושב אינו דין שיהא טמא במת בק"ו אם המפץ הזה מטמא בזב שהוא קל על אחת כמה וכמה שיטמא במת שהוא חמור שאפילו פכין קטנים טמאין במת כדאמרינן ועמדה כי המפץ טמא במת סתם כשאר טמאות שבו ומצאנו בתחלת מסכת אהלות במשנה כלים הנוגעים במת או בכלים הנוגעין במת טמאין טומאת ז' כלים בכלים וכלים אחרים בהן טמאין טומאת ערב נמצא טומאת המפץ לכאורה אם הוא נגע במת או בכלים שנגעו במת טמא טומאת ז' ואם נגע שלישי [בו טמא] טומאת ערב כטומאת כל הכלים אמאי כיון דמפץ במת מן הזב למד נדין בו דיו לבא מן הדין והוא המפץ במת להיותו כנדון והוא המפץ בזב מה מפץ בזב טומאת כלי בזב טומאת ז' אף מפץ במת טומאת ערב ולא טומאת ז' ופרק' מפץ במת בגזירה שוה למד ממפץ בשרץ. [ו]השרץ למד מן הזב בק"ו והכי קאמר מפץ בשרץ מנין ודין הוא ומה פכין קטנים שטמאין בזב טמאין בשרץ שנאמר וכל כלי חרש אשר יפול מהם אל תוכו וגו' מפץ שטמא בזב שנאמר כל המשכב דין הוא שיהא טמא בשרץ דליכא הכא דין דיו דתרווייהו ליכא בכלים המטמאין בהן טומאת ז' ואחרי שלמד השרץ מן המפץ מן הזב בק"ו חזר ולמד המת מן השרץ טומאת מפץ בגזירה שוה ולא בק"ו והוא מפורש *) בפ' איזהו מקומן של זבחים בתחילתו כי דבר הלמד בק"ו דין הוא שילמד בגזירה שוה והכא למד [בג"ש] נאמר במת וכל בגד וכל עור וגו' ובשרץ כתיב או בגד או עור או שק וגו' מה בגד ועור האמורין בשרץ מפץ טימא בו אף בגד ועור האמורין במת מפץ טימא בו וחזרנו להקשות על זה הדרך ולומר אם כן הוא דבר ברור הוא כי הלמד בגזירה שוה מופנה צריך להיות הדבר ההוא הלמד והמלמד שאם הוא מופנה בצד אחד לבדו ובצד אחד צריך קרא לגופו אמר רב יהודה אמר שמואל משום ר' ישמעאל לרבנן למדין ומשיבין מופנה משני צדדין לדברי הכל למדין ואין משיבין ואלו הדברים מבוארין במסכת נדה פ' המפלת חתיכה באר היטב ואוקימ' דמופנה משני צדדין הוא כי בגד ועור הכתוב בין בשרץ בין במת מופנה הוא ואין צריך כלל ודבריו פשוטין הן. כי השרץ איתקש לשכבת זרע דכתיב או איש אשר תצא ממנו שכבת זרע וכתיב או איש אשר יגע בכל שרץ וכתיב בשכבת זרע וכל בגד או עור וגו' דמת נמי מופנה הוא מכדי כתיב והנוגע בכל טמא נפש או איש אשר תצא ממנו שכבת זרע הנה איתקש טמא מת לשכבת זרע וכתיב בשכבת זרע וכל בגד וכל עור אשר יהיה עליו שכבת זרע בגד ועור דכתב רחמנא במת למה לי ש"מ לאפנויי ולמדנו מהמפץ במת טמא והוא טומאת ז'. תוב אקשי' הניחא למאן דאמר דון מינה ואוקים באתרא אלא למאן דאמר דון מינה ומינה מאי איכא למימר ועיקר זו השמועה היא בפ' אחרון במנחות והביאוה [אגב] גררה בשחיטת

*) דברי רבינו נ"ע לכאורה דהא בלא"ה ככר אמר ר"י שם דבכל התורה כולה למדין למד מלמד לבד בקדשים וע"ש.

מסורת הש"ס

שבת פד [נ"ל וכלי]
[נ"ל במדבר יט]
שבת סד.
[שבת קלא. יבמות עג:]
רש"ל מ"ז ועי' רש"א
[יבמות עח: וש"נ]
[לעיל כא:]

הגהות הב"ח

(א) תוס' ד"ה ומה וכו' לא מטמא כדפי' בקונטרס [כמש' שבת].

הגהות הגר"א

[א] תוס' ד"ה ומה כו' (שיכול לתלות שער של מת בפיהן) תא"מ (ועיין בהגהות רש"ש):

גליון הש"ס

תוס' ד"ה וקמייתי כו' אין נעשה אב הטומאה. עי' פסחים דף יז ע"א תוספות ד"ה רביעי:

מִידֵי כּוּלֵּיהּ קָאָמְרִינַן? פַּלְגָּא קָאָמְרִינַן! אָמַר קְרָא: "וְחָצוּ אֶת כַּסְפּוֹ", כַּסְפּוֹ שֶׁל זֶה וְלֹא כַּסְפּוֹ שֶׁל אַחֵר. וְלֹא תְּהֵא שֵׁן וָרֶגֶל חַיֶּיבֶת בִּרְשׁוּת הַנִּיזָּק אֶלָּא חֲצִי נֶזֶק, מִקַּ"ו מִקֶּרֶן: וּמַה קֶּרֶן שֶׁבִּרה"ר חַיֶּיבֶת – בִּרְשׁוּת הַנִּיזָּק אֵינָהּ מְשַׁלֶּמֶת אֶלָּא חֲצִי נֶזֶק, שֵׁן וָרֶגֶל שֶׁבִּרְשׁוּת הָרַבִּים פְּטוּרָה – אֵינוֹ דִּין שֶׁבִּרְשׁוּת הַנִּיזָּק מְשַׁלֵּם חֲצִי נֶזֶק? אָמַר קְרָא: "יְשַׁלֵּם", תַּשְׁלוּמִין מְעַלְּיָא. וְלֹא תְּהֵא קֶרֶן בִּרה"ר חַיָּיב, מִקַּ"ו: וּמַה שֵּׁן וָרֶגֶל שֶׁבִּרְשׁוּת הַנִּיזָּק נֶזֶק שָׁלֵם – בִּרה"ר פְּטוּרָה, קֶרֶן שֶׁבִּרְשׁוּת הַנִּיזָּק חֲצִי נֶזֶק – אֵינוֹ דִּין שֶׁבִּרה"ר פְּטוּרָה? אָמַר רַבִּי יוֹחָנָן: אָמַר קְרָא "יֶחֱצוּן", אֵין חֲצִי נֶזֶק חָלוּק לֹא בִּרה"ר וְלֹא בִּרה"י. וִיהֵא אָדָם חַיָּיב בְּכוֹפֶר מִקַּ"ו: וּמַה שּׁוֹר שֶׁאֵינוֹ חַיָּיב בְּאַרְבָּעָה דְּבָרִים – חַיָּיב בְּכוֹפֶר, אָדָם שֶׁחַיָּיב בְּאַרְבָּעָה דְּבָרִים – אֵינוֹ דִּין שֶׁיְּהֵא חַיָּיב בְּכוֹפֶר? אָמַר קְרָא: "כְּכֹל אֲשֶׁר יוּשַׁת עָלָיו", עָלָיו – וְלֹא עַל אָדָם. וִיהֵא שׁוֹר חַיָּיב בְּאַרְבָּעָה דְּבָרִים, מִקַּ"ו: וּמָה אָדָם שֶׁאֵינוֹ חַיָּיב בְּכוֹפֶר – חַיָּיב בְּאַרְבָּעָה דְּבָרִים, שׁוֹר שֶׁחַיָּיב בְּכוֹפֶר – אֵינוֹ דִּין שֶׁיְּהֵא חַיָּיב בְּאַרְבָּעָה דְּבָרִים? אָמַר קְרָא: "אִישׁ בַּעֲמִיתוֹ", וְלֹא שׁוֹר בַּעֲמִיתוֹ. אִיבַּעְיָא לְהוּ: רֶגֶל שֶׁדָּרְסָה עַל גַּבֵּי תִּינוֹק בַּחֲצַר הַנִּיזָּק, מַהוּ שֶׁתְּשַׁלֵּם כּוֹפֶר? מִי אָמְרִינַן מִידֵּי דַּהֲוָה אַקֶּרֶן, קֶרֶן כֵּיוָן דַּעֲבַד תְּרֵי וּתְלָתָא זִמְנֵי – אוֹרְחֵיהּ הוּא וּמְשַׁלֵּם כּוֹפֶר, ה"נ לָא שְׁנָא. אוֹ דִּלְמָא קֶרֶן כַּוָּונָתוֹ לְהַזִּיק, הַאי אֵין כַּוָּונָתוֹ לְהַזִּיק? ת"ש: הִכְנִיס שׁוֹרוֹ לַחֲצַר בַּעַל הַבַּיִת שֶׁלֹּא בִּרְשׁוּת, וּנְגָחוֹ לְבַעַל הַבַּיִת וּמֵת – הַשּׁוֹר בִּסְקִילָה, וּבְעָלָיו – בֵּין תָּם בֵּין מוּעָד מְשַׁלֵּם כּוֹפֶר שָׁלֵם, דִּבְרֵי ר' טַרְפוֹן; כּוֹפֶר שָׁלֵם בְּתָם, לְרַבִּי טַרְפוֹן, מְנָא לֵיהּ? לָאו מִשּׁוּם דְּסָבַר לֵיהּ כְּרַבִּי יוֹסֵי הַגְּלִילִי, דְּאָמַר: תָּם – מְשַׁלֵּם חֲצִי כּוֹפֶר בִּרה"ר, וּמַיְיתֵי לָהּ מִקַּ"ו מֵרֶגֶל? אַלְמָא [א]אִיכָּא כּוֹפֶר בְּרֶגֶל. אָמַר רַב שִׁימִי מִנְּהַרְדְּעָא: תַּנָּא מִנִּיזָּקִין דְּרֶגֶל מַיְיתֵי לָהּ. וְלִפְרוֹךְ: מַה לְּנִיזָּקִין דְּרֶגֶל שֶׁכֵּן יֶשְׁנָן בְּאֵשׁ! מִטָּמוּן. מַה לְּטָמוּן שֶׁכֵּן יֶשְׁנוֹ בְּבוֹר! מִכֵּלִים. מַה לְּכֵלִים שֶׁיֶּשְׁנָן בְּאֵשׁ! מִכֵּלִים טְמוּנִים. מַה לְּכֵלִים טְמוּנִים שֶׁיֶּשְׁנָן בְּאָדָם! אֶלָּא לָאו ש"מ מִכּוֹפֶר דְּרֶגֶל מַיְיתֵי לָהּ, אַלְמָא אִיכָּא כּוֹפֶר בְּרֶגֶל, ש"מ. א"ל רַב אַחָא מִדִּפְתִּי לְרָבִינָא: ה"נ מִסְתַּבְּרָא דְּאִיכָּא כּוֹפֶר בְּרֶגֶל, דְּאִי ס"ד לֵיכָּא כּוֹפֶר בְּרֶגֶל, וְתַנָּא מִנִּיזָּקִין דְּרֶגֶל מַיְיתֵי לָהּ, לִפְרוֹךְ: מַה לְּנִיזָּקִין דְּרֶגֶל שֶׁכֵּן יֶשְׁנָן בְּרֶגֶל! אֶלָּא לָאו ש"מ מִכּוֹפֶר דְּרֶגֶל מַיְיתֵי לָהּ. אַלְמָא אִיכָּא כּוֹפֶר בְּרֶגֶל, שְׁמַע מִינָּהּ.§

מתני' *) [ב]אָדָם מוּעָד לְעוֹלָם. בֵּין שׁוֹגֵג בֵּין מֵזִיד, *בֵּין עֵר בֵּין יָשֵׁן, סִימֵּא אֶת עֵין חֲבֵירוֹ, וְשִׁיבֵּר אֶת הַכֵּלִים – [ג]מְשַׁלֵּם נֶזֶק שָׁלֵם.§ **גמ'** קָתָנֵי "סִימֵּא אֶת עֵין חֲבֵירוֹ" דּוּמְיָא דְּ"שִׁיבֵּר אֶת הַכֵּלִים"; מַה הָתָם, נֶזֶק – אִין, אַרְבָּעָה דְּבָרִים – לָא. [ד]אַף סִימֵּא אֶת עֵין חֲבֵירוֹ, נֶזֶק – אִין, אַרְבָּעָה דְּבָרִים – לָא. מְנָא

*) סנהדרין עב. לעיל ג:

שמות כא · שם · ויקרא כד

[לעיל יט:] · [כוונתו מדקדק התם נקי מדמי ולדות] · [לקמן לג.] · [עי' היטב תוס' לקמן מב. ד"ה גבי] · [לקמן מח.] · [לעיל טו. לקמן מח:] · [פי' תוס' לעיל טו. ד"ה אלא] · עי' לעיל י. פירש פירוש אחר והתוס' הקשו עליו · [בסנהדרין איתא בין באונס בין ברצון ועיין תוספות יבמות נג: ד"ה הכא]

רש"י

(א) **חצי נזק קאמר.** דתחייב כי קרן, דהא מקרן מייתי לה. וקרא ד"בשדה אחר" לחיובי ביה ברשות הניזק נזק שלם אתא. דהכי משמע: בשדה אחר נזק שלם. **כספו של זה.** קרן. **ישלם.** "מיטב שדהו ומיטב כרמו ישלם" – לגמרי משמע. **אמר קרא יחצון.** דקרא יתירא הוא, דכתוב "וחצו את כספו וגם את המת". אלא לדרשא אתא, דאף ברשות הרבים נמי חייב. **ויהא אדם חייב בכופר.** כגון במזיד ולא אתרו ביה, דליתיה בר קטלא ולא בר גלות. **ומה שור שאינו חייב.** בחבלה. **ארבעה דברים.** צער ריפוי שבת ובושת, אלא נזק לחודיה. **חייב כופר.** היכא דקטליה. **אדם שחייב כו'. עליו ולא על האדם.** על נזקי שור משלמין כופר, אבל על נזקי אדם אין משלמין כופר, אלא או מיתה או גלות. **איש כי יתן מום בעמיתו איש בעמיתו.** הוי כדין נתינת מומין, ולא שור בעמיתו של בעליו. **בחצר הניזק.** דחיובא דרגל בחצר הניזק הוא. **הכא נמי לא שנא.** דרגל מועדת מתחילתו היא להלך ולדרוס. **לאו משום דסבר כרבי יוסי הגלילי.** דאמר בפירקין* דלקמן (דף מב.): תם משלם חצי כופר ברה"ר. **ומייתי לה.** רבי טרפון לרשות הניזק כופר שלם. **מק"ו מרגל.** כי היכי דגמר לקרן תם לענין נזקין במתניתין. והכי גמר לה: מה שן ורגל שפטורין ברשות הרבים לגמרי – ברשות הניזק כופר שלם, קרן, שברה"ר חצי כופר כר' יוסי הגלילי – אינו דין שברשות הניזק כופר שלם? מדגמר ר' טרפון הכי, אלמא: איכא כופר ברגל, דאי לאו הכי – במאי מייתי לה? **מניזקין דרגל מייתי לה.** ולעולם ליכא כופר ברגל. והכי גמר ר' טרפון: מה רגל שברשות הרבים פטור מנזקין – ברשות הניזק נזק שלם, קרן, שברשות הרבים חצי כופר כר' יוסי הגלילי – אינו דין שברשות הניזק כופר שלם? **שכן ישנו באש.** תאמר בכופר שאינו באש, כדאמרינן בפ"ק (דף י.). **מטמון.** שפטור באש וחייב ברגל. ומייתי לה הכי: מה רגל שברשות הרבים פטורה מכלום – חייבת ברשות הניזק אפילו על הטמון נזק שלם, קרן שברה"ר חצי כופר כו'. **שכן ישנו בבור.** *שאם היה גדי טמון בשק או במרצוף, ונתגלגל ונפל לבור – חייב. **מכלים.** פטר בהו את הבור. ומכלים דרגל מייתי לה ולדפריכית. **מכלים טמונים.** דרגל מייתי לה. **א"ל רב אחא מדפתי כו' מה לניזקין דרגל שכן ישנו ברגל.** תאמר בכופר שאינו ברגל. **מתני' סימא את עין חבירו.** אפי' בשוגג. **גמ' מה כלים ארבעה דברים לא.** דלא שייכי בהו. **אף סימא את עין חבירו.** בשוגג. **נזק אין ארבעה דברים לא.** דלא מחייבי ארבעה דברים אלא או מזיד או קרוב למזיד, דומיא ד"כי יריבון אנשים" (שמות כא), דהתם כתיב ריפוי ושבת.

מנהני

תורה אור

תוספות

מידי כוליה ניזקא קאמרינן. וא"ת: "וביער" ע"כ לגמרי אתא לפטור, דנזק שלם מהי תיתי? לאו פירכא היא, דאי לאו "בשדה אחר" ממילא חייבת נזק שלם ברשות הרבים, בלא קל וחומר.

ולא תהא שן ורגל כו'. וא"ת: הא אמר כספו של זה ולא כספו של אחר! וי"ל: דאין למעט מכספו אלא חצי נזק שמשתלם מגופו, דכספו של זה חצי נזק מגופו ולא של אחר. וכאן, אם היה בחצר הניזק חצי נזק — הוה משתלם מן העלייה. אבל לעיל, אי הוי מחייב שן ורגל ברה"ר — הוה משתלם מגופו כמו קרן. וא"ת: היכי גמר הכא מקרן? מה לקרן דין הוא שאפילו בחצר הניזק לא משלם אלא חצי נזק — שכן אין משתלם מן העלייה! ויש לומר: צרורות יוכיחו, שמשתלם מן העלייה לרב פפא (לעיל ג:), ואין משלם אלא חצי נזק. וא"ת: אי שן ורגל בחצר הניזק חצי נזק — אמאי איצטריך כספו של זה ולא כספו של אחר? דהשתא ק"ו דלעיל ליכא! וי"ל: דאי לאו כספו — הוה שבקינן ק"ו דהכא דמיקל בתשלומין, והוה עבדינן קל וחומר דלעיל דמחמיר בתשלומין.

ויהא אדם חייב בכופר. מ"לא תקחו כופר לנפש רוצח" לא נפקא, דההיא (אמר) דאיצטריך דלא תשקול מיניה ממונא למיפטריה, כדאמרינן בפרק "אלו נערות" (כתובות דף לז:). והכא איירי שיהרג וישלם כופר כמו השור. ומדתנא דבי חזקיה (שם דף לה.) לא נפקא אלא לפטור בשוגג בלא מתכוין *כמו במזיד במתכוין, שזה כזה. אבל כופר באדם, כל זמן דלא אשכחן דפטור בשום מקום — לא מצינן למילף מיניה כלל.

עליו ולא על האדם. בפרק "החובל" (לקמן דף פג:) דריש: לנפש רוצח אי אתה לוקח כופר, אבל אתה לוקח כופר לראשי אברים. ופריך: והאי מבעי ליה, דאמר רחמנא לא תעביד ביה תרתי, דלא תשקול מיניה ממונא ונקטליה! לאו בכופר דהכא איירי, דא"כ הוה ליה לשנויי: ההוא מ"עליו ולא על האדם" נפקא. אלא איירי בממון אחר בהדי מיתה. וטעי גמרא כדטעי ב"אלו נערות" (כתובות דף לז:) דקבעי גבי דרשה ד"לא יהיה אסון" "לא תקחו כופר לנפש רוצח" למה לי? כלומר דמ"לא יהיה אסון" נפקא, אלמא ס"ד דמיירי בממון אחר בהדי מיתה.

אינו דין שחייב בד' דברים. וא"ת: מה לאדם שכן מועד מתחילתו! וי"ל: דנזקי אדם מנזקי אדם יליף.

רגל שדרסה כו'. הוא הדין בשן דחיה, דאורחה הוה מצי למבעי. אבל בור ואש ממעטה מ"עליו" כמו אדם.

או דלמא קרן כוונתו להזיק. תימה: מאי מספקא ליה? פשיטא דקרן חמירא מהאי טעמא, דליכא למימר דמקרן בק"ו יליף שאין מועד מתחילתו, דהשתא לא שייך למפרך [כדפריכית] במתניתין, דאדם יוכיח שמועד מתחילתו ופטור מכופר. ועוד: היכי בעי למילף מקרן שכן חייבת ברשות הרבים.

לאו משום דסבר לה כרבי יוסי הגלילי. וא"ת: אפי' בלא רבי יוסי הגלילי, מק"ו גמר: ומה שן ורגל דפטורין ברה"ר חייבין בחצר הניזק כופר שלם, קרן לא כ"ש? וי"ל: דאם היה כופר חלוק מדין נזק, מדפטר ברה"ר לא הוה שייך למידן ק"ו.

אלמא איכא כופר ברגל. והא דפליגי אביי ורבא בפרק "שור שנגח ארבעה וחמשה" (לקמן דף מא. ושם) ברגל שדרסה על גבי תינוק בחצר הניזק, דלרבא לא משלם כופר — אליבא דההוא תנא איירי, ולא משום דסבר רבא הכי.

עין משפט נר מצוה

פד א מיי' פ"י מהלכות נזקי ממון הלכה יג סמג עשין סז:

פה ב מיי' פ"א מהלכות חובל ומזיק הלכה יא ופ"ו הלכה א סמג עשין ע טוש"ע ח"מ סימן תכא סעיף ג וסימן שעח סעיף א:

פו ג מיי' שם פ"ו הלכה א סמג עשין שם טוש"ע ח"מ סימן שעח סעיף א:

פז ד מיי' שם פ"א הל' יא טו סמג שם טוש"ע ח"מ סימן תכא סעיף ג וסעיף י:

רבינו חננאל

בשחיטת קדשים בפ' כל התדיר וכך היא הצעה שמן לא יפחות מלוג. ר' אומר שלשה לוגין רבנן סברי דון מינה ומינה מה מנחה מתנדבין אף שמן מתנדבין ומינה מה מנחה בלוג אף שמן בלוג. ור' סבר דון מינה ואוקים באתרה מה מנחה מתנדבין אף שמן מתנדבין ואוקים באתרה כנסכין מה נסכין ג' לוגין אף שמן נמי ג' לוגין ובפרק שבועת העדות (דף לא ע"ב) אסקו חלוקה זו חלוקת ר"מ ורבנן. וכן פי' שמועה זו הניחא לר' דאמר דון מינה ואוקים באתרה כלומר שתלמוד מפץ במת שהוא טמא ממפץ בשרץ. ועמוד במקומך בכל טמאות המת כל כלי לפי ענינו אם נגע במת או בכלי שנגע במת אותו הכלי טומאתו ז' ואם נגע במגע שלישי טומאת ערב. אלא לרבנן דאמרי דון מינה ומינה וכך פירושו תלמד מפץ במת ממפץ בשרץ מה שרץ טמא אף במת טמא ומה שרץ טומאת ערב אף במת טומאת ערב מאי איכא למימר ופריק (רבא) הכי אמר רבא טומאת מפץ במת ז' מהכא וכבסתם בגדיכם ביום השביעי כל טמאות שאתם מטמאין במת לא יהיו פחותים מז' וקיימא לן מפץ אין לו טהרה במקוה וטהרתן כדתנינן בתוספתא דכלים (בב"מ פי"א) מפץ שעשאו לקורות אע"פ שמשתמש בו טהור. היה טמא ועשאו לקורות טמא עד שיקבענו במסמר ובסיפא שנו מאימתי טהרתו ב"ש אומר משיחבל וב"ה אומר משיתחבר דברי ר' מאיר וכו' נמצא חבולו או חבורו מטהרו כגון כלי חרס שאין לו טהרה במקוה שבירתו מטהרתו. חזרנו לדקדק על דברי משנתנו ותהא שן ורגל חייבות ברה"ר מק"ו ופרקי' כספו של קרן ולא זולתו ולא תהא א) (שן ורגל) חייבת ברה"ר כלל. ופריק ר' יוחנן [יחצון] אין חצי נזק חלוק ויהא אדם חייב בכופר ופרקי' עליו ולא על אדם ויהא שור חייב בד' דברים ופרקי' אמר קרא איש בעמיתו ולא השור. השור אינו חייב אלא נזק בלבד. איבעיא להו רגל שדרסה על גבי תינוק בחצר הניזק והרגתו מהו שתשלם כופר. ת"ש הכנים שורו לחצר בעל הבית שלא ברשות ונגחו לבעל הבית ומת השור בסקילה ובעליו בין תם ובין מועד משלם כופר שלם דברי ר' טרפון ואמרי' כופר שלם בתם לר' טרפון מנא ליה לאו דסבר לה ר' טרפון כר' יוסי הגלילי דסבר תם משלם חצי כופר ודיו ב) ק"ו מרגל ומה רגל שברה"ר פטורה מן הכופר. ברשות הניזק משלם נזק שלם. קרן דברה"ר חצי כופר אינו דין לשלם בחצר הניזק כופר שלם. ודברי ר' יוסי הגלילי דתם משלם חצי כופר לא אשכחנן בהדיא ודייק' מדבריו בפ' שור שנגח ד' וה' שוורים בעל השור נקי ר' יוסי הגלילי אומר נקי מדמי וולדות מכלל שאם נגח והמית זולתי וולדות חייב ואי אפשר לחייבו כופר שלם דאם כן היינו מועד והאי בעל השור נקי בתם הוא דכתיב. ובא ר' שימי ודחה האי סברא דלדברי הכל ליכא כופר ברגל ואמר ר"ט מייתי לה בק"ו [מניזקין דרגל] וה"ק ומה רגל שברה"ר פטורה בניזקין ברשות הניזק נזק שלם קרן שברה"ר חצי נזק אינו דין שברשות הניזק כופר שלם ולא תיפשוט דאיכא כופר ברגל יש ספרין כתו' בהן ולפרוך מה לנזקין שכן ישנו באש ויש שכתוב בהן מה לנזקין דרגל שכן ישנו בבור וטעמא חדא בתרווייהו ואנו מפרשין האחת והוא הדין ללשון אחרת. פי' אם מנזקין דרגל גמר ר' טרפון הכופר יש לדבריו פירכא מה לנזקין דרגל שהם חייבין ברשות הניזק נזק שלם שכן אותם הנזקין ישנן בנזק שלם בבור ואין בבור דין כופר דכתיב ונפל שמה שור ודרשינן שור ולא אדם (חמור) שאם יפול אדם בבור וימות אין על בעל הבור כלום דרחמנא פטריה וכשם שאין כופר בבור כך אין כופר שלם בקרן ברשות הניזק ואמרי' מנזקי כלים מייתי לה ר' טרפון והכי קאמר ומה רגל שברה"ר פטורה בנזקי כלים ברשות הניזק חייבת בנזקי כלים נזק שלם קרן שברה"ר חצי כופר ברה"ר כופר שלם. ומקשי' תוב איכא למיפרך מה לנזקי כלים שכן ישנן באש ואין כופר באש וכשם שאין כופר באש [כך אין כופר שלם בקרן] בחצר הניזק וה"מ בתם אבל במועד לא גרע חצר הניזק מרה"ר שחייב כופר שלם. ופרק' מטמון מייתי לה שפטור באש כדתנן המדליק את הגדיש והיו בו כלים וכו' כרבנן דפטרי אטמון והכי קאמר ומה רגל שפטורה בטמון ברה"ר ברשות הניזק

א) קרן כצ"ל. ב) ולאין כצ"ל.

הגהות הב"ח

(א) רש"י ד"ה חצי נזק כו' נ"ל פלגא קאמרינן חצי נזק קאמר:

גליון הש"ס

גמ' ולא תהא שן ורגל. עי' לקמן דף נה ע"ב תוס' ד"ה התורה: **שם** איבעיא להו רגל. עי' לקמן דף מד ע"א תוס' ד"ה ה"נ במתחכך: **שם** משום דסבר ליה כריה"ג. עי' לעיל טו. תד"ה הא מני: **תום'** ד"ה ולא וכו' וי"ל דאי לאו כספו. עיין חולין דף כג ע"ב תוד"ה ותהא פרה: **שם** ד"ה ויהא כו' לא מצינן למילף מיניה כלל. עיין לעיל דף ד ע"א תוספות ד"ה כראי אדם:

מְנָא הָנֵי מִילֵּי? אָמַר חִזְקִיָּה, וְכֵן תָּנָא דְּבֵי חִזְקִיָּה, אָמַר קְרָא: °"פֶּצַע תַּחַת פָּצַע", *לְחַיְּיבוֹ עַל הַשּׁוֹגֵג כַּמֵּזִיד, וְעַל הָאוֹנֶס כְּרָצוֹן. הַאי מִבָּעֵי לֵיהּ: לִיתֵּן צַעַר בִּמְקוֹם נֶזֶק! א"כ, לִכְתּוֹב קְרָא "פֶּצַע בְּפָצַע", מַאי "תַּחַת פָּצַע"? ש"מ תַּרְתֵּי. אָמַר רַבָּה: הָיְתָה אֶבֶן מוּנַּחַת לוֹ בְּחֵיקוֹ וְלֹא הִכִּיר בָּהּ, וְעָמַד וְנָפְלָה, אלְעִנְיַן נְזָקִין — חַיָּיב, בלְעִנְיַן אַרְבָּעָה דְּבָרִים — פָּטוּר, גלְעִנְיַן שַׁבָּת — *מְלֶאכֶת מַחֲשֶׁבֶת אָסְרָה תּוֹרָה, דלְעִנְיַן גָּלוּת — פָּטוּר, לְעִנְיַן עֶבֶד — פְּלוּגְתָּא דְּרשב"ג וְרַבָּנַן, דְּתַנְיָא:* ההֲרֵי שֶׁהָיָה רַבּוֹ רוֹפֵא, וְאָמַר לוֹ "כְּחוֹל עֵינִי" וְסִימְּאָהּ, "חֲתוֹר לִי שִׁינִּי" וְהִפִּילָהּ — שִׂיחֵק בָּאָדוֹן וְיָצָא לְחֵירוּת, רשב"ג אוֹמֵר: °"וְשִׁיחֲתָהּ" — עַד שֶׁיִּתְכַּוֵּין לְשַׁחֲתָהּ. הִכִּיר בָּהּ וּשְׁכָחָהּ, וְעָמַד וְנָפְלָה, ולְעִנְיַן נְזָקִין — חַיָּיב, זלְעִנְיַן ד' דְּבָרִים פָּטוּר, חלְעִנְיַן גָּלוּת — חַיָּיב, דְּאָמַר קְרָא: °"בִּשְׁגָגָה" — מִכְּלָל דַּהֲוָה לֵיהּ יְדִיעָה, וְהָא הֲוָיָא לֵיהּ יְדִיעָה. לְעִנְיַן שַׁבָּת — טפָּטוּר, לְעִנְיַן עֶבֶד — פְּלוּגְתָּא דרשב"ג וְרַבָּנַן. *נִתְכַּוֵּין לִזְרוֹק שְׁתַּיִם וְזָרַק אַרְבַּע, ילְעִנְיַן נְזָקִין — חַיָּיב, כלְעִנְיַן ד' דְּבָרִים — פָּטוּר, ללְעִנְיַן שַׁבָּת — מְלֶאכֶת מַחֲשֶׁבֶת בָּעֵינַן, לְעִנְיַן גָּלוּת — °"אֲשֶׁר לֹא צָדָה" אָמַר רַחֲמָנָא, *מפְּרָט לְנִתְכַּוֵּין לִזְרוֹק שְׁתַּיִם וְזָרַק ד'. לְעִנְיַן עֶבֶד — נפְּלוּגְתָּא דרשב"ג וְרַבָּנַן. נִתְכַּוֵּין לִזְרוֹק אַרְבַּע וְזָרַק שְׁמֹנֶה, סלְעִנְיַן נְזָקִין — חַיָּיב, לְעִנְיַן ד' דְּבָרִים — פָּטוּר. לְעִנְיַן שַׁבָּת — עבְּאוֹמֵר: *כָּל מָקוֹם שֶׁתִּרְצֶה תָּנוּחַ — אִין, אִי לָא — לָא. פלְעִנְיַן גָּלוּת — "אֲשֶׁר לֹא צָדָה", פְּרָט לְנִתְכַּוֵּין לִזְרוֹק אַרְבַּע וְזָרַק שְׁמֹנֶה, לְעִנְיַן עֶבֶד — פְּלוּגְתָּא דְּרשב"ג וְרַבָּנַן. *וְאָמַר רַבָּה: צזָרַק כְּלִי מֵרֹאשׁ הַגַּג וּבָא אַחֵר וּשְׁבָרוֹ בְּמַקֵּל — פָּטוּר, מַאי טַעֲמָא? מָנָא תְּבִירָא תְּבַר. וְאָמַר רַבָּה: קזָרַק כְּלִי מֵרֹאשׁ הַגַּג °וְהָיוּ תַּחְתָּיו כָּרִים אוֹ כְּסָתוֹת, בָּא אַחֵר וְסִלְּקָן אוֹ קָדַם °וְסִלְּקָן — פָּטוּר, מַאי טַעֲמָא? בְּעִידָּנָא דְּשַׁדְיֵיהּ פְּסוּקֵי מִפַּסְקֵי גִּירֵיהּ. וְאָמַר רַבָּה: זָרַק תִּינוֹק מֵרֹאשׁ הַגַּג וּבָא אַחֵר וְקִבְּלוֹ בְּסַיִיף — פְּלוּגְתָּא דְּר' יְהוּדָה בֶּן בְּתֵירָא וְרַבָּנַן, *דְּתַנְיָא: רהִכּוּהוּ עֲשָׂרָה בְּנֵי אָדָם בַּעֲשָׂרָה מַקְלוֹת, בֵּין בְּבַת אַחַת בֵּין בְּזֶה אַחַר זֶה — כּוּלָּן פְּטוּרִין

תורה אור: שמות כא · שם · במדבר לה · שמות כא

רש"י

מְנָהָנֵי מִילֵּי. דְּנֶזֶק חַיָּיב אֲפִילּוּ שׁוֹגֵג. פֶּצַע תַּחַת פָּצַע. קְרָא יְתֵירָא הוּא לְהַךְ דְּרָשָׁה, דְּהָא כְּתִיב: "כִּי יִתֵּן מוּם בַּעֲמִיתוֹ כַּאֲשֶׁר עָשָׂה" וגו'. וּכְוִיָּה וַ"חֲבּוּרָה" דְּדָרְשִׁינַן בְּ"הַחוֹבֵל" (לקמן דף פד:). בִּמְקוֹם נֶזֶק. דַּאֲפִי' הֵיכָא דְּאִיכָּא נֶזֶק מְשַׁלֵּם נַמִי לַצַּעַר. דְּלָא תֵּימָא לַצַּעַר דִּכְתָבָהּ רַחֲמָנָא הַיְינוּ בִּדְלֵיכָּא נֶזֶק, כְּגוֹן כְּוָואוֹ בְּשַׁפּוּד עַל צִפָּרְנוֹ, דְּלָא אַפְחֲתֵיהּ מִכַּסְפֵּיהּ. וּלְהַךְ דְּרָשָׁה מַפְּקִינַן לֵיהּ בְּ"הַחוֹבֵל". לְעִנְיַן נְזָקִין חַיָּיב. דְּהָא אַפְּקִינַן שׁוֹגֵג כְּמֵזִיד וְאוֹנֶס כְּרָצוֹן. מְלֶאכֶת מַחֲשֶׁבֶת אָסְרָה תּוֹרָה. שֶׁנִּתְכַּוֵּין לַעֲשׂוֹת מְלָאכָה אֶלָּא כְּסָבוּר שֶׁהַיּוֹם חוֹל, אוֹ סָבוּר שֶׁמְּלָאכָה זוֹ מוּתֶּרֶת. וְכָל הָנֵי דְּאָמְרִינַן הָכָא לֹא נִתְכַּוְּונוּ לַעֲשׂוֹת הַמְּלָאכָה, הִלְכָּךְ פָּטוּר. לְעִנְיַן גָּלוּת. כְּגוֹן אִם נָפְלָה עַל הָאָדָם וּמֵת. פָּטוּר. דְּגַבֵּי גָּלוּת כְּתִיב "מַכֵּה נֶפֶשׁ בִּשְׁגָגָה" (במדבר לה) וְלָא מִיקְרֵי שְׁגָגָה אֶלָּא הֵיכָא דַּהֲוָה לֵיהּ יְדִיעָה מֵעִיקָּרָא, וְזֶה לֹא הִכִּיר בָּהּ מֵעוֹלָם. לְעִנְיַן עֶבֶד. אִם נָפְלָה עַל עַבְדּוֹ וְסִימְּתָה עֵינוֹ, פְּלוּגְתָּ' דרשב"ג וְרַבָּנַן. לְעִנְיַן ד' דְּבָרִים פָּטוּר. דְּאַע"ג דְּהִכִּיר בָּהּ — הָוְיָא שִׁכְחָה שׁוֹגֵג וְלָא פְּשִׁיעָה. לְעִנְיַן שַׁבָּת פָּטוּר. וְאַע"ג דְּמִקְרְיָא שְׁגָגָה לְעִנְיַן גָּלוּת — פָּטוּר בְּשַׁבָּת, דְּבָעֵינַן מְלֶאכֶת מַחֲשֶׁבֶת, שֶׁנִּתְכַּוֵּין לַעֲשׂוֹת מְלָאכָה וּכְסָבוּר שֶׁהַיּוֹם חוֹל, וְזֶה לֹא נִתְכַּוֵּין. לִזְרוֹק שְׁתַּיִם וכו'. לְעִנְיַן שַׁבָּת פָּטוּר, דִּמְלֶאכֶת מַחֲשֶׁבֶת בָּעֵינַן. לְעִנְיַן גָּלוּת. חַיָּיב, דִּכְתִיב: "וַאֲשֶׁר לֹא צָדָה וְשַׂמְתִּי לְךָ מָקוֹם" וגו' — פְּרָט לְמִתְכַּוֵּין לִזְרוֹק שְׁתַּיִם וְזָרַק אַרְבַּע, שֶׁאֵינוֹ בְּתוֹרַת "וְכִי יָזִיד אִישׁ" וגו' אֶלָּא בְּתוֹרַת "וְשַׂמְתִּי לְךָ מָקוֹם" וגו'. לִישָּׁנָא אַחֲרִינָא: "וַאֲשֶׁר לֹא צָדָה" — פְּרָט לְמִתְכַּוֵּין כו' דְּפָטוּר מִגָּלוּת. דְּהָכִי מַשְׁמַע: שֶׁ"לֹּא צָדָה" — שֶׁלֹּא נִתְכַּוֵּין לְצַדֵּד וְלִזְרוֹק אֶצְלוֹ — יָנוּס, פְּרָט לָזֶה שֶׁצָּדָה. אִם אָמַר כָּל מָקוֹם שֶׁתִּרְצֶה תָּנוּחַ. חַיָּיב, שֶׁהֲרֵי יֵשׁ כָּאן מְלֶאכֶת מַחֲשֶׁבֶת, דְּזָרַק אַרְבַּע. אֲבָל נִתְכַּוֵּין לִזְרוֹק שְׁתַּיִם וְזָרַק אַרְבַּע, אֲפִילּוּ אָמַר: כָּל מָקוֹם שֶׁתִּרְצֶה תָּנוּחַ — פָּטוּר, שֶׁעִיקַּר מַחֲשַׁבְתּוֹ אֵינָהּ לִמְלָאכָה. זָרַק. בַּעַל הַכְּלִי כְּלִי מֵרֹאשׁ הַגַּג. פָּטוּר. זֶה שֶׁשְּׁבָרוֹ בְּמַקֵּל קוֹדֶם שְׁבִירָתָהּ, שֶׁהֲרֵי סוֹפָהּ לִישָּׁבֵר. זָרַק. מַזִּיק, כֵּלִים מֵרֹאשׁ הַגַּג, וְהָיוּ תַּחְתָּיו כָּרִים וּכְסָתוֹת כו'. פָּטוּר. שֶׁהֲרֵי מִזְּרִיקָתוֹ אֵין סוֹפוֹ לִישָּׁבֵר עַד שֶׁיִּנָּטְלוּ הַכָּרִים. וְזֶה שֶׁנָּטַל הַכָּרִים, וַאֲפִילּוּ הַזּוֹרֵק עַצְמוֹ נְטָלָן — פָּטוּר, דְּגַרְמָא בְּנִיזָּקִין הָוֵי.

תוספות

האי מיבעי ליה ליתן צער במקום נזק. וריפוי ושבת ובושת כולהו מצער ילפינן דחייב במקום נזק, כדמשמע ב"החובל" (לקמן דף פה.) דאמר: תנא וכולן חייבין בתשלומין במקום נזק, מנהני מילי? אמר רב זביד משמיה דרבא: אמר קרא "פצע תחת פצע" כו' — משמע דכולהו ילפינן מצער. ולרב פפא דאמר התם: אמר קרא "ורפא ירפא" ליתן ריפוי במקום נזק — כולהו ילפינן מריפוי. וא"ת: דהכא משמע דצער שלא במקום נזק פשוט טפי, דאיצטריך קרא לצער במקום נזק. ובפרק "החובל" (שם:) משמע איפכא, דאמר: צער שלא במקום נזק דמשלם מאן תנא! וי"ל: דשלא במקום נזק דלקמן היינו במקום שלא עשה רושם, כדקתני: כוואו על צפרניו. וצער שלא במקום נזק דהכא היינו על בשרו, שניכר רישומו ולא אפחתיה מכספיה. וצער במקום נזק דהכא — כגון קיטע ידו ושיבר רגלו, דאפחתיה מכספיה, דההוא לא שמעינן ליה לא מחבורה ולא מכווה.

ש"מ תרתי. וא"ת: לעיל אמרינן: סימא עינו של חבירו בשוגג או באונס, נזק — אין, ד' דברים — לא. צער נמי ליחייב, דבההוא קרא דמרבינן נזק כתיב נמי צער! וי"ל: דכל מה דמצינן למיפטר שוגג פטרינן. ולכך מוקמינן דהאי קרא דמרבה שוגג דוקא בנזק דאיירי ביה עיקר קרא, ולא בצער.

לענין עבד פלוגתא דרשב"ג ורבנן. תימה: דפ"ק דקדושין (דף כד. ושם ד"ה מיבעי) מוקמי רבנן האי "ושחתה" להושיט ידו במעי שפחה וסימא עובר שבמעיה דפטור, משום שלא נתכוון לעין, וה"נ לא נתכוין! וי"ל: דלא פטרוהו רבנן אלא היכא דלא נתכוין לעין וגם נתכוין לטובתו של עבד, כי התם. אבל נתכוון לעין אע"פ שנתכוון לטובתו, או לא נתכוון לטובתו אע"ג דלא נתכוון לעין — לא.

בשגגה מכלל דה"ל ידיעה. משום דגבי גלות כתיב טובא "בשגגה" דריש לה. דהא גבי חלב, אע"ג דכתיב ביה "בשגגה" לא חיישינן להיתה לו ידיעה. ומהאי טעמא נמי ממעטינן בריש "אלו הן הגולין" (מכות דף ז. ושם ד"ה אלא) אומר מותר מ"בשגגה" לגבי גלות, אע"ג דגבי שבת וע"ז כתיב "בשגגה" ומחייבינן אומר מותר בפרק "כלל גדול" (שבת דף סח. ושם).

נתכוין לזרוק שתים וזרק ארבע כו'. לענין שבת פטור. ואפילו לאביי, דמחייב בפרק "כלל גדול" (שבת דף עג.) — היינו נתכוין לזרוק שתים ונמצאו ארבע, דומיא דנתכוין לחתוך התלוש וחתך את המחובר, דהיינו שסבור תלוש ונמצא מחובר. דאי נתכוין לזה וחתך זה — היינו מתעסק, כדמוכח בפרק "ספק אכל" (כריתות דף יט:).

פרט למתכוין לזרוק כו'. לשון ראשון פי' בקונטרס: פרט למתכוין לזרוק ב' וזרק ארבע, דלא הוי בכלל "כי יזיד". וטפי הוה ניחא לפרש דלא הוי בכלל "מכה איש ומת" דהוי לעיל מינה, מלפרש "כי יזיד" דהוי בתריה. וא"ת: אמאי איצטריך לחייב גלות נתכוון לזרוק שתים וזרק ארבע? דמהיכא ס"ד דפטור? דלפטור ממיתה ודאי לא אתיא, דפשיטא דשוגג פטור ממיתה! וי"ל: דמ"בלא צדייה" דריש ב"אלו הן הגולין" (מכות דף ז. ושם ד"ה אשר): פרט למתכוין לזרוק בצד זה וזרק בצד אחר, ומהאי קרא הוה פטרינן אפי' נתכוון לזרוק שתים וזרק ארבע. ולפירוש אחרון שפירש בקונטרס, שפטור מגלות — קשה קצת, דבפרק "אלו הן הגולין" אמר: "אם בפתע בלא איבה הדפו" — פרט לשונא, "בלא צדייה" — פרט לנתכוין לזרוק בצד זה והלכה לצד אחר, "ואשר לא צדה" — פרט למתכוין לזרוק שתים וזרק ארבע. והשתא מ"אשר לא צדה" דכתיב בריש "ואלה המשפטים" הוה ליה למעוטי ההוא דדמי טפי לפטור, כגון נתכוין לזרוק בצד זה, שלא נתכוין לצד הנרצח! וי"ל: משום דהתחיל התנא לדרוש קרא ד"בלא צדייה" נקט ברישא נתכוין לזרוק בצד זה, דרוצה להזכיר הפשוט תחילה. וא"ת: אמאי איצטריך ב"אלו הן הגולין" *מ"בשגגה" לפטור נתכוון להרוג הבהמה והרג האדם? ע"כ היינו או נתכוון לזרוק בצד זה וזרק בצד אחר, או נתכוין לזרוק שתים וזרק ארבע! וי"ל: דהתם איצטריך כגון שהיו הבהמה והאדם *זה בצד זה. א"נ, כסבור בהמה ונמצא אדם. ותימה: דהא פליגי רבי ורבנן בנשמט הברזל מקתו ומן העץ המתבקע, דמר מחייב בהאי ומר מחייב בהאי, בריש "אלו הן הגולין", אמאי חייב? והא הוי כמו נתכוין לזרוק שתים וזרק ארבע, שנתכוין לבקע עצים שלפניו והלך למרחוק!*

ואמר רבה זרק כלי מראש הגג. רבה גרסינן. דרבא מספקא ליה לעיל (דף יז:), אי בתר מעיקרא אזלינן אי לא. וקאמר דנפשוט מרבה, שהוא רבו.

קדם וסילקו. פירש רב אלפס דרבה לטעמיה, דלית ליה דינא דגרמי בריש "הגוזל קמא" (לקמן דף צח.). ולר"י נראה דהא גרמא בניזקין הוא, ופטור לכולי עלמא. **זרק** תינוק מראש כו'. לא דמי להרג טריפה דפטור לכולי עלמא ב"אלו הן הנשרפין" (סנהדרין דף עח.).

עין משפט נר מצוה

פח א ב מיי' פ"א מהל' חובל ומזיק הלכה טו סמג עשין ע טוש"ע ח"מ סימן תכא סעיף י:

פט ג מיי' פ"א מהלכות שבת הלכה ט סמג עשין ל ולאוין סה:

צ ד מיי' פ"ו מהלכות רוצח ושמירת נפש הלכה יד סמג עשין עה:

צא ה מיי' פ"ה מהל' עבדים הלכה יג סמג עשין פו טוש"ע י"ד סימן רסז סעיף לו:

צב ו ז מיי' פ"א מהל' חובל ומזיק הלכה טו סמג עשין ע טוש"ע ח"מ סימן תכא סעיף י:

צג ח מיי' פ"ו מהל' רוצח הלכה טו:

קדושין כד:

צד ט מיי' פ"א מהל' שבת הלכה ט:

צה י כ מיי' פ"א מהל' חובל ומזיק הלכה טו סמג עשין ע טוש"ע ח"מ סימן תכא סעיף י:

צו ל מיי' פ"א מהלכות שבת הלכה ט:

צז מיי' פ"ו מהלכות רוצח הלכה י:

צח נ מיי' פ"ה מהל' עבדים הלכה יא וע"ש בכ"מ סמג עשין פז טוש"ע י"ד סימן רסז סעיף לו:

צט ס מיי' פ"א מהל' חובל ומזיק הלכה טו סמג עשין ע טוש"ע ח"מ סימן תכא סעיף י:

ק ע מיי' פי"ג מהלכות שבת הלכה כא:

קא פ מיי' פ"ו מהלכות רוצח הלכה י:

קב צ מיי' פ"ז מהלכות חובל ומזיק הלכה יב סמג עשין ע טוש"ע ח"מ סימן שפו סעיף ד:

קג ק מיי' שם הלכה י ועיין בהשגות ובכ"מ טוש"ע שם סעיף ג:

קד ר מיי' פ"ד מהלכות רוצח הלכה ו סמג לאוין קס:

רבינו חננאל

הניזק אם היו לו פירות טמונין בביתו ודרסה אותן והזיקם [משלם] נזק שלם קרן שברשות הרבים חצי כופר אינו דין שמשלם ברשות הניזק כופר שלם. ומקשינן תוב מה לטמון שכן ישנו בבור ואע"פ שאינו חייב לטמון באש חייב בטמון בבור ואין בבור כופר. איזה טמון חייב בבור י'ש מ'י ש'אומר' עובר במעי פרה שאם נפלה פרה מעוברת בבור משלם הפרה ועוברה. ו'קשי'א ו'ה'א ק'יימא ל'ן דעובר ירך אמו הוא ולדברי הכל פחות מבן ט' מתכשר בשחיטת אמו ו'כמ'ה ר'איו'ת ז'ולת'י ז'ו מו'כיחו'ת ל'דחו'ת ז'ה ה'פי'. ו'יש מ'י ש'אומ'רים הבור עצמו אם הוא טמון כדתנן לא כסהו כראוי ונפל לתוכו שור או חמור ומתחייב הנה אע"פ שהבור אם הוזק בו שור חייב נזק שלם ואין בו כופר. ופירק מנזקי כלים טמונים א) מה' לה' ש'הן בבור. הכלים גלוים פטור דקיימא לן שור ולא אדם חמור ולא כלים טמונים מיבעיא ובאש נמי כלים טמונים פטור דמייתו להו מקמה מה קמה בגלוי אף כל בגלוי. והכי קאמר ומה רגל שפטורה ברשות הרבים בכלים טמונים ברשות הניזק נזק שלם קרן שברה"ר חצי כופר ברשות הניזק אינו דין שישלם כופר שלם. איכא למיפרך מה לנזקי כלים טמונים שכן ישנן באדם כדתנן אדם מועד לעולם בין שוגג בין מזיד בין ער בין ישן וכו' ואין כופר באדם כדאמרינן לעילא ונדחת הא דרב שימי ואסק' דר' טרפון מכופר דרגל גמר והכי קאמר ומה רגל שברה"ר פטור ברשות הניזק כופר שלם לדברי הכל קרן שברה"ר חצי כופר אינו דין שברשות הניזק כופר שלם ואיפשיטה בעיין דרגל שדרסה על תינוק בחצר הניזק והרגתו חייב כופר שלם: **מתני'** אדם מועד לעולם בין שוגג בין מזיד כו' שמעינן ממתני' דקתני מי שסימא עין חבירו אינו חייב אלא נזק בלבד ולא ד' דברים דבשוגג הוא ועלה אמר' מנא הני מילי אמר חזקי' פצע תחת פצע לחייבו על השוגג כמזיד ועל האונס כרצון. ואקשי' האי מיבעי לי שאע"פ שמשלם הנזק חייב גם צער הפצע ופרק' (גם) אם כן היה לכתוב פצע בפצע דדרשינן פצע זה הנזק בפצע זה הצער שבפצע והואיל ולא כתב כך אלא כתב פצע תחת פצע ש"מ לתת צער במקום נזק וש"מ לחייב השוגג כמזיד ב) שלא תאמר אם אין נזק משלם צער אבל נזק וצער לא קמ"ל. אמר רבא ג) היתה אבן מונחת בחיקו ולא הכיר בה מעולם ועמד ונפלה לענין נזקין חייב כדאמר אדם מועד לעולם בין שוגג בין מזיד. ירושל' אמר ר' יצחק מתניתא כשהיו שניהן ישנים אבל אם היה אחד ישן ובא אחר וישן אצלו הבא לישן הוא המועד. ולענין ד' דברים פטור דכתיב והכה איש את רעהו באבן או באגרוף מה אגרוף דאית ליה ידיעה אף אבן דאית ליה ידיעה. נקוט האי כללא בידך דלא מחייב בד' דברים אלא בתר ידיעה נכונה. לענין שבת פטור מלאכת מחשבת אסרה תורה. פי' מלאכת מחשבת שמחשב עליה לעשותה. לענין גלות פטור דכתיב מכה נפש בשגגה מכלל דהויא ליה ידיעה והא לא הוה ליה ידיעה בה מעולם. לענין עבד כגון דנפלה אבן זו מחיקו ושיברה שן עבדו או סימת עינו לתנא קמא יצא לחירות לר"ש"ב"ג כיון דלא נתכוון

א) אולי צ"ל וליכא למימר דמה לניזקין שכן ישנם בבור דאפילו כלים גלוים כו'. ב) נראה דמתיבות שלא תאמר וכו' עד קמ"ל שייך בשורה הקודמת אלא תיבות גם לצער הפצע. ג) בגמרא איתא רבה.

מסורת הש"ס

לקמן פה.

[לקמן ס. ביצה יג: חגיגה י: סנהדרין סב: זבחים מז. כריתות יט.]

[שבת עג. ע"ש]

מכות ז:

[שבת לז:]

[לעיל יז:]

לעיל יז: סנהדרין עח.

[נ"ל מכבלי לעת]

גי' רש"א זה ע"ג זה

[ועיין תוספות סנהדרין עז: ד"ה סתם]

גליון הש"ס

גמ' לענין גלות חייב. עיין לקמן דף לב ע"ב תוס' ד"ה מתון: **שם** והיו תחתיו כרים. עיין לקמן דף לג ע"א תוס' ד"ה והוליה: **שם** וסלקן פטור. עי' סנהדרין עז ע"א תד"ה סופו:

פְּטוּרִין. ר' יְהוּדָה בֶּן בְּתֵירָא אוֹמֵר: בָּזֶה אַחַר זֶה — הָאַחֲרוֹן חַיָּיב, מִפְּנֵי שֶׁקֵּירֵב מִיתָתוֹ. בָּא שׁוֹר וְקִבְּלוֹ בְּקַרְנָיו — פְּלוּגְתָּא דְּר' יִשְׁמָעֵאל בְּנוֹ שֶׁל *יוֹחָנָן בֶּן בְּרוֹקָא וְרַבָּנַן, דְּתַנְיָא: *°"וְנָתַן פִּדְיוֹן נַפְשׁוֹ" — [א]דְּמֵי נִיזָּק, ר' יִשְׁמָעֵאל בְּנוֹ שֶׁל ר' יוֹחָנָן בֶּן בְּרוֹקָא אוֹמֵר: דְּמֵי מַזִּיק. *וְאָמַר רַבָּה: נָפַל מֵרֹאשׁ הַגַּג וְנִתְקַע בְּאִשָּׁה — חַיָּיב בְּד' דְּבָרִים, [ב]וּבִיבִמְתּוֹ — לֹא קָנָה; חַיָּיב בְּנֶזֶק בְּצַעַר בְּרִיפּוּי בְּשֶׁבֶת. אֲבָל בֹּשֶׁת לֹא, דִּתְנַן: *[ג]אֵינוֹ חַיָּיב עַל הַבֹּשֶׁת עַד שֶׁיְּהֵא מִתְכַּוֵּין. וְאָמַר רַבָּה: [ד]נָפַל מֵרֹאשׁ הַגַּג בְּרוּחַ שֶׁאֵינָהּ מְצוּיָה וְהִזִּיק וּבִיֵּישׁ — חַיָּיב עַל הַנֶּזֶק וּפָטוּר בְּד' דְּבָרִים. [ה]בְּרוּחַ מְצוּיָה וְהִזִּיק וּבִיֵּישׁ — חַיָּיב בְּד' דְּבָרִים וּפָטוּר עַל הַבֹּשֶׁת, [ו]וְאִם נִתְהַפֵּךְ — חַיָּיב אַף עַל הַבֹּשֶׁת, דְּתַנְיָא: מִמַּשְׁמַע שֶׁנֶּאֱמַר °"וְשָׁלְחָה יָדָהּ", אֵינִי יוֹדֵעַ שֶׁהֶחֱזִיקָה? מַה ת"ל "וְהֶחֱזִיקָה"? לוֹמַר לָךְ: [ז]כֵּיוָן *שֶׁנִּתְכַּוֵּין לְהַזִּיק אע"פ שֶׁלֹּא נִתְכַּוֵּין לְבַיֵּישׁ. וְאָמַר רַבָּה: [ח]הִנִּיחַ לוֹ גַּחֶלֶת עַל לִבּוֹ וּמֵת — פָּטוּר, [ט]עַל בִּגְדוֹ וְנִשְׂרַף — חַיָּיב. אָמַר רָבָא: תַּרְוַויְהוּ תְּנָנְהִי; עַל לִבּוֹ, דִּתְנַן: *[י]כָּבַשׁ עָלָיו לְתוֹךְ הָאוּר אוֹ לְתוֹךְ הַמַּיִם, וְאֵינוֹ יָכוֹל לַעֲלוֹת מִשָּׁם וּמֵת — חַיָּיב, [כ]דְּחָפוֹ לְתוֹךְ הָאוּר אוֹ לְתוֹךְ הַמַּיִם, וְיָכוֹל לַעֲלוֹת מִשָּׁם וּמֵת — פָּטוּר; בִּגְדוֹ, דִּתְנַן: *[ל]"קְרַע אֶת כְּסוּתִי", "שַׁבֵּר אֶת כַּדִּי" — חַיָּיב, "עַל מְנָת לִפְטוֹר" — פָּטוּר. בָּעֵי רַבָּה: הִנִּיחַ גַּחֶלֶת עַל לֵב עַבְדּוֹ, מַהוּ? כְּגוּפוֹ דָּמֵי אוֹ כְּמָמוֹנוֹ דָּמֵי? אִם תִּמְצָא לוֹמַר כְּגוּפוֹ דָּמֵי, שׁוֹרוֹ מַהוּ? הֲדַר [מ]פְּשַׁטָהּ: עַבְדּוֹ כְּגוּפוֹ, שׁוֹרוֹ כְּמָמוֹנוֹ.§

שמות כא
דברים כה

הדרן עלך כיצד הרגל

הַמַּנִּיחַ [נ]אֶת הַכַּד בִּרְה"ר וּבָא אַחֵר וְנִתְקַל בָּהּ וּשְׁבָרָהּ — פָּטוּר, וְאִם הוּזַּק בָּהּ — בַּעַל הֶחָבִית חַיָּיב בְּנִזְקוֹ.§ **גמ'** פָּתַח בְּכַד וְסַיֵּים בְּחָבִית! *וּתְנַן נַמִי: זֶה בָּא בַּחֲבִיתוֹ וְזֶה בָּא בְּקוֹרָתוֹ, נִשְׁבְּרָה כַּדּוֹ שֶׁל זֶה בְּקוֹרָתוֹ שֶׁל זֶה — פָּטוּר; פָּתַח בְּחָבִית וְסַיֵּים בְּכַד! *וּתְנַן נַמִי: [ס]זֶה בָּא בַּחֲבִיתוֹ שֶׁל יַיִן וְזֶה בָּא בְּכַדּוֹ שֶׁל דְּבַשׁ, נִסְדְּקָה חָבִית שֶׁל דְּבַשׁ וְשָׁפַךְ זֶה יֵינוֹ וְהִצִּיל אֶת הַדְּבַשׁ לְתוֹכוֹ — אֵין לוֹ אֶלָּא שְׂכָרוֹ; פָּתַח בְּכַד וְסַיֵּים בְּחָבִית! אָמַר רַב פַּפָּא: הַיְינוּ כַּד הַיְינוּ חָבִית. לְמַאי נָפְקָא מִינַּהּ? לְמִקָּח וּמִמְכָּר. הֵיכִי דָּמֵי? אִילֵימָא בְּאַתְרָא דְּכַדָּא לָא קָרוּ חָבִית, וְחָבִית לָא קָרוּ כַּדָּא, הָא לָא קָרוּ לַהּ! לָא צְרִיכָא, דְּרוּבָּא קָרוּ לָהּ לְכַדָּא כַּדָּא וּלְחָבִיתָא חָבִיתָא, וְאִיכָּא נַמִי דְּקָרוּ לְחָבִיתָא כַּדָּא וּלְכַדָּא חָבִיתָא; מַהוּ דְּתֵימָא: זִיל בָּתַר רוּבָּא, קמ"ל

רש"י

פְּטוּרִין. דְּבָעֵינַן שֶׁ"יַּכֶּה כָּל נֶפֶשׁ אָדָם" — כָּל הַנֶּפֶשׁ, וְאֵין כָּאן מַכֶּה כָּל הַנֶּפֶשׁ, וּפְטוּרִים מִמִּיתָה. לְר' יְהוּדָה בֶּן בְּתֵירָא חַיָּיב זֶה שֶׁקִּיבְּלוֹ בְּסַיִיף מִפְּנֵי שֶׁקֵּירֵב אֶת מִיתָתוֹ. בָּא שׁוֹר. מוּעָד. וְקִבְּלוֹ בְּקַרְנָיו. וּמֵת. פְּלוּגְתָּא דְּר' יִשְׁמָעֵאל וְרַבָּנַן. לְעִנְיַן כּוֹפֶר. לְר' יִשְׁמָעֵאל דְּאָמַר: כּוֹפֶר בְּמַזִּיק שָׁיְימִינַן — מְשַׁלֵּם כּוֹפֶר. אֲבָל לְרַבָּנַן דְּשָׁיְימִינַן בְּנִיזָּק — הַאי לָא הֲוָה לֵיהּ דָּמִים וּפָטוּר. וְנִתְקַע בְּאִשָּׁה חַיָּיב בְּד' דְּבָרִים. וּכְגוֹן שֶׁנָּפַל בְּרוּחַ מְצוּיָה, דַּהֲוָה לֵיהּ קָרוֹב לְמֵזִיד. וּבִיבִמְתּוֹ לֹא קָנָה. אע"פ שֶׁשָּׁנִינוּ (יבמות דף נג:): הַבָּא עַל יְבִמְתּוֹ בֵּין בְּשׁוֹגֵג בֵּין בְּמֵזִיד קָנָה — הָנֵי מִילֵּי הֵיכָא דְּנִתְכַּוֵּין לְבִיאַת אִשָּׁה אַחֶרֶת, אֲבָל זֶה לֹא נִתְכַּוֵּין לְשׁוּם בִּיאָה, הִלְכָּךְ לֹא קָנָה. וְאִם חָזַר וְעָשָׂה אֶחָד מִן הָאַחִין בָּהּ מַאֲמָר — פְּסָלָהּ עָלָיו. וְאִם נִתְהַפֵּךְ. [לְאַחַר] שֶׁהִתְחִיל לִנְפּוֹל, דְּנִתְכַּוֵּין לִנְפּוֹל עַל הָאָדָם לַהֲנָאָתוֹ. חַיָּיב אַף עַל הַבֹּשֶׁת. אע"פ שֶׁלֹּא נִתְכַּוֵּין לְשֵׁם בֹּשֶׁת. עַל לִבּוֹ וּמֵת פָּטוּר. שֶׁהָיָה לוֹ לְסַלְּקָהּ. חַיָּיב. דְּהָא דְּלָא סִלְּקָהּ, סָבַר אַתְבְּעִינֵיהּ לֵיהּ בְּדִינָא וְיִפְרַע לִי. כָּבַשׁ עָלָיו. שֶׁתְּקָפוֹ שָׁם עַד שֶׁמֵּת. חַיָּיב. דְּה"ק לֵיהּ: אִם תִּרְצֶה קְרַע וְשַׁלֵּם. אֲבָל פֵּירֵשׁ לוֹ: ע"מ — פָּטוּר. עַבְדּוֹ כְּגוּפוֹ דָּמֵי. וְאִם הִנִּיחַ אָדָם גַּחֶלֶת עַל לֵב עַבְדּוֹ — פָּטוּר, שֶׁהָיָה לוֹ לָעֶבֶד לְסַלְּקָהּ. שׁוֹרוֹ כְּמָמוֹנוֹ. שֶׁאֵין בּוֹ דַּעַת לְסַלְּקָהּ, וְחַיָּיב.

הדרן עלך כיצד הרגל

הַמַּנִּיחַ אֶת הַכַּד. וּשְׁבָרָהּ פָּטוּר. בַּגְּמָרָא מְפָרֵשׁ טַעְמָא. וְאִם הוּזַּק בָּהּ. הַנִּתְקָל. בַּעַל הֶחָבִית חַיָּיב. מְפָרֵשׁ בַּגְּמָ'. **גמ'** נִשְׁבְּרָה כַּדּוֹ שֶׁל זֶה בְּקוֹרָתוֹ שֶׁל זֶה פָּטוּר. שֶׁלִּשְׁנֵיהֶן רְשׁוּת לְהַלֵּךְ. פָּתַח בְּחָבִית. דְּקָתָנֵי "זֶה בָּא בַּחֲבִיתוֹ". וְסִיֵּים בְּכַד. דְּקָתָנֵי "נִשְׁבְּרָה כַּדּוֹ שֶׁל זֶה" כו'. וְהִצִּיל אֶת הַדְּבַשׁ לְתוֹכָהּ. מִפְּנֵי שֶׁהַדְּבַשׁ דָּמָיו יְקָרִים. שְׂכָרוֹ. כִּשְׂכַר פּוֹעֵל, וְאֵין בַּעַל הַדְּבַשׁ מְשַׁלֵּם דְּמֵי הַיַּיִן. פָּתַח בְּכַד. דְּקָתָנֵי "וְזֶה בָּא בְּכַדּוֹ שֶׁל דְּבַשׁ". וְסִיֵּים בְּחָבִית, דְּקָתָנֵי "נִסְדְּקָה חָבִית שֶׁל דְּבַשׁ". לְמִקָּח וּמִמְכָּר. שֶׁבְּיַד הַמּוֹכֵר לָתֵת לוֹ אֵיזֶה שֶׁיִּרְצֶה, וַאֲפִילּוּ הִתְנָה עִמּוֹ "חָבִית", דְּמַשְׁמַע גְּדוֹלָה, נוֹתֵן לוֹ כַּד שֶׁהִיא קְטַנָּה. אֵין

תוספות

כבש עליו כו'. ב"אלו הן הנשרפין" (סנהדרין דף עו: ושם) מפרש דרישא נקט כבש לרבותא, וסיפא נקט דחפו לרבותא.

קרע כסותי חייב. תימה: היכי מייתי ראיה? דלמא שאני הכא שהיה לו להסיר הגחלת מעל בגדו. תדע, מדנקט רבה על בגדו חייב — מכלל דעל בשרו פטור. והתם לקמן (דף צג.) תנן: "סמא את עיני" — אפי' על מנת לפטור חייב. אלא ע"כ על בשרו פטור, משום שהיה לו להסיר, כמו בעל לבו ומת! וי"ל: דהא פשיטא ליה דמעל בשרו יסיר הגחלת, ומעל בגדו לא חייש. ולא איצטריך לאתויי ראיה, אלא שלא תאמר כיון שמניח על בגדו והוא שותק — א"כ דעתו הוי שיפטר. דהא אשכחן אפי' במלוה לקרוע דחייב.

הניח גחלת על לב עבדו כו'. כשעבד כפות ורבו עומד אצלו איירי, כדפרישית לעיל (דף כב: ד"ה והיה). ומיירי שלא מת העבד אלא הוזק, ולהכי מספקא ליה שמא לא יחוש הרב לסלקו, מפני שישלם לו דמי נזקו.

הדרן עלך כיצד הרגל

המניח. ואיכא נמי דקרו לחביתא כדא ולכדא חביתא. תרוייהו צריכי. שאם התנה לתת לו כד, והקנה לו בסודר ונתחייב הלוקח לתת דמים — יכול הלוקח לומר לא אתן לך דמים אם לא תתן לי חבית, דקרי ליה לחביתא כדא, לפי שהוא מוחזק, ולא אזלינן בתר רובא. ואם התנה לתת לו חבית ונתן הלוקח דמים — יכול לומר לו המוכר: לא אתן לך אלא כד, דקרי לכדא חביתא, ולא אזלינן בתר רובא. ואומר ר"ת: דאפי' רב דאמר בפרק "המוכר פירות" (ב"ב דף צג. ושם ד"ה וליחזי) ולקמן ב"הפרה" (דף מו.) הולכין בממון אחר הרוב, גבי המוכר שור לחבירו ונמצא נגחן — הכא מודה שיכול המוחזק לומר למוציא: אע"פ שהרוב מסייעך — לא תוציא ממני ממון, דקים לי בנפשאי שאני מן המיעוט. אבל בנמצא נגחן — לא מצי אמר מוכר: קים לי בנפשך שאתה מן המיעוט דזבני לנכסתא. דאדרבה, יאמר הלוקח למוכר: אתה הטעתני, דקים לי בנפשאי שאני מן הרוב דזבני לרדיא! וא"ת: ונחזי, אי דמי כדא אי דמי חביתא, כדפריך לקמן בריש "הפרה" (שם) וב"המוכר פירות" (ב"ב דף צג.): וניחזי אי דמי רדיא לרדיא. ושם אפרש בע"ה, דאפילו לרבנן דפליגי אר' יהודה ב"המוכר את הספינה" (שם דף עז:) גבי מכר הצמד לא מכר הבקר, דלית להו הדמים מודיעים, פריך. וי"ל: דלא שייכא הכא הודעת דמים, דקרובים דמי הכד לדמי החבית. א"נ: שמכר לו כדים או חביות שוה מאתים זוז, ולא שייך לומר בזה הודעת דמים כלל. ומיירי דאית ליה זוזי, דלא שייך לומר "שקול *כדך בזוזך". ולספרים דגרסי ב"הפרה" וב"המוכר פירות": אי דליתנהו להנך זוזי — צריך לאוקמי שיש ללוקח מעות המכר, והקנה לו אגב קרקע. או אחר כך הוזלו הכדים והחביות. אי נמי הכי פירושו: מהו דתימא זיל בתר רובא, אע"פ שהדמים מסייעים למוחזק — קמ"ל. וה"ה דהוי מצי למימר איפכא: מהו דתימא זיל בתר מוחזק — קמ"ל דאין הולכין בתר חזקה אלא אחר הרוב, אם הדמים מסייעין לרוב. אלא משום דמתניתין מוכחא דבא להשמיענו דלא אזלינן בתר רובא, דכד וחבית חדא נינהו. ולפי זה אתי שפיר טפי אליבא דרב מאליבא דשמואל, מדשמעינן דלא אזלינן בתר רובא אלא היכא שהדמים מסייעים למוחזק, ולא שמעינן זה במקום דאין הדמים מסייעים.

עין משפט נר מצוה

קה א מיי' פ"א מהל' נזקי ממון הלכה א סמג עשין סז:

קו ב מיי' פ"ב מהלכות יבום הלכה ד סמג עשין כא טוש"ע אה"ע סימן קסו סעיף ח:

קז ג מיי' פ"א מהלכות חובל ומזיק הלכה י סמג עשין ע טוש"ע ח"מ סימן תכא סעיף א:

קח ד ה ו ז מיי' שם הלכה יב טוש"ע שם סעיף יא:

קט ח טוש"ע ח"מ סי' שפג סעיף א וסימן תית סעיף יח:

קי ט מיי' פ"ד מהלכות חובל ומזיק הלכה כב סמג עשין ע טוש"ע שם:

קיא י ב מיי' פ"ג מהל' רוצח הלכה ט:

קיב ל מיי' פ"ה מהל' חובל ומזיק הלכה יא סמג עשין ע טוש"ע ח"מ סימן שפ סעיף א:

קיג מיי' שם פ"ד הלכה כב ועיין בהשגות וכמ"מ ובכ"י שהאריך סמג שם טוש"ע ח"מ סימן שפג סעיף א וסימן תית סעיף יח:

א נ מיי' פי"ג מהלכות נזקי ממון הלכה ה סמג עשין סח טוש"ע ח"מ סימן תיב סעיף א:

ב ס מיי' פי"ב מהלכות גזילה ואבידה הלכה ה סמג עשין עד טוש"ע ח"מ סימן רסד סעיף ה:

רבינו חננאל

נתכוון פטור. ותניא הרי שהיה רבו רופא ואמר לו כחול לי עיני וסימאה כו'. הכיר בה ושכחה ועמד ונפלה לענין נזקין חייב ואפילו אנוס לענין ד' דברים פטור כדאמרינן. לענין גלות חייב דהא הות ליה ידיעה. לענין שבת פטור דכל מלאכה הנעשית שלא במחשבתו פטור. לענין עבד חלוקת רשב"ג ורבנן. נתכוון לזרוק שתים וזרק ד' והזיק חייב אבל בד' דברים פטור דהא לא נתכוון. לענין גלות ואשר לא צדה פרט למתכוון לזרוק ב' וזרק ד' דקרוב למזיד ולא מתכפר א) לו בגלות לענין שבת פטור דבעינן עקירה והנחה בכוונה לענין עבד חלוקת רשב"ג ורבנן. נתכוון לזרוק ד' וזרק ח' כו' פשוטה היא ופירושא בשבת פרק הזורק (דף לז ע"ג) ואמר רבה זרק כלי מראש הגג ובא אחר ושברו במקל פטור מנא תבירא תבר כלומר ואפי' לא שיברו בחיבוטו בקרקע היה ודאי נשבר. וכן אם זרק כלי מראש הגג והיו תחתיו כרים וכסתות וסילקן כגון שהיו קשורין בחבל והיה ראש החבל בידו בראש הגג ומשך החבל ונמשכו הכרים ונפל הכלי ונשבר פטור הזורק מפסק פסיק גירי. ואמר רבה זרק תינוק מראש הגג ובא אחר וקיבלו בסייף חלוקת ר' יהודה בן בתירא ורבנן דתניא הכוהו י' בני אדם כו' לרבנן הזורקו והמקבלו ב) בסייף שניהן פטורין הזורק מפני שלא הרג והמקבלו בסייף אדם מת קיבל לר' יהודה בן בתירא המקבלו בסייף חייב שקירב מיתתו והזורקו פטור בא שור וקיבלו בקרניו והרגו חלוקת ר' ישמעאל בנו של ר' יוחנן בן ברוקא היא. דתניא ונתן פדיון נפשו דמי ניזק. ר' ישמעאל אומר דמי מזיק לרבנן ג) דאמרי דמי ניזק חייב בעל השור בכופר שהרי שורו הרג לר' ישמעאל דאמר דמי מזיק פי' המזיק הוא היה חייב מיתה מפני שלא שמר שורו כאילו הוא הרג ורחמנא חס עליה לשלם כופר לפי שלא עשה מעשה בידים והכא אפילו הוא בעצמו בכי האי גוונא לא היה מתחייב דהא רבנן דפליגי עליה דר' יהודה בן בתירא פטרי ליה וכל שכן על שורו. אמר רבה היה ישן בראש הגג ונפל ונתקע באשה או כיוצא בה והזיק חייב בד' דברים דקיימא לן אין קישוי אלא מדעת והוה כאלו יש כוונה וידיעה וחייב בכל חוץ מן הבושת דתנן אינו חייב בושת עד שיהא מתכוין וביבמתו לא קנה שנאמר יבמה יבא עליה וקיימא לן עד שיתכוונו שניהן לביאה. ואמר רבה נפל מן הגג ברוח גדולה וחזקה והזיק ובייש פטור בד' דברים דאנוס הוא וחייב בנזק אע"פ שהוא אנוס. נפל ברוח מצויה חייב בד' דברים דהא הוי ליה למידע וקרוב לכוונה ופושע הוא אבל בבושת פטור דבעינן כוונה מוכחת ואם נתהפך והזיק ובייש כיון שבהיפוכו נתכוון להזיק קיימא לן כיון שנתכוון להזיק אע"פ שלא נתכוון לבייש חייב. אמר רבה הניח גחלת על לב חבירו ומת פטור מאי טעמא היה לו להשליכה מעל לבו. הניח גחלת על בגד חבירו ונשרף חייב אמר רבא תרוייהו תנינהו דתניא דחפו לתוך האור או לתוך המים ויכול לעלות משם ומת פטור בגדו דתנן קרע את כסותי שבר את כדי חייב ש"מ דאפילו אם אמר לו קרע וקרע חייב וכל שכן הרואה אותו שורף את בגדיו ולא הציל שחייב השורף בנזקין ולא אמרינן היה לו להציל ממונו אלא למזיק אמרינן ליה לא היה לך להזיק ממון חבירך וכיון שהזקתה נתחייבת. בעי רבא עבדו כגופו דמי והנותן גחלת בלבו ונשרף העבד כנותן גחלת בלב אדונו עצמו דמי מה בלב אדונו עצמו פטור דאמרינן כיון שיכול להסירה מעל לבו היה לו להסירה לא הסירה הוא הרג עצמו כן דין העבד ופטור או כממונו דמי כמו הנותן גחלת בכליו או בפירותיו או על גדי ונשרף שחייב כך דין העבד וחייב בתר דבעיא הדר פשטה עבדו כגופו והנותן גחלת בלב העבד בדלא כפית ויכול להסירה ולא הסירה ונשרף ומת פטור שורו כממונו וחייב: **הדרן עלך כיצד הרגל מועדת**

המניח את הכד ברשות הרבים ובא אחר ונתקל בה ושברה פטור ואם הוזק בה בעל החבית חייב. פתח בכד וסיים בחבית. אמר רב פפא כד וחבית אחד הוא למאי נפקא מינה כלומר מה צורך לדקדק בזה ואמר למקח וממכר. קיימא לן כי הכד הוא פחות מן החבית שהכד שואבין בו מים ד) מן המעיין כדכתיב וכדה על שכמה והחבית גדולה ממנה ואם אמר אדם לחבירו חבית אני מוכר לך ורוב אותו המקום קורין לגדולה חבית ולפחותה ממנה כד ומיעוטא קרו נמי לחביתא כדא ולכדא חביתא. והמוכר אומר כדא מכרתי לך והלוקח אומר חבית קניתי ממך מהו דתימא זיל בתר רובא ורובא לא

א) וכן אמרינן לקמן דף לב ע"ב דשוגג קרוב למזיד לא סגי ליה גלות ע"ש. ב) נ"ל והמקבלו פטור מפני שאדם מת קיבל. ג) וכן כתב הרשב"א בחידושיו כאן וכשיטה מקובצת בשם רבינו ז"ל והוא היפך מפרש"י ז"ל. ד) עי' בערוך ערך כד א'.

[הג"ה רבי] | לקמן מ. מכות ב: | יבמות כד. | לקמן פו: | [לקמן לה.] | סנהדרין עו: [ע"ש] | לקמן לב. | לקמן לח: | לקמן קטו.

גי' רש"ל כלא כו' ופירוש על המוכר קאי וה"ה שהלוקח יכול לומר שקול כדך בזוזי היכי שהוא מוחזק ועיין תשובת רלב"ח

עין משפט
נר מצוה

נ א מיי' פי"ג מהלכות נזקי ממון הלכה ה סמג עשין סח טוש"ע ח"מ סימן תיג סעיף ז:
ד ב ג מיי' שם הלכה ו טוש"ע שם סעיף ב:
[עי' תוספות יומא פה. ד"ה להחזיר ובב"מ כ: ד"ה איסורא ובכתובות טו: ד"ה להחזיר ובסנהדרין ג: ד"ה דיני:]
ה ד מיי' פי"ג מהלכות חובל ומזיק הלכה ט סמג עשין ע טוש"ע ח"מ סימן תכ סעיף מח:
ו ה מיי' פ"ב מהלכות סנהדרין הלכה יב סמג עשין צז טוש"ע ח"מ סי' ד ובהג"ה שם:

קמ"ל *דְּאֵין הוֹלְכִין בְּמָמוֹן אַחַר הָרוֹב.§ "וּבָא אַחֵר וְנִתְקַל בָּהּ וּשְׁבָרָהּ פָּטוּר".§ אַמַּאי פָּטוּר? אִיבָּעֵי לֵיהּ לְעַיּוּנֵי וּמֵיזַל! אָמְרִי דְּבֵי רַב מִשְּׁמֵיהּ דְּרַב: בִּמְמַלֵּא רה"ר כּוּלָּהּ חָבִיּוֹת; שְׁמוּאֵל אָמַר: בַּאֲפֵילָה שָׁנוּ; רַבִּי יוֹחָנָן אָמַר: בְּקֶרֶן זָוִית. אָמַר רַב פַּפָּא: לָא דַּיְקָא מַתְנִיתִין אֶלָּא אוֹ כִּשְׁמוּאֵל אוֹ כְּרַבִּי יוֹחָנָן, דְּאִי כְּרַב, מַאי אִרְיָא נִתְקַל? אֲפִילּוּ שָׁבַר נַמִי! *אָמַר רַב זְבִיד מִשְּׁמֵיהּ דְּרָבָא: הוּא הַדִּין דַּאֲפִי' שָׁבַר. וְהַאי דְּקָתָנֵי "נִתְקַל" — אַיְּידֵי דְּבָעֵי לְמִתְנֵי סֵיפָא: וְאִם הוּזַּק בָּהּ בַּעַל חָבִית חַיָּיב בְּנִזְקוֹ, דְּדַוְקָא נִתְקַל, אֲבָל שָׁבַר לָא, מַאי טַעְמָא? הוּא דְּאַזֵּיק אַנַּפְשֵׁיהּ — קָתָנֵי רֵישָׁא "נִתְקַל". אֲמַר לֵיהּ ר' אַבָּא לְרַב אַשִׁי, הָכִי אָמְרִי בְּמַעַרְבָא מִשְּׁמֵיהּ דְּר' *עוּלָּא: [א]לְפִי שֶׁאֵין דַּרְכָּן שֶׁל בְּנֵי אָדָם לְהִתְבּוֹנֵן בַּדְּרָכִים. הֲוָה עוּבְדָא בִּנְהַרְדְּעָא וְחַיֵּיב שְׁמוּאֵל, בְּפוּמְבְּדִיתָא — וְחַיֵּיב *רָבָא. בִּשְׁלָמָא שְׁמוּאֵל — כִּשְׁמַעְתֵּיהּ. אֶלָּא רָבָא, לֵימָא כִּשְׁמוּאֵל ס"ל? אָמַר רַב פַּפָּא: [ב]קַרְנָא דְּעַצְרָא הָוֵי, דְּכֵיוָן דְּבִרְשׁוּת קָעָבְדִי — [ג]אִיבָּעֵי לֵיהּ לְעַיּוּנֵי וּמֵיזַל. שְׁלַח לֵיהּ רַב חִסְדָּא לְר"נ, [ד]הֲרֵי אָמְרוּ: לִרְכוּבָּה — שָׁלֹשׁ, וְלִבְעִיטָה — חָמֵשׁ, *וְלִסְנוֹקֶרֶת — שְׁלֹשׁ עֶשְׂרֵה; לְפַנְדָּא דְּמָרָא וּלְקוֹפִינָא דְּמָרָא מַאי? *שְׁלַח לֵיהּ: חִסְדָּא, חִסְדָּא, קְנָסָא קָא מַגְבֵּית בְּבָבֶל?! אֵימָא לִי גּוּפָא דְּעוּבְדָא הֵיכִי הֲוָה? שְׁלַח לֵיהּ: דְּהַהוּא גַּרְגּוּתָא דְּבֵי תְּרֵי דְּכָל יוֹמָא הֲוָה דָּלֵי חַד מִנַּיְיהוּ, אֲתָא חַד קָא דָּלֵי בְּיוֹמָא דְּלָא דִּילֵיהּ, א"ל: יוֹמָא דִּידִי הוּא! לָא אַשְׁגַּח בֵּיהּ, שְׁקַל פַּנְדָּא דְּמָרָא מַחְיֵיהּ. א"ל: מֵאָה פַּנְדֵּי בְּפַנְדָּא לְמַחְיֵיהּ! אֲפִילּוּ לְמ"ד לָא עָבֵיד אִינִישׁ דִּינָא לְנַפְשֵׁיהּ, בִּמְקוֹם פְּסֵידָא עָבֵיד אִינִישׁ דִּינָא לְנַפְשֵׁיהּ. דְּאִתְּמַר, רַב יְהוּדָה אָמַר: לָא עָבֵיד אִינִישׁ דִּינָא לְנַפְשֵׁיהּ, רַב נַחְמָן אָמַר: עָבֵיד אִינִישׁ דִּינָא לְנַפְשֵׁיהּ. הֵיכָא דְּאִיכָּא פְּסֵידָא — כ"ע לָא פְּלִיגִי דְּעָבֵיד אִינִישׁ דִּינָא לְנַפְשֵׁיהּ, כִּי פְּלִיגִי — הֵיכָא דְּלֵיכָּא פְּסֵידָא; רַב יְהוּדָה אָמַר: לָא עָבֵיד אִינִישׁ דִּינָא לְנַפְשֵׁיהּ, דְּכֵיוָן דְּלֵיכָּא פְּסֵידָא לֵיזִיל קַמֵּיהּ דַּיָּינָא; ר"נ אָמַר: [ה]עָבֵיד אִינִישׁ דִּינָא לְנַפְשֵׁיהּ, דְּכֵיוָן דִּבְדִין עָבֵיד לָא טָרַח. מְתִיב רַב כָּהֲנָא, *בֶּן בַּג בַּג אוֹמֵר: אַל תִּיכָּנֵס לַחֲצַר חֲבֵירְךָ לִיטּוֹל אֶת שֶׁלְּךָ שֶׁלֹּא בִּרְשׁוּת, שֶׁמָּא תֵּרָאֶה עָלָיו כְּגַנָּב, אֶלָּא שְׁבוֹר אֶת שִׁינָּיו וֶאֱמוֹר לוֹ: שֶׁלִּי אֲנִי נוֹטֵל! א"ל:

עָמַד

אֵין הוֹלְכִין בְּמָמוֹן אַחַר הָרוֹב. הֵיכָא דְּמִסְתַּפְּקָא לָן מִילְּתָא, כְּגוֹן הָכָא, וּכְגוֹן (לקמן דף מו.): הַמּוֹכֵר שׁוֹר לַחֲבֵירוֹ וְנִמְצָא נַגְחָן, לָא אָמְרִינַן בָּתַר רוּבָּא זִיל וְלַחֲרִישָׁה קְנָאוֹ, וְהָוֵי טָעוּת. אֶלָּא אָמַר: "הַמּוֹצִיא מֵחֲבֵירוֹ עָלָיו הָרְאָיָה", וְיָכוֹל לוֹמַר לוֹ: לִשְׁחִיטָה מְכַרְתִּיו לָךְ. בְּקֶרֶן זָוִית. כְּשֶׁנִּכְנָסִין מִמָּבוֹי לְמָבוֹי מִן הַצַּד הִנִּיחָהּ בְּצַד הַמָּבוֹי אֵצֶל הַקֶּרֶן, וּכְשֶׁהֶחֱזִיר זֶה פָּנָיו לֹא רָאָה אוֹתָהּ. אֶלָּא אִי כִּשְׁמוּאֵל אִי כְּר' יוֹחָנָן. שֶׁהַמַּנִּיחַ לֹא פָּשַׁע. הִלְכָּךְ דַּוְקָא נִתְקַל, אֲבָל שָׁבַר בְּרָצוֹן — חַיָּיב. דַּוְקָא נִתְקַל אֲבָל שָׁבַר. בְּרָצוֹן, וְאַח"כ הוּזַּק בַּחֲרָסָיו — פָּטוּר בַּעַל הֶחָבִית, דְּאִיהוּ הוּא דְּאַזֵּיק אַנַּפְשֵׁיהּ. תָּנָא רֵישָׁא. נַמִי נִתְקַל. לְפִי שֶׁאֵין דֶּרֶךְ בְּנֵי אָדָם כו'. אַמַּתְנִי' מְהַדַּר. דְּלָא תֵּימָא בַּאֲפֵילָה אוֹ בְּקֶרֶן זָוִית, אֶלָּא אֲפִי' בְּאוֹרָה פָּטוּר הַנִּתְקָל. וּדְקַשְׁיָא לָךְ: אִיבָּעֵי לֵיהּ עַיּוּנֵי וּמֵיזַל — אֵין דֶּרֶךְ בְּנֵי אָדָם לְהִתְבּוֹנֵן בַּדְּרָכִים. וְחַיֵּיב שְׁמוּאֵל. אֶת הַנִּתְקָל לְשַׁלֵּם. בִּשְׁלָמָא שְׁמוּאֵל כִּשְׁמַעְתֵּיהּ. דְּמוֹקֵי לְמַתְנִיתִין בַּאֲפֵילָה, הָא בְּאוֹרָה חַיָּיב. קַרְנָא דְּעַצְרֵי. קֶרֶן זָוִית הַסְּמוּכָה לְבֵית הַבַּד. דְּהוֹאִיל וּבִרְשׁוּת קָעָבְדִי. שֶׁמִּנְהָגָם הָיָה כֵּן, כְּשֶׁהָיְתָה בֵּית הַבַּד מְלֵיאָה בְּנֵי אָדָם הָיוּ הַבָּאִים מוֹשִׁיבִין כְּלֵיהֶם בִּרְשׁוּת הָרַבִּים, וּמַמְתִּינִין עַד שֶׁיֵּצְאוּ אֵלּוּ. הֲרֵי אָמְרוּ לִרְכוּבָה שָׁלֹשׁ. מִנְהַג הַדַּיָּינִין לִגְבּוֹת מִן הַבּוֹעֵט אֶת חֲבֵירוֹ בְּאַרְכּוּבָתוֹ שֶׁל בּוֹעֵט ג' סְלָעִים לְבֹשֶׁת, לְפִי שֶׁגְּדוֹלָה בּשֶׁת מַכַּת הָאַרְכּוּבָה מִדְּחִיפַת הַיָּד. לִבְעִיטָה. בָּרֶגֶל. לִסְנוֹקֶרֶת. אוֹגֶף שֶׁל חֲמוֹר, שֶׁהִכָּה בּוֹ אֶת חֲבֵירוֹ. שְׁלֹשׁ עֶשְׂרֵה. סְלָעִים לְבָשְׁתּוֹ, לְבַד חִיּוּב שְׁאָר הַדְּבָרִים. לְפַנְדָּא דְּמָרָא. בֵּית יָד שֶׁל פוֹשׁיי"ר. קוֹפִינָא. הַבַּרְזֶל עַצְמוֹ אֵצֶל הַנֶּקֶב. בֹּשֶׁת. קְנָס הוּא. גּוּפָא דְעוּבְדָא. דְּפַנְדָּא וְקוֹפִינָא. גַּרְגּוּתָא. בּוֹר מַיִם מְכוּנָּסִין לְהַשְׁקוֹת שָׂדוֹת. מֵאָה פַּנְדֵּי. ק' הַכָּאוֹת הָיָה לוֹ לְהַכּוֹתוֹ, שֶׁהֲרֵי גְּזָלוֹ מֵימָיו. בְּפַנְדָּא. הַיְינוּ בֵּית יָד. לָא עָבֵיד אִינִישׁ דִּינָא לְנַפְשֵׁיהּ. וַאֲפִי' דִּין אֱמֶת לֹא יַעֲשֶׂה הוּא לְעַצְמוֹ, אֶלָּא יֵלֵךְ אֵצֶל הַדַּיָּין. בִּמְקוֹם דְּאִיכָּא פְּסֵידָא. אִי אָזֵיל לְבֵי דִינָא, דְּאַדְּאָזֵיל לְבֵי דִינָא וְאָתֵי — קָא דָּלֵי הַאי וְלָא יָדַע מַאי דָּלֵי. אוֹ שֶׁמָּא יִכְלוּ הַמַּיִם מִן הַבּוֹר וְאֵין לוֹ פֵּרָעוֹן לָזֶה, דְּקָא מַפְסִיד — כִּי הַאי גַּוְונָא עָבֵיד אִינִישׁ דִּינָא לְנַפְשֵׁיהּ. אַל תִּיכָּנֵס לַחֲצַר חֲבֵירְךָ. בִּגְנֵיבָה וּבְסֵתֶר, שֶׁלֹּא תֵּרָאֶה עָלָיו כְּגַנָּב. אֶלָּא שְׁבוֹר אֶת שִׁינָּיו. כְּלוֹמַר: קַח בַּחֲזָקָה. וְקַשְׁיָא לְרַב יְהוּדָה.

עָמַד

קמ"ל דאין הולכין בממון אחר הרוב. תימה: מה טעם אין הולכין? ליתי בק"ו מדיני נפשות, כדאמרינן בפ"ק דסנהדרין (דף ג:): ור' יאשיה מייתי ליה בק"ו מדיני נפשות: ומה דיני נפשות דחמירי אמר רחמנא זיל בתר רובא — דיני ממונות לא כ"ש. ואפי' רובא דליתיה קמן אזלינן בדיני נפשות בתר רובא, כדאמר בריש "סורר ומורה" (סנהדרין דף סט.)! *וי"ל: דהתם גבי דיינים שאני, דחשיב מיעוט דידהו כמי שאינו. וליכא למימר התם אוקי ממונא בחזקת מריה, דהא ב"ד מפקי מיניה. אבל גבי שאר ממון, דאיכא מיעוט וחזקה — לא אזלינן בתר רובא. ה"ג: **אמאי** פטור איבעי ליה לעיוני. אבל הך לא פריך: אמאי חייב בנזקו כשהוזק, איבעי ליה לעיוני. כדפירשתי לעיל (דף כג. ד"ה ולחייב) דיותר יש לו לשמור שלא יזיק משלא יוזק. ולא שייך כאן כל המשנה ובא אחר ושינה בו פטור (לעיל כ. כד:) — דגבי אדם לא אמר הכי. והא דאמר (לעיל דף כג.): הניח חנוני נרו מבחוץ בעל הגמל פטור, ולא אמר איבעי ליה לעיוני! וי"ל: דדוקא במקום הליכתו אמרינן איבעי ליה לעיוני. וקצת קשה: הא דאמר רבא לעיל "כי אית לך רשות לסגויי עילאי". ואמאי אית ליה רשות לסגויי? הא בהמה נמי איבעי לה לעיוני, כדמוכח ב"הפרה" (לקמן דף נג:) דשור פקח ביום פטור! וליכא למימר בממלא רה"ר שאינה יכולה לעבור אלא דרך עליה — דא"כ לבעוטי נמי אית לה רשותא. **ושמואל** אמר באפילה שנו. והא דפליגי לקמן (דף כט.) אי נתקל פושע הוא או לא — כגון שנתקל מעצמו, ולא נתקל בשום דבר. אבל הכא שנתקל מחמת מכשול ולא איבעי ליה לעיוני — אנוס הוא. ואע"ג דלעיל (דף כו:) מרבינן אונס כרצון באדם המזיק מ"פצע תחת פצע" — אונס גמור לא רבי רחמנא, דהא בירושלמי פוטר אותו שישן ראשון אם הזיק לשני הבא אצלו לישן. וכן ב"הגוזל בתרא" (לקמן דף קיב.) גבי הניח להם אביהם פרה שאולה, כסבורים של אביהם היא וטבחוה ואכלוה, משלמין דמי בשר בזול, שכך *נהגו אבל מה שהזיקו — לא, דאנוסין הן. ובמתניתין נמי תנן: היה בעל חבית ראשון ובעל קורה אחרון, דאם עמד בעל חבית ונשברה חבית בקורה — פטור. ונראה לדקדק דאדם המזיק דמפטר באונס (משום) שהוא כעין גניבה, מדתניא בשלהי "האומנים" (ב"מ דף פב: ושם ד"ה וסבר): המעביר חבית ממקום למקום ושברה, רבי יהודה אומר: שומר חנם — ישבע, נושא שכר — ישלם. והשתא, מדמחייב נושא שכר ופוטר שומר חנם, ולא מחייב מטעם אדם המזיק, ש"מ דבאונס דכעין גניבה — אדם המזיק פטור. ומדמה ר' יהודה נתקל לגניבה, אבל באונס שהוא כעין אבידה, שהיא קרובה לפשיעה יותר, כדאמרינן ב"השואל" (ב"מ דף צד:) דגניבה קרובה לאונס, ואבידה קרובה לפשיעה — נראה דאדם המזיק חייב, דה"א לומר שלא יתחייב אלא בפשיעה. וכן משמע לעיל, דמחייב בנפל מן הגג ברוח שאינו מצויה, ואע"ג דברוח שאינו מצויה מפטר בה שומר חנם. כדאמרינן בסוף "ארבעה וחמשה" (לקמן דף מה.) גבי ארבעה נכנסו תחת הבעלים כו' וחייבין לשלם דמי שור לבעלים חוץ משומר חנם, ומוקי לה כגון דנטריה שמירה פחותה, דשומר חנם כלתה לו שמירתו והנך לא כלתה שמירתן. ומייתי מדר' יהודה למועד סגי ליה בשמירה פחותה, דהיינו דלת שיכולה לעמוד ברוח מצויה, ואין יכולה לעמוד בשאין מצויה. אלמא: אע"ג דמפטר שומר חנם — מחייב בה אדם המזיק. והיינו טעמא: משום דהוי כעין אבידה, ונתקל הוי כעין גניבה ופטור ביה אדם המזיק. וכן מוכח בפרק "הגוזל עצים" (לקמן דף צט: ושם) גבי טבח אומן שקלקל, דפריך למאן דפטר (בשומר) חנם מברייתא דקתני: נתן בהמה לטבח ונבלה חייב, מפני שהוא כנושא שכר. *אלמא ס"ד דמקשה אפי' בחנם חייב, כמו שומר שכר שחייב על האבידה. ומשני: אימא מפני שהוא נושא שכר. ולפיכך, בשכר — חייב, בחנם — פטור, דהוי כעין גניבה. [עי' תוס' ב"מ פב: ד"ה וסבר וב"ב לג: ד"ה חייב].

לפי שאין דרכן של בני אדם להתבונן בדרכים. והא דתני (לקמן דף נג:): שור פקח ביום פטור — דשור עיניו למטה, ומיבעי ליה לעיוני טפי מאדם. **הרי** אמרו לרכובה שלשה. י"מ: דלעני שבישראל קאמר, אבל אחרים — הכל לפי המבייש והמתבייש. ולר"י נראה: דהיינו לגדול שבישראל, דומיא דהסיא דתנן ב"החובל" (לקמן דף צ.) סטרו נותן לו מאתים זוז, ומוקי לה (לקמן ד' צא.) לגדול שבישראל. **קנסא** קמגבית בבבל. לאו קנסא, אלא דין קנסא הוא. כדאמרינן ב"החובל" (לקמן ד' פד:) דמילתא דלית בה חסרון כיס לא עבדינן שליחותייהו. **אלא** שבור את שיניו. לליכא פסידא איירי, מדאסר ליכנס שלא ברשות.

ואי

רבינו חננאל

לא קרו לכדא חביתא קמ"ל כד היינו חבית ולא אזלינן בממון אחר הרוב והדין עם הנתבע ועל התובע להביא ראיה וכן הדין: **פיס'** ובא אחר ונתקל בה ושברה פטור ואקשי' אמאי משום דנתקל בה אם שברה פטור. הוה לעיוני ומיזל. ואוקמ' רב למתני' בממלא רשות הרבים חביות שאין לו מאין לעבור אבל אם אינה מליאה אמרי' איבעי ליה לעיוני ומיזל ואם שיבר חייב וכן הדין. ושמואל אמר באפילה פטור אבל באורה אם שיבר חייב. ר' יוחנן אמר בקרן זוית פטור. וסוגיין דשמעתין בממלא רשות הרבים כולה אפילו אם שיבר פטור ובאפילה או קרן זוית נתקל פטור שיבר חייב וקיימא לן כר' יוחנן א) דהא אמר רב פפא מתני' דייקא כוותיה ותוב הא תנן סתמא אדם מועד לעולם ואפי' אנוס חייב בנזק ושמואל ורב דחייבי בכי האי גוונא בנתקל כל שכן דמחייב בה ר' יוחנן ואסיק' דכי הוה עובדא בקרנא דבי עצרי הוה דכיון דברשות קא עבדי מחייבינן לעוברין ושבין לעיוני ומיזל אבל זולתם באפילה או בקרן זוית לא דאמרי' אין דרך בני אדם להתבונן בדרכים. שלח ליה רב חסדא לרב נחמן הרי אמרו לרכובה ג' פי' המכה את חבירו ברכובתו חייב לתת לו ג' סלעים. לסנוקרת פי' הכאה באגרוף תחת לחייו י"ג סלעים. המכה את חבירו בפנדא דמרא פי' שופינא שהוא עץ המרא שחופר בו בקופינא דמרא כמה סלעין מחייבינן ליה שלח ליה רב נחמן חסדא חסדא קנסא אתה רוצה לגבות בבבל. הגד לי המעשה שבא לידך והגיד לו דגרגותא הוה לתרי דכל יומי דלי חד מינייהו אתא חד דלי ביומא דלאו דיליה וקם אידך למנעיה לא אשגח ביה שקל פנדא דמרא ומחייה אמר ליה רב נחמן כל כי האי גוונא אפילו רב יהודה דפליג עלי בהא מודה לי דכיון דאיכא פסידא עביד איניש דינא לנפשיה ומחי ליה לכתחלה וכל שכן דאי כבר מחיה דפטור דדינא קא עביד אמר לא מצינא דאיטרח לבי דינא. במקום דאיכא פסידא דברי הכל עביד איניש דינא לנפשיה במקום דליכא פסידא איתמר רב יהודה אמר לא עביד איניש דינא לנפשיה רב נחמן אמר עביד איניש דינא לנפשיה: **פסק'** והביאו ח' הלכות לברר הלכה כמאן מתרווייהו ושנינו לכולהו וקיימא לן כרב נחמן. והני כולהו בשינויא דרב נחמן הלכתא כותיה אמר הא דבן בג בג אומר

א) מכאן עד שאין לך וכו' הובא גם בשיטה מקובצת על שם רבינו ז"ל ואכן כאן הוא משולל הבנה וצ"ע.

מסורת הש"ס

[לקמן מו: ב"ב לב:]
לקמן כח.
ס"א אלעאי וכן הוא ברי"ף
ס"א רבה וכן לקמן
פי' הרמב"ם קבקב אלבעותיו כמו אוגד אגודה
לקמן פד.
[תוספתא פ"י ע"ש]
נ"ל נהגו
ל"ל תנן

גליון הש"ס

תוס' ד"ה אמאי כו' ולא שייך כאן כל המשנה. ועי' לקמן לב ע"א תוספות ד"ה והא הכא:

עי' ר"מ מ"ש בשם תוס' פרק האומנין

עִמָּךְ! בֶּן בַּג בַּג יְחִידָאָה הוּא, וּפְלִיגִי רַבָּנַן עֲלֵיהּ. רַבִּי יַנַּאי אָמַר: מַאי "שְׁבוֹר אֶת שִׁינָּיו" — בַּדִּין. אִי הָכִי, "וֶאֱמוֹר לוֹ" — "וְאוֹמְרִים לוֹ" מִיבָּעֵי לֵיהּ! "שֶׁלִּי אֲנִי נוֹטֵל" — "שֶׁלּוֹ הוּא נוֹטֵל" מִיבָּעֵי לֵיהּ! קַשְׁיָא. ת"ש: [א]שׁוֹר שֶׁעָלָה ע"ג חֲבֵירוֹ לְהוֹרְגוֹ, וּבָא בַּעַל הַתַּחְתּוֹן וְשָׁמַט אֶת שֶׁלּוֹ, וְנָפַל עֶלְיוֹן וּמֵת — פָּטוּר; מַאי לָאו [ב]בְּמוּעָד, דְּלֵיכָּא פְּסֵידָא? לָא, [ג]בְּתָם, דְּאִיכָּא פְּסֵידָא. אִי הָכִי, אֵימָא סֵיפָא: [ד]דְּחָפוֹ לָעֶלְיוֹן וּמֵת — חַיָּיב; וְאִי בְּתָם, אַמַּאי חַיָּיב? [ה]שֶׁהָיָה לוֹ לְשׁוֹמְטוֹ וְלֹא שְׁמָטוֹ. תָּא שְׁמַע: [ו]הַמְמַלֵּא חֲצַר חֲבֵירוֹ כַּדֵּי יַיִן וְכַדֵּי שֶׁמֶן — בַּעַל הֶחָצֵר מְשַׁבֵּר וְיוֹצֵא מְשַׁבֵּר וְנִכְנָס! אָמַר ר"נ בַּר יִצְחָק: מְשַׁבֵּר וְיוֹצֵא — לְבֵ"ד, מְשַׁבֵּר וְנִכְנָס — לְהָבִיא זְכֻיּוֹתָיו. ת"ש: [ז]מִנַּיִין לְנִרְצָע שֶׁכָּלוּ לוֹ יָמָיו וְרַבּוֹ מְסַרְהֵב בּוֹ לָצֵאת, וְחָבַל וְעָשָׂה בּוֹ חַבּוּרָה, שֶׁהוּא פָּטוּר? ת"ל: "לֹא תִקְחוּ כוֹפֶר לָשׁוּב", לֹא תִקְחוּ כוֹפֶר לַשָּׁב! (במדבר לה) הָכָא בְּמַאי עָסְקִינַן — בְּעַבְדָּא גַּנָּבָא. עַד הָאִידָּנָא לָא גָּנַב, וְהָשְׁתָּא גָּנַב? עַד הָאִידָּנָא הֲוָה אֵימְתֵיהּ דְּרַבֵּיהּ עֲלֵיהּ, הָשְׁתָּא לֵית לֵיהּ אֵימְתָא דְּרַבֵּיהּ עֲלֵיהּ. ר"נ בַּר יִצְחָק אָמַר: בְּעֶבֶד שֶׁמָּסַר לוֹ רַבּוֹ שִׁפְחָה כְּנַעֲנִית, עַד הָאִידָּנָא הֶיתֵּירָא, וְהָשְׁתָּא אִיסּוּרָא. ת"ש: הַמַּנִּיחַ אֶת הַכַּד בִּרה"ר, וּבָא אַחֵר וְנִתְקַל בָּהּ וּשְׁבָרָהּ — פָּטוּר; טַעֲמָא דְּנִתְקַל בָּהּ, [ח]הָא שְׁבָרָהּ — חַיָּיב! אָמַר רַב זְבִיד מִשְּׁמֵיהּ דְּרָבָא: הוּא הַדִּין אֲפִי' שְׁבָרָהּ, וְהַאי דְּקָתָנֵי "נִתְקַל" — אַיְּידֵי דְּקָבָעֵי לְמִיתְנֵי סֵיפָא: אִם הוּזַּק — בַּעַל חָבִית חַיָּיב בְּנִזְקוֹ, דְּדַוְקָא נִתְקַל, אֲבָל [ט]שָׁבַר לָא, דְּהוּא אַזֵּיק נַפְשֵׁיהּ — קָתָנֵי רֵישָׁא "נִתְקַל". ת"ש: "וְקַצֹּתָה אֶת כַּפָּהּ" (דברים כה) — מָמוֹן; מַאי לָאו בְּשֶׁאֵינָהּ יְכוֹלָה לְהַצִּיל ע"י דָּבָר אַחֵר? לֹא, שֶׁיְּכוֹלָה לְהַצִּיל ע"י דָּבָר אַחֵר. אֲבָל אֵינָהּ יְכוֹלָה לְהַצִּיל ע"י דָּבָר אַחֵר — פְּטוּרָה? אִי הָכִי, אַדְּתָנֵי סֵיפָא: "וְשָׁלְחָה יָדָהּ" פְּרָט לִשְׁלִיחַ ב"ד — לִפְלוֹג וְלִתְנֵי בְּדִידָהּ: בד"א — בְּשֶׁיְּכוֹלָה לְהַצִּיל ע"י ד"א, אֲבָל אֵינָהּ יְכוֹלָה לְהַצִּיל ע"י דָּבָר אַחֵר — פְּטוּרָה! ה"נ קָאָמַר: בד"א — בְּשֶׁיְּכוֹלָה לְהַצִּיל ע"י דָּבָר אַחֵר, אֲבָל אֵינָהּ יְכוֹלָה לְהַצִּיל ע"י דָּבָר אַחֵר — נַעֲשָׂה יָדָהּ כִּשְׁלִיחַ ב"ד, וּפְטוּרָה. ת"ש: *הֲרֵי שֶׁהָיְתָה דֶּרֶךְ הָרַבִּים עוֹבֶרֶת בְּתוֹךְ שָׂדֵהוּ, נְטָלָהּ וְנָתַן לָהֶם מִן הַצַּד — מַה שֶּׁנָּתַן נָתַן, וְשֶׁלּוֹ לֹא הִגִּיעוֹ; וְאִי אָמְרַתְּ עָבֵיד אִינִישׁ דִּינָא לְנַפְשֵׁיהּ, לִנְקוֹט פַּזְרָא וְלֵיתֵיב! *אָמַר רַב זְבִיד מִשְּׁמֵיהּ דְּרָבָא: גְּזֵירָה שֶׁמָּא יִתֵּן לָהֶם דֶּרֶךְ עֲקַלָּתוֹן. רַב מְשַׁרְשְׁיָא אָמַר: בְּנוֹתֵן לָהֶם דֶּרֶךְ עֲקַלָּתוֹן. רַב אַשִׁי אָמַר: כָּל מִן הַצַּד דֶּרֶךְ עֲקַלָּתוֹן הוּא, קְרוֹבָה לָזֶה וּרְחוֹקָה לָזֶה. אִי הָכִי, אַמַּאי שֶׁלּוֹ לֹא הִגִּיעוֹ? לֵימָא לְהוּ: שְׁקוּלוּ דִּידְכוּ וְהַבוּ לִי דִּידִי! מִשּׁוּם דְּרַב יְהוּדָה, *דְּאָמַר רַב יְהוּדָה: [כ]מֵיצַר שֶׁהֶחֱזִיקוּ בּוֹ רַבִּים — אָסוּר לְקַלְקְלוֹ. ת"ש: [ל]בַּעַל הַבַּיִת שֶׁהִנִּיחַ פֵּאָה מִצַּד אֶחָד, וּבָאוּ עֲנִיִּים וְנָטְלוּ מִצַּד אַחֵר — זֶה וָזֶה פֵּאָה; וְא"א עָבֵיד אִינִישׁ דִּינָא לְנַפְשֵׁיהּ, אַמַּאי זֶה וָזֶה פֵּאָה? לִנְקוֹט פַּזְרָא וְלֵיתֵיב! אָמַר רָבָא: מַאי "זֶה וָזֶה פֵּאָה" — לְפוֹטְרָן מִן הַמַּעֲשֵׂר, כִּדְתַנְיָא:* [מ]הַמַּפְקִיר אֶת כַּרְמוֹ, וְהִשְׁכִּים בַּבֹּקֶר וּבְצָרוֹ — חַיָּיב בְּפֶרֶט וּבְעוֹלְלוֹת וּבְשִׁכְחָה וּבְפֵאָה, וּפָטוּר מִן הַמַּעֲשֵׂר.§ **מתני'** נִשְׁבְּרָה כַּדּוֹ בִּרה"ר, וְהוּחְלַק אֶחָד בַּמַּיִם אוֹ שֶׁלָּקָה בַּחַרְסִית — חַיָּיב; רַבִּי יְהוּדָה אוֹמֵר: [נ]בְּמִתְכַּוֵּין — חַיָּיב, בְּאֵינוֹ מִתְכַּוֵּין — פָּטוּר.§ **גמ'** אָמַר רַב יְהוּדָה אָמַר רַב: *) לֹא שָׁנוּ אֶלָּא שֶׁטִּינְּפוּ כֵּלָיו בַּמַּיִם, אֲבָל

*) [לקמן ל.]

רש"י

עִמָּךְ. בִּתְמִיָּה: [כְּלוֹמַר]: וְכִי [נִרְאֶה] בְּעֵינֶיךָ שֶׁתְּשׁוּבָה זוֹ הוֹגֶנֶת הִיא?! לִישָּׁנָא אַחֲרִינָא: עִמְּךָ תְּהֵא תְּשׁוּבָה זוֹ, שֶׁאֵינָהּ כְּלוּם. בַּדִּין. תְּבָעֵהוּ לַדִּין. אוֹמְרִים לוֹ. ב"ד: שֶׁלּוֹ הוּא נוֹטֵל, מִבָּעֵי לֵיהּ. מַאי לָאו. דַּהֲוֵי עֶלְיוֹן מוּעָד, דְּאִי הֲוָה שָׁבֵיק לֵיהּ וּמָיֵית דִּידֵיהּ – לֵיכָּא פְּסֵידָא, דִּמְשַׁלֵּם לֵיהּ כּוּלֵּיהּ. בְּתָם. דְּאִי הֲוָה אָזֵיל לְבֵי דִינָא אַדְּהָכִי מָיֵית דִּילֵיהּ, וְלֵית לֵיהּ אֶלָּא פַּלְגָּא נִזְקָא. לְהָבִיא זְכֻיּוֹתָיו. כְּגוֹן אִם הָיָה זֶה טוֹעֲנוֹ שֶׁהֶחָצֵר שֶׁלּוֹ, וְצָרִיךְ זֶה לְהָבִיא שְׁטַר מְכִירָה שֶׁקְּנָאָהּ. שֶׁכָּלוּ יָמָיו. שֶׁהִגִּיעַ יוֹבֵל. מְסַרְהֵב. מַפְצִיר. וְחָבַל בּוֹ. הָרַב בָּעֶבֶד. לֹא תִקְחוּ כוֹפֶר לָשׁוּב וגו'. דְּרוֹשׁ בָּהּ: לַשָּׁב, לְמִי שֶׁרוֹצֶה לָשׁוּב לְקִלְקוּלוֹ וְלִהְיוֹת עֶבֶד, לִישָּׁנָא אַחֲרִינָא: לַשָּׁב – לְמִי שֶׁדִּינוֹ לִהְיוֹת שָׁב אֶל מִשְׁפַּחְתּוֹ, וְאֵינוֹ רוֹצֶה. לֹא תִקְחוּ. לְצָרְכּוֹ שׁוּם מָמוֹן. בְּעַבְדָּא גַּנָּבָא. דְּאִיכָּא פְּסֵידָא. עַד הָאִידָּנָא הֶיתֵּירָא. דִּכְתִיב: "אִם אֲדוֹנָיו יִתֶּן לוֹ אִשָּׁה" (שמות כא). וְהָשְׁתָּא. שֶׁהוּא בֶּן חוֹרִין. אִיסּוּרָא. וְרַשַּׁאי לְהַלְקוֹתוֹ וּלְהַפְרִישׁוֹ, דְּהַאי דִּינָא לָאו לְנַפְשֵׁיהּ הוּא. הָא שְׁבָרָהּ חַיָּיב. וְאוֹקְמָא רַב לְעֵיל בִּמְמַלֵּא רה"ר כּוּלָּהּ חָבִיּוֹת, אַלְמָא: לָא עָבֵיד [אִינִישׁ] דִּינָא לְנַפְשֵׁיהּ, אֲפִי' בִּמְקוֹם פְּסֵידָא. בְּשֶׁאֵינָהּ יְכוֹלָה לְהַצִּיל ע"י דָּבָר אַחֵר. דִּבְדִין קָא עָבְדָא. אַלְמָא: לָא עָבֵיד אִינִישׁ דִּינָא לְנַפְשֵׁיהּ אֲפִי' בִּמְקוֹם פְּסֵידָא, כִּי הָכָא שֶׁבַּעְלָהּ מוּכֶּה כָּל שָׁעָה. בְּשֶׁיְּכוֹלָה לְהַצִּיל ע"י דָּבָר אַחֵר. דְּלָאו דִּינָא עָבְדָא. פְּרָט לִשְׁלִיחַ ב"ד. שֶׁפָּטוּר עַל הַבּוֹשֶׁת. לִנְקוֹט פַּזְרָא וְלֵיתֵיב. יִקַּח מַקֵּל וְיֵשֵׁב עַל דֶּרֶךְ הָרִאשׁוֹן. דְּהָא דִּינָא הוּא, דְּהָא קָאָמְרַתְּ: מַה שֶּׁנָּתַן – נָתַן. אַלְמָא: חִילּוּף מַעַלְיָא הָוֵי. דֶּרֶךְ עֲקַלָּתוֹן. דְּלָאו דִּינָא הוּא. קְרוֹבָה לָזֶה. לָעֲיָירוֹת הַיּוֹשְׁבִין סָמוּךְ לְאוֹתוֹ צַד. וּרְחוֹקָה לָזֶה. לְאוֹתָן הַסְּמוּכִין לַצַּד הָאַחֵר, שֶׁיְּהוּ צְרִיכִין לְהַקִּיף כָּל סְבִיבוֹת הַשָּׂדֶה. וּכְשֶׁהָיְתָה בְּאֶמְצַע הַשָּׂדֶה לֹא הָיוּ מַקִּיפִין כָּל כָּךְ. א"ה. דְּלָאו חִילּוּף הוּא, [א] אַמַּאי שֶׁלּוֹ לֹא הִגִּיעוֹ? לְפוֹטְרוֹ מִן הַמַּעֲשֵׂר. דְּאַף פֵּאָה הַנִּשְׁאֶרֶת – הֶפְקֵר חֲשִׁיבָא, וְאע"ג דְּנָקַט לָהּ אִיהוּ – פְּטוּרָה מִמַּעֲשֵׂר. חַיָּיב בְּפֶרֶט וּבְעוֹלְלוֹת וכו'. אע"ג דְּהֶפְקֵר פָּטוּר מִפֵּאָה, דִּתְנַן (פאה פ"א מ"ד): כָּל שֶׁהוּא אוֹכֶל וְנִשְׁמָר חַיָּיב בְּמַעֲשֵׂר וּבְפֵאָה. אפ"ה, כִּי הַאי הֶפְקֵר חַיָּיב בְּכָל הָנֵי, כִּדְמְפָרֵשׁ טַעְמָא בְּ"הַגּוֹזֵל עֵצִים" (לקמן צד.), דִּכְתִיב בֵּיהּ "תַּעֲזוֹב" יְתֵירָא. וּפָטוּר מִמַּעֲשֵׂר. דְּלָא כְּתִיב בֵּיהּ "תַּעֲזוֹב" יְתֵירָא. אַלְמָא: הֶפְקֵר כָּל דְּהוּ פָּטוּר מִמַּעֲשֵׂר. כִּדְתְנַן: כָּל שֶׁהוּא אוֹכֶל וְנִשְׁמָר חַיָּיב בְּמַעֲשֵׂר. אֶלָּא שֶׁטִּינְּפוּ כֵּלָיו בַּמַּיִם. דְּרַב מוֹקֵי לְמַתְנִיתִין כְּשֶׁלֹּא הִפְקִיר אֶת מֵימָיו. הִלְכָּךְ, נִמְצָא שֶׁנִּזּוֹקוּ כֵּלָיו שֶׁל זֶה בְּמָמוֹנוֹ שֶׁל זֶה, וַהֲוֵי כִּי שׁוֹרוֹ.

תוספות

ואי כתם אמאי חייב. בשלמא אי איירי במועד — יש לו להתחייב, שאינו בהול והיה לו לשומטו. אבל אי בתם איירי — לא סלקא דעתך שהיה לו לשומטו, לפי שהוא בהול שירא להפסיד, ולא מסיק אדעתיה לשומטו.

משבר ויוצא. אע"ג דלעיל אמרינן שהיה לו לשומטו — היינו משום דליכא טירחא בשמיטה יותר מבדחיפה. אבל הכא — לא אטרחוהו לסדרן זה על זה.

מניין לנרצע שכלו ימיו. אורחא דמילתא נקט, שאז רגילות לסרהב, לפי שאינו יכול להשתעבד עוד בו.

טעמא דנתקל הא שבר חייב. אליבא דרב פריך, דמוקי לה בממלא. דבלא ממלא מודה ר"נ דאין לו לשבר, דאיבעי ליה לסגויי באידך גיסא. דלא פליג אכולהו אמוראי דלעיל. ולתרוייהו לא פריך, דאע"ג דאיירי בממלא — ליכא פסידא, דלא דמי לחצר חבירו, שאדם יכול להקיף ברה"ר ולילך בכל מקום שירצה.

לא בשיכולה להציל על ידי דבר אחר. וכיון דיכולה להציל על ידי דבר אחר — אפילו דין אינו.

ולינקוט פזרא וליתיב. וס"ד השתא דשלו לא הגיעו — לפי שאין יכול להזמין כל עוברי דרכים לבית דין.

אי הכי מה שנתן נתן אמאי. ולא גרסינן: [אמאי] שלו לא הגיעו.

(אי הכי) אמאי זה וזה פאה. דבשלמא אותו שנטלו הויא פאה — הואיל דנטלו מדעתו. אלא אותו שהניח, סתמא דמילתא היה בדעתו שאם יטלו מצד אחר — שיחזור ויזכה בה.

זה וזה פאה לפוטרו מן המעשר כדתניא כו'. ומייתי ראיה דבשביל שחזר וזכה בו לא מחייבינן, (א) כיון דמתחילה פאה גמורה היתה ונפטרה. ופאה דמיפטרא מן המעשר לא מטעם הפקר, דהא תנן במסכת פאה (פ"ו מ"א), ב"ש אומרים: הפקר לעניים — הפקר, וב"ה אומרים: אין הפקר עד שיפקיר אף לעשירים, כשמיטה. אלא היינו טעמא דמיפטרא, כדדרשינן בספרי: "ובא הלוי כי אין לו חלק ונחלה עמך" יצא זה שיש לו חלק ונחלה עמך, שאם הוא לוי עני נוטל פאה. וטעמא דב"ש דילפי מפאה, דכתיב "לעני ולגר תעזוב אותם" מה ת"ל "תעזוב אותם" — יש לך עזיבה אחרת שהיא כזו, כגון הפקר לעניים ולא לעשירים. ובית הלל ילפי משביעית דכתיב "תשמטנה ונטשתה" מה תלמוד לומר "ונטשתה" — יש לך נטישה אחרת שהיא כזו, כגון הפקר לעניים ולעשירים.

אבל

עין משפט נר מצוה

ז א ב ג ד ה מיי' פ"ה מהלכות חובל ומזיק הלכה ו ז סמג עשין ע טוש"ע ח"מ סימן שפג סעיף ב:

ח ו מיי' שם הלכה ה ועיין בהשגות ובכ"מ סמג שם טוש"ע ח"מ סי' שעט סעיף ד וסי' תיב סעיף ב:

ט ז מיי' פ"ג מהלכות עבדים הלכה ה טוש"ע ח"מ סימן תכא סעיף ו בהג"ה:

י ח מיי' פי"ג מהלכות נזקי ממון הלכה ה סמג עשין ע טוש"ע ח"מ סימן תיב סעיף א:

יא ט טוש"ע ח"מ סימן תיב סעיף ב:

יב י מיי' פי"ג מהלכות נזקי ממון הלכה כז סמג עשין סח טוש"ע ח"מ סימן שעז:

יג כ מיי' שם הלכה כד סמג שם טוש"ע שם בהג"ה וסי' תטז סעיף ב:

יד ל מיי' פ"ב מהלכות מתנות עניים הל' יג:

טו מיי' שם פ"ה הלכה כז:

טז נ מיי' פי"ג מהלכות נזקי ממון הלכה ז סמג עשין סח טוש"ע ח"מ סימן תיב סעיף ד וסימן תי סעיף א:

הגהות הב"ח

(א) תוס' ד"ה זה וכו' לא מחייבינן ליה במעשר כיון דמתחילה:

הגהות הגר"א

[א] רש"י ד"ה א"ה כו' אמאי שלו כו'. נ"ב ל"ע ועי' תוס' ועי' בהגר"א סימן קעז):

ב"ב ל"ט:

ג"ז שם

ב"ב יב. כו: ס: ק.

לקמן לד. נדרים מד: חולין קלד: תמורה ו. נדה נא.

רבינו חננאל

אומר שבור את שיניו ואמור לו את שלי אני נוטל כרב נחמן ודברי רבינא *) נידחו ב) שור שעלה על גבי חבירו ובא בעל התחתון ושמט את שלו ונפל העליון ומת פטור הא נמי כרב נחמן ובשינויא אוקמוה בתם דאית ליה פסידא חצי נזק ובמקום דאיכא פסידא אפילו רב יהודה מודה דעביד איניש דינא לנפשיה ואפי' הכי כיון דיכול להציל שור בשמיטה ודחפו לעליון ומת חייב. ג) הממלא חצר חבירו כדי יין גם זו כרב נחמן ורב נחמן בר יצחק שינויא הוא דשני. ד) מניין לנרצע שכלו ימיו ורבו מסרהב בו לצאת ואינו יוצא וחבל בו ועשה בו חבורה מניין שפטור ת"ל לא תקחו כופר לשוב. פי' לא תקח למסרב לשוב אל משפחתו כו' גם זו כרב נחמן ותיובתא לרב יהודה ומשני בעבדא גנבא דאית ליה פסידא. ורב נחמן בר יצחק משני כשרבו מסר לו שפחה כנענית ועד האידנא דהוא עבדא הות ליה התירא השתא דכלו ימיו ויצא לחירות איסורא ולאפרושי מאיסורא פטור החובל. ה) מתני' המניח את הכד ברשות הרבים ובא אחר ונתקל בה ושברה פטור ודייקא מינה טעמא דנתקל הא שיבר חייב קשיא לרב נחמן ומשני רב זביד משמיה דרבא אליבא דרב נחמן הוא הדין אפילו שיבר פטור והאי דקתני נתקל משום סיפא דקתני אם הוזק בה בעל החבית חייב בנזקו פי' אם הוזק בה מי ששיבר את החבית דדוקא נתקל ושיבר הוא דחייב בעל החבית לשלם הנזק אבל שיבר מעצמו לא איהו דאזיק נפשיה אטו הכי קתני רישא נתקל והאי שנויה דסמכא היא ועבדינן כותיה. ו) הא וקצתה את כפה ממון קשיא לר' נחמן דהא הוא דאמר עביד איניש דינא לנפשיה וזו לא יכלה להציל אישה מיד מכהו אלא בהחזיקה במבושיו אמאי חייבת ממון (ממון) נימא עביד איניש דינא לנפשיה. ושני כגון שהיתה יכולה להציל בלא שליחות יד במבושיו בדחיפה או בהכאה וכיון שהיתה יכולה ולא עשתה חייבת וסלקה בהדין טעמא. ז) הרי שהיתה דרך הרבים עוברת בתוך שדהו נטלה ונתן להן מן הצד מה שנתן נתן ושלו לא הגיעו ואי דינא הוא דעביד איניש דינא לנפשיה לינקוט פזרא וליתיב. כלומר יטול בידו שבט כמו פזרא ויקפח שוקים כל מי שבא לעבור בתוך שדהו קשיא לרב נחמן. ומשנינן כל מן הצד דרך עקלתון הוא קרובה לזה ורחוקה לזה. אי הכי אמאי מה שנתן נתן יחזור ויטול את שלו ומשנינן משום דרב יהודה דאמר מצר שהחזיקו בו רבים אסור לקלקלו. ח) בעל הבית שהניח פיאה מצד אחד ובאו עניים ולקחו מצד אחר זה וזה פיאה וקשיא לרב נחמן. ואוקמה רבא זה מן הצד שהניחו בעל הבית פיאה כיון שנטלו העניים פיאה מצד אחר זכה בעל הבית באותו הצד שהפרישו ולמה אמרה המשנה זה וזה פיאה לפטור בעל חבית מן המעשר במה שיזכה בו מאותו הצד שהפרישו פיאה בו. כיון שהפרישו פיאה כאלו הפקירו לעניים ועכשיו כשחוזר ונוטלו זוכה מן ההפקר לפיכך פטור כדתניא המפקיר את כרמו והשכים בבקר ובצרו חייב בפרט ובעוללות ובשכחה ופיאה ופטור

*) נ"ל דל"ל ר' ינאי.

יז א ב מיי' פי"ג מהל' נזקי ממון הלכה ב סמג עשין סח טור ש"ע ח"מ סימן תיא סעיף א:

יח ג ד מיי' שם הלכה א ב סמג שם טוש"ע שם סימן תי סעיף כא וסימן תיב סעיף ה:

יט ה מיי' שם הלכה ג טוש"ע שם סימן תיא סעיף א:

כ ו מיי' פ"א מהלכות איסורי ביאה הלכה ט ופ"ו מהלכות רוצח הלכה א:

אֲבָל הוּא עַצְמוֹ — פָּטוּר, קַרְקַע עוֹלָם הִזִּיקַתּוּ. כִּי אָמְרִיתָהּ קַמֵּיהּ דִּשְׁמוּאֵל, אֲמַר לִי: מִכְּדִי [א]אַבְנוֹ וְסַכִּינוֹ וּמַשָּׂאוֹ *מִבּוֹרוֹ לָמַדְנוּ, [ב]וְכוּלָּן אֲנִי קוֹרֵא בָּהֶן: "שׁוֹר" וְלֹא אָדָם, "חֲמוֹר" וְלֹא כֵּלִים; [ג]וְהָנֵי מִילֵּי לְעִנְיַן קְטָלָא, [ד]אֲבָל לְעִנְיַן נְזָקִין — אָדָם חַיָּיב, וְכֵלִים פְּטוּרִין. וְרַב? הָנֵי מִילֵּי הֵיכָא דְּאַפְקְרִינְהוּ, אֲבָל הֵיכָא דְּלָא אַפְקְרִינְהוּ — מָמוֹנוֹ הוּא. מְתִיב רַב אוֹשַׁעְיָא: °"וְנָפַל שָׁמָּה שׁוֹר אוֹ חֲמוֹר", "שׁוֹר" — וְלֹא אָדָם, "חֲמוֹר" — וְלֹא כֵּלִים, מִכָּאן אָמְרוּ: *נָפַל לְתוֹכוֹ שׁוֹר וְכֵלָיו וְנִשְׁתַּבְּרוּ, חֲמוֹר וְכֵלָיו וְנִתְקָרְעוּ — חַיָּיב עַל הַבְּהֵמָה וּפָטוּר עַל הַכֵּלִים, הָא לְמָה זֶה דּוֹמֶה? לְאַבְנוֹ וְסַכִּינוֹ וּמַשָּׂאוֹ שֶׁהִנִּיחָן בִּרה"ר וְהִזִּיקוּ; אַדְּרַבָּה, "מַה דּוֹמֶה לְזֶה" מִבָּעֵי לֵיהּ! אֶלָּא: מַאי דּוֹמֶה לְזֶה? אַבְנוֹ וְסַכִּינוֹ וּמַשָּׂאוֹ שֶׁהִנִּיחָן בִּרה"ר וְהִזִּיקוּ. לְפִיכָךְ אִם הִטִּיחַ צְלוֹחִיתוֹ בְּאֶבֶן — חַיָּיב; רֵישָׁא קַשְׁיָא לְרַב, וְסֵיפָא קַשְׁיָא לִשְׁמוּאֵל! וּלְטַעְמִיךְ, תִּיקְשֵׁי לָךְ הִיא גּוּפָא: (*קַשְׁיָא) רֵישָׁא פָּטוּר, וְסֵיפָא חַיָּיב! אֶלָּא, רַב מְתָרֵץ לְטַעֲמֵיהּ, וּשְׁמוּאֵל מְתָרֵץ לְטַעֲמֵיהּ. רַב מְתָרֵץ לְטַעֲמֵיהּ: בַּמֶּה דְּבָרִים אֲמוּרִים — כְּשֶׁהִפְקִירָן, אֲבָל לֹא הִפְקִירָן — חַיָּיב, לְפִיכָךְ הִטִּיחַ צְלוֹחִיתוֹ בְּאֶבֶן — חַיָּיב; וּשְׁמוּאֵל מְתָרֵץ לְטַעֲמֵיהּ: הַשְׁתָּא דְּאָמְרַתְּ אַבְנוֹ סַכִּינוֹ וּמַשָּׂאוֹ כְּבוֹרוֹ דָּמֵי, לְר' יְהוּדָה *דִּמְחַיֵּיב עַל נִזְקֵי כֵלִים בְּבוֹר, לְפִיכָךְ הִטִּיחַ צְלוֹחִיתוֹ בְּאֶבֶן — חַיָּיב. א"ר אֶלְעָזָר: לֹא שָׁנוּ אֶלָּא שֶׁנִּתְקַל בְּאֶבֶן וְנִשּׁוֹף בְּאֶבֶן, אֲבָל נִתְקַל בַּקַּרְקַע וְנִשּׁוֹף בְּאֶבֶן — פָּטוּר; כְּמַאן? דְּלָא *כְּר' נָתָן. אִיכָּא דְּאָמְרִי, א"ר אֶלְעָזָר: לָא תֵּימָא בְּנִתְקַל בְּאֶבֶן וְנִשּׁוֹף בְּאֶבֶן הוּא דִּמְחַיֵּיב, אֲבָל נִתְקַל בַּקַּרְקַע וְנִשּׁוֹף בְּאֶבֶן — פָּטוּר. [ה]אֶלָּא אֲפִילּוּ נִתְקַל בַּקַּרְקַע וְנִשּׁוֹף בְּאֶבֶן — חַיָּיב; כְּמַאן? כְּר' נָתָן. § "ר' יְהוּדָה אוֹמֵר: בְּמִתְכַּוֵּין — חַיָּיב" [וכו'.] § ה"ד מִתְכַּוֵּין? אָמַר רַבָּה: בְּמִתְכַּוֵּין לְהוֹרִידָהּ לְמַטָּה מִכְּתֵיפוֹ. א"ל אַבַּיֵי: מִכְּלָל דִּמְחַיֵּיב ר"מ אֲפִילּוּ נִפְשְׁרָה? א"ל: אִין, מְחַיֵּיב הָיָה ר"מ אֲפִי' אָזְנָהּ בְּיָדוֹ. אַמַּאי? אָנוּס הוּא, *וְאוֹנֶס [ו]רַחֲמָנָא פַּטְרֵיהּ, דִּכְתִיב: °"וְלַנַּעֲרָה לֹא תַעֲשֶׂה דָבָר"! וְכִי תֵּימָא, ה"מ לְעִנְיַן קְטָלָא, אֲבָל לְעִנְיַן נְזָקִין חַיָּיב — וְהָתַנְיָא: *נִשְׁבְּרָה כַּדּוֹ וְלֹא סִלְּקוֹ, נָפַל גְּמַלּוֹ וְלֹא הֶעֱמִידוֹ — ר"מ *מְחַיֵּיב בְּהֶיזֵּקָן, וַחֲכָמִים אוֹמְרִים:

פָּטוּר

תורה אור: שמות כא · דברים כב

תוספות

אבל הוא עצמו פטור דקרקע עולם הזיקתו. ולא בעי למימר שהוזק הוא עצמו במים, דלישנא משמע שהוחלק עצמו במים, ולא שהוזק בהן. ובאפקריה לא מצי לאוקמי, דא"כ לא מחייב לא אכלים ולא על עצמו.

ה"מ היכא דאפקרינהו. פ"ה: דסבר רב דבור שחייבה עליו תורה בהפקיר רשותו ובורו. וא"ת: דבשמעתין דמחזרת (לעיל דף כא.) ר"ל דרב סבר בור ברשותו חייב, ושמואל סבר דפטור. ופי' שם בקונט' דפליגי בהפקיר רשותו ולא הפקיר בורו! וי"ל: דלא קיימא מסקנא דהתם הכי. ומיהו, נראה דרב מצי סבר שפיר דהפקיר רשותו ולא בורו נמי חייב. אע"ג דאבנו וסכינו ומשאו דלא אפקרינהו לא הוי בור לרב — היינו משום דעדיפי מבור, ואיכא נמי לחיובינהו משום שור ולחייב בהן את הכלים. אבל בור ברשותו — ליכא לחיובי משור, דשור ברשותו פטור, כדתנן (לעיל דף ט:) חוץ מרשות המיוחדת למזיק — לכל הפחות בור הוי, ופטור על הכלים. ושמואל דסבר הכא דאפילו לא אפקרינהו הוי בור — מצי סבר דבור ברשותו פטור לגמרי, ואפילו בור לא הוי, דמצי א"ל: ברשותי מאי בעית? ומה שבקונטרס רצה לחייב בהפקיר רשותו ובורו, כמו בחופר בור ברה"ר — אין נראה לר"י. דחופר בור ברה"ר חפר בור באיסור, וכן חפר בור ברשותו סמוך לרה"ר — באיסור חפרו. ואפילו חופר באמצע רשותו והפקיר רשותו ולא בורו, כיון דשלו הוא — חייב להסיר התקלה, כדאמרינן ב"הפרה" (לקמן דף מח. ושם), דכיון דאית ליה לממלייה ולא מלייה — כמאן דכרייה דמי. אבל הפקיר רשותו ובורו, דחפר בהיתר, וגם השתא דהפקיר לאו בעל הבור הוא — לא מחייב. תדע, דבפ' "הפרה" (לקמן נא.) דתקינן לאשכוחי בור של שני שותפין.

ונשוף באבן. דוקא נקיט דנשוף באבן. אבל נתקל באבן ונשוף בקרקע — פטור, דקרקע עולם הזיקתו. ואפילו שמואל מודה הכא דפטור, כדפטר לקמן ב"הפרה" (דף נג. ושם) נתקל בבור ונפל לאחורי הבור. וההיא דלעיל, דמחייב שמואל — צריך לאוקמא כגון שנחבט בקרקע שהמים נשפכים עליה, דדמי לקרקע הבור. ואע"ג דשור שדחף חבירו לבור, וגם הניח אבן ע"פ הבור ובא שור ונתקל בה ונפל לבור — מחייבין ב"הפרה" (שם), יש לחלק, כיון שיש שם תקלה על הבור. ומיהו ודאי לרב קשה: כי היכי דקאמר רב קרקע עולם הזיקתו — ה"נ נימא בעל האבן: בור של פלוני הזיקו.

אמר רבה במתכוין להורידה כו'. רבה לא בעי לאוקמי במתכוין לשבור, כדמוקי לה אביי לקמן, משום ד"נשברה כדו" דקאמר ת"ק משמע דנשברה מאליו — עלה קאתי ר' יהודה לחלק בין מתכוין לשאין מתכוין. וא"ת: והא ר' יהודה אית ליה בפרק "האומנין" (ב"מ דף פב. ושם*) דנתקל לאו פושע הוא, גבי מעביר חבית ממקום למקום ונשברה. דקאמר ר' יהודה: שומר חנם — ישבע, נושא שכר — ישלם. ומפרש התם: האי כדיניה והאי כדיניה. ואין לומר דמתכוין להורידה, דהכא הוי פושע טפי — דא"כ היכי דייק: מכלל דמחייב ר"מ אפילו נפשרה? דלמא בנתקל דוקא מחייב, אבל נפשרה דהוי אונס טפי לא! וי"ל: דקסבר רבה, כי היכי דאמרינן התם לר"מ דשבועה זו תקנת חכמים היא בשומר שכר — ה"נ לרבי יהודה תקנת חכמים היא בשומר חנם. אלא דקסבר רבי יהודה דבשומר שכר לא רצו חכמים להקל. **ואונס** רחמנא פטריה. ומ"פצע תחת פצע" לא מרבינן אונס גמור, כדפירשתי לעיל (דף כז:*).

והתניא נשברה כדו כו'. וא"ת: והיכי מייתי מברייתא דפטר ר"מ בקנקנים ברוח שאינה מצויה? דלמא ה"מ — לענין שאר נזקין, אבל מתני' איכא לאוקמי באדם המזיק, דבדרך הלוכו נפלו החרסים על האדם מכחו, ואדם המזיק חייב ברוח שאינה מצויה כדאמרינן לעיל סוף פרק שני (דף כז.)! וי"ל: דבמתניתין נמי קתני והוחלק אחד במים, דתקלת מימיו הוא, ולא אדם המזיק, ולמה מחייב שם ר"מ יותר מבקנקנים? וא"ת: ומאי פריך מ"ולנערה לא תעשה דבר" דבנפשרה ודאי מחייב ר"מ אע"פ שהנפילה היתה באונס — מ"מ אחר כך היה לו לסלק! וי"ל: דרבי מאיר מחייב בכל ענין, אף על פי שלא היה לו פנאי לסלק.

פליגי

לקמן נב.

רש"י

אבל. הוזק הוא עצמו פטור. קרקע עולם. שאין לה בעלים. הזיקתו. וממונו של זה גרמא בעלמא עבד ליה. ורב לטעמיה, דאמר לקמן (דף נ:): בור שחייבה עליו תורה — להבלו ולא לחבטו. מבורו למדנו. בפ"ק (דף ו.). שור ולא אדם חמור ולא כלים. והני מילי היכא דמת האדם, דקרא במיתה משתעי, דכתיב: "והמת יהיה לו". אבל בנזק אדם — חייב בעל הבור, דקרא מכופר (א) ממעטינן. וכלים פטורין. על נזקי כלים פטור בעל הבור, דשבירתן זו היא מיתתן. ומתניתין נמי, מימיו בורו הוא. הלכך, כי חייב — על נזקי הגוף חייביה ולא על הכלים. ורב ה"מ. דתקלתו למדנו מבורו. דאפקרינהו. כי בור. דסבר רב: בור שחייבה עליו תורה — בהפקיר רשותו ובורו הוא דחייבתו. אבל לא אפקרינהו ממונו הוא. ומשורו למדנו. הלכך, טינוף כלי — ממונו דמזיק עבד. אבל נזק הגוף — קרקע עולם עבדה. ושמואל סבר: בהפקיר רשותו ולא הפקיר בורו נמי משתעי קרא, ופטר בו את הכלים. הלכך, מתני' אע"ג דלא אפקרינהו — בורו הוי. ומאי דקתני "חייב" — בהיזק גופו קמיירי, ולא בכליו. ואע"ג דקרקע עולם עבדה ליה — חייב, דשמואל לטעמיה, דאמר לקמן (דף נ:): בור שחייבה עליו תורה — להבלו, וכ"ש לחבטו, ואע"ג דקרקע עולם אזקתיה. נשתברו. בכלי השור שייכא שבירה, כגון עול וסולמנין. קריעה שייכא במרדעת של חמור. הא למה זה דומה אדרבה. תולה כתיבא בלא כתיבא. אלא מה דומה לזה כו'. דאם הוזקו בהם כלים או נתקל בהן אדם ומת — פטור. רישא. דקתני אבנו וסכינו דומין לבור. קשיא לרב. ס"ד אפי' בדלא אפקריה מיירי. וסיפא. דקתני: אם הטיח אחר צלוחיתו באבן של זה חייב. קשיא לשמואל. דהשתא משמע דמשורו למדנו. בד"א. דאבנו דומה לבור — כשהפקירו. לר' יהודה דמחייב על נזקי כלים בבור. בפרק "שור שנגח את הפרה" (לקמן דף נג:). לא שנו. דהטיח צלוחיתו באבן חייב. אלא שנתקל באבן ונשוף. הכלי באבן. פטור. דקרקע גרמה לו. דלא כר' נתן. דאמר לקמן (דף נג.) בשור שדחף את חבירו לבור: כל היכא דליכא לאשתלומי מהאי שור — משתלם מבור, האי דעבד ליה הזיקא. במתכוין להורידה למטה מכתיפו. ונתקל והוטחה בכותל — חייב. דנתקל פושע הוא. אמר אביי מכלל. דר"מ דמחמיר טפי — מחייב. אפי' נפשרה. נימוחה הכד מעצמה על כתיפו, דהוי אונס. נפשרה. נימוחה, כדמתרגמינן (שמות טז): "וחם השמש ונמס" — פשר. אפילו אזנה בידו. אפילו נשברה מעצמה, שלא נפלה מידו, אלא נימוחה ונשאר האוזן בידו.

פטור

[לעיל ג. ו. לקמן לא: מח:]

הגהות הב"ח

(א) רש"י ד"ה שור ולא וכו' מכופר ממעטינן הס"ד:

רש"ל מ"ז

[לעיל ה. וש"נ]

[לקמן נג.]

גליון הש"ס

תוס' ד"ה ה"מ כו' אבל הפקיר רשותו ובורו. עיין לעיל דף י ע"א תוספות ד"ה מה שם ד"ה ונשוף כו' מודה הכא דפטור. עיין לקמן דף נ ע"ב תוספות ד"ה לשמואל:

[נדרים כז.] ע"ז נד.

לקמן ע. נט: ב"מ פב.

[עי' תוס' ב"מ קיח. ד"ה זמן]

[ד"ה ובכבר]

[ד"ה ושמואל]

רבינו חננאל

ופטור מן המעשר: [מתני'] נשברה כדו ברה"ר והוחלק אחד במים או שלקה בחרסית חייב. אמר רב יהודה אמר רב לא שנו אלא שנטנפו כליו במים אבל הוא עצמו אם הוזק פטור מאי טעמא קרקע עולם הזיקתו. אמר ליה שמואל מכדי אבנו סכינו ומשאו שהזיקו מבור למדנו ואלו כמו אבנו הן בכולן אני קורא בהן ונפל שמה שור שור ולא אדם חמור ולא כלים והני מילי לענין קטלא אבל לנזקים אדם חייב נמי וכלים פטורים דתניא למה זה דומה וכו'. ותריצנא מה דומה לזה מניח אבנו וצלוחיתו לרשות הרבים והוזק בהן אחר חייב בנזקי אדם ופטור בנזקי צלוחית. ומשני רב היכא דאפקרינהו להני אבנו סכינו ומשאו פטור בנזקי כלים אבל לא אפקרינהו ממוניה נינהו וכשורו הן חשובין שחייב בנזקי הכלים הלכך לרב הוי ממוניה וחייב בכלים ושמואל כל תקלה ברה"ר בור חשיב ליה וחייב בנזקי אדם ופטור בנזקי כלים ואותבינן עלייהו ונפל שמה שור או חמור שור ולא אדם חמור ולא כלים מכאן [אמרו] נפל לתוכו שור וכליו ונשברו חמור וכליו ונתקרעו חייב על הבהמה ופטור על הכלים מה דומה לזה אבנו סכינו ומשאו שהניחן ברה"ר והזיקו לפיכך הטיח צלוחיתו באבן חייב. הא מתניתא קשיא לתרוייהו והיא גופה קשיא רישא אסיפא רישא קתני ופטור על הכלים וסיפא קתני הטיח צלוחיתו חייב. רב מתרץ לטעמיה חייב על הבהמה ופטור על הכלים בד"א כשהפקירן אבל לא הפקירן אפי' בכלים חייב דממוניה נינהו לפיכך הטיח צלוחיתו באבן חייב בעל האבן שמואל מתרץ לטעמיה חייב על הבהמה (ופטור על הבהמה) ופטור על הכלים דבבור נינהו לפיכך פטור בכלים. ולר' יהודה דמחייב אנזקי כלים בבור הטיח צלוחיתו באבן חייב בעל האבן. חלוקת ר' יהודה ורבנן בסוף פרק שור שנגח את הפרה. אמר ר' אלעזר לא שנו כו' איכא דאמרי אמר ר' אלעזר לא תימא נתקל באבן הוא אבל נתקל בקרקע ונישף באבן פטור אלא אפילו נתקל בקרקע ונישף באבן חייב כמאן כר' נתן פי' כיון לדברי הכל אבנו כשהפקירו בור הוא. אמר ר' אלעזר נתקל שור וכיוצא בו בקרקע ונחבט באבן ונשבר חייב בעל האבן כי הוא בעל הבור ודומה הקרקע הזה לשור שדחף את שור אחר לאבן שהוא בור ואמרי' כמאן כר' נתן. רבנן כי האי גוונא פטרי ליה לבעל הבור דתניא שור שדחף את חבירו לבור בעל השור חייב בעל הבור פטור ר' נתן אומר זה משלם מחצה וזה משלם מחצה. ואסיק' לר' נתן תמן בעיקר פלוגתייהו כל היכא דליכא לאשתלומי מתורא משתלם מריה דבירא כוליה הזיקו הלכך כיון דקאמר ר' אלעזר חייב כמאן כר' נתן כיון דליכא לאשתלומי מן הקרקע משתלם כל הנזק מבעל האבן. וחלוקת ר' נתן ורבנן ופירוש טעמן בפ' שור שנגח את הפרה באחריתו וקיימא לן כשמואל דקי"ל כוותיה בדיני וכו' אלעזר אליבא דר' נתן: פיס' ר' יהודה אומר במתכוון חייב כו' דייקינן מדקתני ר' יהודה במתכוון חייב ואוקמ' רבה במתכוון להורידה למטה מכתיפו ונפלה ונשברה מכלל דת"ק דהוא ר' מאיר מחייב אפי' אוזנו בידו ואמאי אנוס הוא ואונס רחמנא פטריה דכתיב ולנערה לא תעשה

אפָּטוּר מִדִּינֵי אָדָם וְחַיָּב בְּדִינֵי שָׁמַיִם. וּמוֹדִים חֲכָמִים לְר"מ בְּאַבְנוֹ סַכִּינוֹ וּמַשָּׂאוֹ שֶׁהִנִּיחָן בְּרֹאשׁ גַּגּוֹ וְנָפְלוּ בְּרוּחַ מְצוּיָה וְהִזִּיקוּ — שֶׁהוּא חַיָּיב; וּמוֹדֶה ר"מ לְרַבָּנַן בְּמַעֲלֶה קַנְקַנִּין עַל הַגַּג ע"מ לְנַגְּבָן וְנָפְלוּ בְּרוּחַ שֶׁאֵינָהּ מְצוּיָה וְהִזִּיקוּ — שֶׁהוּא פָּטוּר! אֶלָּא אָמַר אַבַּיֵי: בְּתַרְתֵּי פְּלִיגִי, פְּלִיגִי בִּשְׁעַת נְפִילָה, וּפְלִיגִי לְאַחַר נְפִילָה; פְּלִיגִי בִּשְׁעַת נְפִילָה — בְּנִתְקַל פּוֹשֵׁעַ, מָר סָבַר: *נִתְקַל פּוֹשֵׁעַ הוּא, ומ"ס: בנִתְקַל לָאו פּוֹשֵׁעַ הוּא; פְּלִיגִי לְאַחַר נְפִילָה — בְּמַפְקִיר נְזָקָיו, מָר סָבַר: מַפְקִיר נְזָקָיו — חַיָּיב, וּמָר סָבַר: פָּטוּר. וּמִמַּאי? *מִדְּקָתָנֵי תַּרְתֵּי: הוּחְלַק אֶחָד בַּמַּיִם אוֹ שֶׁלָּקָה בְּחַרְסִית; הַיְינוּ הַךְ! אֶלָּא לָאו ה"ק: הוּחְלַק אֶחָד בַּמַּיִם בִּשְׁעַת נְפִילָה, אוֹ שֶׁלָּקָה בְּחַרְסִית לְאַחַר נְפִילָה. וּמִדְּמַתְנִיתִין בְּתַרְתֵּי, בָּרַיְיתָא נַמִי בְּתַרְתֵּי; בִּשְׁלָמָא כַּדּוֹ מַשְׁכַּחַתְּ לָהּ אוֹ בִּשְׁעַת נְפִילָה אוֹ לְאַחַר נְפִילָה. אֶלָּא גְּמַלּוֹ, בִּשְׁלָמָא לְאַחַר נְפִילָה מַשְׁכַּחַתְּ לָהּ בְּמַפְקִיר נִבְלָתוֹ, אֶלָּא בִּשְׁעַת נְפִילָה הֵיכִי מַשְׁכַּחַתְּ לָהּ? אָמַר רַב אַחָא: כְּגוֹן דְּעָבְרָה בְּמַיָּא דֶּרֶךְ שַׁרַעְתָּא דְּנַהֲרָא. ה"ד? אִי דְּאִיכָּא דַּרְכָּא אַחֲרִינָא — פּוֹשֵׁעַ הוּא, וְאִי דְּלֵיכָּא דַּרְכָּא אַחֲרִינָא — אָנוּס הוּא! אֶלָּא מַשְׁכַּחַתְּ לָהּ, דְּאִתְקִיל וְאִתְקִילָה בֵּיהּ גַּמְלָא. מַפְקִיר נְזָקָיו מַאי מִתְכַּוֵּין אִיכָּא? אֲמַר רַב יוֹסֵף: גבְּמִתְכַּוֵּין לִזְכּוֹת בַּחֲרָסֶיהָ. וְכֵן אֲמַר רַב אַשִׁי: בְּמִתְכַּוֵּין לִזְכּוֹת בַּחֲרָסֶיהָ. רַבִּי אֶלְעָזָר אָמַר: בִּשְׁעַת נְפִילָה מַחֲלוֹקֶת. אֲבָל לְאַחַר נְפִילָה מַאי — דִּבְרֵי הַכֹּל פָּטוּר? וְהָא אִיכָּא ר"מ דִּמְחַיֵּיב! אֶלָּא מַאי — דִּבְרֵי הַכֹּל חַיָּיב? וְהָא אִיכָּא רַבָּנַן דְּפָטְרִי! אֶלָּא מַאי בִּשְׁעַת נְפִילָה — אַף בִּשְׁעַת נְפִילָה, וְקָמַשְׁמַע לָן כְּדְאַבַּיֵי.

וְרַבִּי

רש"י

פָּטוּר מִדִּינֵי אָדָם. כִּדְמְפָרֵשׁ לְקַמָּן. וְחַיָּב בְּדִינֵי שָׁמַיִם. מִשּׁוּם דְּלָא סְלִיק. בְּרוּחַ שֶׁאֵין מְצוּיָה. דְּאָנוּס הוּא. אֶלָּא אָמַר אַבַּיֵי בְּתַרְתֵּי פְּלִיגִי. בְּמַתְנִי': כְּשֶׁהִזִּיק הַכַּד בִּשְׁעַת נְפִילָה, וּפְלִיגִי כְּשֶׁהוּזַּק בַּחֲרָסֶי' לְאַחַר נְפִילָה. בְּמַפְקִיר נְזָקָיו. כְּגוֹן זֶה, דְּמִסְתָּמָא מַפְקִיר לַחֲרָסָיו. ור"מ סָבַר: מַפְקִיר נְזָקָיו חַיָּיב, דְּבוֹר שֶׁחִיְּיבָה עָלָיו תּוֹרָה כְּבוֹר בִּרה"ר דְּהֶפְקֵר הוּא חִיְּיבָה. ור' יְהוּדָה דְּסָבַר פָּטוּר, [ס"ל] דְּהִפְקִיר רְשׁוּתוֹ וְלֹא הִפְקִיר בּוֹרוֹ זֶהוּ בּוֹר הָאָמוּר בַּתּוֹרָה. וּלְקַמָּן (דף מט:) פְּלִיגִי ר' יִשְׁמָעֵאל ור"ע בְּהָא מִילְּתָא. וְה"ק רַבִּי יְהוּדָה: בְּמִתְכַּוֵּין לְשׁוֹבְרָהּ וְהִזִּיק בִּנְפִילָה — חַיָּיב, וּבְשֶׁאֵין מִתְכַּוֵּין, אֶלָּא מִתְכַּוֵּין לְהוֹרִידָהּ מִכְּתֵיפוֹ וְנִתְקַל וְנִשְׁבְּרָה — פָּטוּר, דְּנִתְקַל לָאו פּוֹשֵׁעַ הוּא. וּבְהֶיזֵּק דִּלְאַחַר נְפִילָה נַמִי, לְקַמָּן מְפָרֵשׁ מַאי מִתְכַּוֵּין אִיכָּא. וּמִדְּמַתְנִיתִין בְּתַרְתֵּי כו'. גְּמָרָא קָפָרֵיךְ לָהּ. אֶלָּא בִּשְׁעַת נְפִילָה. הֵיכִי אִיכָּא לְמֵימַר נִתְקַל פּוֹשֵׁעַ הוּא? מַה הוּא יָכוֹל לַעֲשׂוֹת אִם נִתְקְלָה בְּהֶמְתּוֹ? דְּבִשְׁלָמָא נִתְקַל הוּא וְנִשְׁבְּרָה כַּדּוֹ — אִיכָּא לְמֵימַר אִיבָּעֵי לֵיהּ לְעַיּוּנֵי וּמֵיזַל. אֲבָל גְּמַלּוֹ, מִי אִיכָּא לְמֵימַר הָכִי. שַׁרַעְתָּא דְּנַהֲרָא. שֶׁגָּדַל הַנָּהָר וְכִסָּה אֶת עֵין הַדֶּרֶךְ. וּפוֹשֵׁעַ הוּא בְּכָךְ, שֶׁאִילּוּ הָיָה הַדֶּרֶךְ מְגוּלֶּה לֹא נִתְקַל גְּמַלּוֹ. שַׁרַעְתָּא. לְשׁוֹן "שָׂרוּעַ וְקָלוּט" (ויקרא כב). פּוֹשֵׁעַ הוּא. וְאֵין לוֹ דִּין נִתְקַל. דְּאִתְקִיל. בְּדֶרֶךְ יַבָּשָׁה, וְנִתְקַל בֵּיהּ בְּהֶמְתּוֹ, וְהָוֵי לֵיהּ אִיהוּ פּוֹשֵׁעַ. לִזְכּוֹת בַּחֲרָסֶיהָ. שֶׁלֹּא הִפְקִירָן — חַיָּיב. וּבְשֶׁאֵין מִתְכַּוֵּין שׁוּב לִזְכּוֹת בָּהֶן — פָּטוּר, דְּמַפְקִיר נְזָקָיו פָּטוּר. וְהָאִיכָּא ר"מ דִּמְחַיֵּיב. מִדְּקָתָנֵי בַּבָּרַיְיתָא "וְלֹא סִלְּקָהּ", "וְלֹא הֶעֱמִידָהּ" — מִכְּלָל דְּבְהֶיזֵּק דִּלְאַחַר נְפִילָה פְּלִיגִי. אַף בִּשְׁעַת נְפִילָה. וּמִשּׁוּם דְּלִישָּׁנָא דְּבָרַיְיתָא לָא מַשְׁמַע בִּשְׁעַת נְפִילָה — אִצְטְרִיךְ לְרַבִּי אֶלְעָזָר לְאַשְׁמוּעִינַן, דְּדָיְיקִינַן לָהּ מִמַּתְנִיתִין דְּקָתָנֵי תַּרְתֵּי, כִּדְאָמַר אַבַּיֵי לְעֵיל.

לָא

[לקמן לה. נט: ב"מ פב:]

תוספות

פליגי בשעת נפילה בנתקל פושע. דלר"מ דפושע הוא — חייב. כל כמה דלא הוה ליה פנאי לסלק קרי שעת נפילה. ולאחר נפילה פליגי במפקיר נזקיו, *ואפי' לאחר נפילת פשיעה, כגון ששיבר במתכוין. דרבנן דפטרי ס"ל דלא חייבה תורה אלא בור דאית ליה בעלים, כגון הפקיר רשותו ולא הפקיר בורו, או חפר בור סמוך לרה"ר. וכן משמע לישנא: מר סבר מפקיר נזקיו חייב ומ"ס מפקיר נזקיו פטור. משמע דבכל מפקיר נזקיו פליגי, אפי' לאחר נפילת פשיעה. ועוד: דקאמר לקמן: מפקיר נזקיו מאי מתכוין איכא? האיכא לפרש במתכוין ושיבר כמו שפירש על שעת נפילה. ולא בעי לאוקמי אביי פלוגתייהו בלאחר נפילה בנתקל פושע, דלרבי מאיר דפושע הוא — חייב, דהוי מפקיר נזקיו לאחר נפילת פשיעה, ולרבנן דלאו פושע הוא — פטור, דהוי מפקיר נזקיו לאחר נפילת אונס. וכן אית ליה לר' יוחנן בסמוך. משום דמתני' מוכחא דבתרתי פליגי, ולא היה זה בתרתי אלא בחד, דחד טעמא הוא. והשתא נמי תרי "ומודים" דקתני בברייתא — חד קאי אשעת נפילה, *)דמודים חכמים לר"מ באבנו וסכינו ומשאו דנפלו ברוח מצויה שהוא חייב, אע"פ שלא היה לו פנאי לסלק. אבל ברוח שאין מצויה — היה פטור אע"ג דלא אפקריה, דסתם אבנו כו' לא מפקר להו כי נפלו, שאין מתקלקלין בנפילתם. ומשום דלא היה לו פנאי לסלק מיפטר. דאי היה לו פנאי לסלק — הוה מחייב אפי' ברוח שאין מצויה, דכיון דלא אפקרינהו — עליה דידיה לסלוקינהו, כדאמר בסמוך דמתכוין לזכות בחרסין, ואפי' נתנו אחר שם, כדאמרינן ב"הפרה" (לקמן דף מז: ושם): בעל השור חייב בנזקי אלר ובעל אלר חייב בנזקי הבור. ובשמעתין אמר גבי גלל דאם הפכה בפחות מג' אם נתכוין לזכות בה — חייב, אע"פ שהוא לא עשה בור זה, כיון דדידיה הוא — עליה דידיה רמי לסלקו. ואידך "מודים" קאי אפלוגתייהו דלאחר נפילה, ומודה רבי מאיר לחכמים במעלה קנקנין ונפלו ברוח שאין מצויה דפטור, אע"פ שהיה לו פנאי לסלק — דהוי מפקיר נזקיו לאחר נפילת אונס, ומאי אמר: האי בירא לאו אנא כריתיה, כיון דבאונס נעשה. ולכך נקט קנקנין — שמשתברין בנפילתם, וסתמא מפקר להו.

מדקתני תרתי. וא"ת: והיכי דייק אביי מדקתני תרתי דפליגי לאחר נפילת פשיעה? הא אפי' אי לא פליגי אלא בנתקל, אי פושע הוא אי לא — איצטריך למיתני תרתי. שלא תאמר: דוקא בשעת נפילה מחייב ר"מ, משום דנתקל פושע הוא, והתקלה היתה שלו עדיין. אבל אחר נפילה, שכבר הפקיר התקלה — פטר ר"מ אע"ג דפושע הוא, כמאן דפטר בור ברשות הרבים! וי"ל: דאי לאו שרבי יהודה בא לחלוק עליו בזה לא היה צריך להשמיענו, כיון דבהדיא תנן סתמא לקמן דבור ברשות הרבים חייב.

מדמתני' בתרתי ברייתא נמי בתרתי. וא"ת: מברייתא נמי יש להוכיח דבתרתי פליגי, דמדקתני: ולא סלקה ולא העמידה, משמע דלאחר נפילה פליגי. ועוד: דאי לא פליגי אלא בשעת נפילה — אמאי חייב בדיני שמים לרבנן דאית להו נתקל אנוס הוא? ובשעת נפילה נמי פליגי, מדנקט: מודים חכמים באבנו סכינו ומשאו, דלא מצי קאי אלא אשעת נפילה. דאי לא פליגי אלא לאחר נפילה במפקיר נזקיו, א"כ אפי' נוקי בהפקיר אבנו סכינו ומשאו לא יתיישב, דאי מודים ברוח מצויה דחייב, ושאין מצויה דפטור — א"כ לא פליגי כלל! וי"ל: דמברייתא לא מצי למידק כלל, דאיכא למימר דפליגי בשעת נפילה ולאחר נפילה ובחד טעמא, כדפרישית לעיל. והא דנקט בהאי "מודים" אבנו כו', ובהאי "מודים" קנקנים — אורחא דמילתא נקט, דאין אדם מקפיד באבנו אם תפול ברוח מצויה. ובקנקנים, כדי שלא ישברו, מניחם בענין שלא יפלו ברוח מצויה.

*שייך קודם ד"ה מדמתני'

הוחלק אחד במים בשעת נפילה או שלקה בחרסי' אחר הנפילה. ה"ה דמ"ל איפכא, אלא דנקט הכי משום דסתם חרסים מפקיר להו, כדמוכח ההיא דקנקנים, ומים לא מפקר להו כולי האי. ועוד: דרב אוקי למים דמתניתין בדלא אפקרינהו, וכי פליגי בדלא אפקרינהו — דוקא בשעת נפילה פליגי, דלאחר נפילה מודה ר"י שעליו לסלק כיון שהם שלו, ויש לו פנאי לסלק. אבל בפלוגתא דלאחר נפילה במפקיר נזקיו — לאו דוקא לאחר נפילה, אלא אף לאחר נפילה שהיה לו פנאי לסלק פוטר ר"י, משום דהוי בור דלית ליה בעלים. ור"מ מחייב אף בשעת נפילה, כיון דסבר דנתקל פושע הוא, ומפקיר נזקיו חייב.

אלא גמלו בשלמא לאחר נפילה משכחת לה. דפליגי כגון שהפקיר נבלתו אחר נפילתה בפשיעה, כגון שהוליכה במקום שיש לחוש שתפול. אלא בשעת נפילה היכי משכחת לה דלפלגו כעין פלוגתא דפליגי בנתקל? וא"ת: ולוקי פלוגתייהו דשעת נפילה — אכדו, ולאחר נפילה — אגמלו, כדמוקי מתניתין דהוחלק אחד במים בשעת נפילה, או שלקה בחרסית לאחר נפילה! וי"ל: חדא: משום דסתם חרסית מפקר להו, וסתם נבילה לא מפקר לה כחרסית. ועוד: מדקתני "ולא סלקה" — משמע דכדו נמי היה לו פנאי לסלק. והואיל וכן הוא, אי מוקמינן לכדו בשעת נפילה — א"כ מיירי כדו בתרתי, ומדכדו בתרתי — גמלו נמי בתרתי.

אבל לאחר נפילה מאי. כי מפקיר נזקיו לאחר נפילת פשיעה מאי, דברי הכל פטור? הא איכא רבי מאיר דמחייב, ע"כ אפילו הפקיר. דאם לא הפקיר — לא פטרי רבנן, דעליה רמי לסלוקי. **אלא** מאי ד"ה חייב הא איכא רבנן דפטרי. הו"מ לדחויי דלא פטרי רבנן אלא היכא דאנוס הוא, אבל לאחר נפילת פשיעה — מחייבי. אבל היה קשה: דא"כ, רבי יוחנן דאמר בסמוך לאחר נפילה מחלוקת — לא הוה פליג במידי אדרבי אלעזר, ומתוך הלשון משמע שבא לחלוק על רבי אלעזר.

*) עי' רש"ל מ"ש בשם תוס' ארוכים ועי' רש"א

ורבי

עין משפט נר מצוה

עי' רש"ל מ"ש בשם תוס' ארוכים

כא א מיי' פי"ג מהל' נזקי ממון הלכה ז סמג עשין סח טוש"ע ח"מ סימן תיא סעיף י וסימן תיב סעיף ל:

כב ב ג מיי' שם ופ"ו מהלכות חובל ומזיק הלכה א סמג שם טור ש"ע ח"מ סימן תיב סעיף ל:

רבינו חננאל

תעשה דבר וכי תימא כי סבר ר"מ דפטר רחמנא לאנוס מקטלא אבל בנזקין אפי' אנוס חייב והתניא נשברה כדו ולא סילקו נפלה גמלו ולא העמידה כו' וקתני סיפא ומודה ר"מ לחכמים במעלה קנקנים לגג ע"מ לנגבן ונפלו ברוח שאינה מצויה והזיקו שפטור לאו מכלל דסבור אנוס הוא ואנוס אפי' בנזקין פטור. ופריק אביי ר' מאיר ור' יהודה בתרתי פליגי בנתקל פושע הוא ובמפקיר נזקיו ודייק ממתני' דקתני הוחלק אחד במים או שלקה בחרסית חייב. הוחלק אחד במים בשעת נפילה ובהא פליגי דר"מ סבר נתקל פושע הוא לפיכך חייב. ור' יהודה סבר נתקל לאו פושע הוא ופטור. או שלקה בחרסית לאחר נפילה ר' מאיר סבר נשברה כדו ולא סילקה אלא הפקירה מפקיר נזקיו חייב. ור' יהודה סבר מפקיר נזקיו פטור. ואם נתכוון לזכות בחרסיה חייב ולדברי הכל אנוס אפי' בנזיקין פטור. ואי קשיא לך הא דתני דבי חזקיה פצע תחת פצע לחייב על האונס כרצון התם בנזקי גופו אבל הכא דבנזקי ממונו לא. ומדמתני' בתרתי פליגי ברייתא נמי בתרתי פליגי. ואקש' בשלמא כדו משכחת לה בשעת נפילה שהוזק במימיה לאחר נפילה משכחת לה *) במפקיר נבלתו. אלא גמלו בשעת נפילה היכי משכחת לה ואמר כגון שהעביר גמלו. פי' על שפת הנהר דהוא בשרעתא דנהרא ונפל הגמל ובנפילתו התיז מים מן הנהר וטינף בגדים. ונדחת האי פירוקא ופרקי' פירוק אחד כגון דליכא דרכא אחריתי וכגון דנתקל הוא ונפל ונתקל הגמל עליו ונפל ובנפילתו התיז מים ואילולי שנתקל הגמל בגופו של אדם לא היה נופל לפיכך בהעברתו

*) נראה דחסר כאן וצ"ל לאחר נפילה משכחת לה במפקיר נזקיו אלא גמלו בשלמא לאחר נפילה משכחת לה במפקיר נבלתו וכו'.

גליון הש"ם

גמ' מדקתני תרתי. קשה לי למאי דמבואר בתוס' ד"ה והתני' דלקה בחרס אפשר דבדלך הלוכו נפל החרס עליו בכח והוחלק במים משמע דתקלת מימיו אם כן הוצרך למנקט תרתי והיינו דהוחלק דמדין בורו הוא מזה נשמע דר"מ ס"ל דנתקל פושע הוא וחרסים דמיירי דבדלך הלוכו נפל על האדם דבזה אף אם לאו פושע הוא ראוי לחייב מדין אדם המזיק דכל שהוא בכלל אבידה חייב ודמפטר ר"י מוכח דס"ל נתקל הוא כעין גניבה כדס"ל לר"י באמת בספ"ו דב"מ וא"כ מוכרח למתני תרווייהו לאשמעי' דלר"מ הוי פושע גמור ולר"י הוי אונס בדרך כעין גניבה ודלע"ג:

עין משפט נר מצוה

כג א ב מיי' פי"ג מהל' נזקי ממון הלכה ז סמג עשין סח טוש"ע ח"מ סימן תיב סעיף ב:
כד ג מיי' שם פי"ב הלכה יב סמג שם טוש"ע ח"מ סימן תי סעיף ו:
כה ד מיי' פ"ג מהלכות חמץ ומצה הלכה ט סמג לאוין עה טוש"ע א"ח סימן תמג סעיף א:
כו ה ו מיי' פי"ג מהל' נזקי ממון הלכה ו ועיין בהשגות ובכ"מ סמג עשין סח טוש"ע ח"מ סימן תי סעיף ג:

גמרא

וְרַבִּי יוֹחָנָן אָמַר: לְאַחַר נְפִילָה מַחֲלוֹקֶת. אֲבָל בִּשְׁעַת נְפִילָה מַאי — דִּבְרֵי הַכֹּל פָּטוּר? וְהָא מִדְּקָאָמַר רַבִּי יוֹחָנָן לְקַמָּן: לָא תֵּימָא מַתְנִיתִין ר"מ הִיא דְּאָמַר נִתְקַל פּוֹשֵׁעַ הוּא, מִכְּלָל דְּרַבִּי מֵאִיר מְחַיֵּיב! אֶלָּא מַאי, דִּבְרֵי הַכֹּל חַיָּיב? וְהָא מִדְּקָאָמַר ר' יוֹחָנָן לְקַמָּן: לָא תֵּימָא מַתְנִיתִין ר"מ הִיא דְּאָמַר נִתְקַל פּוֹשֵׁעַ הוּא, מִכְּלָל דְּפָטְרִי רַבָּנַן! אֶלָּא הָא קמ"ל, [א]דְּמַפְקִיר נְזָקָיו דְּהָכָא הוּא דְּפָטְרִי רַבָּנַן, דְּאָנוּס הוּא, אֲבָל מַפְקִיר נְזָקָיו דְּעָלְמָא — מְחַיְּיבִי. אִיתְּמַר: מַפְקִיר נְזָקָיו — רַבִּי יוֹחָנָן וְר"א, חַד אָמַר: [ב]חַיָּיב, וְחַד אָמַר: פָּטוּר. לֵימָא, מַאן דִּמְחַיֵּיב — כְּר"מ, וּמַאן דְּפָטַר — כְּרַבָּנַן? אַלִּיבָּא דְּר"מ כ"ע לָא פְּלִיגִי. כִּי פְּלִיגִי — אַלִּיבָּא דְּרַבָּנַן; מַאן דְּפָטַר — כְּרַבָּנַן, וּמַאן דִּמְחַיֵּיב — אָמַר לָךְ: אֲנָא דַּאֲמָרִי אֲפִי' לְרַבָּנַן, עַד כָּאן לָא פָּטְרִי רַבָּנַן אֶלָּא בְּמַפְקִיר נְזָקָיו דְּהָכָא, מִשּׁוּם דְּאָנוּס הוּא, אֲבָל מַפְקִיר נְזָקָיו דְּעָלְמָא — מְחַיְּיבִי. תִּסְתַּיֵּים דְּר"א הוּא דְּאָמַר חַיָּיב, *דְּאָמַר רַבִּי אֶלְעָזָר מִשּׁוּם רַבִּי יִשְׁמָעֵאל: שְׁנֵי דְבָרִים אֵינָן בִּרְשׁוּתוֹ שֶׁל אָדָם וַעֲשָׂאָן הַכָּתוּב כְּאִילּוּ הֵן בִּרְשׁוּתוֹ, וְאֵלּוּ הֵן: [ג]בּוֹר בִּרְשׁוּת הָרַבִּים, [ד]וְחָמֵץ מִשֵּׁשׁ [שָׁעוֹת] וּלְמַעְלָה. תִּסְתַּיֵּים. וּמִי אָמַר רַבִּי אֶלְעָזָר הָכִי? וְהָא אָמַר רַבִּי אֶלְעָזָר אִיפְּכָא! דִּתְנַן: *הַהוֹפֵךְ אֶת הַגָּלָל בִּרה"ר וְהוּזַּק בָּהֶן אַחֵר — חַיָּיב בְּנִזְקוֹ, וְאָמַר ר"א: לֹא שָׁנוּ אֶלָּא שֶׁנִּתְכַּוֵּין לִזְכּוֹת בָּהֶן, אֲבָל לֹא נִתְכַּוֵּין לִזְכּוֹת בָּהֶן — פָּטוּר; אַלְמָא, מַפְקִיר נְזָקָיו — פָּטוּר! אָמַר רַב אַדָּא בַּר אַהֲבָה: שֶׁהֶחֱזִירָהּ לִמְקוֹמָהּ. אָמַר רָבִינָא: מָשָׁל דְּרַב אַדָּא בַּר אַהֲבָה לְמָה הַדָּבָר דּוֹמֶה? לְמוֹצֵא בּוֹר מְגוּלֶּה וְכִסָּהוּ, וְחָזַר וְגִילָּהוּ. א"ל מָר זוּטְרָא בְּרֵיהּ דְּרַב מָרִי לְרָבִינָא: מִי דָּמֵי? הָתָם [ה]לָא אִסְתַּלַּק לְהוּ מַעֲשֶׂה רִאשׁוֹן, הָכָא אִסְתַּלַּק לְהוּ מַעֲשֶׂה רִאשׁוֹן! הָא לָא דָּמֵי אֶלָּא לְמוֹצֵא בּוֹר מְגוּלֶּה וְטִמְּמָהּ וְחָזַר וַחֲפָרָהּ, [ו]דְּאִסְתַּלְּקוּ לְהוּ מַעֲשֶׂה רִאשׁוֹן וְקַיְּימָא לַהּ בִּרְשׁוּתוֹ! אֶלָּא אָמַר רַב אַשִׁי: כְּשֶׁהֲפָכָהּ לְפָחוֹת מִשְּׁלֹשָׁה. וּמַאי דּוּחְקֵיהּ דְּר"א לְאוֹקְמֵיהּ כְּגוֹן שֶׁהֲפָכָהּ לְפָחוֹת מִג', וְטַעֲמָא דְּכִי נִתְכַּוֵּין לִזְכּוֹת בָּהּ, הָא אֵין מִתְכַּוֵּין לִזְכּוֹת בָּהּ — לָא? לוֹקְמַהּ לְמַעְלָה מִג', וְאע"ג דְּלֹא נִתְכַּוֵּין לִזְכּוֹת בָּהּ — חַיָּיב! אָמַר רָבָא: מַתְנִי' קַשְׁיָתֵיהּ; מַאי אִרְיָא הָפַךְ? לִתְנֵי "הִגְבִּיהַּ"! אֶלָּא ש"מ, כָּל הָפַךְ — לְמַטָּה מִשְּׁלֹשָׁה הוּא. וּמִדְּרַבִּי אֶלְעָזָר אָמַר חַיָּיב, ר' יוֹחָנָן אָמַר פָּטוּר. וּמִי א"ר יוֹחָנָן הָכִי? וְהָתְנַן: *הַמַּצְנִיעַ אֶת הַקּוֹץ וְאֶת הַזְּכוּכִית, וְהַגּוֹדֵר גְּדֵרוֹ בְּקוֹצִים, וְגָדֵר שֶׁנָּפַל לִרְשׁוּת הָרַבִּים, וְהוּזַּק בָּהֶן אַחֵר — חַיָּיב בְּנִזְקוֹ; וְאָמַר רַבִּי יוֹחָנָן: לֹא שָׁנוּ אֶלָּא בְּמַפְרִיחַ, אֲבָל בִּמְצַמְצֵם — פָּטוּר; מְצַמְצֵם מַאי טַעֲמָא פָּטוּר — לָאו מִשּׁוּם דַּהֲוָיָא לֵיהּ בּוֹר בִּרְשׁוּתוֹ? מִכְּלָל דְּחִיּוּבָא דְּבוֹר בִּרְשׁוּת הָרַבִּים הוּא. אַלְמָא מַפְקִיר נְזָקָיו — חַיָּיב! לָא, לְעוֹלָם אֵימָא לָךְ: מַפְקִיר נְזָקָיו — פָּטוּר, וּמְצַמְצֵם מ"ט פָּטוּר? מִשּׁוּם דְּאִתְּמַר עֲלָהּ, אָמַר רַב אַחָא בְּרֵיהּ דְּרַב אִיקָא: לְפִי שֶׁאֵין דַּרְכָּן שֶׁל בְּנֵי אָדָם לְהִתְחַכֵּךְ בַּכְּתָלִים. וּמִי אָמַר ר' יוֹחָנָן הָכִי? וְהָא א"ר יוֹחָנָן: *הֲלָכָה כִּסְתַם מִשְׁנָה, וּתְנַן: *הַחוֹפֵר בּוֹר בִּרה"ר, וְנָפַל לְתוֹכוֹ שׁוֹר אוֹ חֲמוֹר וּמֵת — חַיָּיב! אֶלָּא, לְעוֹלָם רַבִּי יוֹחָנָן אָמַר חַיָּיב. וּמִדְּרַבִּי יוֹחָנָן אָמַר חַיָּיב, ר"א אָמַר פָּטוּר? וְהָאָמַר ר"א

מִשּׁוּם

רש"י

לָא תֵּימָא מַתְנִי' ר"מ הִיא. גַּבֵּי "שְׁנֵי קַדָּרִים" קָאֵי, לְקַמָּן בְּהַאי פִּרְקִין (דף לא.). אֶלָּא הָא קמ"ל. ר' יוֹחָנָן. דְּמַפְקִיר נְזָקָיו דְּהָכָא. דִּתְחִלָּתוֹ אוֹנֶס, הוּא דְּפָטְרִי רַבָּנַן. אֲבָל מַפְקִיר נְזָקָיו דְּעָלְמָא, כְּגוֹן שֶׁהִשְׁלִיכוֹ מִדַּעַת, וּכְגוֹן בּוֹר בִּרְשׁוּת הָרַבִּים – מְחַיְּיבִי. וְה"ק: לְאַחַר נְפִילָה מַחֲלוֹקֶת. כְּלוֹמַר, הַאי מַחֲלוֹקֶת דִּפְלִיגִי ר"מ וְרַבָּנַן – בְּהִפְקִיר נְזָקָיו לְאַחַר נְפִילָה הוּא, שֶׁתְּחִילָּתוֹ ע"י נְפִילָה, אֲבָל ע"י הַשְׁלָכָה – לָא פְּלִיגִי. וְלָא תֵּידוֹק מֵרַבִּי יוֹחָנָן דְּבִשְׁעַת נְפִילָה לָא פְּלִיגִי. אַלִּיבָּא דְּר"מ כ"ע לָא פְּלִיגִי. דְּהַשְׁתָּא בְּהִפְקִיר נְזָקָיו הַבָּא ע"י אוֹנֶס מִתְּחִילָּה מְחַיֵּיב, כ"ש הֶפְקֵר שֶׁתְּחִילָּתוֹ בְּרָצוֹן. בּוֹר בִּרה"ר. אַלְמָא סְבִירָא לֵיהּ לְר"א דְּחִיּוּבָא דְּבוֹר בִּרה"ר הִיא. מִשֵּׁשׁ שָׁעוֹת וּלְמַעְלָה. אֵין חָמֵץ בִּרְשׁוּתוֹ, (*דְּאע"ג) דְּאִיתֵיהּ – אָסוּר בַּהֲנָאָה. וַעֲשָׂאוֹ הַכָּתוּב כְּאִילּוּ הוּא בִּרְשׁוּתוֹ, לַעֲבוֹר עָלָיו בְּ"בַל יֵרָאֶה" וּ"בַל יִמָּצֵא". הַהוֹפֵךְ אֶת הַגָּלָל. זֶבֶל הַמּוּפְקָר בִּרה"ר, וַהֲפָכוֹ מִמָּקוֹם לְמָקוֹם. חַיָּיב בְּנִזְקוֹ. דְּקָנְיֵיהּ בְּהַגְבָּהָה, וּמָמוֹנוֹ הוּא. שֶׁנִּתְכַּוֵּין לִזְכּוֹת בּוֹ. כְּשֶׁהִגְבִּיהוֹ, וְחַיָּיב מִשּׁוּם מָמוֹנוֹ. דִּלְאַחַר שֶׁקְּנָיֵיהּ אע"פ שֶׁהִנִּיחוֹ שָׁם לֹא הִפְקִירוֹ, אֶלָּא נִתְכַּוֵּין לִיטְּלוֹ מִשָּׁם לְאַחַר זְמַן. אֲבָל לֹא נִתְכַּוֵּין לִזְכּוֹת (א) בָּהּ. לִכְשֶׁהִגְבִּיהוֹ. פָּטוּר. וְאע"ג דְּכָרָה בּוֹר בִּרה"ר כְּשֶׁהֲפָכוֹ, וְנִתְקַל הָאָדָם בַּמָּקוֹם שֶׁזְּרָקוֹ שָׁם, וְאִם הָיָה בִּמְקוֹמוֹ הָרִאשׁוֹן לֹא נִתְקַל בּוֹ זֶה. אַלְמָא לְר"א בּוֹר בִּרה"ר פָּטוּר, וְהוּא הַדִּין לְמַפְקִיר נְזָקָיו. דְּהָא מַאן דִּמְחַיֵּיב – מִבּוֹר בִּרה"ר יָלֵיף לָהּ, שֶׁלֹּא הָיְתָה שֶׁלּוֹ מֵעוֹלָם. שֶׁהֶחֱזִירָהּ לִמְקוֹמָהּ. דְּלָא כָּרָה בּוֹר, וַהֲוֵי כְּמִי שֶׁלֹּא נָגַע בָּהּ מֵעוֹלָם, דְּלָאו כּוֹרֶה בּוֹר הוּא. וְחָזַר וְגִילָּהוּ. דְּפָטוּר. וְקָמָה לֵיהּ בִּרְשׁוּתֵיהּ. וּמְחַיֵּיב. וְהַאי נַמִי כְּשֶׁהִגְבִּיהוֹ אִסְתַּלְּקוּ (ב) מַעֲשֵׂה רִאשׁוֹן וְנִסְתַּם הַבּוֹר, וּכְשֶׁחָזַר וְהִשְׁלִיכוֹ הֲוָה לֵיהּ כּוֹרֶה. אֶלָּא אָמַר רַב אַשִׁי. הָא דְּמוֹקֵי רַבִּי אֶלְעָזָר לְמַתְנִיתִין הָכָא לֹא נִתְכַּוֵּין לִזְכּוֹת בָּהּ פָּטוּר. כְּשֶׁהֲפָכָהּ לְפָחוֹת מִג'. דְּמִתְּחִילָּה לֹא הִגְבִּיהַּ שְׁלֹשָׁה, הִלְכָּךְ לָאו הַגְבָּהָה הִיא, דִּכְבוֹר פָּתוּחַ דָּמֵי וְלֹא נִסְתַּם הַבּוֹר מֵעוֹלָם. וְכֵיוָן דְּלֹא נִתְכַּוֵּין לִקְנוֹתָהּ, דְּלֵיכָּא לְחַיּוּבֵיהּ מִשּׁוּם מָמוֹנוֹ – מִשּׁוּם כּוֹרֶה (ג) בּוֹר נַמִי לֹא תְּחַיְּיבֵיהּ. וּמִיהוּ, הֵיכָא דְּנִתְכַּוֵּין לִזְכּוֹת – מְחַיֵּיב מִשּׁוּם מָמוֹנוֹ, דְּאִיכָּא לְמ"ד *חֲבָטָהּ בְּהֶפְקֵר קָנֵי בְּלֹא הַגְבָּהָה בְּפֶרֶק "הַבַּיִת וְהָעֲלִיָּיה" (ב"מ דף קיח.). וְאע"ג דְּלֹא נִתְכַּוֵּין. הוֹאִיל וּסְבִירָא לֵיהּ דְּמַפְקִיר נְזָקָיו חַיָּיב. הַמַּצְנִיעַ אֶת הַקּוֹץ וְאֶת הַזְּכוּכִית. בִּרה"ר. וְהַגּוֹדֵר גְּדֵרוֹ בְּקוֹצִים. שֶׁעָשָׂה גָּדֵר שֶׁל קוֹלִים. דִּסְתָם גָּדֵר – שֶׁל אֲבָנִים הוּא, דִּכְתִיב: "וְגֶדֶר אֲבָנָיו נֶהֱרָסָה" (משלי כד). וְגָדֵר. אֲבָנִים שֶׁנָּפַל לִרה"ר כו'. לֹא שָׁנוּ. דְּגוֹדֵר בְּקוֹלִים חַיָּיב. אֶלָּא בְּמַפְרִיחַ. רֹאשׁ קוֹלוֹתֶיהָ בִּרה"ר, דְּה"ל בּוֹר בִּרה"ר. אֲבָל צִמְצְמָן. לְתוֹךְ שֶׁלּוֹ, דְּה"ל בּוֹר בִּרְשׁוּתוֹ, וְאע"ג דְּהִפְקִיר רְשׁוּתוֹ, שֶׁהִקְלָהוּ לִרה"ר – פָּטוּר. לְהִתְחַכֵּךְ בַּכְּתָלִים. וְזֶה שֶׁנִּתְחַכֵּךְ וְהוּזַּק מְשׁוּנֶּה הוּא. וּמַפְרִיחַ הַיְינוּ טַעְמָא דְּחַיָּיב – שֶׁהֲרֵי מָמוֹנוֹ הוּא, וְלֹא הִפְקִירָן, וְהִפְרִיחָן לִמְקוֹם מַהֲלַךְ בְּנֵי אָדָם. וּמִי אָמַר רַבִּי יוֹחָנָן הָכִי. דְּמַפְקִיר נְזָקָיו פָּטוּר. בּוֹר בִּרה"ר. אַלְמָא חִיּוּבָא דְּבוֹר בִּרְשׁוּת הָרַבִּים הוּא.

מִשּׁוּם

תוספות

ורבי יוחנן אמר לאחר נפילה מחלוקת אבל בשעת נפילה מאי ד"ה פטור כו'. הו"מ למפרך מברייתא גופה, כיון דבשעת נפילה פטור משום דאנוס הוא — א"כ לאחר נפילה מחייב ר"מ אף על גב דהוו לאחר נפילת אונס, וא"כ היכי קתני: ומודה ר"מ במעלה קנקנים כו'? אמאי פטור? והא ר"מ לאחר נפילת אונס נמי מחייב. וליכא למימר דאיירי בשעת נפילה — דא"כ מה לו להזכיר קנקנים? לא הוה ליה למימר טפי, אלא: ומודה ר"מ בשעת נפילה דפטור, משום דאנוס הוא!

כי פליגי אליבא דרבנן. לא בעי למימר איפכא, דפליגי אליבא דר"מ, ומאן דפטר אמר לך דע"כ לא מחייב ר"מ אלא משום דפושע הוא, וכי פליגי ר' יוחנן ור' אלעזר — במפקיר נזקיו דאונס. דקים ליה דבמפקיר נזקיו דפשיעה פליגי.

תסתיים דר' אלעזר הוא דאמר חייב. במסקנא לא קיימא הכי. והא דלא פריך מההיא דרבי אלעזר דלעיל — משום דאין להוכיח ממילתיה דר"א לחודיה דפטרי רבנן במפקיר נזקיו אפילו לאחר נפילת פשיעה, אם לא מכח דפליג אדרבי יוחנן כדפ"ל. ומיהו, מר' יוחנן קשה: אמאי לא פריך מההיא דלעיל, דאית ליה מפקיר נזקיו דעלמא חייב לרבנן? וי"ל: משום דלא מפרשא בהדיא, אלא מתוך קשיא דרבי יוחנן אדרבי יוחנן — להכי שביק לה ומייתי מילתא דמפרשא טפי בהדיא.

אלא אמר רב אשי כשהפכה בפחות מג'. מכאן אין לדקדק דלא בעי הגבהה ג' טפחים, דכי מתכוין קני בהגבהה פחות מג'. דשאני הכא, משום דאפילו *חבטה בהפקר קני. א"נ: משום דהוי האי גלל בכליו, וקני ליה כליו. א"נ: כשמגביה בידו, דכיון שהוא בידו — קני בפחות מג'. וכך איתא בריש "אלו נערות" (כתובות דף לא.). והא דאמר בפרק "חלון" (עירובין דף עט. ושם*) גבי חבית של שותפי מבואות: צריך שיגביה טפח — שאני שותפי מבואות דרבנן. תדע, דהתם לא להשמיענו דין הגבהה בכל מקום קאתי*.

אלא ר' יוחנן דאמר חייב. מ"מ איצטריך לפרש לפי שאין דרכן של בני אדם להתחכך בכתלים, לפרש מתניתין אפילו כמאן דמחייב בור ברשותו. ושמא רבי יוחנן בבור ברשותיה נמי מחייב, דאיכא דסבר הכי בפרק "הפרה" (לקמן דף נ.).

לא

מסורת הש"ס

ס"א דכל היכא
פסחים ו: ע"ש
[לקמן ל.]
נ"ל הבטה
[ד"ה צריך]
[ועיין תוספות כתובות לא. ד"ה לאי וד"ה נימא ותוספות קדושין כו. ד"ה אי נמי]
נ"ל הבטה
לקמן ל.
[שבת מו. וש"נ]
[לקמן נ:]

הגהות הב"ח

(א) רש"י ד"ה אבל וכו' לזכות בו: (ב) ד"ה וקמה וכו' אסתלקו להו מעשה ראשון: (ג) ד"ה כשהגביהו וכו' משום כורה. נ"ב פי' דלא הרחיקו ג"כ טפחים ותשבינן ליה דלא סילק מעשה ראשון וכבור פתוח הוא ולא נכסה מעולם ועיין בהגהת אשר"י:

גליון הש"ס

תוס' ד"ה אלא וכו' דאפילו הבטה בהפקר קנה. [illegible] דשקלים ד"ה מתנבל:

רבינו חננאל

לגמל בשרעתא דנהרא אינו לא פושע ולא אנוס ור' יוחנן אמר לאחר נפילה מחלוקת כו' ודברין פשוטין הן. ואסיק' אלא הא קמ"ל מפקיר נזקין דהכא פטרי רבנן משום דהוא אנוס אבל מפקיר נזקין דעלמא חובי מחייבי. איתמר מפקיר נזקיו ר' יוחנן ור' אלעזר חד אמר חייב וחד אמר פטור תסתיים דר' אלעזר דאמר חייב דאמר ר' אלעזר משום ר' ישמעאל שני דברים אינן ברשותו של אדם ועשאן הכתוב כאילו הן ברשותו ואלו הן בור ברשות הרבים וחמץ מו' שעות ולמעלה. הנה בור זה אמר ר' אלעזר אינו ברשותו *) מכלל שהוא מופקר וחייבין בעליו ש"מ מפקיר נזקיו חייב. ואקשי' עלה והתנן ההופך את הגלל לרשות הרבים כגון שהוציא ראובן גלל ובא שמעון והפכה. פי' גלל זבל כדכתיב בגלל צואת אדם והוזק בהן אחר חייב בנזקו. ואמר ר' אלעזר לא שנו אלא שנתכוון לזכות בגלל להוציאה לגנו ולזבל בה אבל לא נתכוון לזכות בה פטור אלמא ר' אלעזר מפקיר נזקיו פטור סבירא ליה. ופירק ר' אדא בר אהבה כשהחזיר גלל זה למקומה **) ולא הפקירה אמר ר' אבינא משל דרב אדא למה הדבר דומה למוצא בור מגולה כו' רב אשי אמר כגון שהפכה פחות מג' טפחים פי' כגון שהוציא ראובן גלל לרשות הרבים ובא שמעון והפכו בפחות מג' ונמצא שלא הגביהה ולא קנה בהגבהה ולא קיימי ברשותו דפחות מג' סמוך לארץ כארץ דמי והלכך אם נתכוון לזכות בה בזה ההופך חייב ואם לאו פטור וכי האי גוונא פטור אבל המפקיר נזקיו חייב ודייקי' מדר' אלעזר אמר חייב ר' יוחנן אמר פטור איני והתנן המצניע את הקוץ ואת הזכוכית והגודר בקוצים וגדר שנפל לרשות הרבים והזיק חייב ואמר ר' יוחנן לא שנו דחייב אלא מי שהוא מפריח ומרחיבם ברה"ר אבל המצמצם אותן בכותל פטור ודייקי' מינה מצמצם אמאי פטור דהוה להו כי בור ברשותו מכלל שהמפריח מפני שעשה בור ברה"ר חייב ש"מ מפקיר נזקיו חייב ודחינן להאי דוקיא ואמרי' מאי טעמא מצמצם פטור לא מפני שהוא בור ברשותו אלא מפני שאין דרך בני אדם להתחכך בכתלים ואקשי' והאמר ר' יוחנן הלכה כסתם משנה ותנן החופר בור ברה"ר ונפל שמה שור או חמור ומת חייב והא בור ברה"ר נזקיו מופקרין הוא ואמר ר' יוחנן חייב ואסיק' לעולם הוא דאמר מפקיר נזקיו חייב והלכה כמותו דקיי"ל כוותיה ור' אלעזר סבר פטור והאי דאמר ב' דברים אינן ברשותו

של

*) לשון רבינו צ"ע דלבא"ה הרי מיירי בבור בר"ה ופשיטא דהוא הפקר. **) לשון זה מסולל הבנה דלאדרבה אם לא הפקירה אמאי פטור ועי' ברש"י וצ"ע.

עין משפט נר מצוה

כז א מיי' פי"ג מהל' נזקי ממון הל' יב סמג עשין סח טוש"ע ח"מ סי' תיב סעיף ה:

כח ב מיי' שם הל' כ סמג שם טוש"ע ח"מ סי' תטו סעיף א:

כט ג מיי' שם הל' יב ועיין בהשגות ובמ"מ סמג שם טוש"ע ח"מ סי' תיב סעיף ה ודלא כרב וע"ש:

ל ד ה מיי' שם הל' כ סמג שם טוש"ע ח"מ סי' תטו סעיף א:

לא ו ז מיי' שם הל' כא טוש"ע שם סעיף ב:

לב ח מיי' שם פי"ב הלכה ט סמג עשין שם טוש"ע ח"מ סי' תי סעיף כט:

לג ט י כ מיי' שם פי"ג הלכה כב סמג שם טוש"ע ח"מ סי' תטו סעיף ג:

לד ל מיי' שם הל' יד סמג שם טוש"ע ח"מ סי' תיד סעיף א:

לה נ מיי' שם הל' טו טוש"ע שם סעיף ב:

מסורת הש"ס

[לעיל כט:]

[לעיל כח.]

לעיל ו.

[תוספ' פ"ב]

מן פח: ב"מ קיח: [תוספ' ב"מ פי"א]

מן סב: [וע"ש ואולי ייתא הוא וצ"ל והתניא ועי' ב"מ קיח:]

משום רבי ישמעאל כו'! לא קשיא, הא דידיה, הא דרביה.§ **מתני'** [א]השופך מים ברה"ר והוזק בהן אחר — חייב בנזקו. *[ב]המצניע את הקוץ ואת הזכוכית, והגודר את גדרו בקוצים, וגדר שנפל לרה"ר, והוזקו בהן אחרים — חייב בנזקן.§ **גמ'** אמר רב: *לא שנו אלא דנטנפו כליו במים, אבל הוא עצמו — פטור, קרקע עולם הזיקתו. א"ל רב הונא לרב: [ג]לא יהא אלא כרפשו! מי סברת דלא תמו מיא? בדתמו מיא. ותרתי למה לי? חדא בימות החמה, וחדא בימות הגשמים; דתניא, *כל אלו שאמרו: פותקין ביבותיהן וגורפין מערותיהן, בימות החמה אין להן רשות, ובימות הגשמים יש להם רשות, ואע"פ שברשות, אם הזיקו — חייבין לשלם.§ "המצניע את הקוץ" [וכו'].§ א"ר יוחנן: [ד]לא שנו אלא מפריח, אבל מצמצם (א) לא. מ"ט פטור? אמר רב אחא בריה דרב איקא: [ה]לפי שאין דרכן של בני אדם להתחכך בכתלים. ת"ר: *[ו]המצניע קוצותיו וזכוכיותיו לתוך כותל של חבירו, ובא בעל כותל וסתר כותלו ונפל לרה"ר והזיקו — חייב המצניע. א"ר יוחנן: [ז]לא שנו אלא בכותל רעוע, אבל בכותל בריא — המצניע פטור, וחייב בעל הכותל. *אמר רבינא, [ח]זאת אומרת: המכסה בורו בדליו של חבירו, ובא בעל דלי ונטל דליו — חייב בעל הבור. פשיטא! מהו דתימא, התם הוא דלא הוי ידע ליה דלודעיה, אבל הכא דידע ליה הוה ליה לאודועיה, קמ"ל. ת"ר: [ט]חסידים הראשונים היו מצניעים קוצותיהם וזכוכיותיהם בתוך שדותיהן, ומעמיקים להן ג' טפחים, כדי שלא יעכב המחרישה. רב ששת [י]שדי להו בנורא. רבא [כ]שדי להו בדגלת. אמר רב יהודה: האי מאן דבעי למהוי חסידא, לקיים מילי דנזיקין; *רבא אמר: מילי דאבות; ואמרי לה: מילי דברכות.§ **מתני'** [ל]המוציא את תבנו וקשו לרה"ר לזבלים, והוזק בהן אחר — חייב בנזקו, וכל הקודם בהן זכה; רשב"ג אומר: כל המקלקלין ברה"ר והזיקו — חייבין לשלם, וכל הקודם בהן זכה. ההופך את הגלל ברה"ר והוזק בהן אחר — חייב בנזקו.§ **גמ'** לימא מתני' דלא כר' יהודה. דתניא, *ר' יהודה אומר: [מ]בשעת הוצאת זבלים, אדם מוציא זבלו לרה"ר וצוברו כל שלשים יום, כדי שיהא נישוף ברגלי אדם וברגלי בהמה, שעל מנת כן הנחיל יהושע את הארץ? אפי' תימא רבי יהודה, מודה רבי יהודה שאם הזיק — משלם מה שהזיק. *והתנן, רבי יהודה אומר: בנר חנוכה — פטור, מפני שהוא ברשות; מאי לאו רשות בית דין? לא, משום רשות מצוה; דתניא, רבי יהודה אומר: בנר חנוכה — פטור, מפני שהוא רשות מצוה. ת"ש: [נ]כל אלו שאמרו מותרין לקלקל ברשות הרבים, אם הזיקו — חייבין לשלם, ורבי יהודה פוטר! אמר רב נחמן: מתני' — שלא בשעת הוצאת זבלים, ור' יהודה היא. רב אשי אמר:

תבנו

משום ר' ישמעאל. שני דברים אינן ברשותו כו'. **לא יהא** אלא כרפשו. המשליך זבלו ברה"ר, מי לא מיחייב כי לא הפקירו? ה"נ רפשו הוא דאזקיה, שנתערבו המים והעפר ונעשה טיט, ושלו הוא. מדמוקי לה בטינוף כלים – מכלל דלא אפקריה, דהא בור לא חייב בו כלים. מי סברת דלא תמו מיא. אלא נתכנסו ונעשו רפש. בדתמו מיא. ונבלעו קמייהו, ואין כאן רפש. ותרתי למה לי. לאשמועינן במתניתין טינוף כלים? והא תנינא לעיל: נשברה כדו ברה"ר והוחלק אחד במים, ואוקמה רב נמי בדלא הפקירן ובטינוף כלים. וחדא בימות הגשמים. ואיצטריך לאשמועינן דאע"ג דברשות קעבדי – אם הזיקו חייב לשלם. כל אלו שאמרו. חכמים, מותרין לקלקל ברה"ר, ואלו הן: פותקין ביבותיהן לקלח שופכין שלהם ברה"ר כו'. ביב = ליגור המקלח שופכין של מי תשמיש הבית לרה"ר. בכותל רעוע. דה"ל למצניע לאסוקי אדעתיה שכותל זה עומד לסותרו*. וחייב בעל הכותל. דה"ל לאצנעינהו. בדליו של חבירו. בכיסוי בור של חבירו. חייב בעל הבור. כדאמרינן במצניע קוצותיו, דהיינו בור, בכותל רעוע של חבירו, וסתר זה את כותלו – דחייב המצניע. והכא נמי, איבעי ליה לאסוקי אדעתיה שזה יטול את דליו. פשיטא. היא היא, ומאי אשמעינן רבינא? מהו דתימא. לא דמי, דהתם משום הכי ליכא לחיוביה לבעל כותל – דלא הוי ידע ליה למצניע, דלודעיה שיבא ויטול קוצותיו. (ג) אבל בעל הדלי דידע לבעל הבור – איבעי ליה לאודעיה שהוא נוטל את דליו, אשמעינן רבינא דלאו היינו טעמא. דגלת. חידקל. מתני' לזבלים. שירקבו התבן והקש, ונעשים זבל לזבל שדות וכרמים. כל המקלקלין ברה"ר. רבן שמעון בן גמליאל שמעיה לת"ק דלא קניס אלא שבחא, אבל גופא לא, כדקתני בברייתא בגמרא. ואתא רבן שמעון בן גמליאל למימר דגוף נמי, כל הקודם בו זכה. לישנא אחרינא: כל המקלקלין, ואפי' עושין ברשות. גמ' כל שלשים יום. רשאי להניחן שם. שעל מנת כן כו'. שלא יהו מקפידין על כך. בנר חנוכה פטור. בפרק "הכונס צאן לדיר", דקתני: גמל שטעון פשתן. מאי לאו משום דברשות ב"ד. הניח בחוץ, משום פרסומי ניסא, פטור. ה"ג דתניא רבי יהודה אומר בנר חנוכה פטור. מפני שהוא רשות מצוה. כלומר משום רשות ב"ד דמצוה מיפטר, אבל ברשות ב"ד דלאו מצוה – חייב. מותרין לקלקל. כגון פותקין ביבותיהן וגורפין מערות.

תבנו

לא יהא אלא כרפשו. הא דלא דייק הכי לעיל (דף כח.) בהוחלק אחד במים — משום דהתם לא איירי כששפכם בכוונה. אבל הכא תנא "השופך" — משמע ששפכם בכוונה במקום שנעשין רפש וטיט. א"נ: ברישא קתני "הוחלקו" — משמע דלא עשו המים אלא החלקה, אבל הכא קתני "הוזק" — משמע שבמים עצמן הוזק. **בדתמו** מיא. פירוש: בתמו מיא נמי איירי. וניחא ליה לאוקמי בין תמו בין לא תמו ודוקא בכלים, מלאוקמי דוקא בלא תמו ובין בכלים ובין בעצמו. וא"ת: ואי תמו מיא סתמא מפקר להו, והוי בור, ופטור בו הכלים! וי"ל: דלא תמו כל כך שלא יהא עדיין ראויין לשום דבר. ואי הוה גרס איפכא — הוה ניחא: מי סברת דתמו מיא ונכנסו בעפר ונעשה טיט? לא, דלא תמו מיא, שהמים נגולים עדיין, דמסתמא לא אפקרינהו. **וחייב** בעל הכותל. וא"ת: כותל רעוע נמי, איבעי ליה לאסוקי אדעתיה שמא הגניעם שם כשהיתה בריא! וי"ל: דמ"מ ראוי המצניע להתחייב כיון שפשע, ואין צריך להעמיד ברעוע מעיקרו. **שלא** תעכב המחרישה. בירושלמי מפרש: כדי שלא תעלה המחרישה. **אפילו** תימא רבי יהודה כו'. וא"ת: והא מתני' קתני כל הקודם בהן זכה! וי"ל: דכל הקודם בהן לאחר שלשים יום זכה. ותימה: למאי דס"ד, דמתניתין בשעת הוצאת זבלים, תקשה ליה דרשב"ג אדרשב"ג. דקתני במתני' דחייב לשלם, וב"הבית והעלייה" (ב"מ דף קיח:) תנא, רשב"ג אומר: אף מתקן מלאכתו כל שלשים יום. ודייק מינה בגמ' דס"ל: כל מקום שנתנו חכמים רשות להניח והזיק — פטור מלשלם. ולפי לשון אחר שפירש בקונטרס, דרשב"ג פליג את"ק, וס"ל דאפילו הניח ברשות חייבין לשלם — קשה אפי' לפי המסקנא! ושמא אין הענינים שוין, אע"ג דבשמעתין דהתם כייל להו בהדי הדדי. **מתני'** שלא בשעת הוצאת זבלים ור' יהודה היא. תימה: דלא משני הכי ב"הבית והעלייה" (ב"מ קיח: ושם), דקתני: המוציא זבלו לרה"ר המוציא מוציא והמזבל מזבל כו', ואם הזיק — משלם מה שהזיק. וקאמר בגמרא: מתני' דלא כר' יהודה! וי"ל: דהתם כי יעמיד מתני' נמי שלא בשעת הוצאת זבלים אתיא דלא כר' יהודה — דהא שרי להוציא ע"מ לזבל לאלתר, ואפי' הכי קתני שמשלם מה שהזיק. אלמא: בדבר שיש לו רשות משלם מה שהזיק. ולרבי יהודה משמע דלא משלם, מדקאמר שעל מנת כן כו'. ועוד: מדלא קתני בהדיא ואם הזיק משלם מה שהזיק. א"נ: מתני' דהתם משמע ליה בשעת הוצאת זבלים, מדקתני "המזבל מזבל", ושפיר אית ליה רשות להניח שלשים יום. והא דאמר: המזבל מזבל — עלה טובה קמ"ל, כלומר: מזבל לאלתר, שלא יצטרך לשלם.

תבנו

הגהות הב"ח

(א) גמ' אבל מצמצם פטור: [תא"מ ו]לא פטור: (ב) רש"י ד"ה [כותל רע]וע לתיפוק וכו' ויטול [ק]וצותיו. נ"ב פ"א ולגבי [כו]תל בריא חייב בעל [הכו]תל משום דקני למיסתר כותל בריא:

[א] ולגבי כותל בריא [ח]ייב בעל הכותל משום [דק]ני למיסתר כותל בריא.

גליון הש"ס

[ג]מרא אמר רבינא זאת [או]מרת. כעין זה לקמן דף לב ע"ב:

[גרס]א רבינא וכן הוא בר"ף ובחדושי רשב"א

רבינו חננאל

(פיסקא) [מתני'] המצניע את הקוץ כו'. אוקימנא במפריח אבל בצמצם פטור כו': ת"ר המצניע קוציו וזכוכיותיו בתוך כותל של חבירו ובא בעל הכותל וסתרו חייב המצניע אמר ר' יוחנן לא שנו אלא בכותל רעוע אבל בכותל בריא פטור המצניע וחייב בעל הכותל דייק רבינא מינה כשם שהמצניע קוציו בכותל חבירו ובא בעל הכותל וסתר כותלו ונגלו הקוצים והזיקו חייב המצניע כך המכסה בורו בדליו של חבירו ובא בעל הדלי ונטל דליו חייב בעל הבור פשיטא היא היא מהו דתימא בכותל מאי טעמא פטור דלא הוה ידע ליה לבעל הקוץ לאודועי *) הא גונא סתר כותלי טול קוציך והצניעם אבל גבי דלי דידע ליה לבעל הבור איבעי לאודועי קמ"ל דכיון דשקיל דידיה לא חייש לבירא דחבריה: ת"ר חסידים הראשונים היו כו' רב ששת שדי להו לקוצין וכיוצא בהן לנורא וקלי להו. מאן דבעי למהוי חסידא ליקיים מילי דנזיקין. (דת"ר חסידין הראשונין כו') פי' החפץ להיות חסיד יקיים מילי דנזקין אפי' לרשות הרבים. רבינא אמר מילי דאבות מסכת אבות משה קיבל וגו' ואמרי לה מילי דברכות כדאמרי' אסור לאדם ליהנות מן העולם הזה בלא ברכה וכיוצא בו: מתני' המוציא תבנו וקשו לרשות הרבים לזבלים והוזק [בה]ן אחר חייב כו' לימא מתני' דלא כר' יהודה ושקלי וטרו ואסיק ת"ש כל אלו שאמרו מותרין לקלקל ברשות הרבים אם הזיקו חייבין לשלם ור' יהודה פוטר. ולית הלכתא כר' יהודה דגרסי' בסוף בבא [מצי]עא. אמר אביי רשב"ג ור' יהודה ור' טרפון כולהו סבירא להו כל שנתנו לו חכמים רשות והזיק פטור מלשלם ואלו הן שיטה ולית הלכ' כחד מינייהו ואסיק' לשמעתין שלא בשעת הוצאת זבלים ודברי הכל חייב

*) אולי צ"ל לאודועי להודיעו דלא [...] סתר כותלי טול קוציך כו'

תבנו וקשו תנן משום דמשרקי. והא דמחייב מתני' בגללים אע"ג דלא שריק — היינו משום דלית ביה שבחא, ולא התירו להוציא בחנם. **דבר** שיש בו שבח קנסו גופו משום שבחו. מכאן יש להוכיח דל"ג "כל הקודם בהן זכה" גבי מצניע קוץ וזכוכית וגדר שנפלה לרה"ר, דהתם ליכא שבחא. **שטר** שיש בו רבית קונסין אותו ואינו גובה לא את הקרן ולא את הרבית. נראה לר"י שר"מ קונס להפסיד החוב לגמרי, אפי' בהודאה ועדות אחרת, כדמשמע לישנא ד"אין גובה לא את הקרן ולא את הרבית", דמשמע דאין גובה כלל. וכן משמע מדמדמי לקנסו גופו משום שבחו, שמפסיד גוף הממון. ואין להקשות, דבפרק "איזהו נשך" (ב"מ דף עב. ושם*) מדמי הך דהכא דשטר שיש בו רבית לשטרי חוב המוקדמין, ומוקי ההיא דשטרי חוב כר"מ, והיכי מדמי? דהכא מפסיד גוף המלוה, והתם אינו מפסיד אלא השטר! דמה שאין מפסיד שם אלא השטר — לפי שלא היה עבירה בגוף המלוה אלא בשטר. אבל ברבית, יש עבירה דהלואה ברבית אפי' בלא שטר. אע"ג דאמרינן דמשעת כתיבה עבד ליה שומא — בלא שטר נמי איכא איסורא בהלואה. הקשה ריב"א: אם יפסיד כל חובו לגמרי, מלינו הלוה חוטא נשכר! ואור"י: דאין זה קושיא, כי המלוה שמרויח קנסו בגוף מחמת השבח, ומתוך כך יזהר. אבל הלוה — אין לנו במה לקנוס, שתחילתו על מנת לפרוע הוא לוה. **וחכמים** אומרים גובה את הקרן כו'. משמע שגובה ע"פ השטר אפי' ממשעבדי. וקשה לר"י: למה השטר כשר? כיון שהעדים עוברים על "לא תשימון", אע"ג דאינם עדי חמס דאין מרויחין כלום — הא קי"ל כאביי (סנהדרין דף כז.) דמי שאוכל נבלות להכעיס פסול! והא דלא תני לה ב"זה בורר" (שם כד:) — ה"נ לא תני לוה, אלא בכלל מלוה איתיה, כדמשמע התם בגמרא גבי מלוה ברבית — מלוה הבאה ברבית. ואין לומר דמיירי באין ניכר הרבית בשטר, אלא כתוב סתמא "פלוני חייב לפלוני מנה", וסברו העדים שהכל קרן, ואח"כ נודע שהוא רבית. דבפרק "איזהו נשך" (ב"מ דף עב. ושם*) מתרץ ר' יוחנן עלה דההיא דשטרי חוב המוקדמין פסולין — אפילו תימא רבנן, גזירה שמא יגבה מזמן ראשון. ואי אין ניכר בשטר שיש בו רבית נמי לגזור שמא יגבה רבית במקום קרן. ואין לומר שלכך הן כשרים — שלא עשו שומא, כיון שניכר מתוך השטר הרבית — לא יבא לגבות הרבית על ידי שטר זה. והא דתנן ב"איזהו נשך" (שם עה:) שהעדים עוברים בלא תעשה — היינו כגון שאין ניכר הרבית מתוך השטר. דהא אמרי' בשמעתין דמשעת כתיבה עבד ליה שומא, א"כ בשטר זה עוברים בלא תעשה! וי"ל: ד"לא תשימון עליו נשך" לאינשי במלוה ולוה וערב משמע להו, ולהכי לא מפסלי בהכי, כדאמרינן (שם דף ה:) "לא תחמוד" לאינשי — בלא דמי משמע להו. א"נ: כגון שיש עדים שהם אנוסין מחמת נפשות. וכן צ"ל בשטרי חוב המוקדמים, דיש מעמידין אותה כר"מ, אבל לרבנן כשרים, ואפי' רבי מאיר אין פוסל אלא מטעם קנס. ואמאי? הלא עדים פסולים הם שחתמו על שטר מוקדם! אלא י"ל: שיש עדים שהיו אנוסים מחמת נפשות. א"נ: כגון שאמרו טעינו בשנת המלך. ואומר ר"י: דהלכה כרבנן, אע"ג דקי"ל (כתובות דף ס:) כר' מאיר בגזירותיו — דוקא בגזירותיו, ולא בקנסותיו. וכן פסקו הלכות גדולות כרבנן דר"מ מטעם זה במעוברת חבירו ומינקת חבירו (יבמות לו:) [עי' תוספות זבחים קד. ד"ה א"ר עקיבא]. **דמשעת** כתיבה עבד ליה שומא. תימה לרבינו יצחק: מה שומא יש כאן, ומה מזקת עדותן ללוה? והלא לא יגבו ב"ד הרבית ע"י שטר זה, כיון שניכר בתוכו רבית! **לימא** כהני תנאי כו'. מכאן יש להוכיח דל"ג במתני' במילתיה דרשב"ג "כל הקודם בהן זכה", דאי גרסינן ליה הוה ליה לאתויי, (ג) דעל כרחך רשב"ג אגופן נמי קנים, דאי לאו הכי במאי פליג אתנא קמא? וי"ל: דהוי מצי לדחויי דכולה רשב"ג היא, וה"ק: שהיה רבן שמעון בן גמליאל אומר כו'. א"נ: ס"ד דוקא אתבנו וקשו, דאיכא שבחא טובא, אבל שאר דברים — לא, ואתא רבן שמעון בן גמליאל למימר דכל המקלקלין שוין, אפי' לית בהו אלא שבחא פורתא. **והדר** קאמר דאסורין משום גזל. ולא בעי למימר דאסורין משום גזל לאותו שקדם וזכה, ורשב"ג קאמר דמותרין — דאין סברא דליפלגו בהכי. **לזעירי** ודאי תנאי היא. דאין סברא לומר דפליגי בהלכה ומורין כן לענין שבחא, דפשיטא דלכולי עלמא מורין.

תִּבְנוֹ וְקַשּׁוֹ תְּנַן, מִשּׁוּם דְּמַשְׁרְקִי.§ "כָּל הַקּוֹדֵם בָּהֶן זָכָה".§ אָמַר רַב: [א]בֵּין בְּגוּפָן בֵּין בְּשִׁבְחָן, וּזְעִירִי אָמַר: בְּשִׁבְחָן אֲבָל לֹא בְּגוּפָן. בְּמַאי קָמִיפַּלְגִי? רַב סָבַר: קָנְסוּ גּוּפָן מִשּׁוּם שִׁבְחָן, וּזְעִירִי סָבַר: לֹא קָנְסוּ גּוּפָן מִשּׁוּם שִׁבְחָן. תְּנַן: הַהוֹפֵךְ אֶת הַגָּלָל בִּרה"ר וְהוּזַּק בָּהֶן אַחֵר — חַיָּיב בְּנִזְקוֹ, וְאִילּוּ "כָּל הַקּוֹדֵם זָכָה" לָא קָתָנֵי! תְּנָא לְרֵישָׁא וְה"ה לְסֵיפָא. וְהָא תָּנֵי עֲלָהּ: אֲסוּרִין מִשּׁוּם גֵּזֶל! כִּי קָתָנֵי אֲסוּרִין מִשּׁוּם גֵּזֶל — אַכּוּלָּהּ מַתְנִי' קָאֵי, לְאוֹתוֹ שֶׁקָּדַם וְזָכָה. וְהָא לָא קָתָנֵי הָכִי! דִּתְנַן: הַמּוֹצִיא תִּבְנוֹ וְקַשּׁוֹ לרה"ר לְזְבָלִים וְהוּזַּק בָּהֶן אַחֵר — חַיָּיב בְּנִזְקוֹ, וְכָל הַקּוֹדֵם בָּהֶן זָכָה, [ב]וּמוּתָּר מִשּׁוּם גֵּזֶל. וְהַהוֹפֵךְ אֶת הַגָּלָל לרה"ר וְהוּזַּק בָּהֶן אַחֵר — חַיָּיב, [ג]וְאָסוּר מִשּׁוּם גֵּזֶל! אָמַר רַב נַחְמָן בַּר יִצְחָק: גָּלָל קָרְמִית? דָּבָר שֶׁיֵּשׁ בּוֹ שֶׁבַח — קָנְסוּ גּוּפוֹ מִשּׁוּם שִׁבְחוֹ, דָּבָר שֶׁאֵין בּוֹ שֶׁבַח — לֹא קָנְסוּ. אִיבַּעְיָא לְהוּ: לְדִבְרֵי הָאוֹמֵר קָנְסוּ גּוּפָן מִשּׁוּם שִׁבְחָן, לְאַלְתַּר קָנְסִינַן אוֹ לְכִי מַיְיתֵי שִׁבְחָא קָנְסִינַן? ת"ש, מִדְּקָאַיְירִינַן גָּלָל. וְתִסְבְּרָא? כִּי אַיְירִינַן גָּלָל — מִיקַּמֵּי דְּלִשְׁנֵי רַב נַחְמָן, לְבָתַר דְּשַׁנֵּי רַב נַחְמָן מִי אִיכָּא לְמִירְמָא גָּלָל כְּלָל?! לֵימָא כְּתַנָּאֵי: *שְׁטָר שֶׁכָּתוּב בּוֹ רִבִּית — קוֹנְסִין אוֹתוֹ וְאֵינוֹ גּוֹבֶה לֹא אֶת הַקֶּרֶן וְלֹא אֶת הָרִבִּית, דִּבְרֵי ר"מ, וַחֲכָמִים אוֹמְרִים: [ד]גּוֹבֶה אֶת הַקֶּרֶן אֲבָל לֹא אֶת הָרִבִּית; לֵימָא, רַב דְּאָמַר כְּרַבִּי מֵאִיר, וּזְעִירִי דְּאָמַר כְּרַבָּנַן? אָמַר לָךְ רַב: אֲנָא דַּאֲמַרִי אֲפִי' לְרַבָּנַן; עַד כָּאן לָא קָאָמְרִי רַבָּנַן הָתָם — אֶלָּא קֶרֶן דִּבְהֶתֵּירָא, אֲבָל הָכָא קֶרֶן גּוּפָא קָמַזִּיק. וּזְעִירִי אָמַר לָךְ: אֲנָא דַּאֲמַרִי אֲפִי' לְר"מ; עַד כָּאן לָא קָאָמַר ר"מ הָתָם — אֶלָּא דְּמִשְׁעַת כְּתִיבָה דַּעֲבַד לֵיהּ שׁוּמָא, אֲבָל הָכָא מִי יֵימַר דְּמַזִּיק. לֵימָא כְּהָנֵי תַּנָּאֵי: הַמּוֹצִיא תִּבְנוֹ וְקַשּׁוֹ לרה"ר לְזְבָלִים וְהוּזַּק בָּהֶן אַחֵר — חַיָּיב בְּנִזְקוֹ, וְכָל הַקּוֹדֵם בָּהֶן זָכָה, וַאֲסוּרִין מִשּׁוּם גֵּזֶל. ר"ש בֶּן גַּמְלִיאֵל אוֹמֵר: כָּל הַמְקַלְקְלִין בִּרה"ר וְהִזִּיקוּ — חַיָּיבִין לְשַׁלֵּם, וְכָל הַקּוֹדֵם בָּהֶן זָכָה, וּמוּתָּרִין מִשּׁוּם גֵּזֶל; הָא גּוּפָא קַשְׁיָא, אָמְרַתְּ כָּל הַקּוֹדֵם בָּהֶן זָכָה, וַהֲדַר קָאָמַר אֲסוּרִין מִשּׁוּם גֵּזֶל! אֶלָּא לָאו הָכִי קָאָמַר: וְכָל הַקּוֹדֵם בָּהֶן זָכָה — בְּשִׁבְחָן, וַאֲסוּרִין מִשּׁוּם גֵּזֶל — אַגּוּפָן, וַאֲתָא רַבָּן שִׁמְעוֹן בֶּן גַּמְלִיאֵל לְמֵימַר: אֲפִי' גּוּפָן נַמִי כָּל הַקּוֹדֵם בָּהֶן זָכָה; לִזְעִירִי וַדַּאי תַּנָּאֵי הִיא, לְרַב מִי לֵימָא תַּנָּאֵי הִיא? אָמַר לָךְ רַב: דְּכוּלֵּי עָלְמָא — קָנְסוּ גּוּפָן מִשּׁוּם שִׁבְחָן, וְהָכָא בַּהֲלָכָה וְאֵין מוֹרִין כֵּן קָא מִיפַּלְגִי; דְּאִתְּמַר, רַב הוּנָא אָמַר רַב: [ה]הֲלָכָה וְאֵין מוֹרִין כֵּן, רַב אַדָּא בַּר אַהֲבָה אָמַר: הֲלָכָה וּמוֹרִין כֵּן. אִינִי? וְהָא רַב הוּנָא אַפְקַר חוּשְׁלֵי, רַב אַדָּא בַּר אַהֲבָה אַפְקַר סַלִּיקוּסְתָּא

תִּבְנוֹ וְקַשּׁוֹ תְּנַן. דְּמִחַיֵּיב, דַּעֲדַיִין לֹא נַעֲשׂוּ זֶבֶל, וְקָשִׁים הֵם וּמַחְלִיקִין בָּהֶן. וְכִי קָאָמַר רַבִּי יְהוּדָה — בְּזֶבֶל קָאָמַר, דְּמוֹצִיא אָדָם זִבְלוֹ, שֶׁאֵינוֹ נוֹחַ לְהַחְלִיק כָּל כָּךְ. מַשְׁרְקִי. מַחְלִיקִין. בְּשִׁבְחָן. בַּמֶּה (א) שֶׁהִשְׁבִּיחָן בִּרה"ר. וְאִילּוּ כָּל הַקּוֹדֵם זָכָה לָא קָתָנֵי. מִשּׁוּם דְּגָלָל זֶהוּ רְעִי, וְאֵינוֹ מַשְׁבִּיחַ בִּרה"ר, דִּמְוּשְׁבָּח וְעוֹמֵד הוּא. וְקָשֶׁה לְרַב. וְהָא קָתָנֵי עֲלָהּ. בַּבָּרַיְיתָא: אֲסוּרִים מִשּׁוּם גֶּזֶל. אַכּוּלָּהּ מַתְנִיתִין קָאֵי. הַאי "אֲסוּרִין מִשּׁוּם גֶּזֶל", וַאֲפִילּוּ אַתֶּבֶן וְקַשׁ. הִלְכָּךְ הָכִי קָאָמַר: דִּלְאַחַר שֶׁקָּדַם וְזָכָה בָּהֶם אַחֵר — אָסוּר לְגָזְלָן הֵימֶנּוּ. מִדְּקָא אַיְירִינַן גָּלָל. עֲלֵיהּ דְּרַב, מִכְּלָל דְּאִיהוּ סָבַר לְאַלְתַּר קָנְסִינַן. דְּאִי לְבָתַר דְּאַיְיתֵי שְׁבָחָא — מַאי רוּמְיָא דְּגָלָל? הָא (ב) לָאו שֶׁבַח בַּגָּלָל. כִּי אַיְירִינַן גָּלָל מִקַּמֵּי דְּשַׁנֵּי רַב נַחְמָן. דַּהֲוָה סְבִירָא לָן דְּאַע"ג דְּאֵין סוֹפוֹ לְהַשְׁבִּיחַ קָנֵיס רַב, וְכ"ש דְּדָבָר שֶׁסּוֹפוֹ לְהַשְׁבִּיחַ קָנֵיס לְאַלְתַּר. לְבָתַר דְּשַׁנֵּי מִי אִיכָּא לְמִירְמָא' [גָּלָל] כְּלָל. וְהַשְׁתָּא דְּקִים לָן דְּטַעְמָא דִּקְנָסָא מִשּׁוּם שֶׁבַח הוּא, מִיבַּעְיָא אִי לְאַלְתַּר קָנֵיס, אוֹ כִּי מַיְיתֵי שֶׁבַח. שֶׁיֵּשׁ בּוֹ רִבִּית. שֶׁכָּתוּב בּוֹ שֶׁלָּוָה בְּרִבִּית. קָא מַזִּקָא. עָתִיד לְהַזִּיק. עָבֵיד לֵיהּ שׁוּמָא. שָׂם עָלָיו נֶשֶׁךְ, וְעָבַר בְּ"לֹא תְשִׂימוּן" (שמות כב). לִזְעִירִי וַדַּאי תַּנָּאֵי הִיא. דְּלֵיכָּא לְמֵימַר דְּכ"ע לֹא קָנְסוּ — דְּהָא רַבָּן שִׁמְעוֹן קָנֵיס. בַּהֲלָכָה וְאֵין מוֹרִין כֵּן קָמִיפַּלְגִי. תַּנָּא קַמָּא סָבַר: הֲלָכָה דְּקָנְסוּ גּוּפָן, וְאֵין מוֹרִין כֵּן. וְהָכִי קָאָמַר: [הֲלָכָה] כָּל הַקּוֹדֵם בָּהֶן זָכָה, וַאֲפִי' גּוּפָן דִּיעֲבַד. וְאִי אָתֵי מֵרֵישָׁא לְקַמָּן לְאִימְלוּכֵי — אָמְרִינַן לֵיהּ: אֲסוּרִין מִשּׁוּם גֶּזֶל. אַפְקַר חוּשְׁלֵי. שְׂעוֹרִין קְלוּפִין שֶׁשָּׁטַח אִישׁ אֶחָד בִּרה"ר כְּדֵי שֶׁיִּתְיַיבְּשׁוּ, וְהִפְקִירָן רַב הוּנָא, וְהוֹרָה שֶׁהַקּוֹדֵם בָּהֶן זָכָה. סַלִּיקוּסְתָּא

לו א מיי' פי"ג מהלכות נזקי ממון הלכה יד סמג עשין סח טוש"ע ח"מ סי' תיד סעיף א:
לז ב מיי' פ"ו מהלכות גזילה הל' ה טוש"ע שם:
לח ג מיי' שם טוש"ע שם סעיף ב:
לט ד מיי' פ"ד מהל' מלוה ולוה הלכה ו ועי' בכסף משנה סמג לאוין קצ ועשין צג טוש"ע ח"מ סי' נב סעיף א וטוש"ע י"ד סי' קסא סעיף יא:
מ ה טוש"ע ח"מ סי' תיד סעיף א בהג"ה:

[ד"ה שטר]

רבינו חננאל

חייב. רב אשי אמר תבנו וקשו שאני אפי' ר' יהודה מודה שחייב משום דמשרקי פי' שרגלי בני אדם מחליקין בהן לפיכך חייב לדברי הכל: וכל הקודם בהן זכה. אמר רב זכה בין בגופן בין בשבחן קנסו גופן אטו שבחן והני מילי בדבר שיש בו שבח זעירי אמר בשבחן זכה. לא קנסו גופן משום שבחן. פי' סבר רב זה שהוציא התבן לרשות הרבים לישוף ברגלי בני אדם ולהשביח ולהיעשות זבל קנסוה אפילו בעיקר וכל הקודם זכה בכל ורמינן גלל דמתני' דלא קתני כל הקודם זכה. ופריק תנא רישא בתבן וקש כל הקודם זכה והוא הדין לגלל. והתני אסור משום גזל. ופריק אכולהו בין בתבן בין בגלל קתני בברייתא אסורין משום גזל. *) כלומר הברייתא חולקת על המשנה ואמרי' והא לא תני הכי ובהדיא תני בברייתא בתבן וקש מותרין משום גזל. ובגלל אסורין משום גזל ופירק רב נחמן בר יצחק דבר שיש בו שבח כגון התבן שהשביח כי נעשה גלל וכיוצא בו קנסו גופן משום שבחן דבר שאין בו שבח כגון גלל לא קנסו ומיבעיא לן רב דאמר קנסו גופן משום שבחן לאלתר קנים בעת שהוציאו מיד הקודם בו זכה או אם נשאר ברשות הרבים זמן ונישף והשביח אחר כן הקודם בו זכה בגופו וכל שכן בשבחו דקנסינן ליה משום דקלקל ברשות הרבים ואתינן למיפשטה מדאיירינן גלל דלית ליה שבחא ש"מ דמיד קנסוה ודחי' לה ואתינן לאוקמא להא דרב ודזעירי כתנאי דתנן שטר שיש בו רבית קונסין אותו ואינו גובה כו' רב כר' מאיר וזעירי כחכמים ודחו ואמרי כל חד אמר אנא לדברי הכל אמרי כו' וקי"ל כרב דכל דבר שיש בו שבח קנסו גופו משום שבחו מיהו כי קנסינן ליה מיד קנסינן ליה או לכי מייתי שבחא קנסינן ליה איבעיא להו ולא איפשיטא וסוגייא דשמעתא כרב ריהטא. ותוב הא אמר רב הונא ורב אדא ותרווייהו משמיה דרב הלכה **) מיהו הורה ואפקר חושלא כשמעתיה דאמר הלכה ומורין כן רב הונא אמר הלכה אבל אין מורין כן ואם התרו בהן דברי הכל הלכה ומורין להן כל הקודם בהן זכה כרב הונא דאפקר חושלא וכרב אדא דאפקר סליקותא

ב"מ עב. ב"ב לג:

הגהות הב"ח

(א) רש"י ד"ה בשבחן כמה שהשביחו: (ב) שם ד"ה מדקא איירינן וכו' הא לא שבח גלל: (ג) תוס' ד"ה לימא וכו' הוה ליה לאתויי למתני' דעל כרחך רשב"ג:

גליון הש"ס

גמ' אמר רנב"י גלל קרמית. תמוה לי לשיטת רש"י דלא מחלק בכך הו"ל למפרך ממתני' לעיל דף יט ע"ב אלא מתוך הרחבה משלמת מה שנהנית הא הפירות נעשין הפקר וכל הקודם בהן זכה. ועי' בתוס' לעיל כא ע"א תוס' ד"ה דרב סבר וצ"ע:

*) מדברי רבינו אלו נראה שלא היה גורס בגמ' אכולה מתני' לאותו שקדם וזכה דלגי' שלפנינו אינה חולקת על המשנה כלל וצ"ע. **) נראה דל"ל ותרוייהו משמיה דרב הלכה ומיהו רב הונא אמר הלכה אבל אין מורין כן ורב אדא אמר הלכה ומורין כן ואם התרו בהן וכו'.

סַלִיקוּסְתָּא. פְּסוֹלֶת עִילוּרֵי תְמָרִים שֶׁעָשׂוּ מֵהֶן שֵׁכָר. ל"א: שְׁמָרֵי שֵׁכַר תְּמָרִים. וּמְנַגְּבִין אוֹתָן כְּעֵין יַיִן קָרוּשׁ, וּמַאֲכִילִין לַחֲמוֹרִים. כִּשְׁמַעֲתֵיהּ. דְּאָמַר: הֲלָכָה וּמוֹרִין כֵּן. מוּתָּרִין הָווּ. שֶׁהִתְרוּ כַּמָּה פְּעָמִים בַּבְּעָלִים. שֶׁהָיָה לוֹ לַעֲמוֹד. כְּלוֹמַר: בְּהָכִי מִתּוֹקְמָא מַתְנִיתִין – שֶׁשָּׁהָה בִּנְפִילָתוֹ כְּדֵי עֲמִידָה, וְלֹא עָמַד. לְכַתֵּף. לְתַקֵּן הַקּוֹרָה עַל כְּתֵיפוֹ, כְּדֶרֶךְ נוֹשְׂאֵי מַשָּׂאוֹי. לְפוּשׁ. דְּמִשּׁוּם שֶׁהוּא, וְאֵין רה"ר עֲשׂוּיָה לְכָךְ. וְהַזַּגָּגִין. מוֹכְרֵי כְּלֵי זְכוּכִית. וְאִם מֵחֲמַת רִאשׁוֹן נָפְלוּ כּוּלָּן. לְקַמָּן מְפָרֵשׁ. ה"ג

סַלִיקוּסְתָּא! בִּשְׁלָמָא רַב אַדָּא בַּר אַהֲבָה כִּשְׁמַעֲתֵיהּ, אֶלָּא רַב הוּנָא – לֵימָא הֲדַר בֵּיהּ? [א]הָנְהוּ מוּתְרִין הָווּ§ **מתני'** [ב]שְׁנֵי קַדָּרִין שֶׁהָיוּ מְהַלְּכִין זֶה אַחַר זֶה, וְנִתְקַל הָרִאשׁוֹן וְנָפַל, וְנִתְקַל הַשֵּׁנִי בָּרִאשׁוֹן – הָרִאשׁוֹן חַיָּיב בְּנִזְקֵי שֵׁנִי.§ **גמ'** אָמַר רַבִּי יוֹחָנָן: לָא תֵּימָא

[לעיל כט:] מַתְנִי' ר' מֵאִיר הִיא, דְּאָמַר: *נִתְקַל פּוֹשֵׁעַ הוּא וְחַיָּיב. אֶלָּא אֲפִילּוּ לְרַבָּנַן, דְּאָמְרִי: אָנוּס הוּא וּפָטוּר – הָכָא חַיָּיב, שֶׁהָיָה לוֹ לַעֲמוֹד וְלֹא עָמַד; רַב נַחְמָן בַּר יִצְחָק אָמַר: אֲפִילּוּ תֵּימָא לֹא הָיָה לוֹ לַעֲמוֹד, [ג]הָיָה לוֹ לְהַזְהִיר וְלֹא הִזְהִיר. וְרַבִּי יוֹחָנָן אָמַר: כֵּיוָן דְּלֹא הָיָה לוֹ לַעֲמוֹד לֹא הָיָה לוֹ לְהַזְהִיר, דִּטְרִיד. תְּנַן: [ד]הָיָה בַּעַל קוֹרָה רִאשׁוֹן וּבַעַל חָבִית אַחֲרוֹן, נִשְׁבְּרָה חָבִית בַּקּוֹרָה – פָּטוּר, וְאִם עָמַד בַּעַל קוֹרָה – חַיָּיב; מַאי לָאו שֶׁעָמַד לְכַתֵּף, דְּאוֹרְחֵיהּ הוּא, וְקָתָנֵי חַיָּיב, דַּהֲוָה לֵיהּ לְהַזְהִיר? לָא, [ה]כְּשֶׁעָמַד לָפוּשׁ. אֲבָל עָמַד לְכַתֵּף מַאי, [ו]פָּטוּר? אַדְּתָנֵי סֵיפָא: וְאִם אָמַר לוֹ לְבַעַל חָבִית "עֲמוֹד" – פָּטוּר, לִפְלוֹג וְלִיתְנֵי בְּדִידָהּ: בד"א – כְּשֶׁעָמַד לָפוּשׁ, אֲבָל עָמַד לְכַתֵּף – פָּטוּר! הָא קמ"ל, דְּאע"ג דְּעָמַד לָפוּשׁ, כִּי קָאָמַר לוֹ לְבַעַל חָבִית "עֲמוֹד" – פָּטוּר. ת"ש: [ז]הַקַּדָּרִין וְהַזַּגָּגִין שֶׁהָיוּ מְהַלְּכִין זֶה אַחַר זֶה, נִתְקַל הָרִאשׁוֹן וְנָפַל, וְנִתְקַל הַשֵּׁנִי בָּרִאשׁוֹן וְהַשְּׁלִישִׁי בַּשֵּׁנִי – רִאשׁוֹן חַיָּיב בְּנִזְקֵי שֵׁנִי, וְשֵׁנִי חַיָּיב בְּנִזְקֵי שְׁלִישִׁי. [ח]וְאִם מֵחֲמַת רִאשׁוֹן נָפְלוּ – רִאשׁוֹן חַיָּיב בְּנִזְקֵי כּוּלָּם. וְאִם הִזְהִירוּ זֶה אֶת זֶה – פְּטוּרִין; מַאי לָאו שֶׁלֹּא הָיָה לָהֶן לַעֲמוֹד? לֹא, [ט]שֶׁהָיָה לָהֶן לַעֲמוֹד. אֲבָל לֹא הָיָה לָהֶם לַעֲמוֹד מַאי, פָּטוּר? אִי הָכִי, אַדְּתָנֵי סֵיפָא: אִם הִזְהִירוּ זֶה אֶת זֶה – פָּטוּר, לִפְלוֹג וְלִיתְנֵי בְּדִידָהּ: בַּמֶּה דְּבָרִים אֲמוּרִים – שֶׁהָיָה לָהֶן לַעֲמוֹד, אֲבָל לֹא הָיָה לָהֶן לַעֲמוֹד – פְּטוּרִין! הָא קמ"ל,

[עיין בחדושי הרשב"א] דְּאע"ג דְּהָיָה לָהֶן לַעֲמוֹד, כִּי הִזְהִירוּ זֶה אֶת זֶה – פְּטוּרִין. *אָמַר רָבָא: [י]רִאשׁוֹן חַיָּיב בְּנִזְקֵי שֵׁנִי – בֵּין בְּנִזְקֵי גּוּפוֹ בֵּין בְּנִזְקֵי מָמוֹנוֹ, שֵׁנִי חַיָּיב בְּנִזְקֵי שְׁלִישִׁי – בְּנִזְקֵי גּוּפוֹ, אֲבָל לֹא בְּנִזְקֵי מָמוֹנוֹ. מִמָּה נַפְשָׁךְ? אִי נִתְקַל פּוֹשֵׁעַ הוּא – שֵׁנִי נַמִּי לִיחַיַּיב, אִי נִתְקַל לָאו פּוֹשֵׁעַ הוּא – אֲפִילּוּ רִאשׁוֹן נַמִּי לִיפָּטַר!

רִאשׁוֹן

וקתני חייב. שהיה לו להזהיר, אע"ג דטריד לכתף היה לו להזהיר. וא"ת: ומנליה דמשום שהיה לו להזהיר חייב? דלמא משום דמוקמינן לקמן דרמי כשלדא, וחייב משום דלא ה"ל למירמייה כשלדא! וי"ל: דכשלדא נמי דרכו כשמכתף. וא"ת: אי אורחיה אמאי הוה ליה להזהיר? הא לקמן מוכח דאי לא רמי כשלדא פטור, דאיבעי ליה לבעל חבית לאסוקי אדעתיה שמא יעמוד בעל קורה. וא"כ, אפי' כשלדא נמי ליפטר הכא, דאיבעי ליה לבעל חבית לאסוקי אדעתיה שמא יעמוד כשלדא, כיון דדרך המכתפין בכך! וי"ל: כיון דלפעמים מכתף ואין מניח כשלדא – לא איבעי ליה לאזדהורי. וא"ת: כי מוקי לה נמי כשעמד לפוש, אמאי חייב? הא כיון דאיבעי ליה לאזדהורי במכתף, בעומד לפוש נמי איבעי ליה לאזדהורי, דמנא ידע אם עומד לכתף או לפוש, ופושע הוא! וי"ל: דמינכר שפיר אם עומד לפוש או לכתף. הלכך, כשעומד לפוש – אין לאחרון ליזהר משלדא, דלאו אורחיה כשלדא כשעומד לפוש. הלכך, ההוא דעמד פושע הוא אם לא יזהיר. אבל כשעמד לכתף – אורחיה הוא להניח כשלדא, ואין לו להזהיר. **אמר** רבא ראשון חייב בנזקי שני. לשון שני פי' בקונטרס מפי המורה, וכן נראה לר"י עיקר. והכי פירושו: ראשון חייב בנזקי שני בין בנזקי גופו בין בנזקי ממונו דראשון. ובנזקי גופו מחייב אף על ממונו דשני, דהוי אדם המזיק. ובנזקי ממונו מחייב אנזקי גופו דשני, ולא על ממונו, דקדירות הראשונות הוי בור, ולא מחייב אכלים. כדמפרש דראשון ודאי פושע הוא, ולפיכך חייב על נזק שממונו עושה, אבל שני לא פשע בשלישי כל כך. ומ"מ, כשגוף השני הזיק – אפי' בממון השלישי חייב, דהיה לו לעמוד ולא עמד. אבל כשהזיק ממונו של שני, אפילו גופו של שלישי – פטור, דאמר ליה: האי בירא לאו אנא כריתיה, דה"ל מפקיר נזקיו לאחר נפילת אונס. מיתיבי: כולן פטורין על נזקי ממונן, אפילו ראשון אם הזיק ממונו אפילו את גוף השני. ולא מצי אוקמה דברייתא כרבנן דאמרי נתקל אונס הוא, דהוי ראשון נמי מפקיר נזקיו לאחר נפילת אונס, ורבא כר"מ דאמר נתקל פושע הוא. דקי"ל דברייתא ורבא לפרש הברייתא דקדרין וזגגין קאתו, להכי ליכא למימר דפליגי. ובקונט' פירש: דרבא ס"ל דבין לר"מ ובין לרבנן נתקל פושע הוא, ולא פליגי אלא במפקיר נזקיו. אבל מכל מקום ה"ל לאוקמי ברייתא כרבנן, דאית להו מפקיר נזקיו פטור. ועוד: דב"האומניס" (ב"מ דף פב: ושם*) משמע דליכא מאן דפליג אמאי דאוקימנא לעיל פלוגתא דנתקל פושע. דקאמר התם: וקי"ל דבנתקל פושע פליגי. ומשני: אלא אמר רבא ראשון חייב בנזקי שני בין בנזקי גופו בין בנזקי ממונו דשני, והוא דהזיק בגופו אע"ג דאנוס, מדפטר בברייתא כשהזיק ראשון בממונו, מ"מ חייב על שהיה לו לעמוד או להזהיר ולא עמד והזהיר. אבל שני חייב בנזקי שלישי בנזקי גופו של שלישי ולא אממונו, דגוף השני הוי בור משום דאנוס יותר מן הראשון, ולכך, מטעם שהיה לו לעמוד לא הוי אלא בור. וראשון שאין אנוס כל כך, אע"ג דאונס זה מפטר אדם המזיק, כדמשמע ב"האומנים", כיון שהיה לו לעמוד ולא עמד – חשיב ליה אדם המזיק. אע"פ שזה דוחק אין לחוש, כיון דלא קאי מסקנא הכי. א"נ י"ל: דרבא סבירא ליה בנתקל פושע כר"מ, ולכך הראשון הוי אדם המזיק ולא בור, מ"מ פטר ליה בברייתא אנזקי ממונו – משום דסבר מפקיר נזקיו פטור, אפילו אחר נפילת פשיעה. אע"ג דרבא סבר כר"מ – בהא לא סבר כר"מ. ופריך: הניחא לשמואל, אלא לרב אמאי חשיב ליה להאי שני בור? תרגמה רב אדא כגון שהוזקו כלים בכלים. והשתא הדר ביה, ובא ליישב הברייתא ללישנא קמא דרבא. וכולן חייבין על נזקי גופו – שגופו הזיק את ממונו, ופטורין על נזקי ממונו – שממון הזיק את הממון. ואע"ג דנתקל פושע הוא – מ"מ הוי ממונו בור, ופטור על כלי שני. אבל כשהזיק ממונו את הגוף – הראשון חייב, והשני פטור. וגרס ברישא: האי בירא לאו אנא כריתיה, וב"אלא אמר רבא" גרסינן: ה"ל בור, ולא מצינו בור שחייב בו את הכלים. ולשון ראשון פ"ה והיא גירסת ר"ח: אמר רבא ראשון חייב בין בנזקי גופו בין בנזקי ממונו דשני כשהוזקו בגופו של ראשון, כדמפרש, דראשון ודאי פושע הוא לר"מ, דמנפשיה נפיל והוי אדם המזיק, ולרבנן משום שהיה לו לעמוד ולהזהיר. ושני חייב בנזקי גופו של שלישי, אבל לא בנזקי ממונו של שלישי, כדמסיק דאגופו של שלישי מחייב – דהיה לו לעמוד ולא עמד, אממונו פטור – דה"ל בור, ולא מצינו בור שחייב בו את הכלים. ופריך: ראשון נמי נחשב גופו בור, ויפטר על ממון השני! ומשני: ראשון מנפשיה נפיל, וה"ל פושע לר"מ. ולרבנן – משום דה"ל להזהיר לרב נחמן, ולרבי יוחנן – היה לו לעמוד. אע"ג דלרבנן שניהם אנוסין – מ"מ הראשון שאין אנוס כ"כ הוי אדם המזיק, מטעם שהיה לו לעמוד או להזהיר, והשני שהוא אנוס יותר אין נחשב מטעם זה כ"א בור. ולפי זה הו"מ למפרך השתא: הניחא לשמואל (א) כדאמרינן לקמן. מיתיבי: כולן חייבין על נזקי גופן ופטורין על נזקי ממונן של נזקין. וחוזר בו רבא מתוך קושיא זו. ותימה: דלישני דגופו וממונו אמזיקין קאי, וחייבין אנזקי גופו דראשון מטעם אדם המזיק, וגופו של שני משום בור, ופטור אנזקי שממונו הזיק כרבנן, דאמרי נתקל לאו פושע הוא, והוי מפקיר נזקיו לאחר נפילת אונס! אלא אמר רבא: ראשון חייב בין בנזקי גופו בין בנזקי ממונו דראשון אם הזיק בגוף השני. יש ספרים שכתוב בהן בהדיא: בין איתזק מגופו בין איתזק מממונו – שני חייב בנזקי שלישי בנזקי גופו דשני, משום שהיה לו לעמוד, אבל לא בנזקי ממונו דשני, דא"ל: האי בירא לאו אנא כריתיה. דאנוס היה, שהראשון גרם לו ליפול. אבל ראשון ודאי פושע הוא. ולהכי קתני בברייתא: וכולן פטורין על נזקי ממונן. פי': על ניזוקין, שגוף הראשון נמי נחשב בור, כיון שלא הזיקו בידים. וקשה: כיון דפושע הוא, אמאי פטור כשגופו הזיק ממון השני? ואע"פ שאין מזיק בידים אין לו ליחשב בור, דהתנן: אם עמד בעל קורה – חייב בחבית של חבירו, אלמא חשיב אדם

עין משפט נר מצוה

מא א טוש"ע ח"מ סי' תיד סעיף א בהג"ה:

מב ב מיי' פי"ג מהל' נזקי ממון הלכה ח סמג עשין סח טוש"ע ח"מ סי' תיג סעיף א:

מג ג ש"ע שם בהג"ה:

מד ד ה ו מיי' פ"ו מהל' חובל ומזיק הלכה ח סמג עשין ע טוש"ע ח"מ סי' שעט סעיף ב:

מה ז מיי' פי"ג מהלכות נזקי ממון הלכה י ועיין במ"מ ובל"מ סמג עשין סח טוש"ע ח"מ סי' תיג סעיף ב:

מו ח מיי' שם טוש"ע שם סעיף ג:

מז ט י מיי' שם טוש"ע שם סעיף ב:

רבינו חננאל

סליקוסתא: **מתני'** שני קדרין שהיו מהלכין זה אחר זה ונתקל הראשון כו' אמר ר' יוחנן לא תימא מתני' ר' מאיר היא דאמר נתקל פושע הוא ומשום הכי חייב אלא אפילו רבנן דאמרי נתקל אנוס הוא הכא חייב שהיה לו לעמוד ולא עמד ור' נחמן בר יצחק אמר אפי' נשבר ואינו יכול לעמוד חייב שהיה לו להזהיר לבאין אחריו. ר' יוחנן אמר כיון שנשבר ואינו יכול לעמוד טרוד הוא להזהיר. תנן היה בעל קורה ראשון ובעל חבית אחרון כו' וקתני חייב דהוה ליה להזהיר ולא הזהיר מאי לאו כשעמד לכתף לתקן המשאוי על כתיפו ואע"פ שהוא טרוד אמרי' היה לו להזהיר קשיא על ר' יוחנן ופריק כשעמד לנוח שאינו טרוד ואע"פ שעמד לפוש כי אמר לבעל החבית עמוד פטור: ת"ש הקדרין והזגגין שהיו מהלכין זה אחר זה ונתקל הראשון ונפל כו' ופריק ר' יוחנן בהא נמי אע"פ שהיה להם לעמוד ולא עמדו כי הזהירו זה את זה פטורין ודברים פשוטין הן: אמר רבא נתקל ראשון חייב בנזקי שני בין בנזקי גופו בין בנזקי ממונו שני חייב בנזקי שלישי כו'.

הגהות הב"ח

(א) תוס' ד"ה אמר רבא וכו' כדאמרינן לקמן. נ"ב נ"ל כדפריך:

מח א ב ג מיי' פי"ג מהלכות נזקי ממון הלכה י ועיין בהשגות וכמ"מ סמג עשין סח טוש"ע ח"מ סי' תיג סעיף ב:

מט ד מיי' שם הל' יא טוש"ע שם סעיף ג:

נ ה טוש"ע שם בהג"ה:

נא ו מיי' פ"ו מהלכות חובל ומזיק הלכה ח סמג עשין ע טוש"ע ח"מ סי' שעט סעיף א:

נב ז מיי' שם טוש"ע שם סעיף ב:

רבינו חננאל

ומותבינן עליה כולן חייבין על נזקי גופן ופטורין על נזקי ממונן מאי לאו אפי' ראשון כו'. וכיון דאיתותב הדר אמר רבא ראשון חייב בנזקי שני בין דאיתזק השני בגופו של ראשון בין דאיתזק בממונו של ראשון שני חייב בנזקי שלישי אי איתזק בגופיה דשני. אבל איתזק בממונו של שני לא [דא"ל] האי בירא לאו אנא כריתיה. פי' גאון זק"ל אלא ראשון הוא דחפרה שנתקל תחלה פי' הראשון חייב לשני אם הוזק שני בממונו של ראשון בכליו דאינון כגון אבנו סכינו ומשאו שהניחן ברשות הרבים שאם הוזק בהן אדם חייב כדאמרי' *) לעילא וכל שכן אם הוזק השני בגופו של ראשון שהיה לו לעמוד ולא עמד ואם אינו יכול לעמוד היה לו להזהיר ולא הזהיר אבל שלישי בגופו של שני חייב השני שהיה לו לעמוד או להזהיר כמו שאמרנו ולא עשה לפיכך חייב אבל הוזק בכליו של שני פטור דאמר ליה הלא המניח כליו ברשות הרבים כאילו כרה בור ברשות הרבים וחייב אלו הכלים לא השלכתים אני ברשות הרבים הראשון שנתקל עליו כאלו הוא השליכם. והא דרבא הלכתא היא דלית מאן דפליג עליה ומסקנא כוותיה. אמר מר כולן חייבין על נזקי גופן ופטורין על נזקי ממונן הניחא לשמואל דאמר כל תקלה בור הוא ולענין קטלא אמר שור ולא אדם חמור ולא כלים אבל לענין נזקין אדם חייב וכלין פטורין. אלא לרב דאמר אי דאפקרינהו חוי בור ואי לא ממוניה נינהו וכשורו הן שחייב בזה ובזה גופו היכי מפקר לי' תרגמה אבא בר מניומי קמי רבינא שהוזקו כלים בכלים שיכול להפקירן. פי' כשלדא כגון שפשט ידיו ורגליו לרוחבה של דרך ופסקה מלעבר בה אדם וכן חוטרא דסמיותא פי' הסומא מגשש במטה שבידו הנה והנה בצדדין ובאמצע הדרך: [מתני'] זה בא בחביתו וזה בא בקורתו [כו']

*) נראה דל"ל כדאמרינן לעיל דף כח ע"ב:

אָרִאשׁוֹן וַדַּאי פּוֹשֵׁעַ הוּא. בשֵׁנִי, אַגּוּפוֹ מִחַיֵּיב — דַּהֲוָה לוֹ לַעֲמוֹד וְלֹא עָמַד, אַמָּמוֹנוֹ פָּטוּר — גדְּא"ל: הַאי בֵּירָא לָאו אֲנָא כְּרִיתֵיהּ. מֵיתִיבֵי: כּוּלָּן חַיָּיבִין עַל נִזְקֵי גוּפָן, וּפְטוּרִין עַל נִזְקֵי מָמוֹנָן; מַאי לָאו אֲפִי' רִאשׁוֹן? לָא, לְבַר מֵרִאשׁוֹן. וְהָא "כּוּלָּם" קָתָנֵי! אָמַר רַב אַדָּא בַּר אַהֲבָה: "כּוּלָּן" — הַנִּיזָּקִין. הַאי מַאי? אִי אָמְרַתְּ בִּשְׁלָמָא אֲפִילּוּ רִאשׁוֹן, הַיְינוּ דְּקָתָנֵי "כּוּלָּן", אֶלָּא אִי אָמְרַתְּ לְבַר מֵרִאשׁוֹן, מַאי "כּוּלָּן"? לִיתְנֵי: הַנִּיזָּקִין! *אֶלָּא אָמַר רָבָא: רִאשׁוֹן חַיָּיב בֵּין בְּנִזְקֵי גוּפוֹ דְּשֵׁנִי בֵּין בְּנִזְקֵי מָמוֹנוֹ דְּשֵׁנִי, וְשֵׁנִי חַיָּיב בְּנִזְקֵי שְׁלִישִׁי בְּנִזְקֵי גוּפוֹ, אֲבָל לֹא בְּנִזְקֵי מָמוֹנוֹ, מ"ט? דַּהֲוָה לֵיהּ בּוֹר, וְלֹא מָצִינוּ בּוֹר שֶׁחַיָּיב בּוֹ אֶת הַכֵּלִים. הָנִיחָא לִשְׁמוּאֵל, דְּאָמַר: כָּל תַּקָּלָה *בּוֹר הוּא, אֶלָּא לְרַב דְּאָמַר: אִי אַפְקְרֵיהּ — אִין, אִי לָא — לָא, מַאי אִיכָּא לְמֵימַר? לְעוֹלָם כִּדַאֲמַר מֵעִיקָּרָא. וּדְקַשְׁיָא לָךְ "כּוּלָּן חַיָּיבִין" — תַּרְגְּמָהּ רַב אַדָּא בַּר מַנְיוּמֵי קַמֵּיהּ דְּרָבִינָא: שֶׁהוּזְּקוּ כֵּלִים בְּכֵלִים. אָמַר מָר: אִם מֵחֲמַת רִאשׁוֹן נָפְלוּ — רִאשׁוֹן חַיָּיב בְּנִזְקֵי כּוּלָּם. מֵחֲמַת רִאשׁוֹן הֵיכִי נָפֵיל? רַב פָּפָּא אָמַר: *דדִּפְסַקָהּ לְאוֹרְחֵיהּ כְּשַׁלְדָּא; רַב זְבִיד אָמַר: הכְּחוּטְרָא דְּסַמְיוּתָא.§ **מתני'** *וזֶה בָּא בַּחֲבִיתוֹ וְזֶה בָּא בְּקוֹרָתוֹ, נִשְׁבְּרָה כַּדּוֹ שֶׁל זֶה בְּקוֹרָתוֹ שֶׁל זֶה — פָּטוּר, שֶׁלָּזֶה רְשׁוּת לְהַלֵּךְ וְלָזֶה רְשׁוּת לְהַלֵּךְ. זהָיָה בַּעַל הַקּוֹרָה רִאשׁוֹן וּבַעַל חָבִית אַחֲרוֹן, נִשְׁבְּרָה חָבִית בַּקּוֹרָה — פָּטוּר בַּעַל הַקּוֹרָה, וְאִם

תוספות

אדם המזיק אע"פ שאינו מזיק בידים! וכולן חייבין על נזקי גופן, כמו "אמר מר" הוא. הניחא לשמואל כו' ומשני: כגון שהוזקו כלים בכלים. והשתא "כולן חייבין על נזקי גופן ופטורין על נזקי ממונן" ע"כ לאו על נזקין קאי, דאי קאי אנזקין כדס"ד השתא, א"כ איירי כשהוזקו בממון המזיקין, כדמוקי כשהוזקו כלים בכלים, דאי בגוף המזיק אמאי קאמר דפטורין על נזקי ממונן? וכיון דהוזקו בממון מזיקין איירי, אמאי חייב שני כשהזיק גוף שלישי בממונו? והא האי בירא לאו איהו כרייה! אלא אמזיקין קאי, וכולן חייבין אנזקין שהזיק גופו בין בממון בין בגוף, שאפי' גוף שני חייב על ממון שלישי, דמטעם שהיה לו לעמוד ולהזהיר הוי אדם המזיק, וחייב על הכלים אף לשמואל. והשתא לא קשה מה שהקשה מאם עמד בעל קורה, דכיון שיתחייב לפי המסקנא אין לחוש אם יכול לומר: ולטעמיך ולשמואל מי ניחא, דיש מקומות שאין התלמוד מקפיד. ופטורין על נזקי ממונן, פירוש: שמזיק ממונו את הכלים, אפי' ראשון דפושע הוא, דהוה ליה ממונו בור ופטור על הכלים.

כחוטרא דסמיותא. ארב פפא פליג. וס"ל לרב זביד דכי פסקה לאורחא כשלדא לא היה ראשון חייב בנזקי שלישי, שהיה לו ליזהר כשראה השני שנפל. אבל בחוטרא דסמיותא דהוי באלכסון, כשנתקל הראשון בראש החוטרא — אותו שבא אחר כך ונתקל בסוף החוטרא לא ראהו.

ואם

רש"י

ה"ג רִאשׁוֹן וַדַּאי פּוֹשֵׁעַ הוּא. שֵׁנִי, אַגּוּפוֹ – מִיחַיֵּיב, שֶׁהָיָה לוֹ לַעֲמוֹד וְלֹא עָמַד, אַמָּמוֹנוֹ – פָּטוּר, דְּא"ל: הַאי בֵּירָא לָאו אֲנָא כְּרִיתֵיהּ. מֵיתִיבֵי: כּוּלָּן חַיָּיבִין עַל נִזְקֵי גוּפָן כו' עַד מַאי טַעְמָא דַּהֲוָה לֵיהּ בּוֹר וְלֹא מָצִינוּ בּוֹר שֶׁחַיָּיב בּוֹ אֶת הַכֵּלִים. הָנִיחָא לִשְׁמוּאֵל דְּאָמַר כו' אֶלָּא לְרַב מַאי אִיכָּא לְמֵימַר תַּרְגְּמָהּ רַב אַדָּא כו'. וְהָכִי פֵּירוּשׁוֹ: רִאשׁוֹן חַיָּיב בְּנִזְקֵי שֵׁנִי – בֵּין שֶׁנִּיזַּק בְּגוּפוֹ שֶׁל רִאשׁוֹן וּבֵין שֶׁהוּזַּק בְּמָמוֹנוֹ שֶׁל רִאשׁוֹן. גּוּפוֹ – כְּדִין מַזִּיק וְחַיָּיב אַף עַל כֵּלִים דְּשֵׁנִי, דְּגוּפוֹ לָא מְשַׁוֵּינַן [לֵיהּ] כְּדִין בּוֹר. וּמָמוֹנוֹ [הֲוָה לֵיהּ] בְּתוֹרַת בּוֹר וְחַיָּיב עַל גּוּף ב', וּפָטוּר עַל כֵּלָיו. אִם הוּזַּק מָמוֹן בְּמָמוֹן – פָּטוּר. דְּבוֹר חַיָּיב בּוֹ נִזְקֵי אָדָם, דְּאָמְרִינַן לְעֵיל דְּכִי דָּרְשִׁינַן שׁוֹר וְלֹא אָדָם – לְעִנְיַן קְטָלָא, אֲבָל לְעִנְיַן נְזָקִין – חַיָּיב, וּפָטַר בּוֹ אֶת הַכֵּלִים. וְשֵׁנִי חַיָּיב בְּנִזְקֵי שְׁלִישִׁי כְּדִין מַזִּיק, הֵיכָא דְּהוּזַּק בְּגוּפוֹ שֶׁל שֵׁנִי. אֲבָל לֹא בְּנִזְקֵי מָמוֹנוֹ, שֶׁאִם מָמוֹנוֹ שֶׁל שֵׁנִי הִזִּיק אֶת הַשְּׁלִישִׁי בְּגוּפוֹ – אֵינוֹ חַיָּיב, אֲפִילּוּ תּוֹרַת בּוֹר אֵין לוֹ עַל הַקְּדֵירוֹת שֶׁל הַשֵּׁנִי לְהִתְחַיֵּיב בַּמֶּה שֶׁהִזִּיק, וַאֲפִילּוּ הִזִּיק בְּגוּפוֹ שֶׁל שְׁלִישִׁי. מַה נַּפְשָׁךְ. דִּמְשַׁוֵּית לְמָמוֹנוֹ שֶׁל רִאשׁוֹן בּוֹר, וּמָמוֹנוֹ דְּשֵׁנִי פָּטוּר. אִי נִתְקַל פּוֹשֵׁעַ הוּא. וַהֲוֵי כְּמַשְׁלִיךְ תַּקָּלוֹתָיו בִּרה"ר, מִשּׁוּם הָכִי מָמוֹן רִאשׁוֹן חַיָּיב. שֵׁנִי נַמִּי נִחַיַּיב. אַנִּזְקֵי שְׁלִישִׁי, דַּעֲבִיד מָמוֹנוֹ לְגוּפוֹ שֶׁל שְׁלִישִׁי. וְאִי לָאו פּוֹשֵׁעַ הוּא. וְאָנוּס מְשַׁוֵּית לֵיהּ. אֲפִי' רִאשׁוֹן נִפְטָר. אֲפִי' אַנְּזָקִין דְּהִזִּיק בְּגוּפוֹ, כ"ש בְּמָמוֹנוֹ. רִאשׁוֹן וַדַּאי פּוֹשֵׁעַ הוּא. דְּמִנַּפְשֵׁיהּ נָפַל. הִלְכָּךְ גּוּפוֹ הָוֵי כְּמַזִּיק, וְאַמָּמוֹנוֹ הֲוָה לֵיהּ כּוֹרֶה בּוֹר וּמִחַיֵּיב מִיהָא אַגּוּפוֹ דְּשֵׁנִי. ◎וְקָסָבַר רָבָא דְּרַבָּנַן לָא פְּלִיגֵי עֲלֵיהּ דְּר"מ בְּנִתְקָל פּוֹשֵׁעַ הוּא, כִּדְאוֹקֵי לְעֵיל אַבַּיֵּי דִּבְתַרְתֵּי פְּלִיגֵי. אֶלָּא בְּמַפְקִר נְזָקָיו הוּא דִּפְלִיגֵי. אֲבָל נִתְקַל מֵעַצְמוֹ – פּוֹשֵׁעַ הוּא לְדִבְרֵי הַכֹּל. שֵׁנִי. בִּנְפִילָתוֹ אָנוּס הוּא. אַגּוּפוֹ מִיהָא מִיחַיֵּיב כְּמַזִּיק בְּיָדַיִם, שֶׁהָיָה לוֹ לַעֲמוֹד וְלֹא עָמַד. אַמָּמוֹנוֹ פָּטוּר. לְגַמְרֵי, וַאֲפִי' הָיָה לוֹ לַעֲמוֹד. דְּאָמַר לֵיהּ **הַאי בֵּירָא לָאו אֲנָא** כְּרִיתֵיהּ. אֶלָּא רִאשׁוֹן, וּמַפְקִיר נְזָקָיו לְאַחַר נְפִילַת אוֹנֶס אֲמַרַן לְעֵיל (דף כט.) דְּפָטוּר. מֵיתִיבֵי כּוּלָּן חַיָּיבִין עַל נִזְקֵי גוּפָן. שֶׁהִזִּיק גּוּפָן אֶת אֲחֵרִים בֵּין בְּגוּף בֵּין בְּמָמוֹן. וּפְטוּרִין עַל נִזְקֵי מָמוֹנָן. שֶׁהִזִּיק מָמוֹנָן אֶת אֲחֵרִים. וְקס"ד הַשְׁתָּא דִּלְגַמְרֵי פָּטַר לְהוּ, אֲפִי' הִזִּיק הַמָּמוֹן אֶת גּוּף חֲבֵירוֹ. **מַאי לָאו אֲפִילּוּ** רִאשׁוֹן. וש"מ: נִתְקָל לָאו פּוֹשֵׁעַ הוּא. וְאַגּוּפוֹ הוּא דְּמִיחַיֵּיב, דַּהֲוָה לֵיהּ לַעֲמוֹד. וְאע"ג דִּתְחִילָּתוֹ אָנוּס – חַיָּיב, דִּבְגוּפוֹ לָא מְשַׁוֵּינַן לֵיהּ דִּין בּוֹר דְּנֵימָא מַפְקִיר נְזָקָיו אַחַר נְפִילַת אוֹנֶס הוּא, אֶלָּא מַזִּיק מַמָּשׁ הוּא, דְּאָדָם לָא הָוֵי בּוֹר. אֲבָל אַמָּמוֹנוֹ פָּטוּר. **לֹא** לְבַר מֵרִאשׁוֹן וכו'. **אֶלָּא אָמַר רָבָא** כו'. ע"כ רָבָא לָא חַיֵּיב הָרִאשׁוֹן בְּנִזְקֵי מָמוֹנוֹ שֶׁהִזִּיק בַּשֵּׁנִי, דְּלָאו פּוֹשֵׁעַ הוּא. וְלָא חָלֵק בֵּין רִאשׁוֹן לַשֵּׁנִי אֶלָּא בִּנְזָקִין שֶׁהִזִּיק גּוּפוֹ. וְהָכִי אָמַר רָבָא: רִאשׁוֹן, הָוֵי גּוּפוֹ מַזִּיק וְחַיָּיב אֲפִילּוּ בְּנִזְקֵי מָמוֹנוֹ שֶׁל שֵׁנִי, הוֹאִיל וְהָיָה לוֹ לַעֲמוֹד. אֲבָל שֵׁנִי, אֲפִילּוּ הָיָה לוֹ לַעֲמוֹד – לָא מִיחַיֵּיב כּוּלֵּיהּ הַאי כְּרִאשׁוֹן, דְּרִאשׁוֹן הָוֵי פּוֹשֵׁעַ טְפֵי מִשֵּׁנִי. הִלְכָּךְ, רִאשׁוֹן וַדַּאי הָוֵי מַזִּיק, וְשֵׁנִי מִיסְפְּקָא לֵיהּ אִי מְשַׁוֵּית לֵיהּ לְגוּפֵיהּ בּוֹר וְחַיָּיב עַל נִזְקֵי גּוּפוֹ שֶׁל שְׁלִישִׁי, אֲבָל לֹא בְּנִזְקֵי מָמוֹנוֹ, דְּלָא מָצִינוּ בּוֹר שֶׁחַיָּיב בּוֹ אֶת הַכֵּלִים. וּבָרַיְיתָא דְּקָתָנֵי כּוּלָּן חַיָּיבִין עַל נִזְקֵי גּוּפוֹ, דְּמַשְׁמַע אֲפִילּוּ שֵׁנִי – כְּגוֹן שֶׁהִזִּיק אֶת גּוּפוֹ שֶׁל שְׁלִישִׁי. הָנִיחָא לִשְׁמוּאֵל. אִיכָּא לְמֵימַר דְּגוּפוֹ שֶׁל שֵׁנִי אִית לֵיהּ תּוֹרַת בּוֹר. **אֶלָּא** לְרַב. דְּאָמַר אִי לָא אַפְקְרֵיהּ לָא הֲוָה בּוֹר, בִּשְׁלָמָא מָמוֹן אִיכָּא לְמֵימַר דְּמַפְקִיר אִינִישׁ, אֶלָּא גּוּף מִי מַפְקִיר?! תַּרְגְּמָהּ רַב אַדָּא בַּר מַנְיוּמֵי. לְבָרַיְיתָא דִּלְעֵיל כְּגוֹן שֶׁהוּזְּקוּ כֵּלִים בְּכֵלִים. וּלְעוֹלָם מִילְּתֵיהּ דְּרָבָא כִּדַהֲוָה שָׁמְעִינַן לֵיהּ מֵעִיקָּרָא, דְּגוּפוֹ דְּרִאשׁוֹן וְשֵׁנִי הָוֵה כְּמַזִּיקִין בְּיָדַיִם, וְחַיָּיבִין עַל הַכֹּל. וַאֲפִילּוּ לִשְׁמוּאֵל דְּאָמַר דְּמִידֵּי דְּלָא אַפְקְרֵיהּ הָוֵי בּוֹר, ה"מ בְּמָמוֹן, אֲבָל בְּגוּפוֹ – אָדָם הוּא וְלָא בּוֹר וְחַיָּיב עַל נִזְקֵי כֵּלִים. וּמָמוֹנוֹ שֶׁל רִאשׁוֹן לִשְׁמוּאֵל, בֵּין אַפְקְרֵיהּ בֵּין לָא אַפְקְרֵיהּ – הָוֵי בּוֹר. וּלְרַב, אִי לָא אַפְקְרֵיהּ – חַיָּיב בַּכֹּל, וְאִי אַפְקְרֵיהּ – הָוֵי בּוֹר, דְּנִתְקַל מֵעַצְמוֹ פּוֹשֵׁעַ הוּא. וּמָמוֹנוֹ שֶׁל שֵׁנִי פָּטוּר אַף עַל נִזְקֵי גּוּף הַשְּׁלִישִׁי, דְּנֶזֶק הַמּוּפְקָר עַל יְדֵי אוֹנֶס הוּא. וְא"נ לָא אַפְקְרֵיהּ – שׁוֹרוֹ הוּא וְטָפַח בְּאַפֵּיהּ, שֶׁהֲרֵי אָנוּס הוּא. וּמִילְּתֵיהּ דְּרָבָא מְתוֹקְמָא בֵּין לְרַב בֵּין לִשְׁמוּאֵל. וּדְקַשְׁיָא לָךְ בָּרַיְיתָא דְּקָתָנֵי שֶׁאֲפִילּוּ רִאשׁוֹן מָמוֹנוֹ פָּטוּר – הַיְינוּ הֵיכָא דְּהוּזְּקוּ כֵּלִים דְּשֵׁנִי בְּכֵלָיו דְּרִאשׁוֹן, דְּמִיפְּטַר מִשּׁוּם דְּבוֹר נִינְהוּ וְלֹא חַיָּיב בּוֹ אֶת הַכֵּלִים. וּלְרַב בִּדְאַפְקְרִינְהוּ וְלִשְׁמוּאֵל אֲפִילּוּ לָא אַפְקְרִינְהוּ. וְהָכִי קָתָנֵי: כּוּלָּן חַיָּיבִין עַל נִזְקֵי שֶׁמַּזִּיק גּוּפוֹ וַאֲפִילּוּ הִזִּיק כֵּלִים, דְּגוּפוֹ דְּאָדָם מַזִּיק הוּא. וּפְטוּרִין עַל נִזְקֵי מָמוֹנָן – אִם הִזִּיק מָמוֹנָן אֶת כְּלֵי חַבְרֵיהֶן, דַּאֲפִילּוּ מָמוֹן הָרִאשׁוֹן טְפֵי מִבּוֹר לָא מְשַׁוֵּית לֵיהּ, שֶׁאֵין לְךָ פּוֹשֵׁעַ יוֹתֵר מִכּוֹרֶה בּוֹר, וּפָטַר בּוֹ אֶת הַכֵּלִים. אֲבָל הִזִּיק מָמוֹנוֹ אֶת הַגּוּף – יֵשׁ מֵהֶן חַיָּיב וְיֵשׁ מֵהֶן פָּטוּר. רִאשׁוֹן חַיָּיב וְשֵׁנִי פָּטוּר. וְגִירְסָא הָכִי אִיתָא: אָמַר רָבָא רִאשׁוֹן חַיָּיב בְּנִזְקֵי שֵׁנִי בֵּין בְּנִזְקֵי גוּפוֹ בֵּין בְּנִזְקֵי מָמוֹנוֹ. שֵׁנִי חַיָּיב בְּנִזְקֵי שְׁלִישִׁי – בְּנִזְקֵי גוּפוֹ, אֲבָל לֹא בְּנִזְקֵי מָמוֹנוֹ. מַה נַּפְשָׁךְ, אִי נִתְקָל פּוֹשֵׁעַ הוּא – שֵׁנִי נַמִּי לִיחַיֵּיב, וְאִי נִתְקָל לָאו פּוֹשֵׁעַ הוּא – רִאשׁוֹן נַמִּי לִיפָּטֵר. רִאשׁוֹן וַדַּאי פּוֹשֵׁעַ הוּא, וְשֵׁנִי, אַגּוּפוֹ – מִיחַיֵּיב, דַּהֲוָה לֵיהּ לַעֲמוֹד וְלֹא עָמַד, אַמָּמוֹנוֹ – פָּטוּר, דְּאָמַר לֵיהּ: הַאי בֵּירָא לָאו אֲנָא כְּרִיתֵיהּ. וְלָא גָּרְסִינַן הָכָא: דַּהֲוָה לֵיהּ בּוֹר מֵיתִיבֵי כו' עַד לְבַר מֵרִאשׁוֹן וְהָא כּוּלָּן קָתָנֵי כו' עַד שֵׁנִי חַיָּיב בְּנִזְקֵי שְׁלִישִׁי בְּנִזְקֵי גוּפוֹ וְלֹא בְּנִזְקֵי מָמוֹנוֹ דַּהֲוָה לֵיהּ בּוֹר כו'. וְלָא גָּרְסִינַן הָכָא: הַאי בֵּירָא לָאו אֲנָא כְּרִיתֵיהּ וכו'. **כְּשַׁלְדָּא.** כִּנְבֵלָה הַמּוּשְׁלֶכֶת לְמַעֲבַר הַדֶּרֶךְ בְּרָחְבָּהּ, וּמְמַלְּאָה אֶת כָּל הַדֶּרֶךְ. שַׁלְדָּא = נְבֵלָה, כִּדְאָמְרִינַן בְּעָלְמָא: שַׁלְדּוֹ קַיֶּימֶת (נדה דף כח.). **כְּחוּטְרָא דְּסַמְיוּתָא.** כְּמַקֵּל שֶׁל סוּמִין שֶׁמְּגַשֵּׁשׁ הַסּוּמָא בּוֹ, וּפְעָמִים שֶׁהוּא מוֹשִׁיטוֹ לְרוֹחַב הַדֶּרֶךְ וּמְגַשֵּׁשׁ. **מתני'** זֶה בָּא בַּחֲבִיתוֹ כו'. וּפָגַע זֶה בָּזֶה. **פָּטוּר.** שֶׁלִּשְׁנֵיהֶם רְשׁוּת לְהַלֵּךְ. הָיָה בַּעַל קוֹרָה רִאשׁוֹן כו' **פָּטוּר.** שֶׁזֶּה מְהַלֵּךְ כְּדַרְכּוֹ וְהוּא מֵיהֵר לָלֶכֶת. **גמ'**

תַּרְוַיְיהוּ

עיין בר"ף ובהרא"ש וב[illegible] המאור ובמלחמות פירוש אחרים

[לעיל ג: ו. כח: לקמן [illegible]

[לקמן לב. עיין שם]

לעיל כז.

גליון הש"ס

רש"י ד"ה ראשון [illegible] כו' וקסבר רבא כו' [illegible] לי הא רבא אמר [illegible] דב"מ האי כי דיניה [illegible] כי דיניה הרי דס"ל [illegible] דלר"י נתקל לאו פושע מדפטר בש"ח ועי' [illegible] דף כח ע"ב תוספות [illegible] אמר רבה דלרבה [illegible] דלר"י נתקל פושע דהטעם דפטר [illegible] משום תקח"ל אבל [illegible] דלאמר האי כי דיניה [illegible] דסבר דלר"י נתקל פושע ועט"ג.

תַּרְוַיְיהוּ כִּי הֲדָדֵי נִינְהוּ. שְׁנֵיהֶן שָׁוִין בִּשְׁבִירָתָן שֶׁאַף בַּעַל חָבִית סִייַּע בִּשְׁבִירָתָהּ. הַנְּפָשׁוֹת הָעוֹשׂוֹת. נוֹאֵף וְנוֹאֶפֶת בְּמַשְׁמַע. כִּרְבוּצָה בִּמְהַלֶּכֶת. דְּבַעַל קוֹרָה שֶׁעָמַד הָוֵי מְשׁוּנֶּה, שֶׁאֵין דֶּרֶךְ לָפוּשׁ בִּרְה"ר. הָא סִיּוּעֵי בָּעֲיָא. דִּרְבוּצָה בִּמְהַלֶּכֶת חַיֶּיבֶת. אֶלָּא מַקְשֵׁי נַמִּי קַשְׁיָא. מַתְנִיתִין, לְרֵישׁ לָקִישׁ דְּאָמַר בָּעֲטָה רוֹבֶצֶת חַיֶּיבֶת. הָא הוּזְקָה מִמֵּילָא. מְהַלֶּכֶת בִּרְבוּצָה – פְּטוּרָה. וְהָכָא קָתָנֵי בְּמַתְנִיתִין דְּמִמֵּילָא חַיָּיב. מַתְנִיתִין דִּפְסָקָהּ. קוֹרָה לְאוֹרְכָּא כִּשְׁלָדָא, שֶׁהָיוּ רָאשֶׁיהָ לְרוֹחַב הַדֶּרֶךְ. הִלְכָּךְ, אֲפִילּוּ מִמֵּילָא חַיָּיב, שֶׁאֵין דֶּרֶךְ לְבַעַל הֶחָבִית לִנְטוֹת. לְסַגּוּיֵי בְּאִידָךְ גִּיסָא. הִלְכָּךְ, טַעְמָא דְּבָעֲטָה, אֲבָל מִמֵּילָא – פָּטוּר. מַתְנִיתִין. דְּקָא מְסַגֵּי בַּעַל הַקּוֹרָה כִּי אוֹרְחֵיהּ, וְאֵין כָּאן שִׁינּוּי – הִלְכָּךְ פָּטוּר. אֲבָל מְהַלֶּכֶת שֶׁבָּעֲטָה בִּרְבוּצָה – שִׁינְּתָה אֶת דַּרְכָּהּ וְאֵימָא לָךְ דְּחַיֶּיבֶת. שְׁנֵיהֶן פְּטוּרִין. כִּדְמְפָרֵשׁ בַּגְּמָרָא. מִפְּנֵי שֶׁרָץ [בִּרְשׁוּת]. מְפָרֵשׁ לְקַמָּן. הָא תּוּ לָמָּה לִי [הַשְׁתָּא] אֶחָד רָץ וְאֶחָד מְהַלֵּךְ. דְּרָץ שִׁינָּה וּמְהַלֵּךְ לֹא שִׁינָּה – פָּטוּר, שְׁנֵיהֶם רָצִים מִבַּעְיָא?!

תורה אור

[א]וְאִם עָמַד בַּעַל קוֹרָה – חַיָּיב, וְאִם אָמַר לְבַעַל חָבִית "עֲמוֹד" – פָּטוּר. [ב]הָיָה בַּעַל חָבִית רִאשׁוֹן וּבַעַל קוֹרָה אַחֲרוֹן, נִשְׁבְּרָה חָבִית בַּקּוֹרָה – חַיָּיב, [ג]וְאִם עָמַד בַּעַל חָבִית – פָּטוּר. [ד]וְאִם אָמַר לְבַעַל קוֹרָה "עֲמוֹד" – חַיָּיב. [ה]וְכֵן זֶה בָּא בְּנֵרוֹ וְזֶה בְּפִשְׁתָּנוֹ.§ **גמ'** בְּעָא מִינֵּיהּ רַבָּה בַּר נָתָן מֵרַב הוּנָא: הַמַּזִּיק אֶת אִשְׁתּוֹ בְּתַשְׁמִישׁ הַמִּטָּה, מַהוּ? כֵּיוָן דְּבִרְשׁוּת קָעָבֵיד פָּטוּר, אוֹ דִּלְמָא [ו]אִיבָּעֵי לֵיהּ לְעַיּוּנֵי? א"ל תְּנֵיתוּהָ: שֶׁלָּזֶה רְשׁוּת לְהַלֵּךְ וְלָזֶה רְשׁוּת לְהַלֵּךְ. אָמַר רָבָא: ק"ו, וּמָה יַעַר שֶׁזֶּה לִרְשׁוּתוֹ נִכְנָס וְזֶה לִרְשׁוּתוֹ נִכְנָס – נַעֲשָׂה כְּמִי שֶׁנִּכְנָס לִרְשׁוּת חֲבֵירוֹ וְחַיָּיב, זֶה שֶׁלִּרְשׁוּת חֲבֵירוֹ נִכְנָס לֹא כׇּל שֶׁכֵּן? אֶלָּא הָא קָתָנֵי: שֶׁלָּזֶה רְשׁוּת לְהַלֵּךְ וְלָזֶה רְשׁוּת לְהַלֵּךְ! הָתָם תַּרְוַיְיהוּ כַּהֲדָדֵי נִינְהוּ, [ז]הָכָא אִיהוּ קָעָבֵיד מַעֲשֶׂה. וְהִיא לָא? וְהָכְתִיב: °"וְנִכְרְתוּ הַנְּפָשׁוֹת הָעוֹשׂוֹת מִקֶּרֶב עַמָּם"! הֲנָאָה לְתַרְוַיְיהוּ אִית לְהוּ, אִיהוּ מַעֲשֶׂה הוּא דְּקָעָבֵיד.§ "הָיָה בַּעַל קוֹרָה רִאשׁוֹן" כו'.§ *אָמַר רֵישׁ לָקִישׁ: שְׁתֵּי פָּרוֹת בִּרְה"ר אַחַת רְבוּצָה וְאַחַת מְהַלֶּכֶת, בָּעֲטָה מְהַלֶּכֶת בִּרְבוּצָה – פְּטוּרָה, רְבוּצָה בִּמְהַלֶּכֶת – חַיֶּיבֶת. לֵימָא מְסַיַּיע לֵיהּ: הָיָה בַּעַל קוֹרָה רִאשׁוֹן וּבַעַל חָבִית אַחֲרוֹן, נִשְׁבְּרָה חָבִית בַּקּוֹרָה – פָּטוּר, וְאִם עָמַד בַּעַל קוֹרָה – חַיָּיב. וְהָא הָכָא, דִּכְרְבוּצָה בִּמְהַלֶּכֶת דָּמֵי, וְקָתָנֵי חַיָּיב. וְתִסְבְּרָא? הָא סָיוּעֵי בָּעֲיָא, לָא מִסְתַּיְּיא דְּלָא מְסַיְּיעֵי אֶלָּא מַקְשָׁה נַמִּי קַשְׁיָא; טַעְמָא דְּבָעֲטָה, הָא הוּזְּקָה מִמֵּילָא – פָּטוּר. וְהָא מַתְנִי' דְּמִמֵּילָא, וְקָתָנֵי חַיָּיב! מַתְנִי' – *דִּפְסָקָהּ לְאוֹרְחָא כִּשְׁלָדָא. הָכָא כְּגוֹן דִּרְבְעָה בְּחַד גִּיסָא, אִיבָּעֵי לָהּ לְסַגּוּיֵי בְּאִידָךְ גִּיסָא. אֶלָּא סֵיפָא דְּמַתְנִי' מְסַיַּיע לֵיהּ לְר"ל, דְּקָתָנֵי: הָיָה בַּעַל חָבִית רִאשׁוֹן וּבַעַל קוֹרָה אַחֲרוֹן, נִשְׁבְּרָה חָבִית בַּקּוֹרָה חַיָּיב, וְאִם עָמַד בַּעַל חָבִית פָּטוּר. וְהָא הָכָא דִּכְמְהַלֶּכֶת בִּרְבוּצָה דָּמֵי, וְקָתָנֵי פָּטוּר. מַתְנִי' – דְּכִי אוֹרְחֵיהּ קָא מְסַגֵּי. הָכָא א"ל: [ח]נְהִי *דְּאִית לָךְ רְשׁוּתָא לְסַגּוּיֵי עֲלַי, לְבַעוּטֵי בִּי לֵית לָךְ רְשׁוּתָא.§ **מתני'** שְׁנַיִם שֶׁהָיוּ מְהַלְּכִין בִּרְה"ר, אֶחָד רָץ וְאֶחָד מְהַלֵּךְ, אוֹ שֶׁהָיוּ שְׁנֵיהֶם רָצִין, (א) *וְהִזִּיקוּ זֶה אֶת זֶה – שְׁנֵיהֶם פְּטוּרִין.§ **גמ'** מַתְנִי' דְּלָא כְּאִיסִי בֶּן יְהוּדָה. דְּתַנְיָא, אִיסִי בֶּן יְהוּדָה אוֹמֵר: רָץ חַיָּיב, מִפְּנֵי שֶׁהוּא מְשׁוּנֶּה. וּמוֹדֶה אִיסִי בְּעֶ"שׁ בֵּין הַשְּׁמָשׁוֹת שֶׁהוּא פָּטוּר, מִפְּנֵי שֶׁרָץ בִּרְשׁוּת. א"ר יוֹחָנָן [ט]הֲלָכָה כְּאִיסִי בֶּן יְהוּדָה. וּמִי אָמַר רַבִּי יוֹחָנָן הָכִי? *וְהָאָמַר ר' יוֹחָנָן: הֲלָכָה כִּסְתָם מִשְׁנָה. וּתְנַן: אֶחָד רָץ וְאֶחָד מְהַלֵּךְ, אוֹ שֶׁהָיוּ שְׁנֵיהֶם רָצִין – פְּטוּרִין! מַתְנִי' בְּעֶ"שׁ בֵּין הַשְּׁמָשׁוֹת. מִמַּאי? מִדְּקָתָנֵי: אוֹ שֶׁהָיוּ שְׁנֵיהֶם רָצִין פְּטוּרִין. הָא תּוּ ל"ל? הַשְׁתָּא אֶחָד רָץ וְאֶחָד מְהַלֵּךְ פָּטוּר, שְׁנֵיהֶם רָצִין מִבַּעְיָא? אֶלָּא הָכִי קָאָמַר: אֶחָד רָץ וְאֶחָד מְהַלֵּךְ – פָּטוּר, בד"א – בְּעֶ"שׁ בֵּין הַשְּׁמָשׁוֹת, אֲבָל בְּחוֹל – אֶחָד רָץ וְאֶחָד מְהַלֵּךְ חַיָּיב. [י]שְׁנֵיהֶם רָצִין אֲפִי' בְּחוֹל פְּטוּרִין. אָמַר מָר: וּמוֹדֶה אִיסִי בְּעֶ"שׁ בֵּין הַשְּׁמָשׁוֹת שֶׁהוּא פָּטוּר מִפְּנֵי שֶׁרָץ בִּרְשׁוּת. בְּעֶ"שׁ מַאי בִּרְשׁוּת אִיכָּא? כִּדְר' חֲנִינָא. *דְּאָמַר ר' חֲנִינָא: בּוֹאוּ

ואם עמד בעל קורה חייב. בגמרא מוקי דרמיא לקורה כשלדא, אבל אי לא רמיא כשלדא — פטור, דאיבעי ליה לבעל חבית כשראה שעמד בעל הקורה לסגויי באידך גיסא, כדי שלא יוזק. אבל כי הוי כשלדא — לא פשע בעל החבית, דלא ידע כשעומד כשלדא. אע"פ שגוף האדם רואה כשעמד, מה שעמד כשלדא — אין רואה. אבל קשה: דבסיפא אם עמד בעל החבית אמאי פטור דחבית לא מסתבר דהוי כשלדא, שהוא דבר קטן, וה"ל לבעל הקורה לסגויי באידך גיסא כדי שלא יוזק בעל חבית. דהא כשבעל חבית אחרון מוטל עליו לסגויי באידך גיסא כדי שלא [יוזק], כ"ש כשבעל קורה אחרון דאיבעי לסגויי באידך גיסא כדי שלא יזיק, כדפי' (לעיל דף כג.) גבי כלב שנטל חררה! ועוד: דגם זה דוחק שהאדם רואה שהוא עומד, ואין רואה שהוא עומד כשלדא. ונראה לר"י: דאורחא דמילתא הוא כשהולכין בעל חבית ובעל קורה זה אחר זה, דאין האחרון יכול לעיין באותו שהולך לפניו כל שעה. ולכך, כי לא הויא קורה כשלדא — יש לאחרון ללכת בתחלת הלוכו באידך גיסא כדי שלא יזיק, או שלא יוזק ע"י עמידת הראשון. אבל כשנושא את הקורה כשלדא — אין לאחרון להסתלק באידך גיסא, בין שהוא בעל קורה בין שהוא בעל חבית, ולכך אין פושע אלא הראשון כשעמד. ומיירי מתני' בין רישא בין סיפא שהקורה כשלדא.

תרוייהו כי הדדי נינהו. שאף בעל חבית מסייע בשבירתה, שבדרך הלוכו הטיח חביתו בקורת חבירו. וא"ת: ואם כן, ל"ל שלזה רשות להלך? אפי' אין רשות לא לזה ולא לזה פטור בעל הקורה מטעם זה! וי"ל: דנא למעוטי אם היה בעל קורה רץ ובעל חבית מהלך, אע"פ שבעל חבית עצמו הטיח החבית. אע"ג דפטר במתני' אחד רץ ואחד מהלך — היינו משום דקסבר שיש לו לרוץ ברה"ר, אבל כשנושא קורה על כתיפו — אין לו רשות לרוץ. א"נ: מתניתין דאחד רץ ואחד מהלך מיירי בע"ש, כדמוקי לה רבי יוחנן. אי נמי: י"ל דנא למעט במקום שאין לו רשות להלך, כגון בחצר בעל החבית, דכיון דאין לו רשות לבעל [הקורה] להלך — אין לבעל חבית ליזהר ממנו. מיהו, כשעמד בעל חבית — חייב בעל קורה, אפי' שניהם ברשות, כיון שעשה כל ההיזק. דדוקא משום דתרוייהו כי הדדי נינהו פטרינן ליה. ולא דמי לעמד בעל חבית דמתניתין, דכיון שהוא ידע שבא אחריו בעל קורה נושא כשלדא — פשע בעמידה, כדפי' במתני'. ואי חבית נמי איירי דהויא כשלדא — אתי נמי שפיר.

איהו קעביד מעשה. ומיהו, לענין חטאת ולענין מלקות — חייבת, דרחמנא אחשביה להנאה מעשה. **דרמיא** כשלדא. וא"ת: והלא בקדרין מחייב לעיל כשנתקל השני בראשון, ולא אמרינן איבעי ליה לסגויי באידך גיסא. והתם לא מיירי כשלדא, דלא מוקמינן דפסקה לאורחא כשלדא אלא ההיא דאם מחמת הראשון נפלו כולם! וי"ל: כשנפל אין רואהו, ולא מצי א"ל "איבעי לך לסגויי באידך גיסא".

איבעי לה לסגויי באידך גיסא. שלא תהא ניזוק. וא"ת: והא אפי' להזיק אית לה רשות לסגויי עלה?! וי"ל: משום דהוי רגל ברשות הרבים. ואביעוט נמי לא מיחייב, משום דלכל המשנה ובא אחר ושינה בו — פטור. **והא** הכא דכמהלכת ברבוצה דמיא. תימה: מאי ס"ד השתא? וכי סובר הוא שאם שבר במתכוין שהוא פטור כמו בעטה מהלכת ברבוצה? הא פשיטא לן בריש פירקין דשובר חייב, דבאדם לא שייך כל המשנה כו'! וי"ל: דס"ד כי היכי דבמתני' פטרינן בעל הקורה לפי שבעל חבית גורם לו בעמידתו, שאין לו לבעל קורה ליזהר שמא יעמוד בעל חבית — ה"נ פרה רבוצה גרמה לה למהלכת שתבעוט בה, ואין לבעל הפרה ליזהר שמא תמצא פרה רבוצה ברשות הרבים ותבעוט בה פרתו. ומשני: דבשביל שרבצה לא גרמה לה בכך שתבעוט בה, דנהי דאית לך רשות לסגויי עלאי לבעוטי בי לית לך רשות. **שנים** שהיו מהלכין וכו' והזיקו זה את זה פטורין. שכל אחד גרם לעצמו חבלה זו. ולא הזיקו [א] ממש במתכוין, אלא כלומר הוזקו זה בזה. כדאמרי' ב"הפרה" (לקמן דף מח: ושם*): שניהם ברשות, שניהם שלא ברשות, הזיקו זה את זה — חייבין, הוזקו זה בזה פטורין.

רבינו חננאל

הא דבעא רבה בר נתן מרב הונא המזיק את אשתו בתשמיש המטה מהו איפשטא דאע"ג דתרווייהו אית להו הנאה איהו לחודיה קא עביד מעשה ואם הזיקה חייב דאמרה ליה איבעי לך לעיוני. היה בעל קורה ראשון ובעל חבית אחרון. אמר ריש לקיש ב' פרות ברשות הרבים אחת רבוצה ואחת מהלכת בעטה מהלכת ברבוצה פטורה רבוצה במהלכת חייבת. לימא מתני' מסייעא ליה רישא לסיפא. וסיפא לרישא. רישא דקתני אם עמד בעל הקורה חייב דכיון שעמד בעל הקורה כרבוצה במהלכת דמי וקתני חייב כריש לקיש. ומתמהינן והא סיועא בעייא בעטה ודאי דאמר לך לא מסתייך דרבצת ברשות הרבים אלא תבעט עלי אלא מקשה קשיא טעמא דבעטה ולפיכך חייבת הא לא בעטה אלא הוזקה מהלכת ברבוצה פטור והא מתני' שבירת החבית בקורה דממילא היא וחייב ופריק מתני' דדמיא כי שורא עמד כקורה לרוחב הדרך ופסק הדרך הכא מיירי דרבעה פרה בחד גיסא איבעי לה לסגויי באידך גיסא סיפא לימא מסייעא ליה לרישא דריש לקיש היה בעל חבית ראשון כו' כיון דאמרי' בפרק כיצד הרגל מועדת בהא שמעתא דר"ל דר' יוחנן אית ליה הא דריש לקיש ש"מ דהלכתא כוותיה. ודברי רבא ורב פפא דאמר אנא פליגנא עליה לא משגחינן ביה. ויש אומרים כיון דרבא בתרא הלכתא כוותיה: **מתני'** שנים שהיו מהלכין ברשות הרבים אחד רץ ואחד מהלך או שהיו שניהן רצין והזיקו זה את זה פטורין אוקימנא בערב שבת בין השמשות והכי קתני בד"א בערב שבת בין השמשות אבל בחול אחד רץ ואחד מהלך זה שרץ חייב אפי' בחול שניהן רצין פטורין. א"ר יוחנן הלכה כאיסי דתניא איסי בן יהודה אומר רץ חייב מפני שהוא משנה ומודה איסי (בשבת) [בע"ש] בין השמשות שהוא פטור מפני שהוא רץ ברשות מאי ברשות פי' ברשות מצוה כר' חנינא דהוה מרקד ואזיל ואמר בואו ונצא לקראת כלה ואמרי לה לקראת מלכה. ר' ינאי מתעטף וקאי

עין משפט נר מצוה

נג א מיי' פ"ו מהלכות חובל ומזיק הל' ח סמג עשין ע טוש"ע ח"מ סי' שעט סעיף ב:

נד ב ג ד ה מיי' שם טוש"ע שם סעיף ג:

נה ו ז מיי' שם פ"ד הלכה יז סמג שם טוש"ע ח"מ סי' תכא סעיף יב וטוש"ע אה"ע סי' פג סעיף ב:

נו ח מיי' פ"ב מהלכות נזקי ממון הלכה כ סמג עשין סז סח טוש"ע ח"מ סי' שפט סעיף כ:

נז ט מיי' פ"ו מהלכות חובל ומזיק הל' ט סמג עשין ע טוש"ע ח"מ סי' שעח סעיף ח:

נח י מיי' שם טור ש"ע שם סעיף ז:

מסורת הש"ס

ויקרא יח

לעיל כ. כז:

[לעיל לא. ע"ש]

[לעיל כז:]

[רש"י לקמן מח: ד"ה ייבין]

[שבת מו. וש"נ]

שם קיט. ע"ש

[ד"ה שניהם]

הגהות הב"ח

(א) במשנה והזיקו זה את ... נ"ב היינו הוזקו זה בזה ... בכוונה אבל הזיקו ... כוונה חייב כן פרש"י דף מח ע"ב ע"ש:

הגהות הגר"א

[א] תום' ד"ה שניהם כו' ... הזיקו כו'. נ"ב ... מ"ה כתב דהזיקו ממש ... וריס הואיל תרווייהו עבדי מעשה:

בּוֹאוּ וְנֵצֵא לִקְרַאת כַּלָּה מַלְכְּתָא. וְאָמְרִי לָהּ: לִקְרַאת שַׁבָּת כַּלָּה מַלְכְּתָא. רַבִּי יַנַּאי מִתְעַטֵּף וְקָאֵי, וְאָמַר: בּוֹאִי כַלָּה, בּוֹאִי כַלָּה.§

מתני' הַמְבַקֵּעַ (א) בִּרה"ר וְהִזִּיק בִּרה"י, בִּרה"י וְהִזִּיק בִּרה"ר, בִּרה"י וְהִזִּיק בִּרה"י אַחֵר – חַיָּיב.§

גמ' וּצְרִיכָא; דְּאִי תְּנָא הַמְבַקֵּעַ בִּרה"י וְהִזִּיק בִּרה"ר – מִשּׁוּם דִּשְׁכִיחִי רַבִּים, אֲבָל מֵרה"ר לִרה"י דְּלָא שְׁכִיחִי רַבִּים – אֵימָא לָא; וְאִי תְּנָא מֵרה"ר לִרה"י – מִשּׁוּם דְּמֵעִיקָּרָא שֶׁלֹּא בִּרְשׁוּת עָבֵיד, אֲבָל מֵרְשׁוּת הַיָּחִיד לִרה"ר דְּבִרְשׁוּת עָבֵיד – אֵימָא לָא; וְאִי תְּנָא הָנָךְ תַּרְתֵּי – הָא מִשּׁוּם דִּשְׁכִיחִי רַבִּים וְהָא מִשּׁוּם דְּשֶׁלֹּא בִּרְשׁוּת, אֲבָל מֵרה"י לִרה"י אַחֵר, דְּלָא שְׁכִיחִי רַבִּים וּמֵעִיקָּרָא בִּרְשׁוּת – אֵימָא לָא, צְרִיכָא.§

ת"ר: הַנִּכְנָס לַחֲנוּתוֹ שֶׁל נַגָּר שֶׁלֹּא בִּרְשׁוּת, וְנִתְּזָה בְּקַעַת וְטָפְחָה עַל פָּנָיו וּמֵת – פָּטוּר, וְאִם נִכְנָס בִּרְשׁוּת – חַיָּיב. מַאי חַיָּיב? א"ר יוֹסֵי בַּר חֲנִינָא: חַיָּיב בְּד' דְּבָרִים וּפָטוּר מִגָּלוּת, לְפִי שֶׁאֵין דּוֹמֶה לַיַּעַר, יַעַר – זֶה לִרְשׁוּתוֹ נִכְנָס וְזֶה לִרְשׁוּתוֹ נִכְנָס, זֶה – לִרְשׁוּת חֲבֵירוֹ נִכְנָס. אָמַר (ב) רָבָא, ק"ו: וּמָה יַעַר, זֶה לְדַעְתּוֹ נִכְנָס וְזֶה לְדַעְתּוֹ נִכְנָס, נַעֲשָׂה כְּמִי שֶׁנִּכְנָס לְדַעַת חֲבֵירוֹ וְגוֹלֶה, זֶה שֶׁלְּדַעַת חֲבֵירוֹ נִכְנָס – לֹא כׇּל שֶׁכֵּן? אֶלָּא אָמַר רָבָא: מַאי פָּטוּר מִגָּלוּת – דְּלָא סַגִּי לֵיהּ בְּגָלוּת, וְהַיְינוּ טַעְמָא דְּרַבִּי יוֹסֵי בַּר חֲנִינָא, מִשּׁוּם דְּהָוֵי לֵיהּ שׁוֹגֵג קָרוֹב לְמֵזִיד. מְתִיב רָבָא: *הוֹסִיף לוֹ רְצוּעָה אַחַת וּמֵת – הֲרֵי זֶה גּוֹלֶה עַל יָדוֹ; וְהָא הָכָא דְּשׁוֹגֵג קָרוֹב לְמֵזִיד הוּא, דְּאִיבָּעֵי אַסּוֹקֵי אַדַּעְתֵּיהּ דְּמָיְיתִי אֱינָשֵׁי בְּחַדָא רְצוּעָה, וְקָתָנֵי: הֲרֵי זֶה גּוֹלֶה! אָמַר רַב שִׁימִי מִנְּהַרְדְּעָא: דְּטָעֵי בְּמִנְיָנָא. *טְפַח לֵיהּ רָבָא בְּסַנְדְּלֵיהּ, אֲמַר לֵיהּ: אַטּוּ הוּא מָנֵי? וְהָתַנְיָא: *גָּדוֹל שֶׁבַּדַּיָּינִין קוֹרֵא, וְהַשֵּׁנִי מוֹנֶה, וְהַשְּׁלִישִׁי אוֹמֵר "הַכֵּהוּ"! אֶלָּא אָמַר רַב שִׁימִי מִנְּהַרְדְּעָא: דְּטָעָה דַּיָּינָא גּוּפֵיהּ. מֵיתִיבֵי: *הַזּוֹרֵק אֶת הָאֶבֶן לִרה"ר וְהָרַג – הֲרֵי זֶה גּוֹלֶה; וְהָא הָכָא דְּשׁוֹגֵג קָרוֹב לְמֵזִיד הוּא, דְּאִיבָּעֵי לֵיהּ אַסּוֹקֵי אַדַּעְתֵּיהּ דְּבִרה"ר שְׁכִיחִי אֱינָשֵׁי, וְקָתָנֵי: הֲרֵי זֶה גּוֹלֶה! *אָמַר רַב שְׁמוּאֵל בַּר יִצְחָק: בְּסוֹתֵר אֶת כּוֹתְלוֹ. אִיבָּעֵי לֵיהּ עִיּוּנֵי! בְּסוֹתֵר בַּלַּיְלָה. בַּלַּיְלָה נָמֵי אִיבָּעֵי לֵיהּ עִיּוּנֵי! בְּסוֹתֵר אֶת כּוֹתְלוֹ בַּיּוֹם לָאַשְׁפָּה. הַאי אַשְׁפָּה ה"ד? אִי דִּשְׁכִיחִי רַבִּים – מֵזִיד הוּא, וְאִי לָא שְׁכִיחִי רַבִּים – אָנוּס הוּא! אָמַר רַב פַּפָּא: [לָא צְרִיכָא, אֶלָּא] בְּאַשְׁפָּה הָעֲשׂוּיָה לְהִפָּנוֹת בַּלַּיְלָה וְאֵינָהּ עֲשׂוּיָה לְהִפָּנוֹת בַּיּוֹם, דְּמִיקְרֵי וְיָתֵיב; מֵזִיד לָא הָוֵי – דְּהָא אֵינָהּ עֲשׂוּיָה לְהִפָּנוֹת בַּיּוֹם, אָנוּס נָמֵי לָא הָוֵי – דְּהָא אִיכָּא דְּמִיקְרֵי וְיָתֵיב. רַב פַּפָּא מִשְּׁמֵיהּ דְּרָבָא מַתְנֵי לָהּ אַרֵישָׁא: הַנִּכְנָס לַחֲנוּתוֹ שֶׁל נַגָּר שֶׁלֹּא בִּרְשׁוּת, וְנִתְּזָה לוֹ בְּקַעַת וְטָפְחָה לוֹ עַל פָּנָיו וּמֵת – פָּטוּר; אָמַר רַבִּי יוֹסֵי בַּר חֲנִינָא: חַיָּיב בְּאַרְבָּעָה דְּבָרִים וּפָטוּר מִגָּלוּת. מַאן דְּמַתְנֵי לָהּ אַסֵּיפָא – כ"ש אַרֵישָׁא, וּמַאן דְּמַתְנֵי לָהּ אַרֵישָׁא, אֲבָל אַסֵּיפָא, כֵּיוָן דְּבִרְשׁוּת – חַיָּיב גָּלוּת. וּמִי חַיָּיב גָּלוּת? וְהָתַנְיָא: הַנִּכְנָס לַחֲנוּתוֹ שֶׁל נַפָּח, וְנִתְּזָה נִיצוֹצוֹת וְטָפְחָה לוֹ עַל פָּנָיו וּמֵת – פָּטוּר, וַאֲפִילּוּ נִכְנָס בִּרְשׁוּת! הָכָא בְּמַאי עָסְקִינַן – בְּשׁוּלְיָא דְּנַפָּחֵי. שׁוּלְיָא דְּנַפָּחֵי לְמִקְטְלָא קָאֵי? כְּשֶׁרַבּוֹ מְסָרְהֵב בּוֹ לָצֵאת וְאֵינוֹ יוֹצֵא. וּמִשּׁוּם דְּרַבּוֹ מְסָרְהֵב בּוֹ לָצֵאת, לְמִיקְטְלֵיהּ קָאֵי? כְּסָבוּר יָצָא. אִי הָכִי, אַחֵר נָמֵי! אַחֵר

רש"י

בּוֹאוּ וְנֵצֵא. כְּאָדָם הַמְקַבֵּל פְּנֵי מֶלֶךְ. **מתני'** הַמְבַקֵּעַ. עֵצִים. וְהִזִּיק בִּרה"י. שֶׁל אֲחֵרִים. בִּרְשׁוּת הַיָּחִיד. שֶׁלּוֹ. וְהִזִּיק בִּרְשׁוּת הַיָּחִיד אַחֵר. שֶׁל אֲחֵרִים – חַיָּיב. **גמ'** דִּשְׁכִיחִי רַבִּים. וַהֲוָה לֵיהּ לְעַיּוּנֵי. דְּלָא שְׁכִיחִי רַבִּים. בִּמְקוֹם הַנֶּזֶק. פָּטוּר. מִגָּלוּת. חַיָּיב בְּד' דְּבָרִים. אִם לֹא מֵת אֶלָּא הוּזַּק – נוֹתֵן לוֹ נֶזֶק צַעַר וְרִפּוּי וְשֶׁבֶת, דַּהֲוָה לֵיהּ פּוֹשֵׁעַ. אֲבָל בּוֹשֶׁת – לֹא, דְּאֵינוֹ חַיָּיב עַל הַבּוֹשֶׁת עַד שֶׁיִּתְכַּוֵּין. וְרֵישָׁא דְּשֶׁלֹּא בִּרְשׁוּת פָּטוּר מִד' דְּבָרִים, דְּלֵיכָּא פְּשִׁיעָה, אֲבָל אַנֶּזֶק – חַיָּיב, כִּדְקַיְימָא לָן: "פֶּצַע תַּחַת פָּצַע" – לְחַיֵּיב עַל הָאוֹנֶס כְּרָצוֹן. לְדַעְתּוֹ. שֶׁלֹּא נָטַל רְשׁוּת מֵחֲבֵירוֹ. קָרוֹב לְמֵזִיד. דְּאִיבָּעֵי לֵיהּ לְעַיּוּנֵי. הוֹסִיף לוֹ. שְׁלִיחַ ב"ד לְמִי שֶׁחַיָּיב מַלְקוּת. רְצוּעָה אַחַת. יוֹתֵר עַל מַה שֶּׁאֲמָדוּהוּ ב"ד שֶׁיָּכוֹל לְקַבֵּל, וּמֵת גּוֹלֶה עַל יָדוֹ. (ג) טָפַח רָבָא. לְרַב שִׁימִי. בְּסַנְדְּלֵיהּ. דְּרַב שִׁימִי, הִכָּהוּ עַל סַנְדָּלוֹ. ל"א: בָּעַט בְּסַנְדָּלוֹ לְרַב שִׁימִי. אַטּוּ הוּא. הַשָּׁלִיחַ מָנֵי. קוֹרֵא. "וְהִפְלָא ה' אֶת מַכֹּתְךָ" וְגוֹ' (דברים כח). ה"ג בְּסוֹתֵר אֶת כּוֹתְלוֹ בַּיּוֹם לָאַשְׁפָּה. לְהִפָּנוֹת. בְּנֵי אָדָם נִפְנִין בָּהּ לִנְקָבֵיהֶם. מַתְנֵי לָהּ. לְדר"י בַּר חֲנִינָא. חַיָּיב בְּד' דְּבָרִים. דְּהָתָם נָמֵי פּוֹשֵׁעַ הוּא, כֵּיוָן דַּחֲזָיֵיהּ דְּעָיֵיל – אִיבָּעֵי לֵיהּ לְעַיּוּנֵי. מַאן דְּמַתְנֵי לָהּ אַסֵּיפָא. פָּטוּר מִגָּלוּת, שֶׁאֵינוֹ דּוֹמֶה לַיַּעַר, כ"ש אַרֵישָׁא. בְּשׁוּלְיָא דְּנַפָּחֵי. תַּלְמִידוֹ שֶׁל אוֹתוֹ נַפָּח. מְסָרְהֵב. מַפְצִיר בּוֹ לָצֵאת.

תוספות

ונתזה בקעת וטפחה לו בפניו. לא גרסינן ומת, דהא מוקי לה לענין ארבעה דברים. **זה** שלדעת חבירו נכנס. משמע דאיירי כשראהו נכנס. וא"ת: בשלא ברשות אמאי פטור? כיון שראהו שנכנס, הא אמרינן בפ' "הפרה" (לקמן מח. ושם ד"ה היזקו) הנכנס לחצר בעל הבית שלא ברשות, דאפי' בעל הבית הזיקו חייב אי הוה ידע ביה. ואפילו שלא בכוונה, דומיא דלא הוה ידע, דפטור התם! וי"ל: הא דקתני רישא פטור — היינו מד' דברים, אבל נזק חייב. וכן פי' בקונטרס. א"נ: כולה ברייתא בשלא ראהו, מ"מ חשיב לדעת חבירו — שהיה לו לידע שלא על אנס שאל ממנו רשות, אלא משום שרוצה ליכנס. **דלא** סגי ליה בגלות. וא"ת: והא תנן ב"אלו הן הגולין" (מכות ח.): הזורק אבן לחצרו והרג, אם יש לו רשות לניזק ליכנס לשם — גולה, ואם לאו — אינו גולה. ואמאי גולה כשנכנס ברשות? וי"ל: דהתם איירי כגון שיש לו דרך בתוכו, או במכר או במתנה או בשאלה או בשכירות, שאין בעל החצר יכול לעכב עליו. אבל הכא איירי באדם ששואל רשות ליכנס לפי שעה, דיודע הוא שיכנס לאלתר כיון ששאל ממנו רשות, להכי הוי קרוב למזיד. **מיתיבי** הזורק אבן לרה"ר והא הכא דשוגג קרוב למזיד. בריש "אלו הן הגולין" (מכות דף ז:) דריש: "בשגגה" — פרט למזיד, ומוקי לה באומר מותר, וקרי ליה מזיד משום דאומר מותר קרוב למזיד. והא דלא מייתי הך משנה התם — דלא משמע ליה לדמויי האי קרוב למזיד לההוא. אבל ההוא דלעיל לא הוי קרוב למזיד טפי מהאי. והא דפריך בגמ' אהך משנה במכות: והא מזיד הוא, ומשני: בסותר כותלו. וכולה סוגיא כדהכא — סמיך אהא דפטרינן הכא קרוב למזיד, ולא אתיא ההיא סוגיא כמאן דמתני דר' יוסי בר חנינא ארישא. **חייב** בארבעה דברים. פי' בקונטרס: כיון דחזייה דעייל איבעי ליה לעיוני. וקשה לריב"א: דאם ראה — היה לו להתחייב גלות אע"ג דלא נתן לו רשות ליכנס. מידי דהוה אמסרהב בו לצאת גבי נפח בסמוך, דחייב גלות אאחר דלא הוי שוליא דנגרי, ואע"פ שנכנס ברשות, כיון שעתה מסרהב בו לצאת הוי כשלא ברשות! וי"ל: דשאני התם כיון שתחילת כניסתו ברשות, לפיכך באחר יש לו לחוש שמא לא יצא, ודמי טפי ליער כי בוטח הוא שלא למהר לצאת כיון שנתן לו רשות ליכנס, והיה לו לנפח לעיין אם יצא אם לאו. אבל הכא, שתחלת כניסתו שלא ברשות — אין לו לחוש כל כך, ולא דמי ליער. והביא ראיה מירושלמי דגר': א"ר יוסי בר חנינא: היה עומד ומבקע עצים בחצירו ונכנס פועל לתבוע שכרו ונתזה בקעת והזיקו — חייב, ואם מת אינו גולה, לפי שאין דומה ליער. והתניא רבי חייא פטור. נימא דלא פליג, דהא דאמר ר' יוסי בר חנינא כשראהו ומה דתני ר' חייא בשלא ראהו. הרי משמע אפי' דראהו פטור מגלות כיון דנכנס שלא ברשות, אע"ג דמסרהב בו לצאת מחייבינן גבי נפח היכא דנכנס ברשות. וכי דחי בירושלמי ומוקי דר' חנינא כשאומר לו הכנס — ודאי צריך להעמידה כשלא ראהו, דלא תקשה דנפח על מה שהוא פטור מגלות. **מאן** דמתני לה אסיפא כ"ש ארישא. משמע דיותר הרישא קרובה לאונס ממה שהסיפא קרובה למזיד. ותימה: אי מטעם אונס פטור מגלות — כ"ש שהיה לו ליפטר מארבעה דברים, כדמוכח לעיל בסוף פרק שני (דף כו:) בהכיר בה ושכחה, דפטור מארבעה דברים, וחייב גלות! וי"ל: דלאו מטעם אונס פטר ליה הכא, אלא לפי שאין דומה ליער כשנכנס שלא ברשות. והא דקאמר כל שכן ארישא — משום דדמי סיפא טפי ליער מרישא. וכן פירש בקונטרס.

רבינו חננאל

וקאי ואמר בואי כלה בואי כלה: **מתני'** המבקע ברשות היחיד והזיק ברשות הרבים כו'. הני תלתא בבי דקתני במתני' לא שמעינן חדא מגו חברתה אלא כולהו צריכן למיתנגהי בהדיא. ת"ר הנכנס לחנות של נגר שלא ברשות ונתזה בקעת וטפחה לו על פניו פטור. ואם נכנס ברשות חייב. מאי חייב דקתני אמר ר' יוסי בר' חנינא חייב בד' דברים דקי"ל אדם מועד לעולם (א) ומתכוין לנגרותו חייב חוץ מן הבושת דבעינן עד שיהא מתכוין לו לבייש או אפילו להזיק. ופטור דקתני פטור מגלות ופירש רבה דלא סגי ליה בגלות משום דהוא שוגג קרוב למזיד. ומותיב רבה הא דתנן בפ' אלו הן הלוקין הוסיף לו רצועה אחת ומת הרי זה גולה והא הכא שוגג קרוב למזיד הוא דאיבעי ליה אסוקי אדעתיה דמיית איניש בחדא רצועה. ופרקינן כגון דטעה הדיין במניינא. ת"ש הזורק אבן לרשות הרבים והרג הרי זה גולה והא הכא שוגג קרוב למזיד הוא ופרקי' האי זורק אבן בסותר כותלו לאשפה שאין דרך בני אדם ליפנות בה ביום אלא מעט ודרכה ליפנות בה בלילה וזה סותר כותלו וזרק אבן לאשפה והיה שם אדם עושה צרכיו והכהו האבן ומת מזיד לא הוי דאינה עשויה ליפנות בה ביום אנוס לא הוי דהאיכא דמקרי ויתיב. רב פפא הא דר' יוסי בר' חנינא מתני לה ארישא הנכנס לחנותו של נגר כו' ומחייב גלות והתנן הנכנס לחנותו של נפח ונתזו ניצוצות וטפחו לו על פניו ומת פטור ואפי' נכנס ברשות ופרקי' זה שנכנס וטפחו לו ניצוצות ומת בשולייא ב) דנגרי וכשרבו מסרהב בו לצאת מחנותו וכסבור שיצא ומשום דאית ליה אימתא עליה אע"ג דאמר ליה ג) לא הוה ליה אסוקי אדעתיה דלמא לא נפק. רב זביד מתני אהא ומצא פרט לממציא עצמו מכאן א"ר אלעזר בן יעקב משיצתה אבן מידו הוציא הלה את ראשו וקיבלה פטור מגלות וחייב בד' דברים מאן דמתני אהא חייב בד' דברים כל שכן אקמייתא ומאן דמתני לה אקמייתא דודאי חייב אבל אהא פטורין לגמרי מד' דברים וחייב בנזק וכדרבא דאמר בסוף פ' כיצד היתה אבן מונחת לו בחיקו ולא הכיר בה מעולם ועמד ונפלה לענין נזקין חייב לענין ד' דברים פטור ואפי' אנוס חייב בנזק הכין דאמור רבנן בהדיא פצע תחת פצע לחייב על השוגג כמזיד ועל האונס כרצון:

ת"ר

א) אולי צ"ל ואפילו באינו מכוון להזיקו חייב. ב) ס"א דנפחי. ג) נראה דצ"ל אע"ג דאמר לא מ"מ לא הוה ליה לאסוקי אדעתיה וכו'.

והוציא

עין משפט נר מצוה

נט א ב מיי' פ"ל מהל' שבת הל' ב סמג עשין ל טוש"ע א"ח סי' רסב סעיף ג:

ס ג מיי' פ"א מהל' חובל ומזיק הלכה יז סמג עשין ע טוש"ע ח"מ סי' תכא סעיף ט:

סא ד מיי' פט"ז מהל' סנהדרין הלכה יב סמג לאוין קלט:

סב ה מיי' שם הל' יא סמג שם:

סג ו ז ח ט מיי' פ"ו מהלכות רוצח הל' ו:

סד י כ מיי' שם הל' ז:

סה ל מיי' פ"א מהל' חובל ומזיק הל' יז ועי' מ"מ סמג עשין ע טוש"ע ח"מ סי' תכא ס"ט:

סו נ ס מיי' פ"ו מהל' רוצח ושמירת נפש הלכה יא סמג עשין עה:

מסורת הש"ס

מכות כב:

[מו"ק כה. ב"ב לב.]

מכות כג. כריתות יא.

מכות ח:

ג"ז שם

[במשנה שבמשניות איתא להיפך בתחלה המבקע ברה"י ואח"כ המבקע בר"ה וכזה מובן סדר הצריכותא בגמרא]

הגהות הב"ח

(א) במשנה המבקע ברה"י והזיק ברה"ר ברה"ר והזיק ברה"י: (ב) גמ' אמר רבה ק"ו ומה יער: (ג) רש"י ד"ה טפח וד"ה בסנדליה הכ"א:

אַחֵר לֵית לֵיהּ אֵימְתָא דְּרַבֵּיהּ, הַאי אִית לֵיהּ אֵימְתָא דְּרַבֵּיהּ. רַב זְבִיד מִשְּׁמֵיהּ דְּרָבָא מַתְנֵי לָהּ אַהָא: "וּמָצָא" – פְּרָט לַמַּמְצִיא אֶת עַצְמוֹ. מִכָּאן א"ר אֱלִיעֶזֶר בֶּן יַעֲקֹב: [א]מִי שֶׁיָּצְתָה אֶבֶן מִתַּחַת יָדוֹ, וְהוֹצִיא הַלָּה אֶת רֹאשׁוֹ וְקִיבְּלָהּ – פָּטוּר; א"ר יוֹסֵי בַּר חֲנִינָא: פָּטוּר מִגָּלוּת וְחַיָּיב בְּאַרְבָּעָה דְּבָרִים. מַאן דְּמַתְנֵי לָהּ אַהָא – כ"ש אַקַּמַּיְיתָא, וּמַאן דְּמַתְנֵי לָהּ אַקַּמַּיְיתָא, אֲבָל אַהָא [ב]פָּטוּר לְגַמְרֵי.§ ת"ר: [ג]פּוֹעֲלִים שֶׁבָּאוּ לִתְבּוֹעַ שְׂכָרָן מִבַּעַל הַבַּיִת, וּנְגָחָן שׁוֹרוֹ שֶׁל בַּעַל הַבַּיִת, וְנָשְׁכָן כַּלְבּוֹ שֶׁל בעה"ב, וּמֵת – פָּטוּר; (א) אֲחֵרִים אוֹמְרִים: רַשָּׁאִין פּוֹעֲלִין לִתְבּוֹעַ שְׂכָרָן מִבַּעַל הַבַּיִת. ה"ד? אִי דִּשְׁכִיחַ בְּמָתָא, מ"ט דַּאֲחֵרִים? אִי דִּשְׁכִיחַ בַּבַּיִת, מ"ט דת"ק? לָא צְרִיכָא, בְּגַבְרָא דִּשְׁכִיחַ וְלָא שְׁכִיחַ, וְקָרֵי אַבָּבָא וַאֲמַר לְהוּ "אִין"; מָר סָבַר: "אִין" – עוּל תָּא מַשְׁמַע, ומ"ס: "אִין" – [ד]קוּם אַדּוּכְתָּךְ מַשְׁמַע. תַּנְיָא כְּמ"ד: "אִין" – קוּם אַדּוּכְתָּךְ מַשְׁמַע, דְּתַנְיָא: פּוֹעֵל שֶׁנִּכְנַס לִתְבּוֹעַ שְׂכָרוֹ מבעה"ב, וּנְגָחוֹ שׁוֹרוֹ שֶׁל בעה"ב אוֹ נְשָׁכוֹ כַּלְבּוֹ – פָּטוּר, אע"פ שֶׁנִּכְנַס בִּרְשׁוּת; אַמַּאי פָּטוּר? אֶלָּא לָאו דְּקָרֵי אַבָּבָא וַאֲמַר לֵיהּ "אִין", וש"מ: "אִין" – קוּם אַדּוּכְתָּךְ מַשְׁמַע.§

מתני' [ה]שְׁנֵי שְׁוָורִין תַּמִּין שֶׁחָבְלוּ זֶה אֶת זֶה – מְשַׁלְּמִין בַּמּוֹתָר חֲצִי נֶזֶק; [ו]שְׁנֵיהֶן מוּעָדִין – מְשַׁלְּמִין בַּמּוֹתָר נֶזֶק שָׁלֵם; [ז]אֶחָד תָּם וְאֶחָד מוּעָד, מוּעָד בְּתָם – מְשַׁלֵּם בַּמּוֹתָר נ"ש, תָּם בְּמוּעָד – מְשַׁלֵּם בַּמּוֹתָר חֲצִי נֶזֶק. [ח]וְכֵן שְׁנֵי אֲנָשִׁים שֶׁחָבְלוּ זֶה בָּזֶה – מְשַׁלְּמִין בַּמּוֹתָר נֶזֶק שָׁלֵם. [ט]אָדָם בְּמוּעָד וּמוּעָד בְּאָדָם – מְשַׁלֵּם בַּמּוֹתָר נֶזֶק שָׁלֵם; אָדָם בְּתָם וְתָם בְּאָדָם, [י]אָדָם בְּתָם – מְשַׁלֵּם בַּמּוֹתָר נֶזֶק שָׁלֵם, [כ]תָּם בְּאָדָם – מְשַׁלֵּם בַּמּוֹתָר חֲצִי נֶזֶק; *ר' עֲקִיבָא אוֹמֵר: אַף תָּם שֶׁחָבַל בְּאָדָם – מְשַׁלֵּם בַּמּוֹתָר נֶזֶק שָׁלֵם.§

גמ' ת"ר: °"כַּמִּשְׁפָּט הַזֶּה יֵעָשֶׂה לוֹ" – כְּמִשְׁפַּט שׁוֹר בְּשׁוֹר כָּךְ מִשְׁפַּט שׁוֹר בְּאָדָם, מַה שׁוֹר בְּשׁוֹר – תָּם מְשַׁלֵּם חֲצִי נֶזֶק וּמוּעָד נֶזֶק שָׁלֵם, אַף שׁוֹר בְּאָדָם – תָּם מְשַׁלֵּם חֲצִי נֶזֶק וּמוּעָד נֶזֶק שָׁלֵם; ר' עֲקִיבָא אוֹמֵר: "כַּמִּשְׁפָּט הַזֶּה" – כַּתַּחְתּוֹן וְלֹא כָּעֶלְיוֹן; יָכוֹל מְשַׁלֵּם מִן הָעֲלִיָּיה? ת"ל: "יֵעָשֶׂה לּוֹ", מִגּוּפוֹ מְשַׁלֵּם, וְאֵינוֹ מְשַׁלֵּם מִן הָעֲלִיָּיה. וְרַבָּנַן, "זֶה" לָמָּה לִי? [ל]לְפוֹטְרוֹ מֵאַרְבָּעָה דְּבָרִים. וְרַבִּי עֲקִיבָא, לְפוֹטְרוֹ מֵאַרְבָּעָה דְּבָרִים מְנָא לֵיהּ? נָפְקָא לֵיהּ °מֵ"אִישׁ כִּי יִתֵּן מוּם בַּעֲמִיתוֹ", *"אִישׁ בַּעֲמִיתוֹ", וְלֹא שׁוֹר בַּעֲמִיתוֹ. וְרַבָּנַן? אִי מֵהַהִיא הֲוָה אָמִינָא צַעַר לְחוּדֵיהּ, אֲבָל רִיפּוּי וְשֶׁבֶת – אֵימָא לִיתֵּן לֵיהּ, קמ"ל.§

מתני' שׁוֹר שָׁוֶה מָנֶה שֶׁנָּגַח שׁוֹר שָׁוֶה מָאתַיִם, וְאֵין הַנְּבֵילָה יָפָה כְּלוּם – נוֹטֵל אֶת הַשּׁוֹר.§

גמ' מַתְנִיתִין מַנִּי? רַבִּי עֲקִיבָא הִיא, דְּתַנְיָא: יוּשַׁם הַשּׁוֹר בְּב"ד, דִּבְרֵי רַבִּי יִשְׁמָעֵאל; רַבִּי עֲקִיבָא אוֹמֵר: הוּחְלַט הַשּׁוֹר. בְּמַאי קָמִיפַּלְגִי? ר' יִשְׁמָעֵאל סָבַר: *בַּעַל חוֹב הוּא וְזוּזֵי הוּא דְּמַסֵּיק לֵיהּ, וְר' עֲקִיבָא סָבַר: [מ]שׁוּתָּפֵי נִינְהוּ. וְקָמִיפַּלְגִי בְּהַאי קְרָא: °"וּמָכְרוּ אֶת הַשּׁוֹר הַחַי וְחָצוּ אֶת כַּסְפּוֹ", ר' יִשְׁמָעֵאל סָבַר: לְבֵי דִינָא קָמַזְהַר רַחֲמָנָא, וְר"ע סָבַר: לְנִיזָּק וּמַזִּיק מַזְהַר לְהוּ רַחֲמָנָא. מַאי בֵּינַיְיהוּ? הִקְדִּישׁוֹ נִיזָּק אִיכָּא בֵּינַיְיהוּ. בְּעָא מִינֵּיהּ רָבָא מֵר"נ: מְכָרוֹ מַזִּיק, לְר' יִשְׁמָעֵאל מַהוּ? כֵּיוָן דְּא"ר יִשְׁמָעֵאל בַּעַל חוֹב הוּא וְזוּזֵי הוּא דְּמַסֵּיק לֵיהּ – מָכוּר, אוֹ דִּלְמָא: כֵּיוָן

רש"י

אַחֵר לֵית לֵיהּ אֵימְתָא. דְּנָפַל עֲלֵיהּ. וַהֲוָה לֵיהּ לְאַסּוּקֵי אַדַּעְתֵּיהּ שֶׁמָּא לֹא יֵלֵא. וְחַיָּיב בְּד' דְּבָרִים. דַּהֲוָה לֵיהּ פּוֹשֵׁעַ, שֶׁזָּרַק לְמָקוֹם שֶׁבְּנֵי אָדָם מְצוּיִים. מַאן דְּמַתְנֵי אַהָא. חַיָּיב בְּאַרְבָּעָה דְּבָרִים. כָּל שֶׁכֵּן אַקַּמַּיְיתָא. הַנִּכְנָס לַחֲנוּתוֹ שֶׁל נַגָּר. דְּכֵיוָן דְּחַזְיֵיהּ דְּעָיֵיל – אִיבָּעֵי לֵיהּ לְעַיּוּנֵי. בַּבַּיִת. בְּבֵיתוֹ וְלֹא בַּשּׁוּק. תורה אור

מתני' בַּמּוֹתָר. שָׁמִין מַה הֶזֵּיקוֹ שֶׁל זֶה יוֹתֵר עַל נְזָקָיו שֶׁל זֶה. וּכְאוֹתוֹ מוֹתָר מְשַׁלֵּם מִי שֶׁהִזִּיק יוֹתֵר אֶת הַחֵלֶי. מוּעָד בְּתָם מְשַׁלֵּם בַּמּוֹתָר. כְּלוֹמַר, אִם הוּא הִזִּיק אֶת הַתָּם יוֹתֵר מִשֶּׁהִזִּיקוֹ תָּם. **גמ'** כַּמִּשְׁפָּט הַזֶּה יֵעָשֶׂה לוֹ. רַבָּנַן לָא דָּיְיקִי "הַזֶּה", דְּמַיְיתִי לֵיהּ לִדְרָשָׁה, כִּדְלְקַמָּן. כָּךְ מִשְׁפַּט שׁוֹר בְּאָדָם. דְּהַאי קְרָא בְּשׁוֹר בְּאָדָם כְּתִיב, "אוֹ בֵן יִגָּח" וגו'. כַּתַּחְתּוֹן וְלֹא כָּעֶלְיוֹן. מִשְׁפָּט הַתַּחְתּוֹן מִשְׁתָּעֵי בְּמוּעָד. וּקְרָא קַמָּא בְּתָם. רַבִּי עֲקִיבָא "הַזֶּה" דָּיֵיק, כְּלוֹמַר: דִּינָא דְּסָלֵיק הַאי קְרָא מִינֵּיהּ. יָכוֹל. תָּם שֶׁחָבַל בְּאָדָם יְהֵא כְּמוּעָד לְכָל דְּבָרָיו, אֲפִי' לְשַׁלֵּם מִן הָעֲלִיָּיה. מִגּוּפוֹ מְשַׁלֵּם. וְאִם אֵינוֹ שָׁוֶה כְּנֶגֶד כָּל *הַחֲבָלָה – יַפְסִיד נִיזָּק, וְאֵינוֹ נוֹטֵל אֶלָּא הַשּׁוֹר. לְפוֹטְרוֹ מֵאַרְבָּעָה דְּבָרִים. דְּהָכִי מַשְׁמַע: מִשְׁפַּט זֶה יֵשׁ לוֹ לְשַׁלֵּם נֶזֶק שָׁלֵם, וְלֹא מִשְׁפַּט אָדָם הַחוֹבֵל בַּחֲבֵירוֹ. הָנֵי מִילֵּי צַעַר לְחוּדֵיהּ. מִשּׁוּם דְּלָא חָסַר בֵּיהּ מָמוֹנָא. אֲבָל רִיפּוּי וְשֶׁבֶת. דְּחָסַר בֵּיהּ מָמוֹנָא, אֵימָא כִּי נֶזֶק נִינְהוּ וּמִיחַיֵּיב. קמ"ל. יְתֵירָא. **מתני'** נוֹטֵל אֶת הַשּׁוֹר. דְּהַיְינוּ חֲצִי נֶזֶק. **גמ'** יוּשַׁם שׁוֹר. הַמַּזִּיק בְּבֵ"ד. וְיִתֵּן לוֹ מַזִּיק מָעוֹת דְּמֵי הַשּׁוֹר, שֶׁהוּא חֲצִי נִזְקוֹ, וּבְשָׁוֶה מָנֶה שֶׁנָּגַח לְשָׁוֶה מָאתַיִם וְאֵין הַנְּבֵילָה שָׁוָה כְּלוּם קָמַיְירֵי. הוּחְלַט הַשּׁוֹר. הַשּׁוֹר עַצְמוֹ יִקַּח. וּלְקַמָּן מְפָרֵשׁ מַאי בֵּינַיְיהוּ. שׁוּתָּפִין נִינְהוּ. בְּהַהוּא שׁוֹר דְּמִשְׁתָּעֵי בֵּיהּ קְרָא שַׁוְּינְהוּ רַחֲמָנָא שׁוּתָּפִין. וּקְרָא מִשְׁתָּעֵי בְּשָׁוֶה מָאתַיִם שֶׁנָּגַח לְשָׁוֶה מָאתַיִם, כִּדְתְנַן בְּמַתְנִיתִין: זֶהוּ שׁוֹר הָאָמוּר בַּתּוֹרָה. הִלְכָּךְ, הָכָא דְּמַזִּיק אֵינוֹ שָׁוֶה אֶלָּא מָנֶה – נוֹטֵל אֶת הַשּׁוֹר. הִקְדִּישׁוֹ נִיזָּק אִיכָּא בֵּינַיְיהוּ. לְרַבִּי יִשְׁמָעֵאל לָא קָדֵישׁ לֵיהּ, לְרַבִּי עֲקִיבָא – קָדֵישׁ. כֵּיוָן

תוספות

והוציא הלה את ראשו. לא דמיא להיה תחתיו כרים וכסתות דשלהי "כילד הרגל" (לעיל כו:) — דאין לו לחשוב שיסלקו הכרים וישברו הכלים. **אי** דשכיח בשוקא מאי טעמא דאחרים. פירוש: ימתינו עד שימלאהו בשוק חוץ לבית. ואית ספרים דגרסי: אי דשכיח במתא. דכיון שאין רגיל לצאת חוץ מעירו — הרבה פעמים ימלאהו חוץ לביתו. אבל לא שכיח במתא, כעין רוכל המחזר בעיירות — יש להם רשות ליכנס, שלא ילך לו.

בגברא דשכיח ולא שכיח. אי שכיח — פשיטא ליה ד"קום אדוכתך" משמע. ואי לא שכיח — א"כ ודאי "עול תא" משמע. **תניא** כמ"ד קום אדוכתך משמע. וע"כ בשכיח ולא שכיח. דאי בשכיח — זה לא היה קורא נכנס ברשות, דפשיטא ד"קום אדוכתך" משמע. **שני** שוורים תמים שחבלו זה בזה כו'. תימה: דכולה מתניתין שאין צריכה היא! וי"ל: דלרבי עקיבא אצטריך. שלא תאמר: כיון דאית ליה יוחלט השור לניזק — אם כן שורו של זה קנוי לזה, *ואם הקדישו קדוש, קמ"ל דלא אמרינן הכי. ואפילו לרבי ישמעאל נמי נ"מ אם נאבד האחד, שלא יאמרו הבעלים אגבה כל חצי נזקי משלך, ואתה תפסיד נזקך, שנאבד שורי שמשתלם מגופו.

ורבנן הזה למה לי לפוטרו כו'. וא"ת: לרבנן "כמשפט" למה ליה? דבלא "כמשפט" ידעינן דתם באדם משלם ח"נ, דמהיכא תיתי לשלם נ"ש! וי"ל: דכיון ד"הזה" אצטריך למכתב לפוטרו מארבע' דברים, אי לאו כמשפט שור בשור לא הוה דרשינן "הזה" לפוטרו מארבעה דברים, אלא הוה דרשינן "הזה" כרבי עקיבא: "הזה" כתחתון ולא כעליון, דהכי מסתברא טפי. **לפוטרו** מארבעה דברים. תימה: מכמשפט שור בשור כך משפט שור באדם שמעינן ליה! וי"ל: דזה אין ללמוד, משום דגבי שור לא שייכי ארבעה דברים. דצער ובושת ליכא. ורפוי ושבת הוי בכלל נזק, דכששמוהו כמה היה שוה מתחילה וכמה הוא שוה עכשיו, שאם ירצה בעליו לא ירפאהו אלא ימכרהו מיד ויקנה אחר — נמצא כשמשלם לו יכול לקנות שור בשלו. אבל אדם, על כרחך צריך לרפאות עצמו, ושבת נמי איכא. **הוה** אמינא צער לחודיה. יש ספרים דגרסי: צער *ובושת, אבל רפוי ושבת לא. וא"ת: מהיכא תיתי דליתיב ליה? אי מק"ו דאדם שאין משלם כופר — מה לאדם שמשלם צער! וי"ל: דלא שייך ביה פירכא, דמאי דכתיב באדם שמשלם רפוי ושבת — אין אלא גלוי מילתא בעלמא שכל זה חשיב נזק, ונזק מלינו בהדיא בקרא שהשור משלם.

הקדישו ניזק איכא בינייהו. ה"מ למימר דלמר יכול לסלקו ולמר אין יכול לסלקו. וכן מכרו מזיק, דלרבי ישמעאל מכור לרדיא, כדאמרינן בשמעתא, [א] ולרבי עקיבא אין מכור. וכן שיבא מזיק או כיחש מזיק, כדאמרינן לקמן. ומילי טובא דדריש ב"שור שנגח ארבעה וחמשה" (דף לו:) נמי איכא בינייהו. אלא חד מינייהו נקט*. **איכא** בינייהו. דלרבי ישמעאל אין קדוש. ואם תאמר: ואמאי אין קדוש, למאן דאמר בפרק "כל שעה" (פסחים דף ל:) למפרע הוא גובה? וי"ל: דלמאן דאמר למפרע הוא גובה — היינו היכא דגבאו לבסוף. אבל הכא, אם נתרצה ניזק לבסוף לקבל המעות ולא גבאו — לרבי ישמעאל אין קדוש. ומכל מקום לרבי עקיבא קדוש, דשותפין נינהו

עין משפט נר מצוה

סז א מיי' פ"ו מהלכות רוצח ושמירת נפש הלכה ט סמג עשין פה:

סח ב מיי' פ"א מהל' חובל ומזיק הל' יט סמג עשין ע טוש"ע ח"מ סי' תכ סעיף ל:

סט ג ד מיי' פ"י מהל' נזקי ממון הל' יא וע"ש במ"מ סמג עשין סז טוש"ע ח"מ סי' שפט סעיף י בהג"ה:

ע ה מיי' פ"ט שם הל' יד סמג עשין סו טוש"ע ח"מ סי' תב:

עא ו ז מיי' שם טוש"ע שם:

עב ח (מיי' פ"א מהל' חובל ומזיק) סמג עשין ע טוש"ע ח"מ סי' תכא סעיף יג:

עג ט מיי' פ"ז מהלכות נזקי ממון הלכה ג סמג עשין סז טוש"ע ח"מ סי' תה סעיף א:

עד י מיי' פ"ו מהל' חובל ומזיק הלכה א סמג עשין ע טוש"ע ח"מ סי' שעח סעיף א:

לשון תוספות שנץ ואם הקדיש כל אחד שורו של חבירו כנגד כל חצי נזקו קדוש קמ"ל דלא אמרינן הכי אלא כנגד חצי המותר מהרש"ל

עה כ ל מיי' פ"ז מהל' נזקי ממון הלכה ג סמג עשין סז טוש"ע ח"מ סי' תה סעיף א:

עו מ מיי' פ"ט שם הל' יב וע"ש סמג עשין פו טוש"ע ח"מ סי' תא סעיף א:

מסורת הש"ס

מכות ח. | לעיל ה. [לקמן מב:] ערכין יד: | שמות כא | ויקרא כד | [לקמן לג. לו.] | שמות כא | [לעיל כו.] | [וכ"כ תוס' ב"ב ה: ד"ה ואפי']

הגהות הב"ח

(א) גמ' כלבו של בעל הבית ומת פטור. נ"ב היינו מכופר אבל מ"מ השור הוא בסקילה כדלעיל דף כג ע"ב:

הגהות הגר"א

[א] תוס' ד"ה הקדישו כו' ולר"ע אין מכור. נ"ב ורמב"ם כתב דגם לר"ע מכור (ועי' בהגר"א ריש סימן תז):

גליון הש"ס

תוס' ד"ה לפוטרו וכו' ושבת הוי בכלל נזק. עי' גיטין דף מב ע"ב תוס' ד"ה וקור: **ד"ה** הוה אמינא וכו' מק"ו לאדם שאין משלם כופר. כדלעיל דף כו ע"א:

רבינו חננאל

ת"ר פועלין שנכנסו לתבוע שכרן מבעל הבית כו'. סוגיא דשמעתא פועל שבא לתבוע שכרו מבעל הבית ונכנס בלא רשותו של בעל הבית והוזק מבהמתו של בעל הבית ואפי' אם מת פטור בעל הבית וכל שכן זולתי פועל ואם אמר לו בעל הבית הכנס ונכנס והוזק בעל הבית חייב ואם הוא בעל הבית שהוא פעמים מצוי בשוק פעמים אינו מצוי בשוק ובא ועמד בשער וקראו לבעל הבית והשיבו ואמר לו אין ונכנס והוזק פטור בעל הבית שלא היה לו להיכנס דאין לאו משמע עול אלא קום אדוכתיך משמע ותניא הכי א) סתמא דתניא פועל שנכנס לתבוע שכרו מבעל הבית ונגחו שורו של בעל הבית או נשכו כלבו של בעל הבית ומת פטור אף על פי שנכנס ברשות ברשות אמאי פטור אלא לאו כגון דקרא אבבא ואמר ליה אין (ועול) והוזק פטור. ש"מ אין קום אדוכתיך משמע ש"מ: **מתני'** ב' שוורים תמים שחבלו זה בזה משלמין במותר חצי נזק כו' אדם בתם ותם באדם אדם בתם משלם במותר נזק שלם ותם באדם משלם במותר חצי נזק ר' עקיבא אומר אף תם שחבל באדם משלם במותר נזק שלם: ת"ר או בן יגח או בת יגח כמשפט הזה יעשה לו כמשפט שור בשור כן משפט אדם באדם כו' פרשה זו תחילתה וכי יגח שור את איש מפרש בתם ואם שור נגח הוא מתמול מפרש במועד בתם הוא אומר ובעל השור נקי ובמועד כתיב וגם בעליו יומת אם כופר יושת עליו הנה במיתה פירש דין התם ודין המועד לנזקין לא פירש כשחזר וכתב או בן יגח או בת יגח למאי אתא לדברי הכל לנזיקין הוא דאתא ת"ק סבר כמשפט הזה יעשה לו כמשפט נזקי שור בשור תם חצי נזק מועד נזק שלם אף שור שהזיק אדם תם חצי נזק מועד נזק שלם כן יעשה לו. ור' עקיבא אומר אם כן הוה ליה לקרא לומר כמשפט יעשה לו מאי טעמא כתב הזה ללמוד שזה דין כתחתון ולא כעליון לפי שבתחילת הפרשה תורת התם והוא נקרא עליון ואחריו כתיב ואם שור נגח הוא המועד והוא הנקרא תחתון שזה אחרי זה כתיב ודייק ר' עקיבא הזה הסמוך לו והוא תורת התחתון והוא המועד. יכול לשלם מן העלייה כיון שאע"פ שהוא תם באדם משלם נזק שלם כמועד נדין אותו בכל דבר כמועד ת"ל יעשה לו מגופו משלם ולא מן העלייה ורבנן דפליגי עליה דר' עקיבא אמרי הזה כשם שאין בזה ד' דברים אלא כופר בלבד כך אין שור באדם משלם ד' דברים אלא נזק בלבד. ור' עקיבא נפקא ליה מאיש בעמיתו איש בעמיתו משלם ד' דברים ולא שור ד' דברים ב) בעמיתו ממעט השור משלם ד' דברים ורבנן מאיש בעמיתו הוה אמינא צער לחודיה דהכין כתיב מום ומום צער לחודיה משמע אבל ריפוי שבת ובושת אימא כנזק דמי וליתן ליה קמ"ל והלכתא כרבנן דגרסינן בתחלת פרקין קמא ג) תבריה ר' עקיבא לגזיזיה: **מתני'** שור שוה מנה שנגח לשור שוה מאתים ואין הנבילה יפה כלום נוטל את השור מתני' ר' עקיבא דתניא יושם השור בב"ד דברי ר' ישמעאל ר' עקיבא אומר הוחלט השור קסבר ר' עקיבא שותפי נינהו וכי כתיב ומכרו את השור החי וחצו את כספו לניזק ומזיק מזהר להו רחמנא והרשות ביד הניזק למכור שנאמר ומכרו וחצו את כספו הנוטל כסף הוא המוכר ר' ישמעאל סבר בעל חוב הוא וזוזי הוא דמסיק ולבי דינא מזהר להו למכור השור ולפרוע את חובו של זה שנאמר ומכרו את השור החי וגו' מאי בינייהו אמר ר' יוחנן הקדישו ניזק לר'

א) נ"ל דברייתא השניה סתם כת"ק דברייתא קמייתא דאין קום אדוכתך משמע. ב) אולי צ"ל אינו ממעט שהשור אינו משלם ד' דברים. ג) קצת משמע מדברי רבינו אלו דמפרש דתבריה ר"ע לגזיזיה היינו שחזר בו ועי' תוס' לעיל דף ה ד"ה הא תברה.

עז א ב ג מיי' פ"ח מהלכות נזקי ממון הלכה ו סמג עשין סו טוש"ע ח"מ סי' תז סעיף א:
עח ד ה מיי' שם הל' ז:
עט ו מיי' שם הלכה ו סמג שם טוש"ע שם סעיף א ב:
פ ז מיי' שם הלכה ח טוש"ע שם סעיף ג:
פא ח מיי' שם טוש"ע שם סעיף ד:
פב ט מיי' שם הל' ט סמג שם:
פג י כ מיי' שם הל' ז סמג שם טוש"ע שם סעיף ב וע"ש בהג"ה:
פד ל מיי' פ"ז מהלכות חובל ומזיק הל' יא ועיין בהשגות ובמ"מ סמג עשין ע טוש"ע ח"מ סי' שפו סעיף אב וע"ש:

כֵּיוָן דִּמְשַׁעְבַּד לֵיהּ לַנִּיזָּק לָאו כָּל כְּמִינֵּיהּ? א"ל: [א]אֵינוֹ מָכוּר. וְהָתַנְיָא: מְכָרוֹ — מָכוּר! [ב]חוֹזֵר וְגוֹבֵהוּ. וְכִי מֵאַחַר שֶׁחוֹזֵר וְגוֹבֵהוּ, לָמָּה מָכוּר? לְרִידְיָא. ש"מ: לֹוֶה (א) וּמוֹכֵר מִטַּלְטְלִין, ב"ד גּוֹבִין לוֹ מֵהֶם? שָׁאנֵי הָתָם, דִּכְמַאן דַּעֲשָׂאוֹ אַפּוֹתֵיקֵי דָּמֵי. *וְהָאָמַר רָבָא: עָשָׂה עַבְדּוֹ אַפּוֹתֵיקֵי וּמְכָרוֹ — ב"ח גּוֹבֶה הֵימֶנּוּ, שׁוֹרוֹ אַפּוֹתֵיקֵי וּמְכָרוֹ — אֵין ב"ח גּוֹבֶה הֵימֶנּוּ! עֶבֶד מ"ט? מִשּׁוּם דְּאִית לֵיהּ קָלָא, הַאי נַמִי, [ג]כֵּיוָן דְּנָגַח — קָלָא אִית לֵיהּ, דְּתוֹרָא נַגְחָנָא קָרוּ לֵיהּ. תָּנֵי רַב תַּחְלִיפָא בַּר מַעַרְבָא קַמֵּיהּ דְּרַבִּי אַבָּהוּ: מְכָרוֹ — אֵין מָכוּר, הִקְדִּישׁוֹ — מוּקְדָּשׁ. מְכָרוֹ מַאן? אִילֵימָא מַזִּיק, "מְכָרוֹ אֵין מָכוּר" מַנִּי — ר"ע הִיא, דְּאָמַר: הוּחְלַט הַשּׁוֹר, וְ"הִקְדִּישׁוֹ מוּקְדָּשׁ" — אֲתָאן לְרַבִּי יִשְׁמָעֵאל, דְּאָמַר: יוּשַׁם הַשּׁוֹר בְּבֵ"ד! אֶלָּא נִיזָּק, "מְכָרוֹ אֵינוֹ מָכוּר" מַנִּי — רַבִּי יִשְׁמָעֵאל, "הִקְדִּישׁוֹ מוּקְדָּשׁ" — אֲתָאן לְר"ע! לְעוֹלָם מַזִּיק, וְדִבְרֵי הַכֹּל; מְכָרוֹ אֵינוֹ מָכוּר — אֲפִילּוּ לְרַבִּי יִשְׁמָעֵאל, דְּהָא מְשַׁעְבְּדָא לֵיהּ לַנִּיזָּק, [ד]הִקְדִּישׁוֹ מוּקְדָּשׁ — אֲפִילּוּ לְר"ע, *מִשּׁוּם דְּר' אַבָּהוּ, דְּא"ר אַבָּהוּ: [ה]גְּזֵירָה *שֶׁמָּא יֹאמְרוּ הֶקְדֵּשׁ יוֹצֵא בְּלֹא פִּדְיוֹן.§ ת"ר: *שׁוֹר תָּם שֶׁהִזִּיק, [ו]עַד שֶׁלֹּא עָמַד בַּדִּין, מְכָרוֹ — מָכוּר, הִקְדִּישׁוֹ — מוּקְדָּשׁ, שְׁחָטוֹ וּנְתָנוֹ בְּמַתָּנָה — מַה שֶּׁעָשָׂה עָשׂוּי; [ז]מִשֶּׁעָמַד בַּדִּין, מְכָרוֹ — אֵינוֹ מָכוּר, הִקְדִּישׁוֹ — אֵינוֹ מוּקְדָּשׁ, שְׁחָטוֹ וּנְתָנוֹ בְּמַתָּנָה — לֹא עָשָׂה וְלֹא כְלוּם; [ח]קָדְמוּ בַּעֲלֵי חוֹבוֹת וְהִגְבִּיהוּ, בֵּין חָב עַד שֶׁלֹּא הִזִּיק בֵּין הִזִּיק עַד שֶׁלֹּא חָב — לֹא עָשׂוּ וְלֹא כְלוּם, לְפִי שֶׁאֵין מְשַׁתַּלֵּם אֶלָּא מִגּוּפוֹ. [ט]מוּעָד שֶׁהִזִּיק, בֵּין שֶׁעָמַד בַּדִּין בֵּין שֶׁלֹּא עָמַד בַּדִּין, מְכָרוֹ — מָכוּר, הִקְדִּישׁוֹ — מוּקְדָּשׁ, שְׁחָטוֹ וּנְתָנוֹ בְּמַתָּנָה מַה שֶּׁעָשָׂה עָשׂוּי; קָדְמוּ בַּעֲלֵי חוֹבוֹת וְהִגְבִּיהוּ, בֵּין חָב עַד שֶׁלֹּא הִזִּיק בֵּין הִזִּיק עַד שֶׁלֹּא חָב — מַה שֶּׁעָשָׂה עָשׂוּי, לְפִי שֶׁאֵין מְשַׁתַּלֵּם אֶלָּא מִן הָעֲלִיָּיה.§ אָמַר מָר: מְכָרוֹ מָכוּר — לְרִדְיָא. הִקְדִּישׁוֹ מוּקְדָּשׁ — מִשּׁוּם דְּרַבִּי אַבָּהוּ. שְׁחָטוֹ וּנְתָנוֹ בְּמַתָּנָה מַה שֶּׁעָשָׂה עָשׂוּי. בִּשְׁלָמָא נְתָנוֹ בְּמַתָּנָה מַה שֶּׁעָשָׂה עָשׂוּי — לְרִדְיָא, אֶלָּא שְׁחָטוֹ — [י]לֵיתֵי וְלִשְׁתַּלֵּם מִבִּשְׂרֵיהּ. דְּתַנְיָא: חַי — אֵין לִי אֶלָּא חַי, [כ]שְׁחָטוֹ מִנַּיִן? ת"ל: "וּמָכְרוּ אֶת הַשּׁוֹר" מ"מ! אָמַר רַב שֵׁיזְבִי: לָא נִצְרְכָא אֶלָּא לִפְחַת שְׁחִיטָה. אָמַר רַב הוּנָא בְּרֵיהּ דְּרַב יְהוֹשֻׁעַ, זֹאת אוֹמֶרֶת: *[ל]הַמַּזִּיק שִׁעְבּוּדוֹ שֶׁל חֲבֵירוֹ — פָּטוּר. פְּשִׁיטָא! מַהוּ דְּתֵימָא, הָתָם הוּא דְּא"ל: לָא חֲסַרְתִּיךְ וְלָא מִידֵּי, דְּא"ל: זִיקָא בְּעָלְמָא הוּא דְּשָׁקְלִי מִינָּךְ, אֲבָל בְּעָלְמָא לִיחַיַּיב, קמ"ל. הָא נַמִי רַבָּה אֲמָרָהּ, *דְּאָמַר רַבָּה: הַשּׂוֹרֵף שְׁטָרוֹתָיו שֶׁל חֲבֵירוֹ — פָּטוּר! מַהוּ דְּתֵימָא, הָתָם הוּא דְּא"ל: נְיָירָא בְּעָלְמָא קְלַאי מִינָּךְ, אֲבָל הֵיכָא דְּחָפַר בָּהּ בּוֹרוֹת שִׁיחִין וּמְעָרוֹת — לִיחַיַּיב, קמ"ל, דְּהָא הָכָא כְּמַאן דְּחָפַר בָּהּ בּוֹרוֹת שִׁיחִין וּמְעָרוֹת דָּמֵי, וְקָאָמַר: מַה שֶּׁעָשָׂה עָשׂוּי. קָדְמוּ בַּעֲלֵי חוֹבוֹת וְהִגְבִּיהוּ, בֵּין חָב עַד שֶׁלֹּא הִזִּיק בֵּין הִזִּיק עַד שֶׁלֹּא חָב — לֹא עָשָׂה וְלֹא כְלוּם, לְפִי שֶׁאֵין מְשַׁלֵּם אֶלָּא מִגּוּפוֹ. בִּשְׁלָמָא הִזִּיק עַד שֶׁלֹּא חָב — נִיזָּקִין קָדְמוּ, אֲבָל חָב עַד שֶׁלֹּא הִזִּיק — ב"ח קָדִים! וַאֲפִילּוּ

כֵּיוָן דִּמְשַׁעְבַּד לֵיהּ. דְּאִי לָא יָהֵיב לֵיהּ דְּמֵי — שָׁקֵיל לֵיהּ לַשּׁוֹר, דְּרַחֲמָנָא שַׁעְבְּדֵיהּ נִיהֲלֵיהּ. וְהָתַנְיָא מְכָרוֹ מָכוּר. אָמַר לֵיהּ: חוֹזֵר וְגוֹבֵהוּ נִיזָּק מִלּוֹקֵחַ. לְרִידְיָא. [א] שֶׁאִם חָרַשׁ בּוֹ לוֹקֵחַ אֵינוֹ נוֹתֵן דְּמֵי הַחֲרִישָׁה לַנִּיזָּק. ש"מ. בִּתְמִיָּה: וְהָא מִטַּלְטְלִין לָאו מִידֵּי דְּקָאֵי בְּעֵינֵיהּ, וְלָא סָמֵיךְ מַלְוֶה עֲלַיְיהוּ, וְאַמַּאי טָרְפִינַן לְהוּ מִלּוֹקֵחַ? אַפּוֹתֵיקֵי. רַחֲמָנָא שַׁוְיֵיהּ לְמִיגְבֵּי מֵהַאי שׁוֹר. אֵין בַּעַל חוֹב גּוֹבֶה מִמֶּנּוּ. וְהָכָא אַמַּאי גָּבֵי לֵיהּ מִלּוֹקֵחַ? וּמְשַׁנֵּי עֶבֶד טַעְמָא מַאי. גּוֹבֵהוּ מִלּוֹקֵחַ — מִשּׁוּם דְּאִית לֵיהּ קָלָא לְשִׁעְבּוּדֵיהּ, כִּי שַׁוְיֵהּ אַפּוֹתֵיקֵי. בַּר מַעַרְבָא. מֵא"י הֲוָה. מְכָרוֹ אֵינוֹ מָכוּר. קס"ד אֲפִי' לְרִדְיָא. לְעוֹלָם מַזִּיק. וּמְכָרוֹ אֵינוֹ מָכוּר — לְגוּפֵיהּ קָאָמַר. דַּהֲדַר גָּבֵי לֵיהּ, וַאֲפִילּוּ לְרַבִּי יִשְׁמָעֵאל. הִקְדִּישׁוֹ מוּקְדָּשׁ. לָאו קָדוֹשׁ מַמָּשׁ, אֶלָּא לִיתֵּן דָּבָר מוּעָט בְּפִדְיוֹנוֹ. כִּדְרַבִּי אַבָּהוּ. דְּאָמַר בְּמַסֶּכֶת עֲרָכִין (דף כג:) גַּבֵּי מַקְדִּישׁ נְכָסָיו וְהָיְתָה עָלָיו כְּתוּבַּת אִשָּׁה וּבַעַל חוֹב, וְקָתָנֵי הָתָם דְּיָהֵיב לְהֶקְדֵּשׁ מִידֵּי פּוּרְתָּא וְגָבֵי בַּעַל חוֹב דִּילֵיהּ. וְאָמַר ר' אַבָּהוּ, דְּהָא דְּבָעֵי לְמֵיתַב לְהֶקְדֵּשׁ מִידֵּי — מִשּׁוּם גְּזֵירָה שֶׁמָּא יֹאמְרוּ הֶקְדֵּשׁ גָּמוּר יוֹצֵא לְחוּלִּין בְּלֹא פִּדְיוֹן. מְכָרוֹ מָכוּר. כּוּלָּהּ הַךְ בָּרַיְיתָא מְפָרֵשׁ לְקַמָּן. מִשֶּׁעָמַד בַּדִּין. נִשְׁתַּעְבֵּד גּוּפוֹ לַנִּיזָּק, וְשֶׁלּוֹ הוּא. מְכָרוֹ. מַזִּיק. אֵינוֹ מָכוּר. וַאֲפִי' לְרִדְיָא. הִקְדִּישׁוֹ אֵינוֹ מוּקְדָּשׁ. וַאֲפִילּוּ מִידֵּי לָא יָהֵיב לְהֶקְדֵּשׁ. קָדְמוּ בַּעֲלֵי חוֹבוֹת כו'. מְפָרֵשׁ טַעְמָא לְקַמָּן. מְכָרוֹ מָכוּר. אַשּׁוֹר תָּם קָאֵי, עַד שֶׁלֹּא עָמַד בַּדִּין. כִּדְרַבִּי אַבָּהוּ. דְּיָהֵיב דָּבָר מוּעָט. נְתָנוֹ בְּמַתָּנָה מַה שֶּׁעָשָׂה עָשׂוּי לְרִדְיָא. כִּמְכִירָה. אֶלָּא שְׁחָטוֹ. קס"ד מַה שֶּׁעָשָׂה עָשׂוּי — לְאַפְקוּעֵי מִנִּיזָּק קָאָמַר, דְּהָתָם לֵיכָּא לְמֵימַר לְרִדְיָא. לִפְחַת שְׁחִיטָה. מַה שֶּׁנִּפְחֲתוּ דָּמָיו בִּשְׁחִיטָתוֹ — אֵין הַמַּזִּיק מְשַׁלֵּם. שִׁעְבּוּדוֹ שֶׁל חֲבֵירוֹ. קַרְקַע הַמְשׁוּעְבֶּדֶת לַחֲבֵירוֹ. פְּשִׁיטָא. דְּמֵהָכָא שָׁמְעִינַן לָהּ, בְּלָא מֵימְרָא דְּרַב הוּנָא. ה"ג הָא נַמִי רַבָּה אֲמָרָהּ דְּאָמַר רַבָּה. רַבָּה אָדָם חָשׁוּב הָיָה, וּמֵאָדָם חָשׁוּב כְּגוֹן רַב אוֹ רַבָּה פָּרְכִינַן. כְּאִילּוּ *כְּתִיב בַּמִּשְׁנָה אוֹ בַּבָּרַיְיתָא. כְּמַאן דְּחָפַר בָּהּ בּוֹרוֹת שִׁיחִין וּמְעָרוֹת דָּמֵי. שֶׁהֲרֵי הַשְּׁחִיטָה נִרְאֵית וְנִכֶּרֶת. בֵּין הִזִּיק עַד שֶׁלֹּא חָב. עַד שֶׁלֹּא לָוָה בְּעָלָיו הַמָּעוֹת מִבַּעֲלֵי חוֹבִין. וַאֲפִילּוּ

לעיל יא: ב"ב מד: (גיטין מח.)
[ערכין כג:]
[שם לג.]
[תוספתא פ"ה ע"ש]
[נ"ל תני]
[גיטין מח.]
לקמן לח.

ניהו. ועוד: לדברי עקיבא קדוש הגוף והשבח משהקדיש, אבל לרבי ישמעאל, אפילו למ"ד למפרע הוא גובה — שבח דמזיק הוי, ולא קדיש עד שיגבנו. ונראה, דאע"ג דלרבי עקיבא קיימא ליה ברשותיה משעת הנזק קודם העמדה בדין, וחשבינן כאילו בא אלי נזק לידו מאותה שעה, ואע"ג דקי"ל פלגא נזקא קנסא — מכל מקום, אם העידו עדים ששורו נגח ביום א', ואתו עדים אחריני ואמרו: ביום א' הייתם עמנו, אלא בע"ש נגח — דמשלמין. דבעידנא דקמסהדי — גברא לאו בר תשלומין הוא, דכל זמן דלא נתגלה הדבר שלא העידו עליו חשיב לאו בר תשלומין, אע"ג דקם ברשותו דניזק בשעת הנזק, כדמוכח ב"מרובה" (לקמן דף עד. ושם*) גבי "מעידנו באיש פלוני שהפיל שן עבדו (של פלוני) וסימא את עינו" ואתו סהדי ואפכינהו ואזמינהו, ומוקים לה דקדמי אקדומי, ואפ"ה פריך: אי דלא עמד בדין — דמי כולו עבד בעי לשלומי, דאכתי לא מחייב גברא. אלמא לא חשבינן גברא בר תשלומין כל זמן שלא נודע, אע"פ שהעבד זוכה בשחרורו לאלתר, כדדרשינן: "תחת עינו" ולא תחת עינו ושינו. וא"ת: דבפרק "נערה" (כתובות דף מא: ושם) תנן: לא הספיק לעמוד בדין עד שבגרה — קנסה לעצמה. ואמאי? והא משעת פתוי זכה בה האב! אלמא משמע דבקנס לא זכי עד שעת העמדה בדין, והכא סבר רבי עקיבא דזכי משעת הנזק. וכן ב"מרובה" (דף עד: ושם) משמע דאי לא כתיב "תחת עינו", דמשמע: ולא תחת עינו ושינו — הוה אמרינן דסימא עינו והפיל שינו דיוצא בעינו ושינו, אלמא: לא זכי עד שיעמוד בדין, והכא סבר רבי עקיבא דזכי משעת הנזק! ועוד: דרבי עקיבא אית ליה ב"השולח" (גיטין מב:) דיוצא בשן ועין דצריך גט שחרור. והתם אמר דמ"ד דצריך גט שחרור קסבר שיוצא בשינו ועינו! ושמא י"ל: דהיינו טעמא דזוכה משעת נגיחה — משום דגלי לן קרא, דמשמע לרבי עקיבא ד"מכרו" אמזיק ואניזק קאי. וההיא ד"מרובה" (דף עד:) נמי גלי קרא למאן דאית ליה. **איכא** בינייהו. לדברי עקיבא קדוש. אף על גב דאי מודה — מפטר, דקנס הוא, מכל מקום — השתא מיהא לא הודה. **משום** דרבי אבהו. אבל בלא ר' אבהו לא קדיש, משום דקדושת דמים אין מפקעת מידי שעבוד. ומיירי הכא בבעל מום. א"נ בתם, וכגון שהקדישו לבדק הבית, דקדוש קדושת דמים, וכדאמרינן (תמורה דף ו.): המתפיס תמימים לבדק הבית — מה שעשה עשוי. וקשה מכאן לר"ת שמפרש דבכל קדושת מטלטלין מפקעת מידי שעבוד, ואפי' קדושת דמים! ואומר ר"ת: דאלמוה רבנן לשעבודא דניזק, כדאמרינן ב"החובל" (לקמן צ. ושם): אלמוה רבנן לשעבודיה דבעל. **זאת** אומרת המזיק שעבודו של חבירו פטור. ופליג אדרשב"ג דמחייב ב"השולח" (גיטין מא. ושם*) לחד מאמוראי דהתם. **שמע** מינה ב"ח מאוחר שקדם וגבה כו'. ולא כמו נגס בפרק "מי שהיה נשוי" (כתובות דף צד.). דלדידיה, כי היכי דבקרקעות עדיף ב"ח מאוחר משום נעילת דלת טפי מלוקח מאוחר — הכי נמי, אע"ג דמלוקח מאוחר גבי ליה ניזק, כדאמר לעיל משום *דאית ליה קלא — מב"ח מאוחר לא גבי ליה, משום נעילת דלת. אילו

[ד"ה כמזיק]
עיין מהרש"ל

רבינו חננאל

לר' עקיבא מוקדש לר' ישמעאל אינו מוקדש. והלכתא בהא כר' עקיבא דסתם מתני' כותיה. בעא מיניה רבא מרב נחמן מכרו [מזיק] לר' ישמעאל מהו אמר ליה אינו מכור והתניא מכרו מכור א). פי' אמר לו הא דתניא מכור חשוב הוא כמכור שאם עשה בו מלאכה הלוקח אינו יכול להוציא מיד הקונה שכירות אותה מלאכה שמכירתו מכירה היא אבל חוזר וגובה אותו מכח השעבוד שיש לניזק עליו ודייקינן לדברי ר' ישמעאל הניזק בעל חוב הוא וכי יכול המלוה לטרוף המטלטלין שכבר מכר הלוה וכי יש אחריות למטלטלי וב"ד כי האי גוונא גובין למלוה במטלטלין. ודחי' שנייא האי דכיון דנגח אית ליה קלא דתורא נגחנא הוא וכעבד שעשאו אפותיקי דמי אבל בעלמא ב"ד לא מגבו מטלטלי מכורין. תני ר' תחליפא מכרו אינו מכור הקדישו מוקדש ופשטנא מכרו המזיק אינו מכור ב) לר' עקיבא דהא כיון שהוחלט לניזק הוא. אלא לר' ישמעאל מכרו המזיק אינו מכור דהא משועבד ליה לניזק. הקדישו מוקדש אפילו לר' עקיבא גזירה כדר' אבהו כו'. שאם תאמר לא הוקדש ויוצא לחולין הרואה אינו יודע ששור נגח הוא והוחלט לניזק אלא אמר מכיר זה השור שהוא שורו של פלוני זה המזיק הוא וראוהו שהקדישו ואחר כך יצא לחולין יבוא לומר הקדש יוצא בלא פדיון לפיכך גזרו להיות מוקדש משום הא דרבי אבהו. והא דר' אבהו בערכין פ' שום היתומין. הלכך מכרו המזיק לדברי הכל אינו מכור הקדישו מוקדש לדברי הכל גזירה שמא יאמרו הקדש יוצא בלא פדיון. מכרו ניזק לר' עקיבא מכור לרבי ישמעאל אינו מכור הקדישו נמי אינו מוקדש ולא חייש שמא יאמרו הקדש יוצא בלא פדיון דהא שור זה אינו ידוע לניזק אלא למזיק והרואה אומר מפני זה יצא לחולין שהקדיש שאינו שלו ולדברי הכל אין אדם מקדיש דבר שאינו שלו והלכה כרבי עקיבא: ת"ר שור תם שהזיק עד שלא עמד בדין מכרו מכור לרדייה הקדישו מוקדש כרבי אבהו: שחטו כאילו שלו שחט אבל הניזק משתלם מבשרו ואינו משתלם ממנו דמי פחת שחיטה. נתנו במתנה לרדייה. ודייק מדתני שחטו מה שעשה עשוי ואינו חייב לשלם פי' חי הוא שוה מנה שחטו הוא שוה מנה פחות סלע ותנינן אינו חייב לשלם לרבי ישמעאל דאמר שורו של מזיק הוא והוא משועבד לניזק זאת אומרת המזיק שיעבודו של חבירו פטור אם חפר בשדה שהיתה משועבדת לחבירו בורות שיחין ומערות וכל שכן השורף שטרותיו של חבירו דשחיטת השור כגון חפירות בורות: קדמו בעלי חובות וגבו תם שמגופו משתלם לא עשה כלום דיכיל למימר ליה לבעל חוב בין חב קודם שיזיק בין חב אחר שיזיק. אילו תורך הוה ואזקן לאו מינך הוינא גבי ליה. משעמד בדין דברי הכל בחזקת הניזק ובין מכר ואפילו הקדיש או שחט או נתן לא עשה כלום וחייב לשלם דמי פחת שחיטה ואם קדמו בעלי חוב המזיק ונטלוהו חייבין להחזיר בין קדם חובו להזיקו בין קדם היזק לחובו. והני מילי בתם דמשעמד בדין ונתחייב בדבר להחזירו עמד הדבר ההוא בחזקת התובע ונעשה קניינו אבל דין המועד אפילו אחר שעמד בדין אם מכרו או הקדישו או שחטו או נתנו במתנה מה שעשה עשוי ולא אמרינן בהא מכור לרדייה וחוזר וגובהו ואם קדמו בעלי החוב ונטלוהו ואפילו מה שלוה אחר שהזיק זכו ואין יכול הניזק להוציא מידם לדברי הכל מאי טעמא מטלטלי נינהו וש"מ בעל חוב מאוחר שקדם וגבה מטלטלי מה שגבה גבה שדין שור המועד כיון דמן העלייה משלם וזוזי הוא דמסיק ביה ולית ליה בתורא מידי אלא מלוה מסיק ביה והאי תורא כשאר מטלטלי דמזיק דמי וכל מה שעשה עשוי.

א) נראה דל"ל א"ל מכרו מכור לרדיא פי' וכו'. ב) נראה דל"ל לא מבעיא לר"ע דהא כיון וכו' אלא אפילו לר' ישמעאל מכרו המזיק וכו'.

הגהות הב"ח

(א) גמרא ש"מ לוה ומכר מטלטלין:

הגהות הגר"א

[א] רש"י ד"ה לרדיא שאם כו'. נ"ב והרמב"ם והראב"ד פירשו לחרוש בו לכתחלה ... פטור ...

גליון הש"ס

[illegible]

וַאֲפִילּוּ הִזִּיק עַד שֶׁלֹּא חָב — בַּעַל חוֹב קָדֵים; ש"מ: *ב"ח מְאוּחָר שֶׁקָּדַם וְגָבָה — מַה שֶּׁגָּבָה לֹא גָּבָה? לֹא, לְעוֹלָם אֵימָא לָךְ: מַה שֶּׁגָּבָה גָּבָה, וְשָׁאנֵי הָתָם, דְּא"ל: אִילּוּ גַּבָּךְ הֲוָה, לָאו מִינָּךְ הֲוָה גָּבֵי לֵיהּ? דְּהַאי תּוֹרָא דְּאַזֵּיק מִינֵּיהּ מִשְׁתַּלַּמְנָא.§ ת"ר: שׁוֹר שָׁוֶה מָאתַיִם שֶׁנָּגַח שׁוֹר שָׁוֶה מָאתַיִם וְחָבַל בּוֹ בַּחֲמִשִּׁים זוּז, וְשָׁבַח וְעָמַד עַל אַרְבַּע מֵאוֹת זוּז, שֶׁאִלְמָלֵא (*לֹא) הִזִּיקוֹ הָיָה עוֹמֵד עַל שְׁמוֹנֶה מֵאוֹת זוּז — נוֹתֵן כִּשְׁעַת הַנֵּזֶק, כָּחַשׁ — כִּשְׁעַת הַעֲמָדָה בַּדִּין; שָׁבַח מַזִּיק — נוֹתֵן לוֹ כִּשְׁעַת הַנֵּזֶק, כָּחַשׁ — כִּשְׁעַת הַעֲמָדָה בַּדִּין. אָמַר מָר: שָׁבַח מַזִּיק — נוֹתֵן כִּשְׁעַת הַנֵּזֶק. מַנִּי? ר' יִשְׁמָעֵאל הִיא, דְּאָמַר: *בַּעַל חוֹב הוּא, וְזוּזֵי הוּא דְּמַסֵּיק לֵיהּ. אֵימָא סֵיפָא: כָּחַשׁ — כִּשְׁעַת הַעֲמָדָה בַּדִּין. אֲתָאן לְר"ע, *דְּאָמַר: שׁוּתָּפֵי נִינְהוּ; רֵישָׁא רַבִּי יִשְׁמָעֵאל וְסֵיפָא ר"ע? לָא, כּוּלָּהּ ר"ע הִיא, וְהָכָא בְּמַאי עָסְקִינַן — כְּשֶׁפִּיטְּמוֹ. אִי כְּשֶׁפִּיטְּמוֹ, אֵימָא רֵישָׁא: שָׁבַח וְעָמַד עַל ד' מֵאוֹת זוּז — נוֹתֵן לוֹ כִּשְׁעַת הַנֵּזֶק. אִי כְּשֶׁפִּיטְּמוֹ, צְרִיכָא לְמֵימַר? אָמַר רַב פַּפָּא: רֵישָׁא מַשְׁכַּחַתְּ לָהּ בֵּין דְּפַטְּמֵהּ פַּטּוּמֵי בֵּין דְּשַׁבְחָא מִמֵּילָא, וְאִצְטְרִיךְ לְאַשְׁמוּעִינַן דְּהֵיכָא דְּשַׁבְחָא מִמֵּילָא נוֹתֵן לוֹ כִּשְׁעַת הַנֵּזֶק. סֵיפָא לָא מַשְׁכַּחַתְּ לָהּ אֶלָּא כְּשֶׁפִּטְּמוֹ. כָּחַשׁ — כִּשְׁעַת הַעֲמָדָה בַּדִּין. כָּחַשׁ מֵחֲמַת מַאי? אִילֵימָא דְּכָחֲשָׁא מֵחֲמַת מְלָאכָה, לֵימָא לֵיהּ: אַתְּ מַכְחַשְׁתְּ וַאֲנָא יָהֵיבְנָא? אָמַר רַב אַשִׁי: דְּכָחַשׁ מֵחֲמַת מַכָּה, דְּא"ל: קַרְנָא דְּתוֹרָךְ קְבִירָא בֵּיהּ.§

מתני' שׁוֹר שָׁוֶה מָאתַיִם שֶׁנָּגַח שׁוֹר שָׁוֶה מָאתַיִם, וְאֵין הַנְּבֵילָה יָפָה כְּלוּם, אָמַר ר"מ: עַל זֶה נֶאֱמַר: "וּמָכְרוּ אֶת הַשּׁוֹר הַחַי וְחָצוּ אֶת כַּסְפּוֹ" (שמות כא). א"ל רַבִּי יְהוּדָה: וְכֵן הֲלָכָה, קִיַּימְתָּ "וּמָכְרוּ אֶת הַשּׁוֹר הַחַי וְחָצוּ אֶת כַּסְפּוֹ", וְלֹא קִיַּימְתָּ "וְגַם הַמֵּת יֶחֱצוּן", וְאֵיזֶה? זֶה שׁוֹר שָׁוֶה מָאתַיִם שֶׁנָּגַח שׁוֹר שָׁוֶה מָאתַיִם, וְהַנְּבֵילָה יָפָה חֲמִשִּׁים זוּז, שֶׁזֶּה נוֹטֵל חֲצִי הַחַי וַחֲצִי הַמֵּת, וְזֶה נוֹטֵל חֲצִי הַחַי וַחֲצִי הַמֵּת.§

גמ' ת"ר: שׁוֹר שָׁוֶה מָאתַיִם שֶׁנָּגַח שׁוֹר שָׁוֶה מָאתַיִם, וְהַנְּבֵילָה יָפָה חֲמִשִּׁים זוּז — זֶה נוֹטֵל חֲצִי הַחַי וַחֲצִי הַמֵּת, וְזֶה נוֹטֵל חֲצִי הַחַי וַחֲצִי הַמֵּת, וְזֶהוּ שׁוֹר הָאָמוּר בַּתּוֹרָה, דִּבְרֵי רַבִּי יְהוּדָה; רַבִּי מֵאִיר אוֹמֵר: אֵין זֶהוּ שׁוֹר הָאָמוּר בַּתּוֹרָה, אֶלָּא שׁוֹר שָׁוֶה מָאתַיִם שֶׁנָּגַח לְשׁוֹר שָׁוֶה מָאתַיִם, וְאֵין הַנְּבֵילָה יָפָה כְּלוּם, עַל זֶה נֶאֱמַר: "וּמָכְרוּ אֶת הַשּׁוֹר הַחַי וְחָצוּ אֶת כַּסְפּוֹ". אֶלָּא מָה אֲנִי מְקַיֵּים "וְגַם אֶת הַמֵּת יֶחֱצוּן" — פְּחָת שֶׁפְּחָתוֹ מִיתָה מַחֲצִין בַּחַי. מִכְּדִי בֵּין ר"מ בֵּין רַבִּי יְהוּדָה, הַאי מֵאָה וְעֶשְׂרִים וַחֲמִשָּׁה שָׁקֵיל, וְהַאי מֵאָה וְעֶשְׂרִים וַחֲמִשָּׁה שָׁקֵיל, מַאי בֵּינַיְיהוּ? אָמַר רָבָא: *פְּחַת נְבֵילָה אִיכָּא בֵּינַיְיהוּ, רַבִּי מֵאִיר סָבַר: פְּחַת נְבֵילָה דְּנִיזָּק הָוֵי, וְרַבִּי יְהוּדָה סָבַר: פְּחַת נְבֵילָה דְּמַזִּיק הָוֵי פַּלְגָא. א"ל אַבַּיֵי: אִם כֵּן, מָצִינוּ לְרַבִּי יְהוּדָה תָּם

רש"י

וַאֲפִי' הִזִּיק עַד שֶׁלֹּא חָב. נַמִי בַּעַל חוֹב קָדֵים לִתְפִיסָה. וְכֵיוָן דְּתָפַס אַמַּאי מַפְּקִינַן מִינֵּיהּ? ש"מ. בִּתְמִיָּה, דִּפְלוּגְתָּא הִיא בְּעָלְמָא (כתובות דף נד.) דְּאִיכָּא לְמ"ד מַה שֶּׁגָּבָה גָּבָה. אִית דְּגָרְסִי וַאֲפִי' הִזִּיק עַד שֶׁלֹּא חָב נַמִי דְּנִיזָּק קָדֵים ש"מ כו'. כְּלוֹמַר, אע"ג דְּנִיזָּק קָדֵים שִׁיעְבּוּדֵיהּ, קַשְׁיָא לֵיהּ הַאי. אִילּוּ גַּבָּךְ הֲוָה. דִּכְבָר גָּבִית לֵיהּ קוֹדֶם שֶׁהִזִּיק. לָאו מִינָּךְ מִשְׁתַּלֵּימְנָא. בִּתְמִיָּה. וְשָׁבַח. נִיזָּק, וְעָמַד עַל ד' מֵאוֹת זוּז. שֶׁאִלְמָלֵא כו'. כְּלוֹמַר, הוֹאִיל וְאִיכָּא לְמֵימַר אִלְמָלֵא לֹא הִזִּיקוֹ הָיָה עוֹמֵד עַל שְׁמוֹנֶה מֵאוֹת זוּז — נוֹתֵן לוֹ כ"ה זוּזִים כִּשְׁעַת הַנֵּזֶק, וְלָא מָצֵי א"ל: מַאי אַפְסַדְתִּיךְ? הָא שָׁבַח טְפֵי! מִשּׁוּם דְּאָמַר לֵיהּ נִיזָּק: אִי לָא אַזֵּיקְתָּן הֲוֵי שָׁבַח וְקָאֵי עַל תַּמְנֵי מְאָה. ל"א: שֶׁאִלְמָלֵא לֹא הִזִּיקוֹ כו' וְעַכְשָׁיו שׁוֹבַע נִיזָּק מָאתַיִם, אֲלָיֵין שֶׁל ד' מֵאוֹת, חֲצִי נֶזֶק שֶׁהִפְסִידוֹ — אֵינוֹ נוֹתֵן לוֹ אֶלָּא כ"ה כִּשְׁעַת הַנֵּזֶק. וְרִאשׁוֹן עִיקָּר. כִּיחֵשׁ. הַנִּיזָּק מֵחֲמַת הַמַּכָּה, וְנִרְאֶה עַכְשָׁיו הֶיזֵּיקוֹ גָּדוֹל יוֹתֵר מִתְּחִילָּה כִּשְׁעַת הַנֵּזֶק — נוֹתֵן לוֹ כְּפִי נֶזֶק שֶׁבִּשְׁעַת הַעֲמָדָה בַּדִּין. כִּדְקָאָמַר לְקַמָּן: קַרְנָא דְּתוֹרָךְ קְבִירָא בֵּיהּ. שָׁבַח מַזִּיק. וְעָמַד עַל ד' מֵאוֹת. נוֹתֵן לוֹ. כ"ה זוּז כִּשְׁעַת הַנֵּזֶק. וְאֵין יָכוֹל נִיזָּק לוֹמַר לוֹ: תֵּן לִי חֵלֶק שְׁמִינִית שֶׁבּוֹ שֶׁנִּזְכֵּיתִי בּוֹ מִשְּׁעַת הַנֵּזֶק וּבִרְשׁוּתִי הִשְׁבִּיחַ. כָּחַשׁ כִּשְׁעַת הַעֲמָדָה בַּדִּין. וְנוֹתֵן לוֹ חֵלֶק שְׁמִינִית שֶׁבּוֹ, שֶׁבִּרְשׁוּתוֹ כָּחַשׁ. וּלְקַמָּן פָּרֵיךְ רֵישָׁא לְסֵיפָא. ה"ג: כּוּלָּהּ ר' עֲקִיבָא הִיא וּכְשֶׁפִּיטְּמוֹ. מַזִּיק לַשּׁוֹר, וְחָסַר מָמוֹנוֹ לְשַׁבּוּחֵיהּ, הִלְכָּךְ לָא שָׁקֵיל נִיזָּק בְּשַׁבְחָא. אֵימָא רֵישָׁא שִׁיבַּח נִיזָּק וְעָמַד עַל אַרְבַּע מֵאוֹת זוּז. אֲפִי' הָכִי נוֹתֵן לוֹ כִּשְׁעַת הַנֵּזֶק. וְלָא מָצֵי א"ל: מַאי אַפְסַדְתִּיךְ! מִשּׁוּם דְּא"ל נִיזָּק: אִלְמָלֵא לֹא הִזִּיקוֹ הָיָה עוֹמֵד עַל ח' מֵאוֹת. וְאִי כְּשֶׁפִּיטְּמוֹ. נִיזָּק לְשׁוֹרוֹ, צְרִיכָא לְמֵימַר דְּיָהֵיב לוֹ כִּשְׁעַת הַנֵּזֶק, וְלָא מָצֵי א"ל מַאי אַפְסַדְתִּיךְ?! הָא הַאי דְּאַשְׁבַּח מִשּׁוּם פִּיטּוּמוֹ הוּא, וְחָסַר בֵּיהּ מָמוֹנָא! לְלִישָּׁנָא אַחֲרִינָא הָכִי מַשְׁמַע, אֵימָא רֵישָׁא: שָׁבַח נִיזָּק נוֹתֵן לוֹ כִּשְׁעַת הַנֵּזֶק וְתוּ לָא. וְלָא מָצֵי לְמֵימַר נִיזָּק: תֵּן לִי ב' מֵאוֹת, שֶׁאִלְמָלֵא לֹא הִזִּיקוֹ כו' וְאִי בְּשֶׁפִּיטְּמוֹ נִיזָּק צְרִיכָא לְמֵימַר דְּלָא יָהֵיב לֵיהּ מַזִּיק ב' מֵאוֹת? הַאי דְּאַשְׁבַּח מִשּׁוּם פִּיטּוּמָא הוּא! וְקַשְׁיָא לִי: הָא וַדַּאי אִצְטְרִיךְ לְאַשְׁמוּעִינַן *דְּאִשְׁתַּבַּח, דְּאַפְסְדֵיהּ. דְּאִי לָא אַזֵּיק הֲוָה קָאֵי הַשְׁתָּא בְּהַאי פִּיטּוּמָא דְּפַטְמֵיהּ עַל תַּמְנֵי מְאָה. וְלָשׁוֹן רִאשׁוֹן שָׁמַעְתִּי וְעִיקָּר. רֵישָׁא נוֹתֵן לוֹ כִּשְׁעַת הַנֵּזֶק. וְלָא מָצֵי א"ל: מַאי אַפְסַדְתִּיךְ? בֵּין דְּפַטּוּמֵי פַּטְמֵיהּ בֵּין דְּשָׁבַח מִמֵּילָא. וְהֵיכָא דְּפַטְמֵיהּ לָא הֲוָה אִצְטְרִיךְ לְמִיתְנָא, אֶלָּא מִשּׁוּם הֵיכָא דְּשָׁבַח מִמֵּילָא אִצְטְרִיךְ לְאַשְׁמוּעִינַן. כָּחַשׁ כִּשְׁעַת הַעֲמָדָה בַּדִּין. אַרֵישָׁא מְהַדַּר. **מתני'** וְחָצוּ אֶת כַּסְפּוֹ. דְּהַיְינוּ חֲצִי נֶזֶק. וְכֵן הֲלָכָה. וַדַּאי כֵּן הֲלָכָה, דְּמָנֶה נוֹתֵן לוֹ, דְּהַיְינוּ ח"נ. אֲבָל אֵין זֶה שׁוֹר הָאָמוּר בַּתּוֹרָה, דְּקִיַּימְתָּ "וּמָכְרוּ אֶת הַשּׁוֹר הַחַי" וגו'. וּבַגְּמָ' מְפָרֵשׁ בְּמַאי פְּלִיגֵי. וְהַנְּבֵילָה יָפָה נ' זוּז. דְּה"ל הֶזֵּיקוֹ ק"נ. וּפַלְגָּא נִזְקָא, דְּהַיְינוּ ע"ה, בָּעֵי נִיזָּק לְהַפְסִיד. וְהִלְכָּךְ שָׁקֵיל חֲצִי (נֶזֶק) הַחַי וַחֲצִי הַמֵּת — דְּשָׁווּ קכ"ה, וּמָטֵי לְכָל אֶחָד פְּסֵידָא ע"ה. **גמ'** פְּחָת שֶׁפְּחָתַתּוּ מִיתָה מַחֲצִין בַּחַי. כְּלוֹמַר, נְבֵילָה לָא שַׁיְיכָא גַּבֵּי מַזִּיק כְּלָל. אֶלָּא שָׁמִין אֶת הַנְּבֵילָה כַּמָּה פְּחוּתִין דָּמֶיהָ עַכְשָׁיו, מִשָּׁעָה שֶׁהָיָה חַי, וְנוֹתֵן לוֹ מַזִּיק חֲצִי הַפְּחָת. הַאי קכ"ה קָא שָׁקֵיל וְהַאי קכ"ה קָא שָׁקֵיל. הֵיכָא דִּנְבֵילָה שָׁוֵי נ'. דְּהָא לר"מ גּוּפֵי' שָׁקֵיל נ' דִּנְבֵילָה, וְע"ה מִן הַחַי, דְּהַיְינוּ חֲצִי הַפְּחָת שֶׁפְּחָתָהּ מִיתָה, וְהָווּ קכ"ה. וּלְרַבִּי יְהוּדָה נַמִי נוֹטֵל הַנִּיזָּק חֲצִי הַחַי דְּהַיְינוּ ק', וַחֲצִי הַמֵּת דְּהַיְינוּ כ"ה, וּבְמַאי פְּלִיגֵי. פְּחַת נְבֵילָה. אִם פָּחֲתוּ דָּמֶיהָ מִשְּׁעַת מִיתָה עַד שְׁעַת מְכִירָה. לר"מ דְּאָמַר לֹא שַׁיָּיךְ מַזִּיק בִּנְבֵילָה — פְּחָת דְּנִיזָּק הָוֵי, וְלָא יָהֵיב לֵיהּ אֶלָּא חֲצִי מַה שֶּׁפְּחָתָהּ מִיתָה.

תם

תוספות

אילו גבך הוה לאו מינך הוה גבי ליה. תימה: אז הוא בדין שיגבה, שפשע בשמירתו! וי"ל: דלא קאמר אלא כלומר דאין גוף השור משועבד לב"ח כמו שהוא משועבד לניזק, שמשתלם מגופו. וכן פירש בקונטרס בריש "שור שנגח ארבעה וחמשה" (לקמן ד' לו).

שאלמלא לא הזיקו היה עומד על שמנה מאות זוז נותן כשעת הנזק. לא נקטיה לאשמועינן שלא ישלם כל מה שהיה ראוי להשביח אלמלא לא הוזק — דמילתא דפשיטא הוא, דאטו אם נגח שור קטן הייתי סבור שישלם דמי שור גדול לפי שהיה ראוי להיות גדול ומשביח? ועוד: אי להכי אצטריך — מאי פריך בסמוך: אי כשפטמו צריכא למימר! אלא י"ל כפי' הקונט' בלשון אחר. **הכא** במאי עסקינן כשפטמו. וכגון שאין השבח יותר על היציאה. שאם היה יותר, נהי נמי דאמרינן ב"חזקת הבתים" (ב"ב ד' מב:) דשותף הוי כיורד ברשות — מ"מ מה שאדם רוצה ליתן למפטם לפטם יטול המזיק, והמותר יש לו להיות לניזק. וא"ת: א"כ אמאי אצטריך למיפרך מרישא? מסיפא גופה לפרוך: אי בשפטמו צריכא למימר?! וי"ל: דסיפא אצטריך, דסד"א: כיון דאמר ר"ע הוחלט השור — הוי ליה מזיק כשפטמו מניח מעותיו על קרן הצבי, כמו בהלך למדינת הים ובא אחר ופרנס אשתו (כתובות ד' קז:). ועוד: מצינו למימר דאיירי שפיר שהשבח יתר על היציאה, והא דקאמר נותן כשעת הנזק — לאו דוקא, אלא בא להשמיענו שיטול יותר מדמי יציאותיו, דכיורד ברשות דמי.

כשפיטמו. וא"ת: אמאי מפליג בין שבח לכחש? לפלוג בשבח גופיה, דשבח ממילא כשעת העמדה בדין! וי"ל: דאגב דנקט ברישא שבח וכחש, בסיפא נמי נקט הכי. **זה** נוטל חצי החי וחצי המת. האי לישנא לאו דוקא. ולא אתי למימר אלא שמקבל עליו חצי הפחת. ולפי המסקנא שקיל בשבחא. **דרבי** מאיר סבר פחת נבלה דניזק. אע"ג דבפ"ק (ד' י:) נפקא לן מ"והמת יהיה לו", מ"מ האי קרא דהכא אצטריך לאשמועינן דלא משלם אלא חצי נזק. דאי מ"וחצו את כספו" ה"א שהוא פעמים יותר ופעמים פחות, כדמוכח בסמוך, דפריך: א"כ מצינו תם לר' יהודה דמשלם יותר מח"נ. ומשני: אית ליה לרבי יהודה פחת שפחתו מיתה מחלין. אלמא: נפקא לן מ"וגם את המת יחלון" דלא משלם אלא חצי נזק.

מצינו

עין משפט נר מצוה

פה א מיי' פרק כ מהל' מלוה ולוה הלכה א סמג עשין לד טוש"ע ח"מ סי' קד סעי' א:

פו ב ג מיי' פ"ז מהל' נזקי ממון הל' יא טוש"ע ח"מ סי' תד סעי' א:

פז ד ה ו מיי' שם הל' יא יב טוש"ע שם סעי' ב:

פח ז מיי' שם הל' יא טוש"ע שם סעי' א:

פט ח מיי' שם טוש"ע שם סעי' ב:

רבינו חננאל

וקיימא כי הא מתניתא: ת"ר שור שוה ר' שנגח שור ששוה ר' וחבל בו ב"נ זוז ולא תבעו הבעלים ושבח מעצמו וכל שכן אם פיטמו דאמר ליה המזיק אנת מפטם ליה לתורך ואנא יהיבנא לך אינו נותן לו אלא משעת הנזק ואפי' שבח ועמד על ת' מאות זוז ולולי הנגיחה היה שוה עתה ת"ת זוז נותן לו כשעת הנזק חצי ההיזק והוא כ"ה כספים כחש מחמת הנגיחה ולא מחמת מלאכה נותן לו כשעת העמדה בדין א) וכר' עקיבא דאמר שותפי נינהו. שמין כמה היה שוה השור בניזק מקודם שיזיקו וכמה שוה עתה בשעת העמדה בדין והפחית' הנגיחה משלם חצי נזק לניזק. שבח המזיק נותן לו כשעת הנזק סלקא דפטמיה המזיק לתוריה פי' שור שוה ג' שנגח שור שוה ג' מאות וחבל בו בר' דינו ליטול השור בנזקו שאינו משתלם אלא מגופו וישתלם נ' זוז ויפסיד ק"נ זוז. עמד המזיק ופיטם את שורו והשביחו ושוה ק' זוז אין לו לניזק לומר אטול השור כמות שהוא כי הוא עתה כשיעור הנזק דיכול למימר ליה מזיק אנא מפטימנא ואת שקיל ודוקא כשפיטמו המזיק אבל שבח ממילא לא אלא שקיל ניזק משבחה שיעור ניזקיה. כחש המזיק כגון שהיה ק' והיתה החבלה שוה ק"ק ועתה בשעת העמדה בדין שוה המזיק נ' ב) אין יכול הניזק לומר לו תן לי ק' שכך היה שוה שורך בשעה שהזיק אלא אומר לו קח השור כמות שהוא כר' עקיבא דאמר הוחלט השור וכן הדין: **מתני'** שור שוה ר' שנגח שור שוה ר' כו': ת"ר שור שוה ר' שנגח שור שוה ר' כו' ונבילה יפה נ' זוז זה נוטל החצי החי וחצי המת וזה נוטל חצי החי וחצי המת וזהו שור האמור בתורה דברי ר' יהודה ר' מאיר אומר אין זה שור האמור בתורה אלא שור שוה ר' שנגח שור שוה ר' ואין הנבילה יפה כלום על זה נאמר ומכרו את השור החי וחצו את כספו ומה אני מקיים וגם את המת יחצון פחת שפחתתו מיתה מחצין בחי. פי' אם נגח שור שוה ש' שור שוה ר' והנבילה יפה ק' רואין השור עכשיו בחייו היה שוה ר' המיתו פחת מדמיו ק' זוז ושוה נבילה ק' זוז מחצין ק' זוז שהן פחיתת השור המת חציים משלם המזיק מגופו של חי וחציים מפסיד הניזק. ואקשי' מכדי בין לדברי ר' יהודה בין לדברי ר' מאיר דאמר פחת שפחתתו מיתה מחצין בחי שור שוה ר' שנגח שור שוה ר' והנבילה יפה נ' זוז לר' יהודה חולקין זה וזה זה נוטל חצי החי וחצי המת וזה נוטל חצי החי וחצי המת ובין לר' מאיר דאמר פחת שפחתתו מיתה מחצין בחי שור שוה ר' שנגח שור שוה ר' והנבילה יפה נ' זוז לר"י דאמר זה נוטל חציו של חי מנה נוטל מן הנבלה כ"ה הרי חצי הנבילה וכך נוטל המזיק. ולר' מאיר נוטל חצי פחת שפחתתו המיתה והוא ע"ה כספים והנבילה בנ' זוז הרי קכ"ה זוז. מאי בינייהו אמר רבא פחת נבילה איכא בינייהו פי' כגון שהיתה שוה הנבילה בשעת מיתה נ' כספים ועכשיו שוה כ' ר' מאיר סבר הנבילה לניזק לא חייב התורה אלא חצי שפחתתו המיתה והוא ע"ה כספים. ור' יהודה סבר זה וזה חולקין והפסד הנבילה על שניהן נמצא לר' מאיר שנוטל

גליון הש"ס

גמ' אתאן לר"ע. עי' לקמן דף מו ע"א תוס' ד"ה ליתא. שם קרנא דתורך כו'. עי' לעיל דף י ע"ב תוס' ד"ה לא נצרכא:

[כתובות ג. לג. ערכין ז:] [ע' מגילה כח. תוספות ד"ה אלמלי] [לעיל לג. לקמן לו.] [שם] ל"ל דאשתכח [לעיל טו.]

א) לכאורה נראה דבכחש הניזק אפילו ר"י מודה דכשעת העמדה בדין וכדאמרינן לקמן דא"ל קרנא דתורך קבירא ביה וצ"ע. ב) לפי פי' רבינו דבכה"ג נראה דגם לר"י פטור דהא שור תם אינו משתלם אלא מגופו ומנה לייכב ודע דלדברי רבינו אלו הובא בשיטה מקובצת אות באות.

עין משפט נר מצוה

צ א ב מיי' פ"ז מהל' נזקי ממון הלכה ח סמג עשין סז טוש"ע ח"מ סי' תג סעי' ב:
צא ג טוש"ע שם בהג"ה:
צב ד ה מיי' פ"ז מהל' נזקי ממון הל' ג סמג שם טוש"ע ח"מ סי' תה סעיף א וסעי' ב:
צג ו מיי' פ"ד מהל' חובל ומזיק הל' ח ופ"א מהל' שבת הל' יז ופ"ח הלכה ז ופ"י הלכ' י ופי"ב הלכה א סמג לאוין סה ועשין עא:
צד ז מיי' פ"ח מהל' שבת הל' ז:
צה ח מיי' שם פי"ב הל' א:

גמרא

תם חמור ממועד! וכי תימא: הכי נמי, כדתנן, *ר' יהודה אומר: תם חייב ומועד פטור, אימר דשמעת ליה לרבי יהודה — לענין שמירה, דכתיבי קראי, לענין תשלומין מי שמעת ליה? והתניא, רבי יהודה אומר: יכול שור שוה מנה שנגח שור שוה חמש סלעים והנבילה יפה סלע, זה נוטל חצי החי וחצי המת, וזה נוטל חצי החי וחצי המת? אמרת: וכי מועד למה (א) יוצא, להחמיר עליו או להקל עליו? הוי אומר: להחמיר עליו; ומה מועד אינו משלם אלא מה שהזיק, תם הקל לא כ"ש? אלא, א"ר יוחנן: [א]שבח נבילה איכא בינייהו, דמ"ס: דניזק הוי, ומ"ס: [ב]פלגא. והיינו דקא קשיא ליה לר"י: השתא דאמרת חס רחמנא עילויה דמזיק, דשקיל בשבחא, יכול שור שוה חמש סלעים שנגח שור שוה מנה והנבילה יפה חמשים זוז, זה נוטל חצי החי וחצי המת וזה נוטל חצי החי וחצי המת? אמרת: היכן מצינו מזיק נשכר שזה נשכר? ואומר: °"שלם ישלם", (שמות כא) בעלים משלמין ואין בעלים נוטלין. מאי "ואומר"? וכי תימא, הני מילי היכא דאיכא פסידא לניזק, אבל היכא דליכא פסידא לניזק, כגון שור שוה חמש סלעים שנגח שור שוה חמש סלעים, והנבילה יפה שלשים זוז, שקיל נמי מזיק בשבחא — ואומר: "שלם ישלם", בעלים משלמין [ג]ואין בעלים נוטלין. א"ל רב אחא בר תחליפא לרבא: א"כ, מצינו לרבי יהודה תם משלם יותר מחצי נזק, והתורה אמרה: °"ומכרו את השור החי וחצו את כספו"! (שם) אית ליה לר"י: פחת שפחתה מיתה מחצין בחי. מנא ליה? °מ"וגם את המת יחצון"? (שם) והא אפקיה ר' יהודה לזה נוטל חצי החי וחצי המת, וזה נוטל חצי החי וחצי המת! א"כ, נכתוב קרא: ואת המת, מאי "וגם"? ש"מ תרתי. §

מתני' [ד]יש חייב על מעשה שורו ופטור על מעשה עצמו, פטור על מעשה שורו וחייב על מעשה עצמו. [ה]כיצד? שורו שבייש — פטור, והוא שבייש — חייב; שורו שסימא את עין עבדו והפיל את שינו — פטור, והוא שסימא את עין עבדו והפיל את שינו — חייב; שורו שחבל באביו ובאמו — חייב, והוא שחבל באביו ואמו — פטור; שורו שהדליק את הגדיש בשבת — חייב, *והוא שהדליק את הגדיש בשבת — פטור, מפני שהוא מתחייב בנפשו. §

גמ' *תני רבי אבהו קמיה דרבי יוחנן: [ו]כל המקלקלין פטורין, חוץ מחובל ומבעיר. א"ל: *פוק תני לברא, חובל ומבעיר אינה משנה. ואם תימצי לומר משנה, [ז]חובל — בצריך לכלבו, [ח]מבעיר — בצריך לאפרו. תנן: שורו שהדליק את הגדיש בשבת — חייב, והוא שהדליק את הגדיש בשבת — פטור; וקתני הוא דומיא דשורו, מה שורו דלא קבעי ליה, אף

רש"י

תם חמור ממועד. דהא גבי מועד אמרינן בפ"ק (דף י:): בעלים מטפלים בנבילה, דכתיב: "והמת יהיה לו" וגו' – לניזק. הכי נמי. דס"ל: תם חמור. כדתנן. לקמן בפרק "שור שנגח ד' וה'". ר"י אומר תם חייב. אם שמרו שמירה פחותה ויצא והזיק. ומועד – פטור. דכתיבי קראי. כדמפרש התם. זה נוטל חצי החי. ששוה חציו י"ב סלעין, ופלגא בשביל תשלומין שלו שאלא שוה אלא ה' סלעים. תם הקל לא כ"ש. אלמא, לר' יהודה, תם – קל קרי ליה. ר"מ סבר שבח נבילה דניזק הוי. דלית להו שום שותפות. והיינו דקשיא ליה לר"י. דשמעינן ליה בברייתא דלקמן, דקאמר: יכול שור שוה ה' סלעים שנגח לשור שוה מנה כו'. דהא דקאמר 'יכול' – משום דקשיא ליה הכי: כיון דלדידיה ס"ל דחס רחמנא עליה דמזיק למשקל בשבחא, יכול שור שוה חמש סלעים, שנגח לשור שוה מנה, והנבילה יפה נ' זוזים – דשקיל מזיק חצי החי, דהוו שני סלעים ופלגא, וחצי המת, דהוו שש סלעים ורביע. אמרת וכי היכן מצינו מזיק נשכר. שאינו מפסיד כלום. דאע"ג דקאמר ר"י לעיל דמזיק שקיל בשבחא, בתשלומי ח"נ מיהא איתא, ומפסיד ע"ה משור החי. שלם ישלם. במועד כתיב. אלא שני תשלומים כתב לך, אחד לתם ואחד למועד, לומר: בעלים משלמין ואין הבעלים נוטלין. והנבילה יפה שלשים זוז. שהוקרה הנבילה משמתה, דשקיל מזיק חמשה זוזי באותן י' זוזי שהשביחה, דהא לא מטי פסידא לניזק, דהוא נמי מרויח ה' דינר. אם כן מצינו לר"י תם משלם יותר מחצי נזק. א"כ, דלא דריש ר"י פחת שפחתתו מיתה מחצין בחי, מצינו בתם משלם יותר מחצי נזק. והיכי דמי – שור שוה כ' שנגח לשור שוה מ' והנבילה יפה כ', והוי נזק כ' ופלגא נזקא עשרה, וכי פלגי חצי חי וחצי מת – נוטל ניזק בחי כ"ה ובמת י', הרי [ל"ה]. נמצא מזיק משלם יותר מחצי נזק. דבשלמא לר"מ לא משלם אלא חצי מה שפחתתו מיתה. אלא לר"י, נהי נמי דהיכא דמטי חצי החי יותר מנזק שלם נפקא ליה האי דלא שקיל ניזק חצי החי מקל וחומר ממועד, כדקתני לעיל: מה מועד חמור אינו משלם אלא מה שהזיק, תם הקל לא כ"ש! אבל הכא, דליכא למימר הכי, דהא פחות ממה שהזיק משלם, ומיהו טפי מחצי נזק איכא. אית ליה לרבי יהודה פחת שפחתתו מיתה. הלכך, בההוא נמי מקרא נפקא ליה, דלא שקיל אלא חצי נזק. א"כ. דלפחת שפחתתו מיתה לחוד אתא, לכתוב "את המת יחצון", מאי "וגם"? ש"מ תרתי. דשתפיה רחמנא בשבחא. מתני' שורו שבייש פטור. דקיימא לן (לעיל דף כו.): "איש בעמיתו" – ולא שור בעמיתו. שורו שהדליק את הגדיש בשבת חייב. חצי נזק. דמשונה הוא. גמ' כל המקלקלין פטורין. לענין שבת. חוץ מחובל ומבעיר. כדמפרש טעמא במס' שבת בפרק "האורג": (ג) מדאצטריך קרא למישרי מילה – מכלל דשאר חובל חייב. ומדאסר רחמנא שריפת בת כהן בשבת, דמקלקל הוא – מכלל דמקלקל בהבערה חייב, כגון השורף כלי, דמקלקל הוא. אינה משנה. דאינהו נמי פטירי. בצריך לכלבו. דהוי מקלקל על מנת לתקן. והא (*דתנן) נגרר הדם אע"פ שלא יצא – משום צובע הוא דמחייב. [צ"ל דתניא שבת קז:]

אף

תוספות

מצינו תם חמור ממועד. וא"ת: והא ר"י אית ליה (לקמן דף מה:) צד תמות במקומה עומדת! וי"ל דה"פ: מצינו צד תמות חמור מצד מועד. ומייתי מברייתא דשור שוה מנה כו' ומה צד מועד דחמור אין משלם אלא מה שהזיק, צד תמות הקל לא כל שכן. והתורה אמרה ומכרו. לאו משום דלשתמע פשטיה דקרא ח"נ, דקרא לא משמע כלל. אלא י"ל דה"ק: והתורה אמרה "ומכרו", וע"כ ר"י לא מפרש לקרא דלשתלם כל שעה יותר מחצי, דהא שמעינן ליה לר"י דאית ליה ח"נ לקמן בפ' "שור שנגח ד' וה'" (ד' לז.), אמר להן: לשבתות משלם נזק שלם ולימי החול משלם חצי נזק. שורו שבייש פטור. לער ורפוי ושבת ודמי ולדות לא חשיב משום דשמעינן ממתניתין ד"החובל" (לקמן דף פז.). ואע"ג דבושת נמי קתני התם, מ"מ תנא הכא לדקדק: הוא דומיא דשורו, או שורו דומיא דידיה. וכן שור שהדליק הגדיש אצטריך להכי, כדאיתא בגמרא. דלמילתא אחריתי לא אצטריך, דפשיטא דחייב, לענין שורו — מה לי שבת ומה לי חול. ואגב הדליק הגדיש דמיירי בנדון בנפשו, קתני חבל באביו ואמו. אבל שורו שסימא את עין עבדו אצטריך, שאע"פ שבעצמו חייב — בשורו פטור, דהא לא אשמועינן בשום משנה. חובל וצריך לכלבו מבעיר וצריך לאפרו. רבינו שמואל פירש דר' אבהו סבר כר"ש דאמר: מקלקל בחבורה חייב, ורבי יוחנן ס"ל כר' יהודה, דאמר: מקלקל בחבורה ובהבערה פטור, וצריך לכלבו או לאפרו לא חשיב מקלקל אלא מתקן, דחייב אפי' לר"י. וקשה: דא"כ אמאי א"ל פוק תני לברא? אטו משום דס"ל כר"י מאן דמתני כרבי שמעון משתיקין ליה?! דכה"ג פריך בפ"ק דחולין (דף טו.). ע"כ נראה דר' אבהו ורבי יוחנן אליבא דר"ש פליגי. דרבי אבהו כר"ש, כדאיתא פרק "האורג" (שבת דף קו. ושם ד"ה חוץ). ורבי יוחנן סבר: דאפי' רבי שמעון בעי תקון קצת, ומיהו לא חשיב תקון שיתחייב בכך לרבי יהודה, או לר"ש בשאר מלאכות, דאין דרך לחבול בחבירו ליתן לכלבו ולשרוף גדיש בעבור אפר. וטעמא בחובל ומבעיר — כדמפרש התם בפרק "האורג", משום דגמר ממילה והבערת בת כהן. וא"ת: ואמאי מחייב רבי אבהו אע"פ שאין צריך לכלבו ולאפרו? הא כיון דאין צריך כלל — מלאכה שאינה צריכה לגופה היא! דאע"ג דמחייב ר"ש מקלקל בחבורה — מ"מ בעינן צריכה לגופה, כדמוכח בריש "הנחנקין" (סנהדרין דף פד: ושם ד"ה מאן) ובשלהי "כל כתבי" (שבת דף קכא.) ובפרק "כלל גדול" (שם דף עה. ושם ד"ה טפי) ובשלהי "ספק אכל" (כריתות דף כ:)! ואור"י: דכל הנך סוגיות כרבי יוחנן. וההיא ד"ספק אכל" ופרק "כל כתבי" דהוי ברייתא — איכא למימר דההוא תנא סבר כר"י בחדא, וכרבי שמעון בחדא.

ועי"ל

רבינו חננאל

שנוטל הניזק ע"ה מן החי וכ' דמי הנבילה הכל צ"ה ולר' יהודה נוטל חצי החי ק' וחצי הנבילה י' הכל ק"י. והקשה עליה אביי לדבריך שאתה אומר כי ר' יהודה מתחייב המזיק לשלם פחת הנבילה נמצא תם חמור ממועד כי המועד כתיב ביה שלם ישלם שור תחת השור לא ידענא דהמת מזיק שקיל ליה מאי טעמא כתיב והמת יהיה לו אלא ללמדך שהיא לניזק והמותר ממה שהיה שוה המת והוא בחיים משלם נמצא פחת הנבילה על הניזק ואין על המזיק כלום ואם תאמר בתם בפחת הנבילה משלם גם המזיק נמצא חומרא בתם מן המועד כי מה שאינו משלם המועד משלם התם. וכי תימא לר' יהודה תם חמור לזה דתנן ר' יהודה אומר תם חייב מועד פטור כו' ואסיק' שאני התם דכתיבי קראי אבל לעניין תשלומין לא אמר ר' יהודה ועוד והתניא ר' יהודה אומר יכול שור שוה מנה שנגח שור שוה ה' סלעים והנבילה יפה סלע כו' ונדחו דברי רבא ופירק ר' יוחנן פחת נבילה דברי הכל דניזק הוי ושבח נבילה איכא בינייהו ר' מאיר סבר דניזק הוי ור' יהודה פלגי והיינו דתני בברייתא דקא קשיא לר' יהודה השתא דאמרי' חס רחמנא עליה דמזיק ולא שקיל בפחיתא ושקיל בשבחא יכול שור שוה ה' סלעים שנגח שור שוה ק' והנבילה יפה נ' זוז חולקין חצי החי וחצי המת שנמצא המזיק נוטל יותר מדמי שורו כולו היכן מצינו מזיק נשכר ואומר שלם ישלם מאי ואומר וכי תימא הני מילי דאמרת היכן מצינו מזיק נשכר הני מילי היכא דאית ליה פסידא לניזק שלא יהא מפסיד וזה נשכר אבל היכא דלית ליה פסידא לניזק כגון שור שוה ה' סלעים שהן כ' זוז שנגח שור שוה ה' סלעים ושבחה הנבילה ושוה ל' זוז דשקיל האי כ"ה זוז והאי כ"ה זוז נמצא המזיק נוטל דמי שורו כולו ותוספת ה' זוז לפיכך כתיב שלם ישלם הבעלים משלמין ולא נוטלין. א) אמר ליה רב אחא בר תחליפא לרבא לדידך דאמרת דלמא כי חס רחמנא עליה דמזיק דשקיל בשבחא היכא דלית ליה פסידא לניזק אבל היכא דאית ליה פסידא לניזק לא מדגלי רחמנא גבי מועד שלם ישלם תשלומי מעליא מכלל דתם אע"ג דמפסיד ניזק תשלומי הוו. אימא אם משלם לו חד זוזא תשלומי הוו וחולק עמו במת ובחי ואע"פ שזה מפסיד יהיה זה נשכר. אמר ליה לר' יהודה פחת שפחתתו מיתה מחצין בחי כלומר המזיק משלם ההיזק ואם אין שם ההיזק אין למזיק כלום אמר ר' אחא בר תחליפא לרבא לדידך דאמרת לר' יהודה פחת שפחתתו מיתה פלגי נמצא תם משלם יותר מחצי נזק כגון שור שוה ר' שנגח שור שוה ר' והנבילה יפה נ' זוז נמצא חצי נזק ע"ה פחתה הנבילה ואינה שוה עכשיו אלא ל' זוז לר' יהודה דאמר פלגי חייב המזיק לשלם לניזק פ"ה זוז נמצא משלם יותר על חצי נזק י' זוז ופריק כל כי האי גונא אית ליה לר' יהודה פחת שפחתתו מיתה מחצין בחי. לישנא אחרינא א"כ שחולק הניזק והמזיק השור החי והמת פעמים ששוה השור החי ש' והמת היה שוה ר' והנבילה יפה נ' זוז הניזק נוטל מן החי ק"נ ומן הנבילה כ"ה הכל קע"ה והנזק לא היה אלא ק"נ זוז שהנבילה היתה שוה נ' זוז עכשיו נמצא תם משלם יתר מחצי נזק. ופרקי' אית ליה לר' יהודה פחת שפחתתו מיתה מחצין בחי מנא ליה מוגם את המת יחצון. הא אפקיה ר' יוחנן אליבא דר' יהודה דאית ליה למזיק בשבח נבילה. ופרקי' א"כ לכתוב קרא ומכרו את החי וחצו את כספו וגם את המת ולישתוק והוה אמינא בזמן שנגח שור שוה ר' לשור שוה ר' והנבילה לא יפה כלום דמקיימ' חלוקה חצי בחצי בחי ובמת אבל בזמן דלא מקיים האי והאי לא. כתב יחצון מכל מקום הנזק לאשמועינן פחת שפחתתו מיתה מחצין בחי ואית מאן דמפיק האי סברא מוגם ואמר אתין וגמין רבויין אתא גם לרבות שור שוה ש' שנגח שור שוה ר' והנבילה יפה נ' זוז ומחצין בחי הנזק והוא פחת שפחתתו מיתה וכן כל נזק כיוצא בו זולתי שור שוה ר' שנגח שור שוה ר' והנבילה יפה כלום מחצין המת והחי בלבד: מתני' יש חייב על מעשה שורו ופטור על מעשה עצמו כו' שורו שחבל באביו ובאמו חייב הוא שחבל באביו ובאמו פטור וכן שורו שהדליק את הגדיש כו' תני ר' אבהו קמיה דר' יוחנן כל המקלקלין פי' בשבת פטורין חוץ מחובל ומבעיר אמר ליה חוץ מחובל ומבעיר אינה משנה אלא כל המקלקלין פטורין אפי' חובל ומבעיר בכללם הכל פטורין. אם תמצא לומר משנה חובל כגון שהכה בהמה וכיוצא בה והרגה בצריך לכלבו. מבעיר בצריך לאפרו

ואינן

א) לפנינו בגמ' ליתא לכך מימרא כלל ואולי דגי' אחרת היה לרבינו ז"ל בסוגיא בכאן וצ"ע.

תורה אור / מסורת הש"ס

שמות כא | שם | שם

לקמן מה:

[עי' תוס' כתובות לג: בד"ה רב אשי]

שבת קו.

[שבת שם. ביצה יב: יבמות עז: סנהדרין סב:]

הגהות הב"ח

(א) גמ' למה יצא להחמיר: (ב) רש"י ד"ה חוץ מחובל וכו' בפרק האורג. נ"ב ד' קו ע"א:

אַף הוּא נַמִי דְּלָא קָבָעֵי לֵיהּ. וְקָתָנֵי: פָּטוּר מִפְּנֵי שֶׁהוּא נִדּוֹן בְּנַפְשׁוֹ! לָא, שׁוֹרוֹ דּוּמְיָא דִּידֵיהּ, מַה הוּא דְּקָבָעֵי לֵיהּ, אַף שׁוֹרוֹ דְּקָבָעֵי לֵיהּ. שׁוֹרוֹ הֵיכִי מַשְׁכַּחַתְּ לָהּ? א"ל רַב אָוְיָא: הָכָא בְּמַאי עָסְקִינַן — בְּשׁוֹר פִּקֵּחַ שֶׁעָלְתָה לוֹ נְשִׁיכָה בְּגַבּוֹ, וְקָא בָּעֵי לְמִקְלְיֵיהּ וְאִיגַּנְדַּר בְּקוּטְמָא. וּמְנָא יָדְעִינַן? דִּלְבָתַר דְּקַלְיֵיהּ קָמִגַּנְדַּר בְּקוּטְמָא. וּמִי אִיכָּא כִּי הַאי גַּוְונָא? אִין, דְּהַהוּא תּוֹרָא דַּהֲוָה בֵּי רַב פַּפָּא דַּהֲוָה כָּיְבִין לֵיהּ חִינְכֵיהּ, עָיֵיל °וּפַתְקֵיהּ לְנַזְיָיתָא וְשָׁתֵי שִׁיכְרָא וְאִיתַּסֵּי. אֲמַרוּ רַבָּנַן קַמֵּיהּ דְּרַב פַּפָּא: מִי מָצֵית אָמְרַתְּ שׁוֹרוֹ דּוּמְיָא דִּידֵיהּ? וְהָא קָתָנֵי: שׁוֹרוֹ שֶׁבִּיֵּישׁ — פָּטוּר, וְהוּא שֶׁבִּיֵּישׁ — חַיָּיב. שׁוֹרוֹ דּוּמְיָא דִּידֵיהּ, נִתְכַּוֵּון לְבַיֵּישׁ הֵיכִי מַשְׁכַּחַתְּ לָהּ? כְּגוֹן שֶׁנִּתְכַּוֵּון לְהַזִּיק, *דְּאָמַר מָר: נִתְכַּוֵּון לְהַזִּיק אע"פ שֶׁלֹּא נִתְכַּוֵּון לְבַיֵּישׁ. רָבָא אָמַר: מַתְנִיתִין בְּשׁוֹגֵג, וְכִדְתָנָא דְּבֵי חִזְקִיָּה; *דְּתָנָא דְּבֵי חִזְקִיָּה: °מַכֵּה אָדָם וּמַכֵּה בְהֵמָה, מַה מַּכֵּה בְהֵמָה — [א]לֹא חִלַּקְתָּ בָּהּ בֵּין שׁוֹגֵג בֵּין מֵזִיד, בֵּין מִתְכַּוֵּון לְשֶׁאֵין מִתְכַּוֵּון, בֵּין דֶּרֶךְ יְרִידָה לְדֶרֶךְ עֲלִיָּה, לְפוֹטְרוֹ מָמוֹן אֶלָּא לְחַיְּיבוֹ מָמוֹן, אַף מַכֵּה אָדָם — [ב]לֹא תַּחֲלוֹק בּוֹ בֵּין שׁוֹגֵג לְמֵזִיד, בֵּין מִתְכַּוֵּון לְשֶׁאֵין מִתְכַּוֵּון, בֵּין דֶּרֶךְ יְרִידָה לְדֶרֶךְ עֲלִיָּה, לְחַיְּיבוֹ מָמוֹן אֶלָּא לְפוֹטְרוֹ מָמוֹן. אֲמַרוּ לֵיהּ רַבָּנַן לְרָבָא: מִי מָצֵית מוֹקְמַתְּ לָהּ בְּשׁוֹגֵג? וְהָא "מִפְּנֵי שֶׁנִּדּוֹן בְּנַפְשׁוֹ" קָתָנֵי! הָכִי קָאָמַר: כֵּיוָן דִּבְמֵזִיד נִדּוֹן בְּנַפְשׁוֹ, וְהֵיכִי דָּמֵי? דְּקָא בָּעֵי לְאֶפְרוֹ, הַשְׁתָּא בְּשׁוֹגֵג פָּטוּר.§

מתני' [ג]שׁוֹר שֶׁהָיָה רוֹדֵף אַחַר שׁוֹר אַחֵר וְהוּזַּק, זֶה אוֹמֵר: שׁוֹרְךָ הִזִּיק, וְזֶה אוֹמֵר: לֹא כִּי, אֶלָּא בְּסֶלַע לָקָה — הַמּוֹצִיא מֵחֲבֵירוֹ עָלָיו הָרְאָיָה. *[ד]הָיוּ שְׁנַיִם רוֹדְפִים אַחַר אֶחָד, זֶה אוֹמֵר: שׁוֹרְךָ הִזִּיק, וְזֶה אוֹמֵר: שׁוֹרְךָ הִזִּיק — שְׁנֵיהֶם

תורה אור: ויקרא כד

רש"י

אף הוא נמי דלא קבעי. לְאֶפְרוֹ וּמְקַלְקֵל הוּא. וְקָתָנֵי פָּטוּר מִתַּשְׁלוּמִין, אַלְמָא חִיּוּב מִיתָה אִיכָּא. **אף שורו דקבעי ליה.** לָאו דַּוְקָא. דַּאֲפִי' לָא בָּעֵי לֵיהּ נַמִי חַיָּיב לְשַׁלֵּם, אֶלָּא עַל כָּרְחֵיהּ תַּרְוַיְיהוּ בַּחֲדָא מִילְּתָא מוֹקְמִינַן הַאי לְחִיּוּבָא וְהַאי לִפְטוּרָא. דְּהָכִי מַשְׁמַע מַתְנִי', דִּבְמָקוֹם שֶׁזֶּה חַיָּיב זֶה פָּטוּר. דְּאִי "שׁוֹרוֹ" בְּלָא קָבָעֵי לֵיהּ, לָא מְתוֹרָץ: יֵשׁ חַיָּיב עַל מַעֲשֵׂה שׁוֹרוֹ וּפָטוּר עַל מַעֲשֵׂה עַצְמוֹ — דְּהָא אִיהוּ בִּדְלָא בָּעֵי לֵיהּ מִחַיַּיב בְּתַשְׁלוּמִין. **בשור פקח.** שֶׁהַשּׁוֹר חָכָם. **ומנא ידעינן.** דְּלְהָכִי אִיכַּוֵּין, דְּאִצְטְרִיךְ לְאַשְׁמוּעִינַן מַתְנִי' דְּאע"ג דְּמָרֵיהּ כִּי הַאי גַּוְונָא מִפַּטַּר בְּתַשְׁלוּמִין, הָוֵי שׁוֹר חַיָּיב. דְּאִי מִסְתָּמָא אֲפִי' מָרֵיהּ נַמִי מִיחַיַּיב, אִי לָא יָדְעִינַן בֵּיהּ דְּצָרִיךְ לְאֶפְרוֹ, וְאֵין כָּאן יֵשׁ חַיָּיב עַל מַעֲשֵׂה שׁוֹרוֹ וּפָטוּר עַל מַעֲשֵׂה עַצְמוֹ. **חינכיה.** שִׁינָּיו. **ופתקיה לנזייתא.** דָּחַף כִּסּוּי הַכְּלִי שֶׁהַשֵּׁכָר בְּתוֹכוֹ. **שורו.** דְּפָטוּר דּוּמְיָא דְּחִיּוּבָא דִּידֵיהּ, הֵיכִי מַשְׁכַּחַתְּ לָהּ? הָא חִיּוּבָא דִּידֵיהּ לֵיתָא אֶלָּא בְּמִתְכַּוֵּין לְבַיֵּישׁ, וְשׁוֹר אֵין בּוֹ דַּעַת לְהִתְכַּוֵּין לְבוֹשֶׁת. וּמְשַׁנֵּי מַשְׁכַּחַתְּ לָהּ כְּגוֹן שֶׁנִּתְכַּוֵּון הַשּׁוֹר לְהַזִּיק. דְּגַבֵּי אָדָם כִּי הַאי גַּוְונָא מִחַיֵּיב אַבּוֹשֶׁת, דְּאָמַר מָר כו'. **רבא אמר.** לְעוֹלָם מַתְנִי' בִּדְלָא קָבָעֵי לֵיהּ לְאֶפְרוֹ, וְהַאי דְּפָטוּר מִתַּשְׁלוּמִין — לָאו מִשּׁוּם דְּלֶיהֱוֵי בֵּיהּ חִיּוּב מִיתָה, דְּהָא מַתְנִי' אֲפִי' בְּשׁוֹגֵג נַמִי דְּלֵיכָּא חִיּוּב מִיתָה מִיתּוֹקְמָא דְּפָטוּר מִתַּשְׁלוּמִין, כִּדְתָנֵי דְּבֵי חִזְקִיָּה. מַכֵּה נֶפֶשׁ בְּהֵמָה יְשַׁלְּמֶנָּה וּמַכֵּה אָדָם יוּמָת. הוּקְשׁוּ יַחַד, דְּמַה מַּכֵּה בְּהֵמָה לְעוֹלָם מְשַׁלֵּם, וַאֲפִי' בְּשׁוֹגֵג, כִּדְאָמְרִי' (לעיל דף כו.): אָדָם מוּעָד לְעוֹלָם, אַף מַכֵּה אָדָם דְּפַטְרֵיהּ קְרָא מִתַּשְׁלוּמִין, דִּכְתִיב "יוּמָת" — לְעוֹלָם פָּטוּר, וַאֲפִילּוּ בְּשׁוֹגֵג, הוֹאִיל וּבְמֵזִיד שַׁיְּיכָא מִיתָה. **דרך עלייה.** שֶׁהֲרָגוֹ כִּלְאַחַר יָד כְּשֶׁהֱרִימוֹ הַגַּרְזֶן, דְּקַיְימָא לָן (מכות דף ז:) דְּפָטוּר מִגָּלוּת, אפ"ה פָּטוּר מִתַּשְׁלוּמִין, הִלְכָּךְ גַּבֵּי חִילּוּל שַׁבָּת נַמִי, אֲפִי' בְּשׁוֹגֵג פָּטוּר מִלְּשַׁלֵּם. ה"ג הָכִי קָאָמַר כֵּיוָן דִּבְמֵזִיד נִידּוֹן בְּנַפְשׁוֹ. וְהֵיכִי דָּמֵי — כְּגוֹן דְּצָרִיךְ לְאֶפְרוֹ, הַשְׁתָּא דְּשׁוֹגֵג — פָּטוּר. **מתני'** וְהוּזַּק. הַנִּרְדָּף. **בסלע לקה.** מִתְחַכֵּךְ הָיָה בְּסֶלַע וְלָקָה. **היו שנים רודפין אחר אחד.** וּשְׁלָשְׁתָּן שֶׁל שְׁלֹשָׁה בְּנֵי אָדָם. **שניהם**

תוספות

ועי"ל: דאפי' במקלקל גמור משכחת לה דהיא צריכה לגופה, כגון חובל באיסורי הנאה, שסבור שיכול ליהנות ליתן לכלבו. וכן מבעיר באיסורי הנאה, שסובר שיכול לבשל בו קדירה. וא"ת: ורבי יוחנן מאי טעמא דלא מחייב מקלקל גמור? דהא טעמא דמקלקלין פטורין — היינו משום דבעינן מלאכת מחשבת, כדמוכח בספ"ק דחגיגה (דף י:) — ולענין חבורה לא חיישינן אמלאכת מחשבת, כדמוכח בס"פ "ספק אכל" (כריתות דף יט:) דאמר: הנח לחבורה, הואיל ומקלקל חייב — מתעסק נמי מחייב. ומתעסק לא מפטר אלא מטעם מלאכת מחשבת! וי"ל: נהי דלא בעינן מלאכת מחשבת, מיהו כיון דגמרינן ממילה ומהבערת בת כהן — לא מחייבינן אלא דומיא דהנהו, דלא הוי מקלקל גמור אלא תקון במקלת. ור' אבהו, נהי דלורך מלוה לא משוי ליה תקון — מ"מ לריכה לגופה משוי ליה מה שהוא לריך למלוה. וא"ת: לריך לכלבו ולאפרו היכי חשיב לריכה לגופה? מ"ש מחופר גומא ואין לריך אלא לאפרה? *וי"ל: דלא דמי, דהכא לריך הוא לנטילת נשמה, דהיינו הדם, כי הדם הוא הנפש כדי לתת לכלבו, ומבעיר נמי להבערה כדי לעשות אפר, כמו מבעיר לבשל קדירה. ולא דמי לחופר גומא, דממילא, ואין נהנה כלל ממנו. וא"ת: הא דאמר בפ"ק דיבמות (דף ו:) דאלטריך קרא למיסר הבערת בת כהן משום דהוה ס"ד למשרי מקל וחומר דעבודה דדחיא שבת. תיפוק ליה דאי לא כתיב הבערת בת כהן — הוה שרינן כל המקלקלין בהבערה! וי"ל: דהתם כר' יהודה, דחשיב ליה תקון.

מה שורו דלא קבעי ליה. משמע דלא פריך אלא אליבא דר' יוחנן. ותימה: דלר' אבהו נמי תקשה, מה שורו דלא לריך לגופו כו'. ואם נאמר דרבי אבהו מחייב במקלקל גמור, ולא בעי לריכה לגופה — א"ש.

נתכוון לבייש היכי משכחת לה. תימה: כיון דלא אסיק אדעתיה נתכוון להזיק, אפילו הוא דומיא דשורו נמי תקשה ליה, דבשור ליכא כוונה ובאדם בעי כוונה! וי"ל: דאי אמרת הוא דומיא דשורו — אז משמע שפיר כוונתו להזיק, ובא להשמיענו דלא בעינן כוונה לבייש אלא להזיק, דומיא דשורו. אבל שור דומיא דידיה משמע כוונה דשכיח טפי באדם מבשור, דהיינו כוונה דידיה לבייש. ואתא לאשמועינן שור דומיא דאדם, דבעי' שיתכוון לבייש. דאילו מתכוון להזיק שכיח יותר בשור מבאדם. [ועוד]: דליכא למימר דלהשמיענו דשור פטור במתכוון להזיק מבושת — דלהא לא אלטריך, דהא תנן ב"החובל" (לקמן דף פו.) דשור פטור בכל ארבעה דברים, וסתם שור הוא קרן, שמתכוון להזיק. וא"כ ע"כ שורו דומיא דידיה, שמתכוון לבייש — וזה א"א, שאין מתכוון לבייש. ועל כרחך אית לן למימר הוא דומיא דשורו, וקמ"ל דלא בעינן מתכוון לבייש. ומשני: לעולם שורו דומיא דידיה, שמתכוון. וקמ"ל שיכול להיות ששורו דומיא דידיה, וא"כ בדידיה לא בעינן שיתכוון לבייש — שזה אי אפשר להיות בשור.

*__מתניתין__ בשוגג. פי' בקונט' דרבא מוקי מתניתין דלא בעי לאפרו, ופטור מאותו טעם ששוגג פטור. ואין הלשון משמע כן. ועוד, דלא דמי לשוגג שיש בו איסור מלאכה, אבל כאן אין איסור מלאכה. אלא י"ל: מתני' בשוגג, דהא מלתא אשמועינן הוא דומיא דשורו, מה שורו בשוגג אף הוא בשוגג, ואפילו הכי פטור מדתנא דבי חזקיה.

מכה אדם ומכה בהמה. תימה: דבריש "הנחנקין" (סנהדרין דף פד:) מוקי האי קרא דתנא דבי חזקיה במכה אביו. ואע"ג דמסקנא נפקא לן חבורה מאם אינו ענין לנפש בהמה, מ"מ מפיק מיניה התם דמותר להקיז דם לאביו. ומה שייך כאן לחלק בין דרך ירידה לדרך עלייה? וי"ל: דמיירי בין במכה אביו בין במכה חבירו. במכה אביו — מדכתיב הכאה סתם, ולא כתיב "ומת". ובמכה חבירו — דבר הלמד מענינו, דומיא דקרא דלעיל מיניה "איש כי יכה כל נפש אדם" דמיירי ברולח, כדמוכח בפרק "יולא דופן" (נדה דף מד: ושם*). ולגדדים מיירי, לענין חבירו במיתה, ולענין אביו בחבורה בעלמא. וכיון דבכולהו מיירי קרא, גמרינן שפיר ממכה בהמה.

בין בשוגג בין במזיד. בג' ענייני ממון איירי תנא דבי חזקיה. "בין בשוגג בין במזיד" איירי בממון אחר בהדי מיתה. ונפקא לן מינה דחייבי מיתות שוגגים פטורים [מתשלומין] משום דלא חלקת, דהכי מייתי לה בשמעתין וב"אלו נערות" (כתובות דף לה. ושם). ולענין זה אית להו לכ"ע הקישא דתנא דבי חזקיה, כדאמרינן בפ' "אלו נערות": ומי איכא למאן דלית להו דתנא דבי חזקיה. אבל "בין מתכוון לשאינו מתכוון" לאו בממון אחר בהדי מיתה איירי, דמקל וחומר משוגג נפקא. אלא לפטור מדמי הנהרג, לאפוקי מדרבי דדריש במתכוון להרוג זה והרג זה "ונתת נפש תחת נפש" — ממון, וקמ"ל תנא דבי חזקיה, דכיון שנתכוון — פטור, הכי נמי שאין מתכוון פטור, ואהכי מייתי לה בפרק "הנשרפין" (סנהדרין דף עט:). ו"בין דרך ירידה לדרך עלייה" אתא: כמו דלדרך עלייה לא ניתן שגגתו לכפרה, דלא שקלינן מיניה ממונא למפטריה — הכי נמי דרך ירידתו, אע"ג שניתנה שגגתו לכפרה. ולפטור מזיד אלטריך. ויש טועים לומר דלפטור שוגג דרך עלייה כמו דרך ירידה אלטריך. אבל בפרק "אלו נערות" (כתובות דף לה. ושם) בשמעתא דלא יהיה אסון מוכיח סוגיא כדפרישית.

זאת

עין משפט נר מצוה

צו א מיי' פ"ו מהל' חובל ומזיק הלכה א סמג עשין ע טוש"ע ח"מ סי' שעח סעיף א:
צז ב מיי' פ"א מהל' נערה בתולה הל' יג ופ"ג מהל' גניבה הל' א ופ"ד מהל' חובל ומזיק הלכה ה סמג עשין ע טוש"ע ח"מ סי' תכג סעיף ד:
צח ג מיי' פ"ט מהל' נזקי ממון הלכה ו סמג עשין סו טוש"ע ח"מ סימן ת סעיף א:
צט ד מיי' שם הל' ז טוש"ע שם סעי' ב:

[שבת קו.]

רבינו חננאל

ואינן מקלקלין לפיכך חייבין אבל כל חובל ומבעיר שהוא מקלקל פטור ואקשי' ממתני' שורו שהדליק את הגדיש חייב כו' ופרקי' שורו דומיא דידיה מה הוא דקבעי ליה פי' מתכוין להדליק את הגדיש שצריך לאפרו כך השור מדליק את הגדיש בכוונה שצריך לאפרו לאיגנדורי ביה ומנא ידעינן שכך כוונת השור דחזינן ליה לבתר דקלייה קא מיגנדר בקיטמיה. פי' חינכיה למעלה בית העליסה קרוב לשינים. פתק לנזייתא פתח הקנקנים. ואקשי' על האי סברא מתני' דקתני שורו שבייש ואע"ג דנתכוון לבייש דומיא דאדם מה אדם אינו חייב בבושת עד שיתכוין לבייש. ואוקימתא למתני' שורו דומיא דידיה שורו דכוונתו לבייש היכי משכחת לה. ופרק' אע"ג דלא אשכחן כוונה לבהמה לבייש אשכחן ליה כוונה להזיק ואמר מר כיון שנתכוון להזיק אע"פ שלא נתכוון לבייש חייב לגבי בהמתו כי האי גוונא פטור מן הבושת. רבא אמר מתני' כולה בשוגג וכדתנא דבי חזקיה כו' ופשוטה היא. ומיתוקמא בשורו דומיא *) דידיה מה שורו בלא מתכוין אף הוא בלא כוונה. דהא שוגג הוא עליה. וסלקא כר' יוחנן דאמר מתני' דתנינן בשבת כל המקלקלין פטורין ואפי' חובל ומבעיר חוץ מחובל דצריך לכלבו ומבעיר דצריך לאפרו כדאמרי': **מתני'** שור שהיה רודף אחר שור אחר זה אומר שורך הזיק והלה אומ' לא כי אלא בסלע לקה המוציא מחבירו עליו הראייה כו' אמר ר' חייא בר אבא אמר ר' יוחנן חלוקין עליו חבריו על סומכוס דאמר ממון המוטל בספק חולקין ודברי סומכוס מפורשין בפ' שור שנגח את הפרה ונמצא עוברה בצידה כו' ואמר ר' יהודה אמר שמואל זו דברי סומכוס דאמר ממון המוטל בספק חולקין ותניא כהא בהדיא שור שנגח את הפרה ונמצא עוברה בצדה ואין ידוע אם עד שלא נגחה ילדה ואם משנגחה ילדה משלם חצי נזק לפרה ורביע לולד דברי סומכוס וחכמים אומרים המוציא מחבירו עליו הראייה ואע"פ שבמקומות הרבה מקצירו בזה המקום עיקרו

*) אולי צ"ל ומיתוקמא בדידיה דומיא לשורו מה שורו כו'.

מסורת הש"ס

לעיל כז.
כתובות לה. [לח. סנהדרין עט: פז:]
לעיל יג:
רש"א
עיין רש"ל לפי פי' התוס' גי' הגמרא
[ד"ה איש]

גליון הש"ס

גמ' ופתקיה לנזייתא. עי' מו"ק דף יב ע"ב ברש"י ד"ה לנזיי:

שְׁנֵיהֶם פְּטוּרִים. ^אאִם הָיוּ שְׁנֵיהֶם שֶׁל אִישׁ אֶחָד – שְׁנֵיהֶם חַיָּיבִים. הָיָה ^באֶחָד גָּדוֹל וְאֶחָד קָטָן, הַנִּיזָּק אוֹמֵר: גָּדוֹל הִזִּיק, וְהַמַּזִּיק אוֹמֵר: לֹא כִּי, אֶלָּא קָטָן הִזִּיק; ^גאֶחָד תָּם וְאֶחָד מוּעָד, הַנִּיזָּק אוֹמֵר: מוּעָד הִזִּיק, וְהַמַּזִּיק אוֹמֵר: *לֹא כִּי, אֶלָּא תָּם הִזִּיק – הַמּוֹצִיא מֵחֲבֵירוֹ עָלָיו הָרְאָיָה. ^דהָיוּ הַנִּיזָּקִין שְׁנַיִם – אֶחָד גָּדוֹל וְאֶחָד קָטָן, וְהַמַּזִּיקִין שְׁנַיִם – אֶחָד גָּדוֹל וְאֶחָד קָטָן, הַנִּיזָּק אוֹמֵר: גָּדוֹל הִזִּיק אֶת הַגָּדוֹל, וְקָטָן אֶת הַקָּטָן, וְהַמַּזִּיק אוֹמֵר: לֹא כִּי, אֶלָּא קָטָן אֶת הַגָּדוֹל וְגָדוֹל אֶת הַקָּטָן; ^האֶחָד תָּם וְאֶחָד מוּעָד, הַנִּיזָּק אוֹמֵר: מוּעָד הִזִּיק אֶת הַגָּדוֹל וְתָם אֶת הַקָּטָן, וְהַמַּזִּיק אוֹמֵר: לֹא כִּי, אֶלָּא תָּם אֶת הַגָּדוֹל וּמוּעָד אֶת הַקָּטָן – הַמּוֹצִיא מֵחֲבֵירוֹ עָלָיו הָרְאָיָה.§

גמ' אָמַר רַבִּי חִיָּיא בַּר אַבָּא: [זֹאת אוֹמֶרֶת] חֲלוּקִים עָלָיו חֲבֵירָיו עַל סוּמָכוֹס, *דְּאָמַר: מָמוֹן הַמּוּטָּל בְּסָפֵק חוֹלְקִין. א"ל ר' אַבָּא בַּר מֶמֶל לְר' חִיָּיא בַּר אַבָּא: אָמַר סוּמָכוֹס אֲפִילּוּ בָּרִי וּבָרִי? א"ל: אִין, *אָמַר סוּמָכוֹס אֲפִילּוּ בָּרִי וּבָרִי. וּמִמַּאי דְּמַתְנִי' בְּבָרִי וּבָרִי הוּא? דְּקָתָנֵי: זֶה אוֹמֵר: שׁוֹרְךָ הִזִּיק, וְזֶה אוֹמֵר: לֹא כִּי. מַתְקִיף לָהּ רַב פָּפָּא: מִדְּרֵישָׁא בָּרִי וּבָרִי, סֵיפָא נַמִי בָּרִי וּבָרִי. אֵימָא סֵיפָא: הָיָה אֶחָד גָּדוֹל וְאֶחָד קָטָן, נִיזָּק אוֹמֵר: גָּדוֹל הִזִּיק, וּמַזִּיק אוֹמֵר: לֹא כִּי, אֶלָּא קָטָן הִזִּיק; אֶחָד תָּם וְאֶחָד מוּעָד, נִיזָּק אוֹמֵר: מוּעָד הִזִּיק, וְהַמַּזִּיק אוֹמֵר: לֹא כִּי, אֶלָּא תָּם הִזִּיק – הַמּוֹצִיא מֵחֲבֵירוֹ עָלָיו הָרְאָיָה; הָא לָא מַיְיתֵי רְאָיָה – שָׁקֵיל כִּדְאָמַר מַזִּיק. נֵימָא תֶּהֱוֵי תְּיוּבְתָּא דְּרַבָּה בַּר נָתָן, דְּאָמַר: טְעָנוֹ חִטִּים וְהוֹדָה לוֹ בִּשְׂעוֹרִים – פָּטוּר! אֶלָּא, בְּבָרִי וְשֶׁמָּא, דְּקָאָמַר בָּרִי מַאן, דְּקָאָמַר שֶׁמָּא מַאן? אִי נֵימָא דְּקָאָמַר נִיזָּק בָּרִי וְקָאָמַר מַזִּיק שֶׁמָּא, אַכַּתִּי לֵימָא תֶּהֱוֵי תְּיוּבְתָּא דְּרַבָּה בַּר נָתָן! אֶלָּא דְּקָאָמַר נִיזָּק שֶׁמָּא וְקָאָמַר מַזִּיק בָּרִי. וּמִדְּסֵיפָא נִיזָּק שֶׁמָּא וּמַזִּיק בָּרִי, רֵישָׁא נַמִי – נִיזָּק שֶׁמָּא וּמַזִּיק בָּרִי, וְאָמַר סוּמָכוֹס אֲפִי' בְּהָא, דְּאִיצְטְרִיךְ לְאַשְׁמוּעִינַן דְּלָא?! לָא, ^וסֵיפָא – נִיזָּק שֶׁמָּא וּמַזִּיק בָּרִי, ^זרֵישָׁא – נִיזָּק בָּרִי וּמַזִּיק שֶׁמָּא. וְהָא לָא דָּמְיָא רֵישָׁא לְסֵיפָא! אָמְרִי: בָּרִי וְשֶׁמָּא, שֶׁמָּא וּבָרִי – חַד מִילְּתָא הִיא. בָּרִי וּבָרִי, שֶׁמָּא וּבָרִי – תְּרֵי מִילֵּי נִינְהוּ.§ גּוּפָא, אָמַר רַבָּה בַּר נָתָן: ^חטְעָנוֹ חִטִּין וְהוֹדָה לוֹ בִּשְׂעוֹרִין – פָּטוּר. מַאי קמ"ל? תָּנֵינָא: *טְעָנוֹ חִטִּין וְהוֹדָה לוֹ בִּשְׂעוֹרִין – פָּטוּר! אִי מֵהָתָם, הֲוָה אָמִינָא: פָּטוּר מִדְּמֵי חִטִּין וְחַיָּיב בִּדְמֵי שְׂעוֹרִין, קמ"ל ^טדְּפָטוּר לְגַמְרֵי. תְּנַן: הָיוּ הַנִּיזָּקִין שְׁנַיִם, אֶחָד גָּדוֹל וְאֶחָד קָטָן וכו'; הָא לָא מַיְיתֵי רְאָיָה – שָׁקֵיל כִּדְקָאָמַר מַזִּיק. אַמַּאי? חִטִּים וּשְׂעוֹרִים נִינְהוּ! רָאוּי לִיטּוֹל וְאֵין לוֹ. וְהָתַנְיָא: הֲרֵי זֶה מִשְׁתַּלֵּם עַל הַקָּטָן מִן הַגָּדוֹל, וְלַגָּדוֹל מִן הַקָּטָן! דְּתָפַס. תְּנַן: הָיָה אֶחָד תָּם וְאֶחָד מוּעָד, הַנִּיזָּק אוֹמֵר: מוּעָד הִזִּיק אֶת הַגָּדוֹל וְתָם אֶת הַקָּטָן, וְהַמַּזִּיק אוֹמֵר: לֹא כִּי, אֶלָּא תָּם אֶת הַגָּדוֹל וּמוּעָד אֶת הַקָּטָן – הַמּוֹצִיא מֵחֲבֵירוֹ עָלָיו הָרְאָיָה; הָא לָא מַיְיתֵי רְאָיָה – שָׁקֵיל כִּדְקָאָמַר מַזִּיק. וְאַמַּאי? חִטִּין וּשְׂעוֹרִין נִינְהוּ! רָאוּי

שְׁנֵיהֶם פְּטוּרִים. דְּתַרְוַויְיהוּ מַדְחוּ לֵיהּ. שְׁנֵיהֶם חַיָּיבִין. מְפָרֵשׁ בַּגְּמָרָא. גָּדוֹל הִזִּיק. וְיֵשׁ בְּגוּפוֹ שָׁוֶה חֲצִי נֶזֶק. קָטָן הִזִּיק. וּדְמֵי הַקָּטָן תִּקַּח, וּמוֹתַר חֲצִי נֶזֶק תַּפְסִיד. וְקָטָן הִזִּיק אֶת הַגָּדוֹל. וְאע"ג שֶׁחֲצִי נִזְקוֹ שֶׁל גָּדוֹל מְרוּבֶּה, לֹא תִּקַּח אֶלָּא קָטָן שֶׁלִּי. וַחֲצִי נֶזֶק שֶׁל קָטָן שֶׁלְּךָ קַח מִן הַגָּדוֹל. **גמ'** עַל סוּמָכוֹס. דְּאָמַר לְקַמָּן (דף מו.) בְּבָרַיְיתָא בַּגְּמָ' דְּ"שׁוֹר שֶׁנָּגַח אֶת הַפָּרָה": מָמוֹן הַמּוּטָּל בְּסָפֵק חוֹלְקִין. וּמִמַּתְנִי' שָׁמְעִינַן דַּחֲלוּקִים עָלָיו חֲבֵירָיו, דְּקָתָנֵי: הַמּוֹצִיא מֵחֲבֵירוֹ כו'. אָמַר סוּמָכוֹס אֲפִילּוּ בָּרִי וּבָרִי. דִּשְׁנֵיהֶם טוֹעֲנִים טַעֲנַת בָּרִי, וַאֲפִילּוּ הֵיכָא דְּנִתְבָּע טוֹעֵן: בָּרִי לִי שֶׁאֵינִי חַיָּיב. וַאֲפִילּוּ הָכִי, כֵּיוָן דִּלְדִידֵי דִּינָא מְסַפְּקָא *אִי קָאָמַר קוּשְׁטָא – חוֹלְקִין, דְּקָאָמְרַתְּ מַתְנִיתִין דְּלָא כְּסוּמָכוֹס. לֹא כִּי. מַשְׁמַע דִּפְשִׁיטָא לֵיהּ דְּבְסֶלַע לָקָה. שָׁקֵיל כִּדְאָמַר מַזִּיק. וְגוֹבֶה מִן הַתָּם. וְאע"ג דְּקָאָמַר נִיזָּק: בָּרִי לִי שֶׁזֶּה לֹא הִזִּיקַנִי. פָּטוּר. אַף מִדְּמֵי שְׂעוֹרִין, דְּהָא אָמַר לֵיהּ תּוֹבֵעַ: לָאו שְׂעוֹרִין יָהֲבִי לָךְ, וְאַחוּלֵי מָחֵיל גַּבֵּיהּ. דְּקָאָמַר נִיזָּק בָּרִי לִי. וְאפ"ה שָׁקֵיל מִן הַתָּם – כָּל שֶׁכֵּן דַּהֲוָה תְּיוּבְתָּא דְּרַבָּה בַּר נָתָן. אֶלָּא דְּקָאָמַר נִיזָּק שֶׁמָּא. הִלְכָּךְ מִתַּרְוַויְיהוּ תָּבַע, וְכִי לָא מַיְיתֵי רְאָיָה – שָׁקֵיל מִן הַתָּם. רֵישָׁא נַמִי נִיזָּק. אוֹמֵר: שֶׁמָּא שׁוֹרְךָ הִזִּיק. וּמַזִּיק אוֹמֵר: בָּרִי בְּסֶלַע לָקָה. וְכִי אפ"ה קָאָמַר סוּמָכוֹס דְּחוֹלְקִין, דְּאִיצְטְרִיךְ לְרַבָּנַן לְאִפְלוּגֵי וּלְאַשְׁמוּעִינַן דְּלָא פָּלְגִי?! רֵישָׁא דְּקָאָמַר מַזִּיק שֶׁמָּא וְנִיזָּק בָּרִי. וְהָתָם אָמַר סוּמָכוֹס שֶׁהוֹרַע כֹּחוֹ שֶׁל נִתְבָּע, וְחוֹלְקִין. וְאָתוּ רַבָּנַן לְאַשְׁמוּעִינַן דִּלְעוֹלָם יַד נִתְבָּע עַל הָעֶלְיוֹנָה. וְהָא לָא דָּמְיָא רֵישָׁא לְסֵיפָא. וְכֵיוָן דְּסוֹף סוֹף לָאו בַּחֲדָא מִילְּתָא מוֹקְמַתְּ לְהוּ, שַׁפִּיר מָצֵי ר' חִיָּיא בַּר אַבָּא לְאוֹקְמֵי לְרֵישָׁא בְּבָרִי וּבָרִי, וּלְמִפְשַׁט דְּסוּמָכוֹס אֲפִי' בְּבָרִי וּבָרִי אָמַר. וּמַאי אַתְקַפְתֵּיהּ דְּרַב פָּפָּא? ה"ג: תְּנַן הָיוּ נִיזָּקִין שְׁנַיִם כו'. רָאוּי לִיטּוֹל. אִי מַיְיתֵי רְאָיָה, וְאֵין לוֹ אִי לָא מַיְיתֵי. וְלָא תֵּדוֹק מִינָּהּ כִּדְקָדְּיֵיקַתְּ וּלְהָכִי

זאת אומרת חלוקים עליו חבריו על סומכוס. דוקא בכי האי גוונא פליג סומכוס, שראוי להסתפק בדבר. והיא (ב"מ דף ק. ושם) דמחליף פרה בחמור, והמוכר שפחתו וילדה, בכל הנך בלא טענותם ראוי להסתפק לב"ד. אבל במקום שהספק בא ע"פ דבריהם — לא פליג סומכוס. דהרי למ"ד אמר סומכוס אפילו ברי וברי, אטו אם אמר אדם לחבירו: טלית זו שאתה לבוש שלי הוא, מי אמר סומכוס חולקים? ובשנים אוחזים בטלית אמר דלאי אתו לקמן, כי תפיס חד וחד מיסרך סרוכי — דאפי' לסומכוס סרוכי לאו כלום הוא.

ממאי דמתני' ברי וברי. וא"ת: והיכי אמרינן דמתני' ברי וברי? אי משום דאמר אמר סומוכוס ברי וברי — היינו משום דאי לא אמר סומכוס בברי וברי לא היה יכול לדקדק ממשנה דחולקים, דהוי מצי לאוקמי בברי וברי ודברי הכל! וי"ל דה"ק: ממאי דמתני' מצי לאורויי כלל בברי וברי? דלמא בברי ושמא דוקא איירי, כדאמרינן בסמוך דרישא דומיא דסיפא! *דקתני זה אומר לא כי — ואף על גב דפ"ק דכתובות (דף יב: ושם*) תנן: והוא אומר "לא כי, אלא עד שלא ארסתיך נאנסת והיה מקחי מקח טעות", ומוכח התם דהיינו שמא — התם ליכא למיטעי, שאין הבעל רגיל לידע. אבל הכא, אי בשמא איירי — לא ה"ל למיתני "לא כי" כיון דאיכא למיטעי.

הא לא מייתי ראייה שקיל כדאמר מזיק. וא"ת: דלמא, הא לא מייתי ראייה — לא שקיל מידי! וי"ל: דלשון "המוציא" משמע: במה שבא להוציא צריך ראייה, אבל מה שהוא מודה לו — לא. ולקמן דמשני: ראוי ליטול ואין לו — היינו בלא תפס, אבל בתפס — יש לו. ולהכי א"ש לשון "המוציא".

לימא תיהוי תיובתא דרבה בר נתן. וא"ת: ואמאי לא מוקי לה כר"ג דאמר בפ' "שבועת הדיינין" (שבועות דף מ. ושם*): טענו חטין והודה לו בשעורין — פטור, ור"ג מחייב! וי"ל: דמהדר לאוקמי כרבנן. ועוד י"ל: דרבה בר נתן אמרה למילתיה ככולי עלמא, ולא מחייב ר"ג אלא שבועה, דאי הוה מחייב בדמי שעורים — מנליה לרבה בר נתן דרבנן פליגי עליה בהא? דלמא לענין שבועה דוקא פליגי, דכתיב "כי הוא זה" דבעינן הודאה ממין הטענה! וכי תימא דרבה בר נתן סבר דמהאי טעמא דפטרי רבנן שבועה לא הויא נמי הודאה להתחייב שעורין — הא ליתא, דהא אמרינן ב"שבועת הדיינין" (שם דף מ:): טענו חטים ושעורים והודה לו באחד מהן — פטור, והתם ודאי לכ"ע חייב במה שטענו, ואפ"ה פטור משבועה. ע"כ נראה דרבה בר נתן לכ"ע פוטר מדמי שעורים, דמשמע ליה דסברא הוא שהוא פטור, כיון שהודה לו שאין חייב לו שעורין ומחל לו. ובשבועה דוקא פליגי, אי בעינן ממין הטענה.

מדסיפא ניזק שמא ומזיק ברי רישא נמי כו' ואמר סומכוס כו'. אבל מסיפא גופה ליכא למיפרך, דאיכא למימר: כיון דאיכא הודאה במקצת, שהרי מודה שהקטן הזיקו לכל הפחות — הלכך איכא למימר דקאמר סומכוס חולקים, אע"ג דניזק קאמר שמא ומזיק אמר ברי. ואם תאמר: דנימא ברי ושמא ברי עדיף, כדקאמר רב יהודה ב"הגוזל בתרא" (לקמן דף קיח.) גבי "מנה לי בידך", והלה אומר "איני יודע"! ויש לומר: דהתם הוי ברי טוב — שלא יהיה לו פנים לשקר כיון שחבירו יכול לידע בשקרו זה, והשמא אינו טוב — שאין זוכר אם חייב לו, ומוכחא מילתא דחייב לו. אבל הכא — ברי שלו גרוע, שיודע בחבירו שאין יכול להכחישו ולכך טוען ברי, והאי נמי דקאמר שמא — לפי שלא ראה המעשה, הלכך לא אמרינן ברי עדיף. **רישא** במזיק שמא. ואם תאמר: והא "לא כי" קתני! וי"ל: דבברי וברי נמי איירי.
ראוי

רבינו חננאל

עיקרו ודייק ר' חייא בר אבא ממתני' דקתני המוציא מחבירו עליו הראייה ולא קתני חולקין ש"מ מתני' חכמים היא וחולקין על סומכוס. ואמר ליה רבי אבא בר אבא אמר סומכוס אפי' ברי וברי חולקין אמר ליה הין מתני' ברי וברי הוא ואוקימנא דלא כסומכוס. ואתקיף לה ר' פפא הכי מדרישא דמתני' ברי וברי סיפא נמי ברי וברי ואמרו רבנן המוציא מחבירו עליו הראייה ואי לא מייתי ראייה שקיל כדקאמר מזיק דמחייבינן ליה במה שהודה אמאי שקיל בעלים אפי' כדקאמר מזיק חטים ושעורין נינהו ואם איתא לדרבה פטור לגמרי הוא נימא תהוי תיובתיה דרבה בר נתן דאמר טענו חטים והודה לו בשעורים פטור. וכיון דקיימא לן כרבה בר נתן פרק' הכי סיפא דמתני' אינה ברי וברי אלא בברי ושמא הוא ואמרי' היכי דמי *) אי נימא דטעין ניזק ואמ' שמא תורך הזיק ומזיק אמר ברי לי שבסלע לקה מתמהינן עלה כי האי גוונא כשתובע טוען שמא אמר סומכוס חולקין ומטענת שמא מחייב דאיצטריך לרבנן למימר המוציא מחבירו עליו הראייה. ודחי' לא דמי רישא לסיפא רישא ניזק אמר ברי לי ששורך הזיק והמזיק טוען שמא בסלע לקה ועל זה הוצרך סומכוס לומר חולקים ורבנן אמרי המוציא מחבירו עליו הראייה סיפא ניזק שמא ומזיק ברי ואי לא מייתי ראיה שקיל כדקאמר מזיק דהא ניזק מספקא ליה. ואקשי' והא לא דמי רישא לסיפא רישא ניזק ברי ומזיק שמא סיפא מזיק ברי וניזק שמא. ופריק ברי ושמא שמא וברי חדא מילתא היא אבל רישא לאוקומה בברי וברי וסיפא ברי ושמא תרתי מילי נינהו ואסקי' דברי וברי אפי' סומכוס מודה שהמוציא מחבירו עליו הראייה וכי פליג בשמא ושמא או בברי ושמא או שמא וברי **) ובכולהו רבנן פליגי ואמרי המוציא מחבירו עליו הראייה. והלכ' כרבנן. גופא אמר רבה בר נתן טענו חטים והודה לו בשעורין פטור. נימא מסייעא ליה טענו חטים והודה לו בשעורין פטור ורבן גמליאל מחייב. ודחי' אי מהתם הוה אמינא לעולם פטור משבועה דאוריית' וחייב בשעורין שכבר הודה לו בהן. ורבה בר נתן פוטרו אפי' מן השעורין שהרי התובע אין טוען שיש לו אצלו שעורין ואין מחייבין הנתבע בחטים לשלם שעורין. ואקשי' תנן היו הנזקין ב' אחד גדול ואחד קטן והמזיקין ב' כו' ואי לא מייתי ראיה משתלם מן הקטן והלא ניזק טוען כי הגדול הזיק ולא הקטן כטוען חטים ולא שעורין דמי. ואם איתא לרבה פטור לגמרי הוא אלא נימא תיהוי תיובתיה. ופריק ראוי לישתלם קתני ולא שקיל ודאי. ואקשי' ומי מצית אמרת הכי והתניא בהדיא הרי זה משתלם לגדול מן הקטן ולקטן מן הגדול אלמא דשקיל ממש. ומשנינן דאי תפס פי' אם קדים ניזק ותפס תורא דאודי ביה כבר והשתא הדר ביה לא מפקינן מינה דניזק דהא איהו הוא דאודי ליה וכן הדין באחד תם ואחד מועד. י"ש מ"י שאומר כרבה בר נתן קיימא לן דהא מקשי' ומפרקי' אליבא דידיה ש"מ הלכתא כוותיה. וכן הדין זה אומר גדול הזיק להשתלם חצי נזק מגופו וזה אומר קטן הזיק אין משתלם חצי נזק ולא אפי' מקטן אלא אי תפס הניזק לא מפקינן מיניה. וי"ש מ"י שאומר כיון דמתני' דשבועות לא מסייעא לרבה בר נתן ולא דייקא כוותיה ומתני' ומתניתא דהכא קשו עליה ובשינויא הוא דדחי ובהדיא קיימא לן אשינויא לא סמכינן ועוד אפי' בחטין פטור משבועה

*) נראה דצ"ל היכי דמי אי נימא דטעין ניזק ואמר שמא ומזיק ברי א"כ רישא נמי דטעין ניזק ואמר וכו'. **) נראה דר"ל בסיפא כשהמזיק טוען דקטן הזיק וכה"ג לסומכוס חולקין ואפילו בשמא וברי כמש"כ התוס' בד"ה מדסיפא וכ"ש בברי וברי ודו"ק.

ק א מיי' פ"ט מהל' נזקי ממון הל' ז סמג עשין סו טוש"ע ח"מ סי' ת סעי' ב:
קא ב ג מיי' שם הל' ט טוש"ע שם סעי' ג ד:
קב ד ה מיי' שם הל' יא טוש"ע שם סעי' ד:
קג ו שו"ע שם סעי' ג בהג"ה:
קד ז טוש"ע שם ס"א:
קה ח ט מיי' שם הל' יא ופ"ג מהל' טוען ונטען הלכה י סמג עשין צה טוש"ע ח"מ סי' פח סעי' יב וסי' ת סעי' ד [והובא ברב אלפס במקומו ובשבועות פ"ו דף ש"ה]:

[עי' תוס' ב"ב צג. ד"ה רבי אחא]
ס"א מאן
לקמן מו. ב"מ ב: ו. לה: ק. [ב"ב קמה.]
[בבא מציעא ב: ע"ש ק. ע"ש]
ב"מ ה. [ק:] שבועות לח: מ.
[כאן צ"ל מס"ד ואח"כ מס"ד דקתני]
[ד"ה והוא]
[ד"ה והודה]

[א]ראוי ליטול, ואין לו. והתניא: הרי זה משתלם לקטן מן המועד, ולגדול מן התם! [ב]דתפס. § "היו שניהם של איש אחד – שניהם חייבים". § א"ל רבא מפרזיקא לרב אשי, ש"מ: שוורים תמים שהזיקו, רצה – מזה גובה, רצה – מזה גובה? הכא במאי עסקינן – במועדין. אי במועדין, אימא סיפא: היה אחד גדול ואחד קטן, הניזק אומר: גדול הזיק, והמזיק אומר: לא כי, אלא קטן הזיק – המוציא מחבירו עליו הראיה; אי במועדין, מאי נפקא ליה מיניה? סוף סוף דמי תורא מעליא בעי לשלומי! א"ל: סיפא בתמין, ורישא במועדין. א"ל רב אחא סבא לרב אשי: אי במועדין – "חייבים"?! חייב גברא מיבעי ליה! ותו, מאי "שניהם"? אלא, לעולם בתמין, ורבי עקיבא היא, *דאמר: שותפין נינהו, וטעמא [ג]דאיתנהו לתרווייהו, דלא מצי מדחי ליה, אבל ליתנהו לתרווייהו, [ד]מצי אמר ליה: זיל אייתי ראיה דהאי תורא אזקך ואשלם לך.§

[ב"ב צג.]

הדרן עלך המניח

שור שנגח ארבעה וחמשה שוורים זה אחר זה – ישלם לאחרון שבהם, ואם יש בו מותר יחזיר – לשלפניו, ואם יש בו מותר – יחזיר לשלפני פניו, והאחרון אחרון נשכר, דברי ר"מ. רבי שמעון אומר: [ה]שור שוה מאתים שנגח לשור שוה מאתים, ואין הנבלה יפה כלום – זה נוטל מנה וזה נוטל מנה; חזר ונגח שור אחר שוה מאתים – האחרון נוטל מנה, ושלפניו, זה נוטל חמשים זוז וזה נוטל חמשים זוז; חזר ונגח שור אחר שוה מאתים – האחרון נוטל מנה, ושלפניו חמשים זוז, ושנים הראשונים דינר זהב.§ **גמ'** מתניתין מני? דלא כר' ישמעאל ודלא כר' עקיבא! אי כר' ישמעאל, *דאמר: בעלי חובות נינהו, האי "אחרון אחרון נשכר", "ראשון ראשון נשכר" מבעי ליה! אי כר' עקיבא, דאמר: *תורא דשותפי הוא, האי "יש בו מותר – יחזיר"

יחזיר

רש"י

ולהכי מוקים לה הכי, ולא מוקים לה כדאוקים למתניתא לעיל, בניזק שמא ומזיק ברי – דאם כן היינו הך, וסיפא אמאי איצטריך? *ורבה דאוקמא למתניתא דניזק שמא ומזיק ברי ולישני ראוי ליטול ואין לו – משום דס"ל דסומכוס לא אמר חולקין בברי וברי, הלכך, רישא דקתני: לא כי אלא בסלע לקה – לא איצטריך למיתני בברי וברי לאשמועינן דמוציא מחבירו כו', להכי אוקמה למתניתא בשמא וברי, דהיינו נמי רישא בברי ושמא. דתפס. שקדם ניזק ותפס השור. שמע מינה. מדקתני שניהם. רצה מזה גובה רצה מזה גובה. ואם אבד האחד – קם חבירו במקומו ומשתלם הימנו. במועדין. דסוף סוף משלם מעליה, לפיכך כל נכסיו אחראין לפרעון. ה"ג: מאי נפקא ליה מינה סוף סוף דמי תורא מעליא בעי לשלומי. אלא לעולם בתמין. והאי דקתני "שניהם" – לאו כדקאמרת דמאיזה שירצה יגבה. אלא הא קמ"ל: דכל זמן ששניהם בפנינו גובה, אבל אבד האחד אינו גובה. ור' עקיבא היא דאמר שותפין נינהו. בגוף של שור. הלכך אבד השור – אבד נזקו. הלכך, כי הוו שניהם הוא דמחייב, ואי ליתנהו לתרווייהו אלא אחד – אמר ליה: אייתי ראיה כו'. אבל לרבי ישמעאל, כיון דאמר בעל חוב הוא, חוזי הוא דמסיק ביה – אבד האחד לא איבד את זכותו.

[לעיל לג. לד.]

הדרן עלך המניח

שור שנגח ארבעה וחמשה. ובכולן היה תם, דמשתלם מגופו. והיכי דמי – כגון ראה שור ונגח, וראה שור ולא נגח, וראה שור ונגח. ואחר נגיחה שניה ראה ב' פעמים או ג' שור ולא נגח, דאפי' מועד לסירוגין ליכא. דשור אין נעשה מועד אא"כ נגח הג' נגיחות בשלשה שראה כסדרן, או שלא כסדרן ונעשה מועד לסירוגין, והיכא דסירוגין שוין, כדתניא לקמן בפירקין. ישלם. ח"נ תחילה לאחרון. ובגמרא מפרש מני. ואם יש בו מותר יחזיר לשלפניו. כל חצי נזקו, והראשונים יפסידו. רבי שמעון אומר. שותפין הן בנזקין. כיצד: שור [שוה] מאתים שנגח כו'. ושלפניו. זה ניזק ראשון, נוטל חמשים זוז, והבעלים חמשים זוז. דיש לניזק ראשון בו חצי, הלכך משלם חצי תשלומי נזקו. דסבר לה כר' עקיבא, דאמר: שותפים נינהו. חזר ונגח שור שוה מאתים האחרון נוטל מנה. החצי, מכל מי שהוא, דמגופו משתלם. ונמצא אותו שלפניו שהיה החצי שלו משלם מחלקו חצי מנזק שנוטל האחרון. ושנים הראשונים. ניזק ראשון והבעלים, שהיה להן לכל אחד רביע – משלמין כל אחד רביעית של נזקו. דינר זהב. עשרים וחמשה דינרים כסף, בפרק "הזהב" (ב"מ דף מה:). **גמ'** ראשון נשכר מבעי ליה. והאחרון יפסיד. שהרי אין ראשון שותף בו, שהיה שמירתו עליו להתחייב בנזקין. והא לא דמיא לחב עד שלא הזיק, דאמרינן ב"המניח" (לעיל דף לג.): קדמו בעלי חובות והגביהו – לא עשו כלום. דהתם הוא דאמר ליה ניזק לבעל חוב: מהאי תורא דאזקן מיניה משתלימנא, ובעל חוב לא מצי למימר ליה הכי. הלכך, ב"ח יטול נכסים אחרים, אבל הכא – האי ניזק והאי ניזק, ולא משתלם אלא מגופו, ומאי דשקיל האי מפסיד האי, הלכך קמא קמא קדים.

יחזיר

[שם] [שם]

תוספות

ראוי ליטול ואין לו. פירוש: ראוי ליטול אם תפס, ואין לו אם לא תפס. [א] ודוקא היכא דיש לו תביעה על שני השוורים על הגדול ועל הקטן, אם תפס — משתלם. אבל מתני' דלעיל דאין לו תביעה אלא על הגדול, אפי' תפס הקטן — אין משתלם מיניה. ולא שייך לשנויי לעיל ראוי ליטול ואין לו — כיון דאם תפס לא משתלם מיניה. ובטענו חטים נראה דאם תפס שעורים — לא משתלם. וא"ת: אמאי לא משני הכא כדלעיל, דקאמר ניזק שמא ומזיק ברי? וי"ל: דא"כ הו"מ למיפרך: היינו הך, כדפירש בקונטרס. והשתא איכא צריכותא בכולהו בבי דמתניתין. דרישא אשמעינן אפילו מזיק שמא וניזק ברי פליגי רבנן עליה דסומכוס, ואמרי המוציא מחבירו עליו הראיה. וההוא דקטן וגדול אשמיענו אפילו ניזק שמא ומזיק ברי פליג סומכוס. ואחד תם ואחד מועד אשמעינן דאפילו לר' אחא, דאמר בריש פרק "המוכר פירות" (ב"ב דף צג.): גמל האוחר בין הגמלים בידוע שזה הרגו — מודה הכא דלא תלינן במועד, כיון דשניהם רבין. והך דהניזקין שניהם אשמועינן *דנתפס שקיל כדאמר מזיק. וסיפא דתם ומועד — איידי דאיירי בבא דלעיל בגדול וקטן ותם ומועד, איירי נמי הכא.

ש"מ. מדקתני "שניהם", רצה כו' ואם אבד האחד — קם חברו תחתיו, ומשתלם הימנו, כן פירש בקונטרס. וקשה: דלא הוה ליה למימר "שמע מינה", אלא מסיפא הוה ליה למפרך, דקתני: אחד גדול ואחד קטן — המוציא מחבירו עליו הראיה, ומשלם לגדול מן הקטן. א"כ, כשאבד אחד מהן — לא משתלם מאותו שנשאר! ונראה לפרש: דבשני שוורים שהזיקו שור בודאי איירי, דחשיב כאילו הוי חד גופא, ומשתלם מן השני. ואע"ג דמתניתין לא איירי אלא בענין שאנו מסופקים איזה מהן נגח — מ"מ דייק מלישנא דקתני "שניהם חייבים", לאשמועינן שיכול להיות שיהיו שניהם חייבין, כגון אי ידעינן בודאי שהזיקו שניהם יחד.

ורבי עקיבא היא דאמר שותפין נינהו. פירש בקונטרס: דלר' ישמעאל דאמר ב"ח הוא, חוזי הוא דמסיק ביה — אם אבד האחד לא איבד זכותו. וקשה: דהא לעיל (דף לג.) אמר אפילו לר' ישמעאל, שחטו — מה שעשה עשוי! ונראה לפרש: דמשום הכי מוקי לה כר' עקיבא — משום דלר' ישמעאל אין שום חידוש, דפשיטא דאיבד זכותו כשאבד האחד, כיון דב"ח הוא. אבל לר' עקיבא, דשותפי נינהו — ס"ד דהוי כאילו האחד מן השנים בחזקת הניזק, ומצי למימר ניזק: שלך נאבד ולא שלי*.

הדרן עלך המניח

שור שנגח ארבעה וחמשה. אי כרבי עקיבא דאמר שותפין נינהו יחזיר לכולן מבעי ליה. תימה: דלר' עקיבא נמי, אמאי אין ראשון נשכר? דלמה יהא מוטל עליו לשמור חלקו כל זמן שלא עמד בדין ולא באו עדים? דמה הוא יודע אם יזכה? וצריך לדחות: דכיון שיש בידו להביא עדים לאלתר ולזכות — מתחייב בשמירתו. *ולא תני לשנויי כגון שאין בידו — דאם כן תיקשי ליה: לרבי עקיבא ראשון נשכר מבעי ליה.

בגנון

עין משפט נר מצוה

קו א ב מיי' פ"ט מהל' נזקי ממון הל' יא סמג עשין סו טוש"ע ח"מ סי' ת סעי' ג בהג"ה וסעי' ל:

קז ג ד מיי' שם הל' ח טוש"ע שם סעי' ב:

א ה מיי' פ"ט מהל' נזקי ממון הל' יב טוש"ע ח"מ סי' סח סעי' ח:

רבינו חננאל

משבועה דאורייתא וחייב בדרבנן ויש לו לגלגל עליו גם על השעורין ליתה לדרבה בר נתן: **מתני'** היו שניהן לאיש אחד שניהן חייבין כו'. אוקימנא בשוורין תמין ור' עקיבא היא דאמר שותפי נינהו וטעמא דאיתנהו לתרוייהו דלא מצי מדחי ליה אבל ליתנהו לתרוייהו מצי אמר ליה זיל אייתי לי ראייה דהאי תורא אזקך ואשלם לך:

הדרן עלך המניח את הכד

שור שנגח ד' וה' שוורים זה אחר זה ישלם לאחרון כו' באנו לחקור משנתנו דתנן הבא אחרון נשכר דברי רבי מאיר אליבא דמאן לא כר' ישמעאל ולא כר' עקיבא משום דר' מאיר תלמיד ר' ישמעאל ור' עקיבא כדגרסי' בתחלת עירובין הוצרכנו לומר ר' מאיר למי מהן שנאה דתניא יושם השור בב"ד דברי ר' ישמעאל ר' עקיבא אומר הוחלט השור ועלה אמרי' אי כר' ישמעאל דאמר בעלי חובות נינהו אמאי תני אחרון נשכר ראשון ראשון נשכר מיבעי ליה *) (שנו דין) בעל חוב כל הקודם זכה ומעת שנגח נגיחה הראשונה נתחייב לשלם מגופו של חצי השור חצי נזק לניזק. פשע המזיק ולא שימר השור ויצא והזיק חייב לשלם לראשון ולשני אי כר' עקיבא שנה ר' מאיר משנתו יחזיר לכולם מיבעי ליה דכולהו שותפי נינהו.

*) אולי צ"ל כדין בע"ח שכל הקודם זכה.

ועיין ברשב"א בשבע שיטות שמביא פירושים אחרים

הגהות הגר"א

[א] תד"ה ראוי כו'. ודוקא כו'. נ"ב ושאר פוסקים חולקין ע"ז:

גי' ר"ח דלא מגי' וכו' ע"ש

[illegible] תי' ראוי ליטול

Koren Talmud Bavli
THE NOÉ EDITION

BAVA KAMMA

Steinsaltz
Center

KOREN

תלמוד בבלי

KOREN TALMUD BAVLI

THE NOÉ EDITION

בבא קמא

BAVA KAMMA

Daf 17a through Daf 36a

COMMENTARY BY

Rabbi Adin Even-Israel
Steinsaltz

EDITOR-IN-CHIEF

Rabbi Dr Tzvi Hersh Weinreb

SENIOR CONTENT EDITOR

Rabbi Dr Shalom Z Berger

EXECUTIVE EDITOR

Rabbi Joshua Schreier

•

STEINSALTZ CENTER
KOREN PUBLISHERS JERUSALEM

Supported by the Matanel Foundation

Koren Talmud Bavli, The Noe Edition
Vol. 21b: Tractate Bava Kamma, Daf 17a through Daf 36a
Paperback, ISBN, 978-965-7765-95-1

First Hebrew/English paperback edition, 2023

Koren Publishers Jerusalem Ltd.
PO Box 4044, Jerusalem 91040, ISRAEL
PO Box 8531, New Milford, CT 06776, USA
www.korenpub.com

Steinsaltz Center

Steinsaltz Center is the parent organization of institutions established by Rabbi Adin Even-Israel Steinsaltz

PO Box 45187, Jerusalem 91450 ISRAEL
Telephone: +972 2 646 0900, Fax +972 2 624 9454
www.steinsaltz-center.org

Printed in Turkey

הִנֵּה יָמִים בָּאִים, נְאֻם אֲדֹנָי יֱהוִה, וְהִשְׁלַחְתִּי רָעָב בָּאָרֶץ,
לֹא־רָעָב לַלֶּחֶם וְלֹא־צָמָא לַמַּיִם, כִּי אִם־לִשְׁמֹעַ אֵת דִּבְרֵי יהוה.

Behold, days are coming – says the Lord God – I will send a hunger to the land, not a hunger for bread nor a thirst for water, but to hear the words of the Lord. (AMOS 8:11)

The Noé edition of the Koren Talmud Bavli
with the commentary of Rabbi Adin Even-Israel Steinsaltz
is dedicated to all those who open its covers
to quench their thirst for Jewish Knowledge,
in our generation of Torah renaissance.

This beautiful edition is for the young, the aged,
the novice and the savant alike,
as it unites the depth of Torah knowledge
with the best of academic scholarship.

Within its exquisite and vibrant pages,
words become worlds.

It will claim its place in the library of classics,
in the bookcases of the Beit Midrash,
the classrooms of our schools,
and in the offices of professionals and business people
who carve out precious time to grapple with its timeless wisdom.

For the Student and the Scholar

DEDICATED BY LEO AND SUE NOÉ

Steinsaltz Center

Executive Director, Steinsaltz Center

Rabbi Meni Even-Israel

Managing Editor

Rabbi Jason Rappoport

Senior Content Editor

Rabbi Dr. Shalom Z. Berger

Editors

Rabbi Dr. Joshua Amaru, *Coordinating Editor*
Rabbi Avishai Magence, *Content Curator*
Tal Avrahami
Aryeh Bernstein
Menucha Chwat
Rabbi Yoel Domb
Rabbi Yehoshua Duker
Betzalel Philip Edwards
Rabbi Yonatan Shai Freedman
Raphael Friedman
Rabbi Uri Goldstein
Rabbi Alan Haber
Rabbi Tzvi Chaim Kaye
Stephen Lauber
Sholom Licht
Elisha Loewenstern
Rafi Miller
Rabbi Eli Ozarowski
Rabbi David Sedley
Shira Shmidman
Rabbi Michael Siev
Avi Steinhart

Copy Editors

Aliza Israel, *Coordinator*
Bracha Hermon
Ita Olesker
Debbie Ismailoff
Shira Finson
Ilana Sobel
Deena Nataf
Eliana Kurlantzick Yorav
Erica Hirsch Edvi
Nava Wieder
Sara Henna Dahan

Language Consultants

Dr. Stephanie E. Binder, *Greek & Latin*
Rabbi Yaakov Hoffman, *Arabic*
Dr. Shai Secunda, *Persian*
Shira Shmidman, *Aramaic*

KOREN

Design & Typesetting

Dena Landowne Bailey, *Typesetting*
Tani Bayer, *Jacket Design*
Raphaël Freeman, *Design & Typography*

Images

Eliahu Misgav, *Illustration & Image Acquisition*
Daniel Gdalevich, *Illustration & Image Acquisition*

Introduction by the Publisher

The Talmud has sustained and inspired Jews for thousands of years. Throughout Jewish history, an elite cadre of scholars has absorbed its learning and passed it on to succeeding generations. The Talmud has been the fundamental text of our people.

Beginning in the 1960s, Rabbi Adin Even-Israel Steinsaltz שליט״א created a revolution in the history of Talmud study. His translation of the Talmud, first into modern Hebrew and then into other languages, as well the practical learning aids he added to the text, have enabled millions of people around the world to access and master the complexity and context of the world of Talmud.

It is thus a privilege to present the *Koren Talmud Bavli*, an English translation of the talmudic text with the brilliant elucidation of Rabbi Steinsaltz. The depth and breadth of his knowledge are unique in our time. His rootedness in the tradition and his reach into the world beyond it are inspirational.

Working with Rabbi Steinsaltz on this remarkable project has been not only an honor, but a great pleasure. Never shy to express an opinion, with wisdom and humor, Rabbi Steinsaltz sparkles in conversation, demonstrating his knowledge (both sacred and worldly), sharing his wide-ranging interests, and, above all, radiating his passion. I am grateful for the unique opportunity to work closely with him, and I wish him many more years of writing and teaching.

Our intentions in publishing this new edition of the Talmud are threefold. First, we seek to fully clarify the talmudic page to the reader – textually, intellectually, and graphically. Second, we seek to utilize today's most sophisticated technologies, both in print and electronic formats, to provide the reader with a comprehensive set of study tools. And third, we seek to help readers advance in their process of Talmud study.

To achieve these goals, the *Koren Talmud Bavli* is unique in a number of ways:

- The classic *tzurat hadaf* of Vilna, used by scholars since the 1800s, has been reset for great clarity, and opens from the Hebrew "front" of the book. Full *nikkud* has been added to both the talmudic text and Rashi's commentary, allowing for a more fluent reading with the correct pronunciation; the commentaries of *Tosafot* have been punctuated. Upon the advice of many English-speaking teachers of Talmud, we have separated these core pages from the translation, thereby enabling the advanced student to approach the text without the distraction of the translation. This also reduces the number of volumes in the set. At the bottom of each *daf,* there is a reference to the corresponding English pages. In addition, the Vilna edition was read against other manuscripts and older print editions, so that texts which had been removed by non-Jewish censors have been restored to their rightful place.

- The English translation, which starts on the English "front" of the book, reproduces the *menukad* Talmud text alongside the English translation (in bold) and commentary and explanation (in a lighter font). The Hebrew and Aramaic text is presented in logical paragraphs. This allows for a fluent reading of the text for the non-Hebrew or non-Aramaic reader. It also allows for the Hebrew reader to refer easily to the text alongside. Where the original text features dialogue or poetry, the English text is laid out in a manner appropriate to the genre. Each page refers to the relevant *daf.*

- Critical contextual tools surround the text and translation: personality notes, providing short biographies of the Sages; language notes, explaining foreign terms borrowed from Greek, Latin, Persian, or Arabic; and background notes, giving information essential to the understanding of the text, including history, geography, botany, archaeology, zoology, astronomy, and aspects of daily life in the talmudic era.
- Halakhic summaries provide references to the authoritative legal decisions made over the centuries by the rabbis. They explain the reasons behind each halakhic decision as well as the ruling's close connection to the Talmud and its various interpreters.
- Photographs, drawings, and other illustrations have been added throughout the text – in full color in the Standard and Electronic editions, and in black and white in the Daf Yomi edition – to visually elucidate the text.

This is not an exhaustive list of features of this edition, it merely presents an overview for the English-speaking reader who may not be familiar with the "total approach" to Talmud pioneered by Rabbi Steinsaltz.

Several professionals have helped bring this vast collaborative project to fruition. My many colleagues are noted on the Acknowledgments page, and the leadership of this project has been exceptional.

RABBI MENACHEM EVEN-ISRAEL, DIRECTOR OF THE STEINSALTZ CENTER, was the driving force behind this enterprise. With enthusiasm and energy, he formed the happy alliance with Koren and established close relationships among all involved in the work.

RABBI DR. TZVI HERSH WEINREB שליט״א, EDITOR-IN-CHIEF, brought to this project his profound knowledge of Torah, intellectual literacy of Talmud, and erudition of Western literature. It is to him that the text owes its very high standard, both in form and content, and the logical manner in which the beauty of the Talmud is presented.

RABBI JOSHUA SCHREIER, EXECUTIVE EDITOR, assembled an outstanding group of scholars, translators, editors, and proofreaders, whose standards and discipline enabled this project to proceed in a timely and highly professional manner.

RABBI MEIR HANEGBI, EDITOR OF THE HEBREW EDITION OF THE STEINSALTZ TALMUD, lent his invaluable assistance throughout the work process, supervising the reproduction of the Vilna pages.

RAPHAËL FREEMAN, EXECUTIVE EDITOR OF KOREN, created this Talmud's unique typographic design which, true to the Koren approach, is both elegant and user friendly.

It has been an enriching experience for all of us at Koren Publishers Jerusalem to work with the Steinsaltz Center to develop and produce the *Koren Talmud Bavli*. We pray that this publication will be a source of great learning and, ultimately, greater *avodat Hashem* for all Jews.

Matthew Miller, Publisher
Koren Publishers Jerusalem
Jerusalem 5772

Contents

For the vocalized Vilna Shas layout, please open as a Hebrew book.

Introduction to **Perek II**

If a man causes a field or a vineyard to be eaten and he set his animal loose and it consumed in the field of another, the best of his field and the best of his vineyard he shall pay.

(Exodus 22:4)

If a fire breaks out and catches in thorns, so that a stack of grain, or standing grain, or the field is consumed, the one who kindled the fire shall pay compensation.

(Exodus 22:5)

And if one man's ox hurts the ox of another, and it dies; then they shall sell the live ox, and divide its monetary value, and the carcass they shall also divide. Or if it is known that the ox was a goring ox in time past, and its owner has not secured it, he shall pay an ox for an ox and the carcass shall be his.

(Exodus 21:35–36)

This chapter is primarily a continuation of the previous one, analyzing in greater detail the principles outlined there.

At the conclusion of the previous chapter it was established that for primary categories of damage, the animal or person that caused the damage can be deemed forewarned, either due to the intrinsic nature of the one who caused the damage or by being formally warned in court. In this chapter the Gemara discusses more precise specifications to determine in exactly which situations an animal is deemed forewarned.

The Gemara first discusses damage classified as Trampling in order to determine what type of walking and behavior is ordinary for an animal, as, if it causes damage while behaving in its normal manner the owner must pay the full cost of the damage. In this context, the Gemara also examines the unique *halakha* with regard to pebbles inadvertently propelled by the foot of a walking animal.

Similarly, the *halakhot* of damage classified as Eating are also explored: What type of eating by an animal is considered routine, for which the animal is deemed forewarned and its owner obligated to pay the full cost of the damage? Conversely, in what situations will the animal be determined to have eaten unusual items or to have eaten in an unusual way, classifying the damage the animal caused as Goring by an innocuous ox, for which the owner must pay for only half the cost of the damage? The Gemara also enumerates the locations in which the owner of the animal is liable for damage in a case of Eating and the method of payment of damages in such a case.

With regard to Goring, the Gemara clarifies the process by which an animal is rendered forewarned, and how this designation can be reversed, thereby returning the animal to its former innocuous status.

With regard to Eating and Trampling there is legal significance to the location where the damage took place; one is responsible to pay the full cost of the damage only if the incident happened "in the field of another." This requires exact definition in order to determine exactly which locations are included in this *halakha*.

The Gemara also examines the opinion of the one who maintains that with regard to Goring, there is a distinction between the public domain and the property of the

injured party. According to this opinion, the owner of an innocuous ox must pay the full cost of the damage if the incident happened on the property of the injured party but he pays only half the cost of the damage if it took place in the public domain.

Among those deemed forewarned is a person who directly causes injury or damage to another or to another's possessions. There are many questions with regard to this matter: Is one liable only for the damage he intended to cause or does he have a responsibility to pay even for damage caused unintentionally? Are there any cases in which he is completely exempt from liability for damage caused? Furthermore, is there any distinction with regard to his liability between the different types of indemnity paid for personal injury?

These are the primary issues explored in this chapter. Some other halakhic matters, including a brief analysis of damage caused by Fire, are also discussed.

מתני׳ כֵּיצַד הָרֶגֶל מוּעֶדֶת? לִשְׁבּוֹר בְּדֶרֶךְ הִלּוּכָהּ. הַבְּהֵמָה מוּעֶדֶת לְהַלֵּךְ כְּדַרְכָּהּ וְלִשְׁבּוֹר.

MISHNA The mishna in the previous chapter (15b) teaches that the owner of an animal is always forewarned with regard to the category of Trampling. The mishna elaborates: For what damage caused with **the hoof** is the animal deemed **forewarned?**[H] It is deemed forewarned with regard **to** trampling objects and **breaking** them **in the course of its walking. An animal is** deemed **forewarned with regard to walking in its** typical **manner and,** by doing so, **breaking** objects as it proceeds.

הָיְתָה מְבַעֶטֶת, אוֹ שֶׁהָיוּ צְרוֹרוֹת מְנַתְּזִין מִתַּחַת רַגְלֶיהָ, וְשָׁבְרָה אֶת הַכֵּלִים – מְשַׁלֵּם חֲצִי נֶזֶק. דָּרְסָה עַל הַכְּלִי וּשְׁבָרַתּוּ, וְנָפַל עַל כְּלִי וּשְׁבָרוֹ – עַל הָרִאשׁוֹן מְשַׁלֵּם נֶזֶק שָׁלֵם, וְעַל הָאַחֲרוֹן מְשַׁלֵּם חֲצִי נֶזֶק.

By contrast, if the animal **was kicking** while it was walking,[H] **or** it transpired **that pebbles**[B] **were** inadvertently **propelled from under its feet and** those pebbles **broke vessels,** cases of that kind do not fit precisely into the primary category of Trampling. In both of these cases the owner of the animal **pays half** the cost of **the damage.**[H] If an animal **trod upon a vessel**[H] **and broke it and** then a shard of that vessel **fell upon** a second **vessel and broke it,** the owner **pays** the **full** cost of the **damage for the first** vessel, as its action is classified under the primary category of Trampling, **and he pays half** the cost of **the damage for the latter** vessel, as the damage caused by the shard is tantamount to damage caused by pebbles inadvertently propelled by the foot of an animal.

הַתַּרְנְגוֹלִין מוּעָדִין לְהַלֵּךְ כְּדַרְכָּן וְלִשְׁבּוֹר. הָיָה דְּלִיל קָשׁוּר בְּרַגְלָיו, אוֹ שֶׁהָיָה מְהַדֵּס וּמְשַׁבֵּר אֶת הַכֵּלִים – מְשַׁלֵּם חֲצִי נֶזֶק.

Chickens are deemed **forewarned**[N] with regard **to walking in their** typical **manner and breaking** objects,[H] and therefore, the owner of a chicken pays the full restitution for the damage done to any objects broken by his chicken. If there **was a string** [*delil*][L] **tied**[N] **to** a chicken's **leg** as an indication of ownership and it wrapped around a vessel and broke it, **or** if the chicken **was hopping** in an atypical manner **and breaking vessels,** its owner **pays half** the cost of **the damage.**[H]

BACKGROUND

Pebbles – צְרוֹרוֹת: It is an accepted tradition that damage that is caused by propelling pebbles onto an object is not treated with the same severity as when the animal causes direct damage with its foot. In the former case the owner of the animal must pay half the cost of the damage, while in the latter case he must pay the injured party the full cost of the damage caused by his animal. Moreover, there are other cases analogous to the category of pebbles that follow the same principle and require the owner to pay for half the cost of the damage, as the term pebbles covers many cases of damage done in an unusual manner. According to the opinion of Sumakhos, one must pay the full cost of the damage when it is caused by pebbles, despite the fact that it differs in several important ways from the category of Trampling.

NOTES

Chickens are forewarned – הַתַּרְנְגוֹלִין מוּעָדִין: This *halakha* is cited here to clarify that the concept of damage caused by Trampling applies not only to domesticated animals but to all animate creatures, including birds. Consequently, any damage caused by a chicken acting in an ordinary manner without intent to cause damage is classified as Trampling, and damage caused indirectly by the chicken, e.g., by the string tied around its foot, is classified as damage caused by propelling pebbles (*Nimmukei Yosef*).

There was a string tied – הָיָה דְּלִיל קָשׁוּר: The Gemara establishes that the mishna discusses a case where the chicken propelled an object. Rashi says that the word *delil* does not describe a specific object. This term can refer to any item tied to the chicken's foot, including a vessel or the like. Some infer from Rashi's explanation that in this case the *delil* became detached from the foot of the chicken and it then flew off and caused damage, and that is why it is classified as a case of pebbles, as it was propelled by the force applied by the chicken. Rabbeinu Ḥananel and the Ra'avad explain that the chicken caused the vessel to skip and break by use of the *delil* that was tied to it, and this is considered unusual and that is why one must pay for half of the damage.

HALAKHA

For what damage caused with the hoof is the animal deemed forewarned – כֵּיצַד הָרֶגֶל מוּעֶדֶת: Trampling is one of the primary categories of damages explicitly mentioned by the Torah, as it states: "If a man causes a field or a vineyard to be eaten and he set his animal loose and it consumed in the field of another, he shall pay the best of his field and the best of his vineyard" (Exodus 22:4). This applies to cases where the animal is going about in its usual manner and causes damage, for example, by trampling or treading upon some object (Rambam *Sefer Nezikin, Hilkhot Nizkei Mamon* 1:5; *Shulḥan Arukh, Ḥoshen Mishpat* 389:6, 390:1).

Was kicking while it was walking – הָיְתָה מְבַעֶטֶת: If an animal kicked vessels as it walked and broke them, the *halakha* that applies is that of Goring, and the owner of the animal must pay for half the cost of the damage (Rambam *Sefer Nezikin, Hilkhot Nizkei Mamon* 1:10; *Shulḥan Arukh, Ḥoshen Mishpat* 389:11).

Pebbles were propelled from under its feet and broke vessels, pays half the damage – צְרוֹרוֹת מְנַתְּזִין מִתַּחַת רַגְלֶיהָ וְשָׁבְרָה אֶת הַכֵּלִים מְשַׁלֵּם חֲצִי נֶזֶק: If pebbles were inadvertently propelled from under an animal's feet as it was walking, and they caused damage in someone's private property, the owner of the animal must pay for half the cost of the damage. If the damage occurred in the public domain, he does not need to pay at all, as pebbles is a subcategory of Trampling (Rambam *Sefer Nezikin, Hilkhot Nizkei Mamon* 2:2–4; *Shulḥan Arukh, Ḥoshen Mishpat* 390:3–4).

Trod upon a vessel – דָּרְסָה עַל הַכְּלִי: If an animal was walking on the property of the injured paty and it stepped on a vessel, causing it to break, and that vessel, or shards from it, fell onto another vessel and broke it, the owner of the animal must pay the full cost of the damage of the first vessel and half the cost of the damage of the second one, as it is treated as an object damaged by pebbles inadvertently propelled by the foot of a walking animal (Rambam *Sefer Nezikin, Hilkhot Nizkei Mamon* 2:4; *Shulḥan Arukh, Ḥoshen Mishpat* 390:5).

Chickens are deemed forewarned with regard to walking in their typical manner and breaking objects – הַתַּרְנְגוֹלִין מוּעָדִין לְהַלֵּךְ כְּדַרְכָּן וְלִשְׁבּוֹר: Chickens are deemed forewarned with regard to walking in their typical manner and breaking objects. If a chicken breaks an object, according to the *halakha* of Trampling its owner must pay the full cost of the damage. If there was a string or a cord attached to the chicken's foot and it became entangled with another object, causing it to break, the owner must pay for half of the cost of the damage. The Rema writes that if the string is tied to the chicken and the string itself causes something to break, it is considered as if the chicken broke the object directly with its own body, and its owner must pay the full cost of the damage. One pays for half the cost of the damage only in a case where an object tossed by a chicken caused damage (Rambam *Sefer Nezikin, Hilkhot Nizkei Mamon* 1:10; *Shulḥan Arukh, Ḥoshen Mishpat* 390:10).

Was hopping in an atypical manner and breaking vessels, he pays half the damage – מְהַדֵּס וּמְשַׁבֵּר אֶת הַכֵּלִים מְשַׁלֵּם חֲצִי נֶזֶק: If hopping chickens kicked up dust and pebbles and as a result caused damage, the owner of the chickens must pay for half the cost of the damage (Rambam *Sefer Nezikin, Hilkhot Nizkei Mamon* 2:13; *Shulḥan Arukh, Ḥoshen Mishpat* 390:4).

LANGUAGE

String [*delil*] – דְּלִיל: The source of this word, meaning fine thread, is not clear. It may be connected to the general meaning of the word *dal*, meaning poor, in the sense of lacking or having insufficient means, and therefore *delil* would be a thread lacking in thickness.

גמ׳ אֲמַר לֵיהּ רָבִינָא לְרָבָא: הַיְינוּ רֶגֶל הַיְינוּ בְּהֵמָה! אֲמַר לֵיהּ: תָּנָא אָבוֹת וְקָתָנֵי תּוֹלָדוֹת.

GEMARA The Gemara analyzes the mishna: **Ravina said to Rava:** In the context of the category of Trampling, damage caused by an animal trampling an object with its **foot is the same as** damage caused by **an animal** breaking an object with its body. Why does the mishna repeat the same *halakha* twice? Rava **said to him:** First, the *tanna* **teaches** the **primary categories** of damage, namely the category of Trampling with an animal's foot, which is mentioned explicitly in the Torah, **and** then **he teaches** the **subcategories**[N] of those primary categories, i.e., the animal is deemed forewarned with regard to causing damage with other parts of its body in the course of its walking.

אֶלָּא מֵעַתָּה, סֵיפָא דְּקָתָנֵי: הַשֵּׁן מוּעֶדֶת, הַבְּהֵמָה מוּעֶדֶת, מַאי אָבוֹת וּמַאי תּוֹלָדוֹת אִיכָּא? הֲוָה קָמְהַדַּר לֵיהּ בִּבְדִיחוּתָא, וַאֲמַר לֵיהּ: אֲנָא שְׁנַאי חֲדָא וְאַתְּ שַׁנֵּי חֲדָא.

Ravina challenges this explanation: **If that is so, the latter clause** of the mishna (19b), **which teaches,** concerning the primary category of Eating: For what damage caused by **Eating** is the animal deemed **forewarned?** It is deemed forewarned with regard to eating food items fit for its consumption, i.e., **the animal is** deemed **forewarned** with regard to eating fruits and vegetables. Ravina asks: **What primary categories and what subcategories are there** in that context? No subcategories of Eating are enumerated there, and nevertheless, the phrase: The animal is deemed forewarned, is repeated. Rava **responded to** Ravina **with a humorous** response **and said to him: I resolved** the difficulty in **one**[N] mishna, now **you resolve** the difficulty in **one** mishna.

וְטַעְמָא מַאי? אָמַר רַב אַשִׁי: תָּנָא שֵׁן דְּחַיָּה וְקָתָנֵי שֵׁן דִּבְהֵמָה; סָלְקָא דַּעְתָּךְ אָמֵינָא ״וְשִׁלַּח אֶת בְּעִירֹה״ כְּתִיב, בְּהֵמָה – אִין, חַיָּה – לָא, קָא מַשְׁמַע לָן דְּחַיָּה בִּכְלַל בְּהֵמָה.

And what is the reason for the apparent redundancy in the mishna with regard to Eating? **Rav Ashi said:** First the *tanna* **teaches** the *halakha* of **Eating by an undomesticated animal and** then **he teaches** the *halakha* of **Eating by a domesticated animal.** And it was necessary to state both, as **it enters your mind to say** that since **it is written: "And he set his animal loose"** (Exodus 22:4), with regard to **domesticated animals, yes,** the primary category of Eating applies, but with regard to **undomesticated animals, no,** the primary category of Eating does not apply. Therefore, the *tanna* **teaches us that undomesticated animals** are included **in the category of domesticated animals**[N] in this regard and the owner of an undomesticated animal is liable for damage caused by his animal eating another person's produce.

אִי הָכִי, הָא מִבָּעֵי לֵיהּ לְמִיתְנֵי בְּרֵישָׁא! הַאי דְּאָתְיָא לֵיהּ מִדְּרָשָׁא חֲבִיבָא לֵיהּ.

The Gemara asks: **If so,** the *tanna* **should have taught** the *halakha* with regard to a domesticated animal **first** and only afterward taught the *halakha* with regard to an undomesticated animal, as the latter is included in the category of the former. The Gemara answers: On the contrary, **that** *halakha*, **which is derived from an interpretation, is dear to him,**[N] and therefore the *tanna* preferred to begin with the derived *halakha* and only then proceed to the explicit *halakha*.

NOTES

First he teaches the primary categories and then he teaches the subcategories – **תָּנָא אָבוֹת וְקָתָנֵי תּוֹלָדוֹת**: Rashi explains that the *halakha* of Trampling is a primary category of damage, defined as the animal breaking objects as it walks and tramples that which is underfoot. The continuation of the mishna then delineates the subcategories, namely that the animal can cause damage as it walks by using parts of its body other than its foot. Rabbeinu Ḥananel explains that the subcategory of the *halakha* of Trampling referred to in the mishna is the *halakha* concerning kicking.

I resolved the difficulty in one – **אֲנָא שְׁנַאי חֲדָא**: Rava was not mocking Ravina. Rather, Rava understood from Ravina that he felt that the *mishnayot* had a similar solution and if Rava's solution did not fit the latter mishna, it could not be applied to the earlier one. He therefore says to him: I resolved one mishna, implying that since the solutions are not the same and his solution for this mishna is legitimate, another solution must be found for the next mishna (*Torat Ḥayyim*).

Undomesticated animals are included in the category of domesticated animals – **חַיָּה בִּכְלַל בְּהֵמָה**: Rashi says that this could be inferred from the fact that the Torah states: "And these are the beasts [*habehema*] that you may eat" (Deuteronomy 14:4–5) using the word for domesticated animals, and the Torah then proceeds to enumerate types of undomesticated animals along with domesticated ones. *Tosafot* say that the inference is drawn from the *halakhot* of Shabbat, in which it is prohibited to make a domesticated animal work on Shabbat, and it was derived in various ways that this prohibition applies to all types of animals and not only the domesticated kind. They point out that Rashi's explanation includes only undomesticated animals, while the inference they draw from the *halakhot* of Shabbat also includes birds (see Rashba).

That ***halakha*****, which is derived from an interpretation, is dear to him** – **דְּאָתְיָא לֵיהּ מִדְּרָשָׁא חֲבִיבָא לֵיהּ**: This is because such a derivation required human endeavor, meaning that the *tanna* needed to use logical principles to derive his interpretation, and therefore the interpreted *halakha* is dearer than one which is learned from a straightforward reading of a verse in the Torah.

אִי הָכִי, רֵישָׁא נַמִּי לִיתְנֵי הַהִיא דְּלָא כְּתִיבָא בְּרֵישָׁא! הָכִי הָשְׁתָּא?! הָתָם, אִידִי וְאִידִי אָבוֹת נִינְהוּ, הַךְ דְּאָתְיָא לֵיהּ מִדְּרָשָׁא חֲבִיבָא לֵיהּ, הָכָא, שָׁבֵיק אָב וְתָנֵי תּוֹלָדָה?

The Gemara asks: **If so,** then with regard to the **first clause,** in this mishna **too, let the** *tanna* **teach that which is not** explicitly **written first,** as that which is derived from an interpretation is dear to him. The Gemara distinguishes between the cases: **How can they be compared? There,** with regard to Eating, **this** damage caused by a domesticated animal **and that** damage caused by an undomesticated animal **are primary categories** of damage; therefore, the *tanna* taught first **that** *halakha,* **which is derived from an interpretation, is dear to him.** But **here,** with regard to Trampling, would **he leave aside the primary category** of Trampling, done with the animal's foot, **and teach a subcategory** first?

אִיבָּעֵית אֵימָא: אַיְּידֵי דִּסְלֵיק מֵרֶגֶל פְּתַח בְּרֶגֶל.

If you wish, say instead that the reason that in this mishna the *tanna* begins with that which is written explicitly in the Torah and only then proceeds to teach that which is derived through an interpretation is as follows: **Since the** *tanna* **concluded** the discussion in the final mishna in the previous chapter (15b) **with the** primary category of **Trampling** by teaching the clause: The foot of an animal is deemed forewarned with regard to trampling objects and breaking them in the course of its walking, therefore, **he began** the first mishna in the second chapter **with** the primary category of **Trampling.**

תָּנוּ רַבָּנַן: בְּהֵמָה מוּעֶדֶת לְהַלֵּךְ כְּדַרְכָּהּ וְלִשַׁבֵּר, כֵּיצַד? בְּהֵמָה שֶׁנִּכְנְסָה לַחֲצַר הַנִּיזָּק, וְהִזִּיקָה בְּגוּפָהּ דֶּרֶךְ הִלּוּכָהּ, וּבִשְׂעָרָהּ דֶּרֶךְ הִלּוּכָהּ, בְּאוּכָּף שֶׁעָלֶיהָ, וּבְשָׁלִיף שֶׁעָלֶיהָ, וּבִפְרוּמְבִּיָא שֶׁבְּפִיהָ, וּבְזוֹג שֶׁבְּצַוָּארָהּ, וַחֲמוֹר בְּמַשָּׂאוֹ – מְשַׁלֵּם נֶזֶק שָׁלֵם; סוּמָכוֹס אוֹמֵר: צְרוֹרוֹת, וַחֲזִיר שֶׁהָיָה נוֹבֵר בָּאַשְׁפָּה וְהִזִּיק – מְשַׁלֵּם נֶזֶק שָׁלֵם.

§ **The Sages taught: An animal is** deemed **forewarned** with regard **to walking in its** typical **manner and,** while doing so, **breaking** objects in the course of its walking. **How so? If an animal entered into the courtyard of the injured** party[H] **and it damaged** an object **with its body in the course of its walking; or** if it caused damage **with its hair in the course of its walking; or with the saddle that is on it; or with the** packed **saddlebag [*shalif*][L] that is on it; or with the halter in its mouth; or with the bell [*zog*][L] around its neck; or** if it was **a donkey** that caused damage **with its burden;** in all these cases the owner **pays the full** cost of the **damage. Sumakhos[P] says:** In the case of **pebbles** propelled by an animal in the course of its walking, **or** in the case of **a pig that was burrowing in the garbage heap[N] and caused damage,** the owner of the animal **pays the full** cost of the **damage.[N]**

הִזִּיק, פְּשִׁיטָא! אֶלָּא אֵימָא: הִתִּיז וְהִזִּיק – מְשַׁלֵּם נֶזֶק שָׁלֵם.

The Gemara asks: If a pig **caused damage,** it **is obvious** that its owner must pay the full cost of the damage. What novel element is Sumakhos introducing? The Gemara answers: **Rather, say:** If **it propelled** pebbles and thereby **caused damage,** the owner **pays the full** cost of the **damage.**

צְרוֹרוֹת מַאן דְּכַר שְׁמַיְהוּ? חַסּוּרֵי מִחַסְּרָא וְהָכִי קָתָנֵי: צְרוֹרוֹת כִּי אוֹרְחַיְיהוּ – חֲצִי נֶזֶק, וַחֲזִיר שֶׁהָיָה נוֹבֵר בָּאַשְׁפָּה וְהִתִּיז וְהִזִּיק – מְשַׁלֵּם חֲצִי נֶזֶק; סוּמָכוֹס אוֹמֵר: צְרוֹרוֹת, וַחֲזִיר שֶׁהָיָה נוֹבֵר בָּאַשְׁפָּה וְהִתִּיז וְהִזִּיק – מְשַׁלֵּם נֶזֶק שָׁלֵם.

The Gemara asks: **Pebbles, who mentioned anything about it?** The Gemara answers: The *baraita* **is incomplete and this** is what **it is teaching:** For damage caused **by pebbles** that were propelled by animals walking **in their typical manner,[H]** the owner **pays half** the cost of **the damage, and** for damage caused by **a pig that was burrowing[H] in the garbage heap and propelled** pebbles **and** that **damaged** an object, its owner **pays half** the cost of **the damage. Sumakhos says:** Both in the case of **pebbles** that were propelled **and** in the case of **a pig that was burrowing in the garbage heap and propelled** pebbles **and damaged** an object, the owner **pays the full** cost of the **damage.** Sumakhos does not accept the *halakha* that the owner pays only half the cost of the damage caused by pebbles inadvertently propelled by the foot of an animal in the course of its walking, i.e., in its typical manner. He holds that since the damage results from the animal's typical behavior, the owner pays the full cost of the damage.

HALAKHA

If an animal entered into the courtyard of the injured party – בְּהֵמָה שֶׁנִּכְנְסָה לַחֲצַר הַנִּיזָּק: If an animal was walking around the property of another and caused damage to objects belonging to the owner of the property as it was walking, both in a case where it caused the damage directly with its body and in a case where it caused the damage with items tied to its body the owner of the animal must pay the full cost of the damage (Rambam *Sefer Nezikin, Hilkhot Nizkei Mamon* 1:10; *Shulḥan Arukh, Ḥoshen Mishpat* 390:1).

Pebbles that were propelled in their typical manner – צְרוֹרוֹת כִּי אוֹרְחַיְיהוּ: If an animal was walking in the public area or on the private property of the injured party, and pebbles were propelled by its feet and caused damage on the injured party's property, the owner of the animal must pay for half the cost of the damage. This *halakha* is in accordance with the opinion of the Rabbis (Rambam *Sefer Nezikin, Hilkhot Nizkei Mamon* 2:2–4; *Shulḥan Arukh, Ḥoshen Mishpat* 390:3–4).

A pig that was burrowing – חֲזִיר שֶׁהָיָה נוֹבֵר: If a pig was burrowing in the garbage heap and it caused pebbles to shoot out and caused damaged, the owner of the pig must pay for half the cost of the damage (*Shulḥan Arukh, Ḥoshen Mishpat* 390:4).

LANGUAGE

Saddlebag [*shalif*] – שָׁלִיף: Similar to the Aramaic *shelifa,* which means a bag that an animal carries on its back.

Bell [*zog*] – זוֹג: Apparently related to the Persian word zang, meaning bell.

NOTES

A pig that was burrowing in the garbage heap – חֲזִיר שֶׁהָיָה נוֹבֵר בָּאַשְׁפָּה: *Tosafot* explain that this *halakha* was cited here because pigs rummage as part of their eating habits. Consequently, the Gemara wishes to teach the principle that just as the *halakha* requires payment for half the cost of the damage in a case of Trampling, i.e., pebbles inadvertently propelled by the hooves of a walking animal, there is also an analogous *halakha* with regard to cases classified as Eating, meaning that if an animal engages in some activity from which it derives pleasure, such as eating, and the force it exerts in doing so indirectly causes damage, its owner pays for half the cost of the damage in accordance with the *halakha* of pebbles. By contrast, the Meiri holds that the case of the burrowing pig is a subcategory of Trampling, as the Gemara was discussing a burrowing pig as an example of an event that occurred in the garbage heap, not necessarily in conjunction with eating.

In the case of pebbles…the owner pays the full cost of the damage – צְרוֹרוֹת...מְשַׁלֵּם נֶזֶק שָׁלֵם: Rava explains the opinion of Sumakhos further on in the discussion. In his opinion, damage resulting from force exerted by an animal is halakhically identical to damage caused by direct contact of the animal itself.

PERSONALITIES

Sumakhos – סוּמָכוֹס: The full name of this *tanna* is Sumakhos ben Yosef. He lived in the last generation of *tanna'im*. Sumakhos was the outstanding disciple of Rabbi Meir and transmitted much of Rabbi Meir's knowledge to the subsequent generations. Sumakhos made great efforts to explain Rabbi Meir's statements and clarify his opinions after his death. Like his master before him, Sumakhos was known for his fierce intellect, as the Talmud relates that he would provide forty-eight proofs for every *halakha* he discussed. It can be argued that he was the greatest Sage of his generation, as he would dispute even the greatest of the *tanna'im*, including Rabbi Meir, Rabbi Yosei, and Rabbi Eliezer ben Ya'akov. Apparently Sumakhos lived a very long life, as the *amora* Rav was his student.

תָּנוּ רַבָּנַן: תַּרְנְגוֹלִין שֶׁהָיוּ מַפְרִיחִין מִמָּקוֹם לְמָקוֹם וְשָׁבְרוּ כֵּלִים בְּכַנְפֵיהֶן – מְשַׁלֵּם נֶזֶק שָׁלֵם, בָּרוּחַ שֶׁבְּכַנְפֵיהֶן – מְשַׁלְּמִין חֲצִי נֶזֶק; סוּמָכוֹס אוֹמֵר: נֶזֶק שָׁלֵם. תַּנְיָא אִידָךְ: תַּרְנְגוֹלִין שֶׁהָיוּ מְהַדְּסִין עַל גַּבֵּי עִיסָּה וְעַל גַּבֵּי פֵּירוֹת וְטִינְּפוּ אוֹ נִיקְּרוּ – מְשַׁלֵּם נֶזֶק שָׁלֵם, הֶעֱלוּ עָפָר אוֹ צְרוֹרוֹת – מְשַׁלְּמִין חֲצִי נֶזֶק; סוּמָכוֹס אוֹמֵר: נֶזֶק שָׁלֵם.

The Sages taught (*Tosefta* 2:1): **If chickens were flying from place to place**[H] **and broke vessels with their wings,** their owner **pays the full** cost of the **damage** as this is a subcategory of Trampling. By contrast, if the damage was caused **by the wind** generated **by their wings,**[HN] the owner **pays half** the cost of **the damage,** in accordance with the *halakha* in the case of pebbles. **Sumakhos says:** The owner pays **the full** cost of the **damage. It is taught** in **another** *baraita*: **If chickens were hopping**[H] **upon dough or upon produce and they sullied** it with their feet, **or if they pecked** at it and caused damage, their owner **pays the full** cost of the **damage.** If in the course of their hopping **they stirred up dust**[H] **or** propelled **pebbles,** the owner **pays half** the cost of **the damage. Sumakhos says:** He pays **the full** cost of the **damage.**

תַּנְיָא אִידָךְ: תַּרְנְגוֹל שֶׁהָיָה מַפְרִיחַ מִמָּקוֹם לְמָקוֹם, וְיָצְתָה רוּחַ מִתַּחַת כְּנָפָיו וְשִׁיבְּרָה אֶת הַכֵּלִים – מְשַׁלֵּם חֲצִי נֶזֶק; סְתָמָא כְּרַבָּנַן.

It is taught in **another** *baraita*: **If a chicken was flying from place to place and wind emerged from beneath its wings and** the wind **caused vessels to break,** the owner **pays half** the cost of **the damage.** The Gemara notes: This **unattributed** *baraita* **is in accordance with** the opinion of **the Rabbis,** who disagree with Sumakhos and hold that the owner pays half the cost of the damage in these cases, just as he does in the case of pebbles propelled by the feet of an animal.

אֲמַר רָבָא: בִּשְׁלָמָא סוּמָכוֹס, קָסָבַר: כֹּחוֹ כְּגוּפוֹ דָּמֵי. אֶלָּא רַבָּנַן, אִי כְּגוּפוֹ דָּמֵי – כּוּלֵּיהּ נֶזֶק בָּעֵי לְשַׁלֵּם, וְאִי לָאו כְּגוּפוֹ דָּמֵי – חֲצִי נֶזֶק נַמִי לָא לְשַׁלֵּם!

Rava analyzed the *baraita* and **said: Granted,** the opinion of **Sumakhos** is understood, as **he holds** that the status of damage resulting from **a force** generated by the animal's action **is like** that of damage directly caused by the animal **itself,** and therefore the owner pays the full cost of the damage in both cases. **But** the opinion of **the Rabbis** is difficult, as **if** they hold that the status of damage resulting from **a force** generated by the animal's action **is like** that of damage directly caused by the animal **itself,** the owner should **be required to pay the full** cost of the **damage. And if** they hold that the status of damage resulting from **a force** generated by the animal's action **is not like** that of damage directly caused by the animal **itself,** and is not attributed to the animal, then the owner should not be required **to pay even half** the cost of **the damage.**

הֲדַר אֲמַר רָבָא: לְעוֹלָם כְּגוּפוֹ דָּמֵי, וַחֲצִי נֶזֶק צְרוֹרוֹת – הִלְכְתָא גְּמִירִי לָהּ.

Then Rava said: Actually, the Rabbis hold that the status of damage resulting from a force generated by the animal's action **is like** that of damage directly caused by the animal **itself,** and in principle the owner should be required to pay the full cost of the damage. **And** the liability to pay for **half** the cost of **the damage** caused by **pebbles** is because the Rabbis **learned this** ***halakha*** **through tradition,** and it does not correspond to the standard *halakhot* of damages.

אָמַר רָבָא: כׇּל שֶׁבְּזָב טָמֵא – בְּנִזָּקִין מְשַׁלֵּם נֶזֶק שָׁלֵם, כׇּל שֶׁבְּזָב טָהוֹר – בְּנִזָּקִין מְשַׁלֵּם חֲצִי נֶזֶק.

§ **Rava says:** With regard to **any** type of action **which,** when **a** ***zav***[B] interacts with a vessel in that manner, he renders it **ritually impure,** if the same type of action was done by an animal, resulting **in damage,** the owner of the animal is liable to **pay the full** cost of the **damage.** Conversely, with regard to **any** type of action **which,** when **a** ***zav*** interacts with a vessel in that manner, he leaves it **ritually pure,** e.g., where the contact is indirect, if the same type of action was done by an animal, resulting **in damage,** the owner of the animal is liable to **pay** only **half** the cost of **the damage.**

וְרָבָא, צְרוֹרוֹת אֲתָא לְאַשְׁמוּעִינַן? לָא, רָבָא – עֶגְלָה מוֹשֶׁכֶת בְּקָרוֹן קָא מַשְׁמַע לַן.

The Gemara asks: **And Rava, did he come to teach us** the *halakha* of **pebbles?** The substance of Rava's statement is that for damage caused by the indirect action of an animal, its owner pays half the cost of the damage. That is identical to the *halakha* of pebbles articulated in the *baraitot* cited earlier. The Gemara answers: **No, Rava teaches us** the *halakha* in the case of **a calf pulling a cart** [***karon***].[HL] Just as with regard to a *zav*, the status of a vessel that a *zav* moves is like that of a vessel with which he came into contact, so too, the status of damage caused by the cart pulled by the animal is like that of damage caused by the animal's body, and it is not considered indirect damage like in the case of pebbles.

HALAKHA

If chickens were flying from place to place – תַּרְנְגוֹלִין שֶׁהָיוּ מַפְרִיחִין מִמָּקוֹם לְמָקוֹם: If chickens were flying around from one spot to another and they broke vessels with their wings, such damage is a subcategory of Trampling and the owner of the chickens must pay the full cost of the damage (Rambam *Sefer Nezikin, Hilkhot Nizkei Mamon* 2:12; *Shulḥan Arukh, Ḥoshen Mishpat* 390:1).

By the wind generated by their wings – בָּרוּחַ שֶׁבְּכַנְפֵיהֶן: If chickens were flying from place to place and they broke vessels with the wind blown by their wings, this is analogous to pebbles that were propelled by the feet of animals, and the owner of the chickens must pay for half the cost of the damage (Rambam *Sefer Nezikin, Hilkhot Nizkei Mamon* 2:12; *Shulḥan Arukh, Ḥoshen Mishpat* 390:9).

If chickens were hopping – תַּרְנְגוֹלִין שֶׁהָיוּ מְהַדְּסִין: If chickens were hopping on dough and soiled it, or if they perforated the dough and damaged it, this is considered a subcategory of Trampling, and therefore the owner must pay the full cost of the damage (Rambam *Sefer Nezikin, Hilkhot Nizkei Mamon* 2:13; *Shulḥan Arukh, Ḥoshen Mishpat* 390:1).

If they stirred up dust – הֶעֱלוּ עָפָר: If chickens were hopping from one spot to another and they stirred up dust or kicked up stones that caused damage, the owner of the chickens must pay for half the cost of the damage (Rambam *Sefer Nezikin, Hilkhot Nizkei Mamon* 2:13; *Shulḥan Arukh, Ḥoshen Mishpat* 390:4).

A calf pulling a cart – עֶגְלָה מוֹשֶׁכֶת בְּקָרוֹן: If an animal causes damage with anything that is attached to its body while it is walking, for example, if an animal pulling a cart runs over some vessels with the cart and breaks them, this is a subcategory of Trampling and the owner must pay the full cost of the damage (Rambam *Sefer Nezikin, Hilkhot Nizkei Mamon* 1:10; *Shulḥan Arukh, Ḥoshen Mishpat* 390:1).

NOTES

By the wind generated by their wings – בָּרוּחַ שֶׁבְּכַנְפֵיהֶן: Rashi understands the case to be that of a vessel, such as a very fragile one made of glass, which was broken directly by the wind. The novelty in this case is that any damage resulting from the force exerted by the animal is classified as a subcategory of pebbles even though pebbles are tangible objects, while the wind from the wings is intangible.

BACKGROUND

Zav – זָב: A *zav* is a man suffering from a condition similar to gonorrhea. The *halakhot* relating to the severe ritual impurity caused by this condition appear in Leviticus and are enumerated in tractate *Zavim*. The *zav* becomes ritually impure as a result of the secretion of a white, pus-like discharge from his penis. A man who experiences one discharge of that kind on one occasion becomes ritually impure for one day, similar to one who experienced a seminal emission. If he experiences a second discharge on the same day or on the following day, or if he experiences a prolonged initial discharge, he contracts the more severe ritual impurity of a *zav*, which lasts seven days. A third discharge experienced on the second or third day obligates him to bring a sacrifice as part of his purification process.

LANGUAGE

Cart [*karon*] – קָרוֹן: From the Greek κάρρον, *karron*, meaning a carriage, cart, or chariot.

Roman relief of a carriage carrying a passenger

תַּנְיָא כְּוָתֵיהּ דְּרָבָא: בְּהֵמָה מוּעֶדֶת לְשַׁבֵּר בְּדֶרֶךְ הִלּוּכָהּ, כֵּיצַד? בְּהֵמָה שֶׁנִּכְנְסָה לַחֲצַר הַנִּיזָּק, וְהִזִּיקָה בְּגוּפָהּ דֶּרֶךְ הִלּוּכָהּ, וּבִשְׂעָרָהּ דֶּרֶךְ הִלּוּכָהּ, בְּאוּכָּף שֶׁעָלֶיהָ, וּבְשָׁלִיף שֶׁעָלֶיהָ, וּבִפְרוּמְבִּיָא שֶׁבְּפִיהָ, וּבְזוּג שֶׁבְּצַוָּארָהּ, וַחֲמוֹר בְּמַשָּׂאוֹ, וְעֶגְלָה מוֹשֶׁכֶת בְּקָרוֹן – מְשַׁלֵּם נֶזֶק שָׁלֵם.

It is taught in a *baraita* **in accordance with** the opinion **of Rava: An animal** is deemed **forewarned with regard to breaking** objects **in the course of its walking. How so? If an animal entered into the courtyard of the injured** party, **and it damaged** an object **with its body in the course of its walking; or with its hair in the course of its walking; or with the saddle that is on it; or with the** packed **saddlebag that is on it; or with the halter that is in its mouth; or with the bell that is around its neck; or** if **a donkey** caused damage **with its burden; or** if **a calf** caused damage while **pulling a cart;** in all these cases the owner **pays the full** cost of the **damage.**

תָּנוּ רַבָּנַן: תַּרְנְגוֹלִים שֶׁהָיוּ מְחַטְטִין בְּחֶבֶל דְּלִי, וְנִפְסַק הַחֶבֶל וְנִשְׁבַּר הַדְּלִי – מְשַׁלְּמִין נֶזֶק שָׁלֵם.

§ **The Sages taught:** In a case where **chickens were pecking at the rope** tied to **a bucket and the rope was severed and the bucket** fell and **broke,** their owner **pays the full** cost of the **damage.**

בָּעֵי רָבָא: דָּרְסָה עַל כְּלִי וְלֹא שְׁבָרַתּוּ, וְנִתְגַּלְגֵּל לְמָקוֹם אַחֵר וְנִשְׁבַּר, מַהוּ? בָּתַר מֵעִיקָּרָא אָזְלִינַן וְגוּפֵיהּ הוּא, אוֹ דִּלְמָא בָּתַר תְּבַר מָנָא אָזְלִינַן וּצְרוֹרוֹת נִינְהוּ?

Rava raises a dilemma: If an animal **trod upon a vessel but did not break it**[H] **and** the vessel then **rolled to another place and broke** there, **what is** the *halakha*? Rava elaborates: In determining one's liability for causing damage, **do we follow the initial** action that ultimately led to the damage **and this** case is regarded as damage caused by the animal **itself?** Accordingly, the owner would pay the full cost of the damage as he would in any case classified under the primary category of Trampling. **Or perhaps** do **we follow the breaking of the vessel and** therefore **this** case is regarded as similar to the case of **pebbles** propelled by the foot of an animal in the course of its walking, since the vessel was not broken by a direct action of the animal, but rather, as an indirect result of the animal's action?

תִּפְשׁוֹט לֵיהּ מִדְּרַבָּה, דְּאָמַר רַבָּה: זָרַק כְּלִי מֵרֹאשׁ הַגַּג, וּבָא אַחֵר וּשְׁבָרוֹ בְּמַקֵּל – פָּטוּר, דְּאָמְרִינַן לֵיהּ: מָנָא תְּבִירָא תְּבַר! לְרַבָּה פְּשִׁיטָא לֵיהּ, לְרָבָא מִבַּעְיָא לֵיהּ.

The Gemara suggests: **Resolve** Rava's dilemma **from** the statement **of Rabba, as Rabba says:** If one **threw a vessel from a roof**[H] **and another came and broke it with a stick** as it was falling, the one who hit it with the stick is **exempt** from all liability **as we say to him** that **he broke a broken vessel.** From the moment the vessel was tossed from the roof it was inevitable that it would break. Consequently, breaking it with a stick as it was falling had no real effect. Apparently, the initial action is the decisive factor in determining liability for damages. The same should be the *halakha* in a case where a vessel was trod upon by an animal but it did not break, and the vessel then rolled to another place and broke there. The liability should be determined based on the initial action that caused the damage. The Gemara rejects this proof: The *halakha* in this case **is clear to Rabba,** who ruled as he did, but it remains **a dilemma to Rava.** One cannot prove the opinion of one *amora* from the opinion of another.

תָּא שְׁמַע: הִידּוּס אֵינוֹ מוּעָד, וְיֵשׁ אוֹמְרִים: הֲרֵי זֶה מוּעָד;

The Gemara suggests: **Come** and **hear** the resolution of this dilemma from a *baraita*: With regard to **hopping,** a chicken **is not** deemed **forewarned. And some say that it is forewarned.**

הִידּוּס סָלְקָא דַּעְתָּךְ? אֶלָּא לָאו הִידּוּס וְהִתִּיז, וּבְהָא קָמִיפַּלְגִי, דְּמָר סָבַר: בָּתַר מֵעִיקָּרָא אָזְלִינַן, וּמָר סָבַר: בָּתַר תְּבַר מָנָא אָזְלִינַן!

The Gemara questions the formulation of the *baraita*: Does it **enter your mind** to raise the possibility that a chicken is not forewarned with regard to **hopping?** Hopping is the typical manner of movement for chickens. **Rather, is it not** that the reference in the *baraita* is to a case where the chicken was **hopping and** the hopping **propelled** the vessel to roll to another place, and the vessel was broken there? **And they disagree with regard to this:** One **Sage holds** that **we follow the initial** action that ultimately led to the damage, and since hopping is typical manner of movement for a chicken, its owner is responsible for any damage that resulted from its hopping. **And** one **Sage holds: We follow the breaking of the vessel,** and since there was an additional factor that broke the vessel, the owner of the chicken is not liable.

לֹא,

The Gemara rejects the parallel between the dispute and the dilemma: **No,** the dispute in the *baraita* can be explained differently.

HALAKHA

An animal trod upon a vessel but did not break it – דָּרְסָה עַל כְּלִי וְלֹא שְׁבָרַתּוּ: If an animal tramples a vessel and does not break it, but as a result the vessel rolls away to another spot and breaks there, the owner of the animal is liable to pay the full cost of the damage (*Shulḥan Arukh*, *Ḥoshen Mishpat* 390:5, and in the comment of Rema).

If one threw a vessel from a roof – זָרַק כְּלִי מֵרֹאשׁ הַגַּג: If one threw vessels off a roof and there was nothing soft for them to land on and to prevent them from breaking, and while still in the air another came and broke them, the one who threw them is liable for breaking them, while the one who broke them is exempt. This is in accordance with the opinion of Rabba (*Shulḥan Arukh*, *Ḥoshen Mishpat* 386:4).

HALAKHA

Chickens…pecking at the rope of a bucket – תַּרְנְגוֹלִין...מְחַטְּטִין בְּחֶבֶל דְּלִי: In a case where a chicken was pecking at the rope of a bucket and the rope snapped, causing the bucket to break, if there was dough caked on the rope or if the rope was worn, in which case it would be typical for the chicken to peck it until it would snap, the owner of the chickens must pay the full cost of the damage caused to both the rope and the bucket. If the rope was new and there was no dough caked on it, the owner must pay half the cost of the damage caused to both the rope and the bucket (Rambam *Sefer Nezikin, Hilkhot Nizkei Mamon* 2:14; *Shulḥan Arukh, Ḥoshen Mishpat* 390:11).

LANGUAGE

Filthy [*ma'us*] – מָאוּס: Rashi explains this word to mean dirty, as the rope was caked with dough. It may also be connected to the Aramaic word *me'isa*, which means a kind of dish made from soft dough, in which case *ma'us* would mean that the thread was kneaded with some of this dough.

BACKGROUND

Damage caused by a force generated by a force generated by its action – כֹּחַ כֹּחוֹ: If the result of an action is indirect and removed from the initial action, the perpetrator is not held accountable. This concept is applied to a number of areas in *halakha*, e.g., with regard to the *halakhot* of intentional and unintentional killings committed in this manner. In this case, the Gemara mentions this principle only in conjunction with the opinion of Sumakhos, implying that according to the Rabbis it is equivalent to other cases of pebbles, as a force caused by another force is also deemed a force. Nevertheless, some authorities maintain that even according to the Rabbis, a force caused by another force is not equivalent to the force of a person, as it is clear with regard to an unintentional killing that it is not equivalent to the initial force. The *halakha* of pebbles is a unique exception in that it includes damage caused by a force that was itself caused by another force.

בְּהִתִּיז צְרוֹרוֹת, וּבִפְלוּגְתָּא דְּסוּמָכוֹס וְרַבָּנַן קָמִיפַּלְגִי.

The dispute concerns a case **where** the chicken **propelled pebbles** from underfoot as it was hopping, **and** it is **with regard to** the issue that is the subject of **the dispute of Sumakhos and the Rabbis,** cited earlier, that the *tanna'im* in the *baraita* **disagree.** One *tanna* holds that the owner pays the full cost of the damage for pebbles propelled by an animal in the course of its walking, and the other *tanna* holds that its owner pays half the cost of the damage.

תָּא שְׁמַע: תַּרְנְגוֹלִין שֶׁהָיוּ מְחַטְּטִין בְּחֶבֶל דְּלִי, וְנִפְסַק הַחֶבֶל וְנִשְׁבַּר הַדְּלִי – מְשַׁלְּמִין נֶזֶק שָׁלֵם. שְׁמַע מִינָּהּ: בָּתַר מֵעִיקָּרָא אָזְלִינַן! תַּרְגְּמָא אַחֶבֶל.

The Gemara suggests: **Come** and **hear** an additional attempt to resolve the dilemma from a *baraita*: In a case where **chickens were pecking at the rope** tied to **a bucket**[H] **and the rope was severed and the bucket** fell and **broke,** the owner of the chickens **pays the full** cost of the **damage. Conclude from** the *baraita* that **we follow the initial** action that ultimately led to the damage in determining liability for damage. The Gemara rejects this conclusion, and one cannot adduce proof from the *baraita*. **Interpret** instead that the reference in the *baraita* is **to** the damage caused to **the rope,** while the owner pays only half the cost of the damage for breaking the bucket.

וְהָא חֶבֶל מְשׁוּנֶּה הוּא! דִּמָאוּס בְּלִישָׁה. וְהָא ״נִשְׁבַּר דְּלִי״ קָתָנֵי! אֶלָּא סוּמָכוֹס הִיא, דְּאָמַר: צְרוֹרוֹת – נֶזֶק שָׁלֵם מְשַׁלֵּם.

The Gemara asks: **But isn't** eating **a rope atypical** behavior for a chicken, and therefore it should be classified within the primary category of Goring, not the primary category of Eating? Why then must the owner of the chicken pay the full cost of the damage? The Gemara answers: The reference in the *baraita* is to a case where the rope **was filthy** [*ma'us*][L] **with kneaded dough,** and in those circumstances it is typical for a chicken to peck at it. The Gemara asks: **But doesn't** the *tanna* **teach** in the *baraita*: And the **bucket broke,** indicating that the dispute is with regard to damage done to the bucket, not to the rope? The Gemara explains: **Rather,** this *baraita* **is** in accordance with the opinion of **Sumakhos, who says:** In the case of **pebbles** propelled by an animal, the owner **pays the full** cost of the **damage.**

אִי סוּמָכוֹס, אֵימָא סֵיפָא: נִיתַּז מִמֶּנּוּ שֶׁבֶר וְנָפַל עַל כְּלִי אַחֵר וּשְׁבָרָהּ – עַל הָרִאשׁוֹן מְשַׁלֵּם נֶזֶק שָׁלֵם, וְעַל הָאַחֲרוֹן מְשַׁלֵּם חֲצִי נֶזֶק; וְאִי סוּמָכוֹס, מִי אִית לֵיהּ חֲצִי נֶזֶק?

The Gemara asks: **If** it is in accordance with the opinion of **Sumakhos, say the latter clause** of the *baraita*: **If a shard was propelled from** the bucket broken by a chicken **and it fell upon another vessel and broke it,** the owner of the chicken **pays the full** cost of the **damage for the first** vessel, **and half** the cost of **the damage for the second** one. **And if** the *baraita* is in accordance with the opinion of **Sumakhos, is he of** the opinion that one pays **half** the cost of **the damage** caused by pebbles?

וְכִי תֵּימָא, שָׁאנֵי לֵיהּ לְסוּמָכוֹס בֵּין נֶזֶק כֹּחוֹ לְכֹחַ כֹּחוֹ, וְאֶלָּא הָא דְּבָעֵי רַב אַשִׁי: כֹּחַ כֹּחוֹ, לְסוּמָכוֹס, כְּכֹחוֹ דָּמֵי אוֹ לָאו כְּכֹחוֹ דָּמֵי?

And if you would say that there is **a difference, according to Sumakhos, between damage** resulting from **a force** generated by the animal's action, e.g., pebbles, **and** damage caused **by a force** generated by **a force** generated by **its** action,[B] e.g., damage caused by the shard of the bucket, and in the latter case Sumakhos concedes that the owner pays half the cost of the damage, that would result in a difficulty. The Gemara asks: **But** what of **this dilemma raised by Rav Ashi: According to** the opinion of **Sumakhos,** what is the *halakha* with regard to damage caused **by a force** generated by **a force** generated by the animal's action? Is the status of that secondary force **like** that of damage caused by **a force** generated by **its** action, in which case the owner is liable, **or** is its status **not like** that of damage caused by **a force** generated by **its** action?

תִּפְשׁוֹט לֵיהּ דְּלָאו כְּכֹחוֹ דָּמֵי!

Why did Rav Ashi state his dilemma; why did he not **resolve** the dilemma and conclude that according to Sumakhos its status is **not like** that of damage caused by **a force** generated by **its** action? Since Rav Ashi does not resolve the dilemma based on this *baraita*, apparently, Sumakhos does not distinguish between the two types of force.

אֶלָּא לָאו רַבָּנַן הִיא, שְׁמַע מִינָּהּ: בָּתַר מֵעִיקָּרָא אָזְלִינַן!

The Gemara suggests: **Rather,** is it **not** so that this *baraita* **is** in accordance with the opinion of **the Rabbis,** and **conclude from** the *baraita* **that we follow the initial** action that ultimately led to the damage when determining one's liability for the damage. Therefore, an owner is liable for any damage resulting from his animal's typical behavior, and he pays the full cost of the damage done to the bucket even if the damage took place in another location.

אֲמַר רַב בֵּיבָי בַּר אַבַּיֵי: דְּקָאָזֵיל מִינֵּיהּ מִינֵּיהּ.

Rav Beivai bar Abaye said: There is no proof from the *baraita*, as it could be explained that the reference in the *baraita* is to a case **where** the bucket is **continually** propelled[H] **from** the impetus of the chicken,[N] who caused the bucket to break. That is why the ruling in the *baraita* is that the owner of the chicken pays the full cost of the damage. The dilemma with regard to the case where an animal treads upon a vessel that rolls away and breaks elsewhere remains unresolved.

בָּעֵי רָבָא: חֲצִי נֶזֶק צְרוֹרוֹת, מִגּוּפוֹ מְשַׁלֵּם אוֹ מֵעֲלִיָּיה מְשַׁלֵּם? מִגּוּפוֹ מְשַׁלֵּם – דְּלָא אַשְׁכַּחַן חֲצִי נֶזֶק דִּמְשַׁלֵּם מֵעֲלִיָּיה. אוֹ דִּלְמָא מֵעֲלִיָּיה מְשַׁלֵּם – דְּלָא אַשְׁכַּחַן כְּאוֹרְחֵיהּ דִּמְשַׁלֵּם מִגּוּפֵיהּ?

§ **Rava raises a dilemma:** With regard to one's liability to pay **half** the cost of **the damage** caused by **pebbles** inadvertently propelled by the foot of a walking animal, does the owner of the animal **pay** restitution exclusively **from the body** of the animal, just as one pays half the cost of the damage caused by an innocuous ox with regard to damage categorized under the primary category of Goring? **Or** does he **pay** restitution **from** his **superior-quality** land, as he does for other forms of damage? The Gemara elaborates: Does he **pay** restitution exclusively **from** the **body** of the animal, **as we do not find** any case where one **pays half** the cost of **the damage from** his **superior-quality** land? **Or perhaps he pays** restitution **from** his **superior-quality** land, **as we do not find** any case where an animal causes damage **in its** typical **manner where** the owner **pays** restitution exclusively **from** the **body** of his animal?

תָּא שְׁמַע: הִידּוּס אֵינוֹ מוּעָד, וְיֵשׁ אוֹמְרִים: הֲרֵי זֶה מוּעָד; הִידּוּס סָלְקָא דַּעְתָּךְ? אֶלָּא לָאו הִידּוּס וְהִתִּיז,

The Gemara suggests: **Come** and **hear** a resolution to this dilemma from a *baraita*: With regard to **hopping,** a chicken **is not** deemed **forewarned. And some say** that **it is forewarned.** The Gemara questions the formulation of the *baraita*: Does it **enter your mind** to raise the possibility that a chicken is not forewarned with regard to **hopping?** Hopping is the typical manner of movement for chickens. **Rather, is it not** that the reference in the *baraita* is to a case where the chicken was **hopping and propelled** pebbles that caused the damage?

וּבְהָא קָמִיפַּלְגִי, מַאן דְּאָמַר אֵינוֹ מוּעָד – קָסָבַר: מִגּוּפוֹ מְשַׁלֵּם, וּמַאן דְּאָמַר מוּעָד – קָסָבַר: מֵעֲלִיָּיה מְשַׁלֵּם!

And it is **with regard to this** matter **that they disagree: The one who says** that the chicken **is not** deemed **forewarned holds that** its owner **pays** restitution **from** the **body** of the animal, as is the *halakha* when an innocuous animal gores, while **the one who says** that the chicken **is forewarned holds that he pays** restitution **from** his **superior-quality** land, as is the *halakha* when a forewarned animal causes damage. According to this analysis, Rava's dilemma is the subject of a tannaitic dispute.

לָא, בִּפְלוּגְתָּא דְּסוּמָכוֹס וְרַבָּנַן קָמִיפַּלְגִי.

The Gemara rejects this: **No,** perhaps the dispute in the *baraita* is **with regard to** the issue that is the subject of **the dispute of Sumakhos and the Rabbis** with regard to the legal status of damage caused by a force generated by the animal's action. It is with regard to the similarity of damage caused by an action performed by an animal's body to the case where the chicken was hopping and propelled pebbles that caused the damage that the *tanna'im* in the *baraita* **disagree.**

תָּא שְׁמַע: הַכֶּלֶב שֶׁנָּטַל חֲרָרָה וְהָלַךְ לַגָּדִישׁ, וְאָכַל הַחֲרָרָה וְהִדְלִיק אֶת הַגָּדִישׁ – עַל הַחֲרָרָה מְשַׁלֵּם נֶזֶק שָׁלֵם, וְעַל הַגָּדִישׁ מְשַׁלֵּם חֲצִי נֶזֶק;

The Gemara suggests: **Come** and **hear** a resolution of this dilemma from a mishna (21b): If **the dog took a loaf**[H] [*ḥarara*][L] that was baking on hot coals **and went to a stack of grain** to eat the loaf, **and** the dog **ate the loaf and ignited the stack** of grain with one of the coals attached to the loaf, the owner of the dog **pays the full** cost of the **damage for** the damage to **the loaf,** as it is classified in the primary category of Eating, **and he pays half** the cost of **the damage for** the damage to **the stack** of grain. Rabbi Elazar says: He pays the full cost of the damage for the damage to the stack of grain as well.

HALAKHA

Where it is continually propelled – דְּקָאָזֵיל מִינֵּיהּ מִינֵּיהּ: If the chicken was pushing a bucket until it broke, the owner of the chicken must pay the full cost of the damage (Rambam *Sefer Nezikin*, *Hilkhot Nizkei Mamon* 2:14; *Shulḥan Arukh*, *Ḥoshen Mishpat* 390:11).

If a dog took a loaf – כֶּלֶב שֶׁנָּטַל חֲרָרָה: In the case of a dog that took a loaf that had been baking on hot coals and went to a stack of grain owned by the owner of the loaf (Rema, citing *Tur*), if the dog placed the loaf on the pile of grain, ate the loaf, and ignited the stack of grain with a coal it had taken along with the cake, the owner of the dog must pay the full cost of the damage for the loaf and the damage caused to the place where the dog deposited the loaf. Additionally, he must pay for half the cost of the damage caused to the rest of the stack of grain (*Shulḥan Arukh*, *Ḥoshen Mishpat* 392:1).

NOTES

Where the bucket is continually propelled from the impetus of the chicken – דְּקָאָזֵיל מִינֵּיהּ מִינֵּיהּ: Rashi interprets the case as one where the chicken pushed the bucket from one place to another until it finally broke as a result of the pushing. Some commentaries question this interpretation: If this is the case, what is the novelty of the ruling? Furthermore, what does this have to do with the rope and the bucket? The Ra'avad offers a different explanation. He explains that the chicken would like to get to the mouth of the bucket so that it can drink some of the water inside, and for this reason it scratches at the rope of the bucket and rolls the bucket so that it can get to the water. According to the opinion offered by Rav Beivai, there is no need to establish that the *baraita* is speaking of a dirty rope, as even if the rope were strong, the damage incurred here would be classified as Eating, for which he would have to pay the full cost of the damage.

LANGUAGE

Loaf [*ḥarara*] – חֲרָרָה: *Harara* is a round piece of dough or pita baked directly on hot coals. For this reason it is possible that when the dog dragged away the loaf it also brought along a coal that was stuck to it. The word derives from the root *ḥet*, *reish*, *heh* whose primary meaning is to heat or to burn.

מַאי טַעֲמָא – לָאו מִשּׁוּם דְּהָוְיָא לְהוּ צְרוֹרוֹת? וְתָנֵי עֲלַהּ: מְשַׁלֵּם חֲצִי נֶזֶק מִגּוּפוֹ!	**What is the reason** that the first *tanna* holds that the owner pays half the cost of the damage caused to the stack of grain? **Is it not due to** the fact **that it is** analogous to propelling **pebbles,** as the coal fell from the loaf held in its mouth and ignited the grain? **And it is taught** in a *baraita* **in that regard** that when the first *tanna* said that **he pays half** the cost of **the damage,** he pays restitution exclusively **from** proceeds of the sale of the **body** of his animal. Apparently, half the cost of the damage caused by pebbles is paid from the body of the animal that caused the damage.
וְתִסְבְּרָא? לְרַבִּי אֶלְעָזָר נֶזֶק שָׁלֵם מִגּוּפֵיהּ מִי אַשְׁכַּחַן?	The Gemara rejects this explanation: **And can you understand** the *baraita* in that way? According to that understanding, with regard to Rabbi Elazar, who disagrees with the first *tanna* and holds that the owner of the dog pays the full cost of the damage caused to the grain, **do we find** anywhere that **according to Rabbi Elazar** one **pays** restitution exclusively **from** proceeds of the sale of the **body** of his animal?
אֶלָּא, כְּגוֹן דְּשָׁנֵי בְּהָא בְּגַחֶלֶת, וְרַבִּי אֶלְעָזָר סָבַר לָהּ כְּרַבִּי טַרְפוֹן, דְּאָמַר: מְשׁוּנָּה קֶרֶן בַּחֲצַר הַנִּיזָּק – נֶזֶק שָׁלֵם מְשַׁלֵּם.	**Rather,** the *baraita* can be explained in a case **where** the dog **acted atypically with this coal**[N] with which he lit the stack of grain. Since the dog's behavior was atypical, the damage is classified under the primary category of Goring, not under the category of Eating. **And Rabbi Elazar holds in accordance with** the opinion of **Rabbi Tarfon, who says** in a mishna (24b): The *halakha* of **Goring in the courtyard of the injured** party **is atypical,** as there, the owner of the ox **pays the full** cost of the **damage,** in contrast to half the cost of the damage that he pays when it transpires in the public domain. Nevertheless, since it was an innocuous animal that caused the damage, restitution is paid from its body.
וְלָאו הִיא, מַאי טַעֲמָא מוֹקְמַתְּ לָהּ כְּרַבִּי טַרְפוֹן – מִשּׁוּם נֶזֶק שָׁלֵם,	The Gemara rejects that explanation: **But that is not so. What is the reason** that **you interpreted** that the *baraita* **is in accordance with** the opinion of **Rabbi Tarfon?** It is **due to** the difficulty presented by the *halakha* that he pays **the full** cost of the **damage** exclusively from proceeds of the sale of the body of the animal, which would not be so according to Rabbi Elazar.
רַבִּי אֶלְעָזָר סָבַר כְּסוּמָכוֹס, דְּאָמַר: צְרוֹרוֹת – נֶזֶק שָׁלֵם מְשַׁלֵּם, וְסָבַר לָהּ כְּרַבִּי יְהוּדָה, דְּאָמַר: צַד תַּמּוּת בִּמְקוֹמָהּ עוֹמֶדֶת, וְכִי קָתָנֵי מִגּוּפוֹ – אַצַּד תַּמּוּת.	The Gemara suggests: There is an alternative explanation. **Rabbi Elazar holds in accordance with** the opinion of **Sumakhos, who says** that one **pays** the **full** cost of the **damage** caused by **pebbles, and** he also **holds in accordance with** the opinion of **Rabbi Yehuda, who says** with regard to a forewarned ox: **The aspect of innocuousness,** which dictates that the owner pays half the cost of the damage from the body of the ox, **remains intact.**[N] According to Rabbi Yehuda, the owner of a forewarned ox pays half the cost of the damage from the body of his ox and half the cost of the damage from his superior-quality land. **And** when the *tanna* of the *baraita* **teaches** that the owner pays restitution **from the body** of his animal, the reference is **to the aspect of innocuousness,** i.e., half the cost of the damage. He pays the other half from his superior-quality land as he would in the case of any forewarned animal.
אֲמַר לֵיהּ רַב סַמָּא בְּרֵיהּ דְּרַב אַשִׁי לְרָבִינָא: אֵימוּר דְּשָׁמְעַתְּ לֵיהּ לְרַבִּי יְהוּדָה – בְּתָם וְנַעֲשָׂה מוּעָד, בְּמוּעָד מִתְּחִילָּתוֹ	**Rav Samma, son of Rav Ashi, said to Ravina: Say that you heard** that **Rabbi Yehuda** stated that the aspect of innocuousness remains intact **with regard to** damage categorized under the primary category of Goring, where the ox was initially **innocuous and** then **became forewarned. In** the case of propelled pebbles, which is a subcategory of Trampling, where the ox is **forewarned from the outset,**

NOTES

Where it acted atypically with this coal – דְּשָׁנֵי בְּהָא בְּגַחֶלֶת: Rashi explains that according to this explanation, the payment for half the cost of the damage is not due to the *halakha* of propelled pebbles, but rather, the case is where the dog took the coal in its mouth and placed it directly on the pile of grain. Such an action is most certainly unusual behavior, and whenever one is liable for damage caused by an animal behaving in an unusual manner, it is classified under the primary category of Goring, and therefore he must pay for half the cost of the damage. Rabbeinu Ḥananel and the Ra'avad interpret the Gemara as saying that the dog tossed the coal out of its mouth because it did not want to get burned, and the case is therefore one concerning pebbles, albeit in an unusual way. These different interpretations affect whether Rabbi Elazar follows the opinion of Sumakhos or that of the Rabbis (see Ra'avad and *Shita Mekubbetzet*).

NOTES

The aspect of innocuousness remains intact – צַד תַּמּוּת בִּמְקוֹמָהּ עוֹמֶדֶת: The concept behind this principle is that although an ox that has gored a person or animal three times is classified as forewarned, the significance of this classification is to add an additional payment to the owner's liability: Until now, as the owner of an innocuous ox, he was obligated to pay for half the cost of the damage it caused by goring, and if it does additional damage now that it is forewarned he must make an additional payment to complete the full cost of the damage. But the *halakha* which applies to the ox has not been entirely modified. Therefore, the first payment for half of the damage is collected from the body of the ox, just as would be the case for damage caused by an innocuous animal, and the second half that he must pay is the result of a different *halakha* and must be made from his superior-quality land.

The Ra'avad adds that the same *halakha* applies to the compensation he must offer in a case where he safeguarded an ox appropriately and it nevertheless escaped and caused damage. In such a case, he must pay for half the cost of the damage for the aspect of innocuousness, while he carries no additional liability for the rest of the damage (see 45b).

מִי שָׁמְעַתְּ לֵיהּ?

did you hear him[N] distinguish between the different parts of the payment? There is no aspect of innocuousness in the case of pebbles.

אֶלָּא, כִּי קָאָמַר רַבִּי אֶלְעָזָר נֵזֶק שָׁלֵם – כְּגוֹן דְּאִיַּיעַד, וּבְהָא קָמִיפַּלְגִי, מָר סָבַר: יֵשׁ הַעֲדָאָה לִצְרוֹרוֹת, וּמָר סָבַר: אֵין הַעֲדָאָה לִצְרוֹרוֹת.

Rather, when Rabbi Elazar says that the owner of the dog pays the **full** cost of the **damage** in a case that is similar to one of propelled pebbles, he was referring to a case **where** the owner of the animal **was forewarned** with regard to this matter. **And they disagree about this** point: One **Sage,** Rabbi Elazar, **holds** that **there is forewarning with regard to** propelling **pebbles;** therefore, if there was testimony given in court that a particular animal regularly propels pebbles in the course of its walking, the animal is deemed forewarned and its owner pays the full cost of the damage. **And** one **Sage,** the first *tanna,* **holds** that **there is no forewarning with regard to pebbles.** Apparently, payment for damage caused by pebbles is paid from the body of the animal.

אֶלָּא הָא דִּבְעֵי רָבָא: יֵשׁ הַעֲדָאָה לִצְרוֹרוֹת, אוֹ אֵין הַעֲדָאָה לִצְרוֹרוֹת; אִי לְרַבָּנַן – אֵין הַעֲדָאָה לִצְרוֹרוֹת, אִי לְרַבִּי אֶלְעָזָר – יֵשׁ הַעֲדָאָה לִצְרוֹרוֹת!

The Gemara asks: **But** if this is the case, then **the dilemma raised by Rava** concerning whether there **is forewarning for** propelling **pebbles or there is no forewarning for** propelling **pebbles,** can be resolved from this dispute. **If** the dilemma is raised **according to the Rabbis,** i.e., the first *tanna,* **there is no forewarning for** propelling **pebbles. If** the dilemma is raised **according to Rabbi Elazar, there is forewarning for** propelling **pebbles.**

אָמַר לָךְ רָבָא: כִּי מִיבַּעְיָא לִי לְדִידִי – אַלִּיבָּא דְּרַבָּנַן דִּפְלִיגִי עֲלֵיהּ דְּסוּמָכוֹס, אֲבָל הָכָא, בֵּין לְרַבָּנַן בֵּין לְרַבִּי אֶלְעָזָר – כְּסוּמָכוֹס סְבִירָא לְהוּ, דְּאָמַר: צְרוֹרוֹת – נֵזֶק שָׁלֵם מְשַׁלֵּם.

The Gemara answers that **Rava** could have **said to you: When I raise the dilemma,** I do so specifically **according to** the opinion **of the Rabbis who disagree with Sumakhos** and hold that one pays half the cost of the damage in the case of pebbles; **but here** in this *baraita,* **both the Rabbis,** i.e., the first *tanna,* **and Rabbi Elazar hold in accordance with** the opinion of **Sumakhos, who says that** in the case of **pebbles, one pays the full** cost of the **damage.**

וְטַעֲמָא מַאי אָמוּר רַבָּנַן חֲצִי נֵזֶק? דְּשַׁנֵּי וְלָא אִיַּיעַד, וּבִפְלוּגְתָּא דְּרַבִּי טַרְפוֹן וְרַבָּנַן קָמִיפַּלְגִי.

And **what is the reason** that **the Rabbis say** that one pays **half** the cost of **the damage** in the case of pebbles? It is **that** in the case of pebbles the animal **acted atypically and was not forewarned. And** in this *baraita,* concerning the dog that lit the stack of grain, the dispute between the first *tanna* and Rabbi Elazar is **with regard to** the issue that is the subject of **the dispute** between **Rabbi Tarfon and the Rabbis,** i.e., the *halakha* in the case of damage caused by an innocuous ox on the property of the injured party.

אֵימוּר דְּשָׁמְעַתְּ לֵיהּ לְרַבִּי טַרְפוֹן נֵזֶק שָׁלֵם, מִגּוּפוֹ מִי שָׁמְעַתְּ לֵיהּ?

The Gemara rejects the parallel between the opinion of Rabbi Elazar and the opinion of Rabbi Tarfon. **Say that you heard** that **according to Rabbi Tarfon** the owner pays the **full** cost of the **damage;** but **did you hear** that **according to** Rabbi Tarfon restitution is paid only **from the body** of the animal that caused the damage?

אִין, מֵהֵיכָא מַיְיתֵי לָהּ – מִקֶּרֶן מֵרְשׁוּת הָרַבִּים,

The Gemara answers: **Yes,** Rabbi Tarfon holds that restitution is paid only from the body of the animal that caused the damage. **From where does** Rabbi Tarfon **derive** the *halakha* that when damage is caused by an innocuous ox on the property of the injured party its owner is liable to pay the full cost of the damage and not merely half? He derives it via an *a fortiori* inference **from** damage categorized as **Goring** that is caused **in the public domain,** as explained in the mishna (24b).

דַּיּוֹ לַבָּא מִן הַדִּין לִהְיוֹת כַּנִּדּוֹן.

His ruling is based on the principle: **It is sufficient for the** conclusion that **emerges from** an *a fortiori* **inference to be like** its **source,** i.e., a *halakha* derived from an *a fortiori* inference cannot be more stringent than the source of that derivation. Since restitution for damage categorized as Goring that is caused in the public domain is paid only from the body of the damaging animal, the same is true with regard to restitution for damage categorized as Goring that is caused on the property of the injured party.

NOTES

Did you hear him – מִי שָׁמְעַתְּ לֵיהּ: The concept of an aspect of innocuousness is relevant only with regard to Goring, given that at first an animal is classified as innocuous and only after engaging in goring several times can it be rendered forewarned. But with regard to pebbles, which is a subcategory of Trampling, the animal is deemed forewarned from the outset and it was never innocuous, so it is impossible to say that the aspect of innocuousness remains intact (Rashi).

וְהָא רַבִּי טַרְפוֹן לֵית לֵיהּ דַּיּוֹ!

The Gemara asks: **But isn't** it clear from that mishna that **Rabbi Tarfon does not accept** the principle: **It is sufficient** for the conclusion that emerges from an *a fortiori* inference to be like its source, as, if he accepted that principle, not only would he hold that payment is only from the body of the animal, he would also require payment of half the cost of the damage.

כִּי לֵית לֵיהּ דַּיּוֹ – הֵיכָא דְּמִפְרִיךְ קַל וָחוֹמֶר, הֵיכָא דְּלָא מִפְרִיךְ קַל וָחוֹמֶר – אִית לֵיהּ דַּיּוֹ.

The Gemara answers: He does not reject the principle. **When he does not accept** the principle: **It is sufficient** for the conclusion that emerges from an *a fortiori* inference to be like its source, it is in a case **where** the result of rejecting the principle is **that** the ***a fortiori* inference is refuted.** But in a case **where** the result of rejecting the principle is **that** the ***a fortiori* inference is not refuted,** but will be applied in a more limited fashion, **he accepts** the principle: **It is sufficient** for the conclusion that emerges from an *a fortiori* inference to be like its source. Therefore, in this case the payment of the full cost of the damage, which is derived by means of the *a fortiori* inference, is paid only from the body of the animal based on the principle: It is sufficient for the conclusion that emerges from an *a fortiori* inference to be like its source.

גּוּפָא, בָּעֵי רָבָא: יֵשׁ הַעֲדָאָה לִצְרוֹרוֹת, אוֹ אֵין הַעֲדָאָה לִצְרוֹרוֹת? לְקֶרֶן מְדַמִּינַן לֵיהּ, אוֹ דִּלְמָא תּוֹלָדָה דְּרֶגֶל הוּא?

§ The Gemara discusses **the** matter **itself,** cited earlier. **Rava raises a dilemma: Is there forewarning for** propelling **pebbles,**[N] so that the owner would pay the full cost of the damage if he had been fore-warned three times, **or is there no forewarning for** propelling **pebbles,** and he will always pay half the cost of the damage? The Gemara elaborates: **Do we liken** the case of propelled pebbles **to** damage categorized as **Goring?** Accordingly, when an innocuous ox causes damage by propelling pebbles its owner pays half the cost of the damage, and when a forewarned ox does so the owner pays the full cost of the damage. **Or perhaps, is it a subcategory** of the primary category **of Trampling,** which is deemed forewarned from the outset? Accordingly, the owner would always pay half the cost of the damage, as there is no change in status after the third warning.

תָּא שְׁמַע: הִידּוּס אֵינוֹ מוּעָד, וְיֵשׁ אוֹמְרִים: הֲרֵי זֶה מוּעָד; הִידּוּס סָלְקָא דַּעְתָּךְ? אֶלָּא הִידּוּס וְהִתִּיז;

The Gemara suggests: **Come** and **hear** the resolution of this dilemma from a *baraita*: With regard to **hopping,** a chicken **is not** deemed **forewarned. And some say that it is forewarned.** The Gemara questions the formulation of the *baraita*: Does it **enter your mind** to raise the possibility that a chicken is not forewarned with regard to **hopping?** Hopping is the typical manner of movement for chickens. **Rather, is it not** that the reference in the *baraita* is to a case where the chicken was **hopping and propelled** pebbles that caused damage?

מַאי לָאו כְּגוֹן דַּעֲבַד תְּלָתָא זִימְנֵי, וּבְהָא קָמִיפַּלְגִי, מָר סָבַר: יֵשׁ הַעֲדָאָה, וּמָר סָבַר: אֵין הַעֲדָאָה? לָא, בְּחַד זִימְנָא, וּבִפְלוּגְתָּא דְּסוּמָכוֹס וְרַבָּנַן קָמִיפַּלְגִי.

What, is it not referring to a case **where** the chicken has **done** so **three times? And** it is **with regard to this** that **they disagree:** One **Sage holds: There is forewarning for** pebbles, **and** one **Sage holds: There is no forewarning for** pebbles. According to this analysis, Rava's dilemma is the subject of a tannaitic dispute. The Gemara rejects this resolution: **No,** perhaps the reference in the *baraita* is to a case where the chicken hopped only **one time. And** the *tanna'im* **disagree with regard to** the issue that is the subject of **the dispute** between **Sumakhos and the Rabbis,** concerning the compensation for damage caused by pebbles.

NOTES

Is there forewarning for pebbles – יֵשׁ הַעֲדָאָה לִצְרוֹרוֹת: The early commentaries disagree on how to understand the content of the question. Some, like the Ra'avad, say that the question relates to pebbles that were propelled in a usual manner. If the animal does this three times does it become forewarned with regard to this type of behavior, making it equivalent to other actions in the category of Trampling? By contrast, the Rashba says that Rava's question is referring to both ordinary and unusual occurrences of propelling pebbles.

תָּא שְׁמַע: בְּהֵמָה שֶׁהִטִּילָה גְּלָלִים לְעִיסָּה, רַב יְהוּדָה אוֹמֵר: מְשַׁלֵּם נֶזֶק שָׁלֵם, וְרַבִּי אֶלְעָזָר אוֹמֵר: חֲצִי נֶזֶק; מַאי לָאו כְּגוֹן דַּעֲבַד תְּלָתָא זִימְנֵי, וּבְהָא קָמִיפַּלְגִי, מָר סָבַר: יֵשׁ הַעֲדָאָה, וּמָר סָבַר: אֵין הַעֲדָאָה?

The Gemara suggests: **Come and hear** the resolution to the dilemma from an amoraic dispute: If **an animal dropped excrement**[N] **onto dough**[H] and damaged it, **Rav Yehuda says:** The owner of the animal **pays the full** cost of the **damage, and Rabbi Elazar says:** He pays **half** the cost of **the damage. What, is it not** referring to a case **where** the animal has **done** so **three times? And** it is **with regard to this** that **they disagree,** as one **Sage holds: There is forewarning for** pebbles, and one **Sage holds: There is no forewarning for** pebbles.

לָא, בְּחַד זִימְנָא, וּבִפְלוּגְתָּא דְסוּמָכוֹס וְרַבָּנַן קָמִיפַּלְגִי. וְהָא מְשׁוּנֶּה הוּא! דְּדָחֵיק לֵיהּ עָלְמָא.

The Gemara rejects this resolution: **No,** perhaps the reference in the *baraita* is to a case where the animal dropped excrement only **one time. And** the *tanna'im* **disagree with regard to** the issue that is the subject of **the dispute** between **Sumakhos and the Rabbis,** concerning compensation for damage caused by pebbles. The Gemara asks: **But isn't** this **atypical** behavior of the animal, and since all behavior that deviates from the norm is classified within the category of Goring, the owner should be liable to pay only half the cost of the damage? The Gemara answers: The case is one **where** the animal **was forced**[N] into a narrow place and had no alternative to relieving itself onto the dough; therefore, it does not constitute atypical behavior.

וְלֵימָא רַב יְהוּדָה הֲלָכָה כְּסוּמָכוֹס, וְלֵימָא רַבִּי אֶלְעָזָר הֲלָכָה כְּרַבָּנַן! גְּלָלִים אִצְטְרִיכָא לֵיהּ; סָלְקָא דַעְתָּךְ אָמִינָא הוֹאִיל וּבָתַר גּוּפֵיהּ גְּרִירִין – כְּגוּפֵיהּ דָּמֵי, קָא מַשְׁמַע לָן.

The Gemara asks: **But** if the amoraic dispute parallels the tannaitic dispute, **let Rav Yehuda say:** The *halakha* **is in accordance with** the opinion of **Sumakhos, and let Rabbi Elazar say:** The *halakha* is **in accordance with** the opinion of **the Rabbis,** instead of stating their dispute in the context of the particular case of the animal and the dough. The Gemara answers: It was **necessary** for them to state their dispute in this case, as there is a novel element concerning **excrement. It** would **enter your mind to say: Since** the excrement **is drawn after** the body of the animal, its legal status is **like** that of damage caused by **its body,** not like pebbles propelled by the animal. Therefore, their stating the dispute with regard to excrement **teaches us** that its status is like that of propelling pebbles. Therefore, the dispute between Rav Yehuda and Rabbi Elazar can be explained as parallel to the dispute between Sumakhos and the Rabbis with regard to pebbles.

תָּא שְׁמַע, דִּתְנֵי רָמִי בַּר יְחֶזְקֵאל: תַּרְנְגוֹל שֶׁהוֹשִׁיט רֹאשׁוֹ לַאֲוִיר כְּלִי זְכוּכִית וְתָקַע בּוֹ וּשְׁבָרוֹ – מְשַׁלֵּם נֶזֶק שָׁלֵם. וְאָמַר רַב יוֹסֵף, אָמְרִי בֵּי רַב: סוּס שֶׁצָּנַף, וַחֲמוֹר שֶׁנָּעַר, וְשִׁיבֵּר אֶת הַכֵּלִים – מְשַׁלֵּם חֲצִי נֶזֶק;

The Gemara suggests: **Come** and **hear** resolution to the dilemma from a *baraita*: **Rami bar Yeḥezkel taught:** In the case of **a rooster that extended its head into the airspace of a glass vessel and crowed**[B] **in** the vessel **and broke it** with the sound waves, its owner **pays the full** cost of the **damage. And Rav Yosef said** that the Sages from **the school of Rav say: If a horse neighed or a donkey brayed and** the sound waves **broke vessels,** the owner **pays half** the cost of **the damage.** These are cases similar to the case of pebbles, and there is a dispute between the Sages with regard to these cases.

מַאי לָאו כְּגוֹן דַּעֲבַד תְּלָתָא זִימְנֵי,

What, is it not referring to a case **where** the rooster or animal has **done** so **three times?**

NOTES

Dropped excrement – הִטִּילָה גְּלָלִים: It was noted earlier (3a) that if an animal soils produce in order to bring itself pleasure, it is classified under the category of Eating. Nevertheless, Rashi says that one cannot classify pebbles under of the category of Eating, as part of the definition of Eating is that the damage is caused directly by the body of the animal. Consequently, animal droppings are classified as pebbles, which is a subcategory of Trampling. The Ri Migash differentiates between a case where an animal soils something with an unceasing flow of urine or diarrhea, in which case it is as if the animal caused the damage directly with its body and it is classified under Eating, and ordinary animal droppings, which are not seen as part of the body and are therefore classified as pebbles, a subcategory of Trampling.

Where the animal was forced – דְּדָחֵיק לֵיהּ עָלְמָא: Rabbeinu Ḥananel understands this expression to mean that the place where the animal was standing was narrow, and with no room to maneuver the animal dropped the excrement wherever it was and it landed on the dough. The Rashba understands from Rashi's language that he understands this to be a metaphor, meaning that the cow had an urgent need to relieve itself, such as in a case of diarrhea, and therefore it did so on top of the dough. Such a situation is not considered atypical behavior.

HALAKHA

An animal dropped excrement onto dough – בְּהֵמָה שֶׁהִטִּילָה גְּלָלִים לְעִיסָּה: The *halakha* of pebbles applies to a case where an animal dropped excrement onto dough. This applies only if the animal did not have room to move to relieve itself elsewhere, as otherwise it is a deviation from the norm, and all behavior that deviates from the norm is classified as a subcategory of Goring (*Shulḥan Arukh*, *Ḥoshen Mishpat* 390:8).

BACKGROUND

A rooster that extended its head…and crowed – תַּרְנְגוֹל שֶׁהוֹשִׁיט רֹאשׁוֹ...וְתָקַע: Sound waves can break glass. This happens not only due to the intensity of the sound waves but also because at times the sound waves cause reverberations within the vessel that can cause it to break. This is possible even with vessels made from substances stronger than glass.

וּבְהָא קָמִיפַּלְגִי, מָר סָבַר יֵשׁ הַעֲדָאָה, וּמָר סָבַר: אֵין הַעֲדָאָה?

And it is **with regard to this** that **they disagree: One Sage,** the first *tanna* in the *baraita* cited by Rami bar Yeḥezkel, **holds: There is forewarning** for pebbles, **and** one **Sage,** Rav Yosef, **holds: There is no forewarning** for pebbles.

לָא, בְּחַד זִמְנָא, וּבִפְלוּגְתָּא דְּסוּמָכוֹס וְרַבָּנַן קָמִיפַּלְגִי. וְהָא מְשׁוּנֶּה הוּא! דְּאִית בֵּיהּ בִּזְרָנֵי.

The Gemara rejects this resolution: **No,** perhaps the reference in the *baraita* is to a case where the rooster or animal damaged the vessel **one time. And** the *tanna'im* **disagree with regard to** the issue that is the subject of **the dispute** between **Sumakhos and the Rabbis,** concerning compensation for damage caused by pebbles. The Gemara asks: **But isn't it atypical** behavior for an animal to insert its head into a glass vessel, and isn't all atypical behavior classified within the category of Goring, meaning that the owner should be liable to pay only half the cost of the damage? The Gemara answers: The case is one where **there were seeds in** the vessel,[H] and therefore the rooster extending its head into the vessel is considered typical behavior.

בָּעֵי רַב אַשִׁי: יֵשׁ שִׁנּוּי לִצְרוֹרוֹת לִרְבִיעַ נֶזֶק, אוֹ אֵין שִׁנּוּי לִצְרוֹרוֹת לִרְבִיעַ נֶזֶק?

Rav Ashi raises a dilemma: Is there any halakhic significance to **deviation** from typical behavior **with regard to** propelling **pebbles,** and therefore if an animal propelled pebbles in an atypical manner its owner is liable **to** pay **one-quarter of the damage,** i.e., half the restitution for damage caused by pebbles? **Or, is there no** halakhic significance to **deviation** from typical behavior **with regard to** propelling **pebbles,** resulting in its owner being liable **to** pay only **one-quarter of the damage,** and therefore, even in an atypical case, the owner pays the standard restitution of half the cost of the damage?

תִּפְשׁוֹט לֵיהּ מִדְּרָבָא, דִּבְעֵי רָבָא: יֵשׁ הַעֲדָאָה לִצְרוֹרוֹת, אוֹ אֵין הַעֲדָאָה לִצְרוֹרוֹת – מִכְּלָל דְּאֵין שִׁנּוּי!

The Gemara answers: **Resolve** Rav Ashi's dilemma **from Rava's** dilemma, **as Rava raises a dilemma: Is there forewarning for pebbles, or is there no forewarning for pebbles?** Based on that dilemma, one may conclude **by inference that there is no** halakhic significance to **deviation** from typical behavior with regard to pebbles propelled by an animal, resulting in its owner being liable to pay only one-quarter of the damage, as, were that the case, forewarning would lead to an animal owner's liability to pay half the cost of the damage.

דִּלְמָא רָבָא אִם תִּמְצֵי לוֹמַר קָאָמַר; אִם תִּמְצֵי לוֹמַר אֵין שִׁנּוּי – יֵשׁ הַעֲדָאָה אוֹ אֵין הַעֲדָאָה? תֵּיקוּ.

The Gemara rejects this: **Perhaps Rava stated** his dilemma employing the style of: **If you say. If you say** that **there is no** halakhic significance to **deviation** from typical behavior with regard to propelling pebbles, resulting in its owner being liable to pay only one-quarter of the damage, and the owner pays half the cost of the damage in every case, **is there forewarning for** pebbles, meaning that after three incidents the owner pays the full cost of the damage, **or is there no forewarning for** pebbles? According to that understanding, the *halakha* with regard to Rav Ashi's dilemma cannot be inferred from Rava's dilemma. Rav Ashi's dilemma **shall stand** unresolved.

HALAKHA

There were seeds in the vessel – דְּאִית בֵּיהּ בִּזְרָנֵי: Just as one is liable for damage caused by tangible objects such as pebbles propelled by the force of his animal, he is also liable for damage caused by his animal's force without the use of a tangible object. Consequently, if a vessel is broken by the sound of the neighing of a horse, or the sound of the braying of a donkey, or the wind stirred up by the flapping of a chicken's wings, the owner of the animal must pay for half the cost of the damage according to the *halakha* of pebbles.

If a rooster inserted its head into a glass vessel and crowed, causing the vessel to shatter, if there were seeds inside the vessel and it inserted its head in order to eat them, the owner must pay the full cost of the damage to the seeds and half the cost of the damage to the vessel according to the *halakha* of pebbles. If the vessel was empty, the Rambam rules that the owner of the rooster must pay for half the cost of the damage, according to the *halakhot* of Goring, as such behavior is atypical. The Ra'avad rules that he must pay for one-quarter of the cost of the damage (Rambam *Sefer Nezikin*, *Hilkhot Nizkei Mamon* 2:9; *Shulḥan Arukh*, *Ḥoshen Mishpat* 390:9).

בָּעֵי רַב אַשִׁי: כֹּחַ כֹּחוֹ, לְסוּמָכוֹס, כְּכֹחוֹ דָּמֵי אוֹ לָא?

Rav Ashi raises another **dilemma** with regard to pebbles: **According to** the opinion of **Sumakhos,** that one pays the full cost of the damage in the case of propelled pebbles, what is the *halakha* with regard to damage caused **by a force** generated by **a force** generated by the animal's action? Is the status of that secondary force **like** that of damage caused by **a force** generated by **its** action, in which case the owner is liable, **or** is its status **not like** that of damage caused by **a force** generated by **its** action?

מִי גָּמֵיר הֲלָכָה וּמוֹקֵי לָהּ בְּכֹחַ כֹּחוֹ, אוֹ דִּלְמָא לָא גָּמֵיר הֲלָכָה כְּלָל? תֵּיקוּ.

The Gemara elaborates: **Did** Sumakhos **learn the** *halakha* that one pays half the cost of the damage caused by pebbles as **a tradition** transmitted to Moses at Sinai, **and he interprets** that tradition as applying in a case where the damage was caused **by a force** generated by **a force** generated by the action of an animal? By contrast, in a typical case of damage caused by pebbles, which is an example of a force generated by the action of an animal, the owner pays the full cost of the damage, as it is a subcategory of Trampling. **Or perhaps he did not learn** any *halakha* as **a tradition** in this regard **at all,** and therefore even in a case where the damage was caused by a force generated by a force generated by the action of an animal, the owner pays the full cost of the damage, as it is a subcategory of Trampling. The Gemara concludes: This dilemma, too, **shall stand** unresolved.

"הָיְתָה מְבַעֶטֶת אוֹ שֶׁהָיוּ צְרוֹרוֹת מְנַתְּזִין מִתַּחַת רַגְלֶיהָ וְשָׁבְרָה אֶת הַכֵּלִים מְשַׁלֵּם חֲצִי נֶזֶק". אִיבַּעְיָא לְהוּ: הֵיכִי קָאָמַר?

§ The mishna teaches: If the animal **was kicking** while it was walking, **or** it occurred **that pebbles were** inadvertently **propelled from under its feet and** those pebbles **broke vessels,** the owner of the animal **pays half** the cost of **the damage. A dilemma was raised before** the Sages: With regard to **what** case **is** the *tanna* of the mishna **speaking?**

הָיְתָה מְבַעֶטֶת וְהִזִּיקָה בְּבִיעוּטָהּ, אוֹ צְרוֹרוֹת כְּאוֹרְחַיְיהוּ מְשַׁלֵּם חֲצִי נֶזֶק, וְרַבָּנַן הִיא. אוֹ דִּלְמָא: הָיְתָה מְבַעֶטֶת וְהִזִּיקָה בְּבִיעוּטָהּ, אוֹ צְרוֹרוֹת מֵחֲמַת בִּיעוּט מְשַׁלֵּם חֲצִי נֶזֶק; הָא כִּי אוֹרְחֵיהּ מְשַׁלֵּם נֶזֶק שָׁלֵם, וּמַנִּי – סוּמָכוֹס הִיא?

The Gemara elaborates: Is the *tanna* saying that if the animal **was kicking and caused damage** directly **with its kick,** which is a subcategory of Goring, **or** if the animal was walking and propelled **pebbles in its typical manner,** the owner of the animal **pays half** the cost of **the damage, and,** accordingly, the mishna **is** in accordance with the opinion of **the Rabbis,** who hold that one pays half the cost of damage caused by pebbles? **Or perhaps** the *tanna* is saying: If the animal **was kicking and caused damage** directly **with its kick, or** if the animal propelled **pebbles due to its kick** and the pebbles caused damage, the owner of the animal **pays half** the cost of **the damage.** Accordingly, one may infer: **But** if the animal propelled **pebbles** as it was walking **in its typical manner,** the owner **pays the full** cost of the **damage, and** if so, in accordance with **whose** opinion is the mishna? **It is** in accordance with the opinion of **Sumakhos.**

תָּא שְׁמַע מִסֵּיפָא: דָּרְסָה עַל הַכְּלִי וּשְׁבָרַתּוּ, וְנָפַל הַשֶּׁבֶר עַל כְּלִי אַחֵר וּשְׁבָרוֹ – עַל הָרִאשׁוֹן מְשַׁלֵּם נֶזֶק שָׁלֵם, וְעַל הָאַחֲרוֹן חֲצִי נֶזֶק; וְאִי סוּמָכוֹס, מִי אִית לֵיהּ חֲצִי נֶזֶק?

The Gemara suggests: **Come** and **hear** a resolution to this dilemma **from the latter clause** of the mishna: If an animal **trod upon a vessel and broke it and** then a shard of that vessel **fell upon** a second **vessel and broke it,** the owner **pays** the **full** cost of the **damage for the first** vessel, **and he pays half** the cost of **the damage for the latter** vessel. **And if** the mishna is in accordance with the opinion of **Sumakhos, does he hold** that one pays **half** the cost of **the damage** caused by pebbles?

וְכִי תֵּימָא, רִאשׁוֹן – רִאשׁוֹן לְהַתָּזָה, וְשֵׁנִי – שֵׁנִי לְהַתָּזָה, וְשָׁאנֵי לֵיהּ לְסוּמָכוֹס בֵּין כֹּחוֹ לְכֹחַ כֹּחוֹ.

And if you would say that the mishna is in accordance with the opinion of Sumakhos, and can be understood as follows: **The first** vessel, concerning which the owner of the animal pays the full cost of the damage, is **the first** vessel damaged following the **propelling**[N] of shards from the vessel upon which the animal trod, i.e., the second vessel that was broken. **And the second** vessel, concerning which the owner of the animal pays half the cost of the damage, is **the second** vessel following the **propelling** of shards from the vessel upon which the animal trod, i.e., the third vessel that was broken by shards from the second vessel. **And** the reason for the difference in liability is that **there is a difference, according to Sumakhos, between** damage caused **by a force** generated by the action of an animal, for which the owner pays the full cost of the damage, and damage caused **by a force** generated by **a force** generated by **its** action, for which he pays for only half the cost of the damage.

NOTES

The first vessel damaged following the propelling – רִאשׁוֹן לְהַתָּזָה: Rashi explains that according to this suggestion, the mishna is addressing a case in which there are three vessels: Shards from the first vessel struck the second and shards from the second vessel struck the third. Rabbeinu Ḥananel, by contrast, explains that even according to this suggestion the mishna is addressing a case with only two vessels: Pebbles that were propelled by an animal struck the first vessel, and a shard from the first vessel broke the second.

אֶלָּא הָא דְּבָעֵי רַב אַשִׁי: כֹּחַ כֹּחוֹ לְסוּמָכוֹס, כְּכֹחוֹ דָּמֵי אוֹ לָאו כְּכֹחוֹ דָּמֵי – תִּפְשׁוֹט לֵיהּ דְּלָאו כְּכֹחוֹ דָּמֵי!

But if one were to say this explanation, what can be said of **that dilemma which Rav Ashi raised: According to** the opinion of **Sumakhos,** that one pays the full cost of the damage in the case of propelled pebbles, what is the *halakha* with regard to damage caused **by a force** generated by **a force** generated by the animal's action? Is the status of that secondary force **like** that of damage caused by **a force** generated by **its** action, in which case the owner is liable, **or** is its status **not like** that of damage caused by **a force** generated by **its** action? Why does he have a dilemma? Let him **resolve** from here **that** its status is **not like** that of damage caused by **a force** generated by **its** action.

רַב אַשִׁי כְּרַבָּנַן מוֹקֵי לָהּ וּבָעֵי לָהּ הָכִי: הָיְתָה מְבַעֶטֶת וְהִזִּיקָה בְּבִיעוּטָהּ, אוֹ צְרוֹרוֹת כְּאוֹרְחַיְיהוּ – חֲצִי נֶזֶק; הָא מֵחֲמַת בִּיעוּט – רְבִיעַ נֶזֶק, וְיֵשׁ שִׁנּוּי.

The Gemara answers: Perhaps **Rav Ashi interprets** the mishna **in accordance with** the opinion of **the Rabbis,** that one pays half the cost of the damage in the case of propelled pebbles, **and** he **raises this dilemma:** If the animal **was kicking and caused damage** directly **with its kick,** which is a subcategory of Goring, **or** if the animal was walking and propelled **pebbles in its typical manner,** the owner of the animal pays **half** the cost of **the damage.** Accordingly, one may infer: **But** if the pebbles were propelled **due to a kick,** the owner pays **one-quarter of the damage. And there is** halakhic significance to **deviation** from typical behavior with regard to a case of pebbles, resulting in its owner being liable to pay only one-quarter of the damage.

אוֹ דִּלְמָא: הָיְתָה מְבַעֶטֶת וְהִזִּיקָה בְּבִיעוּטָהּ, אוֹ צְרוֹרוֹת מֵחֲמַת בִּיעוּט – חֲצִי נֶזֶק, וְאֵין שִׁנּוּי? תֵּיקוּ.

Or perhaps the *tanna* is saying: If the animal **was kicking and caused damage** directly **with its kick or** if the animal propelled **pebbles due to its kick**[H] and the pebbles caused damage, the owner of the animal **pays half** the cost of **the damage. And there is no** halakhic significance to **deviation** from typical behavior with regard to a case of pebbles. The Gemara concludes: Rav Ashi's dilemma **shall stand** unresolved.

בָּעֵי מִינֵּיהּ רַבִּי אַבָּא בַּר מֶמֶל מֵרַבִּי אַמִי, וְאָמְרִי לָהּ מֵרַבִּי חִיָּיא בַּר אַבָּא: הָיְתָה מְהַלֶּכֶת בְּמָקוֹם שֶׁאִי אֶפְשָׁר לָהּ אֶלָּא אִם כֵּן מְנַתֶּזֶת, וּבָעֲטָה וְהִתִּיזָה וְהִזִּיקָה, מַהוּ? כֵּיוָן דְּאִי אֶפְשָׁר לָהּ – אוֹרְחֵיהּ הוּא, אוֹ דִּלְמָא הָשְׁתָּא מִיהָא מֵחֲמַת בִּיעוּט קָמְנַתְּזָה צְרוֹרוֹת? תֵּיקוּ.

§ **Rabbi Abba bar Memel raised a dilemma before Rabbi Ami, and some say** that it was **before Rabbi Ḥiyya bar Abba:** If the animal **was walking in a place where it is impossible for it** to walk **without propelling** pebbles[H] as it proceeds, **and it kicked and propelled** pebbles **and caused damage, what is** the *halakha*? The Gemara elaborates: Does one say that **since it is impossible for it** to walk without propelling pebbles, propelling pebbles **is its typical manner** in that situation and the *halakha* in this case would be the same as any case of pebbles? **Or perhaps,** since **now, in any event, the pebbles were propelled due to a kick,**[N] it is different. The Gemara concludes: Rabbi Abba bar Memel's dilemma **shall stand** unresolved.

בְּעָא מִינֵּיהּ רַבִּי יִרְמְיָה מֵרַבִּי זֵירָא: הָיְתָה מְהַלֶּכֶת בִּרְשׁוּת הָרַבִּים וּבָעֲטָה וְהִתִּיזָה וְהִזִּיקָה, מַהוּ? לְקֶרֶן מְדַמִּינַן לֵיהּ וְחַיֶּיבֶת, אוֹ דִּלְמָא תּוֹלָדָה דְּרֶגֶל הוּא וּפְטוּרָה? אֲמַר לֵיהּ: מִסְתַּבְּרָא, תּוֹלָדָה דְּרֶגֶל הוּא.

§ **Rabbi Yirmeya raised a dilemma before Rabbi Zeira:** If the animal **was walking in the public domain and** it **kicked and propelled** pebbles[H] **and caused damage, what is** the *halakha*? The Gemara elaborates: **Do we liken** the damage in this instance **to Goring,** since the action was performed with intent, **and** therefore the owner of the animal **is liable** even though the incident transpired in the public domain? **Or perhaps,** since this is a case of pebbles, **it** is classified as **a subcategory of Trampling and** the owner is **exempt** from liability in the public domain. Rabbi Zeira **said to him: It stands to reason** that **it is a subcategory of Trampling.**

הִתִּיזָה בִּרְשׁוּת הָרַבִּים וְהִזִּיקָה בִּרְשׁוּת הַיָּחִיד, מַהוּ? אֲמַר לֵיהּ: עֲקִירָה אֵין כָּאן, הַנָּחָה יֵשׁ כָּאן?!

Rabbi Yirmeya continued and asked Rabbi Zeira another question: If an animal **propelled** pebbles **in the public domain and caused damage on private property, what is** the *halakha*? Rabbi Zeira **said to him,** employing terminology from the *halakhot* of Shabbat: If **there is no** act of **lifting here,**[N] **is there** an act of **placing here?** Since the animal propelled the pebbles in the public domain, the owner is exempt from liability for any damage that it causes. The fact that the damage occurred on private property is not relevant.

HALAKHA

Pebbles due to its kick – צְרוֹרוֹת מֵחֲמַת בִּיעוּט: If a cow entered the property of the injured party and it kicked and propelled pebbles that caused damage, the owner of the cow must pay for one-quarter of the cost of the damage. According to the Rambam, if the injured party seized compensation for half the cost of the damage the money is not confiscated from him as the dilemma was left unresolved in the Gemara. The Rema writes that there are some who disagree and are of the opinion that if he seizes payment, the court returns it to the owner of the animal (Rambam *Sefer Nezikin*, *Hilkhot Nizkei Mamon* 2:6; *Shulḥan Arukh*, *Ḥoshen Mishpat* 390:7).

Was walking in a place where it is impossible for it to walk without propelling pebbles – הָיְתָה מְהַלֶּכֶת בְּמָקוֹם שֶׁאִי אֶפְשָׁר לָהּ אֶלָּא אִם כֵּן מְנַתֶּזֶת: If an animal was walking in a place where it is impossible to walk without propelling pebbles, and the animal kicked and propelled pebbles, the owner of the animal must pay for one-quarter of the damage. According to the Rambam, if the injured party seized compensation for half the cost of the damage the money is not confiscated from him, as the dilemma was left unresolved in the Gemara. The Rema writes that there are some who disagree and are of the opinion that if he seizes payment, the court returns it to the owner of the animal (Rambam *Sefer Nezikin*, *Hilkhot Nizkei Mamon* 2:6; *Shulḥan Arukh*, *Ḥoshen Mishpat* 390:7).

Kicked and propelled pebbles – בָּעֲטָה וְהִתִּיזָה: If an animal was walking in the public domain and it kicked and propelled pebbles and caused damage in the public domain, the owner of the animal is exempt from liability, as this is the subject of an unresolved dilemma in the Gemara. According to the Rambam, if the injured party seized compensation for half the cost of the damage the money is not confiscated from him, as the dilemma was left unresolved in the Gemara. The Rema writes that there are some who disagree and are of the opinion that if he seizes payment, the court returns it to the owner of the animal (Rambam *Sefer Nezikin*, *Hilkhot Nizkei Mamon* 2:5; *Shulḥan Arukh*, *Ḥoshen Mishpat* 390:6).

NOTES

Or perhaps, since now, in any event, the pebbles were propelled due to a kick – אוֹ דִּלְמָא הָשְׁתָּא מִיהָא מֵחֲמַת בִּיעוּט קָמְנַתְּזָה צְרוֹרוֹת: Rashi explains the question in two separate ways. In the first interpretation he says that while it is clear that the damage caused by the kicking action of the animal is classified as a case of pebbles, since it is not ordinary for the animal to kick but rather to walk, Rabbi Abba bar Memel considered the possibility that the owner should be obligated to pay restitution for only one-quarter of the damage. This is in accordance with the possibility, discussed earlier, that there is significance to deviation from typical behavior with regard to propelling pebbles. In Rashi's second interpretation, which he received from his teachers, he explains that the question is whether the kicking in this case is a subcategory of Trampling, in which case this will be classified as a case of pebbles, or whether the kicking is a subcategory of Goring, in which case if the animal had been forewarned its owner would pay the full cost of the damage.

There is no lifting here – עֲקִירָה אֵין כָּאן: The language used here parallels that used in tractate *Shabbat* with regard to the *halakhot* of carrying on Shabbat. The general *halakha* is that in order to violate the prohibition against carrying, one must both lift the object up from within one domain and place it down in another domain, e.g., lift it from the private domain and place it in the public domain. If the object was lifted up from an exempt domain, i.e., a place with the status of neither the private domain nor the public domain, no violation of Torah law can occur by placing it down. Rabbi Zeira therefore compares this to the case of damage currently under discussion. Since the object was lifted up in a place where one is not liable to pay for damage caused by Trampling, as he was not obligated to pay compensation based on the location where the action began, so too, when the pebbles finally caused damage in another place in which it would have been prohibited for the animal to tread, there is still no obligation to pay for the damage.

איתיביה: היתה מהלכת בדרך והתיזה, בין ברשות היחיד בין ברשות הרבים – חייב; מאי לאו התיזה ברשות הרבים והזיקה ברשות הרבים? לא, התיזה ברשות הרבים והזיקה ברשות היחיד. והאמרת: עקירה אין כאן, הנחה יש כאן! אמר ליה: הדרי בי.

Rabbi Yirmeya **raised an objection to** Rabbi Zeira's first statement, that one is exempt from liability for one's animal propelling pebbles in the public domain because it is classified as a subcategory of Trampling, from a *baraita*: If an animal **was walking along the way and it propelled** pebbles, **whether** it was **on private property** and **whether** it was **in the public domain,** the owner is **liable** to pay damages. **What, is it not** a case where the pebbles were **propelled in the public domain and caused damage in the public domain?** Rabbi Zeira replied: **No,** the reference is to a case where the animal **propelled** the pebbles **in the public domain and caused damage on private property.** Rabbi Yirmeya asked him: **But didn't you say:** If **there is no** act of **lifting here, is there** an act of **placing here?** Rabbi Zeira **said to him: I retract**[N] my previous statement, as there is proof from the *baraita* that there is liability in that case.

איתיביה: דרסה על הכלי ושברתו, ונפל השבר על כלי אחר ושברו – על הראשון משלם נזק שלם, ועל האחרון משלם חצי נזק, ותני עלה: במה דברים אמורים – ברשות הניזק, אבל ברשות הרבים – על הראשון פטורה, ועל האחרון חייבת; מאי לאו התיזה ברשות הרבים והזיקה ברשות הרבים?

Rabbi Yirmeya **raised an objection to** Rabbi Zeira's first statement from the mishna: If an animal **trod upon a vessel and broke it and** then a shard of that vessel **fell upon** a second **vessel and broke it,** the owner **pays** the **full** cost of the **damage for the first** vessel, as its action is classified under the primary category of Trampling, **and he pays half** the cost of **the damage for the latter vessel. And it is taught** in a *baraita* **with regard to this** *halakha*: **In what** case **is this statement said?** It is said in a case where the incident transpired **on** the private **property of the injured** party; **but** if it transpired **in the public domain,** the owner of the animal is **exempt** from liability **for the first** vessel, as it is classified as a subcategory of Trampling, **and** he is **liable for** the damage to **the second** vessel. **What, is it not** that the animal **propelled** the pebbles **in the public domain and it caused damage in the public domain,** indicating that one does not pay for damage caused by pebbles in the public domain?

לא, התיזה ברשות הרבים והזיקה ברשות היחיד. והאמרת: עקירה אין כאן, הנחה יש כאן! אמר ליה: הדרי בי.

Rabbi Zeira replied: **No,** perhaps the reference in the mishna is to a case where the animal **propelled** the pebbles **in the public domain and it caused damage on private property.**[H] Rabbi Yirmeya said: **But didn't you say:** If **there is no** act of **lifting here, is there** an act of **placing here?** Rabbi Zeira **said to him: I retract** my previous statement.

איני?

Rabbi Yirmeya raises an additional objection to Rabbi Zeira's statement: **Is that so?** Is the owner of the animal exempt from liability for pebbles propelled by his animal in the public domain?

Perek **II**
Daf **19** Amud **b**

והאמר רבי יוחנן: אין חצי נזק חלוק לא לרשות היחיד ולא לרשות הרבים; מאי לאו התיזה ברשות הרבים והזיקה ברשות הרבים? לא, התיזה ברשות הרבים והזיקה ברשות היחיד.

But doesn't Rabbi Yoḥanan say: Payment of **half** the cost of **the damage is not differentiated** between private and public domains, as there is no exemption from payment **neither** for damage **on private property nor** for damage **in the public domain? What, is** this principle **not** stated even in a case where the animal **propelled** pebbles **in the public domain and caused damage in the public domain?** Rabbi Zeira said to him: **No,** Rabbi Yoḥanan stated this principle in a case where the animal **propelled** pebbles **in the public domain and caused damage on private property.**

והאמרת: עקירה אין כאן, הנחה יש כאן! אמר ליה: הדרי בי. איבעית אימא: כי אמר רבי יוחנן – אקרן.

Rabbi Yirmeya said to him: **But didn't you say:** If **there is no** act of **lifting here, is there** an act of **placing here?** Rabbi Zeira **said to him: I retract** my previous statement. Or, **if you wish, say** instead: **When Rabbi Yoḥanan said** that payment of half the cost of the damage is not differentiated between private and public domains, and there is no exemption from payment neither for damage on private property nor for damage in the public domain, he said it only **with regard to** damage in the category of **Goring,** but not with regard to the case of propelled pebbles, for which one is exempt in the public domain.

NOTES

I retract – הדרי בי: *Naḥalat Moshe* explains that Rabbi Zeira's first disagreement was based on the assumption that the exemption for damage caused by Trampling in the public domain derives from the fact that the animal has the right to walk there, and it is not possible for the owner of the animal to safeguard it from causing damage while walking. According to this logic, it makes no difference that the resulting damage actually occurred on private property, since the action that caused the damage was done in the public domain. Rabbi Zeira later retracted this opinion and concluded that the exemption is due to the fact that the individual who left his vessels in the public domain acted inappropriately, but if the damage was caused on his private property, where he has every right to leave his vessels, the owner of the animal would be required to pay.

HALAKHA

Propelled pebbles in the public domain and it caused damage on private property – התיזה ברשות הרבים והזיקה ברשות היחיד: If an animal was walking in the public domain and it caused pebbles to be propelled from underfoot, causing damage on private property, the owner of the animal must pay for half the cost of the damage, in accordance with Rabbi Zeira's conclusion (Rambam *Sefer Nezikin, Hilkhot Nizkei Mamon* 2:4; *Shulḥan Arukh, Ḥoshen Mishpat* 390:4).

יָתֵיב רַבִּי יְהוּדָה נְשִׂיאָה וְרַבִּי אוֹשַׁעְיָא אַקִּילְעָא דְּרַבִּי יְהוּדָה, נְפַק מִילְּתָא מִבֵּינַיְיהוּ: כִּשְׁכְּשָׁה בִּזְנָבָהּ, מַהוּ? אֲמַר לֵיהּ אִידָךְ: וְכִי יֹאחֲזֶנָּה בִּזְנָבָהּ וְיֵלֵךְ? אִי הָכִי, קֶרֶן נַמִּי נֵימָא: וְכִי יֹאחֲזֶנָּה בְּקֶרֶן וְיֵלֵךְ?

§ The Gemara relates that **Rabbi Yehuda Nesia**[P] **and Rabbi Oshaya**[P] **sat in the antechamber** [*akil'a*][L] **of Rabbi Yehuda** Nesia. **A matter emerged from among them** and one of them raised a dilemma: If an animal **swung its tail** and thereby caused damage, **what is the** *halakha*? **The other** Sage **said to him: Must** the owner **grasp its tail and walk** to prevent the animal from causing damage? Since this is typical behavior for the animal, the owner should be exempt from liability. The Gemara asks: **If so, with regard to** damage in the category of **Goring, too, let us say: Must** the owner **grasp its horn and walk** to prevent the animal from causing damage? Nevertheless, the *halakha* is that the owner is liable for damage in the category of Goring.

הָכִי הָשְׁתָּא?! קֶרֶן לָאו אוֹרְחֵיהּ, הָא אוֹרְחֵיהּ.

The Gemara rejects this: **How can these cases be compared?** Damage in the category of **Goring is not** caused in the course of the **typical** behavior **of** the animal. Consequently, the owner is required to prevent his animal from causing damage in that manner. **This** damage caused by the swinging of an animal's tail is caused in the course of **its typical** behavior, and one cannot hold the owner responsible for an animal's normal behavior.

וְכִי מֵאַחַר דְּאוֹרְחֵיהּ, מַאי מִבָּעֲיָא לֵיהּ? כִּשְׁכּוּשׁ יְתֵירָא מִבָּעֲיָא לֵיהּ.

The Gemara asks: **And since that is its typical behavior, what is the dilemma** that **he raised?** Obviously one has no liability for the damage caused by the typical behavior of his animal in the public domain. The Gemara answers: **He raised a dilemma** with regard to a case of **excessive** tail **swinging;**[H] is excessive tail swinging considered typical behavior?

בָּעֵי רַב עֵינָא: כִּשְׁכְּשָׁה בְּאַמָּתָהּ, מַהוּ? מִי אָמְרִינַן מִידֵי דַּהֲוָה אַקֶּרֶן; קֶרֶן לָאו יִצְרָא קָתָקֵיף לֵיהּ – הָכָא נַמִּי לָא שְׁנָא. אוֹ דִּלְמָא קֶרֶן כַּוָּונָתוֹ לְהַזִּיק, הָא אֵין כַּוָּונָתָהּ לְהַזִּיק? תֵּיקוּ.

Rav Eina raises a dilemma: If an animal **swung its penis**[HB] and caused damage, **what is the** *halakha*? The Gemara elaborates: **Do we say just as it is with regard to Goring: Is it not** so in a case of **Goring** that the animal's **inclination overcame it** and caused it to gore? **Here too, it is no different:** The animal's inclination overcame it and that is why it caused damage. **Or perhaps** the cases are different, as in the case of damage in the category of **Goring** the **objective** of its action **is to cause damage,** whereas in **this** case the **objective** of its action **is not to cause damage.** The Gemara concludes: This dilemma **shall stand** unresolved.

PERSONALITIES

Rabbi Yehuda Nesia – רַבִּי יְהוּדָה נְשִׂיאָה: Rabbi Yehuda Nesia was the son of Rabban Gamliel, who was the son of Rabbi Yehuda HaNasi. He was called Nesia to differentiate him from his illustrious grandfather, the redactor of the Mishna. One of the earliest *amora'im* in Eretz Yisrael, he was a colleague of Rabbi Yehuda HaNasi's great students, one of which was Rabbi Oshaya. His own students included Rabbi Yoḥanan and Reish Lakish.

Rabbi Oshaya – רַבִּי אוֹשַׁעְיָא: Referred to as Rabbi Oshaya the Great in the Jerusalem Talmud, Rabbi Oshaya was one of the greatest scholars of the transitional generation between the *tanna'im* and *amora'im*. He was the son of Rabbi Ḥama and the grandson of Rabbi Bisa. He studied Torah with his father and bar Kappara, and he was a disciple-colleague of Rabbi Ḥiyya. His greatest work was arranging collections of precisely worded *baraitot* to the extent that it was said that any *baraita* not taught in the schools of Rabbi Ḥiyya and Rabbi Oshaya is unreliable. For this reason he was called the father of the Mishna.

LANGUAGE

Antechamber [*kil'a*] – קִילְעָא: *Kil'a* is Aramaic for tent, and the word is at times used to mean any temporary structure which is made by braiding, *kli'a*, and hanging curtains, as opposed to construction with building materials. By extension, it can also refer to a room at the entrance to a house, which may have been demarcated by curtains.

HALAKHA

Swung its tail – כִּשְׁכְּשָׁה בִּזְנָבָהּ: If an animal was swinging its tail in a typical manner and it caused damage, if the incident occurred on the property of the injured party, the owner of the animal must pay the full cost of the damage. If the incident occurred in the public domain, the owner is exempt from liability in accordance with the *halakha* of Trampling. If the animal swung its tail in an excessive manner, if this occurred in the public domain the owner is exempt from liability.

According to the Rambam, if the injured party seized compensation for half the cost of the damage the money is not confiscated from him. Similarly, if the damage took place on the private property of the injured party, if he seized compensation for the full cost of the damage the money is not confiscated from him, as the dilemma was not resolved in the Gemara. The Rema writes that some disagree and are of the opinion that if he seizes payment, the court returns it to the owner of the animal. He also writes that, according to the Rosh, the dilemma was resolved by the Gemara to exempt the owner from liability (Rambam *Sefer Nezikin*, *Hilkhot Nizkei Mamon* 1:11; *Shulḥan Arukh*, *Ḥoshen Mishpat* 390:2; see *Arukh HaShulḥan* there).

Swung its penis – כִּשְׁכְּשָׁה בְּאַמָּתָהּ: If an animal swung its penis in the public domain and caused damage, its owner is exempt from liability, as the dilemma was left unresolved in the Gemara. According to the Rambam, if the injured party seized compensation for half the cost of the damage the money is not confiscated from him. The Rema writes that some disagree and are of the opinion that if he seizes payment, the court returns it to the owner of the animal. If the damage occurred on the property of the injured party, the later commentaries disagree as to whether, according to this opinion, the court returns it to the owner of the animal (Rambam *Sefer Nezikin*, *Hilkhot Nizkei Mamon* 1:11; *Shulḥan Arukh*, *Ḥoshen Mishpat* 390:2).

BACKGROUND

Swung its penis – כִּשְׁכְּשָׁה בְּאַמָּתָהּ: Such an action is common when an animal is in heat and some types of animals, such as horses or donkeys, can topple or break things when they do so.

Since the animal derives no pleasure from this behavior it is not comparable to the primary category of Eating, and as it is uncommon behavior it does not fall under the primary category of Trampling. Rather, it is the result of a feeling of sudden arousal, and as such it is comparable to Goring, although here there is no intent to cause damage.

״הַתַּרְנְגוֹלִין מוּעָדִין לְהַלֵּךְ כְּדַרְכָּן וּלְשַׁבֵּר״ וכו׳. אָמַר רַב הוּנָא: לֹא שָׁנוּ אֶלָּא שֶׁנִּקְשַׁר מֵאֵלָיו, אֲבָל קְשָׁרוֹ אָדָם – חַיָּיב.

§ The mishna teaches: **Chickens are** deemed **forewarned** with regard **to walking in their** typical **manner and breaking** objects. If there was a string tied to a chicken's leg and it broke a vessel, or if the chicken was hopping in an atypical manner and breaking vessels, its owner pays half the cost of the damage. **Rav Huna says: They taught** that one pays half the cost of the damage **only** in a case **where** the string **was tied** to the leg of the chicken **on its own,**[H] i.e., a string became entangled on the leg of a chicken without the involvement of the owner and an item was broken by the string; **but if a person tied** the string to the chicken, he is **liable** to pay the full cost of the damage, as the string is in the category of Pit.

נִקְשַׁר מֵאֵלָיו מַאן חַיָּיב? אִילֵּימָא בַּעַל הַדְּלִיל, הֵיכִי דָּמֵי? אִי דְּאַצְנְעֵיהּ – אָנוּס הוּא, וְאִי לָא אַצְנְעֵיהּ – פּוֹשֵׁעַ הוּא!

The Gemara asks: If the string **was tied on its own, who is liable** to pay half the cost of the damage? **If we say** it is the **owner of the string** who pays, as the damage was caused by the string, **what are the circumstances? If** it is a case where the owner of the string **concealed** the string in a secure place and the chicken became entangled in it, the owner of the string **is a victim of circumstances beyond his control** and would be exempt from payment. **And if he did not conceal it** and instead left it exposed where it could become entangled in the feet of a passing chicken, **he is negligent** and liable as though he actually tied the string to the chicken.

אֶלָּא, חַיָּיב בַּעַל תַּרְנְגוֹל, מַאי שְׁנָא כּוּלֵּיהּ נֶזֶק דְּלָא – דִּכְתִיב: ״כִּי יִפְתַּח אִישׁ בּוֹר״ וְלֹא שׁוֹר בּוֹר, חֲצִי נֶזֶק נַמִי ״אִישׁ בּוֹר״ וְלֹא שׁוֹר בּוֹר!

Rather, the case in the mishna is one where the owner of the string concealed it and is exempt from liability, and Rav Huna means that the **owner of the chicken** is **liable.** Here too, the question arises: **What is different** in this case where one is **not** obligated to pay **the full** cost of **the damage, as it is written** (Exodus 21:33): **"If a man shall open a pit,** or if a man shall dig a pit and not cover it, and an ox or a donkey fall therein," he pays the damage, **and** it is **not** written: If **an ox** shall open **a pit.** This indicates that if an ox opens a pit, the owner of the ox is exempt from liability. With regard to the payment of **half** the cost of **the damage as well,** the owner should be exempt from liability, as it is written: "If **a man** shall open **a pit,"** and it is **not** written: If **an ox** shall open **a pit.**

אֶלָּא, מַתְנִיתִין בִּדְאַדְּיֵיהּ אַדּוּיֵי. וְכִי אִתְּמַר דְּרַב הוּנָא – בְּעָלְמָא אִתְּמַר: דְּלִיל הֶפְקֵר, אָמַר רַב הוּנָא: נִקְשַׁר מֵאֵלָיו – פָּטוּר, קְשָׁרוֹ אָדָם – חַיָּיב.

Rather, the case in **the mishna** is one where the chicken **moved** the string and thereby caused damage. Since the chicken did not cause damage with its body, the owner pays half the cost of the damage, as he does in a case of pebbles. **And when Rav Huna's** distinction between whether the string was tied on its own or by a person **was stated, it was stated in a general** sense, and not with regard to the *halakha* in the mishna. With regard to **an ownerless string** tied to the leg of a chicken, **Rav Huna says:** If the string **was tied** to the leg of the chicken **on its own,** the owner of the chicken is **exempt; but if a person tied** the string to the chicken, he is **liable** to pay the full cost of the damage.

מִשּׁוּם מַאי חַיָּיב? אָמַר רַב הוּנָא בַּר מָנוֹחַ: מִשּׁוּם בּוֹרוֹ הַמִּתְגַּלְגֵּל בְּרַגְלֵי אָדָם וּבְרַגְלֵי בְהֵמָה.

The Gemara asks: **Due to what** primary category of damage is he **liable?**[N] **Rav Huna bar Manoaḥ says:** He is liable **due to** the fact that although the string is not stationary, as in the standard obstacle in the primary category of Pit, this is an example of **his pit that is rolled**[N] **at the feet of a person and at the hooves of an animal,** and that too is a subcategory of Pit.

מתני׳ כֵּיצַד הַשֵּׁן מוּעֶדֶת? לֶאֱכוֹל אֶת הָרָאוּי לָהּ. הַבְּהֵמָה מוּעֶדֶת לֶאֱכוֹל פֵּירוֹת וִירָקוֹת. אָכְלָה כְּסוּת אוֹ כֵּלִים – מְשַׁלֵּם חֲצִי נֶזֶק. בַּמֶּה דְּבָרִים אֲמוּרִים – בִּרְשׁוּת הַנִּיזָּק, אֲבָל בִּרְשׁוּת הָרַבִּים – פָּטוּר.

MISHNA Within the context of the primary category of Eating, for **what** damage caused with **the tooth** is an animal deemed **forewarned?** It is deemed forewarned with regard **to eating** food items **fit for its** consumption. **The domesticated animal is** deemed **forewarned** with regard **to eating fruits and vegetables.** If the animal **ate garments**[B] **or vessels,** the owner **pays half** the cost of **the damage.** As these are not items fit for its consumption, the animal is not deemed forewarned in this case. **In what** case **is this statement** applied, that one pays the full value of the food eaten by the animal? It is a case where the animal ate the food **on the property of the injured** party; **but** if the animal ate food **in the public domain,** the owner of the animal is **exempt** from liability.

HALAKHA

They taught only in a case where the string was tied on its own, etc. – לֹא שָׁנוּ אֶלָּא שֶׁנִּקְשַׁר מֵאֵלָיו וכו׳: It is written in the *Shulḥan Arukh*: If there was a string or a strap tied to the leg of a chicken and some vessel became entangled in it and the vessel broke, the owner of the chicken must pay for half the cost of the damage. The Rema writes that this formulation of the *halakha* is unclear and that the Rosh and the *Tur* formulated it as follows: If there was a string tied to its leg and the chicken dragged a vessel with it and broke the vessel, the owner of the chicken must pay the full cost of the damage. If the string was thrown by the chicken and broke a vessel, he must pay for half the cost of the damage. If the string then caused damage after coming to rest, the owner of the chicken is exempt from liability.

All of this was said with regard to an ownerless string that was attached to the leg of the chicken by happenstance. If the string belonged to the owner of the chicken, he must pay the full cost of the damage, even for damage caused by throwing the string, as the *halakha* of pebbles, according to which the owner is obligated to pay for only half the cost of the damage, applies only when the object that causes the damage is ownerless. If the string belonged to another individual and it became attached to the leg of a chicken, assuming that the chicken was ownerless the owner of the string is liable to pay full restitution for the damage caused by the string, in accordance with the *halakha* of a moving Pit. If the chicken did have an owner, and it caused damage to a vessel by dragging the string, the owner of the chicken and the owner of the string must divide the payment of the damages between them.

If the string caused damage by being thrown, the owner of the string pays three quarters of the damage while the owner of the chicken pays only one-quarter. If the string caused damage after coming to rest, the owner of the string must pay the full cost of the damage. If one deliberately tied a string to the leg of the chicken, or if he took it out from the place where it was stored, he is liable for the full cost of the damage in all cases (Rambam *Sefer Nezikin, Hilkhot Nizkei Mamon* 2:10, 11; *Shulḥan Arukh, Ḥoshen Mishpat* 390:10, and in the comment of Rema).

NOTES

Due to what is he liable – מִשּׁוּם מַאי חַיָּיב: Rashi explains the question: One who digs a pit is responsible for the damage that is caused in that spot. In this case, therefore, although the one who tied the string onto the leg of the chicken created an obstacle, this obstacle did not cause any damage in that exact spot, so why should he be held liable for the damage?

Due to his pit that is rolled – מִשּׁוּם בּוֹרוֹ הַמִּתְגַּלְגֵּל: In any event, he is not liable according to the *halakha* of Pit until the obstacle comes to rest and a person or animal stumbles across it (*Tosafot*).

BACKGROUND

Ate garments – אָכְלָה כְּסוּת: Though various ruminating animals can eat garments made from vegetable sources and can even receive some nutrition from such items, since their stomachs contain bacteria that can break down cellulose, animals do not ordinarily eat clothing.

וְאִם נֶהֱנֵית – מְשַׁלֶּמֶת מַה שֶּׁנֶּהֱנֵית.

And even if the animal ate food in the public domain, **if** the animal **derives benefit** from eating another's produce in the public domain, the owner **pays for the benefit that it derives,**[N] just not for the full cost of the food.

כֵּיצַד מְשַׁלֶּמֶת מַה שֶּׁנֶּהֱנֵית? אָכְלָה מִתּוֹךְ הָרְחָבָה – מְשַׁלֶּמֶת מַה שֶּׁנֶּהֱנֵית, מִצִּדֵּי הָרְחָבָה – מְשַׁלֶּמֶת מַה שֶּׁהִזִּיקָה. מִפֶּתַח הַחֲנוּת – מְשַׁלֶּמֶת מַה שֶּׁנֶּהֱנֵית, מִתּוֹךְ הַחֲנוּת – מְשַׁלֶּמֶת מַה שֶּׁהִזִּיקָה.

Under what circumstances does the owner of the animal **pay** for **the benefit that it derives?** If the animal **ate** produce **in** the public **square** in the area before the storefronts, the owner of the animal **pays** for **the benefit that it derives.** If the animal ate **from** food placed at **the side of** the public **square,** which is not a public thoroughfare, the owner of the animal **pays** for **what it damaged,** as the legal status of that area is like that of the property of the injured party. If the animal ate produce **from the entrance of the store,** its owner **pays** for **the benefit that it derives,** as the status of a store entrance is like that of the public domain. If the animal ate produce **from inside the store,** its owner **pays** for **what it damaged.**

גמ׳ תָּנוּ רַבָּנַן: הַשֵּׁן מוּעֶדֶת לֶאֱכוֹל אֶת הָרָאוּי לָהּ, כֵּיצַד? בְּהֵמָה שֶׁנִּכְנְסָה לַחֲצַר הַנִּיזָּק, וְאָכְלָה אוֹכָלִין הָרְאוּיִין לָהּ וְשָׁתְתָה מַשְׁקִין הָרְאוּיִין לָהּ – מְשַׁלֵּם נֶזֶק שָׁלֵם; וְכֵן חַיָּה שֶׁנִּכְנְסָה לַחֲצַר הַנִּיזָּק, וְטָרְפָה בְּהֵמָה וְאָכְלָה בָּשָׂר – מְשַׁלֵּם נֶזֶק שָׁלֵם;

GEMARA **The Sages taught: Eating is** deemed **forewarned**[H] in that an animal tends **to eat that which is fit for it** to eat. **How is this applied?** In the case of **a domesticated animal that entered the courtyard of the injured** party **and it ate food fit for it** to eat, **or if it drank drinks fit for it** to drink, the owner of the animal must **pay the full** cost of the **damage. And similarly,** in the case of **an undomesticated animal that entered the courtyard of the injured** party **and tore apart a domesticated animal and ate** its **meat** there, the owner must **pay the full** cost of the **damage.**[H]

וּפָרָה שֶׁאָכְלָה שְׂעוֹרִין, וַחֲמוֹר שֶׁאָכַל כַּרְשִׁינִן, וְכֶלֶב שֶׁלִּיקֵּק אֶת הַשֶּׁמֶן, וַחֲזִיר שֶׁאָכַל חֲתִיכָה שֶׁל בָּשָׂר – מְשַׁלְּמִין נֶזֶק שָׁלֵם. אֲמַר רַב פַּפָּא: הָשְׁתָּא דְּאָמְרַתְּ כׇּל מִידֵּי דְּלָאו אוֹרְחֵיהּ וְאָכְלָה לֵיהּ עַל יְדֵי הַדְּחָק שְׁמֵיהּ אֲכִילָה, הַאי שׁוּנְרָא דְּאָכַל תַּמְרֵי, וַחֲמָרָא דְּאָכֵיל בִּינִיתָא – מְשַׁלֵּם נֶזֶק שָׁלֵם.

And in the case of **a cow that ate barley,**[H] although this is not normally a food that a cow would eat, or in the case of **a donkey that ate vetches,** i.e., legumes which are usually fed to cows but not to donkeys, **or** in the case of **a dog that licked oil or a pig ate meat,** the owner of the animal must **pay the full** cost of the **damage.** Although these animals do not ordinarily consume these items, doing so is not a significant deviation from the animal's typical behavior. **Rav Pappa said: Now that you said** that eating **anything that is not typical for** an animal to eat **but it eats it under duress** is **considered** an ordinary act of **eating,** it can be deduced that in the case of **a cat that eats dates**[B] **or a donkey that is eating fish,**[B] the owner must **pay the full** cost of the **damage,** despite the fact that these animals do not ordinarily eat these items.

הַהוּא חֲמָרָא דַּאֲכַל נַהֲמָא וּפַלְיֵיהּ לְסַלָּא, חַיְּיבֵיהּ רַב יְהוּדָה לְשַׁלֵּם נֶזֶק שָׁלֵם אַנַּהֲמָא, וְאַסַּלָּא חֲצִי נֶזֶק. וְאַמַּאי? כֵּיוָן דְּאוֹרְחֵיהּ לְמֵיכַל נַהֲמָא, אוֹרְחֵיהּ נַמִי לְפַלּוּסֵי סַלָּא! דַּאֲכַל וַהֲדַר פָּלֵיס.

The Gemara relates: There was **a certain donkey that ate bread and** while eating it also **broke the basket**[H] in which the bread was stored. **Rav Yehuda obligated** the owner **to pay the full** cost of the **damage** for the loss of **the bread and half** the cost of **the damage to the basket.** The Gemara asks: **But why? Since it is typical for** a donkey **to eat bread, it is also typical** for it **to break the basket**[N] in which the bread is stored; therefore, the owner should pay the full cost of the damage for the basket as well. The Gemara answers: This case is one where the donkey **ate** the bread **and then** afterward **broke** the basket, a sequence which demonstrates that its intent was to cause damage. The breaking of the basket is therefore a subcategory of Goring, and the owner is liable to pay only half the cost of the damage.

NOTES

If the animal derives benefit the owner pays for the benefit that it derives – אִם נֶהֱנֵית מְשַׁלֶּמֶת מַה שֶּׁנֶּהֱנֵית: If the animal did not derive any benefit from this act of eating, e.g., it was already satiated, or if it consumed foods that are harmful to it, there is no requirement to pay any compensation (*Shita Mekubbetzet* and Rabbi Ovadya Bartenura).

The conceptual basis for this payment, as explained by Rashba in a responsum, is that one is not allowed to derive benefit from another's property without paying for it. Therefore, he must pay only for whatever actual benefit he received by the animal eating the produce. This compensation is not compensation for damage, but rather payment of a debt.

It is typical to break the basket – אוֹרְחֵיהּ...לְפַלּוּסֵי סַלָּא: Rashi explains this as referring to a case where the donkey chewed the basket together with the bread. The Ra'avad and the Rosh say that one is liable to pay for the basket even if the animal breaks it before starting to eat, on the assumption that it broke it to get at the food. Only in an instance where the donkey breaks the basket after it has finished eating is the act considered atypical behavior, as then it appears that it intended to cause damage.

HALAKHA

Eating is deemed forewarned – הַשֵּׁן מוּעֶדֶת: An animal is deemed forewarned from the outset with regard to eating items that are appropriate for it to eat. For this reason, if an animal enters the courtyard of the injured party and eats fruits or vegetables there, its owner is obligated to pay the full cost of the damage. If the animal ate in the public domain, the owner is exempt from liability but must pay for the benefit the animal received. If the animal ate garments or vessels, which are items not fit for its consumption, this is considered atypical behavior and the owner must pay for half the cost of the damage (Rambam *Sefer Nezikin*, *Hilkhot Nizkei Mamon* 1:5, 3:1; *Shulḥan Arukh*, *Ḥoshen Mishpat* 389:6, 391:1–2).

An undomesticated animal that tore apart a domesticated animal – חַיָּה שֶׁטָּרְפָה בְּהֵמָה: If an undomesticated animal entered the property of the injured party and tore apart a domesticated animal there, or if it ate raw meat, this is considered typical behavior for an undomesticated animal, and its owner must pay the full cost of the damage (Rambam *Sefer Nezikin*, *Hilkhot Nizkei Mamon* 3:7; *Shulḥan Arukh*, *Ḥoshen Mishpat* 391:6).

A cow that ate barley – פָּרָה שֶׁאָכְלָה שְׂעוֹרִין: If an animal ate a food in exigent circumstances that it does not typically eat, for example, if a cow ate barley, or a dog lapped up some oil, the behavior is considered typical eating behavior, and if it took place on the property of the injured party, the owner of the animal must pay the full cost of the damage. If it took place in the public domain, the owner must pay only for the benefit the animal derived from his animal's consumption (Rambam *Sefer Nezikin*, *Hilkhot Nizkei Mamon* 3:1, 3; *Shulḥan Arukh*, *Ḥoshen Mishpat* 391:3).

Ate bread and broke the basket – אֲכַל נַהֲמָא וּפַלְיֵיהּ לְסַלָּא: If an animal saw bread in a basket and it ate the bread and broke the basket while it was doing so, or if it broke the basket just before it began eating in order to get to the bread, the owner must pay the full cost of the bread and also for the basket. If it first ate the bread and only afterward broke the basket, the owner must pay for half the cost of the damage to the basket, in addition to the full cost of the bread (Rambam *Sefer Nezikin*, *Hilkhot Nizkei Mamon* 3:8; *Shulḥan Arukh*, *Ḥoshen Mishpat* 391:4).

BACKGROUND

A cat that eats dates – שׁוּנְרָא דְּאָכַל תַּמְרֵי: Cats are predators that live on the meat of animals. Nevertheless, they are occasionally known to taste vegetable matter as well, especially at a young age. This is especially true of household animals, which are often trained to eat foods that would not naturally be a part of their diet.

A donkey that is eating fish – חֲמָרָא דְּאָכֵיל בִּינִיתָא: As herbivores, donkeys usually do not eat food from animal sources, yet there are places where various domesticated animals, such as horses, have been trained to eat dried fish. An animal so trained is considered as eating these foods under duress; nevertheless, donkeys and similar animals can become accustomed to eating such foods routinely.

וּפַת אוֹרְחֵיהּ הוּא? וּרְמִינְהוּ: אָכְלָה פַּת וּבָשָׂר וְתַבְשִׁיל – מְשַׁלֵּם חֲצִי נֶזֶק; מַאי לָאו בִּבְהֵמָה? לָא, בְּחַיָּה.

The Gemara asks: **But is it typical for** a donkey to eat **bread?** The Gemara **raises a contradiction** against this based on a *baraita*: **If it ate bread or meat or a cooked dish,**[H] its owner **must pay for half** the cost of **the damage. What, is it not referring to a domesticated animal** and thereby implying that it is not typical for a domesticated animal to eat bread? The Gemara rejects this: **No, it is discussing an undomesticated animal,** which does not typically eat bread, but a domesticated animal does eat bread.

חַיָּה, בָּשָׂר אוֹרְחֵיהּ הוּא! דִּמְטוֹי. וְאִיבָּעֵית אֵימָא: בְּטַבְיָא. וְאִיבָּעֵית אֵימָא: לְעוֹלָם בִּבְהֵמָה, וּבְפָתוֹרָא.

The Gemara questions this explanation: If the *baraita* is discussing **an undomesticated animal,** then it is **typical for it** to eat **meat.** The Gemara clarifies: The *baraita* is referring **meat that is roasted,** and it is not typical for an undomesticated animal to eat roasted meat. **Or, if you wish, say** instead that the *halakha* of the *baraita* is not stated with regard to an undomesticated predator, but **with regard to a deer,** which does not ordinarily eat meat and bread. **Or, if you wish, say** that **actually** it is discussing **a domesticated animal,** but it is discussing a case where the animal ate **at the table,** and this is not typical behavior for an animal.

HALAKHA

Ate bread or meat or a cooked dish – אָכְלָה פַּת וּבָשָׂר וְתַבְשִׁיל: It is not considered typical behavior for a domesticated animal to eat meat or a cooked dish, and if it does so the owner must pay for half the cost of the food. By contrast, if the animal ate bread, he must pay the full cost of the food. If an undomesticated animal ate either bread or a cooked dish, its owner must pay for half the cost of the food (*Shulḥan Arukh, Ḥoshen Mishpat* 391:3).

Perek **II**
Daf **20** Amud **a**

הַהוּא בַּרְחָא דַּחֲזָא לִיפְתָּא אַפּוּמָּא דְּדַנָּא, סָרֵיךְ סְלֵיק, אֲכָלָה לְלִיפְתָּא וּתְבָרֵיהּ לְדַנָּא. חַיְּיבֵיהּ רָבָא אַלִּיפְתָּא וְאַדַּנָּא נֶזֶק שָׁלֵם; מַאי טַעֲמָא? כֵּיוָן דְּאוֹרְחֵיהּ לְמֵיכַל לִיפְתָּא, אוֹרְחֵיהּ נַמִי לְסָרוּכֵי וּלְמִסְלַק.

The Gemara relates: There was **a certain goat that saw a turnip on top of a clay barrel** [*dedanna*].[L] **It climbed** and **went up** and **ate the turnip, and** in doing so it **broke the barrel. Rava obligated** the owner of the goat to pay **the full** cost of the **damage,** both **for the turnip and for the barrel.**[H] The Gemara explains: **What is the reason** that he held the owner fully liable for the clay barrel as well as for the turnip? After all, breaking barrels is not the typical behavior of a goat. The Gemara answers: **Since it is typical** for the goat **to eat** the **turnip, it is also typical** for it **to climb**[N] **and go up** in order to get it. Consequently, breaking the vessel is categorized as Eating.

אָמַר אִילְפָא: בְּהֵמָה בִּרְשׁוּת הָרַבִּים, וּפָשְׁטָה צַוָּארָהּ וְאָכְלָה מֵעַל גַּבֵּי חֲבֶרְתָּהּ – חַיֶּיבֶת; מַאי טַעֲמָא? גַּבֵּי חֲבֶרְתָּהּ כַּחֲצַר הַנִּיזָּק דָּמֵי.

§ **Ilfa says:** If **a domesticated animal** was **in the public domain, and it stretched out its neck and ate from** a sack of produce that was loaded on **the back of another** animal,[H] its owner is **liable** to pay the full cost of the damage. The Gemara asks: **What is the reason** for this? The Gemara explains: **The back of the other** animal is **considered like the courtyard of the injured** party, and for this reason the owner of the animal is liable for damage classified as Eating there.

לֵימָא מְסַיֵּיע לֵיהּ: הָיְתָה קוּפָּתוֹ מוּפְשֶׁלֶת לַאֲחוֹרָיו, וּפָשְׁטָה צַוָּארָהּ וְאָכְלָה מִמֶּנּוּ – חַיֶּיבֶת; כִּדְאָמַר רָבָא: בְּקוֹפֶצֶת, הָכָא נַמִי בְּקוֹפֶצֶת.

The Gemara suggests: **Let us say** that the following *baraita* **supports his** opinion (*Tosefta* 1:7): If a person was standing in the public domain, and **his basket** containing food **was slung behind his back, and** an animal **stretched out its neck and ate from it,** its owner is **liable.** The Gemara rejects this: This *baraita* does not support Ilfa's opinion, because one could explain that the case in that *baraita* is **as Rava says** in a different situation: The ruling is stated **with regard to a jumping** animal; **here also** it can be suggested that the ruling of the *baraita* is stated **with regard to a jumping** animal,[N] and since the animal engaged in atypical behavior it is classified as a case of Goring as opposed to a case of Eating. For damage classified as Goring, the owner of the animal is liable for his animal's actions in the public domain, although he pays only half the cost of the damage.

LANGUAGE

Barrel [*danna*] – דַּנָּא: From the Assyrian *dannu*, this word was borrowed from Aramaic and other Semitic languages. It means a clay vessel or barrel.

HALAKHA

Rava obligated the owner to pay the full cost of the damage for the turnip and for the barrel – חַיְּיבֵיהּ רָבָא אַלִּיפְתָּא וְאַדַּנָּא: If an animal saw food on top of a barrel and climbed up in order to reach it and eat it, and it broke the barrel in the process, the owner of the animal must pay the full cost of the damage for the food and for the barrel (Rambam *Sefer Nezikin, Hilkhot Nizkei Mamon* 3:8; *Shulḥan Arukh, Ḥoshen Mishpat* 391:5).

Ate from a sack on the back of another animal – אָכְלָה מֵעַל גַּבֵּי חֲבֶרְתָּהּ: If an animal was in the public domain and it stretched out its neck and ate from produce that was being carried on the back of another animal, the owner pays only for the benefit the animal derived. But if it jumped on top of the other animal and then ate the produce, the owner pays for the damage it caused, i.e., the full cost of the produce, because it is as if the animal entered the property of the injured party. The Rema quotes the Rosh, who says that if the animal is able to eat the produce even without jumping but jumps and eats, the case is classified as Eating in the public domain, and the owner is exempt from liability. It is also classified as Eating in the public domain if the animal ate food from a basket slung over a person's shoulder (Rambam *Sefer Nezikin, Hilkhot Nizkei Mamon* 3:10; *Shulḥan Arukh, Ḥoshen Mishpat* 391:11).

NOTES

It is also typical for it to climb – אוֹרְחֵיהּ נַמִי לְסָרוּכֵי: Even though earlier it was written that a donkey does not typically eat a basket after it eats the bread that was inside it, in this case the Gemara presumes that a goat will typically break the barrel. This is because it is trying to eat the turnip. If it broke the barrel after it had already eaten the turnip, it would seem that it intentionally caused the damage, and its owner would then pay for half the cost of the damage (*Tur* and *Beit Yosef, Ḥoshen Mishpat* 391). By contrast, the Rambam seems to say that in all cases he must pay the full cost of the damage, as the Gemara does not distinguish between a situation where a goat has eaten the turnip already and a situation where it has not yet eaten it (Rambam *Sefer Nezikin, Hilkhot Nizkei Mamon* 3:7).

With regard to a jumping animal – בְּקוֹפֶצֶת: Rashi explains that Rava's interpretation is cited to counter the suggestion that the *baraita* supports Ilfa's opinion, since if the animal was jumping in an atypical manner, the damage caused is no longer classified as Eating but rather as Goring, and therefore the owner must pay half the cost of the damage even if the damage was caused in the public domain. Rabbeinu Ḥananel seems to hold that any time an animal eats something in the public domain not while it is walking along, it is treated as if it occurred on the property of the injured party.

וְהֵיכָא אִיתְּמַר דְּרָבָא? אַהָא דְּאָמַר רַבִּי אוֹשַׁעְיָא: בְּהֵמָה בִּרְשׁוּת הָרַבִּים, הָלְכָה וְאָכְלָה – פְּטוּרָה, עָמְדָה וְאָכְלָה – חַיֶּיבֶת; מַאי שְׁנָא הָלְכָה, דְּאוֹרְחֵיהּ הוּא? עָמְדָה נַמִי אוֹרְחֵיהּ הוּא! אָמַר רָבָא: בְּקוֹפֶצֶת.

The Gemara asks: **And where,** i.e., in what context, **was Rava's** interpretation initially **stated?** The Gemara answers: It was stated **with regard to that which Rabbi Oshaya says:** If a **domesticated animal** was **walking** along **and eating in the public domain** its owner is **exempt,** but if it was **standing and eating** he is **liable.** The Gemara questions this ruling: **What is different** if it **was walking?** Is it **because** eating while walking **is** the **typical** behavior of an animal? But **standing** and eating **is also typical** behavior. **Rava says:** Rabbi Oshaya's ruling is stated **with regard to a jumping** animal, which is not typical behavior for the animal.

בָּעֵי רַבִּי זֵירָא: מִתְגַּלְגֵּל, מַהוּ? הֵיכִי דָּמֵי? כְּגוֹן דְּקַיְימָא עָמִיר בִּרְשׁוּת הַיָּחִיד וְקָא מִתְגַּלְגֵּל וְאָתֵי מֵרְשׁוּת הַיָּחִיד לִרְשׁוּת הָרַבִּים, מַאי?

§ **Rabbi Zeira raises a dilemma:** If an animal was **rolling, what** is the *halakha*? The Gemara asks: **What are the circumstances** of the case about which Rabbi Zeira inquires? The Gemara answers: **For example,** if there was **a sheaf** of grain **on private property,**[H] **and it was rolled along** by the animal **and** the sheaf **went from the private property into the public domain,** and the animal ate it there, **what** is the *halakha*? Should this be treated as a case of Eating on private property, rendering the owner of the animal liable, or should it be treated as a case of Eating in the public domain, thereby exempting him from liability?

תָּא שְׁמַע, דְּתָנֵי רַבִּי חִיָּיא: מַשּׂוֹי מִקְצָתוֹ בִּפְנִים וּמִקְצָתוֹ בַּחוּץ, אָכְלָה בִּפְנִים – חַיֶּיבֶת, אָכְלָה בַּחוּץ – פְּטוּרָה; מַאי לָאו מִתְגַּלְגֵּל וְאָתֵי? לָא, אֵימָא: אָכְלָה, עַל מַה שֶּׁבִּפְנִים – חַיֶּיבֶת, עַל מַה שֶּׁבַּחוּץ – פְּטוּרָה.

The Gemara suggests: **Come** and **hear** a solution from a *baraita*, **as Rabbi Ḥiyya taught:** If a **load** of food was located **partly inside** the property of its owner **and partly outside** of his property, i.e., in the public domain, and an animal **ate inside** the private property, its owner is **liable,** as this is a case of damage classified as Eating on the property of the injured party. But if the animal **ate outside,** its owner is **exempt,** in accordance with the *halakhot* of Eating in the public domain. **What, is it not** that the case is one where the food was **rolling along,** and the *halakha* follows the location where it was actually eaten? The Gemara explains: **No, say** instead: **It ate,** and **for that which was** initially **inside** the private property, its owner is **liable** even if the food rolled out of the private property, **and for that which was** initially **outside,** its owner is **exempt.**

אִיבָּעֵית אֵימָא: כִּי קָאָמַר רַבִּי חִיָּיא – בִּפְתִילָה דְּאַסְפַּסְתָּא.

If you wish, say instead that there is a different resolution: **When Rabbi Ḥiyya stated** his ruling it was with regard to a long **stalk of fodder** [*de'aspasta*][L] that was partly inside and partly outside at the time it was consumed, and as the animal ate it the entire stalk was pulled to where the animal was standing.

״אָכְלָה כְּסוּת״ וכו׳.

§ The mishna teaches: If the animal **ate garments** or vessels, the owner must pay for half the cost of the damage. In what case is this statement said? It is said when the animal ate them while located on the property of the injured party, but if he ate them in the public domain the owner of the animal is exempt from liability.

HALAKHA

There was a sheaf of grain on private property, etc. – **דְּקַיְימָא עָמִיר בִּרְשׁוּת הַיָּחִיד וכו׳**: If a domesticated animal was standing on the property of the injured party, and it tore off produce that was in the public domain and ate it in the private domain of the injured party, there is uncertainty about the *halakha*. The owner of the animal pays for the benefit the animal derived, but since the dilemma was unresolved in the Gemara, if the injured party seized from the owner of the animal an amount up to the full cost of the damage, the court does not reclaim the money, according to the opinion of the Rambam and the *ge'onim*. The Rema writes that there are some (Rabbeinu Yitzchak; Ramban; Rosh) who disagree and are of the opinion that seizing payment is not effective, and the court reclaims the money. The Rema also writes that the same uncertainty exists in the reverse case, such as if an animal stood in the public domain and ate an item located on private property.

If the item that the animal ate was long, and as it ate, it slowly pulled it into the domain in which it was standing, this is treated as a case of an animal that ate something in the domain in which it is standing (Rambam *Sefer Nezikin*, *Hilkhot Nizkei Mamon* 3:4; *Shulḥan Arukh*, *Ḥoshen Mishpat* 391:12).

LANGUAGE

Fodder [*aspasta*] – **אַסְפַּסְתָּא**: This word comes from the Middle Persian aspast, which is derived from the Old Persian words aspa, meaning horse, and asti, meaning fodder. It seems that this term was applied to several types of legumes, such as vetch, that were principally used as animal fodder.

אַהַיָּיא? אֲמַר רַב: אַכּוּלְּהוּ, מַאי טַעֲמָא? כׇּל הַמְשַׁנֶּה וּבָא אַחֵר וְשִׁינָּה בּוֹ – פָּטוּר.

The Gemara asks: **To which** case is this referring? In which case is one exempt from liability if the damage occurred in the public domain? **Rav said:** It is referring to **all of** the cases. One is exempt from liability in the public domain even if his animal ate garments or vessels, despite the fact that this is an unusual thing for the animal to do and therefore eating garments or vessels should be classified as a case of Goring, which would normally result in liability when it occurs in the public domain. **What is the reason** for this? Rav answers his own question by stating a principle: With regard to **anyone who deviates**[N] from normative behavior in his actions, **if another came along** afterward **and deviates** from the norm **with regard to** the action the first has done and thereby causes damage to him, the one who causes the damage is **exempt** from liability. In this case, the injured party left his garments or vessels in the public domain and thereby deviated from normative behavior, and therefore the owner of the animal that acted atypically and ate them is exempt from liability.

וּשְׁמוּאֵל אֲמַר: לֹא שָׁנוּ אֶלָּא פֵּירוֹת וִירָקוֹת, אֲבָל כְּסוּת וְכֵלִים – חַיֶּיבֶת.

And Shmuel said: They taught in the mishna that one is exempt from liability for damage caused in the public domain **only** in a case where his animal ate **fruit or vegetables,** in accordance with the *halakhot* of Eating in the public domain, **but** if the animal ate **garments**[H] **or vessels** in the public domain, the owner is **liable** to pay for half the cost of the damage. Since this is atypical animal behavior, it is classified as a case of Goring, for which the owner of the animal is liable even if it occurs in the public domain.

וְכֵן אֲמַר רֵישׁ לָקִישׁ: אַכּוּלְּהוּ. וְאָזְדָא רֵישׁ לָקִישׁ לְטַעֲמֵיהּ, דְּאָמַר רֵישׁ לָקִישׁ: שְׁתֵּי פָרוֹת בִּרְשׁוּת הָרַבִּים, אַחַת רְבוּצָה וְאַחַת מְהַלֶּכֶת, בָּעֲטָה מְהַלֶּכֶת בִּרְבוּצָה – פְּטוּרָה, רְבוּצָה בִּמְהַלֶּכֶת – חַיֶּיבֶת.

And similarly, Reish Lakish said, in accordance with the opinion of Rav: The exemption discussed in the mishna was said in reference **to all of** the cases. **And Reish Lakish follows his** own line of **reasoning, as Reish Lakish says:** If there were **two cows in the public domain, one prone and one walking,** and the **walking** cow **kicked the prone** cow, its owner is **exempt** from liability; but if the **prone** cow kicked **the walking** cow, its owner is **liable.** This indicates that Reish Lakish accepts the principle: Anyone who deviates from normative behavior, if another came along afterward and deviates from the norm with regard to the action the first has done and thereby causes damage to him, the one who causes the damage is exempt. Since it is atypical behavior for a cow to lie down in the public domain, even if the walking cow also behaved atypically and kicked the prone cow, its owner is exempt from liability.

וְרַבִּי יוֹחָנָן אָמַר: לֹא שָׁנוּ אֶלָּא פֵּירוֹת וִירָקוֹת, אֲבָל כְּסוּת וְכֵלִים – חַיֶּיבֶת.

And Rabbi Yoḥanan says, in accordance with the opinion of Shmuel: **They taught** in the mishna that one is exempt from liability in the public domain **only** if his animal ate **fruit or vegetables, but** if the animal ate **garments or vessels,** the owner is **liable** to pay for half the cost of the damage.

לֵימָא, רַבִּי יוֹחָנָן לֵית לֵיהּ דְּרֵישׁ לָקִישׁ אֲפִילּוּ בִּשְׁתֵּי פָרוֹת? לָא, לְעוֹלָם אִית לֵיהּ, כְּסוּת עָבְדִי אֱינָשֵׁי דְּמַנְחִי גְּלִימֵי וּמִתְפְּחִי, אֲבָל בְּהֵמָה לָאו אוֹרְחָהּ.

The Gemara asks: **Shall we say** that **Rabbi Yoḥanan does not accept Reish Lakish's opinion even in** the case of the **two cows?** The Gemara rejects this suggestion: **No, actually** it is possible that Rabbi Yoḥanan **accepts** the opinion of Reish Lakish, but he distinguishes between the cases. In the case of **garments,** it is **common** for **people to put their cloaks down** in the public domain **in order to rest** [***umitpeḥi***],[L] and this is not considered atypical behavior. **But it is not common** for an **animal** to lie down in the public domain, and since this animal behaved in an atypical manner, no liability is borne by the owner of the walking cow for engaging in atypical behavior and kicking the prone cow.

"וְאִם נֶהֱנֵית מְשַׁלֶּמֶת" וכו׳. וְכַמָּה? רַבָּה אָמַר: דְּמֵי עָמִיר, רָבָא אָמַר: דְּמֵי שְׂעוֹרִים בְּזוֹל.

§ The mishna teaches: **And if** the animal **derives benefit** from eating another's produce in the public domain, although the owner is exempt from paying for the damage it caused, nevertheless the owner of the animal **pays** for the benefit that it derives. The Gemara asks: **And how much** is this payment, i.e., how is it calculated? **Rabba says:** It is **the value of,** i.e., the amount one would pay, for an equal quantity of **stalks** of hay or straw. This is because the owner can claim that had his animal not eaten the produce, he would have fed it inexpensive straw, so the animal's benefit is limited to the cost of the straw that it would have eaten. **Rava says:** If the animal ate barley, his owner must pay **the value of the barley,** i.e., as that is typical animal food, but **based on** the **cheapest** price available in the market.

NOTES

Anyone who deviates, etc. – **כׇּל הַמְשַׁנֶּה וכו׳**: Some commentaries understand that the logic is that since the one who placed his vessels and other items in the public domain has deviated from the societal norm, he must be aware that there is a likelihood that his property will be damaged by people or animals, and therefore by leaving them there he surrenders any claim to compensation for damage caused to his property. Others understand that by leaving his items in a vulnerable place the owner is considered the cause of the damage, and therefore the owner of the animal is not liable.

HALAKHA

It ate garments – **אָכְלָה כְּסוּת**: If a domesticated animal ate something completely atypical for it to consume, such as garments or vessels, this is a deviation from normal animal behavior. The injured party can collect payment for half the cost of the damage, regardless of whether it happened in the private or public domain (Rambam *Sefer Nezikin, Hilkhot Nizkei Mamon* 3:3; *Shulḥan Arukh, Ḥoshen Mishpat* 391:2).

LANGUAGE

Rest [*mitpeḥi*] – **מִתְפְּחִי**: Apparently, the root of this word is *nun, peh, ḥet* with a meaning similar to breathing or exhaling. Here it means resting or standing in order to breathe.

תַּנְיָא כְּוָותֵיהּ דְּרַבָּה, תַּנְיָא כְּוָותֵיהּ דְּרָבָא. תַּנְיָא כְּוָותֵיהּ דְּרַבָּה, רַבִּי שִׁמְעוֹן בֶּן יוֹחַי אָמַר: אֵין מְשַׁלֶּמֶת אֶלָּא דְּמֵי עָמִיר בִּלְבַד.

The Gemara notes: It **is taught** in a *baraita* **in accordance with** the opinion **of Rabba** and it **is taught** in a different *baraita* **in accordance with** the opinion **of Rava. It is taught** in a *baraita* **in accordance with** the opinion **of Rabba: Rabbi Shimon ben Yoḥai said:** The animal's owner **pays only the value of stalks** of straw.

תַּנְיָא כְּוָותֵיהּ דְּרָבָא: אִם נֶהֱנֵית – מְשַׁלֶּמֶת מַה שֶּׁנֶּהֱנֵית, כֵּיצַד? אָכְלָה קַב אוֹ קַבַּיִים, אֵין אוֹמְרִים תְּשַׁלֵּם דְּמֵיהֶן, אֶלָּא אוֹמְדִין כַּמָּה אָדָם רוֹצֶה לְהַאֲכִיל לִבְהֶמְתּוֹ דָּבָר הָרָאוּי לָהּ אַף עַל פִּי שֶׁאֵינוֹ רָגִיל. לְפִיכָךְ אָכְלָה חִטִּין אוֹ דָּבָר הָרַע לָהּ – פְּטוּרָה.

It **is taught** in a *baraita* **in accordance with** the opinion **of Rava** (*Tosefta* 1:7): **If** the animal **derived benefit** from eating another's produce, the owner of the animal **pays** for **the benefit that it derived.**[H] **How so?** If the animal **ate one** *kav* **or two** *kav* of grain, **we do not say** that **he should pay their value. Rather,** the court **estimates how much a person would pay in order to feed his animal** typical food **fit for it** to eat, **even if** this particular animal **does not usually** eat that food, as its owner gives it cheaper food. Therefore, if the animal ate barley, which is typical animal fare, even though it does not usually do so, its owner must pay compensation for the barley that was eaten, at its cheapest market price. **Therefore,** if the animal **ate wheat or** another **item that is detrimental to** it, so that it did not derive any benefit, if this occurred in the public domain the owner is **exempt** from all liability.

אֲמַר לֵיהּ רַב חִסְדָּא לְרָמִי בַּר חָמָא: לָא הֲוֵית גַּבָּן בְּאוֹרְתָּא בִּתְחוּמָא, דְּאִיבַּעְיָא לָן מִילֵּי מַעַלְיָיתָא. אֲמַר: מַאי מִילֵּי מַעַלְיָיתָא? אֲמַר לֵיהּ: הַדָּר בַּחֲצַר חֲבֵירוֹ שֶׁלֹּא מִדַּעְתּוֹ, צָרִיךְ לְהַעֲלוֹת לוֹ שָׂכָר אוֹ אֵין צָרִיךְ?

§ In connection to the principle stated in the mishna, that if the animal derives benefit the owner of the animal pays for the benefit that it derived, the Gemara relates: **Rav Ḥisda said to Rami bar Ḥama: You were not with us at night within our boundary**[N] **when we raised dilemmas** concerning **exceptional matters.** Rami bar Ḥama **said** to him: **What are the exceptional matters** you discussed? Rav Ḥisda **said to him:** With regard to **one who resides in another's courtyard without his knowledge** or permission, **must he pay him rent**[N] for living there **or does he not need to** pay him rent?

הֵיכִי דָּמֵי? אִילֵימָא בְּחָצֵר דְּלָא קַיְימָא לְאַגְרָא וְגַבְרָא דְּלָא עֲבִיד לְמֵיגַר – זֶה לֹא נֶהֱנֶה וְזֶה לֹא חָסֵר! אֶלָּא בְּחָצֵר דְּקַיְימָא לְאַגְרָא וְגַבְרָא דַּעֲבִיד לְמֵיגַר – זֶה נֶהֱנֶה וְזֶה חָסֵר!

The Gemara asks: **What are the circumstances** of this question? **If we say** that the case concerns **a courtyard that does not stand to be rented out,** i.e., if the squatter would not have lived there the owner would have kept it vacant, **and the man** squatting there is someone who would **not have rented** other living quarters[H] because he has other lodgings available to him for free, then it is a case where **this** one, the squatter, **does not derive benefit, and that** one, the owner, **does not suffer a loss;**[N] in that case certainly no payment is necessary. Rather, say that the discussion concerns a case of **a courtyard that stands to be rented out, and the man** squatting there would **have rented** other living quarters.[H] If so, then this is a case where **this** one **derives benefit and that** one **suffers a loss,** and in that case he certainly must make payment. The dilemma was not with regard to either of these circumstances.

לָא צְרִיכָא, בְּחָצֵר דְּלָא קַיְימָא לְאַגְרָא וְגַבְרָא דַּעֲבִיד לְמֵיגַר, מַאי? מָצֵי אָמַר לֵיהּ "מַאי חֲסַרְתִּיךְ", אוֹ דִּלְמָא מָצֵי אָמַר:

The Gemara explains: **No,** it is **necessary** to raise the dilemma in the case of **a courtyard that does not stand to be rented out, but the man** squatting there **would have rented** other living quarters had he not squatted in this property. **What is** the *halakha* in this case? Is the squatter legally **able to say to** the owner of the courtyard: **What loss have I caused you,** as you would not have rented it out anyway? **Or perhaps** the owner of the courtyard is legally **able to say** to the squatter:

HALAKHA

Pays for the benefit that it derived – מְשַׁלֶּמֶת מַה שֶּׁנֶּהֱנֵית: If an animal ate produce in the public domain, the owner must pay for the benefit the animal derived. This means that the owner must pay for the quantity of food the animal ate as if it had eaten straw, in accordance with the opinion of Rabba, Rava's teacher. The Ra'avad and the *Tur* follow the opinion of Rava, who is a later *amora*, and they say that the owner must pay the cost of the corresponding quantity of barley at the cheapest market price. If the animal ate something that was detrimental to it the owner need not pay anything, as the animal did not derive any benefit from it (Rambam *Sefer Nezikin, Hilkhot Nizkei Mamon* 3:2, 3; *Shulḥan Arukh, Ḥoshen Mishpat* 391:8).

A courtyard that does not stand to be rented out and the man squatting there would not have rented other quarters – בְּחָצֵר דְּלָא קַיְימָא לְאַגְרָא וְגַבְרָא דְּלָא עֲבִיד לְמֵיגַר: If one was living in a courtyard belonging to another without the owner's knowledge and permission, if the owner discovered this and told him to leave and he did not leave, the squatter must pay rent. If the owner discovered he was there but did not tell him to leave, if the courtyard did not stand to be rented out, even if the person living there would otherwise rent a place to live, he does not need to pay rent for the courtyard, as this case is in the category of: This one derives benefits and that one does not suffer a loss (Rambam *Sefer Nezikin, Hilkhot Gezeila VaAveda* 3:9; *Shulḥan Arukh, Ḥoshen Mishpat* 363:6).

A courtyard that stands to be rented out and the man squatting there would have rented other quarters – בְּחָצֵר דְּקַיְימָא לְאַגְרָא וְגַבְרָא דַּעֲבִיד: If one lives in a courtyard belonging to another without the owner's knowledge and permission, if the courtyard stood to be rented out, even if the squatter would not otherwise rent living quarters, he must pay rent for this courtyard, as he caused the owner to suffer a loss. The Rema writes, citing Mordekhai, that the average house nowadays stands to be rented out, even if a given house had never been rented out before (Rambam *Sefer Nezikin, Hilkhot Gezeila VaAveda* 3:9; *Shulḥan Arukh, Ḥoshen Mishpat* 363:6).

NOTES

Within our boundary – בִּתְחוּמָא: The straightforward meaning of this term is in a nearby location. Rashi understands this as a reference to the study hall of the academy. Apparently, there was an ancient tradition to interpret this expression in this way, as the *Arukh* also cites this interpretation and explains that the study hall is the boundary, or the area, in which the Torah scholars would regularly be found.

Must he pay him rent – צָרִיךְ לְהַעֲלוֹת לוֹ שָׂכָר: The Gemara does not discuss here the more basic question of whether it is permitted to reside in the courtyard of another without permission *ab initio*, as it is concerned with the issue of rental payment. *Tosafot* maintain that one is not permitted to reside in the courtyard of another without permission, since even though the owner does not intend to derive benefit from his courtyard, he has the right to prevent others from entering it, and this is also the opinion of the Rema (see *Shulḥan Arukh, Ḥoshen Mishpat* 363:6). Some authorities understand that *Tosafot* hold that the *halakha* that one is not permitted to reside in the courtyard applies only when the owner has actively protested the presence of the squatter. If this is not the case, then the squatter may reside in the courtyard if the courtyard does not stand to be rented to others (*Beit Efrayim, Ḥoshen Mishpat* 49; *Netivot HaMishpat* 146:9). Some authorities see this as analogous to one who borrows an item without permission, who is considered to be a thief.

This one does not derive benefit and that one does not suffer a loss – זֶה לֹא נֶהֱנֶה וְזֶה לֹא חָסֵר: The early authorities discuss a different case that is not addressed by the Gemara, where the squatter would not have needed to pay to rent a place to live, and so he does not derive benefit from having squatted there, but the owner of the courtyard did intend to rent it out and therefore suffers a loss. In the opinion of *Tosafot*, the squatter would not have to pay in this case either, although he caused damage to the owner, because the damage was caused indirectly. The Rif holds that he must pay as he caused a loss to the owner of the courtyard.

הָא אִיתְהֲנֵית?

You have derived benefit from my property, as by living there you saved the money you otherwise would have had to pay in order to rent out a different courtyard, and therefore you must pay me for the benefit you derived.

אֲמַר לֵיהּ: מַתְנִיתִין הִיא. הֵי מַתְנִיתִין? אֲמַר לֵיהּ: לְכִי תְּשַׁמֵּשׁ לִי. שְׁקַל סוּדְרֵיהּ כְּרַךְ לֵיהּ. אֲמַר לֵיהּ: אִם נֶהֱנֵית – מְשַׁלֶּמֶת מַה שֶּׁנֶּהֱנֵית.

Rami bar Ḥama **said to him:** This dilemma is not new; rather, **it is** discussed in **the mishna,** and the mishna already provided a solution. Rav Ḥisda asked him: To **which mishna** are you referring? Rami bar Ḥama **said to him: After you serve me,**[N] I will tell you. Rav Ḥisda **took** hold of Rami bar Ḥama's **scarf** [*suderei*][L] **and wrapped** it around **him** in the manner it is usually worn. Rami bar Ḥama then **said to him:** This is the mishna: **If** the animal **derives benefit,** the owner of the animal **pays for the benefit that** the animal **derived.** This demonstrates that one who derives benefit must pay for the benefit he derives, even if the injured party is not entitled to payment for his loss.

אֲמַר רָבָא: כַּמָּה לָא חַלֵּי וְלָא מַרְגִּישׁ גַּבְרָא דְּמָרֵיהּ סַיְיעֵיהּ, דְּאַף עַל גַּב דְּלָא דָּמֵי לְמַתְנִיתִין קִבְּלָה מִינֵּיהּ! הַאי זֶה נֶהֱנֶה וְזֶה חָסֵר, וְהַאי זֶה נֶהֱנֶה וְזֶה לֹא חָסֵר הוּא.

Rava said: How little does **a man who has the assistance of his Lord have to worry or be concerned** about the possibility that his opinion may not be accepted, **as even though** the dilemma that was raised is in fact **not similar to** the case in **the mishna** quoted by Rami bar Ḥama, Rav Ḥisda nevertheless **accepted it from him. This** case in the mishna, about the animal eating produce in the public domain, is where **this one derives benefit and that one suffers a loss, and that** case of the squatter living in the courtyard, is where **this one derives benefit and that one does not suffer a loss.**[N]

וְרָמִי בַּר חָמָא? סְתָם פֵּירוֹת בִּרְשׁוּת הָרַבִּים אַפְקוּרֵי מַפְקַר לְהוּ.

The Gemara asks: **And** what does **Rami bar Ḥama** think? Why does he equate the two cases? The Gemara explains: He holds that if **produce** is left **in the public domain without specification** with regard to its ownership, it is assumed that the owner **has rendered it ownerless.** The owner does not expect to derive benefit from the produce, and therefore when the animal ate it he suffered no loss. Consequently, it is a case where this one derives benefit and that one does not suffer a loss, and it is comparable to the case of the squatter in the courtyard.

תְּנַן: הַמַּקִּיף חֲבֵירוֹ מִשָּׁלֹשׁ רוּחוֹתָיו, וְגָדַר אֶת הָרִאשׁוֹנָה וְאֶת הַשְּׁנִיָּה וְאֶת הַשְּׁלִישִׁית – אֵין מְחַיְּיבִין אוֹתוֹ; הָא רְבִיעִית – מְחַיְּיבִין אוֹתוֹ,

The Gemara attempts to cite conclusive evidence from another case: **We learned** in a mishna (*Bava Batra* 4b): **If one's** fields **surround** the fields of **another**[H] **on three sides, and he fenced in the first, the second, and the third** field, thereby providing protection also to the other man's field, the court **does not obligate** the owner of the inner field to share in the costs of the fence, as he can claim that he does not derive benefit from it, since his field remains exposed on the fourth side. The Gemara infers: **But** this indicates that if his fields surrounded the inner field on all four sides, and the owner of the outer fields fenced the field on the **fourth** side as well, the court **does obligate** the owner of the inner field to share in the expenses.

HALAKHA

If one's fields surround the fields of another, etc. – הַמַּקִּיף חֲבֵירוֹ וכו׳: If one had a field that was surrounded on all four sides by someone else's fields, and the latter fenced in three of his fields, leaving only one field unfenced, the owner of the inner field need not pay anything. If he fenced in the fourth side as well, so that the inner field is completely enclosed by fences, the owner of the inner field must share in the expenses by paying half the cost of the fences. Similarly, if the owner of the inner field put up the fence on the fourth side himself, he needs to pay the owner of the outer fields half of the cost of the fences on the other three sides.

The Rema, citing *Tosafot* and the Ramban, writes that the same principle applies in a case where the owner of the outer fields puts up a fence around the outer perimeter of his fields, as the inner field is thereby also protected, unless the practice in that locale is that every landowner fences in his own fields, as in that case the owner of the inner field can say that he does not derive any benefit from the fence around the perimeter of the outer fields, as his field is still exposed to the lands surrounding his (Rambam *Sefer Kinyan, Hilkhot Shekhenim* 3:3; *Shulḥan Arukh, Ḥoshen Mishpat* 158:6).

NOTES

After you serve me – לְכִי תְּשַׁמֵּשׁ לִי: In other words, I will answer you after you behave toward me the way a student behaves toward his master. This was achieved when Rav Ḥisda performed a service for Rami bar Ḥama, giving concrete expression to the relationship. Many of the later commentaries expressed astonishment at the fact that Rami bar Ḥama made such a request of an important scholar such as Rav Ḥisda, who was not only older than he, but was also his father-in-law and in certain respects his teacher. In general they explained that Rami bar Ḥama wished to impress upon his listener the significance of what he was about to say, as through this symbolic act Rav Ḥisda would most certainly remember the novel idea and give it consideration.

Some commentaries raise the following issue: Rav Ḥisda was also a priest, and it is prohibited for a priest to serve a non-priest (see *Oraḥ Ḥayyim* 128:45), so how could Rami bar Ḥama request this of him? The *Smag* answers that one is allowed to be served by a priest if he pays the priest, and in this case Rami bar Ḥama provided Rav Ḥisda with a source for his statement, which is a form of payment for his service.

This one derives benefit and that one does not suffer a loss – זֶה נֶהֱנֶה וְזֶה לֹא חָסֵר: It seems that the opinions of Rami bar Ḥama and Rava represent two fundamentally different ways to understand the reason why the owner of an animal must pay for the benefit derived by his animal. Rami bar Ḥama derives the essence of the matter from the expression: The owner of the animal pays for the benefit that it derived, from which he concludes that one who derives benefit from another's property must pay for it, as one does not have the right to make use of the property of another for free unless given express permission to do so. An equivalent of this idea can be found in other legal systems and is called unjust enrichment.

Conversely, Rava's opinion is that there is no inherent need to pay for the benefit itself; payment is due only if one caused a loss to another, and if there is no loss to the owner, the use of the property may even be permitted, as preventing him from using it may be considered malicious selfishness characteristic of Sodom. At times the court may even coerce someone to allow others to make use of his property when it is beneficial for them at no loss to himself.

LANGUAGE

Scarf [*sudara*] – סוּדָרָא: From the Greek σουδάριον, *sudarion*, or alternatively the Latin sudarium, both of which mean a towel or napkin. The Sages used it to mean a band of simple cloth that was used for several purposes, among them as a scarf or a turban, especially for married Torah scholars. It was a symbol of their special status. In fact, the Sages taught (*Shabbat* 77b) that the word is an acronym for the letters of the verse: "The counsel of the Lord is with those that fear Him [*sod Adonai lirei'av*]" (Psalms 25:14).

שְׁמַע מִינַּהּ: זֶה נֶהֱנֶה וְזֶה לֹא חָסֵר – חַיָּיב! שָׁאנֵי הָתָם, דְּאָמַר לֵיהּ: אַתְּ גְּרַמְתְּ לִי הֶקֵּיפָא יְתֵירָא.

The Gemara suggests: **Conclude from** the mishna that where **this one derives benefit and that one does not suffer a loss,** the one who derives benefit is **obligated** to pay for that benefit. In this case, the owner of the inner field benefits from the fence while the owner of the outer field does not suffer a loss, because in any event he would have needed to build those fences, and the owner of the inner field is obligated to share in the expense. The Gemara rejects this: It **is different there** because the owner of the outer field **can say to** the owner of the inner field: **Your** field **caused me to have to** build the fence with **a larger circumference** than I would have otherwise needed to had your field not been there, and therefore your field caused me an additional expense. This case is therefore similar to those where this one derives benefit and that one suffers a loss.

תָּא שְׁמַע, אָמַר רַבִּי יוֹסֵי: אִם עָמַד נִיקָּף וְגָדַר אֶת הָרְבִיעִית – מְגַלְגְּלִין עָלָיו אֶת הַכֹּל; טַעְמָא דְּגָדַר נִיקָּף, הָא מַקִּיף – פָּטוּר,

The Gemara attempts another resolution: **Come** and **hear** a proof from the continuation of that mishna. **Rabbi Yosei said: If** the owner of **the surrounded,** i.e., inner, field **arose and enclosed the fourth** side on his own, the court **imposes upon him** the obligation to pay his share of **all** of it, as through his actions he demonstrated that he was interested in having the fence installed. The Gemara infers from this: The **reason** the court imposes upon him the obligation to pay his share of all of it is because the owner of **the surrounded** field arose and **enclosed** the fourth side himself. By inference, had the owner of **the surrounding** field built the fourth fence, the owner of the inner field would be **exempt.**

שְׁמַע מִינַּהּ: זֶה נֶהֱנֶה וְזֶה לֹא חָסֵר – פָּטוּר! שָׁאנֵי הָתָם, דְּאָמַר לֵיהּ: לְדִידִי סַגִּי לִי בִּנְטִירָא בַּר זוּזָא.

The Gemara suggests: **Conclude from** the mishna that where **this one derives benefit and that one does not suffer a loss,** the one who derives benefit is **exempt.** The Gemara rejects this: It **is different there** because the owner of the inner field **can say to** the owner of the surrounding fields: **For me, the protection** of a fence **worth a dinar would have been sufficient;** I did not wish to pay for such an expensive fence.

תָּא שְׁמַע: הַבַּיִת וְהָעֲלִיָּיה שֶׁל שְׁנַיִם שֶׁנָּפְלוּ, אָמַר בַּעַל הָעֲלִיָּיה לְבַעַל הַבַּיִת לִבְנוֹת וְהוּא אֵינוֹ רוֹצֶה, הֲרֵי בַּעַל הָעֲלִיָּיה בּוֹנֶה בַּיִת וְיוֹשֵׁב בָּהּ עַד שֶׁיִּתֵּן לוֹ יְצִיאוֹתָיו;

The Gemara attempts another resolution: **Come** and **hear** a proof from a mishna (*Bava Metzia* 117a): If **a house and its upper story,** which belonged **to two** separate people, **collapsed,**[H] necessitating that the entire structure be rebuilt, and **the owner of the upper story told the owner of the** lower story of the **house to build** the lower story again so that he could rebuild the upper story, but the owner of the lower story **does not want to** do so, **the owner of the upper story may build** the lower story of the **house and live in it until** the owner of the lower story **will pay him for his expenses,** and only then will he be required to vacate the lower story of the house and build the upper story.

יְצִיאוֹתָיו הוּא דִּמְחַיֵּיב לֵיהּ בַּעַל הַבַּיִת, הָא שְׂכָרוֹ – לָא, שְׁמַע מִינַּהּ: זֶה נֶהֱנֶה וְזֶה לֹא חָסֵר – פָּטוּר! שָׁאנֵי הָתָם, דְּבֵיתָא לְעֲלִיָּיה מִשְׁתַּעְבֵּד.

The Gemara infers: It **is** all of **his expenses that the owner of the** lower story of the **house is obligated to** pay **him, and** he **does not** subtract from the amount compensation **for rent** for the time that the owner of the upper story lived in the lower story of the house. **Conclude from** the mishna that where **this one derives benefit and that one does not suffer a loss,** the one who derives benefit is **exempt,** as the owner of the upper story derived benefit from living in the lower story, while the owner of the lower story did not suffer a loss, since he said he did not need it. The Gemara rejects this proof: It **is different there because the** lower story of the **house is subjugated to the upper story,** because it also serves as the foundation of the upper story, and therefore the owner of the lower story of the house is obligated to provide lodging to the owner of the upper story in the interim.

HALAKHA

A house and its upper story that belonged to two separate people collapsed – הַבַּיִת וְהָעֲלִיָּיה שֶׁל שְׁנַיִם שֶׁנָּפְלוּ: If both levels of a two-story house collapse, and each level belongs to a different owner, and the owner of the lower story does not want to rebuild, the owner of the upper story may rebuild the lower story and live in it. If the owner of the lower story then wants to use it, he may pay the owner of the upper story all of his expenses, and the owner of the upper story can then rebuild his home on top of the house. In this case, the owner of the upper story does not have to pay the owner of the lower story of the house anything for the time that he lived in the house, in accordance with the opinion of the unattributed mishna (Rambam *Sefer Kinyan, Hilkhot Shekhenim* 4:3; *Shulḥan Arukh, Ḥoshen Mishpat* 164:5).

תָּא שְׁמַע, רַבִּי יְהוּדָה אוֹמֵר: אַף זֶה הַדָּר בַּחֲצַר חֲבֵירוֹ שֶׁלֹּא מִדַּעְתּוֹ – צָרִיךְ לְהַעֲלוֹת לוֹ שָׂכָר; שְׁמַע מִינָּהּ: זֶה נֶהֱנֶה וְזֶה לֹא חָסֵר – חַיָּיב! שָׁאנֵי הָתָם, מִשּׁוּם שַׁחֲרוּרִיתָא דְּאָשְׁיְיתָא.

The Gemara attempts another resolution. **Come and hear** a proof from the continuation of the mishna, in which Rabbi Yehuda disagrees with the first *tanna* and holds that the owner of the upper story may not reside in the lower story of the house without payment. **Rabbi Yehuda says:** A proof that the owner of the upper story must pay rent is from the *halakha* that **even this one who resides in another's courtyard without his knowledge**[H] **must pay him rent. Conclude from** the mishna that when **this one derives benefit and that one does not suffer a loss,** the one who derives benefit is **obligated** to pay. The Gemara rejects this: It **is different there,** as there it is possible to claim that the owner of the lower story suffers a loss **due to the blackening of the walls,**[HN] as when a person lives in a home, the value of the house depreciates due to the use.

שְׁלַחוּהָ בֵּי רַבִּי אַמִי, אֲמַר: וְכִי מֶה עָשָׂה לוֹ, וּמַה חִסְּרוֹ, וּמַה הִזִּיקוֹ? רַבִּי חִיָּיא בַּר אַבָּא אֲמַר: נִתְיַישֵּׁב בַּדָּבָר. הֲדַר שְׁלַחוּהָ קַמֵּיהּ דְּרַבִּי חִיָּיא בַּר אַבָּא, אֲמַר: כּוּלֵּיהּ הַאי שָׁלְחוּ לִי וְאָזְלִי, אִילּוּ אַשְׁכַּחִי בָּהּ טַעֲמָא לָא שְׁלַחְנָא לְהוּ?

This dilemma was not successfully resolved so **they sent it** to the **academy of Rabbi Ami** to ask his opinion. Rabbi Ami **said: And what did** this squatter **do to** the owner? **What loss did he cause him? How did he damage him?** Rav Ami holds that if this one derives benefit and that one does not suffer a loss, no payment is necessary. When asked about this dilemma, **Rabbi Ḥiyya bar Abba**[P] **said: Let us consider the matter.**[N] After waiting and not receiving a response **they sent** the question **to Rabbi Ḥiyya bar Abba again. He said: They keep sending me this** dilemma; **had I found a response** to their question, **would I not have sent them** a reply? They should have realized that Rabbi Ḥiyya bar Abba did not have an answer for them.

אִתְּמַר, רַב כָּהֲנָא אָמַר רַבִּי יוֹחָנָן: אֵינוֹ צָרִיךְ לְהַעֲלוֹת לוֹ שָׂכָר, רַבִּי אַבָּהוּ אָמַר רַבִּי יוֹחָנָן: צָרִיךְ לְהַעֲלוֹת לוֹ שָׂכָר.

It was stated that the *amora'im* discussed this matter: **Rav Kahana** says that **Rabbi Yoḥanan says: He need not pay him rent,** and **Rabbi Abbahu** says that **Rabbi Yoḥanan says: He must pay him rent.**

אֲמַר רַב פַּפָּא: הָא דְּרַבִּי אַבָּהוּ לָאו בְּפֵירוּשׁ אִתְּמַר אֶלָּא מִכְּלָלָא אִתְּמַר, דִּתְנַן: נָטַל אֶבֶן אוֹ קוֹרָה שֶׁל הֶקְדֵּשׁ – הֲרֵי זֶה לֹא מָעַל,

Rav Pappa said: This statement **of Rabbi Abbahu,** citing Rabbi Yoḥanan, **was not stated explicitly; rather, it was stated from an inference** that Rabbi Abbahu drew from something that Rabbi Yoḥanan said in a different context. **As we learned** in a mishna (*Me'ila* 5:4): If the treasurer of consecrated property **took** for himself **a stone**[N] **or** a cross **beam** that had been **consecrated,**[H] **he has not** violated the prohibition of **misuse** of consecrated property. This is because his act of taking the stone or the beam has not effectively removed it from within the jurisdiction of Temple property, as any item under his control is in the possession of the Temple treasury.

NOTES

The blackening of the walls – שַׁחֲרוּרִיתָא דְּאָשְׁיְיתָא: Residence in a dwelling once caused the walls to become black, a result of the use of fire for cooking, heating, and light, or other activities. Rashi adds that this was noticeable only in a new house but not in an old house that had already been lived in.

The Rashba writes that a general halakhic principle can be derived from this discussion: As long as the owner of a given piece of property does not suffer a loss, the one who derives benefit from his property has no obligation to pay for that benefit. If he causes the property owner even a small loss, he is liable to fully compensate him for the full usage. Deriving benefit in and of itself does not generate a monetary obligation, but once a monetary obligation has been generated due to any form of actual loss, the tenant incurs the obligation to fully pay for the benefit he has derived.

Let us consider the matter – נִתְיַישֵּׁב בַּדָּבָר: The reason that Rav Ḥiyya bar Abba was reluctant to give his decision on this matter becomes immediately apparent in the following paragraphs. The Gemara cites a dispute with regard to the opinion of Rabbi Yoḥanan, who is considered the chief teacher of Rabbi Ḥiyya bar Abba. In the absence of a decisive statement from his teacher, Rabbi Ḥiyya bar Abba wished to find a proof for Rav Ami's opinion from a tannaitic source and therefore deferred giving his answer to this question.

He took a stone – נָטַל אֶבֶן: The Gemara explains that one must say that this mishna is not speaking of an ordinary individual, as in that case his very taking of the item for personal use would already be a violation of the prohibition of misuse from the moment he takes it into his possession. Rather, it must be speaking of the person appointed as treasurer to oversee the possessions of the Temple treasury, who is in charge of these items, and therefore they are in his possession all the time. For this reason, his act of taking them alone does not effect a change of possession until he conveys them to someone else or actually uses them.

HALAKHA

One who resides in another's courtyard without his knowledge – הַדָּר בַּחֲצַר חֲבֵירוֹ שֶׁלֹּא מִדַּעְתּוֹ: If one resides in another's courtyard without his knowledge, so that the owner neither granted permission to live there nor demanded that he vacate the premises, if the owner did not intend to rent the courtyard out, the squatter does not need to pay rent to the owner, in accordance with the opinion of Rav Kahana citing Rabbi Yoḥanan (Rambam *Sefer Nezikin, Hilkhot Gezeila VaAveda* 3:9; *Shulḥan Arukh, Ḥoshen Mishpat* 363:6).

Due to the blackening of the walls – מִשּׁוּם שַׁחֲרוּרִיתָא דְּאָשְׁיְיתָא: Some say that in a case where someone lived in a house that was not meant to be rented out, although the squatter need not pay rent, nevertheless, if he caused even the slightest loss to the owner, such as if he had somewhat blackened the walls of a new house, he must pay the owner for the full extent of the benefit he derived from living there (*Shulḥan Arukh, Ḥoshen Mishpat* 363:7).

Took a stone…that had been consecrated – נָטַל אֶבֶן...שֶׁל הֶקְדֵּשׁ: With regard to one who took a consecrated stone or beam and gave it to another, both are guilty of misuse of consecrated property. If the Temple treasurer gave it to another person, the one who received it is guilty of misuse, but the treasurer is not (Rambam *Sefer Avoda, Hilkhot Me'ila* 6:7, and see Ra'avad there).

PERSONALITIES

Rabbi Ḥiyya bar Abba – רַבִּי חִיָּיא בַּר אַבָּא: Rabbi Ḥiyya bar Abba was a third-generation *amora* who lived primarily in Eretz Yisrael. He was born in Babylonia, and it is possible that he even studied Torah under Rav. He ascended to Eretz Yisrael at a young age and settled there. While he would travel to Babylonia from time to time, most of his life and activities were in Eretz Yisrael. There he merited to meet some of the most important *amora'im* of the first generation, studying Torah with Rabbi Yehoshua ben Levi and Rabbi Ḥanina. His primary teacher was Rabbi Yoḥanan.

Rabbi Ḥiyya bar Abba was Rabbi Yoḥanan's premier disciple and one of the transmitters of his most important statements. It is said that Rabbi Ḥiyya bar Abba would constantly review what he had learned while his teacher was present, and he was very precise in passing the statements on to the next generation. Rabbi Ḥiyya bar Abba was for the most part a master of *halakha*. While studying with Rabbi Yoḥanan and in the following years as well, Rabbi Ḥiyya bar Abba befriended the other great students of Rabbi Yoḥanan, and his halakhic discourses with them are mentioned frequently in the Talmud.

Some believe that Rabbi Ḥiyya's permanent residence was in the city of Tyre. We do not know how he earned a living, yet it seems that his livelihood was very sparse, as he did not want to receive material benefit from the study of Torah, and despite being a priest he did not want to receive tithes. His periodic travels to Babylonia seem to have been related to his need to earn a livelihood.

His statements are recorded both in the Babylonian Talmud and the Jerusalem Talmud, and the Sages of the next generation, including Rabbi Yirmeya, were his disciples. It appears that he lived a very long life, leaving behind several sons who were also Torah scholars, the most famous being Rabbi Abba, son of Rabbi Ḥiyya bar Abba.

HALAKHA

He built it into his house – בְּנָאָהּ לְתוֹךְ בֵּיתוֹ: If one takes a consecrated stone or beam for himself, he has not violated the prohibition of misuse of consecrated property. If he builds it into his house, he is guilty of misuse. If he places it across his window without connecting it to the structure of the house, he has not violated the prohibition of misuse until he has lived beneath it for an amount of time worth one *peruta*, as the benefit derived merely by placing it across his window is not readily apparent (Rambam *Sefer Avoda, Hilkhot Me'ila* 6:8).

נְתָנָהּ לַחֲבֵירוֹ – הוּא מָעַל וַחֲבֵירוֹ לֹא מָעַל, בְּנָאָהּ לְתוֹךְ בֵּיתוֹ – הֲרֵי זֶה לֹא מָעַל עַד שֶׁיָּדוּר תַּחְתֶּיהָ שָׁוֶה פְּרוּטָה,

If the treasurer **gave it to another** as a gift, **he** has then **misused** consecrated property, as he removed it from the possession of the Temple and conveyed it into the possession of another. But **the other** man, who received the item, has **not misused** a consecrated item until he actually uses the item. If the treasurer himself **built it into his house,**[H] **he has not** violated the prohibition of **misuse** of consecrated property **until he has lived beneath it** for an amount of time **worth one** ***peruta.***

וַאֲמַר שְׁמוּאֵל: וְהוּא שֶׁהִנִּיחָהּ עַל פִּי אֲרוּבָּה;

And Shmuel said: And this is the *halakha* provided **that he placed it over the skylight,** as were he to have built it into the actual structure of the house, he would have violated the prohibition of misuse with the very act of construction, as by doing so he effects a change in the stone itself. By contrast, when he places the stone in a place from which it is easy to remove it and give it back, then as long as he has not lived beneath it, he has not, as yet, misused consecrated property.

וִיתֵיב רַבִּי אַבָּהוּ קַמֵּיהּ דְּרַבִּי יוֹחָנָן וְקָאָמַר מִשְּׁמֵיהּ דִּשְׁמוּאֵל, זֹאת אוֹמֶרֶת: הַדָּר בַּחֲצַר חֲבֵירוֹ שֶׁלֹּא מִדַּעְתּוֹ – צָרִיךְ לְהַעֲלוֹת לוֹ שָׂכָר, וּשְׁתַק לֵיהּ.

And Rabbi Abbahu sat before Rabbi Yoḥanan and was **saying in the name of Shmuel: That is to say, one who resides in another's courtyard without his knowledge must pay him rent,** similar to the treasurer who resides beneath the consecrated beam without detracting from the value of the beam in any way but has nevertheless violated the prohibition of misuse since he has derived personal benefit from it. **And** Rabbi Yoḥanan **remained silent** and offered **him** no reply.

אִיהוּ סָבַר: מִדִּשְׁתֵיק מוֹדֶה לֵיהּ, וְלָא הִיא, אַשְׁגּוּחֵי לָא אַשְׁגַּח בֵּיהּ;

Rabbi Abbahu **thought** that **since he was silent,** this must mean **he concedes to his** conclusion, and therefore, from then on he would cite this opinion in the name of Rabbi Yoḥanan. **But** that **is not so.** The reason Rabbi Yoḥanan was silent was because **he did not pay attention** to Rabbi Abbahu and did not bother to contradict his opinion on the issue. In truth Rabbi Yoḥanan's opinion is as was reported in his name by Rav Kahana, that a squatter living on someone else's premises without his permission and without causing him any loss does not need to pay the owner any rent.

כִּדְרַבָּה, דְּאָמַר רַבָּה: הֶקְדֵּשׁ שֶׁלֹּא מִדַּעַת

The Gemara explains the distinction between that case and the case of the consecrated stone or beam. The reason the treasurer of consecrated property is considered to have misused consecrated property by deriving benefit from it is **in accordance with** the statement **of Rabba, as Rabba says: Consecrated** property from which one derived benefit **without** the Temple treasury's **knowledge**

Perek **II**
Daf **21** Amud **a**

כְּהֶדְיוֹט מִדַּעַת דָּמֵי.

is **similar** to an action involving non-sacred property belonging to **an ordinary person,** which was performed **with** the owner's **knowledge** and against his wishes. This is because consecrated property belongs to the Almighty, and it is therefore meaningless to speak of a situation where the owner is unaware of what is being done. Consequently, anyone who derives benefit from consecrated property is in violation of the prohibition of misuse, but it cannot be inferred from this that one who resides in another's courtyard without his knowledge must pay him rent.

שְׁלַח לֵיהּ רַבִּי אַבָּא בַּר זַבְדָּא לְמָרֵי בַּר מָר, בְּעִי מִינֵּיהּ מֵרַב הוּנָא: הַדָּר בַּחֲצַר חֲבֵירוֹ שֶׁלֹּא מִדַּעְתּוֹ, צָרִיךְ לְהַעֲלוֹת לוֹ שָׂכָר אוֹ לֹא? אַדְּהָכִי נָח נַפְשֵׁיהּ דְּרַב הוּנָא.

Rabbi Abba bar Zavda sent a message **to Mari bar Mar** saying: **Raise** the following **dilemma before Rav Huna:** Does **one who resides in another's courtyard without his knowledge need to pay him rent or not? In the meantime,** before he was able to respond to the question, **Rav Huna died.**

אֲמַר לֵיהּ רַבָּה בַּר רַב הוּנָא, הָכִי אֲמַר אַבָּא מָרִי מִשְּׁמֵיהּ דְּרַב: אֵינוֹ צָרִיךְ לְהַעֲלוֹת לוֹ שָׂכָר, וְהַשּׂוֹכֵר בַּיִת מֵרְאוּבֵן – מַעֲלֶה שָׂכָר לְשִׁמְעוֹן. שִׁמְעוֹן מַאי עֲבִידְתֵּיהּ? הָכִי קָאָמַר: נִמְצָא הַבַּיִת שֶׁל שִׁמְעוֹן – מַעֲלֶה לוֹ שָׂכָר.

Rabba, son of Rav Huna, said to him in response to the question that was asked of his father: **So did my father, my Master, say in the name of Rav: He does not need to pay him rent. And** he also stated another *halakha*: **One who rents a house from Reuven**[H] **must pay rent to Shimon.** The Gemara is puzzled: **Shimon? What does he** have to do with this? The Gemara explains: **This** is what he **is saying,** i.e., what he means: If it **is discovered that the house** he rented did not actually belong to Reuven but rather it was **Shimon's,** he **must pay rent to** Shimon.

תַּרְתֵּי?! הָא דְּקַיְימָא לְאַגְרָא, הָא דְּלָא קַיְימָא לְאַגְרָא.

The Gemara questions this statement: Did Rav Huna state **two** contradictory *halakhot*? On the one hand he says that one who resides in a courtyard without the owner's knowledge does not need to pay rent, but on the other hand he says that if it is discovered that the true owner of a rented house was someone else, and therefore the tenant was living in another's courtyard without the owner's knowledge, he is obligated to pay him rent. The Gemara resolves the difficulty: **This** second *halakha*, which stated that he is obligated to pay rent, is referring to a courtyard that **stands to be rented out,** while **that** *halakha*, which stated that he is not obligated to pay rent, is referring to a courtyard that **does not stand to be rented out.**

אִתְּמַר נַמִי: אָמַר רַבִּי חִיָּיא בַּר אָבִין אָמַר רַב, וְאָמְרִי לָהּ אָמַר רַבִּי חִיָּיא בַּר אָבִין אָמַר רַב הוּנָא: הַדָּר בַּחֲצַר חֲבֵירוֹ שֶׁלֹּא מִדַּעְתּוֹ – אֵינוֹ צָרִיךְ לְהַעֲלוֹת לוֹ שָׂכָר, וְהַשּׂוֹכֵר בַּיִת מִבְּנֵי הָעִיר – מַעֲלֶה שָׂכָר לַבְּעָלִים. בְּעָלִים מַאי עֲבִידְתַּיְיהוּ? הָכִי קָאָמַר: נִמְצְאוּ לוֹ בְּעָלִים – מַעֲלִין לָהֶן שָׂכָר.

It was also stated: Rabbi Ḥiyya bar Avin says that **Rav says, and some say** that **Rabbi Ḥiyya bar Avin says** that **Rav Huna says: One who resides in another's courtyard without his knowledge does not need to pay him rent, and one who rents a house from the residents of the city must pay rent to the owners.** The Gemara is puzzled: **Owners? What do they** have to **do** with this? The case concerns one who rents a property from the residents of the city, i.e., the house is public property. The Gemara explains: **This is** what **he said:** If it is **discovered that** the house **did have owners** and was not public property, the renters **must pay rent to** those owners.

תַּרְתֵּי?! הָא דְּקַיְימָא לְאַגְרָא, הָא דְּלָא קַיְימָא לְאַגְרָא.

The Gemara wonders about this: Did he state **two** contradictory *halakhot*? The Gemara answers: **This** second *halakha*, which stated that he is obligated to pay rent, is referring to a courtyard that **stands to be rented out,** while **that** *halakha*, which stated that he does not need to pay rent, is referring to a courtyard that **does not stand to be rented out.**

אָמַר רַב סְחוֹרָה אָמַר רַב הוּנָא אָמַר רַב: הַדָּר בַּחֲצַר חֲבֵירוֹ שֶׁלֹּא מִדַּעְתּוֹ – אֵין צָרִיךְ לְהַעֲלוֹת לוֹ שָׂכָר, מִשּׁוּם שֶׁנֶּאֱמַר ״וּשְׁאִיָּה יוּכַּת שָׁעַר״. אֲמַר מָר בַּר רַב אַשִׁי: לְדִידִי חֲזִי לִיהּ, וּמְנַגַּח כִּי תוֹרָא. רַב יוֹסֵף אֲמַר: בֵּיתָא מִיַּתְּבָא יָתֵיב.

Rav Seḥora says that **Rav Huna says** that **Rav says: One who resides in another's courtyard without his knowledge does not need to pay him rent because it is stated:** "Desolation remains in the city, **and the gate is stricken unto ruin**" (Isaiah 24:12),[NB] i.e., a house that is not lived in will collapse at some point due to neglect. Consequently, one who lives inside an otherwise uninhabited house is providing a service to the homeowner, as he maintains the house and prevents it from falling apart. **Mar bar Rav Ashi said: I saw this ruin and it gores like an ox,** i.e., it is devastating. **Rav Yosef stated** a similar idea: **A home that is lived in is settled** and safeguarded, while a home that is not lived in has no one to look after it and maintain it.

מַאי בֵּינַיְיהוּ? אִיכָּא בֵּינַיְיהוּ, דְּקָא מִשְׁתַּמֵּשׁ בֵּיהּ בְּצִיבֵי וְתִיבְנָא.

The Gemara asks: **What is** the difference **between** what Rav said and what Rav Yosef said? The Gemara answers: The difference **between them** is with regard to a house that the homeowner **uses** to store **wood and straw.** The house is not empty and desolate but there is nobody living in it. According to Rav Yosef's reasoning, a squatter there would not have to pay rent to the homeowner.

HALAKHA

One who rents a house from Reuven, etc. – הַשּׂוֹכֵר בַּיִת מֵרְאוּבֵן וכו׳: Some say that if one rented a courtyard that was standing to be rented out from Reuven and paid him, and it was then discovered that it really belonged to Shimon, he must pay Shimon the rent, and he can then sue Reuven to retrieve the money he collected unlawfully. If he rented the courtyard from Reuven for less than its market value, he must pay Shimon the amount of the full market value. If he rented the courtyard for an above-market rate, he must pay Shimon only the amount of the market value. The Rema writes that this applies only in a case where Shimon, or one of his agents, was in the town and was actively trying to rent the place out, but if he was not trying to rent it out, it has the status of a courtyard not standing to be rented out, and therefore he need not pay anything to Shimon (*Shulḥan Arukh, Ḥoshen Mishpat* 363:9–10).

NOTES

The gate is stricken unto ruin – שְׁאִיָּה יוּכַּת שָׁעַר: The Rosh writes that these explanations are not the actual reason for the exemption from liability; rather, Rav Huna holds that no payment is required in a case where this one derives benefit and that one does not suffer a loss. The Rashba and *Nimmukei Yosef* add that it is necessary to cite these other rationales in order to counteract the claim that the tenant causes a loss to the homeowner simply by making use of the premises and causing ordinary wear-and-tear, such as the blackening of the walls, by establishing, conversely, that a tenant provides a greater benefit to the homeowner by living in the house. *Yam Shel Shlomo* gives a different explanation: Even though one who derives benefit from the property of another without causing the owner a loss is exempt from having to pay rent, it is nevertheless prohibited to do so. This is not so in the case of a house where the homeowner benefits by someone living there.

BACKGROUND

The gate is stricken unto ruin – שְׁאִיָּה יוּכַּת שָׁעַר: According to the *ge'onim*, this is referring to a woodworm, and it can therefore be understood why the destruction starts at the gate and threshold, as these parts are made of wood and are the first to be damaged, with the beams that support the roof following afterward. The burrowing of woodworms can sound like a constant rapping, suggesting the comparison to the ramming of an ox. This is perhaps the source of Mar bar Rav Ashi's imagery: It gores like an ox.

ההוא גברא דבנה אפדנא אקילקלתא דיתמי, אגביה רב נחמן לאפדניה מיניה. לימא, קסבר רב נחמן: הדר בחצר חבירו שלא מדעתו – צריך להעלות לו שכר? ההוא, מעיקרא קרמנאי הוו דיירי ביה ויהבי להו ליתמי דבר מועט, אמר ליה: זיל פייסינהו ליתמי, ולא אשגח, אגביה רב נחמן לאפדניה מיניה.

The Gemara relates: There was **a certain man who built a mansion** [*apadna*][L] **on a garbage heap** [*akilkalta*][L] **belonging to orphans,** and **Rav Naḥman confiscated his mansion from him** as he did not pay the owners of the property. The Gemara asks: **Shall we say** that **Rav Naḥman holds** that **one who resides in another's courtyard without his knowledge must pay him rent?** The Gemara rejects this: No, there is no proof taken from this case, because it was a unique situation. **In that** case **Carmanians,**[B] nomadic tribes, **were initially living on** the property, **and they would pay the orphans a small amount**[N] for the use of the land, and when this man built his mansion he removed the Carmanians from there. Rav Naḥman had **said to** the man who built the mansion: **Go and appease**[H] **the orphans** with regard to their lost income, **but he did not pay attention** to the ruling. Therefore, **Rav Naḥman confiscated his mansion from him.**

"כיצד משלמת מה שנהנית" וכו'. אמר רב: ובמחזרת, ושמואל אמר: אפילו מחזרת נמי פטור.

§ The mishna teaches: Under **what** circumstances does the owner of the animal **pay** for **the benefit that** his animal **derived?** If the animal ate produce in the public square in the area before the storefronts, the owner of the animal pays for the food from which it benefits. If the animal ate from food placed at the side of the public square, which is not a public thoroughfare, the owner of the animal pays for what it damaged, as the legal status of that area is like that of the property of the injured party. **Rav said:** When the mishna says that the owner of the animal pays for what it damaged, it is referring to a case **where** the animal **turns** its head[N] to reach the food but the animal itself is standing completely inside the public domain and it eats while standing there. **And Shmuel said: Even if** it is standing in the public domain and it **turns** its head[H] to eat from food placed at the side of the public square, its owner is **also exempt,** as the animal itself is in the public domain.

ולשמואל, היכי משכחת לה דמחייב? כגון דשבקתה לרחבה ואזלה וקמה בצידי רחבה.

The Gemara asks: **But according to** the opinion of **Shmuel, how can you find** a case in which the owner is **liable** to pay for all of the damage caused when his animal ate from food placed at the side of the public square, as indicated by the mishna? The Gemara answers: **For example,** when an animal **leaves the** public **square and goes and stands at the side of the** public **square,**[N] and eats the food stored there. In that case its owner certainly pays for what it damaged, as this area is comparable to the property of the injured party.

ואיכא דמתני להא שמעתא באפי נפשה: מחזרת – רב אמר: חייבת, ושמואל אמר: פטורה. ולשמואל, משלמת מה שהזיקה, היכי משכחת לה דמחייבא? כגון דשבקה לרחבה ואזלה וקמה בצידי רחבה.

And there are those who teach this ***halakha*** **as an independent** dispute and not as an explanation of the mishna: If an animal is standing in the public domain and **turns** its head to eat from food placed at the side of the public square, **Rav says:** Its owner is **liable, and Shmuel says:** Its owner is **exempt.** The Sages asked: **But according to** the opinion of **Shmuel,** with regard to that which was said in the **mishna, that its owner pays for what it damaged, how can you find a case in which its owner will be liable?** The Gemara answers: **For example,** when an animal **leaves the** public **square and goes and stands at the side of the** public **square,** and eats the food stored there.

LANGUAGE

Mansion [*apadna*] – **אַפַּדְנָא:** From the Old Persian word apadāna, which means a palace or audience hall. The word was incorporated into Aramaic at a relatively early stage and appears in the book of Daniel (11:45).

Garbage heap [*kilkalta*] – **קִילְקַלְתָּא:** Like the Hebrew *kilkul*, this word connotes breakdown or damage, that is to say, an unorganized place unfit for ordinary use, in which garbage and unwanted objects are discarded.

BACKGROUND

Carmanians – **קַרְמָנָאֵי:** This term apparently refers to a Persian province that was once known as Carmania and is now referred to as the Kerman Province. Its capital is the city of Kerman. The Kerman Province is located in western Iran, just south of Kurdistan. For many generations it was an important agricultural center that exported fruits and vegetables to the rest of the country.

HALAKHA

Go and appease – **זִיל פַּיְיסִינְהוּ:** If one stole land and improved it, even by building large structures on it, he must demolish everything and return the land. Nevertheless, it is permitted for the court to forfeit money owed to orphans even though they have a legal claim to it, in order to save them from having to be involved in a dispute (*Shulḥan Arukh*, *Ḥoshen Mishpat* 12:3, and 360:1 in the comment of Rema).

Even if it turns its head – **אֲפִילּוּ מַחֲזֶרֶת נַמִּי:** If there was produce sold at the side of the public square and the animal was standing in the middle of the square, and it turned its head and ate from that produce on the side, the owner of the animal pays for the benefit that the animal derived. If the animal left the public square and went to its side and ate the produce there, its owner pays for what it damaged, in accordance with the opinion of Shmuel, as the *halakha* follows his opinion in monetary matters (Rambam *Sefer Nezikin*, *Hilkhot Nizkei Mamon* 3:9; *Shulḥan Arukh*, *Ḥoshen Mishpat* 391:9).

NOTES

They would pay the orphans a small amount – **וְיָהֲבִי לִיתָמֵי דָּבָר מוּעָט:** According to *Tosafot*, if the owner of the property suffers even a slight loss, the squatter's exemption from payment is negated, and he must therefore pay for the full benefit that he derives from the property, not only compensation for the slight loss suffered by the owner. However, the Ramah holds that the expression in the Gemara: Go and appease the orphans, indicates that he must only compensate for the minor loss caused to the property owner (see Rashba).

Where the animal turns its head – **בְּמַחֲזֶרֶת:** Rashi explains that the reason for the owner's liability is that since the owner of the produce has the right to place his produce at the side of the public square, this area is tantamount, with regard to this usage, as his private property. Consequently, as long as the animal is walking in the public domain in its normal way, its owner is exempt from liability for damage classified as Eating, but when it turns its head, it is as if it entered the private property of the injured party.

At the sides of the public square – **בְּצִידֵּי רְחָבָה:** The sides of the public square were separate and distinct from the public square itself, similar to modern sidewalks, which are higher than street level but still part of the public domain. It was not typical for animals to walk in these areas. By contrast, in Shmuel's opinion, one is liable only in a case where his animal went and stood at the side of the public square in a place that was not meant for animals.

מֵתִיב רַב נַחְמָן בַּר יִצְחָק: מִפֶּתַח הֶחָנוּת – מְשַׁלֶּמֶת מַה שֶּׁנֶּהֱנֵית, הֵיכִי מַשְׁכַּחַתְּ לַהּ? פְּשִׁיטָא בִּמְחַזֶּרֶת, וְקָאָמַר (מָר): מַה שֶּׁנֶּהֱנֵית; מַה שֶּׁנֶּהֱנֵית – אִין, מַה שֶּׁהִזִּיקָה – לָא!

Rav Naḥman bar Yitzḥak raises an objection to this explanation of Rav's opinion: The mishna says that if the animal ate produce **from the entrance of the store,** its owner **pays for the benefit that** the animal **derived,** as the status of a store entrance is like that of the public domain. **How can you find these** circumstances? It is **obvious** that the discussion in this case concerns an animal that **turns** its head from the public domain to the entrance of the store, **and** the Master **says** that the owner of the animal **pays for the benefit that** the animal **derived.** Evidently, for **the benefit that** the animal **derived, yes,** this is what the owner pays, but he does **not** pay for that **which it damaged.**

הוּא מוֹתִיב לַהּ, וְהוּא מְפָרֵק לַהּ: דְּקַיְימָא בְּקֶרֶן זָוִית.

Rav Naḥman bar Yitzḥak **raised the objection, and he resolved it** by explaining that the case in the mishna is one where a store **is located on a corner**[N] and it is situated in a way that some of the produce there would be in an animal's path as it turns the corner, and therefore the animal would not need to turn its head away from the public domain in order to eat the produce.

אִיכָּא דְּאָמְרִי: מְחַזֶּרֶת – כּוּלֵּי עָלְמָא לָא פְּלִיגִי דְּחַיֶּיבֶת, כִּי פְּלִיגִי – בִּמְקַצֶּה מָקוֹם מֵרְשׁוּתוֹ לִרְשׁוּת הָרַבִּים,

There are those **who state** a different explanation of the dispute between Rav and Shmuel. In a case **where it turns** its head to eat from the sides of the public square, **everyone agrees that** its owner is **liable** to pay the full cost of the damage. **When they disagree** it is with regard to a case **where one allocates space from his property,**[N] as he does not have a use for it, and he adds this space **to the public domain** by leaving it accessible for the public to use, and the damage took place in that area. The dispute is about whether the area is categorized as private property or the public domain.

וְהָכִי אִתְּמַר, אָמַר רַב: לֹא שָׁנוּ אֶלָּא מְחַזֶּרֶת, אֲבָל מְקַצֶּה מָקוֹם מֵרְשׁוּתוֹ לִרְשׁוּת הָרַבִּים – פְּטוּרָה; וּשְׁמוּאֵל אָמַר: אֲפִילּוּ מְקַצֶּה מָקוֹם מֵרְשׁוּתוֹ לִרְשׁוּת הָרַבִּים – חַיֶּיבֶת.

And this is what was stated, meaning this was their dispute: **Rav says** that in the mishna, **they taught** that one is liable **only** in a case where his animal **turns** its head to the sides of the public square, as this area is categorized as private property, **but if one allocated some space from his property** and added it **to the public domain** and the damage happened there, the owner is **exempt,** as that area is treated as part of the public domain. **And Shmuel says: Even if he allocates space from his property** and adds it **to the public domain,**[H] the owner of the animal is **liable** as the damage took place in an area with the legal status of private property.

לֵימָא, בְּבוֹר בִּרְשׁוּתוֹ קָמִפַּלְגִי, רַב דְּאָמַר פָּטוּר, קָסָבַר: בּוֹר בִּרְשׁוּתוֹ – חַיָּיב,

The Gemara suggests: **Shall we say they disagree with regard to** the question of damage classified as **Pit** that one dug **inside one's** own **domain** and then declared the area ownerless? **Rav, who says** that the owner of the animal is **exempt** for eating the produce placed in an area that the owner added to the public domain, **holds** that if one digs **a pit** or creates an obstacle that can cause damage **within his** own **property** and he then declares his property to be ownerless, he is **liable** for any damage that is caused by the pit, as now that it is in the public domain, he bears the responsibility for it. Similarly, the produce is viewed as if it is in the public domain, and the animal's owner is exempt.

וּשְׁמוּאֵל דְּאָמַר חַיָּיב, קָסָבַר: בּוֹר בִּרְשׁוּתוֹ – פָּטוּר?

And Shmuel, who says that the owner of an animal is **liable** for eating the produce placed in an area that the owner added to the public domain, **holds** that if one digs **a pit within his** own **property** and he then declares his property to be ownerless, he is **exempt,** as he dug the pit when the property was his. Similarly, the produce is viewed as if it is in the property of the injured party, and the animal's owner is liable.

אָמַר לָךְ רַב, לְעוֹלָם אֵימָא לָךְ:

The Gemara rejects this: **Rav** could have **said to you: Actually, I will say to you**

HALAKHA

Allocates space from his property and adds it to the public domain – מְקַצֶּה מָקוֹם מֵרְשׁוּתוֹ לִרְשׁוּת הָרַבִּים: If one allocates some of his property and adds it to the public domain, and he then leaves some produce in that area and an animal comes along and eats it, the owner of the animal is exempt, as this is considered like a case where it ate the produce in the public domain itself (*Shulḥan Arukh*, *Ḥoshen Mishpat* 391:10).

NOTES

On a corner – בְּקֶרֶן זָוִית: Rashi explains that the discussion concerns a wide alleyway which gets narrower at one point, and the store was situated at the corner where the alleyway narrows. An animal walking in its routine fashion in this alleyway will naturally pass immediately next to the entrance to the store, without having to turn its head at all, at the point where the alleyway narrows. *Tosafot* and the Meiri interpreted the case as speaking of a winding alleyway; in this way an animal walking straight along the alleyway will come across a store directly in front of it situated at one of the bends.

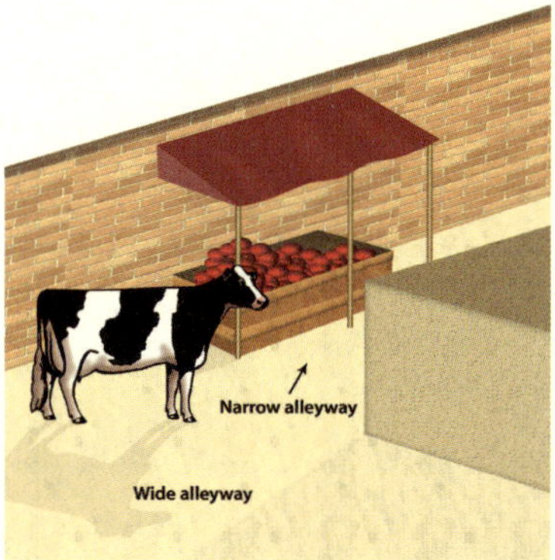

Store standing on a corner

Allocates space from his property – בִּמְקַצֶּה מָקוֹם מֵרְשׁוּתוֹ: In other words, he did not build his fence at the very edge of his property, but instead pulled it back a little bit and built the fence there, leaving some of his land available for the public to use. The Gemara is not referring to a case where the property owner formally ceded the land to the public, as if he had done so it would be considered part of the public domain with regard to all *halakhot* (*Tosafot*).

PERSONALITIES

Ilfa – אִילְפָא: In the Jerusalem Talmud, this *amora* appears as Ḥilfei. A first generation Eretz Yisrael *amora*, Ilfa was apparently one of the younger students of Rabbi Yehuda HaNasi and studied with his prominent students as well. Years later, he became the good friend of Rabbi Yoḥanan, although Rabbi Yoḥanan was older. Still later, due to dire economic straits, he was forced to leave Eretz Yisrael and travel overseas on business. During his absence, Rabbi Yoḥanan was chosen to head the yeshiva in Eretz Yisrael.

Ilfa was famous for his sharp intelligence and the depth of his understanding both in Mishna and in the various collections of *baraitot* attributed to the students of Rabbi Yehuda HaNasi. Rabbi Yoḥanan treated him with great respect and even cited Torah statements in his name. The Gemara also relates stories of his righteousness and great piety.

בְּעָלְמָא בּוֹר בִּרְשׁוּתוֹ פָּטוּר, וְשָׁאנֵי הָכָא דְּאָמַר: לָאו כָּל כְּמִינָךְ דִּמְקָרְבַתְּ לְהוּ לְפֵירוֹתָךְ לִרְשׁוּת הָרַבִּים וּמְחַיְּיבַתְּ לְהוּ לְתוֹרַאי.

that **usually,** if one digs **a pit within his** own **property** and he then declares his property to be ownerless, he is **exempt,** as he dug the pit when the property was his. **But here it is different, because** here the owner of the animal can **say** to the owner of the produce: **It is not all in your power to bring your produce close to the public domain and to** also **hold my ox liable for** eating **it.**

וּשְׁמוּאֵל אָמַר: בְּעָלְמָא בּוֹר בִּרְשׁוּתוֹ חַיָּיב. דִּבְשְׁלָמָא בּוֹר, אִיכָּא לְמֵימַר לָאו אַדַּעְתֵּיהּ, אֶלָּא פֵּירוֹת מִי אִיכָּא לְמֵימַר לָאו אַדַּעְתֵּיהּ? הָא חָזֵי לְהוּ!

And Shmuel can **say: Usually,** if one digs **a pit** or creates an obstacle that can cause damage **within his** own **property** and he then declares his property to be ownerless, he is **liable** for any damage that is caused by the pit. **As** with regard to the **pit, granted, it is possible to say** that **he was not aware,** meaning the injured party was not thinking about the possibility that there may be a pit there that could cause him harm, and therefore the one who dug the pit is liable. **But** with regard to **produce** that is spread out over the ground, **can it be said that** the animal **was not aware** of it? It cannot be, because the animal **sees** the produce.

לֵימָא מַחֲזֶרֶת תַּנָּאֵי הִיא? דְּתַנְיָא: אָכְלָה מִתּוֹךְ הָרְחָבָה – מְשַׁלֶּמֶת מַה שֶּׁנֶּהֱנֵית, מִצִּידֵּי הָרְחָבָה – מְשַׁלֶּמֶת מַה שֶּׁהִזִּיקָה, דִּבְרֵי רַבִּי מֵאִיר וְרַבִּי יְהוּדָה, רַבִּי יוֹסֵי וְרַבִּי אֶלְעָזָר אוֹמְרִים: אֵין דַּרְכָּהּ לֶאֱכוֹל אֶלָּא לְהַלֵּךְ;

The Gemara suggests: **Let us say** that actually, the amoraic dispute about an animal that **turns** its head and eats produce at the side of the road **is** the subject of a dispute between *tanna'im*. **As it is taught** in a *baraita*: If an animal **ate** produce **from the** public **square,** the owner of the animal **pays** for **the benefit that** the animal **derived;** but if it ate **from the sides of the** public **square,** he **pays** for that **which it damaged.** This is **the statement of Rabbi Meir and Rabbi Yehuda.** But **Rabbi Yosei and Rabbi Elazar say: It is not typical** for an animal **to eat** in the public domain **but only to walk** there. Consequently, the owner is liable.

רַבִּי יוֹסֵי הַיְינוּ תַּנָּא קַמָּא! אֶלָּא מַחֲזֶרֶת אִיכָּא בֵּינַיְיהוּ, תַּנָּא קַמָּא סָבַר: מַחֲזֶרֶת נַמִי מְשַׁלֵּם מַה שֶּׁנֶּהֱנֵית, וְרַבִּי יוֹסֵי סָבַר: מְשַׁלֶּמֶת מַה שֶּׁהִזִּיקָה.

Initially, the Gemara understands Rabbi Yosei's opinion as also referring to a situation in which the animal eats from the sides of the public square, and since this is so, it seems that the opinion of **Rabbi Yosei is** the same as that of **the first** *tanna*, Rabbi Meir, and the mishna presents their opinions as differing. **Rather,** it is clear that **there is** a difference **between them** with regard to a case in which the animal **turns** its head to eat. **The first** *tanna* **holds** that with regard to an animal that **turns** its head, the owner of the animal **also pays** for **the benefit that** the animal **derived, while Rabbi Yosei holds** that he **pays** for that **which it damaged.**

לָא, דְּכוּלֵּי עָלְמָא מַחֲזֶרֶת אִי כְּרַב אִי כִּשְׁמוּאֵל, וְהָכָא בְּ״בִעֵר בִּשְׂדֵה אַחֵר״ – קָא מִיפַּלְגִי, מָר סָבַר: ״וּבִעֵר בִּשְׂדֵה אַחֵר״ – וְלֹא בִּרְשׁוּת הָרַבִּים, וּמָר סָבַר: ״וּבִעֵר בִּשְׂדֵה אַחֵר״ – וְלֹא בִּרְשׁוּת הַמַּזִּיק.

The Gemara rejects this: **No,** it is possible to say **that everyone** agrees about the *halakha* in the case of an animal that **turns** its head, **either in accordance with** the opinion of **Rav or in accordance with** the opinion of **Shmuel. And here they disagree** about the exemption inferred from the verse: **"It consumed in the field of another"** (Exodus 22:4), which renders the owner of an animal liable for damage classified as Eating. One **Sage,** Rabbi Meir, **holds** that only if it ate from private property is its owner liable, as the verse stating the owner's liability means: **"And it consumed in the field of another," but not** when it eats **in the public domain. And** one **Sage,** Rabbi Yosei, **holds** it means that even if it ate from the public domain its owner is liable, as the verse stating the owner's liability means: **"And it consumed in the field of another," but not** when it eats **in the domain of the one responsible for the damage;** only if the animal ate produce of another that was on the property of the animal's owner, is its owner exempt.

בִּרְשׁוּת הַמַּזִּיק?! לֵימָא: פֵּירָךְ בִּרְשׁוּתִי מַאי בָּעֵי! אֶלָּא, דְּאִילְפָא וְרַבִּי אוֹשַׁעְיָא אִיכָּא בֵּינַיְיהוּ.

The Gemara challenges this: But not when it eats **in the domain of the one responsible for the damage?** What is the novelty in this statement? **Let** the owner of the animal **say** to the owner of the produce: **What is your produce doing on my property?** The owner would certainly not be liable if the produce is damaged in that case. **Rather,** it must be that the difference **between them** is with regard to the dispute **between Ilfa**[P] **and Rabbi Oshaya** concerning an animal that ate produce from the back of another animal or the like. Rabbi Meir holds that one is never liable for damage classified as Eating in the public domain, even if his animal ate from the back of another, and Rabbi Yosei holds that if it ate off the back of another animal, this is equivalent to Eating from the property of the injured party.

מתני׳ הַכֶּלֶב וְהַגְּדִי שֶׁקָּפְצוּ מֵרֹאשׁ הַגַּג וְשָׁבְרוּ אֶת הַכֵּלִים – מְשַׁלֵּם נֶזֶק שָׁלֵם, מִפְּנֵי שֶׁהֵן מוּעָדִין. הַכֶּלֶב שֶׁנָּטַל חֲרָרָה וְהָלַךְ לְגָדִישׁ, אָכַל הַחֲרָרָה וְהִדְלִיק הַגָּדִישׁ – עַל הַחֲרָרָה מְשַׁלֵּם נֶזֶק שָׁלֵם, וְעַל הַגָּדִישׁ מְשַׁלֵּם חֲצִי נֶזֶק.

MISHNA With regard to **a dog or a goat that jumped from a rooftop**[H] **and broke vessels** while doing so, their owners **must pay the full** cost of the **damage** to the vessels **because** these animals **are** deemed **forewarned**[N] concerning to jumping. With regard to **a dog that took a cake** that had been baked directly on hot coals, **and went to a stack** of grain to eat it, **and it ate the cake** and at the same time **ignited the stack** of grain with a coal that it had taken along with the cake, the owner of the dog must **pay the full** cost of the **damage for the cake, and** he must **pay for half** the cost of **the damage to the stack** of grain.

גמ׳ טַעְמָא דְּקָפְצוּ, הָא נָפְלוּ – פָּטוּר; אַלְמָא קָסָבַר: תְּחִלָּתוֹ בִּפְשִׁיעָה וְסוֹפוֹ בְּאוֹנֶס – פָּטוּר.

GEMARA The Gemara infers from the mishna: **The reason** the owners must pay the full cost of the damage is **because** the animals **jumped** off the rooftop. This indicates that if **they fell**[H] off the roof, they would be **exempt** from all liability despite his obligation to keep them from climbing onto the roof and jumping down from there. **Apparently,** the *tanna* **holds** that in an incident that **begins with negligence,**[N] meaning carelessness or even an intention to cause damage, **and ends in an accident,**[H] the one who caused the damage is **exempt**, as in this case the owner was careless in allowing the animals to go to the rooftop, but since they did not jump off the roof but rather fell accidentally, he is exempt.

תַּנְיָא נַמִי הָכִי: הַכֶּלֶב וְהַגְּדִי שֶׁקָּפְצוּ מֵרֹאשׁ הַגַּג וְשָׁבְרוּ אֶת הַכֵּלִים – מְשַׁלֵּם נֶזֶק שָׁלֵם, נָפְלוּ – פְּטוּרִין. הָנִיחָא לְמַאן דְּאָמַר תְּחִלָּתוֹ בִּפְשִׁיעָה וְסוֹפוֹ בְּאוֹנֶס – פָּטוּר, אֶלָּא לְמַאן דְּאָמַר חַיָּיב מַאי אִיכָּא לְמֵימַר?

The Gemara notes: **This is also taught** in a *baraita*: **If a dog or a goat jumped from a rooftop and broke vessels** while doing so, their owners must **pay the full** cost of the **damage. If they fell** from there, they are **exempt** from all liability. The Gemara asks: **This works out well according to the one who says** that if an incident **begins with negligence and ends in an accident,** the one who caused the damage is **exempt, but according to the one who says** that in such a case he is **liable, what can be said?** It seems that this *baraita* constitutes conclusive proof against that opinion.

כְּגוֹן דְּמִקַּרְבִי כֵּלִים לְגַבֵּי כּוֹתֶל, דְּכִי קָפְצִי בִּקְפִיצָה לָא נָפְלֵי עֲלַיְיהוּ, וַאֲפִילּוּ תְּחִלָּתוֹ בִּפְשִׁיעָה לֵיכָּא.

The Gemara answers: The case in the *baraita* is a case **where the vessels were brought close to the wall** by their owners, **so that when** the animals **jump** off the rooftop **in** an ordinary **leap they do not fall on top of them,** and the vessels broke because the animal fell and didn't jump. **And** since in an ordinary circumstance no damage should occur, **this** case does **not even begin with negligence.** Since the damage was caused by falling, the entire case is ruled an accident.

אָמַר רַב זְבִיד מִשְּׁמֵיהּ דְּרָבָא: פְּעָמִים שֶׁאֲפִילּוּ נָפְלוּ נַמִי חַיָּיב, מַשְׁכַּחַתְּ לָהּ בְּכוֹתֶל רָעוּעַ. מַאי נִיהוּ? דְּאִבָּעֵי לֵיהּ לְאַסּוֹקֵי דַּעְתָּא דְּנָפֵיל אַרְחֵי? סוֹף סוֹף לָא נְפַל אַרְחֵי וּנְפוּל אִינְהוּ, תְּחִלָּתוֹ בִּפְשִׁיעָה וְסוֹפוֹ בְּאוֹנֶס הוּא! לָא צְרִיכָא, בְּכוֹתֶל צַר.

Rav Zevid said in the name of Rava: Sometimes one can be **obligated** to pay **even** in a case where the animals **fell** from the wall of their owner's house. **You find** such a case **where the wall was unstable,** and the owner was negligent in allowing the animals to go up to the roof due to the danger of the wall collapsing. The Gemara asks: **What is the reason** for this? Is it **because it should have occurred to him that bricks may fall** from the wall and break the vessels? But **ultimately, no bricks fell and** instead **the** animals **fell,** so **this is** actually a case that **begins with negligence and ends in an accident.** The Gemara answers: **No,** it is **necessary** to state this *halakha* **with regard to** a case of **a narrow wall,** in which case it is clear that if when they climb up there they will fall, and that is why he is liable for the damage they cause by falling.

תָּנוּ רַבָּנַן: הַכֶּלֶב וְהַגְּדִי שֶׁדִּלְּגוּ מִמַּטָּה לְמַעְלָה – פְּטוּרִין, מִלְּמַעְלָה לְמַטָּה – חַיָּיבִין; אָדָם וְתַרְנְגוֹל שֶׁדִּלְּגוּ, בֵּין מִלְּמַעְלָה לְמַטָּה בֵּין מִלְּמַטָּה לְמַעְלָה – חַיָּיבִין.

The Sages taught in a *baraita*: **If a dog or a goat jumped from below to** something that was **above** them and thereby caused damage, their owners are **exempt,**[N] as this is atypical behavior. But if they jumped **from above to below,** their owners are **liable** to pay the full cost of any damage they cause, as this is typical behavior. **If a person or a chicken jumped** and broke something, **regardless of whether they jumped from above to below or from below to above, they are liable.**

HALAKHA

A dog or a goat that jumped from a rooftop – הַכֶּלֶב וְהַגְּדִי שֶׁקָּפְצוּ מֵרֹאשׁ הַגַּג: If a dog or a goat jumped down from a rooftop and in doing so broke vessels, the owner of the animal must pay the full cost of the damage, as these animals are deemed forewarned with regard to this act (Rambam *Sefer Nezikin, Hilkhot Nizkei Mamon* 2:15; *Shulḥan Arukh, Ḥoshen Mishpat* 390:12).

If they fell – הָא נָפְלוּ: Even if the dog or the goat fell from the rooftop and damaged vessels, the owner of the animal is liable as the situation began with negligence. The Rema writes that some say that if the vessels were close to the wall in such a way that they would not have been damaged by an animal jumping, but because the animal fell off the rooftop it broke them, the animal owner would be exempt from liability; but if the vessel was large enough that it could have been broken by a jumping animal and instead the animal fell onto the part of the vessel closer to the wall, the owner is liable, as the situation began with negligence. If they climbed upon a narrow wall, the owner is liable even if the animals fell from there (Rambam *Sefer Nezikin, Hilkhot Nizkei Mamon* 2:15; *Shulḥan Arukh, Ḥoshen Mishpat* 390:12).

Any instance that begins with negligence and ends in an accident – כָּל שֶׁתְּחִלָּתוֹ בִּפְשִׁיעָה וְסוֹפוֹ בְּאוֹנֶס: In any incident that begins with negligence, even if it ends in an accident, because the accident was caused by his negligence the owner of the animal is liable for the damage (Rambam *Sefer Nezikin, Hilkhot Nizkei Mamon* 2:15; *Shulḥan Arukh, Ḥoshen Mishpat* 390:12, 396:1).

NOTES

Because they are deemed forewarned – מִפְּנֵי שֶׁהֵן מוּעָדִין: In other words, it is to be expected that dogs and goats will jump from place to place, and therefore their jumping is considered to be an ordinary case of Trampling, as this is their typical behavior. This is unlike the case of an animal that does not ordinarily jump, and when it does so, it is seen deviating from its normal pattern of behavior (Rashi).

Begins with negligence – תְּחִלָּתוֹ בִּפְשִׁיעָה: According to Rambam's Commentary on the Mishna and the Meiri, this case is one where the owner of the animal actually brought the goat or the dog up to the rooftop.

NOTES

From below to above their owners are exempt – מִמַּטָּה לְמַעְלָה פְּטוּרִין: Rashi explains that the owner of the animals is exempt from paying the full cost of the damage as this is not typical behavior for goats and dogs. Nevertheless, he would still have to pay for half the cost of the damage, since this was damage caused in a manner that deviated from the animals' typical pattern of behavior, and as such it is classified as Goring. Most of the commentaries do not agree with this, and they hold that since the act was not committed with any intent to cause damage, it cannot be classified as Goring. Nor is it Trampling, as this was a deviation from typical behavior, and it need not enter one's mind that such an event may possibly occur and therefore is considered an accident (*Tosafot*; Ra'avad; Rashba).

וְהָתַנְיָא: הַכֶּלֶב וְהַגְּדִי שֶׁדִּילְּגוּ, בֵּין מִלְמַעְלָה לְמַטָּה בֵּין מִלְּמַטָּה לְמַעְלָה – פְּטוּרִין! תַּרְגְּמָא רַב פַּפָּא: דְּאַפֵּיךְ מֵיפַּךְ, כַּלְבָּא בִּזְקִירָא וְגַדְיָא בִּסְרִיכָא. אִי הָכִי, אַמַּאי פְּטוּרִים? פָּטוּר מִנֵּזֶק שָׁלֵם, וְחַיָּיבִין בַּחֲצִי נֵזֶק.

The Gemara asks: **But isn't it taught** in a *baraita*: **If a dog or a goat jumped,**[H] regardless of **whether** they jumped **from above to below or from below to above,** their owners are **exempt** from all liability? **Rav Pappa interpreted** it in the following way: Their manners of movement **were changed** from the typical manner of movement for their species. The **dog** moved **by leaping** [*bizkira*],[L] while the **goat** moved **by climbing** [*bisrikha*].[L] The Gemara asks: **If that is so, why** are the owners **exempt** from liability? After all, they still caused damage. The Gemara answers: The *baraita* does not intend to say that they are completely exempt, but that they are **exempt from** paying **the full** cost of the **damage; they are,** however, **liable** to pay **half** the cost of **the damage,** as is the *halakha* in any case of damage caused by atypical behavior, as such acts are classified as Goring.

״הַכֶּלֶב שֶׁנָּטַל״.

§ The mishna teaches: With regard to **a dog that took** a cake that had been baked directly on hot coals, and went to a stack of grain to eat it, and it ate the cake and at the same time ignited the stack of grain with a coal that it had taken along with the cake, the owner of the dog must pay the full cost of the damage for the cake, and he must pay for half the cost of the damage to the stack of grain.

אִתְּמַר, רַבִּי יוֹחָנָן אָמַר: אִשּׁוֹ מִשּׁוּם חִצָּיו, וְרֵישׁ לָקִישׁ אָמַר: אִשּׁוֹ מִשּׁוּם מָמוֹנוֹ.

With regard to damage caused by a fire lit by one person spreading to a location other than where it was lit, the Gemara cites a dispute among the *amora'im*: **It was stated: Rabbi Yoḥanan says:** His liability for damage caused by **his fire is due to** its similarity to **his arrows,**[HN] meaning that damage caused by a fire in a location other than where it was lit is comparable to damage caused by an arrow shot at a distant target. **And Reish Lakish says:** His liability for the damage caused by **his fire is due to** its similarity to **his property;**[N] he is responsible for this damage just as he is responsible for damage caused elsewhere by any of his possessions, e.g., one of his animals.

וְרֵישׁ לָקִישׁ מַאי טַעֲמָא לָא אֲמַר כְּרַבִּי יוֹחָנָן? אָמַר לָךְ: חִצָּיו מִכֹּחוֹ קָאָזְלִי, הַאי לָא מִכֹּחוֹ קָאָזֵיל. וְרַבִּי יוֹחָנָן מַאי טַעֲמָא לָא אֲמַר כְּרֵישׁ לָקִישׁ? אָמַר לָךְ: מָמוֹנָא אִית בֵּיהּ מַמָּשָׁא, הָא לֵית בֵּיהּ מַמָּשָׁא.

The Gemara asks: **And what is the reason** that **Reish Lakish did not state** his opinion **in accordance with** the opinion of **Rabbi Yoḥanan?** The Gemara answers: He could have **said to you** that fire is not comparable to an arrow, as **an arrow proceeds** as a result **of his** direct **force,** while **this** fire **does not proceed** as a result **of his** direct **force,** but requires a wind to carry it from the location where it was lit to the location of the damage. The Gemara asks about the other opinion: **And what is the reason** that **Rabbi Yoḥanan did not state** his opinion **in accordance with** the opinion of **Reish Lakish?** The Gemara answers: He could have **said to you** that one's fire is not comparable to his possessions, as **property** is a tangible **substance** but **this** fire is **not** a tangible **substance.**

HALAKHA

If a dog or a goat jumped – הַכֶּלֶב וְהַגְּדִי שֶׁדִּילְּגוּ: If a dog or a goat jumped and caused damage, the owner must pay the full cost of the damage regardless of whether they jumped down or up. Nevertheless, if they jumped from below to above in an atypical manner, such as a dog making a single leap or a goat climbing up, the owner must pay for half the cost of the damage. The Rema writes that this is the *halakha* regardless of whether the animal jumped up or down; since this is atypical behavior for the animal, its owner must pay for only half the cost of the damage (Rambam *Sefer Nezikin*, *Hilkhot Nizkei Mamon* 2:16; *Shulḥan Arukh*, *Ḥoshen Mishpat* 390:12).

Liability for damage caused by his fire is due to its similarity to his arrows – אִשּׁוֹ מִשּׁוּם חִצָּיו: If a fire spread beyond one's property and caused damage to another, the one who lit the fire must pay compensation for all the damage that occurred. His status is the equivalent of one who caused damage using an arrow, in accordance with Rabbi Yoḥanan, as the *halakha* follows his opinion as opposed to that of Reish Lakish (Rambam *Sefer Nezikin*, *Hilkhot Nizkei Mamon* 14:15).

LANGUAGE

Leaping [*zekira*] – **זְקִירָא:** Apparently derived from a root that is related through metathesis to *zayin*, *reish*, *kaf*, the root of the word meaning leaping or throwing. This term is usually employed to describe the manner of vertical movement of goats, whose spinal structure and lack of nails do not allow them climb as humans do, but they are able to jump or hop in order to move up or down a rocky slope.

Climbing [*serikha*] – **סְרִיכָא:** This word comes from the root *samekh*, *reish*, *kaf*, meaning adhesion or sticking. It describes a way of climbing where the body and the tips of the hooves cling to the wall and grab hold of small crevices therein. This is the manner in which cats and dogs typically attempt to climb up to the top of structures.

NOTES

Liability for damage caused by his fire is due to its similarity to his arrows – אִשּׁוֹ מִשּׁוּם חִצָּיו: In other words, although he did not cause the damage in a direct physical manner, he also did not take precautions to prevent the fire from spreading, and therefore he is like one who shot an arrow. *Tosefot Rabbeinu Peretz* ask: Why are they discussing Fire as opposed to providing the rationale for one's liability for other damaging acts? He explains that since fire is unlike other damaging acts, as fire spreads from one place to the next with the aid of the wind, it was necessary to compare it to an arrow, which one uses to attack someone or something at a distance from where one is standing.

Nimmukei Yosef asks a fundamental question with regard to this principle. If, in fact, fire is analogous to an arrow, which is powered by a person's expended energy, thereby obligating the one who lit it for the continuous outcome of having ignited the fire, how can it be permitted to light candles before Shabbat? As the candle burns on Shabbat itself as a result of his lighting it, it would be as if he lit a fire on Shabbat, which is prohibited. *Nimmukei Yosef* explains that the Gemara did not intend to say that damage caused by the fire is like damage caused at the moment of the person's action, but rather that the force of the fire is like the force of an arrow, which from the moment it is released has all the force necessary to cause damage. For this reason, even if the perpetrator of the fire died before it caused damage, the damages must be paid from his estate, since the act of causing damage was already completed at the time when the fire was lit. Similarly, with regard to Shabbat, the act of lighting candles is completed at the moment they are lit even though they have the energy source to keep them alight on Shabbat.

Liability for the damage cause by his fire is due to its similarity to his property – אִשּׁוֹ מִשּׁוּם מָמוֹנוֹ: Rashi explains that since the fire belongs to him, he is responsible for any damage it may cause, just as he is responsible for damage caused by anything he owns. Based on this understanding, there is an obvious practical difference between the opinions of Rabbi Yoḥanan and Reish Lakish, and that is in a case where one lit a fire using a coal that was not his. In such a case, Reish Lakish would say he is exempt, as the fire is not his possession. *Tosafot* and most of the other early commentaries question Rashi's interpretation, as it appears from a number of sources that it is not relevant who owns the fire (see *Yam HaTalmud*). Consequently, they explain that the intent is that just as one is liable for the damage caused by anything he owns or damage caused as a result of his force, such as in a case of Pit, he is equally liable in cases of a fire, regardless of whether or not the actual source of the flame belonged to him.

תנן: הכלב שנטל חררה כו׳; בשלמא למאן דאמר אשו משום חציו – חציו דכלב הוא,

The Gemara attempts to settle the dispute: **We learned** in the mishna: With regard to **a dog that took a cake**[H] that had been baked directly on hot coals, and went to a stack of grain to eat it, and it ate the cake and at the same time ignited the stack of grain with a coal that it had taken along with the cake, the owner of the dog must pay the full cost of the damage for the cake, and he must pay for half the cost of the damage to the stack of grain. **Granted, according to the one who says** that one's liability for damage caused by **his fire is due to** its similarity to **his arrows,** this fire is similar to **the arrows of the dog,** and therefore he must pay for half the cost of the damage caused by the dog's force, as in a case of pebbles.

אלא למאן דאמר אשו משום ממונו, האי איש לאו ממונו דבעל כלב הוא!

But according to the one who says that one's liability for damage caused by **his fire is due to** its similarity to **his property, this fire** is **not the property of the owner of the dog;** rather, it is the property of the owner of the cake, so why is the owner of the dog liable?

אמר לך ריש לקיש: הכא במאי עסקינן – דאדייה אדויי, דעל חררה משלם נזק שלם, ועל מקום גחלת משלם חצי נזק, ועל גדיש כולה פטור.

The Gemara answers: **Reish Lakish** could have **said to you: With what are we dealing here?** We are dealing with a case where the dog took the coal and did not place the cake on the stack, rather **it threw it** onto the stack. The ruling of the mishna is: **For the cake** which the dog ate, the owner **must pay the full** cost of the **damage,** and **for the** specific **spot** on the stack of grain that was damaged by the throwing of the **coal** there, the owner must **pay for half** the cost of **the damage** as in a case of pebbles. **And for the stack** of grain **as a whole,** he is **exempt,** because his liability for damage caused by the spread of the fire is due to its similarity to his property, and in this case it was not his property.

ורבי יוחנן? דאנחה אנוחי, על חררה ועל מקום גחלת משלם נזק שלם, ועל הגדיש משלם חצי נזק.

But Rabbi Yoḥanan can explain the mishna in a more straightforward manner. It is discussing a case **where** the dog **placed** the cake with the coal directly on the stack of grain in order to eat the cake. Accordingly, the owner of the dog must **pay the full** cost of the **damage for the cake and for the** specific **spot** where the **coal** was put down, as these cases of damage were caused directly by the dog. **And for** the rest of **the stack** of grain, he must **pay for half** the cost of **the damage,**[N] because in Rabbi Yoḥanan's opinion one is liable for the damage caused by fire due to its similarity to arrows shot by his force. The damage to the rest of the stack of grain is an indirect result of the dog's force, and therefore his liability is according the *halakhot* of pebbles.

תא שמע: גמל טעון פשתן ועבר ברשות הרבים, נכנסה פשתנו לתוך החנות ודלקו בנרו של חנווני והדליק את הבירה – בעל גמל חייב, הניח חנווני נרו מבחוץ – חנווני חייב. רבי יהודה אומר: בנר חנוכה – פטור;

The Gemara suggests: **Come** and **hear** a proof from a mishna (62b): In the case of **a camel** that was **laden with flax**[H] **and was passing through the public domain,** and **its flax extended into a store** at the edge of the public domain, **and the flax caught fire from a lamp** in the store **belonging to the storekeeper, and** as a result of the burning flax the camel **set fire to the building** together with all its contents, **the owner of the camel** is **liable** for the damage. But if **the storekeeper placed his lamp outside** in the public domain, thereby causing the flax on the camel to catch fire, and consequently the building was set on fire, **the storekeeper** is **liable. Rabbi Yehuda says:** In a case where the lamp placed outside was **a Hanukkah lamp,** the storekeeper is **exempt** from liability, as there is a mitzva to place a Hanukkah lamp outside.

בשלמא למאן דאמר אשו משום חציו – חציו דגמל הוא. אלא למאן דאמר משום ממונו, האי איש לאו ממונא דבעל גמל הוא! אמר לך ריש לקיש: הכא במאי עסקינן – במסכסכת כל הבירה כולה.

Granted, according to the one who says that one's liability for the damage caused by **his fire is due to** its similarity to **his arrows,** the fire in the store **is similar to the arrows of the camel,** and that is why the camel's owner is liable. **But according to the one who says** that liability for the damage **is due to** its similarity to **his property, this fire** is **not the property of the owner of the camel.** The Gemara answers: **Reish Lakish** could have **said to you: With what are we dealing here?** We are dealing with a case **where** the camel moved the burning flax around and **ignited the entire building,** lighting one spot after another. The fire did not need to spread since the camel directly set the building on fire in each of those spots, and therefore this case is comparable to that of a dog who moved the coal around from place to place.

HALAKHA

A dog that took a cake, etc. – **כלב שנטל החררה וכו׳**: If a dog took a cake which had a coal adhered to it and went to a stack of grain owned by the owner of the cake (*Tur*), if it set it down on the stack of grain and ate the cake and caused the stack of grain to burn, the owner of the dog must pay the full sum of damages for the cake and the spot on the stack of grain where the dog placed the cake, and he must pay half of the damages for the rest of the stack of grain, in accordance with the opinion of Rabbi Yoḥanan. If the dog was dragging the cake over the stack of grain, the owner of the dog must pay the full cost of the damage to the cake and half the cost of the damage to the stack of grain in the spot where the coal was placed, and he is exempt from liability for the rest of the stack. This is because Rabbi Yoḥanan concedes to Reish Lakish in a case where the dog moves it around. The Rema writes that there are some (*Tur*, citing Rashba) who say that in this case one would pay for half the cost of the damage to the entire stack of grain (Rambam *Sefer Nezikin*, *Hilkhot Nizkei Mamon* 2:17; *Shulḥan Arukh*, *Ḥoshen Mishpat* 392:1).

A camel laden with flax, etc. – **גמל טעון פשתן וכו׳**: If a camel laden with flax was passing through the public domain and the flax extended into a store and caught fire from the lamp of the storekeeper, causing an entire building to be burned, the owner of the camel is liable for the damage, since he overloaded the animal. If the storekeeper placed his lamp outside, the storekeeper is liable and must pay for the damage caused to the flax and anything else that was set afire. This is the *halakha* even if this was a Hanukkah lamp, in opposition to the opinion of Rabbi Yehuda, and it applies whether the camel was moving around or standing still. The Rema writes that there are some who say that if he lit a fire in one spot and it spread out from there, he must pay the full cost of the damage for the initial area that was ignited and half the cost of the damage for the rest, and it is only in a case where the camel moved the fire from place to place throughout the building that its owner will be liable to pay the full cost of the damage (Rambam *Sefer Nezikin*, *Hilkhot Nizkei Mamon* 14:13 and *Maggid Mishne* there; *Shulḥan Arukh*, *Ḥoshen Mishpat* 418:12).

NOTES

And for the stack of grain he must pay for half of the damage – **ועל הגדיש משלם חצי נזק**: He pays for half of the damage either because it is classified as pebbles or because it is atypical (Rashi).

NOTES

If the case is where the camel ignited it, why is the storekeeper liable – אִי בִּמְסַכְסֶכֶת אַמַּאי חַיָּיב: The early commentaries suggest that the intent is not to ask why the storekeeper is liable, as he is certainly partially responsible, but rather to ask why he is solely responsible and why the owner of the camel shouldn't be liable to pay half the cost of the damage, since it was his camel that set the building ablaze.

אִי הָכִי, אֵימָא סֵיפָא: אִם הִנִּיחַ חֶנְוָנִי נֵרוֹ מִבַּחוּץ – חֶנְוָנִי חַיָּיב, וְאִי בִּמְסַכְסֶכֶת אַמַּאי חַיָּיב? בְּשֶׁעָמְדָה.

The Gemara asks: **If that is so, say the latter clause** of the mishna: If **the storekeeper placed his lamp outside, the storekeeper is liable. And if** the case is one **where** the camel **ignited** the entire building, spot by spot, **why** is the storekeeper **liable?**[N] His fire did not spread through the building; it was the camel that moved it around from one place to another. The Gemara answers: The case is one **where** the camel did not move around, but rather **stood** still, but since there was an extremely large load of flax on its back, once it caught fire it ignited the entire building simultaneously.

עָמְדָה וְסִכְסְכָה, כׇּל שֶׁכֵּן דְּחֶנְוָנִי פָּטוּר וּבַעַל גָּמָל חַיָּיב! אָמַר רַב הוּנָא בַּר מָנוֹחַ מִשְּׁמֵיהּ דְּרַב אִיקָא: הָכָא בְּמַאי עָסְקִינַן – כְּגוֹן שֶׁעָמְדָה לְהַטִּיל מֵימֶיהָ,

The Gemara asks: If the camel **stood** without moving from place to place, but did shift the load on its back and thereby **ignited** the entire building, **all the more so** it should be **that the storekeeper** should be **exempt** from any liability **and the owner of** the **camel** should be **liable,** as it was his responsibility to move the camel away from there. **Rav Huna bar Manoah said in the name of Rav Ika: With what are we dealing here?** We are dealing with a case **where** the camel **stood** still in order **to urinate** and while doing so set the building ablaze; in that case the incident is deemed an accident as the owner could not have moved the camel from the spot.

Perek **II**
Daf **22** Amud **b**

HALAKHA

There was a goat tied to it, and there was also a slave adjacent to it – הָיָה גְּדִי כָּפוּת לוֹ וְעֶבֶד סָמוּךְ לוֹ: If one lights a fire in another's field and the fire spreads and consumes a stack of grain, and if adjacent to it were a bound goat and a slave, both of which were burned by the fire, the one who lit the fire must pay for all of the damage that he caused. If the slave was bound and the goat was adjacent to the stack of grain and they were both burned by the fire, the one who lit the fire is exempt from payment for damage, as the act of killing the slave carries the death penalty (Rambam *Sefer Nezikin*, *Hilkhot Nizkei Mamon* 14:10).

NOTES

His fire due to its similarity to his property – אִשּׁוֹ מִשּׁוּם מָמוֹנוֹ: The commentaries disagree on the nature of the disagreement with the opinion of Reish Lakish from the mishna. According to Rabbeinu Ḥananel, the disagreement is based on the *halakha* that an ox that kills a person is stoned but the owner of the ox is still liable to pay damages. Rashi explains it based on the *halakha* that if an ox killed a Canaanite slave, the owner of the ox is obligated to pay the fine of thirty *sela* to the owner of the slave. *Tosafot* reject that opinion, as a *baraita* (10a) states explicitly that there is no payment of thirty *sela* in a case where a slave is killed by a fire. Rather, *Tosafot* say that the disagreement stems from the simple point that if an ox killed a slave, the owner of the ox would also be liable for any other damage caused, and if liability for damage caused by fire is due to its similarity to his property, the same should apply in this case.

BACKGROUND

He receives the greater punishment – קָם לֵיהּ בִּדְרַבָּה מִינֵּיהּ: This is a principle with regard to legal penalties. One who has incurred two or more punishments with a single act is exempt from the less severe punishment. Consequently, one who committed an act for which he is liable to receive the death penalty and pay damages receives the death penalty and is exempt from the monetary payment.

רֵישָׁא בַּעַל גָּמָל חַיָּיב – דְּלָא אִיבְּעֵי לֵיהּ לְאַפּוּשֵׁי בִּטְעִינָה, סֵיפָא חֶנְוָנִי חַיָּיב – דְּלָא אִיבְּעֵי לֵיהּ לְאַנּוֹחֵי נֵרוֹ מֵאַבְּרַאי.

Consequently, in **the first clause,** the **owner of the camel** is **liable,** as **he should not have overloaded** the camel with flax to such a degree that it extended out so far from the sides that it could catch fire and ignite the store. But in **the latter clause,** the **storekeeper** is **liable, as he should not have placed** the **lamp outside.**

תָּא שְׁמַע: הַמַּדְלִיק אֶת הַגָּדִישׁ, וְהָיָה גְּדִי כָּפוּת לוֹ וְעֶבֶד סָמוּךְ לוֹ וְנִשְׂרַף עִמּוֹ – חַיָּיב, עֶבֶד כָּפוּת לוֹ וּגְדִי סָמוּךְ לוֹ וְנִשְׂרַף עִמּוֹ – פָּטוּר;

The Gemara attempts again to resolve the dispute: **Come** and **hear** a mishna (61b): With regard to **one who ignites a stack** of grain, **and there was a goat tied to** the stack, **and** there was also a Canaanite **slave adjacent to it**[H] who was not tied to it, **and** both the goat and the slave **were burned** together **with** the stack of grain and killed, the one who ignited the fire is **liable** to pay compensation for both the stack and the goat, but he is exempt from paying for the slave because the slave should have run from the fire. Conversely, if the **slave was tied to** the stack **and** there was a **goat adjacent to it** that was not tied to it, **and** the slave and the goat **were burned** together **with** the stack of grain, the one who ignited the fire is completely **exempt** from payment for damage because he is liable to receive capital punishment for murder, and he is punished only for the greater transgression.

בִּשְׁלָמָא לְמַאן דְּאָמַר אִשּׁוֹ מִשּׁוּם חִצָּיו, מִשּׁוּם הָכִי פָּטוּר. אֶלָּא לְמַאן דְּאָמַר אִשּׁוֹ מִשּׁוּם מָמוֹנוֹ, אַמַּאי פָּטוּר? אִילּוּ קְטַל תּוֹרֵיהּ עַבְדָּא, הָכִי נַמִי דְּלָא מִיחַיַּיב?

The Gemara clarifies: **Granted, according to the one who says** that one's liability for the damage caused by **his fire is due to** its similarity to **his arrows, due to that** reasoning he is **exempt** for the damage to the stack of grain in the second case, because it is as if he killed the slave with his arrows and consequently became subject to receive court-imposed capital punishment, and one who is subject to the death penalty is not liable to pay monetary compensation for the same act, as he receives the greater punishment of the two. **But according to the one who says** that liability for damage caused by **his fire is due to** its similarity to **his property,**[N] **why** is he **exempt? If his ox,** which is his possession, **were to kill a slave, would he also not be liable** to pay for the damage?

אָמַר לָךְ רַבִּי שִׁמְעוֹן בֶּן לָקִישׁ: הָכָא בְּמַאי עָסְקִינַן – כְּשֶׁהִצִּית בְּגוּפוֹ שֶׁל עֶבֶד, דְּקָם לֵיהּ בִּדְרַבָּה מִינֵּיהּ.

The Gemara answers: **Rabbi Shimon ben Lakish** could have **said to you: With what are we dealing here?** We are dealing with a case **where he lit the body of the slave on fire,** consequently becoming subject to the death penalty as would anyone who kills a slave, **and** therefore **he receives the greater** punishment,[B] the death penalty, but he does not also have to pay for the damage.

אִי הָכִי, מַאי לְמֵימְרָא? לָא צְרִיכָא, בִּגְדִי דְּחַד וְעֶבֶד דְּחַד.

The Gemara asks: **If that is so, what** is the purpose **of stating** this; what novel idea is it supposed to teach? One who lit a slave on fire is most certainly a murderer, and a murderer is exempt from paying for damage caused while committing the murder. The Gemara answers: **No,** it is **necessary** to state this *halakha* for the case **where the goat** belonged **to one** person **and the slave** belonged **to** a different person; in that case one might have thought that since payment is due to someone other than the owner of the murdered slave, he would be required to pay the owner of the goat, despite being subject to the death penalty for killing the slave. Therefore, this mishna teaches that since he committed one act, for which he is liable to receive the death penalty, he is exempt from paying compensation to anyone as a result of that act.

תָּא שְׁמַע: הַשּׁוֹלֵחַ אֶת הַבְּעֵירָה בְּיַד חֵרֵשׁ שׁוֹטֶה וְקָטָן – פָּטוּר מִדִּינֵי אָדָם וְחַיָּיב בְּדִינֵי שָׁמַיִם;

The Gemara attempts another resolution: **Come** and **hear** a mishna (59b): **One who sends a fire,** i.e., places a burning object, **in the hand of a deaf-mute, an imbecile, or a minor**[H] **is exempt** for any damage later caused by the fire **according to human laws but liable according to the laws of Heaven,**[B] meaning that he would not be held liable in court, but nevertheless he remains responsible to pay for what he has done.

בִּשְׁלָמָא לְמַאן דְּאָמַר אִשּׁוֹ מִשּׁוּם חִצָּיו, חִצָּיו דְּחֵרֵשׁ הוּא. אֶלָּא לְמַאן דְּאָמַר אִשּׁוֹ מִשּׁוּם מָמוֹנוֹ, אִילּוּ מָסַר שׁוֹרוֹ לְחֵרֵשׁ שׁוֹטֶה וְקָטָן, הָכִי נָמֵי דְּלָא מִיחַיַּיב?

The Gemara clarifies: **Granted, according to the one who says** that one's liability for the damage caused by **his fire is due to** its similarity to **his arrows,** this case **is** similar to the damage caused by **the arrows of a deaf-mute** or an imbecile or a minor, and this is why the one who gave them the fire is exempt from liability. **But according to the one who says** that one's liability for the damage caused by **his fire is due to** its similarity to **his property, if he were to convey his ox to a deaf-mute, an imbecile, or a minor, would he also not be liable?** That is impossible, as there is an explicit statement in a *baraita* (10a) saying that he would be liable.

הָא אִתְּמַר עֲלַהּ, אָמַר רֵישׁ לָקִישׁ מִשְּׁמֵיהּ דְּחִזְקִיָּה: לֹא שָׁנוּ אֶלָּא כְּשֶׁמָּסַר לוֹ גַּחֶלֶת וְלִיבָּהּ, אֲבָל מָסַר לוֹ שַׁלְהֶבֶת – חַיָּיב, מַאי טַעְמָא? בְּרִי הֶיזֵּקָא.

The Gemara answers: But it **was stated** already **about this that Reish Lakish says in the name of Ḥizkiyya: They taught** that one is exempt from the damage caused by a fire that he had entrusted in the care of a deaf-mute, an imbecile, or a minor **only** in a case where **he conveyed a coal to him and** the deaf-mute **fanned** the coal into a flame, which then caused damage. **But** if he conveyed an open **flame to him** and it caused damage, the one who gave him the flame is **liable. What is the reason** for this? This is because the **damage is self-evident,** i.e., it is clear that damage will ensue, and it is as if he placed a goring ox under his care. Therefore, if one's liability for damage classified as Fire is due to its similarity to damage caused by one's property, he would be liable in this case.

וְרַבִּי יוֹחָנָן אָמַר: אֲפִילּוּ שַׁלְהֶבֶת – פָּטוּר, קָסָבַר: צְבָתָא דְּחֵרֵשׁ קָא גָּרֵים, לָא מִיחַיֵּיב עַד דְּמָסַר לֵיהּ גְּווֹזָא סִילְתָּא וּשְׁרָגָא.

And Rabbi Yoḥanan, who holds that one's liability for damage caused by fire is due to its similarity to one's arrows, **says** that he is **exempt even** if he conveyed an open **flame** to him, because **he holds** that **it is the deaf-mute's handling** of the flame **that causes** the blaze, and it is therefore not similar to a case of arrows shot; the one who conveys a fire to the deaf-mute **does not become liable** for the damage **until he hands** the deaf-mute **chopped wood, kindling chips, and a lamp,**[N] as in that case, the damage that will ensue is self-evident and it is as if he started the blaze himself.

אָמַר רָבָא: קְרָא וּמַתְנִיתָא מְסַיַּיע לֵיהּ לְרַבִּי יוֹחָנָן; קְרָא, דִּכְתִיב ״כִּי תֵצֵא אֵשׁ״, תֵּצֵא מֵעַצְמָהּ, ״יְשַׁלֵּם הַמַּבְעִר אֶת הַבְּעֵרָה״, שְׁמַע מִינַּהּ: אִשּׁוֹ מִשּׁוּם חִצָּיו;

Rava said: A verse and a *baraita* both **support Rabbi Yoḥanan's** opinion. The **verse** supporting his opinion is **as it is written: "If fire breaks out"** (Exodus 22:5), indicating that the fire **breaks out on its own;** yet the verse continues, **"the one who ignited the fire shall pay,"**[N] indicating that the fire was ignited by a person. **Conclude from** the verse that one's liability for the damage caused by **his fire is due to** its similarity to damage caused by **his arrows,** as the resolution of the apparent inconsistency in the verse is that it relates to the individual as if he had himself started the blaze, and that is why he is obligated to pay for the damage.

מַתְנִיתָא, דְּתַנְיָא: פָּתַח הַכָּתוּב

The *baraita* supporting his opinion is **as it is taught: The verse** concerning liability for a fire **opened**

HALAKHA

One who sends a fire in the hand of a deaf-mute, an imbecile, or a minor – הַשּׁוֹלֵחַ אֶת הַבְּעֵירָה בְּיַד חֵרֵשׁ שׁוֹטֶה וְקָטָן: If one conveyed a fire to a deaf-mute, an imbecile, or a minor, and the fire caused damage, the one who conveyed it is exempt according to human laws but liable according to the laws of Heaven. This is the case when one conveyed a coal to a deaf-mute and the latter fanned it into an open flame that ended up causing damage. If he gave the deaf-mute an open flame, he is liable even according to human laws, since it was his actions which caused the resulting damage, in accordance with the opinion of Reish Lakish, citing Ḥizkiyya (*Shulḥan Arukh, Ḥoshen Mishpat* 418:7).

BACKGROUND

He is liable according to the laws of Heaven – חַיָּיב בְּדִינֵי שָׁמַיִם: This means that he will be punished by God for what he did (Rashi, *Gittin* 53a), and therefore, even though the court cannot force him to pay or seize his property, he must nevertheless be concerned about punishment and make amends with the person to whom he caused damage.

NOTES

Until he hands the deaf-mute chopped wood, kindling chips, and a lamp – עַד דְּמָסַר לֵיהּ גְּווֹזָא סִילְתָּא וּשְׁרָגָא: Rashi explains the case in a straightforward manner: He entrusted thin pieces of wood and a burning fire into the care of a deaf-mute, and the deaf-mute then took these items and started a fire elsewhere. Although one could regard this fire as comparable to an arrow dispatched by the deaf-mute, nevertheless, Rashi claims that Rabbi Yoḥanan holds the one who gave the deaf-mute the items liable in this case, as it was negligent for him to do so.

The Rid maintains that in such a case Rabbi Yoḥanan would exempt from liability the one who gave the deaf-mute the items, as it was ultimately the action of the deaf-mute that caused the damage. Therefore, he explains that this case was one where one the components of the fire was already burning on his own property in a place in which a typical wind could cause the fire to spread, but he appointed a deaf-mute to safeguard it and keep the fire from spreading. In such a case, he is liable in the same way as if he had appointed a deaf-mute to safeguard his ox and protect it from goring.

Rabbeinu Ḥananel explains that handing wood and fire over to a deaf-mute is simply tantamount to having lit the fire oneself.

The one who ignited the fire shall pay – יְשַׁלֵּם הַמַּבְעִר אֶת הַבְּעֵרָה: Although the case under discussion is one where the fire spread on its own, it is still described as if the liable party had started the blaze (Rashi). The early commentaries write that Reish Lakish could explain the verse as speaking of two separate scenarios: In the first scenario, he did not safequard the fire, and it then spread on its own, and in the second scenario he personally lit another's field on fire, in which case Reish Lakish would concede that he is liable (*Shita Mekubbetzet*).

בְּנִזְקֵי מָמוֹנוֹ וְסִיֵּים בְּנִזְקֵי גוּפוֹ, לוֹמַר לָךְ: אִשּׁוֹ מִשּׁוּם חִצָּיו.

with a reference to **damage** caused by **one's possessions,** as it is written: "If fire breaks out," indicating that his responsibility for the fire is the same as his responsibility for any of his possessions that cause damage, **and it concludes with** a reference to **damage** caused by **one's body,** as the verse refers to the person by calling him "the one who ignited the fire," **telling you** that his liability for the damage caused by **his fire is due to** its similarity to **his arrows.**

אֲמַר רָבָא, קַשְׁיָא לֵיהּ לְאַבַּיֵי: לְמַאן דְּאָמַר אִשּׁוֹ מִשּׁוּם חִצָּיו, טָמוּן בָּאֵשׁ דְּפָטַר רַחֲמָנָא הֵיכִי מַשְׁכַּחַתְּ לָהּ?

Rava said that Abaye raised **a difficulty: According to the one who says** that one's liability for the damage caused by **his fire is due to** its similarity to **his arrows, how can you find**[N] that **the Merciful One exempted** one from liability for **concealed** items damaged by a **fire?**[H] If one caused damage by shooting an arrow, he would be equally liable for damaging both exposed and concealed items. Consequently, if one's liability for the damage caused by his fire is due to its similarity to his arrows, he should similarly be liable for concealed items damaged by a fire.

וְנִיחָא לֵיהּ, כְּגוֹן שֶׁנָּפְלָה דְּלֵיקָה לְאוֹתוֹ חָצֵר, וְנָפְלָה גָּדֵר שֶׁלֹּא מֵחֲמַת דְּלֵיקָה, וְהָלְכָה וְהִדְלִיקָה וְהִזִּיקָה בְּחָצֵר אַחֶרֶת, דְּהָתָם כָּלוּ לֵיהּ חִצָּיו.

And it was **satisfactory for him,** i.e., Abaye resolved the difficulty. He explained that the exemption from liability for concealed items damaged by a fire applies in a case **where a fire broke out in that** same **courtyard, and** afterward the **fence** separating this courtyard from the neighbor's courtyard **collapsed,** but **not due to the fire, and** therefore the fire **spread and ignited** items **and caused damage in another courtyard.** In such a circumstance he would be exempt **because there,** in this case, it is as if **his arrows were depleted,**[N] i.e., he bears responsibility for the fire that he had started, which initially was confined to his courtyard alone. The fire that spread to the neighboring courtyard is not similar to his arrows, and therefore he is exempt.

אִי הָכִי, לְעִנְיַן גָּלוּי נַמִי כָּלוּ לֵיהּ חִצָּיו!

The Gemara challenges this explanation: **If that is so,** he should be exempt not only with regard to concealed items but also **with regard to exposed** items that were damaged by the fire, as **his arrows are also depleted** when the fire spreads and causes damage. If his exemption is due to fact that the damage was caused because the wall that had separated the two courtyards had collapsed, there should be no distinction between exposed and concealed items.

HALAKHA

The Merciful One exempted one from liability for concealed items damaged by a fire – **טָמוּן בָּאֵשׁ דְּפָטַר רַחֲמָנָא**: If one ignited a fire on his own property and the fire spread to his neighbor's property because the fence separating the courtyards collapsed, although not due to the fire, and he did not repair the breach, if the fire consumed a stack of grain, the one who ignited the fire is liable for the damage to the stack of grain but not for anything concealed inside, even if the concealed item is something that is typically concealed inside a stack of grain. If he ignited the fire on his neighbor's property, or if he ignited it on his own property and then the fence collapsed as a result of the fire, he is liable to pay also for items that are typically concealed inside a stack of grain. Similarly, if the fire burned down a house, he is liable to pay for all the contents of the house (Rambam *Sefer Nezikin, Hilkhot Nizkei Mamon* 14:4, 15 and *Maggid Mishne* there; *Shulḥan Arukh, Ḥoshen Mishpat* 418:6, 13, and see *Beur HaGra* there).

NOTES

How can you find – **הֵיכִי מַשְׁכַּחַתְּ לָהּ**: The early authorities disagree on the reasoning concerning whether one is exempt for damaging concealed items and its relationship to the dispute with regard to the nature of liability for damage caused by a fire. Rashi gives two interpretations. In one interpretation, he suggests that since an arrow pierces the body of the victim and causes internal damage to concealed organs, the one who holds that one's liability for the damage caused by his fire is due to its similarity to his arrows should hold him liable for damage to concealed items as well. In his primary interpretation, Rashi says that since with regard to damage caused by one's body, there is no distinctions between intentional and unintentional damage, there should therefore be no distinction between damaging exposed and concealed items.

Tosafot explain that with regard to the damage caused by one's property, there are distinctions between different types of property, as there are situations for which one is liable under the category of Goring but not under the categories of Eating or Trampling, such as damage wrought in the public domain; and there are situations for which one is liable under the categories of Eating and Trampling for which one is not liable under the category of Goring, as in the former two categories an animal is not innocuous. Damage classified as Pit also has its unique aspects, e.g., one is exempt for damage caused to vessels. Therefore, it is understandable that there would similarly be *halakhot* unique to the category of Fire. By contrast, with regard to damage caused directly by one's body, there are no distinctions based on where the damage occurred or how.

His arrows were depleted – **כָּלוּ לֵיהּ חִצָּיו**: According to the situation at the time that the fire was ignited, it would not have spread to the second courtyard, as the fence would have blocked the advance of the flames. Since the fence collapsed for reasons unconnected to the blaze, he is not liable for the damage (Rashi).

אֶלָּא, לְמַאן דְּאִית לֵיהּ מִשּׁוּם חִצָּיו אִית לֵיהּ נַמִי מִשּׁוּם מָמוֹנוֹ, וּכְגוֹן שֶׁהָיָה לוֹ לְגוֹדְרָהּ וְלֹא גְּדָרָהּ, דְּהָתָם שׁוֹרוֹ הוּא וְלָא טְפַח בְּאַפֵּיהּ.

Rather, it must be that **the one who holds** that one's liability for the damage caused by his fire is **due to** its similarity to **his arrows also holds** that his liability is **due to** the fire's similarity to **his property.** Consequently, it remains possible for a circumstance to exist in which one will be exempt from liability for damaging concealed items and yet be held liable for exposed items. **For example, if he had** the ability to repair the breach **and fence** in the courtyard again[H] **but he did not fence** it in, he will be liable, **as there, it** is similar to a case where **his ox** was in danger of escaping from his property and **he did not strike** it **in its face**[N] to hold it back, and therefore he is liable for any ensuing damage. In this case, however, the fire is not similar to his arrows since it was not responsible for the collapse of the fence, and therefore he is exempt from damage caused to concealed items, according to the *halakhot* of Fire.

וְכִי מֵאַחַר דְּמַאן דְּאִית לֵיהּ מִשּׁוּם חִצָּיו אִית לֵיהּ נַמִי מִשּׁוּם מָמוֹנוֹ, מַאי בֵּינַיְיהוּ?

The Gemara asks: **But** according to this conclusion, **since the one who holds** that one's liability for the damage caused by his fire is **due to** its similarity to **his arrows also holds** that his liability is **due to** its similarity to **his property, what** is the difference **between** the opinions of Rabbi Yoḥanan and Reish Lakish?

אִיכָּא בֵּינַיְיהוּ, לְחַיְּיבוֹ בְּאַרְבָּעָה דְּבָרִים.

The Gemara answers: The practical difference **between them** is with regard to **holding him liable** for the additional **four types of indemnity**[NH] in a case where the fire injured a person. In such an instance Rabbi Yoḥanan would require, in addition to the costs of the damage itself, payments for pain, medical costs, loss of livelihood, and humiliation, as in any case of personal injury, given that Rabbi Yoḥanan considers Fire to be no different than an arrow he had shot at the injured party.

״עַל הַחֲרָרָה מְשַׁלֵּם״ כו׳. מַאן חַיָּיב? בַּעַל כֶּלֶב. וְלִיחַיַּיב נַמִי בַּעַל גַּחֶלֶת! בְּשֶׁשִּׁימֵּר גַּחַלְתּוֹ.

§ The mishna teaches that he must **pay** the full cost of the damage **for the cake** the dog ate but must pay for only half the cost of the damage to the burned stack of grain. The Gemara elucidates: **Who** is the one **obligated** to pay for the cake? The **owner of** the **dog.** The Gemara challenges this: **But** why not **let** the **owner of** the **coal also be liable,**[H] as he shares some of the responsibility, being that he did not safeguard his coal and it ultimately caused damage? The Gemara answers: The case under discussion is one **where** the owner of the coal **safeguarded his coal** properly.

NOTES

He did not strike it in its face – שׁוֹרוֹ הוּא וְלָא טְפַח בְּאַפֵּיהּ: The Gemara concludes that in most cases he would be exempt for damage caused by his fire in a situation analogous to when one's arrows are depleted, since the damage caused afterward cannot be directly ascribed to the fire. Nevertheless, there are circumstances when one is liable for damage caused by a fire he ignited as if it were his property that caused damage. In such a case, he is liable for his negligence in not preventing his property from causing damage. This is why the Gemara cites the analogy of an ox, since even though that case is not similar to damage caused by his arrows, meaning that the damage was not caused by an action he performed, nevertheless, he is liable for not preventing his ox from causing damage. Similarly, by not mending the fence he was negligent with regard to damage which could be caused by his property.

Holding him liable for the additional four types of indemnity – לְחַיְּיבוֹ בְּאַרְבָּעָה דְּבָרִים: Rashi explains that the four payments referred to here are damage, pain, medical costs, and loss of livelihood. There is no payment for humiliation, as one is liable to pay that indemnity only when one intended to humiliate the injured party.

HALAKHA

He had the ability to repair and fence it in again – הָיָה לוֹ לְגוֹדְרָהּ: If one ignited a fire on his own property, and a fence that was separating his property from his neighbor's collapsed, but not due to the fire, and he did not repair the fence, the one who ignited the fire is held liable (Rambam *Sefer Nezikin, Hilkhot Nizkei Mamon* 14:4; *Shulḥan Arukh, Ḥoshen Mishpat* 418:6).

With regard to holding him liable for the additional four types of indemnity – לְחַיְּיבוֹ בְּאַרְבָּעָה דְּבָרִים: If one ignited a fire that injured another person, he is liable for the injury and must also pay for the pain he suffered, his medical bills, his loss of livelihood, and any humiliation he suffered, as in a case where he assaulted him directly. This is because a fire is viewed as being similar to an arrow he shot. If he ignited the fire in a place where it could not reach the injured party, for example if there was a firewall between the two courtyards, and the wall collapsed for reasons unconnected to the fire, and he did not repair the breach, he is liable only for the damage caused to the injured party but not for the other four payments. In such an instance he is liable only because it was his property that caused damage, but he is not liable as if he had caused the damage personally (Rambam *Sefer Nezikin, Hilkhot Nizkei Mamon* 14:15; *Shulḥan Arukh, Ḥoshen Mishpat* 418:17).

But let the owner of the coal also be held liable – וְלִיחַיַּיב נַמִי בַּעַל גַּחֶלֶת: In a case where a dog took a cake in its mouth and took a coal with it, and it set a stack of grain on fire with the coal, if the owner of the coal did not safeguard it properly, the owner of the dog must pay only for the damage to the cake itself and for the damaged spot on the stack of grain where the coal was actually placed, while the owner of the coal must pay for the damage to the rest of the stack of grain. This is in accordance with a version of the text that reads: But let the owner of the coal be held liable, without the word also. The Rema writes that there are some who say that the owner of the dog and the owner of the coal must jointly pay for the damage done to the spot where the coal was placed, while for the rest of the stack of grain the owner of the dog must pay for one-fourth of the damage, and the owner of the coal for three-fourths. If the dog threw the coals onto the stack of grain, the owner of the dog must pay for only one-fourth of the damage, even for the spot where the coal was placed, while the owner of the coal must pay for three-fourths of the damage. This is in accordance with the version of the text that reads: But let the owner of the coal also be held liable (Rambam *Sefer Nezikin, Hilkhot Nizkei Mamon* 2:18; *Shulḥan Arukh, Ḥoshen Mishpat* 392:1).

אִי כְּשֶׁשִּׁימֵּר גַּחַלְתּוֹ, מַאי בָּעֵי כֶּלֶב הָתָם? בְּשֶׁחָתַר. אָמַר רַב מָרִי בְּרֵיהּ דְּרַב כָּהֲנָא: זֹאת אוֹמֶרֶת, סְתַם דְּלָתוֹת חֲתוּרוֹת הֵן אֵצֶל כֶּלֶב.

The Gemara asks: **If** the case is one **where he safeguarded his coal**[H] properly, **what does the dog want,** i.e., what is it doing **there?** If the dog was able to get in there, it cannot be that the owner of the coal safeguarded it properly. The Gemara answers: The case is one **where** the dog **burrowed** under the fence,[N] entered the property, and took the cake and the coal. **Rav Mari, son of Rav Kahana, said: That is to say** that **ordinary doors are** deemed **vulnerable to being burrowed** under **by a dog**[NB] because if it would be atypical for a dog to burrow under the door, the owner of the dog would be exempt from payment. Therefore, it must be that it is typical behavior for a dog to burrow beneath a door, and therefore it was incumbent upon the owner of the door to prevent it from causing damage.

דַּאֲכָלָהּ הֵיכָא? אִילֵימָא דַּאֲכָלָהּ בְּגָדִישׁ דְּעָלְמָא, הָא בָּעֵינַן ״וּבִעֵר בִּשְׂדֵה אַחֵר״ וְלֵיכָּא! לָא צְרִיכָא, דַּאֲכָלָהּ בְּגָדִישׁ דְּבַעַל חֲרָרָה.

The Gemara asks: **Where did it eat** the cake? **If we say that it ate it** after placing it **on a stack of grain belonging to another,** i.e., someone other than the owner of the cake, then he should not be liable for the damage to the cake under the *halakhot* of Eating, as in order to hold someone liable **we require** fulfillment of scenario described in the verse: **"And it consumed in the field of another"** (Exodus 22:4), meaning that an act of damage classified as Eating must be caused on the property of the injured party, **and that is not** the case in this instance. The Gemara answers: **No,** it is **necessary** only in the case **where** the dog **ate** the cake after placing it **on a stack** of grain owned **by the owner of the cake,**[H] and that is why the dog's owner is liable, as it ate it while on the property of the injured party.

תִּפְשׁוֹט דְּפִי פָרָה

§ The Gemara suggests: From here it is possible to **resolve** a dilemma and prove **that the mouth of a cow**

Perek **II**
Daf **23** Amud **b**

כַּחֲצַר הַנִּיזָּק דָּמֵי. דְּאִי כַּחֲצַר הַמַּזִּיק דָּמֵי, לֵימָא לֵיהּ: מַאי בָּעֵי רִפְתָּךְ בְּפוּמָא דְּכַלְבַּאי!

is like the courtyard of the injured party,[H] i.e., it is not a separate domain from the place in which the animal is eating. **As if** the mouth of the animal were to be considered **like the courtyard of the one responsible for the damage, let** the owner of the dog **say to** the injured party: **What is your bread doing in my dog's mouth?** The dog's mouth is my domain, and I am not liable for damage classified as Eating done to your property in my domain.

דְּאִיבַּעְיָא לְהוּ: פִּי פָרָה, כַּחֲצַר הַנִּיזָּק דָּמֵי אוֹ כַּחֲצַר הַמַּזִּיק דָּמֵי?

The Gemara notes: The need for this type of inference arises from the fact **that a dilemma was raised before** the Sages: **Is the mouth of a cow like the courtyard of the injured** party, **or is it like the courtyard of the one responsible for the damage,** i.e., the owner of the cow?

וְאִי אָמְרַתְּ כַּחֲצַר הַמַּזִּיק דָּמֵי, שֵׁן דְּחַיֵּיב רַחֲמָנָא הֵיכִי מַשְׁכַּחַתְּ לָהּ?

The Gemara asks: **But if you say** that the mouth of the cow is **like the courtyard of the one responsible for the damage, how can you find** a case of damage classified as **Eating** for which **the Merciful One holds** the owner of the animal **liable?** The *halakha* is that one must pay for damage classified as Eating only if it occurred on the property of the injured party. If the mouth of an animal is deemed the domain of the animal's owner, damage caused by an animal eating would always take place in the domain of the animal's owner and he would therefore be exempt from liability in every case.

HALAKHA

Where he safeguarded his coal – כְּשֶׁשִּׁימֵּר גַּחַלְתּוֹ: If the owner of the fire safeguarded the coal properly by closing the gate to his courtyard, and the dog came and dug beneath the fence and took the coal, the owner of the coal is exempt from liability while the owner of the dog is liable to pay the full cost of the damage for the damaged cake and the damage to the spot upon which it placed the coal, and he must pay half the cost of the damage done to the rest of the stack of grain. This is because ordinary doors are deemed vulnerable to being burrowed under by a dog (Rambam *Sefer Nezikin, Hilkhot Nizkei Mamon* 2:18; *Shulḥan Arukh, Ḥoshen Mishpat* 291:13, 392:1, and in the comment of Rema).

A stack of grain owned by the owner of the cake – בְּגָדִישׁ דְּבַעַל חֲרָרָה: One pays damages for Eating only if the eating occurred on the property of the injured party, even if the eating did not take place on the same property of the injured party from where the food was taken. If the animal took the food out into the public domain or onto property belonging to another person, and ate it there, the owner of the animal must pay only for the benefit the animal derived (Rambam *Sefer Nezikin, Hilkhot Nizkei Mamon* 3:5; *Shulḥan Arukh, Ḥoshen Mishpat* 391:7).

NOTES

Where the dog burrowed under the fence – בְּשֶׁחָתַר: The early commentaries ask: If a dog was able to burrow under the fence and remove the coal, in what way can it be said that the owner of the coal safeguarded it properly? They answer that it is sufficient for the owner of the coal to place it behind a closed door, as the Torah did not obligate him to safeguard against the coal being removed, but simply to ensure that the coal does not cause damage by itself.

Ordinary doors are deemed vulnerable to being burrowed under by a dog – סְתַם דְּלָתוֹת חֲתוּרוֹת הֵן אֵצֶל כֶּלֶב: Since the owner of the dog must pay the full cost of the damage, this indicates that it is not unusual for a dog to burrow under a door, and this is not considered atypical canine behavior (Rashi).

BACKGROUND

Burrowed under by a dog – חֲתוּרוֹת...אֵצֶל כֶּלֶב: Dogs naturally dig in the ground in order to bury things or as a form of play. Therefore, when a dog wants to exit from an enclosure of some type, it is natural for a dog to try to burrow beneath the door, a place where there is a gap and where there are no structural foundations. Consequently, in a courtyard or a house that does not have a floor, an ordinary door will not be sufficient to stop a dog from burrowing underneath it.

HALAKHA

The mouth of the cow is like the courtyard of the injured party – פִּי פָרָה כַּחֲצַר הַנִּיזָּק: Some say that even if an animal took produce from the public domain and went and ate it while standing on the property of the owner of the produce, the owner of the animal is liable to pay the full cost of the damage. This is because the mouth of the cow has the same halakhic status as the property of the injured party. For this reason, if the produce was lying in a spot where the cow was unable to access it, and a deaf-mute, an imbecile, or a minor gave some of it to the cow, its owner is liable to pay for the damage (*Shulḥan Arukh, Ḥoshen Mishpat* 391:7).

אמר רב מרי בריה דרב כהנא: כגון שנתחככה בכותל להנאתה, וטנפה פירות להנאתה.

Rav Mari, son of Rav Kahana, said: It is possible to describe a case of Eating that would render the animal's owner liable according to the one who holds that the mouth of a cow is like the domain of its owner, **for example,** if the cow **rubbed up against a wall for its pleasure** and broke it, or if the cow **soiled produce for its own pleasure.** Any action in which an animal engages for its own pleasure is classified as Eating, and if the animal causes damage thereby within the domain belonging to the injured party, its owner will be held liable since nothing has entered the mouth of the animal.

מתקיף לה מר זוטרא: והא בעינא "כאשר יבער הגלל עד תמו", וליכא! רבינא אמר: דשף צלמי, רב אשי אמר: דפסעי פסועי.

Mar Zutra objects to these examples of Eating: **But** in order to create liability under the *halakhot* of Eating, **I require** fulfillment of the verse: **"As consumes the tooth until it be all gone"** (I Kings 14:10), meaning that the damaged item must be completely destroyed or consumed, **and** here that is **not** the case, as the stones of the broken wall and the soiled produce have not been destroyed. To answer Mar Zutra's question, **Ravina said:** It is possible for a cow to cause complete destruction by rubbing against a wall, e.g., a cow **that** completely **erases** any decorative **images**[B] that were adorning the wall. **Rav Ashi said:** It is possible for cow to cause complete destruction by soiling produce, e.g., a cow **that trods on** the produce and crushes it,[N] thereby totally eradicating it. Consequently, the initial question about the status of the cow's mouth remains.

תא שמע: שיסה בו את הכלב, שיסה בו את הנחש – פטור; מאן פטור? משסה פטור, וחייב בעל כלב; ואי אמרת כחצר המזיק דמי, לימא ליה: מאי בעי ידך בפומיה דכלבאי!

The Gemara suggests: **Come** and **hear** a resolution from a *baraita*: If **he incited a dog against** another person,[H] or if **he incited a snake against** another person,[H] he is **exempt** (*Sanhedrin* 66b). The Gemara clarifies: **Who is exempt? The one who incited** the dog is **exempt,**[N] **but the owner of the dog is liable. And if you say** that the mouth of the animal is **like the courtyard of the one liable for the damage, let** the owner of the dog **say to** the injured party: **What does your hand want,** i.e., what is it doing, **in my dog's mouth,** which is my domain?

אימא: פטור אף משסה. ואיבעית אימא: דאפקיה לניביה וסרטיה.

The Gemara answers: The mishna could be understood a different way. Say that **even the one who incited** the dog is **exempt,** as the dog is not his property, but the dog owner is also exempt because his dog's mouth has a legal status similar to that of the dog owner's courtyard. **And if you wish, say** instead that the case under discussion is one where the dog **extended his canine teeth and scratched the** victim, but the victim's hand was not inside his mouth, and therefore this incident cannot be treated as if it took place in the domain of the owner of the dog.

תא שמע: השיך בו את הנחש – רבי יהודה מחייב, וחכמים פוטרים;

The Gemara suggests: **Come** and **hear** a solution based on the continuation of the above mishna: **If one caused the snake to bite** a person by bringing the fangs of the snake to the victim's body, and the snake killed him, **Rabbi Yehuda deems** the one who instigated the attack **liable** to receive the death penalty **and the Rabbis exempt** him.

ואמר רב אחא בר יעקב: כשתימצי לומר, לדברי רבי יהודה – ארס נחש בין שיניו הוא עומד, לפיכך מכיש בסייף, ונחש פטור. לדברי חכמים – ארס נחש מעצמו מקיא, לפיכך נחש בסקילה ומכיש פטור;

And Rav Aḥa bar Ya'akov says in explanation of the dispute: When you analyze the matter **you will find that according to the statement of Rabbi Yehuda, the venom of a snake**[B] is deemed to be constantly **present between its fangs,** and therefore when the snake is made to strike the victim it is not actively engaged in any action. **Consequently,** the person handling the snake is liable, similar to one who **strikes** a victim **with a sword,** while the **snake** itself is **exempt** as it has not done anything. And **according to according to the statement of the Rabbis, the venom of a snake** is not present between its fangs but rather the snake must **secrete** it **of its own volition. Consequently,** the **snake** receives the penalty of **stoning** like any animal that kills a person, while the one who instigated the attack **and striking** with it is **exempt.**

BACKGROUND

Erases images – שף צלמי: In many places in the ancient world, walls and columns were decorated with stucco or reliefs of clay stuck to the wall. Reliefs were not made from sturdy materials and were only attached to the walls; therefore, they could be easily erased if an animal were to rub up against them.

The venom of a snake – ארס נחש: A snake's venom originates inside special glands, from which it flows to its fangs. Certain venomous snakes have only a groove in their fangs through which the venom is transmitted, where in others the fang is completely hollow and acts as a tube to transmit the venom. For such snakes it may be said to a certain degree that the venom is always present between their fangs.

The dispute in the Gemara apparently centers on the question of how intentional is the secretion of a snake's venom. Does the animal make a conscious decision to attack, or is the venom a result of a reflex that happens automatically when the snake's fangs come into contact with the flesh of its victim.

NOTES

That trods on the produce and crushes it – דפסעי פסועי: In other words, the cow crushes the produce until it is ruined beyond recognition (Rashi). Rabbeinu Ḥananel explains this answer as relating not to the case of the produce but to the case of the wall, just as Mar Zutra's answer did: The animal knocked the wall and down and then completely pulverized the stones. In an alternate interpretation, Rashi says that the case is one where the animal caused some liquids to spill as it was rolling around, which results in the liquids being completely destroyed.

The one who incited the dog is exempt – משסה פטור: He is exempt according to human laws, since he did not cause the damage directly by his force, and the dog is also not his property. Nevertheless, he is liable according to the laws of Heaven. The case under discussion here is one where the dog caused damage but did not necessarily kill (*Tosafot*).

HALAKHA

He incited a dog against another person – שיסה בו את הכלב: If one incited another's dog against a third person, and the dog caused damage or injury, the one who incited the attack is exempt according to human laws but liable according to the laws of Heaven. The owner of the dog must pay for half the cost of the damage since he is aware that others can incite his dog to attack (Rambam *Sefer Nezikin, Hilkhot Nizkei Mamon* 2:19; *Shulḥan Arukh, Ḥoshen Mishpat* 395:1).

Incited a snake against another person – שיסה בו את הנחש: If one incited another's dog against a third person and the dog killed him, the dog is not stoned. The same law applies in all cases where one incites any type of undomesticated animal or bird to attack another until the creature kills the individual. By contrast, if he incited a snake to attack another person, or even if he caused the snake to bite the victim, the snake is stoned, while the one handling the snake is exempt according to human laws, in accordance with the opinion of the Rabbis that it is the snake that secretes the venom. Nevertheless, the person is still a murderer and his fate is in the hands of Heaven (Rambam *Sefer Nezikin, Hilkhot Nizkei Mamon* 10:8, *Hilkhot Rotze'aḥ* 3:10).

וְאִי אָמְרַתְּ פִּי פָּרָה כַּחֲצַר הַמַּזִּיק דָּמֵי, לֵימָא לֵיהּ: מַאי בָּעֵי יָדָךְ בְּפוּמָא דְּחֵיוַאי! לְעִנְיַן קְטָלָא לָא אָמְרִינַן.

And if you say that **the mouth of the cow is like the courtyard of the one responsible for the damage, let** the owner of the snake metaphorically **say to** the injured party: **What is your hand doing in my snake's mouth?** The Gemara answers: **We do not say** this principle **with regard to matters relating to** the **death** penalty;[N] therefore, one who kills another is always liable, regardless of whether it occurred within the domain of the killer or within the domain of the victim.

וּמְנָא תֵּימְרָא? דְּתַנְיָא: הַנִּכְנָס לַחֲצַר בַּעַל הַבַּיִת שֶׁלֹּא בִּרְשׁוּת, וּנְגָחוֹ שׁוֹרוֹ שֶׁל בַּעַל הַבַּיִת, וּמֵת – הַשּׁוֹר בִּסְקִילָה, וּבְעָלִים פְּטוּרִים מִן הַכּוֹפֶר;

And from where do you say this? **As it is taught** in a *baraita* (*Tosefta* 5:13): With regard to **one who enters the courtyard of a property owner without** his **permission,**[H] **and the property owner's ox gores** the intruder **and** he **dies, the ox** receives the penalty of **stoning while the owner** is **exempt from** having to pay **ransom.**[B]

בְּעָלִים פְּטוּרִין מִן הַכּוֹפֶר מַאי טַעֲמָא – דְּאָמַר לֵיהּ: בִּרְשׁוּתִי מַאי בָּעֵית. שׁוֹרוֹ נַמִי לֵימָא לֵיהּ: מַאי בָּעֵית בִּרְשׁוּתִי! אֶלָּא, לְעִנְיַן קְטָלָא לָא אָמְרִינַן.

The Gemara clarifies: **What is the reason** that the **owner** is **exempt from** paying **ransom?** He is exempt **because he can** metaphorically **say to** the victim: **What do you want in my domain,** i.e., why were you there without permission? Since he entered the premises without authorization, he bears responsibility for his own fate. But if that is so, the same applies to **his ox as well,** and **let** the owner of the ox **say to** the victim: **What do you want in my domain?** Rather, it must be that **we do not say** that this principle applies **with regard to matters relating to** the **death** penalty. Consequently, these cases do not prove that the mouth of the cow is like the courtyard of the victim within the scope of the *halakhot* of damages.

הָנְהוּ עִיזֵּי דְּבֵי תַּרְבּוּ דַּהֲווּ מַפְסְדִי לֵיהּ לְרַב יוֹסֵף, אֲמַר לֵיהּ לְאַבַּיֵי: זִיל אֵימָא לְהוּ לְמָרַיְיהוּ דְּלִיצַנְעִינְהוּ. אֲמַר לֵיהּ: אַמַּאי אֵיזִיל? דְּאִי אָזֵילְנָא, אָמְרִי לִי: לִגְדּוֹר מָר גְּדֵירָא בְּאַרְעֵיהּ.

§ The Gemara relates: There were **these goats,** belonging to **the Tarbu family,**[H] **that would** frequently **damage Rav Yosef's** property. Rav Yosef **said to Abaye: Go** and **tell their owners that they must keep** their goats enclosed within their own property. Abaye **said to** Rav Yosef in response: **Why should I go?**[N] **If I go** and deliver this message, **they will say to me:** Let the **Master put a fence up around his property** so that the goats will not be able to get in there.

וְאִי גָּדַר, שֵׁן דְּחַיֵּיב רַחֲמָנָא הֵיכִי מַשְׁכַּחַתְּ לַהּ? כְּשֶׁחָתְרָה. אִי נַמִי, דְּנָפֵיל גּוּדָא בְּלֵילְיָא.

The Gemara questions this claim: **And if** an individual **did put up a fence** to safeguard his property from the Eating of other animals because he was required to do so, and had he not done so the owners of those animals would not be liable to pay for the damage caused by their animals, **how can you find** damage classified as **Eating for** which **the Merciful One** holds the owner of the animal **liable?** As, if it is the responsibility of the injured party to fence in his property, animals will not be able to get inside. The Gemara answers: A case in which the Torah holds the owner of the animal liable can be explained as one **where** the animal **burrowed under** the fence. **Alternatively,** it could be explained as a case **where** the separating **fence collapsed in** middle of **the night** and the owner of the fence did not have the opportunity to repair it before the animals caused damage.

מַכְרִיז רַב יוֹסֵף, וְאִיתֵּימָא רַבָּה, דְּסָלְקִין לְעֵילָא וּדְנָחֲתִין לְתַתָּאָה: הָנֵי עִיזֵּי דְּשׁוּקָא דְּמַפְסְדִי, מַתְרִינַן בְּמָרַיְיהוּ תְּרֵי וּתְלָתָא זִמְנִין, אִי צָיֵית – צָיֵית, וְאִי לָא – אָמְרִינַן לֵיהּ: תִּיב אַמַּסְחָתָא וְקַבֵּל זוּזָךְ.

The Gemara comments: **Rav Yosef, and some say** it was **Rabba, would announce: Those that ascend** to Eretz Yisrael from Babylonia, bringing with them the rulings of the Babylonian Sages, **as well as those that descend** to Babylonia from Eretz Yisrael, bringing the rulings of the sages of Eretz Yisrael with them, all agree to the following *halakha*: With regard to **these goats** that loiter **in the market**[H] until they are slaughtered and in the meantime **cause damage** to others, **we warn their owner two or three times. If** the owner of the goats **heeds** the warning and safeguards his animals from damaging others, then **he heeds** it and no further action is necessary. **But if not, we say to him:** Go, **sit next to the butcher shop and take your money,** meaning we instruct him to slaughter his goats immediately. Since he in any event intends to slaughter them, the court can force him to do so immediately. Otherwise, he cannot be forced to slaughter them as preventive measure.

NOTES

We do not say this principle with regard to matters relating to the death penalty – לְעִנְיַן קְטָלָא לָא אָמְרִינַן: The reason for this is that if someone was killed a different *halakha* is applied, as an ox that kills a person is subject to the death penalty. This is not due to the *halakhot* of damages, but rather because of a verse (Exodus 21:28) that stated than an animal that kills a person must be stoned, similar to what was stated earlier (Genesis 9:5): "And the blood of your lives will I require; at the hand of every beast will I require it."

Why should I go – אַמַּאי אֵיזִיל: It is the opinion of the majority of halakhic authorities that the *halakha* follows the opinion of Rav Yosef, meaning that the owner of the animal must safeguard his animal to prevent it from causing damage, while the injured party does not have to protect his property from being damaged by the animal. According to *Tosafot* and many commentaries, Abaye did not actually dispute this point; he simply did not wish to go so he offered an excuse to explain why he should not need to go. Rabbeinu Ḥananel is of the opinion that Abaye's opinion is the final *halakha*, as Rav Yosef did not express any dispute.

HALAKHA

One who enters the courtyard of a property owner without permission – הַנִּכְנָס בַּחֲצַר בַּעַל הַבַּיִת שֶׁלֹּא בִּרְשׁוּת: If one enters the courtyard of a property owner without his permission, and the property owner's ox gores the intruder, who dies of his wounds, the ox is stoned but its owner is exempt from paying ransom (Rambam *Sefer Nezikin*, *Hilkhot Nizkei Mamon* 10:11).

These goats belonging to the Tarbu family – הָנְהוּ עִיזֵּי דְּבֵי תַּרְבּוּ: If an animal is in the habit of entering another's property and causing damage there, a property owner may issue a warning to the owner of the animal to keep his animal away from his property, while the owner of the animal cannot demand that the property owner put a fence up around his fields. If the animal caused damage, its owner must pay the full cost of the damage, in accordance with the opinion of Rav Yosef. Based on the opinions of Rabbeinu Ḥananel and other authorities, the *Sma* and the *Shakh* rule in accordance with the opinion of Abaye, that the owner of the animal is not liable for damages for Eating unless the other's property was properly enclosed (Rambam *Sefer Nezikin*, *Hilkhot Nizkei Mamon* 5:1; *Shulḥan Arukh*, *Ḥoshen Mishpat* 397:1).

These goats in the market – הָנֵי עִיזֵּי דְשׁוּקָא: If butchers bring animals for slaughter to the market on market day, if these animals were causing damage, even in the public domain, their owners are issued warnings up to three times to safeguard the animals. If an owner did not safeguard his animals, the injured party may himself slaughter them in a ritually proper manner and tell the owner of the animal to sell the meat (Rambam *Sefer Nezikin*, *Hilkhot Nizkei Mamon* 5:1; *Shulḥan Arukh*, *Ḥoshen Mishpat* 397:2).

BACKGROUND

Ransom – כּוֹפֶר: If a forewarned ox gores a person and kills him, the ox is stoned and the owner must pay a ransom. Ransom is not paid for a murder, as a murderer is liable to receive court-imposed capital punishment. By contrast, one whose ox kills another is liable to receive death at the hand of Heaven. He therefore pays a ransom through which he is released from that punishment.

מתני׳ אֵיזֶהוּ תָּם וְאֵיזוֹ מוּעָד? מוּעָד – כֹּל שֶׁהֵעִידוּ בּוֹ שְׁלֹשָׁה יָמִים, וְתָם – מִשֶּׁיַּחְזוֹר בּוֹ שְׁלֹשָׁה יָמִים, דִּבְרֵי רַבִּי יְהוּדָה; רַבִּי מֵאִיר אוֹמֵר: מוּעָד – שֶׁהֵעִידוּ בּוֹ שְׁלֹשָׁה פְּעָמִים, וְתָם – כֹּל שֶׁיְּהוּ הַתִּינוֹקוֹת מְמַשְׁמְשִׁין בּוֹ וְאֵינוֹ נוֹגֵחַ.

MISHNA Which type of ox is deemed **innocuous**[H] **and which is deemed forewarned?**[H] An ox is deemed **forewarned** in **any** case **where** witnesses **testified about it** that it gored on **three** different **days. And** it reverts back to its previous **innocuous** status **from when it reverses its** behavior and refrains from goring for **three** consecutive **days;** this is **the statement of Rabbi Yehuda. Rabbi Meir says:** It is deemed **forewarned** in any case **where** witnesses **testified** that **it** gored **three times,** regardless of the number of days on which this behavior occurred. **And** it reverts back to its previous **innocuous** status in **any** case **where children pet it** and play with it **and it does not gore** them.

גמ׳ מַאי טַעְמָא דְּרַבִּי יְהוּדָה? אָמַר אַבָּיֵי: ״תְּמוֹל״ – חַד, ״מִתְּמוֹל״ – תְּרֵי, ״שִׁלְשֹׁם״ – תְּלָתָא, ״וְלֹא יִשְׁמְרֶנּוּ בְּעָלָיו״ – אֲתָאן לִנְגִיחָה רְבִיעִית;

GEMARA The Gemara asks: **What is the reason** for the opinion **of Rabbi Yehuda** that an ox is deemed forewarned only if it gored on three separate days? **Abaye said:** It states in the verse: "Or if it is known that the ox was a goring ox from yesterday and the day before yesterday, and its owner has not secured it" (Exodus 21:36). This leads to the following inference: **"Yesterday"** indicates **one** day, **"from yesterday"** indicates **two** days, **"the day before yesterday"** indicates **three** days, **"and its owner has not secured it"**; here **we arrive at a fourth** incident of **goring,**[N] for which the owner pays the full amount of damages.

רָבָא אָמַר: ״תְּמוֹל מִתְּמוֹל״ – חַד, ״שִׁלְשֹׁם״ – תְּרֵי, ״וְלֹא יִשְׁמְרֶנּוּ״ הָאִידָּנָא – חַיָּיב.

Rava said: "Yesterday" and **"from yesterday"** are not to be expounded separately. Rather, the inference from this phrase is that "from yesterday" indicates **one** day, **"the day before yesterday"** indicates **two** days, **"and its owner has not secured it"** indicates **now,** the third incident of goring, as it is **liable** as a forewarned animal for the third goring.

וְרַבִּי מֵאִיר מַאי טַעְמָא? דְּתַנְיָא, אָמַר רַבִּי מֵאִיר:

The Gemara asks: **And what is the reason** for the opinion of **Rabbi Meir,** who does not determine the forewarned status of an ox by the number of days on which the animal gored but simply by the number of times? **As it is taught** in a *baraita* that **Rabbi Meir said:**

HALAKHA

Which type of ox is deemed innocuous – אֵיזֶהוּ תָּם: An animal that was forewarned and was expected to cause damage or injury to others, that reverses its pattern of behavior and no longer causes that type of damage reverts to being innocuous. For example, an ox that would habitually gore, which was then observed to have children petting it and it did not gore them, reverts to innocuous status, following the ruling of the Gemara (24a) in accordance with the opinion of Rabbi Meir on this matter (Rambam *Sefer Nezikin, Hilkhot Nizkei Mamon* 6:7).

Which is deemed forewarned – אֵיזֶהוּ מוּעָד: An animal is deemed forewarned if witnesses testify that it gored on three different days. If the animal gored on one day, even if they issued warnings against it several times that day, it is not deemed forewarned, following the ruling of the Gemara (24a) in accordance with the opinion of Rabbi Yehuda (Rambam *Sefer Nezikin, Hilkhot Nizkei Mamon* 6:1).

NOTES

We arrive at a fourth incident of goring – אֲתָאן לִנְגִיחָה רְבִיעִית: Rashi and Rav Hai Gaon explain that Abaye and Rava disagree as to whether the owner of the ox will be liable to pay the full cost of the damage for the fourth incident of goring, or if he must do so starting from the third incident. This seems to be the simplest way to understand the passage. *Tosafot* and a number of other early commentaries are of the opinion that all agree that he must pay the full cost of the damage only beginning with the fourth incident, and the dispute between Abaye and Rava is not about the *halakha* itself but only about how to derive this *halakha* from the verse.

Perek **II**
Daf **24** Amud **a**

רִיחֵק נְגִיחוֹתָיו חַיָּיב, קֵירֵב נְגִיחוֹתָיו לֹא כׇּל שֶׁכֵּן? אָמְרוּ לֵיהּ: זָבָה תּוֹכִיחַ, שֶׁרִיחֲקָה רְאִיּוֹתֶיהָ טְמֵאָה, קֵירְבָה רְאִיּוֹתֶיהָ טְהוֹרָה!

When the ox **performs its gorings at intervals,** its owner **is liable;** if it **performs its gorings successively,**[N] is it **not all the more so** that its owner is liable? **They said to** Rabbi Meir: The *halakha* with regard to **a woman who experiences a discharge of uterine blood after her menstrual period** [*zava*][B] **will prove** that your *a fortiori* inference is invalid: If **her sightings occur at intervals,** i.e., if she sees a flow of uterine blood on three consecutive days, she becomes **ritually impure;** while if **her sightings were consecutive,** for example if all three occurred on the same day, she remains **pure.**

NOTES

It performs its gorings successively – קֵירֵב נְגִיחוֹתָיו: In the Jerusalem Talmud there is a discussion about how Rabbi Meir understands the verse, which seems to specifically reference a number of days: "From yesterday and the day before yesterday" (Exodus 21:36). The explanation given there is that it is Rabbi Meir's opinion that the verse teaches that an ox becomes forewarned only if it gores on three consecutive days, but not if the days were not consecutive and there was a break without any pattern in between the days. If that occurs, the incidents are considered chance occurrences and the ox remains innocuous.

The *Shita Mekubbetzet* records a comment that Rabbi Meir's *a fortiori* inference can cause the animal to be rendered forewarned, but it cannot justify Rabbi Meir's opinion with regard to the restoration of the innocuous status of an ox. This also appears to be the opinion of Rabbi Shimon, who holds in accordance with the opinion of Rabbi Meir with regard to classifying the animal as forewarned, but not with regard to reverting the status of the ox to innocuous.

BACKGROUND

Zava – זָבָה: A *zava* is a woman who experiences a flow of menstrual-type blood on three consecutive days during a time of the month when she is not due to experience menstrual bleeding. The first discharge makes her ritually impure, but until the third discharge her status is that of a woman who observes a day for a day, meaning that according to Torah law she must wait until only one day has passed without blood flow and she may then immerse in a ritual bath to regain ritual purity. After experiencing bleeding on the third day, the woman is considered a *zava* and is obligated to bring an offering as part of her purification process. A *zava* imparts ritual impurity in the same way as a *zav*. There is a difference between them in that, a *zav*, a man who experiences a gonorrhea-like discharge, does not require three days to attain his halakhic status, as even after three discharges on one day he is considered to be a *zav*.

HALAKHA

The verse associates the impurity of the *zav* with the number of sightings – תָּלָה הַכָּתוּב אֶת הַזָּב בִּרְאִיּוֹת: If a man observes two sightings of discharge that make him a *zav*, or three sightings that obligate him to bring an offering as well, he becomes ritually impure whether he makes the observation on one day or on two consecutive days. If there was a day between the two sightings on which no discharges were observed, the two sightings do not combine to render him ritually impure (Rambam *Sefer Korbanot, Hilkhot Meḥusrei Kappara* 2:7, 8).

And the impurity of the *zava* with the number of days – וְאֶת הַזָּבָה בְּיָמִים: If a woman saw a flow of blood outside of her normal menstrual period she is rendered a *zava*. It does not matter if she experienced the discharge of blood once or several times each day (Rambam *Sefer Kedusha, Hilkhot Issurei Bia* 6:7–9).

אָמַר לָהֶן, הֲרֵי הוּא אוֹמֵר: "וְזֹאת תִּהְיֶה טֻמְאָתוֹ בְּזוֹבוֹ", תָּלָה הַכָּתוּב אֶת הַזָּב בִּרְאִיּוֹת וְאֶת הַזָּבָה בְּיָמִים.

Rabbi Meir **said to them:** The case of the *zava* does not disprove my opinion, because the verse **states** in reference to the parallel *halakha* of a man who experiences a gonorrhea-like discharge [*zav*]: **"And this shall be his ritual impurity when he has a discharge"** (Leviticus 15:3). The word "this" emphasizes that in this matter the *halakha* requires following the instructions of the verse precisely as they were recorded, and in this case **the verse associates** the impurity of **the *zav* with** the number of **sightings**[H] of discharges the man observed, **and** it associates **the** impurity of the ***zava* with** the number of **days**[H] during which she experienced sightings of blood, as it says: "Many days" (Leviticus 15:25). By contrast, with regard to the goring ox, the *a fortiori* inference remains in place.

מִמַּאי דְּהַאי "וְזֹאת" לְמַעוּטֵי זָבָה מֵרְאִיּוֹת? אֵימָא: לְמַעוּטֵי זָב מִיָּמִים! אָמַר קְרָא: "וְהַזָּב אֶת זוֹבוֹ לַזָּכָר וְלַנְּקֵבָה", מַקִּישׁ זָכָר לַנְּקֵבָה, מַה נְּקֵבָה בְּיָמִים, אַף זָכָר בְּיָמִים.

The Gemara asks about this interpretation: **From where** is it determined **that this** additional phrase: **"And this,"** serves **to exclude a *zava* from** having her status determined by individual **sightings** of blood, associating it instead with the number of days on which she experienced bleeding? **Say** instead that it serves **to exclude** the ***zav* from** having his status determined by sightings on separate **days,** indicating that he will be rendered a *zav* only if he experienced three discharges on a single day and not on separate days. The Gemara answers: **The verse states** elsewhere: **"And one who has a discharge, whether it be a man or a woman"** (Leviticus 15:33). The verse **juxtaposes** the ritual impurity of **a male to** that of **a female** to teach that **just as** the **female's** ritual impurity is caused by sightings on multiple **days, so too** the ritual impurity of **a male** can be caused by sightings on multiple **days.**

וְלַקִּישׁ נְקֵבָה לַזָּכָר, מַה זָּכָר בִּרְאִיּוֹת, אַף נְקֵבָה בִּרְאִיּוֹת! הָא מִיעֵט רַחֲמָנָא "וְזֹאת".

The Gemara asks: The derivation from the verse could just as easily lead to the opposite conclusion. **But let** him **compare** the **female to** the **male; just as a male** becomes ritually impure **based on** the number of **sightings,** even if they all occur on the same day, **so too** should **a female** become ritually impure **based on** the number of **sightings,** even on the same day. The Gemara answers: **But the Merciful One excluded** this possibility by making use of the term **"and this."**

וּמָה רָאִיתָ? מִסְתַּבְּרָא, קָאֵי בִּרְאִיּוֹת מְמַעֵט רְאִיּוֹת, קָאֵי בִּרְאִיּוֹת מְמַעֵט יָמִים?!

The Gemara asks: **And what did you see** to make you exclude associating the ritual impurity of women with the number of sightings, rather than excluding associating the ritual impurity of men with the number of days? The Gemara answers: **It stands to reason** that this is so, as the context of the verse **deals with sightings,** and therefore an additional phrase serves to **exclude sightings,** but can you say that in a context where it **deals with sightings it excludes days?** The exclusionary term "and this" appears in the section discussing the *halakhot* of the *zav*, in the context of which it mentions sightings and not days, and therefore when it excludes something from these *halakhot* and limits them to specific cases, it will exclude it from being associated with sightings.

תָּנוּ רַבָּנַן: אֵיזֶהוּ מוּעָד – כָּל שֶׁהֵעִידוּ בּוֹ שְׁלֹשָׁה יָמִים, וְתָם – שֶׁיְּהוּ הַתִּינוֹקוֹת מְמַשְׁמְשִׁין בּוֹ וְאֵינוֹ נוֹגֵחַ, דִּבְרֵי רַבִּי יוֹסֵי; רַבִּי שִׁמְעוֹן אוֹמֵר: מוּעָד – כָּל שֶׁהֵעִידוּ בּוֹ שָׁלֹשׁ פְּעָמִים, וְלֹא אָמְרוּ שְׁלֹשָׁה יָמִים – אֶלָּא לַחֲזָרָה בִּלְבַד.

The Gemara returns to the subject of classifying an ox as innocuous or forewarned: **The Sages taught** in a *baraita*: **Which** type of ox **is** deemed **forewarned? Any** animal **about which** witnesses **testified** that it gored on **three days** is forewarned. **And** it reverts to its former **innocuous** status **if children pet it and** nevertheless **it does not gore;** this is **the statement of Rabbi Yosei. Rabbi Shimon says: A forewarned** ox is **any** ox **about which** witnesses **testified** that it gored **three times, and** the Sages **spoke** about **three days only with regard to reversals,** meaning that in order for an ox to revert to innocuous status, the ox must refrain from goring on three separate days. Each of these additional views on this subject combine aspects of both of the opinions mentioned in the mishna, those of Rabbi Yehuda and those of Rabbi Meir.

אָמַר רַב נַחְמָן אָמַר רַב אַדָּא בַּר אַהֲבָה: הֲלָכָה כְּרַבִּי יְהוּדָה בְּמוּעָד, שֶׁהֲרֵי רַבִּי יוֹסֵי מוֹדֶה לוֹ, וַהֲלָכָה כְּרַבִּי מֵאִיר בְּתָם, שֶׁהֲרֵי רַבִּי יוֹסֵי מוֹדֶה לוֹ.

Rav Naḥman says that Rav Adda bar Ahava says: The ***halakha*** is **in accordance with** the opinion of **Rabbi Yehuda concerning** the criteria for deeming an animal **forewarned, as Rabbi Yosei concedes to his** opinion on this issue, **and the *halakha* is in accordance with** the opinion of **Rabbi Meir concerning** the criteria for reverting the status of an animal to **innocuous, as Rabbi Yosei concedes to his** opinion on that issue.

אֲמַר לֵיהּ רָבָא לְרַב נַחְמָן: וְלֵימָא מָר הֲלָכָה כְּרַבִּי מֵאִיר בְּמוּעָד, שֶׁהֲרֵי רַבִּי שִׁמְעוֹן מוֹדֶה לוֹ, וַהֲלָכָה כְּרַבִּי יְהוּדָה בְּתָם, שֶׁהֲרֵי רַבִּי שִׁמְעוֹן מוֹדֶה לוֹ! אֲמַר לֵיהּ: אֲנָא כְּרַבִּי יוֹסֵי סְבִירָא לִי, דְּרַבִּי יוֹסֵי נִימּוּקוֹ עִמּוֹ.

Rava said to Rav Naḥman: And let the Master say the reverse, that the ***halakha*** **is in accordance with** the opinion of **Rabbi Meir concerning** the criteria for deeming an animal **forewarned, as Rabbi Shimon concedes to his** opinion on this issue **and** the ***halakha*** **is in accordance with** the opinion of **Rabbi Yehuda concerning** the criteria for reverting the status of an ox to **innocuous, as Rabbi Shimon concedes to his** opinion on that issue. Rav Naḥman **replied to** Rava: **I hold in accordance with** the opinion of **Rabbi Yosei, as Rabbi Yosei's analysis** [*nimmuko*][L] **is with him,** i.e., it is sound.

אִבַּעְיָא לְהוּ: שְׁלֹשָׁה יָמִים דְּקָתָנֵי, לְיַיעוּדֵי תּוֹרָא אוֹ לְיַיעוּדֵי גַּבְרָא?

A dilemma was raised before the Sages: The **three days that** the mishna **teaches** in the context of Rabbi Yehuda's opinion with regard to the testimony needed to assign the status of forewarned to an ox, are they needed in order **to render the ox forewarned, or** are they needed in order **to forewarn the man** who owns the ox, to inform him that he needs to take precautions to keep it from causing further harm?

לְמַאי נָפְקָא מִינָּהּ? דְּאָתוּ תְּלָתָא כִּיתֵּי סָהֲדֵי בְּחַד יוֹמָא; אִי אָמְרַתְּ לְיַיעוּדֵי תּוֹרָא – מִיַּיעַד, וְאִי אָמְרַתְּ לְיַיעוּדֵי גַּבְרָא – לָא מִיַּיעַד, מֵימַר אָמַר: הָשְׁתָּא הוּא דְּקָמַסְהֲדוּ בִּי, מַאי?

The Gemara asks: **What is the** practical **difference** between the two possibilities? The Gemara answers: The practical difference is in a case **where three groups of witnesses**[N] **came**[H] to the court **on one day,** each testifying about a separate instance of goring caused by the ox on three separate days. **If you say** that their testimony serves to **render the ox forewarned** by determining that it gored on three separate days, then in this case the animal **has been classified** as **forewarned** on the basis of their testimony. **But if you say** that their testimony serves to **forewarn the man,** the ox **has not been classified** as **forewarned** on the basis of this testimony since the owner heard all of the testimony on a single day. This enables **him to say:** It is only **now** that they **testified against me;** and therefore his ox will not be deemed forewarned until he has been issued warnings over the course of three separate days. **What,** then, is the solution to the dilemma raised above?

תָּא שְׁמַע: אֵין הַשּׁוֹר נַעֲשֶׂה מוּעָד עַד שֶׁיָּעִידוּ בּוֹ בִּפְנֵי בְעָלִים וּבִפְנֵי בֵית דִּין, הֵעִידוּ בּוֹ בִּפְנֵי בֵית דִּין וְשֶׁלֹּא בִּפְנֵי בְעָלִים, בִּפְנֵי בְעָלִים וְשֶׁלֹּא בִּפְנֵי בֵית דִּין – אֵינוֹ נַעֲשֶׂה מוּעָד, עַד שֶׁיָּעִידוּ בּוֹ בִּפְנֵי בֵית דִּין וּבִפְנֵי בְעָלִים;

The Gemara suggests: **Come** and **hear** a solution from a *baraita* (*Tosefta* 2:3): **An ox does not become forewarned**[H] **until** witnesses **testify against it in the presence of** its **owner and in the presence of a court. If they testified against it in the presence of a court but not in the presence of its owner,** or **in the presence of its owner but not in the presence of a court, it does not become forewarned until they testify against it in the presence of a court and in the presence of** its **owner.**

הֵעִידוּהוּ שְׁנַיִם בָּרִאשׁוֹנָה וּשְׁנַיִם בַּשְּׁנִיָּה וּשְׁנַיִם בַּשְּׁלִישִׁית – הֲרֵי כָּאן שָׁלֹשׁ עֵדִיּוֹת, וְהֵן עֵדוּת אַחַת לַהֲזָמָה.

Furthermore, if two witnesses **testified against** the ox **concerning** its **first** incident of goring, **and two** other witnesses testified against it **concerning** the **second** incident, **and two** other witnesses testified against it **concerning** the **third** incident, **there are three** separate **testimonies here, but** they **are** considered as **one with regard to rendering** their statements as **conspiring testimony.**

LANGUAGE

Analysis [*nimmuk*] – נִימּוּק: There is considerable disagreement with regard to the source of this word. Some assert that it is a shortened form, with the *ayin* swallowed, of the word *omek*, meaning depth. Most of the experts believe that the word derives from the Greek **νομικός**, *nomikos*, meaning a wise man learned in *halakha*, a word found in several Greek writings as a reference to the Sages of Israel.

The import of the expression *nimmuko imo*, roughly meaning that his analysis is sound, has been explained in various ways. Rashi says that it means his logical arguments and proofs are sound. Rabbeinu Ḥananel says it is referring to his Torah, the body of traditions he has received from previous generations.

NOTES

Three groups of witnesses – תְּלָתָא כִּיתֵּי סָהֲדֵי: *Tosafot* note that this description is not precise. The same *halakha* would apply if there were only one group of witnesses who testified on the same day about incidents that took place on different days.

HALAKHA

Three groups of witnesses came – אָתוּ תְּלָתָא כִּיתֵּי סָהֲדֵי: If three groups of witnesses testified against him on the same day concerning instances of goring that occurred over the course of three different days (Ra'avad), it is uncertain whether the animal is deemed forewarned. This is because, according to the Rambam, the dispute was not resolved by the Gemara (Rambam *Sefer Nezikin*, *Hilkhot Nizkei Mamon* 6:1).

An ox does not become forewarned, etc. – אֵין הַשּׁוֹר נַעֲשֶׂה מוּעָד וכו׳: Testimony leading to an animal being deemed forewarned can be given only in the presence of the owner and in the presence of a court (Rambam *Sefer Nezikin*, *Hilkhot Nizkei Mamon* 6:2).

נִמְצֵאת כַּת רִאשׁוֹנָה זוֹמֶמֶת – הֲרֵי כָּאן שְׁתֵּי עֵדִיּוֹת, וְהוּא פָּטוּר וְהֵן פְּטוּרִים. נִמְצֵאת כַּת שְׁנִיָּה זוֹמֶמֶת – הֲרֵי כָּאן עֵדוּת אַחַת, וְהוּא פָּטוּר וְהֵן פְּטוּרִים.

Therefore, if **the first set** of witnesses **is determined to be conspiring** witnesses, **there are two testimonies** remaining **here** that claim that the ox gored, and the owner must pay for half the cost of the damage in each case. **But** the owner of the ox is **exempt** from having to pay the full cost of the damage, **and** the conspiring witnesses are **exempt**[N] from paying the owner what he would have had to pay were their testimony accepted and his ox deemed forewarned, as they testified only concerning the first incident of goring, and the ox would not have been deemed forewarned on the basis of this testimony alone. And similarly, if **the second set** of witnesses was also **determined to be conspiring** witnesses, **there is one testimony** remaining **here** that claims that the ox gored, the third. At this point too, the owner of the ox is **exempt** from having to pay the full cost of the damage **and** the conspiring witnesses are **exempt** from having to pay the owner the full cost of the damage.

נִמְצֵאת כַּת שְׁלִישִׁית זוֹמֶמֶת – כּוּלָּן חַיָּיבִין, וְעַל זֶה נֶאֱמַר: ״וַעֲשִׂיתֶם לוֹ כַּאֲשֶׁר זָמַם״ וגו׳;

If **the third group** of witnesses was also **determined to be conspiring witnesses, all** the witnesses become **liable.**[N] The third group is liable to pay the owner of the animal the payment for half the cost of the damage they tried to make him pay for the third incident of goring, and all three groups must share in the payment of the other half of the damage for the final incident that they tried to charge him for by classifying his ox as forewarned. **And concerning this it is stated: "And you shall do unto him as he had conspired to do** unto his brother" (Deuteronomy 19:19).

אִי אָמְרַתְּ לְיַיעוּדֵי תּוֹרָא – שַׁפִּיר,

The Gemara clarifies: **If you say** that the purpose of the testimony is **to render the ox forewarned,** the *halakha* presented in this *baraita* **works out well,** as according to this opinion it can be said that all of the witnesses came on the same day at the behest of the alleged victim of the third incident, and therefore they were all certainly aware of each other's testimony. Consequently, the first set of witnesses shares in the responsibility for the testimony of the last group, as they are all co-witnesses in the effort to have the ox rendered forewarned.

NOTES

He is exempt and they are exempt – הוּא פָּטוּר וְהֵן פְּטוּרִים: The owner is exempt from paying the full cost of the damage as required of a forewarned ox for the third or fourth incident of goring, although he does have to pay half the cost of the damage in those cases where the witnesses were not disqualified. The conspiring witnesses are also exempt from paying the owner of the ox a sum equivalent to what would have been the full cost of the damage they accused his ox of perpetrating, because all three groups of witnesses are partners in the attempt to have the ox deemed forewarned, and the *halakha* is that all the witnesses must be proven as conspiring witnesses before any of them are required to pay the sum they had attempted to obligate the other to pay. They do need to pay the cost of half the damage they attempted to extract from him, because in this regard the first group of witnesses acted alone.

All the witnesses become liable – כּוּלָּן חַיָּיבִין: According to the opinion of Rashi and the other authorities who rule that the owner of a forewarned ox must pay the full cost of the damage for the third instance of goring, the Gemara can be understood very simply: The third group of witnesses would have obligated the owner to pay the full cost of the damage for the third incident, and therefore the conspiring witnesses from all three groups share in paying that amount, as all of their testimony was required in order to have the ox deemed forewarned.

By contrast, according to the majority of authorities, who rule that the owner of a forewarned ox is liable to pay the full cost of the damage only beginning with the fourth instance of goring, it is necessary to explain the nature of the payment. Some commentaries suggest that the Gemara means that if there is another goring incident in the future, the owner will only be obligated to pay for half the cost of the damage, and the conspiring witnesses will then have to pay him the difference between that amount and the full cost of the damage that he would have been obligated to pay if their testimony had not been disqualified (*Tosafot*; Ra'avad; Rashba).

Others explain that the case concerns the situation where the ox had already gored a fourth time prior to the discovery of the false testimony, and therefore these witnesses immediately become liable to pay the extra amount (*Shita Mekubbetzet*). Conversely, *Tosafot* give an alternate interpretation in which they state that since there were only three alleged incidents, the conspiring witnesses do not have to make any payment toward the full cost of any damage, but rather must pay for the depreciation of the value of the animal as a result of their testimony, as a forewarned animal is worth less, since potential buyers understand that owning it will entail the additional responsibility of safeguarding it.

אֶלָּא אִי אָמְרַתְּ לְיַיעוּדֵי גַּבְרָא, לֵימְרוּ הָנָךְ קַמָּאֵי: אֲנַן מִי הֲוָה יָדְעִינַן דְּבָתַר תְּלָתָא יוֹמֵי אָתוּ הָנֵי וּמְיַיעֲדִי לֵיהּ?

But if you say that the witnesses came **to forewarn the man,** to caution him to safeguard his animal from causing harm, then they must have come on three separate days. And if so, **let these first** witnesses **say: Did we know that after three days these** other witnesses **were going to come to testify about** the animal? Therefore, it must be that the case in the *baraita* is one where the three groups of witnesses all came on the same day, and if that is so, the purpose of the testimony must be to render the ox forewarned.

אֲמַר רַב אַשִׁי: אָמְרִיתָהּ לִשְׁמַעְתָּא קַמֵּיהּ דְּרַב כָּהֲנָא, וַאֲמַר לִי: וּלְיַיעוּדֵי תּוֹרָא מִי נִיחָא? וְלֵימְרוּ הָנָךְ בַּתְרָאֵי: אֲנַן מְנָא יָדְעִינַן דְּכׇל דְּקָאֵי בֵּי דִינָא, לְאַסְהוּדֵי בְּתוֹרָא קָאָתוּ? אֲנַן לְחַיּוּבֵי גַּבְרָא פַּלְגָא נִזְקָא אָתֵינַן!

Rav Ashi said: I recited this ***halakha*** **before Rav Kahana and he replied to me** in response to this proof: **And does it work out well** to say that they are coming **to render the ox forewarned?** Even in a case where all of the witnesses arrive in court on the same day, **let these last** witnesses **say: From where were we to know that all** those **standing in court came to testify about the ox? We came to make this person liable** to pay for **half** the cost of **the damage** his animal allegedly caused, but we are not responsible for the attempt to make him pay the full cost of the damage for the third incident.

דְּקָמְרַמְּזִי רָמוּזֵי. רַב אַשִׁי אֲמַר: כְּשֶׁבָּאוּ רְצוּפִים.

The Gemara answers: It must be that the case concerns a situation **where** the different groups of witnesses **were** observed **signaling**[NH] to each other, and therefore it is clear that they were aware of each other's testimony and that they came to the court for this purpose. **Rav Ashi said:** The case is one **where they** all **came in succession,** one following the other, and therefore it is clear that the latter witnesses are aware of the former.

רָבִינָא אֲמַר: בְּמַכִּירִין בַּעַל הַשּׁוֹר וְאֵין מַכִּירִין אֶת הַשּׁוֹר.

Ravina said: In this case the witnesses said that they were **acquainted with the owner of the** goring **ox but** they were **not familiar with the ox** itself. This indicates that they were coming to court to render the ox forewarned, as the witnesses are not able to identify the goring ox and they would not be able to hold its owner liable to pay for half the cost of the damage, as this payment is paid only from the proceeds of the sale of the animal. Therefore, the only purpose of their testimony would be to hold the owner liable to pay the full cost of the damage for the third incident, as this payment is made from the owner's superior-quality land.

אֶלָּא הֵיכִי מְיַיעֲדִי לֵיהּ? דְּאָמְרִי: תּוֹרָא נַגְחָנָא אִית לָךְ בְּבַקְרָךְ, אִבָּעֵי לָךְ לְנַטּוּרֵי לְכוּלֵּיהּ בַּקְרָא.

The Gemara asks: **But if** they were not familiar with the ox, **how could they render it forewarned?** The Gemara answers: **They said** to the animal's owner: **You have a goring ox**[H] **among your cattle,** and therefore **you need to safeguard all of the cattle.**

NOTES

Were signaling – **דְּקָמְרַמְּזִי רָמוּזֵי**: According to Rashi's understanding, this answer as well as those that follow all assume that the witnesses came on the same day, which means they came to testify against the ox, and therefore the Gemara's conclusion is that the witnesses come to render the ox forewarned. *Tosafot* cite an alternate version of the text, of which many early commentaries were aware and which Rashi rejected, that reads: Rather, the case is one where they were signaling to each other. *Tosafot* understand this version to mean that the answers in the Gemara refer also to the possibility that the three sets of witnesses come to testify against the owner on three different days, and the first set of witnesses were observed on the third day signaling to the other witnesses to testify. According to this reading, the Gemara did not resolve the dispute about whether the witnesses come to render the ox forewarned or to forewarn the owner. This is also the Rambam's ruling.

HALAKHA

Were signaling – **דְּקָמְרַמְּזִי רָמוּזֵי**: In a case where three sets of witnesses succeed in having an ox declared forewarned, and the first and second sets of witnesses are determined to be conspiring witnesses, all of the witnesses are exempt from paying the penalty they sought to inflict on the owner of the ox. If all of the witnesses are proven to be conspiring witnesses, they are liable to jointly pay the penalty.

In what situation is this statement said? This is said when all the witnesses are observed signaling to each other, or when they came in immediate succession, or if they recognize the owner of the ox but not the ox itself. If at least one of these conditions is not fulfilled, the first and second sets of witnesses are exempt, as they can claim that they attempted to hold the owner liable to pay for only half the cost of the damage (Rambam *Sefer Shofetim*, *Hilkhot Edut* 21:8).

You have a goring ox – **תּוֹרָא נַגְחָנָא אִית לָךְ**: If the witnesses identified the owner of the ox but could not identify the ox itself the first three times it gored, and on the fourth occurrence they saw clearly which ox gored, although they were not sure if it was the same ox that was involved in the first three instances, since the owner had been warned that he has an ox in his herd that has killed three times it was his responsibility to safeguard the entire herd. Since he did not do so he must pay the ransom if the ox killed a human being (Rambam *Sefer Nezikin*, *Hilkhot Nizkei Mamon* 10:3).

אִבַּעְיָא לְהוּ: הַמְשַׁסֶּה כַּלְבּוֹ שֶׁל חֲבֵירוֹ בַּחֲבֵירוֹ, מַהוּ? מְשַׁסֶּה וַדַּאי פָּטוּר, בַּעַל כֶּלֶב מַאי? מִי אָמְרִינַן מָצֵי אָמַר לֵיהּ: אֲנָא מַאי עֲבֵידְנָא לֵיהּ. אוֹ דִּלְמָא אָמְרִינַן לֵיהּ: כֵּיוָן דְּיָדְעַתְּ בְּכַלְבָּךְ דִּמְשַׁסֵּי לֵיהּ וּמִשְׁתַּסֵּי, לָא אִבָּעֵי לָךְ לְאַשְׁהוּיֵיהּ?

§ **A dilemma was raised before** the Sages: In the case of **one who incites another's dog against another,** i.e., a third person, and he is injured, **what is the** *halakha*? **The one who incited** the animal against him is **certainly exempt,** since he did not cause the damage directly and neither did his property; but **what** is the *halakha* with regard to the **owner of the dog?** The Gemara explains the different sides of the question: **Do we say** that the owner of the dog **can say to** the injured party: **What did I do to** the dog? **Or perhaps we say to him: Since you were aware that if others incite your dog it is prone to** being **affected** by the **incitement** and attacking, **you ought not to have kept it** in your possession. Since you did, you are liable for the damage and the injuries it causes.

אֲמַר רַבִּי זֵירָא, תָּא שְׁמַע: וְתָם – שֶׁיְּהוּ הַתִּינוֹקוֹת מְמַשְׁמְשִׁין בּוֹ וְאֵינוֹ נוֹגֵחַ; הָא נוֹגֵחַ – חַיָּיב. אֲמַר אַבַּיֵי: מִי קָתָנֵי נָגַח חַיָּיב? דִּלְמָא הָא נָגַח לָא הָוֵי תָּם, וּבְהַהִיא נְגִיחָה לָא מִחַיַּיב!

Rabbi Zeira said: Come and **hear** a solution from the *baraita*: **And** an ox reverts to its former **innocuous** status **if children pet it and** nevertheless **it does not gore.** It can be inferred from this that **if it gores** when the children pet it, the owner would be **liable** to pay for the damage. An ox that gores because children pet it can be likened to one that gores because it was incited to do so, and nevertheless the mishna holds the owner liable. **Abaye said: Is it taught** in the *baraita* that if **it gored** the owner is **liable? Perhaps** that is not what the *baraita* means. It merely means that **if it gored it** does **not** revert to **innocuous** status; but the owner is **not liable for** any of the damage caused by **that goring** because the children incited the animal to do so, and therefore nothing can be conclusively demonstrated from the *baraita*.

תָּא שְׁמַע: שִׁיסָּה בּוֹ אֶת הַכֶּלֶב, שִׁיסָּה בּוֹ נָחָשׁ – פָּטוּר; מַאי לָאו פָּטוּר מְשַׁסֶּה, וְחַיָּיב בַּעַל כֶּלֶב? לָא, אֵימָא: פָּטוּר אַף מְשַׁסֶּה.

The Gemara attempts to prove this point from another source: **Come** and **hear** a solution from a mishna (*Sanhedrin* 76b): If one **incited a dog against another** person, or **incited a snake against another** person, he is **exempt. What, is it not that the one who incited** the dog against him is **exempt, but** the **owner of the dog is liable?** The Gemara rejects this: **No, say** that **even the one who incited** the animal against him is **exempt,** as well as the owner.

אֲמַר רָבָא: אִם תִּמְצֵי לוֹמַר הַמְשַׁסֶּה כַּלְבּוֹ שֶׁל חֲבֵירוֹ בַּחֲבֵירוֹ חַיָּיב, שִׁיסָּהוּ הוּא בְּעַצְמוֹ – פָּטוּר, מַאי טַעְמָא? כׇּל הַמְשַׁנֶּה וּבָא אַחֵר וְשִׁינָּה בּוֹ – פָּטוּר.

Rava said: Even **if you say** that one who **incites the dog of another against** yet **another** person[H] is **liable,** nevertheless **if he incited the dog against himself,** i.e., the dog bit the one who was inciting it to attack, he is **exempt. What is the reason** for this? Due to the principle that with regard to **anyone who deviates** from normative behavior in his actions, **if another came along** afterward **and deviates** from the norm **with regard to** the action the first has done and thereby causes damage to him, the one who causes the damage is **exempt** from liability. Since this individual deviated from the normative behavior and incited the dog against himself, the owner of the dog is not responsible for any damage the dog causes to him as a result, although generally speaking any time a dog bites it is in and of itself a deviation from its typical behavior and something for which its owner would normally be held liable.

אֲמַר לֵיהּ רַב פַּפָּא לְרָבָא: אִיתְּמַר מִשְּׁמֵיהּ דְּרֵישׁ לָקִישׁ כְּוָותִיךְ, דְּאָמַר רֵישׁ לָקִישׁ: שְׁתֵּי פָּרוֹת בִּרְשׁוּת הָרַבִּים, אַחַת רְבוּצָה וְאַחַת מְהַלֶּכֶת, וּבָעֲטָה מְהַלֶּכֶת בָּרְבוּצָה – פְּטוּרָה, רְבוּצָה בַּמְהַלֶּכֶת – חַיֶּיבֶת.

Rav Pappa said to Rava: It was stated in the name of Reish Lakish in accordance with your opinion, that if anyone deviates from normative behavior in his actions, if another came along afterward and deviates from the norm with regard to the action the first has done and thereby causes damage to him, the one who causes the damage is exempt from liability. **As Reish Lakish says:** If there were **two cows in the public domain, one prone** in the street **and** the other **one walking,**[H] if the **walking** cow **kicked** the **prone** cow,[N] its owner is **exempt** from liability. But if the **prone** cow kicked the **walking** cow, its owner is **liable.** The rationale for this is that since it is typical behavior for cows to walk in the public domain and the prone cow deviated from this behavior, even if the walking cow also acted atypically and kicked the prone cow, the owner is exempt from liability.

אֲמַר לֵיהּ: אֲנָא בְּהַהִיא חַיּוּבֵי מְחַיַּיבְנָא, דְּאָמְרִינַן לֵיהּ: כִּי אִית לָךְ רְשׁוּתָא לְסַגּוּיֵי עֲלַי, לְבַעוּטֵי בִּי לֵית לָךְ רְשׁוּתָא.

Rava **said** back **to** Rav Pappa: That is not in accordance with my opinion, as **I would have held** the owner of the walking cow **liable in that** case, **because** in my opinion **we say to him** on behalf of the prone cow: It is true **that you have the right to tread on me** in the public domain but **you do not have the right to kick me,** and therefore Rava's and Reish Lakish's opinions are not exactly the same.

HALAKHA

One who incites the dog of another against yet another person – הַמְשַׁסֶּה כַּלְבּוֹ שֶׁל חֲבֵירוֹ בַּחֲבֵירוֹ: If one incites another's dog against a third person and the dog causes damage or injury, the one who incited the dog is exempt according to human laws but liable according to the laws of Heaven. The owner of the dog must pay for half the cost of the damage, as he was aware that his dog was prone to biting when others incite it to attack, following the opinion of Rava. The Ra'avad writes that if the dog had been forewarned, its owner must pay the full cost of the damage. If one incites a dog against himself and it injures him, the owner of the dog is exempt, as the injured party deviated from normative behavior (Rambam *Sefer Nezikin, Hilkhot Nizkei Mamon* 2:19, 10:8; *Shulḥan Arukh, Ḥoshen Mishpat* 395:1).

One prone and one walking – אַחַת רְבוּצָה וְאַחַת מְהַלֶּכֶת: If one cow was lying prone in the public domain and another cow came along and stepped on it, the owner of the walking cow is exempt from liability. If the walking cow kicked the prone cow its owner is liable, in accordance with the opinion of Rava (Rambam *Sefer Nezikin, Hilkhot Nizkei Mamon* 2:20; *Shulḥan Arukh, Ḥoshen Mishpat* 389:20).

NOTES

The walking cow kicked the prone cow – בָּעֲטָה מְהַלֶּכֶת בָּרְבוּצָה: Even though kicking is not classified as Trampling but is rather classified as Goring, Reish Lakish nevertheless holds that for kicking, the owner of a cow is exempt according to the principle that anyone who deviates from normative behavior in his actions, if another came along afterward and deviates from the norm with regard to the action the first has done and thereby causes damage to him, the one who causes the damage is exempt from liability, as the first animal deviated from normative behavior by lying prone in the public domain, and therefore the one who kicked it is also exempt.

It seems that Rava differentiates between the case in the present discussion and the one discussed by Reish Lakish, as in the latter case the kicking was completely unrelated to the fact that the other cow was prone. Therefore, in his opinion, the owner of the walking cow is liable, whereas in the case of the one who incited the dog against himself, his atypical behavior was the direct cause of the dog's atypical behavior, and the owner of the dog is therefore exempt from liability (see Rid).

מתני׳ שׁוֹר הַמַּזִּיק בִּרְשׁוּת הַנִּיזָּק, כֵּיצַד? נָגַח, נָגַף, נָשַׁךְ, רָבַץ, בָּעַט, בִּרְשׁוּת הָרַבִּים – מְשַׁלֵּם חֲצִי נֶזֶק, בִּרְשׁוּת הַנִּיזָּק – רַבִּי טַרְפוֹן אוֹמֵר: נֶזֶק שָׁלֵם, וַחֲכָמִים אוֹמְרִים: חֲצִי נֶזֶק.

MISHNA **And what is** the case of the **ox that causes damage** while **on the property of the injured** party,[H] mentioned in an earlier mishna (15b) that listed animals that are forewarned? If the animal **gored, pushed, bit, squatted** upon, or **kicked** another animal **in the public domain,** the owner is liable to **pay half** the cost of **the damage** if the ox was innocuous, but if it acted while **on the property of the injured** party, **Rabbi Tarfon says:** He must pay the **full** cost of **the damage, and the Rabbis say:** He must pay **half** the cost of **the damage,** as in any other case classified as Goring.

אָמַר לָהֶם רַבִּי טַרְפוֹן: וּמַה בְּמָקוֹם שֶׁהֵקֵל עַל הַשֵּׁן וְעַל הָרֶגֶל בִּרְשׁוּת הָרַבִּים שֶׁהוּא פָּטוּר, הֶחְמִיר עֲלֵיהֶן בִּרְשׁוּת הַנִּיזָּק לְשַׁלֵּם נֶזֶק שָׁלֵם, מָקוֹם שֶׁהֶחְמִיר עַל הַקֶּרֶן בִּרְשׁוּת הָרַבִּים לְשַׁלֵּם חֲצִי נֶזֶק, אֵינוֹ דִּין שֶׁנַּחְמִיר עָלָיו בִּרְשׁוּת הַנִּיזָּק לְשַׁלֵּם נֶזֶק שָׁלֵם?

Rabbi Tarfon said to the Rabbis: **If in a place where** the Torah **was lenient with regard to** damage classified as **Eating and with regard to Trampling,** specifically **in the public domain,** as the owner **is exempt** from liability, nevertheless the Torah was **strict with regard to these** forms of damage if they occurred **on the property of the injured** party, requiring him **to pay** the **full** cost **of the damage,** then in **a place where** the Torah **was strict with regard to** cases of damage classified as **Goring,** specifically **in the public domain,** requiring the owner liable **to pay for half** the cost **of the damage, is it not right that we** should **be strict with regard to this** form of damage if it occurs **on the property of the injured** party to likewise require the owner of the animal **to pay** the **full** cost of **the damage?**

אָמְרוּ לוֹ: דַּיּוֹ לַבָּא מִן הַדִּין לִהְיוֹת כַּנִּדּוֹן, מַה בִּרְשׁוּת הָרַבִּים – חֲצִי נֶזֶק, אַף בִּרְשׁוּת הַנִּיזָּק – חֲצִי נֶזֶק.

The Rabbis **said to him:** Although there is an *a fortiori* inference being applied here, still **it is sufficient for the** conclusion that **emerges from** an *a fortiori* **inference to be like** its **source,**[NB] meaning that the *halakha* cannot be stricter with the inference than it is with the case that serves as the source of the inference. Therefore, **just as** one is liable to pay **half** the cost of **the damage** classified as Goring **in the public domain, so too,** for damage classified as Goring **on the property of the injured** party he is liable to pay only **half** the cost of **the damage.**

אָמַר לָהֶם: אַף אֲנִי

Rabbi Tarfon **said to them:** If that is your opinion, then **I as well**

Perek **II**
Daf **25** Amud **a**

לֹא אָדוּן קֶרֶן מִקֶּרֶן, אֲנִי אָדוּן קֶרֶן מֵרֶגֶל: וּמַה בְּמָקוֹם שֶׁהֵקֵל עַל הַשֵּׁן וְעַל הָרֶגֶל בִּרְשׁוּת הָרַבִּים – הֶחְמִיר בְּקֶרֶן, מָקוֹם שֶׁהֶחְמִיר עַל הַשֵּׁן וְעַל הָרֶגֶל בִּרְשׁוּת הַנִּיזָּק – אֵינוֹ דִּין שֶׁנַּחְמִיר בְּקֶרֶן?

will not derive an inference with regard to **Goring from** a different case of **Goring. I will** instead **derive an inference** with regard to **Goring from Trampling: And if in a place where** the Torah **was lenient with regard to** damage classified as **Eating and Trampling,** specifically **in the public domain,** as the owner is exempt from liability, nevertheless the Torah was **strict with regard to** damage classified as **Goring,** requiring him to pay half the cost of the damage, then in **a place where** the Torah **was strict with regard to** damage classified as **Eating and Trampling,** specifically **on the property of the injured** party as the animal's owner is obligated to pay the full cost of the damage, **is it not right that we** should **be** equally **strict with regard to** damage classified as **Goring** and require payment of the full cost of the damage in this case as well?

אָמְרוּ לוֹ: דַּיּוֹ לַבָּא מִן הַדִּין לִהְיוֹת כַּנִּדּוֹן; מַה בִּרְשׁוּת הָרַבִּים – חֲצִי נֶזֶק, אַף בִּרְשׁוּת הַנִּיזָּק – חֲצִי נֶזֶק.

The Rabbis **said to him:** Here as well, **it is sufficient for the** conclusion that **emerges from** an *a fortiori* **inference to be like** its **source,** and therefore, **just as** one is liable to pay **half** the cost of **the damage** classified as Goring **in the public domain, so too,** for damage classified as Goring **on the property of the injured** party he will be liable to pay only **half** the cost of **the damage,** as ultimately your inference still depends on the fact that for Goring in the public domain one pays half the cost of the damage.

HALAKHA

An ox that causes damage while on the property of the injured party – שׁוֹר הַמַּזִּיק בִּרְשׁוּת הַנִּיזָּק: If an ox caused damage by an action classified as Goring, such as goring, biting or kicking, regardless of whether this took place in the public domain or on the property of the injured party, if it was an innocuous ox its owner must pay half the cost of the damage, and if it was forewarned he must pay the full cost of the damage, in accordance with the opinion of the Rabbis (Rambam *Sefer Nezikin, Hilkhot Nizkei Mamon* 1:7, 7:4; *Shulḥan Arukh, Ḥoshen Mishpat* 389:11).

NOTES

It is sufficient for the conclusion that emerges from an *a fortiori* inference to be like its source – דַּיּוֹ לַבָּא מִן הַדִּין לִהְיוֹת כַּנִּדּוֹן: Since an animal owner's liability for damage classified as Goring while on the property of the injured party is not explicitly mentioned in the Torah, this *halakha* must be derived via an *a fortiori* inference from the *halakhot* of Eating and Trampling, and as such, the principle: It is sufficient for the conclusion that emerges from an *a fortiori* inference to be like its source, is applicable.

BACKGROUND

It is sufficient for the conclusion that emerges from an *a fortiori* inference to be like its source – דַּיּוֹ לַבָּא מִן הַדִּין לִהְיוֹת כַּנִּדּוֹן: This halakhic principle restricts the conclusion that may be derived from an *a fortiori* inference and prevents the establishment of limitless leniencies or stringencies by creating ground rules for the implementation of such inferences. It is actually an extension of another principle described by the expression: If you grasped many, you did not grasp anything; if you grasped few, you grasped something.

גמ׳ וְרַבִּי טַרְפוֹן לֵית לֵיהּ דַּיּוֹ? וְהָא דַּיּוֹ דְּאוֹרַיְיתָא הוּא! דְּתַנְיָא: מִדִּין קַל וָחוֹמֶר כֵּיצַד? ״וַיֹּאמֶר ה׳ אֶל מֹשֶׁה וְאָבִיהָ יָרֹק יָרַק בְּפָנֶיהָ הֲלֹא תִכָּלֵם שִׁבְעַת יָמִים״, קַל וָחוֹמֶר לַשְּׁכִינָה אַרְבָּעָה עָשָׂר יוֹם. אֶלָּא דַּיּוֹ לַבָּא מִן הַדִּין לִהְיוֹת כַּנִּדּוֹן!

GEMARA And is it true that **Rabbi Tarfon does not accept** the principle of: **It is sufficient** for the conclusion that emerges from an *a fortiori* inference to be like its source? **But** that cannot be, as the principle that begins with: **It is sufficient,** is an aspect **of Torah law, as it is taught** in a *baraita*: The Sages said that one of the ways in which the Torah may be interpreted is **by an *a fortiori* inference. How is this so?** It is written (Numbers 12:14): **"And the Lord said to Moses: If her father had but spit in her face, should she not hide in shame seven days?** Let her be shut up seven days outside the camp, and after that she shall be brought in again," and therefore, using **an *a fortiori*** inference it can be derived **that** if **the Divine Presence** reprimanded her, she should hide in shame for **fourteen days.**[N] Why was Miriam banished for only seven days? **Rather,** it is because **it is sufficient** for the conclusion **that emerged from the *a fortiori* inference to be like the source** of the inference. Consequently, this principle is mandated by the Torah itself.

כִּי לֵית לֵיהּ דַּיּוֹ – הֵיכָא דִּמְפָרֵיךְ קַל וָחוֹמֶר, הֵיכָא דְּלָא מְפָרֵיךְ קַל וָחוֹמֶר – אִית לֵיהּ דַּיּוֹ; הָתָם שִׁבְעָה דִּשְׁכִינָה לָא כְּתִיבִי, אֲתָא קַל וָחוֹמֶר אַיְיתֵי אַרְבֵּיסַר, אֲתָא דַּיּוֹ אַפֵּיק שִׁבְעָה וְאוֹקֵי שִׁבְעָה.

The Gemara answers: **When** Rabbi Tarfon **does not accept** the principle: **It is sufficient,** it is **where** this principle completely **refutes** the ***a fortiori*** inference, leaving no *halakha* derived from it. But **where it does not** completely **refute** the ***a fortiori*** inference, Rabbi Tarfon **accepts** the principle: **It is sufficient.** Consequently, **there,** with regard to Miriam, the **seven** days during which she deserved to be banished from the camp due to the rebuke **of the Divine Presence were not written,** so **the *a fortiori*** inference **came** and **brought** those days plus additional days, adding up to a total of **fourteen,** and then the principle: **It is sufficient, came** and **removed seven** days **and left seven** days intact. Consequently, the *a fortiori* inference was effective with regard to the seven days during which she was banished from the camp.

אֲבָל הָכָא חֲצִי נֶזֶק כְּתִיב, וַאֲתָא קַל וָחוֹמֶר וְאַיְיתֵי חֲצִי נֶזֶק אַחֲרִינָא וְנַעֲשָׂה נֶזֶק שָׁלֵם, אִי דָּרְשַׁתְּ דַּיּוֹ אִפְּרִיךְ לֵיהּ קַל וָחוֹמֶר.

But here, payment for **half** the cost of **the damage is written** explicitly in the Torah with regard to the *halakha* of Goring in the public domain, **and the *a fortiori*** inference **comes and brings an additional** payment for **half** the cost of **the damage, forming** a payment of **the full** cost of the **damage. If you interpret** the *halakha* employing the principle: **It is sufficient,** to reduce the payment to half the cost of the damage, this completely **refutes** the ***a fortiori*** inference, as no *halakha* would be derived from the inference; the initial payment for half the cost of the damage was written explicitly in the Torah. Consequently, in this case, Rabbi Tarfon does not employ the principle: It is sufficient.

וְרַבָּנַן? שִׁבְעָה דִּשְׁכִינָה כְּתִיבִי: ״תִּסָּגֵר שִׁבְעַת יָמִים״.

The Gemara asks: **And** how do **the Rabbis** understand this matter? How do they respond to Rabbi Tarfon's reasoning? The Gemara answers: In their opinion, the **seven** days during which Miriam had to be banished due to the reprimand she received **from the Divine Presence** are in fact **written** in the Torah: **"Let her be shut up seven days."**[N] This indicates that the *a fortiori* inference is not required to teach the *halakha* of the seven days she was banished, as it would have added only the extra seven days. This means that according to the Rabbis, there is a source in the Torah that the principle: It is sufficient, is employed even when it refutes the *a fortiori* inference completely.

NOTES

Using an *a fortiori* inference it can be derived that if the Divine Presence reprimanded her she should hide for fourteen days – קַל וָחוֹמֶר לַשְּׁכִינָה אַרְבָּעָה עָשָׂר יוֹם: It is not immediately clear what is the basis of the assumption that a reprimand by the Divine Presence should result in a banishment of exactly twice the length of the banishment for one who is reprimanded by a father. Rabbeinu Tam suggests that it is based on the Gemara's statement (see *Nidda* 31a) that God contributes to a person's creation in a manner equivalent to the combined contribution of both of his parents. According to this, God's contribution is twice as much as his father's. *Tosafot* also quote a different explanation: There is no penalty of banishment in the Torah shorter than seven days, and in the case of a person afflicted with leprosy, it sometimes occurs that two such banishments occur in immediate succession. Consequently, if the *a fortiori* inference indicates a need to apply a longer banishment due to the reprimand of the Divine Presence than one would receive due to the reprimand of a parent, it stands to reason that the larger unit of banishment would be in effect, and that is fourteen days.

Let her be shut up seven days – תִּסָּגֵר שִׁבְעַת יָמִים: The dispute between Rabbi Tarfon and the Rabbis ultimately concerns the correct interpretation of the biblical verse. Rabbi Tarfon holds that the verse discusses what would have happened to Miriam if she had been reprimanded by her father, and explains that she would have been banished for seven days. Applying that information to understand how long she should be banished after having been reprimanded by God requires an *a fortiori* inference. By contrast, according to the Rabbis the purpose of the verse was to indicate that just as she would have been banished for seven days had she been reprimanded by her father, she must similarly be banished due to the reprimand of the Divine Presence. Consequently, according to the Rabbis the banishment is stated explicitly in the text.

וְרַבִּי טַרְפוֹן? הַהוּא "תִּסָּגֵר" – דִּדְרְשִׁינַן דַּיּוֹ הוּא.

The Gemara asks: **And** what would **Rabbi Tarfon** say about that reasoning? The Gemara answers: He would say that **this** verse: **"Let her be shut up** seven days," is necessary to teach us the basic fact **that we interpret** the *halakha* according to the principle: **It is sufficient** for the conclusion that emerges from an *a fortiori* inference to be like its source.

וְרַבָּנַן? כְּתִיב קְרָא אַחֲרִינָא: "וַתִּסָּגֵר מִרְיָם". וְרַבִּי טַרְפוֹן? הַהוּא דַּאֲפִילּוּ בְּעָלְמָא דָּרְשִׁינַן דַּיּוֹ, וְלָא תֵּאמַר: הָכָא מִשּׁוּם כְּבוֹדוֹ שֶׁל מֹשֶׁה, אֲבָל בְּעָלְמָא לָא, קָא מַשְׁמַע לַן.

The Gemara asks: **And** what would **the Rabbis** say in response? The Gemara answers: They would point out that **a different verse is written** about Miriam: **"And Miriam was shut up** outside the camp seven days" (Numbers 12:15). The Gemara asks: **And** how would **Rabbi Tarfon** respond to that? The Gemara answers: **That** verse teaches **that we interpret** the *halakha* according to the principle: **It is sufficient, even generally,** and not only in this specific case. **And** this point is necessary so that **you do not say: Here** the principle: It is sufficient, is employed **due to respect for Moses, but generally** that is **not** done. This verse therefore **teaches us** that this is not so.

אֲמַר לֵיהּ רַב פַּפָּא לְאַבַּיֵי: וְהָא הַאי תַּנָּא דְּלָא דָּרֵישׁ דַּיּוֹ וְאַף עַל גַּב דְּלָא מִפְרִיךְ קַל וָחוֹמֶר! דְּתַנְיָא: קֶרִי בְּזָב מִנַּיִין? וְדִין הוּא: מַה טָּהוֹר בְּטָהוֹר טָמֵא בְּטָמֵא, טָמֵא בְּטָהוֹר אֵינוֹ דִּין שֶׁיְּהֵא טָמֵא בְּטָמֵא?

Rav Pappa said to Abaye: Is the fundamental principle: It is sufficient for the conclusion that emerges from an *a fortiori* inference to be like its source, actually accepted by all authorities? **But** there is **this** *tanna*, **who does not interpret** the *halakha* in accordance with the principle: **It is sufficient, even though** it is a case where the principle **does not refute** the ***a fortiori*** inference completely. **As it is taught** in a *baraita*: **From where** is it derived that the **semen of a man who experiences a gonorrhea-like discharge** [***zav***][HB] imparts ritual impurity by someone carrying it as well as by coming into contact with it, just as the actual gonorrhea-like discharge does? **It is a logical derivation** from an *a fortiori* inference: **Just as** spittle, which is **ritually pure** when coming **from** a person who is **ritually pure,** is **impure** when coming **from** someone like a *zav* who is **impure, is it not logical that** semen, which is **impure** when coming **from** someone who is **pure, should be impure** when coming **from** someone who is **impure?**

וְקָא מַיְיתֵי לַהּ בֵּין לְמַגָּע בֵּין לְמַשָּׂא, וְאַמַּאי? נֵימָא: אַהֲנֵי קַל וָחוֹמֶר לְמַגָּע, אַהֲנֵי דַּיּוֹ לְאַפּוֹקֵי מַשָּׂא!

And the *tanna* **brings** this derivation and applies it **whether** discussing ritual impurity imparted **by contact** or **whether** discussing impurity imparted **by carrying. And why** is this the case? **Let us say: The *a fortiori*** inference **is effective in** teaching that the semen of a *zav* imparts ritual impurity **by contact** alone, as is the *halakha* with regard to the semen of a pure man, and the principle: **It is sufficient, is effective** by limiting the scope of the *a fortiori* inference **to exclude** the semen of a *zav* from imparting ritual impurity **by carrying.** Since the *tanna* does not formulate his derivation in this manner, it appears that he rejects the principle: It is sufficient, in all situations.

HALAKHA

Semen of a *zav* – קֶרִי בְּזָב: Semen from a *zav* imparts ritual impurity by contact or by carrying, as it is impossible for semen to come out without small drops of *ziva* accompanying it, and *ziva* imparts ritual impurity by contact or by carrying. This is in accordance with the opinion of Rabbi Yehoshua (Rambam *Sefer Tahara*, *Hilkhot Metamei Mishkav UMoshav* 1:14).

BACKGROUND

***Zav* – זָב:** This refers to a man who experiences a gonorrhea-like discharge. The *halakhot* relating to the severe ritual impurity caused by this condition are detailed in the Torah (Leviticus 15:1–15) and in tractate *Zavim*. The *zav* becomes ritually impure as a result of the secretion of a white, pus-like discharge from his penis. A man who experiences a discharge of that kind on one occasion becomes ritually impure for one day, like a man who has discharged semen. If he experiences a second discharge on the same day or the following day, or a prolonged initial discharge, he contracts the more severe ritual impurity of a *zav*, which lasts seven days. If he experiences a third discharge within the next twenty-four hours, he is a full-fledged *zav* and is obligated to bring a pair of doves, one for a sin-offering and one for a burnt-offering, as part of his purification process.

The female counterpart of the *zav* is the *zava*. Although from a halakhic standpoint the *halakhot* governing the ritual impurity of the two are virtually identical, the symptoms of a *zava* are different. A *zava* does not suffer from gonorrhea but rather from uterine bleeding extending beyond the duration of her normal menstrual period. This can be caused by hormonal disruptions of the menstrual cycle or by other conditions.

וְכִי תֵּימָא, לְמַגָּע לָא אִיצְטְרִיךְ קַל וָחוֹמֶר, דְּלָא גָּרַע מִגַּבְרָא טָהוֹר – אִיצְטְרִיךְ; סָלְקָא דַּעְתָּךְ אָמִינָא: ״מִקְּרֵה לָיְלָה״ כְּתִיב, מִי שֶׁקְּרְיוֹ גּוֹרֵם לוֹ, יָצָא זֶה שֶׁאֵין קֶרְיוֹ גּוֹרֵם לוֹ אֶלָּא דָּבָר אַחֵר גָּרַם לוֹ, קָא מַשְׁמַע לָן!

And if you would say that the *a fortiori* inference **was not necessary** to teach that the seminal emission of the *zav* imparts ritual impurity **by contact, as it is** certainly **no less** impure **than** if it had come from **a man** who was **pure,** so the inference was necessary only to teach that the semen of a *zav* imparts impurity by carrying, this is not correct. In fact, it **was necessary** to teach this point, as it may **enter your mind to say** that since **it is written** in the verse: "If there be among you any man that is not clean because of something that **happens to him by night**" (Deuteronomy 23:11), this means that a seminal emission is ritually impure if it came from **someone who** had something **happen to him,** and this **causes him** to experience the emission, but the verse is **excluding this** *zav*, who did **not** have something **happen to him** to **cause him** to experience the emission, but **rather another matter,** i.e., his gonorrhea-like condition, **caused him** to experience the emission. Consequently, it **teaches us** that this is incorrect.

מִידֵּי ״וְלֹא דָּבָר אַחֵר״ כְּתִיב?

Abaye responded: In the verse "something that happens to him by night," **is it** also **written: But not another matter?** This limiting clause is not written in the verse, and therefore the *halakha* that the semen of a *zav* imparts ritual impurity by contact can be understood from the explicit verse in the Torah, and there is no need to derive it from an *a fortiori* inference. Therefore, the only function of the *a fortiori* inference is to teach the halakha that the semen of a *zav* imparts impurity by carrying. Applying the principle: It is sufficient, would refute the *a fortiori* inference completely, so there is no proof that the *tanna* would apply the principle in all circumstances.

וּמַאן תַּנָּא דְּשָׁמְעַתְּ לֵיהּ דְּאָמַר: שִׁכְבַת זֶרַע שֶׁל זָב מְטַמֵּא בְּמַשָּׂא? לֹא רַבִּי אֱלִיעֶזֶר וְלֹא רַבִּי יְהוֹשֻׁעַ. דִּתְנַן: שִׁכְבַת זֶרַע שֶׁל זָב מְטַמֵּא בְּמַגָּע וְאֵין מְטַמֵּא בְּמַשָּׂא, דִּבְרֵי רַבִּי אֱלִיעֶזֶר; וְרַבִּי יְהוֹשֻׁעַ אוֹמֵר: אַף מְטַמֵּא בְּמַשָּׂא, לְפִי שֶׁאִי אֶפְשָׁר בְּלֹא צִחְצוּחֵי זִיבָה;

Once the Gemara raised the issue, it clarifies: **And who is the** ***tanna*** about whom **you heard that he said: Semen of a** ***zav*** **imparts ritual impurity by carrying?** It was **not Rabbi Eliezer and not Rabbi Yehoshua. As we learned** in a *baraita*: **Semen of a** ***zav*** **imparts ritual impurity by contact but** it **does not impart ritual impurity by carrying;** this is **the statement of Rabbi Eliezer. And Rabbi Yehoshua says:** It **also imparts ritual impurity by carrying,** as it **is impossible** for semen to emerge **without small drops of gonorrhea-like discharge** [*ziva*] accompanying it.[N]

עַד כָּאן לָא קָאָמַר רַבִּי יְהוֹשֻׁעַ הָתָם אֶלָּא שֶׁאִי אֶפְשָׁר בְּלֹא צִחְצוּחֵי זִיבָה, הָא לָאו הָכִי לָא! אֶלָּא הַאי תַּנָּא הוּא, דִּתְנַן: לְמַעְלָה מֵהֶן

Rabbi Yehoshua says there that the semen of a *zav* imparts ritual impurity by carrying **only because it is impossible** for semen to emerge **without small drops of** ***ziva*** accompanying it. This indicates that **if not for this** reason, the semen would **not** impart ritual impurity by carrying, according to the opinions of both Rabbi Yehoshua and Rabbi Eliezer. The Gemara explains: **Rather,** it must be that **this** ***tanna*** **is** the one who holds the opinion that the semen of a *zav* imparts ritual impurity by carrying, **as we learned** in a mishna listing the sources of ritual impurity (*Kelim* 1:3): **Of a greater degree than** the ritual impurities listed previously in the mishna, i.e., the impurity of a creeping animal, semen, and one who contracted ritual impurity from a corpse,

NOTES

It is impossible for semen to emerge without small drops of *ziva* accompanying it – **אִי אֶפְשָׁר בְּלֹא צִחְצוּחֵי זִיבָה**: Rabbeinu Ḥananel writes that although it may appear that there is no practical difference between the opinion of the *tanna* who derives the *halakha* that the semen of a *zav* imparts ritual impurity by carrying from an *a fortiori* inference, and the opinion of Rabbi Yehoshua, who attributes this *halakha* to the fact that it is impossible for semen to come out without small drops of *ziva* accompanying it, there is nevertheless a difference between their opinions with regard to a *zav* who is in the middle of counting his seven clean days. At this point he still has the halakhic status of a *zav* but is not actually experiencing the discharges. Consequently, according to Rabbi Yehoshua, his semen, which can be presumed free of *ziva*, would not impart ritual impurity by carrying. The *tanna* who derives this *halakha* from the *halakha* of spittle, via an *a fortiori* inference, would hold that it does.

זוֹבוֹ שֶׁל זָב, וְרוּקוֹ, וְשִׁכְבַת זַרְעוֹ, וּמֵימֵי רַגְלָיו, וְדַם הַנִּדָּה, מְטַמְּאִין בֵּין בְּמַגָּע בֵּין בְּמַשָּׂא;

are the *ziva* of a *zav*,[H] and his spittle, and his semen,[H] and his urine, and the blood of a menstruating woman,[H] all of which impart impurity both by touching and by carrying.

וְדִלְמָא הָכִי נַמִי, לְפִי שֶׁאִי אֶפְשָׁר בְּלֹא צִחְצוּחֵי זִיבָה! אִם כֵּן, לִתְנְיֵיהּ גַּבֵּי זוֹבוֹ, מַאי שְׁנָא דְּקָתָנֵי לָהּ גַּבֵּי רוּקוֹ? אֶלָּא מִשּׁוּם דְּאָתֵי מֵרוּקוֹ.

The Gemara questions this assertion: **But perhaps** here too the reason for the severity of ritual impurity of the semen is **indeed because it is impossible** for it to emerge **without small drops of** ***ziva*** accompanying it, but it is not due to the impurity of the semen itself. The Gemara rejects this opinion: **If** that would be **so, let the** *tanna* of the mishna **teach it** in the list of bodily fluids **along with,** meaning list it immediately following, **his** ***ziva*****. What is different** about semen **that he teaches it along with: His spittle? Rather,** it is **because its** ***halakha*** **comes from,** i.e., it is derived from, that of **his spittle,** and therefore the semen itself imparts impurity by carrying, even if there would not be small drops of *ziva* accompanying it.

אֲמַר לֵיהּ רַב אַחָא מִדִּפְתִּי לְרָבִינָא: וְהָא הַאי תַּנָּא לָא דָּרֵישׁ דַּיּוֹ וְאַף עַל גַּב דְּלָא מִפְרִיךְ קַל וָחוֹמֶר! דְּתַנְיָא: מַפָּץ בְּמֵת מִנַּיִין? וְדִין הוּא: וּמָה פַּכִּין קְטַנִּים שֶׁטְּהוֹרִים בְּזָב – מְטַמֵּא בְּמֵת, מַפָּץ שֶׁמִּטַּמֵּא בְּזָב – אֵינוֹ דִּין שֶׁיִּטַּמֵּא בְּמֵת?

The Gemara returns to the primary discussion concerning the principle: It is sufficient for the conclusion that emerges from an *a fortiori* inference to be like its source. **Rav Aḥa of Difti said to Ravina: But** there is **this** ***tanna*** who **does not apply** the principle: **It is sufficient,** at all, **even though** such application would **not refute** the entire ***a fortiori*** inference. **As it is taught** in a *baraita*: **From where** is it derived that a thick **mat**[B] can contract ritual impurity **from a corpse?**[N] **It is a logical derivation** based on an *a fortiori* inference: **And just as small** clay **vessels,**[BN] into which even a finger cannot be inserted because of their narrow opening and **which** remain **ritually pure** despite contact **with a** ***zav*****,** nevertheless **become impure** if present under one roof **with a corpse,** then **is it not right that a mat, which can become impure** due to contact **with a** ***zav*****, will** similarly **become impure** if present under one roof **with a corpse?**

וְקָמַיְיתֵי לָהּ בֵּין לְטוּמְאַת עֶרֶב בֵּין לְטוּמְאַת שִׁבְעָה; וְאַמַּאי? אֵימָא: אַהֲנֵי קַל וָחוֹמֶר לְטוּמְאַת עֶרֶב, וְאַהֲנֵי דַּיּוֹ לְאַפּוּקֵי טוּמְאַת שִׁבְעָה!

And the *tanna* **cites this** *a fortiori* inference **both** to derive the *halakha* that the mat becomes ritually impure **with impurity** that lasts until **nightfall,** as it would if it were to come into contact with a *zav*, **and** to derive that the mat becomes ritually impure **with impurity** that lasts for **seven** days, as would any vessel that contracted ritual impurity from a corpse. **And why** does he do so? **Say** instead that the ***a fortiori*** inference **is effective** in deriving the *halakha* that the mat can contract ritual impurity from a corpse, but only **with** regard to rendering it **impure until nightfall,** and also say that the principle: **It is sufficient, is effective** by limiting the scope of the *a fortiori* inference **to exclude** the possibility that the mat would be rendered **impure for seven** days.

HALAKHA

The ***ziva*** **of a** ***zav*** **– זוֹבוֹ שֶׁל זָב:** The *ziva* of a *zav* is a primary source of ritual impurity and it imparts that impurity by touch and by carrying. No minimal quantity of fluid is necessary for it to impart the impurity (Rambam *Sefer Tahara, Hilkhot Metamei Mishkav UMoshav* 1:12).

His spittle and his semen, etc. – רוּקוֹ וְשִׁכְבַת זַרְעוֹ וכו׳: The spittle, semen, and urine of a *zav* are each primary sources of ritual impurity, and each imparts that impurity by touch and by carrying. No minimal quantity of fluid is necessary for it to impart the impurity (Rambam *Sefer Tahara, Hilkhot Metamei Mishkav UMoshav* 1:14).

The blood of a menstruating woman – דַּם הַנִּדָּה: The blood of a menstruating woman, a *zava*, and a woman who gave birth impart ritual impurity by touch and by carrying. No minimal quantity of fluid is necessary for it to impart ritual impurity (Rambam *Sefer Tahara, Hilkhot Metamei Mishkav UMoshav* 1:8).

BACKGROUND

Thick mat – מַפָּץ: This type of mat is woven from reeds and similar materials, but unlike the ordinary mats that were usually woven from whole reeds, this type was made from individual pieces and perhaps from the soft insides of the reeds. It was generally softer than the ordinary mats.

Small clay vessels – פַּכִּין קְטַנִּים: Clay vessels were used to hold liquids, primarily oil. The small vessels referred to here were apparently clay vessels used to hold fragrant oils. They were generally small because they were used for containing minute amounts of the perfumes, and they were equipped with an extremely small spout in order to prevent the fragrance from dissipating.

NOTES

From where is it derived that a thick mat can contract ritual impurity from a corpse – מַפָּץ בְּמֵת מִנַּיִין: This question arises because the Torah (Numbers 31:20), in discussing the ritual impurity imparted by a corpse, makes mention only of clothing, leather goods, and items manufactured from wood. Consequently, the *baraita* inquires about the basis for saying that ritual impurity can also be transferred to a mat, which does not fall into any of those categories (Rashi).

Small vessels – פַּכִּין קְטַנִּים: Rashi explains that this is referring to small clay vessels that do not contract ritual impurity via their outer surface (*Kelim* 2:1), and since the mouth of the vessel is too narrow for a *zav* to insert even one finger inside, they cannot be rendered impure by his touch. Moreover, they do not contract ritual impurity via movement, as an item that cannot be rendered impure via touch likewise cannot be rendered impure via movement.

The *tanna* derives it from the *halakha* of a mat that came into contact with the carcass of a creeping animal – תְּנָא מִמַּפָּץ בַּשֶּׁרֶץ מַיְיתֵי לַהּ: This statement can be understood in two different ways. One possibility is that the *tanna* does not derive the *halakha* with regard to the susceptibility of the mat to ritual impurity imparted by a corpse directly through an *a fortiori* inference from the case of small vessels handled by a *zav*; rather, he derives this *halakha* through a verbal analogy from the *halakha* of a mat that came into contact with the carcass of a creeping animal, and it is that *halakha* that is derived through an *a fortiori* inference from the *halakhot* of the *zav*.

Alternatively, the Gemara may be saying that the language of the *baraita* should be emended to remove all mention of ritual impurity imparted by a corpse and to leave it as discussing only ritual impurity imparted by a creeping animal. Rashi cites both of these opinions and establishes that they are based on different versions of the talmudic passage.

Free – מוּפְנָה: A verbal analogy is usually drawn between two identical or very similar expressions appearing in two disparate sections of the Torah. As a result of the two expressions appearing in the context of different legal topics, the analogy instructs us to take a *halakha* from one context and apply it to the other context in which this particular *halakha* was not expressly mentioned. The principle of verbal analogy is limited first and foremost by the accepted *halakha* that one cannot infer a verbal analogy on his own; it is valid only if based on ancient tradition.

A difference of opinion exists with regard to the strength of a verbal analogy. Some say that the very similarity between two expressions is enough to construct a verbal analogy, but such an analogy can be refuted if significant halakhic differences between the two areas can be found. Despite this, if one of the expressions utilized by the analogy is free, i.e., if it is extraneous in its own context and one can therefore assume that it was included in the Torah for the purpose of the verbal analogy, this is evidence that the analogy is a Torah edict that cannot be refuted. Others hold that only when an analogy is free on both sides, i.e., when the words on which the analogy is based are extraneous in both of the places where they appear, is it considered incontrovertible, while if it is free on one side, it can be refuted if there is reason to do so.

אֲמַר לֵיהּ: כְּבָר רְמָא נִיהֲלֵיהּ רַב נַחְמָן בַּר זְכַרְיָה לְאַבַּיֵי, וַאֲמַר לֵיהּ אַבַּיֵי: תַּנָּא מִמַּפָּץ בַּשֶּׁרֶץ מַיְיתֵי לַהּ, וְהָכִי קָאָמַר: מַפָּץ בַּשֶּׁרֶץ מִנַּיִן? וְדִין הוּא: וּמָה פַּכִּין קְטַנִּים שֶׁטְּהוֹרִים בַּזָּב – טְמֵאִין בַּשֶּׁרֶץ, מַפָּץ שֶׁטָּמֵא בַּזָּב – אֵינוֹ דִּין שֶׁיְּהֵא טָמֵא בַּשֶּׁרֶץ?

Ravina **said to** Rav Aḥa: This question **was already raised** by **Rav Naḥman bar Zekharya to Abaye, and Abaye said to him** in response: This *tanna* does not derive the *halakha* with regard to the mat through an *a fortiori* inference from the case of a *zav*. Rather, he **derives it from** the *halakha* of **a mat** that came into contact **with** the carcass of **a creeping animal,**[N] **and this is** what **he is saying:** The first derivation is as follows: **From where** is it derived that **a mat**[H] is susceptible to impurity imparted **by** the carcass of **a creeping animal? And it is a logical derivation** based on an *a fortiori* inference: **And just as small vessels, which** remain **pure** despite contact **with a** ***zav***, nevertheless become **impure from** contact with the carcass of **a creeping animal, is it not right that a mat, which** becomes **impure from the impurity of a** ***zav***, **will** likewise become **impure from** contact with the carcass of **a creeping animal?**

אֶלָּא מַפָּץ בַּמֵּת מִנַּיִן? נֶאֱמַר ״בֶּגֶד וְעוֹר״ בַּשֶּׁרֶץ וְנֶאֱמַר ״בֶּגֶד וְעוֹר״ בַּמֵּת, מַה ״בֶּגֶד וְעוֹר״ הָאָמוּר בַּשֶּׁרֶץ – מַפָּץ טָמֵא בּוֹ, אַף ״בֶּגֶד וְעוֹר״ הָאָמוּר בַּמֵּת – מַפָּץ טָמֵא בּוֹ.

The second derivation is as follows: **But from where** is it derived that **a mat** contracts impurity **from a corpse?** It is derived through a verbal analogy. **With regard to** impurity imparted by the carcass of **a creeping animal, it is stated: "Or a garment or leather"** (Leviticus 11:32), **and with regard to** impurity imparted by **a corpse it is stated: "A garment, or** anything made of **leather"** (Numbers 31:20). **Just as** with regard to the terms **"garment" and "leather" stated with regard to a creeping animal, a mat** becomes **impure from it, so too** with regard to the terms **"garment" and "leather" stated with regard to a corpse, a mat** becomes **impure from it.**

מוּפְנֶה, דְּאִי לָא מוּפְנֶה – אִיכָּא לְמִפְרַךְ: מַה לַשֶּׁרֶץ שֶׁכֵּן מְטַמֵּא בְּכַעֲדָשָׁה, תֹּאמַר בַּמֵּת שֶׁאֵין מְטַמֵּא בְּכַעֲדָשָׁה אֶלָּא בִּכְזַיִת?

The Gemara notes: It must be that the words "garment" and "leather" are **free,**[N] i.e., those terms must be extraneous in their contexts, and the Torah included them for the express purpose of establishing the verbal analogy, as a verbal analogy that is based on otherwise extraneous terms cannot be logically refuted. **Because if** these terms are **not free,** the verbal analogy **can be refuted: What** is unique **about a creeping animal?** It is unique in **that** it **renders** items **impure** even **by means of** contact with **a lentil-bulk** of a creeping animal. **Shall you** also **say** that this is the case **with regard to a corpse,** whose *halakhot* are less strict **in that** it **does not render** items **impure by means of** contact with **a lentil-bulk** of a corpse but **rather by means of** contact with **an olive-bulk?** Unless the terms are free, the analogy can be refuted.

לָאֵי אַפְנוּיֵי מוּפְנֶה; מִכְּדִי שֶׁרֶץ אִתְקַשׁ לְשִׁכְבַת זֶרַע, דִּכְתִיב: ״אוֹ אִישׁ אֲשֶׁר תֵּצֵא״ וגו׳, וּסְמִיךְ לֵיהּ: ״אוֹ אִישׁ אֲשֶׁר יִגַּע בְּכָל שֶׁרֶץ״, וּכְתִיב בֵּיהּ בְּשִׁכְבַת זֶרַע: ״וְכָל בֶּגֶד וְכָל עוֹר אֲשֶׁר יִהְיֶה עָלָיו שִׁכְבַת זָרַע״,

The Gemara affirms: **Indeed,** the terms **are free.** The Gemara proves that the terms "garment" and "leather" are extraneous in their context. **Now, since** ritual impurity imparted by contact with **a creeping animal is juxtaposed to** ritual impurity imparted by contact with **semen, as it is written:** "And one who comes into contact with anyone impure with impurity imparted by a corpse, **or a man from whom** semen **is emitted"** (Leviticus 22:4), **and juxtaposed to that** verse is the verse: **"Or a man who touches any creeping animal** which makes him impure, or a person who may make him impure with any impurity that he has" (Leviticus 22:5); **and it is written with regard to** the impurity of **semen: "And every garment and all leather that has semen on it** shall be washed with water and will be impure until evening" (Leviticus 15:17), since the verses appear next to each other, the *halakhot* of each can be derived from the other.

״בֶּגֶד וְעוֹר״ דִּכְתַב רַחֲמָנָא בַּשֶּׁרֶץ לָמָּה לִי? שְׁמַע מִינָּהּ לְאַפְנוֹיֵי.

Consequently, **why do I** need the words **"garment" and "leather" that the Merciful One wrote with regard to a creeping animal?** The relevant *halakha* could be derived from the *halakhot* of seminal impurity. Consequently, **learn from it** that "garment" and "leather" were mentioned **to render them free,** i.e., extraneous, but the Torah included them for the express purpose of establishing the verbal analogy.

HALAKHA

Mat – מַפָּץ: A mat, which is woven from ropes and reeds and other similar materials, is by Torah law susceptible to contracting ritual impurity imparted by a *zav* via treading. Similarly, it is susceptible to the impurity imparted by a corpse and to other types of ritual impurity (Rambam *Sefer Tahara, Hilkhot Kelim* 1:13, 23:1).

וְאַכַּתִּי מוּפְנֶה מִצַּד אֶחָד הוּא! הָנִיחָא לְמַאן דְּאָמַר מוּפְנֶה מִצַּד אֶחָד לְמֵידִין וְאֵין מְשִׁיבִין – שַׁפִּיר, אֶלָּא לְמַאן דְּאָמַר לְמֵידִין וּמְשִׁיבִין, מַאי אִיכָּא לְמֵימַר?

The Gemara comments: **And still,** the terms "garment" and "leather" **are free** only **from one side** of the verbal analogy, because although the terms "garment" and "leather," stated with regard to ritual impurity imparted by a creeping animal, are extraneous in their context, as the relevant *halakha* could have been derived in another manner, those terms stated with regard to impurity imparted by a corpse are not extraneous in their context. **This works out well according to the one who says** that with regard to a verbal analogy that is **free from** only **one side, one can derive from it and** one **cannot refute** it logically; **it is well. But according to the one who says** that **one can derive** a *halakha* **from** a verbal analogy of this kind **and** one **can** also **refute** it logically, **what can be said?** It has already been established that the carcass of a creeping animal is stricter in some senses than a corpse.

דְּמֵת נַמִּי אַפְנוּיֵי מוּפְנֶה; מִכְּדֵי מֵת אִתְקַשׁ לְשִׁכְבַת זֶרַע, דִּכְתִיב: ״וְהַנֹּגֵעַ בְּכָל טְמֵא נֶפֶשׁ אוֹ אִישׁ אֲשֶׁר תֵּצֵא מִמֶּנּוּ״ וגו׳, וּכְתִיב בֵּיהּ בְּשִׁכְבַת זֶרַע: ״וְכָל בֶּגֶד וְכָל עוֹר אֲשֶׁר יִהְיֶה עָלָיו שִׁכְבַת זָרַע״, ״בֶּגֶד וְעוֹר״ דִּכְתַב רַחֲמָנָא בְּמֵת לָמָּה לִי? שְׁמַע מִינַּהּ לְאַפְנוּיֵי, וַהֲוֵי מוּפְנֶה מִשְּׁנֵי צְדָדִין.

The Gemara answers: The terms "garment" and "leather," as stated **with regard to** impurity imparted by **a corpse, are also free. Since** the impurity of **a corpse is juxtaposed with** that of **semen, as it is written: "And one who comes into contact with anyone impure with impurity imparted by a corpse, or a man from whom** semen **is emitted"** (Leviticus 22:4), **and it is written with regard to semen: "And every garment and all leather that has semen on it"** (Leviticus 15:17), **why do I** need the terms **"garment" and "leather" that the Merciful One wrote with regard to** impurity imparted by **a corpse? Learn from it** that they are mentioned in order **to render them free,** **and** therefore **it is free from both sides.**

הָנִיחָא לְמַאן דְּאָמַר דּוּן מִינַּהּ וְאוֹקֵי בְּאַתְרָא, אֶלָּא לְמַאן דְּאָמַר דּוּן מִינַּהּ וּמִינַּהּ, מַאי אִיכָּא לְמֵימַר?

The Gemara questions this from a different angle: **This works out well according to the one who says: Infer** the *halakha* **from it and interpret it according to its** new **place.** This would mean that the *halakha* that a mat becomes impure from a corpse is derived from the *halakha* that a mat becomes impure from semen, but the details of that impurity, i.e., the length of the time it is impure, are interpreted according to the *halakhot* of impurity imparted by a corpse, for seven days. **But according to the one who says: Infer** the *halakha* **from it and** infer the details of the *halakha* **from it** as well, which would mean that the details of the impurity would also be interpreted according to the *halakhot* of impurity imparted by semen, **what can be said?** According to the latter opinion, it should be concluded that just as the impurity imparted to a mat by the carcass of a creeping animal lasts only until nightfall, so too, a mat rendered impure by a corpse remains impure only until nightfall.

אָמַר רָבָא: אָמַר קְרָא: ״וְכִבַּסְתֶּם בִּגְדֵיכֶם בַּיּוֹם הַשְּׁבִיעִי״, כָּל טֻמְאוֹת שֶׁאַתֶּם מְטַמְּאִין בְּמֵת לֹא יְהוּ פְּחוּתִין מִשִּׁבְעָה.

In response to this, **Rava said:** This opinion does not lead to that conclusion, as there is a Torah edict indicating otherwise. **The verse states** (Numbers 31:24): **"And you shall wash your garments on the seventh day."** This teaches that **any ritually impure** items **that you render impure** due to contact **with a corpse must** remain impure for a period of **no less than seven** days.[H] Therefore, since it has been inferred that the mat is susceptible to the impurity imparted by a corpse, it automatically falls into the same category of other items similarly rendered impure by a corpse and must remain impure for a period of at least seven days.

וְתֶהֱוֵי שֵׁן וָרֶגֶל חַיָּיב בִּרְשׁוּת הָרַבִּים מִקַּל וָחוֹמֶר: וּמָה קֶרֶן, שֶׁבִּרְשׁוּת הַנִּיזָּק אֵינוֹ מְשַׁלֵּם אֶלָּא חֲצִי נֶזֶק – בִּרְשׁוּת הָרַבִּים חַיֶּיבֶת, שֵׁן וָרֶגֶל, שֶׁבִּרְשׁוּת הַנִּיזָּק מְשַׁלֵּם נֶזֶק שָׁלֵם – אֵינוֹ דִּין שֶׁבִּרְשׁוּת הָרַבִּים חַיָּיב?

§ Up to this point, the Gemara discussed how to properly apply the principle: It is sufficient for the conclusion that emerges from an *a fortiori* inference to be like its source. It now returns to discussing the main subject of the mishna, which is the various views concerning Goring, the primary category of damage. The Gemara suggests: **And let** one be held **liable** for **Eating and Trampling** if these take place **in the public domain.** This can be inferred **via** an ***a fortiori*** inference, as follows: **And if** with regard to damage classified as **Goring, for which,** if it took place **on the property of the injured** party, according to the Rabbis one is liable to **pay only half** the cost of **the damage, yet** the owner of the animal is nevertheless **liable** for damage caused **in the public domain,** then with regard to damage classified as **Eating and Trampling,** whose *halakhot* are more strict, **as** one **pays the full** cost of the **damage** caused **on the property of the injured** party, **is it not right that** one should be **liable** for damage caused **in the public domain?**

HALAKHA

No less than seven days – **לֹא יְהוּ פְּחוּתִין מִשִּׁבְעָה**: Any humans or vessels which contract ritual impurity of a corpse remain impure for seven days. For example, one that was rendered impure by touching an item that was rendered impure from contact with a corpse, or one who became impure by being under the same tent with an impure object that imparts impurity in a tent, or by carrying one, will remain impure for a period of seven days (Rambam *Sefer Tahara, Hilkhot Tumat Met* 5:1).

אָמַר קְרָא: ״וּבִעֵר בִּשְׂדֵה אַחֵר״, וְלֹא בִּרְשׁוּת הָרַבִּים.

The Gemara rejects this: **The verse states** with regard to Eating or Trampling (Exodus 22:4): **"And it consumed in the field of another,"** meaning that one's liability for this form of damage is limited to damage caused on the property of the injured party, but **not** for damage caused **in the public domain.**

Perek **II**
Daf **26** Amud **a**

מִידֵי כּוּלֵּיהּ קָאָמְרִינַן? פַּלְגָא קָאָמְרִינַן!

The Gemara asks: **Are we saying** that based on the *a fortiori* inference one should have to pay the **full** cost of the damage caused in the public domain for Eating and Trampling? That would be false, as the verse indicating one's liability to pay the full cost of the damage limits the application to damage caused in "the field of another." **We are saying** only that he should be liable for **half** the cost of the damage there, just as with regard to Goring.

אָמַר קְרָא ״וְחָצוּ אֶת כַּסְפּוֹ״, כַּסְפּוֹ שֶׁל זֶה וְלֹא כַּסְפּוֹ שֶׁל אַחֵר.

The Gemara rejects this as well: This is also incorrect, as **the verse states** with regard to the payment of half the damages: **"And divide its monetary value"** (Exodus 21:35). The use of the expression "its monetary value," and not "the monetary value," emphasizes that it is specifically **the price of this** ox that caused damage classified as Goring whose money will be divided, i.e., the owner of the ox will be obligated to pay half the cost of the damage, **but not the price of another,** i.e., not in other cases of damage caused by one's ox.

וְלֹא תְּהֵא שֵׁן וָרֶגֶל חַיֶּיבֶת בִּרְשׁוּת הַנִּיזָּק אֶלָּא חֲצִי נֶזֶק, מִקַּל וָחוֹמֶר מִקֶּרֶן: וּמַה קֶּרֶן שֶׁבִּרְשׁוּת הָרַבִּים חַיֶּיבֶת – בִּרְשׁוּת הַנִּיזָּק אֵינָהּ מְשַׁלֶּמֶת אֶלָּא חֲצִי נֶזֶק, שֵׁן וָרֶגֶל שֶׁבִּרְשׁוּת הָרַבִּים פְּטוּרָה – אֵינוֹ דִּין שֶׁבִּרְשׁוּת הַנִּיזָּק מְשַׁלֵּם חֲצִי נֶזֶק?

The Gemara suggests a derivation from a different inference: **And let** one be held **liable** to pay **only half** the cost of **the damage**[N] caused by **Eating and Trampling** even if the incident took place **on the property of the injured** party. This can be inferred **via** an *a fortiori* inference drawn **from Goring,** as follows: **And if** for damage classified as **Goring,** which is governed by a stricter *halakha,* as one is held **liable** for damage classified as Goring even if it occurs **in the public domain,** yet one nevertheless **pays only half** the cost of **the damage** caused **on the property of the injured** party, then with regard to damage classified as **Eating and Trampling,** which are governed by more lenient *halakhot,* as one is completely **exempt** from liability for damage caused **in the public domain, is it not right that** he should have to **pay** only **half** the cost of **the damage** caused **on the property of the injured** party?

אָמַר קְרָא: ״יְשַׁלֵּם״, תַּשְׁלוּמִין מְעַלְּיָא.

The Gemara answers: **The verse states** with regard to Eating and Trampling: "The best of his field and the best of his vineyard **he shall pay"** (Exodus 22:4). The intent of the verse is to emphasize that the owner of the ox pays **a proper,** meaning complete, amount of **payment,** and not half the cost of the damage.

וְלֹא תְּהֵא קֶרֶן בִּרְשׁוּת הָרַבִּים חַיָּיב, מִקַּל וָחוֹמֶר: וּמַה שֵּׁן וָרֶגֶל שֶׁבִּרְשׁוּת הַנִּיזָּק נֶזֶק שָׁלֵם – בִּרְשׁוּת הָרַבִּים פְּטוּרָה, קֶרֶן שֶׁבִּרְשׁוּת הַנִּיזָּק חֲצִי נֶזֶק – אֵינוֹ דִּין שֶׁבִּרְשׁוּת הָרַבִּים פְּטוּרָה?

The Gemara suggests a derivation from a different inference: **And let** one **not** be held **liable** at all with regard to damage classified as **Goring in the public domain.** This can be inferred **via** an *a fortiori* inference, as follows: **And if** for damage classified as **Eating and Trampling, for which** one is liable to pay **the full** cost of **the damage** for incidents that took place **on the property of the injured** party, one is completely **exempt** for damage caused **in the public domain,** then with regard to damage classified as **Goring,** which is governed by a more lenient *halakha,* as one is held **liable** for only **half** the cost of **the damage** caused **on the property of the injured** party, **is it not right that** one should be **exempt in the public domain?**

אֲמַר רַבִּי יוֹחָנָן: אָמַר קְרָא ״יֶחֱצוּן״, אֵין חֲצִי נֶזֶק חָלוּק לֹא בִּרְשׁוּת הָרַבִּים וְלֹא בִּרְשׁוּת הַיָּחִיד.

Rabbi Yoḥanan said: The verse states in reference to an innocuous ox: "And the carcass **they shall also divide"** (Exodus 21:35),[N] to indicate that **there is no difference** with regard to the payment of **half** the cost of **the damage, whether** the damage occurs **in a public domain or** whether it occurs **on private property.**

NOTES

Only half the cost of the damage – אֶלָּא חֲצִי נֶזֶק: The early authorities disagree as to the extent of this suggestion. *Tosafot* write that this payment for half the damages would be given from the proceeds of the sale of the animal but not from the owner's superior-quality land, as is the case when paying for half the cost of the damage classified as Goring of an innocuous ox. The Maharsha disagrees and says that the payment would in any case be given from his superior-quality land, as the Torah states explicitly with regard to damage caused by Eating and Trampling: "The best of his field and the best of his vineyard he shall pay" (Exodus 22:4).

The verse states, they shall also divide – אָמַר קְרָא יֶחֱצוּן: This phrase is superfluous, as the verse has already said: "And divide its monetary value." Consequently, Rabbi Yoḥanan teaches that this extra phrase comes to teach that the obligation to pay half the cost of the damage caused by an innocuous ox is binding wherever the damage may have been caused.

וְיְהֵא אָדָם חַיָּיב בְּכוֹפֶר מִקַּל וָחוֹמֶר: וּמָה שׁוֹר שֶׁאֵינוֹ חַיָּיב בְּאַרְבָּעָה דְּבָרִים – חַיָּיב בְּכוֹפֶר, אָדָם שֶׁחַיָּיב בְּאַרְבָּעָה דְּבָרִים – אֵינוֹ דִּין שֶׁיְּהֵא חַיָּיב בְּכוֹפֶר?

The Gemara suggests a derivation from a different inference: **And let a person** who inadvertently kills another be **liable to pay ransom.** This can be inferred **via an *a fortiori*** inference, as follows: **And if** the owner of **an ox, who is not liable** to pay the **four types of indemnity,** i.e., pain, medical costs, loss of livelihood, and humiliation, if his ox injures a person, is nevertheless **liable to pay ransom** if it killed someone, then with regard to **a person, who is liable** to pay the **four types of indemnity** if he injures another, **is it not right that he should be liable to pay ransom** if he were to kill him?

אָמַר קְרָא ״כְּכֹל אֲשֶׁר יוּשַׁת עָלָיו״, עָלָיו – וְלֹא עַל אָדָם.

The Gemara answers: **The verse states** with regard to an ox killing a person: "He shall give for the redemption of his life **whatever is imposed upon him**" (Exodus 21:30). **"Upon him"**: This means upon the owner of an ox who kills a person, **but not upon a person** who kills another.

וִיהֵא שׁוֹר חַיָּיב בְּאַרְבָּעָה דְּבָרִים, מִקַּל וָחוֹמֶר: וּמָה אָדָם שֶׁאֵינוֹ חַיָּיב בְּכוֹפֶר – חַיָּיב בְּאַרְבָּעָה דְּבָרִים, שׁוֹר שֶׁחַיָּיב בְּכוֹפֶר – אֵינוֹ דִּין שֶׁיְּהֵא חַיָּיב בְּאַרְבָּעָה דְּבָרִים?

The Gemara suggests the reverse derivation: **And let** the owner of **an ox** that injured a person be **liable** to pay the **four types of indemnity.** This can be inferred **via an *a fortiori*** inference, as follows: **And if a person, who is not obligated to pay ransom** if he kills someone, is nevertheless **liable** to pay **four types of indemnity** if he injures another, then with regard to the owner of **an ox, who is liable to pay ransom, is it not right that he should** also **be liable** to pay the **four types of indemnity?**

אָמַר קְרָא: ״אִישׁ...בַּעֲמִיתוֹ״, וְלֹא שׁוֹר בַּעֲמִיתוֹ.

The Gemara answers: **The verse states** with regard to this matter: "And if **a man maims another**" (Leviticus 24:19),[H] from which it can be derived that this *halakha* applies when a man harms another person **but not** when **an ox** harms **another** person.

אִיבַּעְיָא לְהוּ: רֶגֶל שֶׁדָּרְסָה עַל גַּבֵּי תִּינוֹק בַּחֲצַר הַנִּיזָּק, מַהוּ שֶׁתְּשַׁלֵּם כּוֹפֶר? מִי אָמְרִינַן מִידֵּי דַּהֲוָה אַקֶּרֶן, קֶרֶן כֵּיוָן דַּעֲבַד תְּרֵי וּתְלָתָא זִימְנֵי – אוֹרְחֵיהּ הוּא וּמְשַׁלֵּם כּוֹפֶר, הָכָא נַמִי לָא שְׁנָא.

§ **A dilemma was raised before** the Sages: With regard to **Trampling,** in the case of an animal **that tramples a child in the courtyard of the injured** party[H] and kills the child, **what is** the *halakha* with regard to the liability of the owner of the animal **to pay ransom?** The Gemara explains the different sides of the question: **Do we say** that this *halakha* is **just as it is with regard to Goring?** Accordingly, just as with regard to **Goring, once** an animal has gored **two or three times** this becomes defined as **its usual manner** and therefore it is deemed forewarned **and** the owner must **pay ransom** in the event that it kills a person by an act classified as Goring, **here too it is not different,** as with regard to the category of Trampling the owner is deemed forewarned from the start and he must therefore pay ransom.

אוֹ דִּלְמָא קֶרֶן כַּוָּונָתוֹ לְהַזִּיק, הַאי אֵין כַּוָּונָתוֹ לְהַזִּיק?

Or perhaps, should we say that the *halakha* with regard to **Goring** is more stringent, as Goring requires the animal's **intent to cause damage,** and that is why the owner must pay ransom in the event of a death; but in a case of Trampling, where there is **no intent to cause damage,** the owner would be exempt from paying ransom?

תָּא שְׁמַע: הִכְנִיס שׁוֹרוֹ לַחֲצַר בַּעַל הַבַּיִת שֶׁלֹּא בִּרְשׁוּת, וּנְגָחוֹ לְבַעַל הַבַּיִת וּמֵת – הַשּׁוֹר בִּסְקִילָה, וּבְעָלָיו בֵּין תָּם בֵּין מוּעָד מְשַׁלֵּם כּוֹפֶר שָׁלֵם, דִּבְרֵי רַבִּי טַרְפוֹן;

The Gemara suggests: **Come** and **hear** a solution to this dilemma from a *baraita*: If one **brought his ox into the courtyard of a homeowner without** his **permission, and it gored the homeowner and he died, the ox** is killed **by stoning and the owner** of the ox is obligated to **pay** the **full** amount of the **ransom,** regardless of **whether** the animal was **innocuous or forewarned.** This is **the statement of Rabbi Tarfon.**

HALAKHA

A man maims another – אִישׁ...בַּעֲמִיתוֹ: Only a person that harms another person is obligated to pay the four types of indemnity in addition to compensating for the damage itself. These payments do not apply in a case where the damage was caused by an animal or any other entity under his responsibility (Rambam *Sefer Nezikin*, *Hilkhot Nizkei Mamon* 7:3).

Trampling of an animal that tramples a child in the courtyard of the victim – רֶגֶל שֶׁדָּרְסָה עַל גַּבֵּי תִּינוֹק בַּחֲצַר הַנִּיזָּק: If an animal was on the property of another, and while there it trampled the child of the owner of the property to death, the owner of the animal must pay ransom, in accordance with the conclusion of the Gemara. The same applies if the child was killed by an act classified as Eating. The *Maggid Mishne* says there is no ransom payment if the child was killed by Trampling or Eating in the public domain, as one is liable for these primary categories of damage only when they are carried out on the property of the victim (Rambam *Sefer Nezikin*, *Hilkhot Nizkei Mamon* 10:13).

NOTES

He derived this ruling via an *a fortiori* inference from Trampling – **וּמַיְיתֵי לַהּ מִקַּל וָחוֹמֶר מֵרֶגֶל**: Just as Rabbi Tarfon derived from the use of this *a fortiori* inference his opinion that the owner of an innocuous ox must pay the full cost of the damage it caused on the property of the injured party (see 14a), he derives from the very same *a fortiori* inference that the owner of an innocuous ox must pay the full ransom if it kills a person on the victim's own property.

כּוֹפֶר שָׁלֵם בְּתָם, לְרַבִּי טַרְפוֹן, מְנָא לֵיהּ? לָאו מִשּׁוּם דְּסָבַר לַיהּ כְּרַבִּי יוֹסֵי הַגְּלִילִי, דְּאָמַר: תָּם – מְשַׁלֵּם חֲצִי כּוֹפֶר בִּרְשׁוּת הָרַבִּים, וּמַיְיתֵי לַהּ מִקַּל וָחוֹמֶר מֵרֶגֶל? אַלְמָא אִיכָּא כּוֹפֶר בְּרֶגֶל.

The Gemara proceeds to clarify: **From where** does **Rabbi Tarfon** derive that **with regard to an innocuous** ox the owner must also pay the **full** amount of the **ransom?** Is it **not because he holds in accordance with** the opinion of **Rabbi Yosei HaGelili, who says** that the owner of **an innocuous** ox that killed a person **pays half** the **ransom** if the incident took place **in the public domain? And he derived** this ruling **via** an ***a fortiori*** inference **from** the *halakhot* of **Trampling:**[N] And if in a case of Trampling, for which one is exempted entirely from liability when it occurs in the public domain, one must nevertheless pay the full ransom if the incident took place on the property of the injured party, with regard to Goring, for which one must pay half the ransom when it occurs in the public domain, is it not right that one should be obligated to pay full ransom for an incident that took place on the property of the injured party? **Evidently,** it is clear that **there is a ransom** payment **in** the case of **Trampling.**

אֲמַר רַב שִׁימִי מִנְּהַרְדְּעָא: תַּנָּא מִנִּיזָּקִין דְּרֶגֶל מַיְיתֵי לַהּ.

Rav Shimi of Neharde'a said: It is possible to explain that **the *tanna* derived** his *a fortiori* inference **from damage** caused **by Trampling:** And if in a case of Trampling, for which one is completely exempt from liability when it happens in the public domain, one pays the full cost of the damage done on the property of the injured party, with regard to Goring, for which one must pay half the ransom payment if the ox kills a person in the public domain, is it not right that one would certainly be obligated to pay the full ransom if the person was killed on his own property? According to this reasoning there is no indication that one pays a ransom payment in the case of a child that was killed by Trampling.

וְלִפְרוֹךְ: מַה לְּנִיזָּקִין דְּרֶגֶל שֶׁכֵּן יֶשְׁנָן בְּאֵשׁ! מִטָּמוּן.

The Gemara asks: **But** if this is the basis for Rabbi Tarfon's opinion, **let** the Gemara **refute** it in this way: **What** can be learned about ransom **from damage** caused **by Trampling? These** same *halakhot* **apply to Fire;** nevertheless, there is no obligation to pay ransom when a person is killed by Fire, as was stated explicitly in a *baraita* above (10a). Consequently, the attempt to derive an *a fortiori* inference about ransom from Trampling is obviously flawed. The Gemara answers: The *a fortiori* inference can be **based on** the damage to **concealed** articles caused by Trampling on the property of the injured party. One would be exempt for damage such as this if it were caused by Fire.

מַה לְּטָמוּן שֶׁכֵּן יֶשְׁנוֹ בְּבוֹר! מִכֵּלִים.

The Gemara responds to this challenge with a different one: **What** is notable about damage **to concealed** articles caused by Trampling? It is notable **in that these** same *halakhot* **apply to** the category of **Pit,** but nevertheless there is no ransom paid if a person is killed by a pit. Consequently, an attempt to derive an *a fortiori* inference about ransom from this *halakha* is obviously flawed. The Gemara answers: The *a fortiori* inference can be **based on** damage caused to **vessels** by Trampling on the property of the injured party. One would be exempt for damage of this nature if it were caused by a pit.

מַה לְּכֵלִים שֶׁיֶּשְׁנָן בְּאֵשׁ. מִכֵּלִים טְמוּנִים. מַה לְּכֵלִים טְמוּנִים שֶׁיֶּשְׁנָן בְּאָדָם!

The Gemara rejects this as well: **What** is notable about damage caused **to vessels** by Trampling? It is notable **in that these** same *halakhot* **apply to** the category of **Fire.** The Gemara answers: The *a fortiori* inference can be **based on** damage caused to **concealed vessels** by Trampling. In this case, one would be liable for Trampling but exempt from liability for both Fire and Pit, so this can be the basis for the ransom payment, via the *a fortiori* inference stated by Rav Shimi of Neharde'a. The Gemara rejects this as well: **What** is notable about damage caused **to concealed vessels** by Trampling? It is notable **in that these** same *halakhot* **apply to** the category of **Man,** as a person is liable for damage to these items but does not pay ransom if he inadvertently kills another person.

אֶלָּא לָאו שְׁמַע מִינַּהּ מִכּוֹפֶר דְּרֶגֶל מַיְיתֵי לַהּ, אַלְמָא אִיכָּא כּוֹפֶר בְּרֶגֶל, שְׁמַע מִינַּהּ.

Rather, isn't it correct to **conclude from it** that since the *halakhot* of the ransom payment with regard to Goring cannot be deduced from the *halakhot* of damages with regard to Trampling, the *tanna* **derived** his *a fortiori* inference **based on** the *halakhot* of **ransom** in a case **of Trampling,** and therefore it may be concluded that **apparently there is ransom** in a case **of Trampling?** The Gemara affirms: **Conclude from it** that this is so. Consequently, in the case of a child trampled to death by Trampling while on his parents' property, the owner of the animal must pay ransom.

אֲמַר לֵיהּ רַב אַחָא מִדִּפְתִּי לְרָבִינָא: הָכִי נַמִי מִסְתַּבְּרָא דְּאִיכָּא כּוֹפֶר בְּרֶגֶל, דְּאִי סָלְקָא דַּעְתָּךְ לֵיכָּא כּוֹפֶר בְּרֶגֶל, וְתַנָּא מִנְּזִיקִין דְּרֶגֶל מַיְיתֵי לַהּ, לִפְרוֹךְ: מָה לִנְזִיקִין דְּרֶגֶל שֶׁכֵּן יֶשְׁנָן בְּרֶגֶל!

Rav Aḥa of Difti said to Ravina: So too, it is reasonable to say **that there is** an obligation to pay **ransom** in a case **of Trampling, as, if it enters your mind** to say that **there is no** obligation to pay **ransom** in a case **of Trampling, and the** *tanna* **derived** his *a fortiori* inference **from damage** caused **by Trampling, let** the Gemara **refute it** in this way: **What** is notable about **damage** caused **by Trampling?** It is notable **in that these** same *halakhot* **apply to Trampling,** while there is no obligation to pay ransom in a case of Trampling. In other words, it would be possible to derive the obligation to pay a full ransom where a person was killed by the Goring of an innocuous ox while on the property of the victim only if there is also an obligation to pay ransom where the person was killed by Trampling.

אֶלָּא לָאו שְׁמַע מִינַּהּ מִכּוֹפֶר דְּרֶגֶל מַיְיתֵי לַהּ. אַלְמָא אִיכָּא כּוֹפֶר בְּרֶגֶל, שְׁמַע מִינַּהּ.

Rather, isn't it correct to **conclude from it** that an *a fortiori* inference must be **based on** the obligation to pay **ransom** in a case **of Trampling,** and therefore it may be concluded that **evidently, there is** an obligation to pay **ransom** in a case **of Trampling?** The Gemara affirms: **Conclude from it** that this is so.

מתני׳ אָדָם מוּעָד לְעוֹלָם. בֵּין שׁוֹגֵג בֵּין מֵזִיד, בֵּין עֵר בֵּין יָשֵׁן, סִימֵּא אֶת עֵין חֲבֵירוֹ, וְשִׁיבֵּר אֶת הַכֵּלִים – מְשַׁלֵּם נֶזֶק שָׁלֵם.

MISHNA The legal status of **a person** is **always** that of one **forewarned.**[H] Therefore, **whether** the damage was **unintentional or intentional, whether** he was **awake**[N] while he caused the damage **or asleep,**[N] whether **he blinded another's eye or broke vessels, he must pay the full** cost of **the damage.**

גמ׳ קָתָנֵי ״סִימֵּא אֶת עֵין חֲבֵירוֹ״ דּוּמְיָא דְּ״שִׁיבֵּר אֶת הַכֵּלִים״; מָה הָתָם, נֶזֶק – אִין, אַרְבָּעָה דְּבָרִים – לָא. אַף סִימֵּא אֶת עֵין חֲבֵירוֹ, נֶזֶק – אִין, אַרְבָּעָה דְּבָרִים – לָא.

GEMARA The Gemara infers: It **teaches** in the mishna: **He blinded another's eye,** and presumably this is **similar** to the other example: **Broke vessels.** From this it can be inferred that **just as there,** in the case of the broken vessels, **yes,** one must pay for the **damage** he caused but he does **not** pay **the four types of indemnity, so too,** in a case where **he blinds another, yes,** he must pay for the **damage** he caused, but he does **not** pay **the four types of indemnity,** since he caused the injury while asleep or unintentionally.

HALAKHA

The legal status of a person is always that of one forewarned – אָדָם מוּעָד לְעוֹלָם: A person always has the status of forewarned, whether he caused damage while awake or asleep, unintentionally or intentionally, or even if he was drunk. Consequently, if he injured another or damaged his property, he must pay the full cost of the damage from the best of his property, unless it was a situation where the damage was caused accidentally under absolutely unavoidable circumstances (Rambam *Sefer Nezikin, Hilkhot Ḥovel UMazik* 1:11, 6:1; *Shulḥan Arukh, Ḥoshen Mishpat* 378:1, 421:3).

NOTES

Whether he was awake – בֵּין עֵר: The Meiri deduces from this that similarly, he would be liable whether he was sober or drunk.

Or asleep – בֵּין יָשֵׁן: It is stated in the Jerusalem Talmud, and so it is ruled by the halakhic authorities, that this *halakha* applies only to a case where one lay down to sleep next to another person or next to vessels, and then caused damage in his sleep. By contrast, if he was asleep and someone else came and lay down beside him or placed vessels there, he is exempt from liability. There are two fundamental approaches to explain this exemption. Some explain that the one who caused the damage is exempt because it is considered absolutely beyond his control, while others explain that he is exempt because the responsibility lies with the second person.

Perek **II**
Daf **26** Amud **b**

מְנָא הָנֵי מִילֵּי? אָמַר חִזְקִיָּה, וְכֵן תָּנָא דְּבֵי חִזְקִיָּה, אָמַר קְרָא: ״פֶּצַע תַּחַת פָּצַע״, לְחַיְּיבוֹ עַל הַשּׁוֹגֵג כַּמֵּזִיד, וְעַל הָאוֹנֶס כָּרָצוֹן.

With regard to the *halakha* that one must pay the full cost of the damage in a case where there was no intent to cause damage, the Gemara asks: **From where are these matters** derived? **Ḥizkiyya says, and similarly, the school of Ḥizkiyya taught: The verse states: "Wound for wound [*petza taḥat patza*]"** (Exodus 21:25). This phrase is superfluous, as the Torah states elsewhere (see Leviticus 24:19) that one is liable to pay compensation when injuring another. This verse serves **to render him liable** to pay **for the unintentional** damage just as he pays **for the intentional** damage; **and** he pays **for** damage caused by **accident** just **as** he pays **for** damage caused **willingly.**

הָאי מִבְּעֵי לֵיהּ: לִיתֵּן צַעַר בִּמְקוֹם נֶזֶק! אִם כֵּן, לִכְתּוֹב קְרָא ״פֶּצַע בְּפֶצַע״, מַאי ״תַּחַת פֶּצַע״? שְׁמַע מִינַּהּ תַּרְתֵּי.

The Gemara asks: But **this** verse **is necessary** in order **to** indicate that one must **pay** compensation for **pain,** even **in a case** where he pays compensation for **damage**[N] caused by the injury. Consequently, it seems that that verse cannot also be the source of the principle derived by the school of Ḥizkiyya. The Gemara answers: **If** it is **so** that the superfluous phrase is intended to teach only that, then **let the verse write:** *Petza befatza,* which carries the same meaning. **What,** then, is meant by the superfluous word *taḥat* in the phrase *"petza taḥat patza"*? It indicates that we must **derive two** conclusions **from it:** That one is liable to pay for pain even in a case where he pays compensation for damage, and that he is liable for unintentional damage as he is for intentional damage, and for damage caused by accident as for damage caused willingly.

NOTES

Pain even in a case where he pays compensation for damage – צַעַר בִּמְקוֹם נֶזֶק: One might have thought that his liability to pay for pain experienced by the victim might exist only in a case where there are no other payments owed. To counter this, the superfluous language in the verse indicates that an assailant must pay compensation for the pain in addition to payment for the actual physical damage (see Rashi and *Tosafot*).

אָמַר רַבָּה: הָיְתָה אֶבֶן מוּנַּחַת לוֹ בְּחֵיקוֹ וְלֹא הִכִּיר בָּהּ, וְעָמַד וְנָפְלָה, לְעִנְיַן נְזָקִין – חַיָּיב, לְעִנְיַן אַרְבָּעָה דְּבָרִים – פָּטוּר, לְעִנְיַן שַׁבָּת – מְלֶאכֶת מַחֲשֶׁבֶת אָסְרָה תּוֹרָה, לְעִנְיַן גָּלוּת – פָּטוּר,

§ **Rabba says:** If **there was a stone lying in** one's **lap and** he **was unaware of it, and he arose and it fell** and caused damage, **with regard to damages** he is **liable** to pay the full cost of the damage caused by the stone. **With regard to the four types of indemnity,** he is **exempt. With regard to Shabbat,** if the falling stone caused him to violate one of the prohibited categories of labor; for example, if the stone fell from a private domain to the public domain, he is exempt. The reason is that **the Torah prohibited** only **planned,** constructive **labor**[B] on Shabbat, and he did not plan to perform this labor. **With regard to exile,** the punishment prescribed for one who unintentionally but negligently kills another, were this stone to kill someone he is **exempt,** as the incident is deemed accidental.

לְעִנְיַן עֶבֶד – פְּלוּגְתָּא דְּרַבָּן שִׁמְעוֹן בֶּן גַּמְלִיאֵל וְרַבָּנַן, דְּתַנְיָא: הֲרֵי שֶׁהָיָה רַבּוֹ רוֹפֵא, וְאָמַר לוֹ ״כְּחוֹל עֵינִי״ וְסִימְאָהּ, ״חֲתוֹר לִי שִׁינִּי״ וְהִפִּילָהּ – שִׂיחֵק בָּאָדוֹן וְיָצָא לְחֵירוּת,

With regard to a Canaanite **slave** whose tooth was destroyed or eye was blinded by the stone, potentially enabling the slave to earn his freedom (see Exodus 21:26–27), this is the subject of **a dispute between Rabban Shimon ben Gamliel and the Rabbis, as it is taught** in a *baraita* (*Tosefta* 9:25): **If the master was a doctor and** the slave **said to him: Paint** the lid of **my eye** in order to heal it,[B] **and** the master **blinded it** during the procedure, or if the slave requested from his master: **Scrape my tooth** in order to heal it, **and** the master **knocked out** the tooth while scraping it, the slave **has mocked the master, as he is emancipated** due to the act of the master himself.

רַבָּן שִׁמְעוֹן בֶּן גַּמְלִיאֵל אוֹמֵר: ״וְשִׁחֲתָהּ״ – עַד שֶׁיִּתְכַּוֵּין לְשַׁחֲתָהּ.

By contrast, **Rabban Shimon ben Gamliel says:** The slave is not emancipated in these cases because the verse states: **"And destroy it"** (Exodus 21:26), from which it is derived that the slave is emancipated **only** in a case **where** the master **intends to destroy** the eye or the tooth, but not if he intended to heal the slave. So too, in the case where a stone fell and accidentally blinded a slave's eye or knocked out his tooth, according to the Rabbis the slave would be emancipated and according to Rabban Shimon ben Gamliel he would not.

הִכִּיר בָּהּ וּשְׁכָחָהּ, וְעָמַד וְנָפְלָה, לְעִנְיַן נְזָקִין – חַיָּיב, לְעִנְיַן אַרְבָּעָה דְּבָרִים פָּטוּר, לְעִנְיַן גָּלוּת – חַיָּיב, דְּאָמַר קְרָא: ״בִּשְׁגָגָה״ – מִכְּלָל דַּהֲוָה לֵיהּ יְדִיעָה, וְהָא הֲוָיָא לֵיהּ יְדִיעָה. לְעִנְיַן שַׁבָּת – פָּטוּר, לְעִנְיַן עֶבֶד – פְּלוּגְתָּא דְּרַבָּן שִׁמְעוֹן בֶּן גַּמְלִיאֵל וְרַבָּנַן.

All of the above cases relate to situations where the individual did not know the stone was in his lap. If **he was** initially **aware of it but forgot about it and he arose and it fell, with regard to damages** he is certainly **liable,**[H] being that he is liable even if he was unaware of the stone. **With regard to the four types of indemnity,** here too he is **exempt,** as he did not intend to cause injury. **With regard to exile**[H] he is **liable, as the verse states:** "One who **unwittingly** strikes a person mortally" (Numbers 35:11), indicating **by inference that** the assailant **had** some previous **awareness, and** in this case **he was** in fact previously **aware** of the stone in his lap. The term "unwittingly" is employed to describe someone who possessed knowledge of the potential transgression then forgot about it. **With regard to Shabbat**[H] he is **exempt,** as this was not a planned, constructive labor. **With regard to a slave,**[H] **the** same **dispute between Rabban Shimon ben Gamliel and the Rabbis** applies.

BACKGROUND

Planned constructive labor – מְלֶאכֶת מַחֲשֶׁבֶת: A large proportion of the *halakhot* of Shabbat are derived from juxtaposing them with the instructions for the building of the Tabernacle (see Exodus 35:1–3ff). This teaches that the various forms of labor performed in the Tabernacle are those that are prohibited on Shabbat. The labor performed in order to construct the Tabernacle is referred to as "skillful workmanship" (Exodus 35:33), from which it is derived that the labors prohibited on Shabbat must be purposeful and constructive. Many fundamental *halakhot* of Shabbat observance involve this principle.

Paint the lid of my eye in order to heal it – כְּחוֹל עֵינִי: The material known in the Talmud as *kaḥol* was a blue substance containing antimony oxide. It was ordinarily used as a cosmetic, but it was sometimes also applied in order to heal various ailments of the eyes. Furthermore, there was a special brush known as *mikh'ḥol* which was used to apply the cosmetic to the eyes, and this brush was also used to apply various other remedies such as ointments and the like. It is obvious that applying substances to the eyelids is a very delicate procedure and an incorrect movement could cause injury or even blindness.

HALAKHA

With regard to damages he is liable – לְעִנְיַן נְזָקִין חַיָּיב: If one had a stone lying in his lap, whether he knew about it but forgot or whether he did not know about it at all, and he stood up and it fell and caused damage, he is liable for the damage. If it injured a person he exempt from paying the other four types of indemnity (Rambam *Sefer Nezikin, Hilkhot Ḥovel UMazik* 1:15; *Shulḥan Arukh, Ḥoshen Mishpat* 421:10).

With regard to exile – לְעִנְיַן גָּלוּת: If one had a stone lying in his lap and he was unaware of it and it fell out of his lap and killed someone, he is exempt from exile because this is close to an absolute accident (Rambam *Sefer Nezikin, Hilkhot Rotze'aḥ UShmirat HaNefesh* 6:14).

With regard to Shabbat – לְעִנְיַן שַׁבָּת: One who performs a labor on Shabbat which he did not intend to perform is exempt from liability, as the Torah prohibited only planned, constructive labor on Shabbat (Rambam *Sefer Zemanim, Hilkhot Shabbat* 1:9).

With regard to a slave – לְעִנְיַן עֶבֶד: If the owner of a Canaanite slave blinded his slave's eye inadvertently, without any intention of touching his eye, such as if he threw a rock at an animal and it accidentally blinded the slave's eye, the slave is not thereby emancipated. If he intended to make contact with the slave's eye, even if he did not intend to destroy it, such as in a case where the master was an eye doctor and he was attempting to treat his slave's eye and the slave was blinded by the treatment, the slave is emancipated. *Tosafot* and, according to the *Shakh*, the Rosh and the *Tur*, say that the Rabbis are of the opinion that intent is never required and the slave is emancipated in all cases (Rambam *Sefer Kinyan, Hilkhot Avadim* 5:11, 13; *Shulḥan Arukh, Yoreh De'a* 267:36).

נתכוין לזרוק שתים וזרק ארבע, לענין נזקין – חייב, לענין ארבעה דברים – פטור, לענין שבת – מלאכת מחשבת בעינן, לענין גלות – "אשר לא צדה" אמר רחמנא, פרט לנתכוין לזרוק שתים וזרק ארבע. לענין עבד – פלוגתא דרבן שמעון בן גמליאל ורבנן.

In a case where **he intended to throw** the stone, and he intended to throw it for a distance of only **two** cubits **but** instead he **threw** it a distance of **four** cubits, as it went farther than he wanted it to go, **with regard to damages**[H] he is **liable. With regard to the four types of indemnity** he is **exempt. With regard to Shabbat**[H] he is exempt, as **we require planned,** constructive **labor**[N] as a condition for liability. **With regard to exile**[H] he is liable, as **the Merciful One states** in the Torah: **"If a man lie not in wait"** (Exodus 21:13), which serves **to exclude** from the death penalty a situation where one **intended to throw** the stone for **two** cubits **but** he actually **threw** it for **four** cubits, as he did not intend to kill, so he is exiled. **With regard to a slave,**[H] the same **dispute between Rabban Shimon ben Gamliel and the Rabbis** applies.

נתכוין לזרוק ארבע וזרק שמנה, לענין נזקין – חייב, לענין ארבעה דברים – פטור. לענין שבת – באומר: כל מקום שתרצה תנוח – אין, אי לא – לא. לענין גלות – "אשר לא צדה", פרט לנתכוין לזרוק ארבע וזרק שמנה, לענין עבד – פלוגתא דרבן שמעון בן גמליאל ורבנן.

And if **he intended to throw** the stone **four** cubits **but** instead he **threw** it **eight** cubits, **with regard to damages**[H] he is **liable. With regard to the four types of indemnity** he is **exempt. With regard to Shabbat,**[H] **if he said** to himself when he threw the stone that he would be satisfied **wherever it may land,**[N] then **yes,** he is liable, as he intended to throw it a distance of four cubits, which is the minimum necessary to violate the prohibited labor of carrying in the public domain. **If** he did **not** throw the stone aimlessly but rather had selected a target that was eight cubits away, then he is **not** liable as he did not perform the precise planned, constructive labor that he had intended. **With regard to exile,** the Torah states: **"If a man lie not in wait"** (Exodus 21:13), which serves **to exclude** from the death penalty a situation where one **intended to throw** it **four** cubits **but** he actually **threw** it **eight** cubits, as he did not intend to kill, so he is exiled. **With regard to a slave,**[H] **the same dispute between Rabban Shimon ben Gamliel and the Rabbis** applies.

ואמר רבה: זרק כלי מראש הגג ובא אחר ושברו במקל – פטור, מאי טעמא? מנא תבירא תבר.

§ Since the Gemara cited Rabba's comments about various actions for which the perpetrator is liable with regard to certain matters but exempt with regard to others, the Gemara cites similar rulings: **And Rabba says:** If one **threw a vessel,** such as an earthenware jug, **from a roof and another came** along **and broke it**[H] **with a stick**[N] during its descent, the latter is **exempt** from liability. **What is the reason?** It is because **he broke a broken vessel,** meaning that once the vessel was thrown from the roof it was clear that it would be broken upon landing, and therefore it is considered as if it were already broken and the one who broke it while it was still in the air is not liable.

HALAKHA

He intended to throw two cubits but threw four, with regard to damage – **נתכוין לזרוק שתים וזרק ארבע לענין נזקין:** If one intended to throw a stone a distance of two cubits and it ultimately landed four cubits away and caused damage, he is liable to pay for the damage that was caused but he does not need to pay the four types of indemnity (Rambam *Sefer Nezikin, Hilkhot Ḥovel UMazik* 1:15; *Shulḥan Arukh, Ḥoshen Mishpat* 421:10).

He intended to throw two cubits but threw four…with regard to Shabbat – **נתכוין לזרוק שתים וזרק ארבע...לענין שבת:** If one intended to perform an action permitted on Shabbat but actually performed a prohibited action, e.g., he intended to throw an item a distance of two cubits within the public domain but he actually threw it four cubits, he is exempt, as he did not perform a planned, constructive labor (Rambam *Sefer Zemanim, Hilkhot Shabbat* 1:8).

He intended to throw two cubits but threw four…with regard to exile – **נתכוין לזרוק שתים וזרק ארבע...לענין גלות:** If one intended to throw a stone, or another item with the capacity to kill, a distance of two cubits but he actually threw it four cubits and killed someone, he cannot take refuge in one of the cities of refuge as his action was close to an intentional act (Rambam *Sefer Nezikin, Hilkhot Rotze'aḥ UShmirat HaNefesh* 6:10).

He intended to throw two cubits but threw four…with regard to a slave – **נתכוין לזרוק שתים וזרק ארבע...לענין עבד:** If one intended to throw a stone a distance of two cubits but he actually threw it four cubits and it hit and blinded his Canaanite slave, according to the Rambam the slave is not emancipated but according to *Tosafot* the slave is emancipated (Rambam *Sefer Kinyan, Hilkhot Avadim* 5:11; *Shulḥan Arukh, Yoreh De'a* 267:36).

He intended to throw four cubits but threw eight, with regard to damages – **נתכוין לזרוק ארבע וזרק שמנה לענין נזקין:** If one intended to throw an item a distance of four cubits and it went eight cubits and caused damage, he is liable to pay for the damage that was caused but he does not need to pay the four types of indemnity (Rambam *Sefer Nezikin, Hilkhot Ḥovel UMazik* 1:15; *Shulḥan Arukh, Ḥoshen Mishpat* 421:10).

He intended to throw four cubits but threw eight…with regard to Shabbat – **נתכוין לזרוק ארבע וזרק שמנה...לענין שבת:** If one intended to throw an item a distance of four cubits within the public domain on Shabbat and it came to rest eight cubits away, he is exempt. If he did not throw the item at a specific target and did not care where it landed, he is liable if it went four or more cubits (Rambam *Sefer Zemanim, Hilkhot Shabbat* 13:21).

He intended to throw four cubits but threw eight…with regard to a slave – **נתכוין לזרוק ארבע וזרק שמנה...לענין עבד:** If one intended to throw a stone a distance of four cubits and he threw it eight cubits and it hit and blinded his Canaanite slave, according to the Rambam the slave is not emancipated but according to *Tosafot* the slave is emancipated (Rambam *Sefer Kinyan, Hilkhot Avadim* 5:11; *Shulḥan Arukh, Yoreh De'a* 267:36).

One threw a vessel…and another came and broke it – **זרק כלי...ובא אחר ושברו:** If one threw a vessel off a roof and there were no cushions below to break its fall, and while the vessel was in the air someone else broke it, the one who threw the vessel is liable for the damage while the one who actually broke it is exempt. The *Shakh* writes that some authorities, including the Ba'al HaMaor and the Ritva, hold that both individuals are exempt, as in Rava's opinion (17b) there is uncertainty with regard to who should be held liable and the burden of proof rests upon the claimant (Rambam *Sefer Nezikin, Hilkhot Ḥovel UMazik* 7:12; *Shulḥan Arukh, Ḥoshen Mishpat* 386:4).

NOTES

With regard to Shabbat he is exempt, as we require planned, constructive labor – **לענין שבת מלאכת מחשבת בעינן:** Rabbeinu Yehonatan and other early authorities write that if he intended to throw the rock to a specific spot four cubits away, but believed that it was only two cubits away, this would be deemed planned, constructive labor. He would then be liable to bring a sin-offering, as he accomplished his objective.

Wherever it may land – **כל מקום שתרצה תנוח:** This *halakha* applies specifically in a case where he intended to throw the item four cubits and it went eight cubits, as although he did not accomplish exactly what he had intended, he nevertheless intended to perform a prohibited labor on Shabbat by throwing an item a distance of four cubits in the public domain. By contrast, if he had wanted to throw it two cubits and it went four cubits, since the act he intended to perform was not a prohibited labor he would be exempt. The Ra'avad is of the opinion that one who intended to throw an item eight cubits and it went only four cubits is also liable, as he intended to perform a prohibited labor.

And another came and broke it with a stick – **ובא אחר ושברו במקל:** Rashi and other halakhic authorities are of the opinion that Rabba's ruling exempts the one who broke the vessel with the stick because the vessel was essentially already broken. According to this understanding, the one who threw the vessel from the roof is liable. The Ra'avad and the Ramban are of the opinion that the one who threw the vessel is also exempt, as ultimately he did not break the vessel (see 17b).

וְאָמַר רַבָּה: זָרַק כְּלִי מֵרֹאשׁ הַגַּג וְהָיוּ תַּחְתָּיו כָּרִים אוֹ כְּסָתוֹת, בָּא אַחֵר וְסִלְּקָן אוֹ קָדַם וְסִלְּקָן – פָּטוּר, מַאי טַעֲמָא? בְּעִידָּנָא דְּשַׁדְיֵיהּ פְּסוּקֵי מִפַּסְקֵי גִּירֵיהּ.

And Rabba says: If one **threw a vessel from a roof and there were cushions or blankets below**[H] so that if the vessel would land on them it would not break, and then **another came and removed** the cushions or blankets, **or** if the individual who threw the vessel went quickly **before** it landed and **removed** the cushions or blankets himself, and as a result the vessel shattered, the one who threw the vessel is **exempt** from liability even though the vessel broke as a consequence of his actions. **What is the reason? At the time that he threw** the vessel, **his arrows were stopped,** i.e., what he did at the time he threw the vessel, which is an act comparable to the shooting of an arrow, did not have the capacity to break the vessel. Therefore, he is not viewed as having broken the vessel, and is exempt.

וְאָמַר רַבָּה: זָרַק תִּינוֹק מֵרֹאשׁ הַגַּג וּבָא אַחֵר וְקִבְּלוֹ בְּסַיִיף – פְּלוּגְתָּא דְּרַבִּי יְהוּדָה בֶּן בְּתֵירָא וְרַבָּנַן, דְּתַנְיָא: הִכּוּהוּ עֲשָׂרָה בְּנֵי אָדָם בַּעֲשָׂרָה מַקְלוֹת, בֵּין בְּבַת אַחַת בֵּין בְּזֶה אַחַר זֶה – כּוּלָּן

And Rabba says: If one **threw a child from a roof and another came** along **and impaled him on his sword** and the child died, the question of who is liable to receive the death penalty for killing the child is dependent upon **the dispute between Rabbi Yehuda ben Beteira and the Rabbis. As it is taught** in a *baraita*: If **ten people beat** a victim **with ten sticks,**[H] **whether** they did so **simultaneously or sequentially, they are all**

פְּטוּרִין. רַבִּי יְהוּדָה בֶּן בְּתֵירָא אוֹמֵר: בְּזֶה אַחַר זֶה – הָאַחֲרוֹן חַיָּיב, מִפְּנֵי שֶׁקֵּירֵב מִיתָתוֹ.

exempt,[N] as it is impossible to sentence any one of them to death since no one person killed the victim and there is no death penalty for partially killing a person. **Rabbi Yehuda ben Beteira says:** If they beat him **sequentially the last one** to beat him is **liable** for the death of the victim, **because he brought** the victim's **death closer.** So too, in this case, although the first one threw the child, the one to impale him on his sword was the one to hasten his death, and therefore according to Rabbi Yehuda ben Beteira he would be liable to receive the death penalty.

בָּא שׁוֹר וְקִבְּלוֹ בְּקַרְנָיו – פְּלוּגְתָּא דְּרַבִּי יִשְׁמָעֵאל בְּנוֹ שֶׁל יוֹחָנָן בֶּן בְּרוֹקָא וְרַבָּנַן, דְּתַנְיָא: ״וְנָתַן פִּדְיֹן נַפְשׁוֹ״ – דְּמֵי נִיזָּק, רַבִּי יִשְׁמָעֵאל בְּנוֹ שֶׁל רַבִּי יוֹחָנָן בֶּן בְּרוֹקָא אוֹמֵר: דְּמֵי מַזִּיק.

The Gemara discusses a similar scenario: If one threw a child from a roof and a forewarned **ox came** along **and impaled** the child **on its horns** and the child died, the question of whether or not the owner of the ox is liable to pay ransom is dependent upon **the dispute between Rabbi Yishmael, son of** Rabbi **Yoḥanan ben Beroka, and the Rabbis.**[N] **As it is taught** in a *baraita*: The verse: **"He shall give for the redemption of his life"** (Exodus 21:30), indicates that he must pay **the value of the injured** party,[H] i.e., the one who was killed. **Rabbi Yishmael, son of Rabbi Yoḥanan ben Beroka, says:** He must pay **the value of the one responsible for the damage.** Since the child that was thrown off the roof had no monetary value at the time he was gored by the ox, as it was as if he were already dead, the Rabbis would exempt the owner of the ox from paying ransom. According to Rabbi Yishmael, son of Rabbi Yoḥanan ben Beroka, the owner of the ox must pay his own value to the family of the victim.

HALAKHA

There were cushions or blankets below – הָיוּ תַּחְתָּיו כָּרִים אוֹ כְּסָתוֹת: The Rambam writes that if someone threw his own vessel off a roof and there were cushions below which would break the fall of the vessel and protect it from shattering, but someone else removed the cushions prior to the vessel's landing on them and it therefore hit the ground and shattered, the one who removed the cushions is liable for the damage. This is because the *halakha* does not follow the opinion of Rabba; one who causes indirect damage is in fact held liable. Alternatively, it is possible that even Rabba would agree in this case that the one who removed the cushions is liable for the damage.

By contrast, if someone threw another's vessel off the roof onto cushions, if the owner of the cushions removed them, the one who threw vessel is liable for the damage. If someone other than the owner of the cushions removed them, the one who threw the vessel and the one who removed the cushions share in paying for the damage (see Ra'avad and *Maggid Mishne*). The Rema writes that some commentaries (*Tur*, citing Rosh) say that removing the cushions is only indirect causation and therefore the one who removed them is always exempt, and the one who threw the vessel is likewise exempt, even if he was also the one to remove the cushions, as when he threw the vessel it was not going to break (Rambam *Sefer Nezikin, Hilkhot Ḥovel UMazik* 7:8; *Shulḥan Arukh, Ḥoshen Mishpat* 386:3).

If ten people beat a victim with ten sticks – הִכּוּהוּ עֲשָׂרָה בְּנֵי אָדָם בַּעֲשָׂרָה מַקְלוֹת: If ten people beat a victim with ten sticks and the victim dies, whether they beat him simultaneously or sequentially they all are exempt from the death penalty, in accordance with the opinion of the Rabbis (Rambam *Sefer Nezikin, Hilkhot Rotze'aḥ UShmirat HaNefesh* 4:6).

NOTES

Are…exempt – פְּטוּרִין: The dispute centers around the interpretation of the verse: "Who strikes any person mortally" (Leviticus 24:17), which, according to the Rabbis, indicates that one is subject to the death penalty only when he strikes and kills another by himself and not in conjunction with a partner. Rabbi Yehuda ben Beteira is of the opinion that the words "any person" indicate that if one was even partly responsible for taking the victim's life he is liable to receive the death penalty. Rabbeinu Ḥananel explains that in the present case, it is specifically the last one who is liable, since he actually hastened the child's death, while the one who threw the child from the roof is exempt.

The dispute between Rabbi Yishmael son of Rabbi Yoḥanan ben Beroka, and the Rabbis – פְּלוּגְתָּא דְּרַבִּי יִשְׁמָעֵאל בְּנוֹ שֶׁל יוֹחָנָן בֶּן בְּרוֹקָא וְרַבָּנַן: Rashi explains that according to the opinion that the ransom payment is assessed according to the value of the victim, the owner of the ox would be exempt in this case, as the child thrown off the roof had no monetary value at the time he was gored. According to the opinion that the payment is assessed according to the value of the one who caused the damage, the owner of the ox would have to pay.

Rabbeinu Ḥananel states that the opposite is the case. The fundamental dispute between the opinions concerning how the ransom payment is assessed depends on how it is defined. If it is a form of compensation, it is assessed according to the value of the victim. The child here presumably had some value before he was killed, so the man would be liable. If it serves to symbolically release the owner of the ox from being killed due to his negligence in killing a person by means of his ox, it is assessed according to the value of the owner of the ox. In this case, since even if he would have caught the child on a sword he would not be liable to receive the death penalty according to the Rabbis who disagree with Rabbi Yehuda ben Beteira, there would be no ransom paid for the action of his ox (see *Penei Yehoshua*, Rashash, and *Mitzpe Eitan*).

HALAKHA

The value of the injured party – דְּמֵי נִיזָּק: The ransom payment is the value of the victim, as assessed by the judges, in accordance with the opinion of the Rabbis (Rambam *Sefer Nezikin, Hilkhot Nizkei Mamon* 11:1).

וְאָמַר רַבָּה: נָפַל מֵרֹאשׁ הַגַּג וְנִתְקַע בְּאִשָּׁה – חַיָּיב בְּאַרְבָּעָה דְּבָרִים, וּבִיבִמְתּוֹ – לֹא קָנָה;

§ **Rabba says** another similar *halakha*: If a man **fell from a roof and** while falling **was inserted into a woman**[H] due to the force of the fall, but he did not have the intention to engage in sexual intercourse, he is **liable to pay the four types of indemnity. And if** this woman was **his *yevama*** waiting for him to perform levirate marriage, **he has not acquired** her[N] as his wife through this act of intercourse. This is true even though a levirate marriage is ordinarily effected through sexual intercourse, even if unintentional, i.e., if he thought she was someone else. Nevertheless, since in this case he did not intend to engage in intercourse at all, the levirate marriage is not effected.

חַיָּיב בְּנֶזֶק בְּצַעַר בְּרִיפּוּי בְּשֶׁבֶת. אֲבָל בֹּשֶׁת לֹא, דִּתְנַן: אֵינוֹ חַיָּיב עַל הַבֹּשֶׁת עַד שֶׁיְּהֵא מִתְכַּוֵּין.

The Gemara explains: What are the four types of indemnity that he is liable to pay? **He is liable** to pay **for the damage, for the pain, for the medical costs,** and **for the loss of livelihood. But** he is **not** liable to pay compensation for **humiliation, as we learned** in a mishna (86a): **One is not liable** to pay compensation **for humiliation unless he intends** to humiliate the injured party, and that was certainly not the case in this situation.

וְאָמַר רַבָּה: נָפַל מֵרֹאשׁ הַגַּג בְּרוּחַ שֶׁאֵינָהּ מְצוּיָה וְהִזִּיק וּבִיֵּישׁ – חַיָּיב עַל הַנֶּזֶק וּפָטוּר בְּאַרְבָּעָה דְּבָרִים. בְּרוּחַ מְצוּיָה וְהִזִּיק וּבִיֵּישׁ – חַיָּיב בְּאַרְבָּעָה דְּבָרִים וּפָטוּר עַל הַבֹּשֶׁת, וְאִם נִתְהַפֵּךְ – חַיָּיב אַף עַל הַבֹּשֶׁת,

And Rabba says another, similar *halakha*: If one **fell from a roof due to an atypical wind,**[B] such that it could not have been anticipated in advance that he would fall, **and** while falling **he caused damage**[H] **and humiliated** the injured party, he is **liable for the damage** but **exempt from** paying **the four types of indemnity,** as he did not intend to fall. If he fell **due to a typical wind and caused damage and humiliated** the injured party while falling, he is **liable to** pay **the four types of indemnity,** as his fall was caused by negligence. **But** he is nevertheless **exempt from** paying compensation for **humiliation,** as he did not intend to fall. **But if he tumbled**[N] while falling so he could fall on this person in order to protect himself from the impact with the ground, he is **liable** to pay compensation **for humiliation as well,** because although he did not intend to cause shame he did intend to land on the person.

דְּתַנְיָא: מִמַּשְׁמַע שֶׁנֶּאֱמַר ״וְשָׁלְחָה יָדָהּ״, אֵינִי יוֹדֵעַ שֶׁהֶחֱזִיקָה? מָה תַּלְמוּד לוֹמַר ״וְהֶחֱזִיקָה״? לוֹמַר לָךְ: כֵּיוָן שֶׁנִּתְכַּוֵּין לְהַזִּיק אַף עַל פִּי שֶׁלֹּא נִתְכַּוֵּין לְבַיֵּישׁ.

The *halakha* that one is exempt from paying compensation for humiliation unless he intended to strike his victim is **as it is taught** in a *baraita*: **From the fact that it is stated: "And she extended her hand"** (Deuteronomy 25:11), **do I not know that she took** hold of something? Consequently, **what** is the meaning when further on in **the verse it states: "And she took** him by his genitals"?[B] It is **to teach you that one who intends to cause damage, even if he does not intend to humiliate** the injured party, is nevertheless liable to pay compensation for humiliation.

וְאָמַר רַבָּה: הִנִּיחַ לוֹ גַּחֶלֶת עַל לִבּוֹ וָמֵת – פָּטוּר, עַל בִּגְדוֹ וְנִשְׂרַף – חַיָּיב.

And Rabba says: If one **placed** a hot **coal over another's heart**[H] **and** the latter was burnt and **died,** the one who placed the coal is **exempt** because the victim should have removed the coal from himself, and the one who placed it there did not need to assume that the victim might not remove it. If he placed the coal **on** the other's **garment and** the garment **was burnt,** he is **liable** to pay for the damage, as it is possible that the one whose garment was burnt thought to sue the one who placed the coal on his clothes for the cost of the garment, and that is why he did not bother to remove it.

HALAKHA

Fell from a roof and was inserted into a woman – נָפַל מֵרֹאשׁ הַגַּג וְנִתְקַע בְּאִשָּׁה: Even though a *yavam* enters into levirate marriage with his *yevama* through sexual intercourse, this is the *halakha* only in a case where he intended to engage in intercourse. If he did not have this intention, such as in a case of one who fell from a roof and was inserted into his *yevama* accidentally, he has not acquired her as his wife (Rambam *Sefer Nashim, Hilkhot Yibbum VaḤalitza* 2:4; *Shulḥan Arukh, Even HaEzer* 166:8).

Fell from a roof…and he caused damage – נָפַל מֵרֹאשׁ הַגַּג...וְהִזִּיק: One who fell from a roof due to an atypical wind and caused damage is liable to pay for the damage that he caused, but he is exempt from paying the other four types of indemnity. If he lost his balance from a typical wind, and then fell and caused damage, he is obligated to pay all types of indemnity other than humiliation. If he tumbled in order to intentionally land on the other person, he is liable to pay all five types of indemnity, including humiliation, as although he did not intend to humiliate the injured party, he intended to cause damage (Rambam *Sefer Nezikin, Hilkhot Ḥovel UMazik* 1:10; *Shulḥan Arukh, Ḥoshen Mishpat* 421:11).

He placed a coal over another's heart – הִנִּיחַ לוֹ גַּחֶלֶת עַל לִבּוֹ: If one placed a coal over another's heart and the latter was burned to death, he is exempt because he was under the impression that the victim would remove the coal. If he placed the coal on another's garment and the garment was burned he must pay for the damage (Rambam *Sefer Nezikin, Hilkhot Ḥovel UMazik* 4:22; *Shulḥan Arukh, Ḥoshen Mishpat* 418:18).

NOTES

And if this woman was his *yevama* he has not acquired her – וּבִיבִמְתּוֹ לֹא קָנָה: A *yavam* enters into levirate marriage with his *yevama* through sexual intercourse of any type and of any duration, and from the standpoint of Torah law there is no need for any act of betrothal beforehand. This is true whether he engaged in intercourse with her willingly or coercively, and it remains true whether or not he realized that she was his *yevama*. It is, however, necessary for him to have the intention of engaging in intercourse. In the case of one who was inserted into a woman accidentally during a fall from a roof, he had no intent to engage in intercourse, and therefore the levirate marriage is not effected. In spite of this, he is liable to pay for any damage that he caused, as he was negligent by not taking care to prevent himself from falling down.

He tumbled – נִתְהַפֵּךְ: In other words, in order to save himself from death by falling on a soft target, he maneuvered himself so he would fall on another person. Even though he did not have the intent to purposefully harm this person, he did intend to land on him.

Rav Shlomo Luria interprets the Gemara differently. He infers from the language of the text that the case discussed is one in which he intends to harm another person, but if he merely intended to save himself he is exempt from paying compensation for the humiliation (Rashash).

BACKGROUND

Atypical wind – רוּחַ שֶׁאֵינָהּ מְצוּיָה: A fresh gale, classified as number eight on the Beaufort Wind Scale, with winds of 61.8 to 74.6 km per hour, would be of sufficient force to knock a person over. Moreover, tornadoes are also capable of lifting a person up and knocking him down. In such a situation, the person who fell did not intend to cause damage and could not have prevented it, and therefore he is not required to pay the four types of indemnity. If the wind is not an atypical wind one is capable of preventing himself from falling, and if he did fall and cause damage to others he is considered liable for negligent behavior. Therefore, even though he did not intend to cause damage, he must pay all the types of indemnity other than humiliation, for which he is liable only if he intended to cause damage (Meiri).

She took him by his genitals – הֶחֱזִיקָה: The Torah (Deuteronomy 25:11) describes a situation where a woman intervened in a dispute between her husband and another man and took hold of the other's genitals. The woman intended only to save her husband from his pursuer, but she is still liable for the humiliation caused to him since she knew that her action could cause him damage as well as humiliation.

אֲמַר רָבָא: תַּרְוַיְיהוּ תְּנָנְהִי; עַל לִבּוֹ, דִּתְנַן: כָּבַשׁ עָלָיו לְתוֹךְ הָאוּר אוֹ לְתוֹךְ הַמַּיִם, וְאֵינוֹ יָכוֹל לַעֲלוֹת מִשָּׁם וּמֵת – חַיָּיב, דְּחָפוֹ לְתוֹךְ הָאוּר אוֹ לְתוֹךְ הַמַּיִם, וְיָכוֹל לַעֲלוֹת מִשָּׁם וּמֵת – פָּטוּר;

Rava said: We have learned both of these rulings through intimation in *mishnayot* elsewhere. With regard to the case of the coal placed **over his heart,** the *halakha* is **as we learned** in a mishna (*Sanhedrin* 76b): If one **held another in a fire**[H] **or in water, and** the victim **is unable to extricate himself from there and he dies** as a result, the one who attacked him is **liable** to receive the death penalty as a murderer. If he **pushed him into fire or into the water, and** the victim **is able to extricate himself from there but he dies** anyway, the one who attacked him is **exempt** from the death penalty. The case of one who places a coal on another's chest is similar to the one where he pushes the victim into the fire or the water in a situation where the victim has the ability to escape.

בִּגְדוֹ, דִּתְנַן: "קְרַע אֶת כְּסוּתִי", "שַׁבֵּר אֶת כַּדִּי" – חַיָּיב, "עַל מְנָת לִפְטוֹר" – פָּטוּר.

With regard to the case of one who placed a coal on **the garment** of another, it is **as we learned** in a mishna (92a): If one said to another: **Tear my garment,** or: **Break my jug,**[H] and the other person does so, the latter is **liable** for the damage. But if one said to another: Tear my garment **on the condition that** you will be **exempt** from all liability, he is **exempt.** It is therefore clear that even when one is granted permission by the owner of an item to damage it, that does not grant him an exemption from liability for the damage caused unless that exemption was stated explicitly. Consequently, in a case where the owner did not grant permission, the one who caused the damage is certainly liable.

בָּעֵי רַבָּה: הִנִּיחַ גַּחֶלֶת עַל לֵב עַבְדּוֹ, מַהוּ? כְּגוּפוֹ דָּמֵי אוֹ כְּמָמוֹנוֹ דָּמֵי? אִם תִּמְצָא לוֹמַר כְּגוּפוֹ דָּמֵי, שׁוֹרוֹ מַהוּ?

Rabba raises a dilemma in summation of this discussion: If **he placed a coal over the heart of** another's Canaanite **slave** and the slave died as a result, **what is** the *halakha*? Is the body of the slave **comparable to the body** of any other person and therefore the assailant would be exempt from liability, **or** is it **comparable to** other **property** owned by the master and therefore the assailant would be liable? Furthermore, **if you say** that the body of the slave is **comparable to the body** of any ordinary person, as the slave had the ability to remove the coal from himself and therefore the assailant would be exempt, **what is** the *halakha* in a case where he placed the coal on the other's **ox?**

הֲדַר פַּשְׁטַהּ: עַבְדּוֹ כְּגוּפוֹ, שׁוֹרוֹ כְּמָמוֹנוֹ.

After raising the dilemma Rabba **then resolves it:** The body of **the slave is comparable to the body** of any other person, as the slave possesses an intellect and should have the sense to remove the coal from himself, whereas **the ox is comparable to** other **property.**[H]

הדרן עלך כיצד הרגל

HALAKHA

Held another in a fire – **כָּבַשׁ עָלָיו לְתוֹךְ הָאוּר**: If one pushes another into fire or water and the latter dies, if it is determined that the victim was able to extricate himself the attacker is exempt. If he was unable to extricate himself the attacker is liable to receive the death penalty. Similarly, if the assailant pushed the victim into fire or water and held him in the fire or forced him under the water so that the victim could not escape and he died, the assailant is liable (Rambam *Sefer Nezikin, Hilkhot Rotze'aḥ UShmirat HaNefesh* 3:9).

Tear my garment or break my jug – **קְרַע אֶת כְּסוּתִי, שַׁבֵּר אֶת כַּדִּי**: If one individual instructed another to tear his garment or break his jug, and he stipulated that the other would be exempt from liability, the latter is exempt. If he did not stipulate this condition, even if he allowed the other to damage his property, the one who caused the damage is liable to pay (Rambam *Sefer Nezikin, Hilkhot Ḥovel UMazik* 5:11; *Shulḥan Arukh, Ḥoshen Mishpat* 380:1).

The body of the slave is comparable to the body of any other person, the ox is comparable to other property – **עַבְדּוֹ כְּגוּפוֹ שׁוֹרוֹ כְּמָמוֹנוֹ**: If one placed a coal over the heart of another's Canaanite slave and he died, or if he pushed another's slave into the sea and he did not resurface, the assailant is exempt from liability. If he did the same thing to another's animal he would be liable. The Rema writes that some say this is only in a case where the animal was bound (Rambam *Sefer Nezikin, Hilkhot Ḥovel UMazik* 4:22; *Shulḥan Arukh, Ḥoshen Mishpat* 383:1, 418:18).

Summary of **Perek II**

This chapter discussed the details of several primary categories of damage for which an animal is deemed forewarned from the start.

In the preceding chapter it was stated that for Trampling an animal is automatically deemed forewarned, and therefore one must always pay the full cost of the damage classified as Trampling. In this chapter it was clarified that the category of Trampling includes damage caused by the body of an animal moving about in its typical manner. This, therefore, includes not only objects trampled underfoot but also damage caused by any other body parts, including damage caused by an animal's feet and a bird's wings. If the animal was jumping in an atypical manner this is not classified as Trampling but rather as Goring, and therefore the owner must pay for only half the cost of the damage.

Trampling includes only the damage caused directly by the body of the animal or by articles tied to the body of the animal, even loosely. Nevertheless, if an animal propels debris as it walks, and these flying objects strike other things and cause damage, this constitutes the unique category of pebbles, according to which the owner of the animal must pay for only half the cost of the damage. This category also includes damage caused by wind stirred up by a bird flapping its wings.

Eating is another category of damage for which an animal is automatically deemed forewarned, but this applies only if the animal ate an item that it normally eats and did so in an ordinary manner. If an animal eats something which it does not typically consume, such as clothing, or if it eats items in an atypical manner, this is considered a situation where the animal intended to cause damage and the owner is liable to pay only half the cost of the damage.

If the animal caused damage on its way to get to the food, if it acted in its typical manner the owner must pay the full cost of the damage, in accordance with the *halakhot* of Eating. Furthermore, in a case where an animal ate something in an ordinary manner but indirectly caused greater damage in the process, such as the case of a dog that took a cake that had been baked on coals, and in doing so caused a stack of grain to catch on fire and be burned, the *halakha* then differentiates between the two aspects: He must pay the full cost of the damage to the cake in accordance with the *halakhot* of Eating, but he must pay for the damage to the stack of grain in accordance with the relevant category, which could be either Fire or pebbles.

It was further explained that while one is exempt from paying in a case of Eating in a public domain, the owner does need to reimburse the injured party for the benefit the animal derived. It was also clarified that if the damage was caused in an atypical manner, he would have to pay for a case of Eating in a public domain, albeit for only half the cost of the damage.

Rabbi Tarfon is of the opinion that an animal that causes damage by goring within the domain of the injured party is deemed forewarned, and therefore the owner is liable to pay the full cost of the damage. This, however, is not the final ruling; the *halakha* maintains the distinction between an innocuous and a forewarned animal in all cases of Goring, including damage caused on the private property of the injured party.

It was also determined that with regard to Goring, an animal can be classified as forewarned if it intentionally caused damage three times at fixed intervals, provided that following each incident witnesses came and testified, issuing warnings to the owner in court. As long as a warning has not been issued the animal remains classified as innocuous, and its owner must pay for only half the cost of the damage it caused. Furthermore, even an animal that was classified as forewarned can revert to innocuous status if experience demonstrates that it no longer poses a threat, such as if children petted it and it did not gore them.

A person who causes damage with his body is always deemed forewarned, regardless of whether he caused this damage with intent and awareness or without intent and awareness. In all such cases he is obligated to pay the full cost of the damage. The only case in which one is exempt from liability is a case in which he had absolutely no control over the situation or ability to prevent the accident.

The obligation to fully compensate the injured party applies only to the actual damage; the other punishments and fines imposed upon a person who injures another person are somewhat dependent on the intention of the assailant, and there can therefore be situations in which the assailant does not have to make the additional payments.

In addition to the above topics, this chapter also included a number of tangential discussions. In conjunction with the obligation to reimburse the injured party for the benefit derived by one's animal from eating another's produce in the public domain, the Gemara discussed the broader topic known as: This one benefits and that one does not suffer a loss. The conclusion is that if one does not suffer any loss whatsoever he cannot demand payment from another who derived benefit from his property.

The Gemara also discussed the question of liability for damage classified as Fire: Is this similar to the damage caused by arrows that one shot, meaning it is as if he caused the damage directly with his hands, or is Fire similar to damage caused by one's possessions? The conclusion is that the one who ignited the fire is responsible on account of both aspects.

Introduction to **Perek III**

In continuation of the discussion in the previous chapter with regard to one's liability in directly causing damage to another, this chapter discusses two types of situations.

The first concerns one who creates an obstacle in the public domain or one who becomes an obstacle himself. A central element of this analysis is whether all obstacles are judged under the category of Pit, or whether certain obstacles are treated differently. One fundamental question is whether or not one is responsible for an obstacle he creates unintentionally or due to circumstances beyond his control.

The second situation concerns a case where two people collide and one causes injury to the other. The liability in this case depends on the answer to several questions: To what degree must one take precautions so as not to cause injury or damage to others? Is one who is sufficiently careful exempt from liability for any damage he causes? Is a pedestrian obligated to watch for obstacles in the road?

The Gemara then examines how damages are calculated in a situation of mutual injury caused between two people, between a person and an animal, or between two animals that collide. With regard to injury caused by an animal, a major factor in calculating payment for damage is whether the animal is innocuous or forewarned. Subsequently, the chapter compares one's liability for damage he himself causes with damage his animal causes. Last, the chapter describes what happens in a situation where an animal causes an injury, and its identity is uncertain or disputed.

In many of these discussions, the Gemara examines the practical *halakha* through analyzing relevant verses and exploring the underlying concepts involved, specifically in relation to the primary categories of Pit and Goring.

מתני׳ הַמַּנִּיחַ אֶת הַכַּד בִּרְשׁוּת הָרַבִּים, וּבָא אַחֵר וְנִתְקַל בָּהּ וּשְׁבָרָהּ – פָּטוּר, וְאִם הוּזַּק בָּהּ – בַּעַל הֶחָבִית חַיָּיב בְּנִזְקוֹ.

MISHNA In the case of **one who places a *kad*,**[H] a type of vessel, **in the public domain and another** person **comes and stumbles on it and breaks it,** the other person is **exempt** from paying for what he broke. **And if** the one who stumbled **incurred damaged by it, the owner of the *ḥavit*,**[B] a type of vessel, **is liable** to pay restitution **for his damage.**

גמ׳ פָּתַח בְּכַד וְסַיֵּים בְּחָבִית!

GEMARA The mishna **began** its presentation of the case **in reference to a *kad*,** stating: In the case of one who places a *kad*, **and ended** it **in** reference to **a *ḥavit*,** stating: The owner of the *ḥavit* is liable.

וּתְנַן נָמֵי: זֶה בָּא בַּחֲבִיתוֹ וְזֶה בָּא בְּקוֹרָתוֹ, נִשְׁבְּרָה כַּדּוֹ שֶׁל זֶה בְּקוֹרָתוֹ שֶׁל זֶה – פָּטוּר; פָּתַח בְּחָבִית וְסַיֵּים בְּכַד!

And we learned this interchanging of the words *kad* and *ḥavit* in a mishna (31b) **as well:** If two people were walking down the street, **this one coming with his *ḥavit* and that one coming with his** cross **beam,** and **this one's *kad* was broken by that one's** cross **beam,** the one holding the beam is **exempt.** Here too the mishna changed its wording, as it **began** its statement **in** reference to **a *ḥavit*** and **ended** it **in** reference to **a *kad*.**

וּתְנַן נָמֵי: זֶה בָּא בַּחֲבִיתוֹ שֶׁל יַיִן וְזֶה בָּא בְּכַדּוֹ שֶׁל דְּבַשׁ, נִסְדְּקָה חָבִית שֶׁל דְּבַשׁ וְשָׁפַךְ זֶה יֵינוֹ וְהִצִּיל אֶת הַדְּבַשׁ לְתוֹכוֹ – אֵין לוֹ אֶלָּא שְׂכָרוֹ; פָּתַח בְּכַד וְסַיֵּים בְּחָבִית!

And we learned this in another mishna (115a) **as well: If this** person **came with his *ḥavit* of wine**[HN] **and that** person **came with his *kad* of honey,** and **the *ḥavit* of honey,** which is more valuable, **cracked,**[H] **and this** person **poured out his wine and saved the honey** by collecting it **into** his vessel, **he** receives **reimbursement only** for his trouble, and he cannot claim the value of the wine that he poured out since the owner of the honey did not tell him to do so. Here too the mishna changed its wording, as it **began** its statement **in** reference to **a *kad*** of honey **and ended** it **in** reference to **a *ḥavit*** of honey.

אָמַר רַב פָּפָּא: הַיְינוּ כַּד הַיְינוּ חָבִית. לְמַאי נָפְקָא מִינַּהּ? לְמִקָּח וּמִמְכָּר.

Rav Pappa said: These examples show that **a *kad* is** the same as **a *ḥavit*,** and the two words are used interchangeably. **With regard to what** does this make **a difference?** This makes a difference **for buying and selling.**[N] If a customer asks for a *ḥavit*, intending a large vessel, and the seller gives him a *kad*, which is a smaller vessel, the buyer cannot claim that he did not receive the item he asked for.

הֵיכִי דָמֵי? אִילֵימָא בְּאַתְרָא דְּכַדָּא לָא קָרוּ חָבִית, וְחָבִית לָא קָרוּ כַּדָּא, הָא לָא קָרוּ לַהּ!

The Gemara asks: **What are the circumstances** where this is relevant? **If we say** that it is **with regard to a locale where** people **do not refer to a *kad* as a *ḥavit*, nor do they refer to a *ḥavit* as a *kad*,** and a *ḥavit* is understood to be referring to a larger vessel, clearly one who asks for a *ḥavit* does not wish to buy a *kad*, as people **do not call it** that.

לָא צְרִיכָא, דְּרוּבָּא קָרוּ לַהּ לְכַדָּא כַּדָּא וּלְחָבִיתָא חָבִיתָא, וְאִיכָּא נָמֵי דְּקָרוּ לְחָבִיתָא כַּדָּא וּלְכַדָּא חָבִיתָא; מַהוּ דְּתֵימָא: זִיל בָּתַר רוּבָּא,

The Gemara answers: **No,** it is **necessary** to teach that they are equivalent terms with regard to a locale **where most** people **call a *kad* a *kad* and a *ḥavit* a *ḥavit*,** i.e., most people use the term *kad* for the smaller vessel and the term *ḥavit* for the larger one, **and there are also** those **who call a *ḥavit* a *kad* and a *kad* a *ḥavit*,** not distinguishing between the two terms. **Lest you say** that the *halakha* **follows the majority** and the seller and the buyer must accept this distinction,

HALAKHA

One who places a *kad* – הַמַּנִּיחַ אֶת הַכַּד: If one places a jug in the public domain, and another person stumbles on it and breaks it, the other person is exempt. If the one who stumbled is damaged by it, the one who placed the jug there is liable to pay compensation (Rambam *Sefer Nezikin, Hilkhot Nizkei Mamon* 13:5; *Shulḥan Arukh, Ḥoshen Mishpat* 412:1).

If this person came with his *ḥavit* of wine – זֶה בָּא בַּחֲבִיתוֹ שֶׁל יַיִן: If two people are walking in the public domain, one with a barrel and one with a cross beam, and they collide with one another, breaking the barrel, the owner of the cross beam is exempt from paying for the cost of the wine-filled barrel since they both have the right to walk in the public domain (*Shulḥan Arukh, Ḥoshen Mishpat* 379:1, and see *Sma*).

The *ḥavit* of honey cracked – נִסְדְּקָה חָבִית שֶׁל דְּבַשׁ: If two people are walking along the road, one carrying a barrel of wine and the other carrying a jug of honey, and the jug of honey cracks, if the owner of the wine pours out his wine to save the honey in the other man's barrel, he is entitled to be reimbursed only for his trouble. If he stipulates with him in advance that if he saves the honey he will be compensated for the value of the wine, or if had stipulated this before the court, the owner of the honey must compensate him (Rambam *Sefer Nezikin, Hilkhot Gezeila VaAveda* 12:5; *Shulḥan Arukh, Ḥoshen Mishpat* 264:5).

BACKGROUND

A *kad* and a *ḥavit* – כַּד וְחָבִית: As elaborated in the Gemara, the terms *kad* and *ḥavit* were not completely distinct from each other and at times were interchanged. These words were used for large clay vessels ordinarily used to hold liquids such as wine or oil. Still, wherever a distinction was made between the two, a *kad* was generally a smaller vessel and a *ḥavit* a larger one.

NOTES

This person came with his *ḥavit* of wine – זֶה בָּא בַּחֲבִיתוֹ שֶׁל יַיִן: The Meiri writes that although the Sages instituted an ordinance requiring one to pour out his wine to save another's honey (see 81b), this ordinance applies only in a case where the owner of the honey requests of the owner of the wine to do so. In a case where the owner of the wine saved the honey on his own initiative, the owner of the honey is obligated to reimburse him only for his effort, unless the owner of the wine specifically asked him ahead of time whether he would compensate him for the wine and he consented.

For buying and selling – לְמִקָּח וּמִמְכָּר: *Tosafot* explain that since the terms are not unequivocal, whoever has possession of the money has the upper hand. Accordingly, if the buyer has paid for the vessel, the seller can force him to take the smaller one, but if the buyer has not yet paid, the buyer can insist upon receiving the larger one before paying. They also raise the following question: Since the dispute between the buyer and seller is with regard to whether the agreement was concerning a larger or smaller vessel, why not evaluate if the agreed-upon price accords with the market value of a larger or smaller vessel? The early commentaries answer that market prices have a range, and the difference in price between the two types of vessels is not significant enough to clearly establish what the agreement had been.

קָא מַשְׁמַע לָן דְּאֵין הוֹלְכִין בְּמָמוֹן אַחַר הָרוֹב.

the mishna **teaches us that** the court **does not follow the majority with regard to monetary matters,** and in cases of uncertainty the burden of proof rests upon the claimant.

״וּבָא אַחֵר וְנִתְקַל בָּהּ וּשְׁבָרָהּ פָּטוּר״. אַמַּאי פָּטוּר? אִיבָּעֵי לֵיהּ לְעַיּוּנֵי וּמֵיזַל!

§ The mishna teaches concerning the vessel placed in the public domain: If **another** person **came and stumbled on it and broke it,** he is **exempt.** The Gemara asks: **Why is he exempt?** Although this happened in the public domain, **he should examine** the road **and** then continue **walking.**

אָמְרִי דְּבֵי רַב מִשְּׁמֵיהּ דְּרַב: בִּמְמַלֵּא רְשׁוּת הָרַבִּים כּוּלָּהּ חָבִיּוֹת; שְׁמוּאֵל אָמַר: בַּאֲפֵילָה שָׁנוּ; רַבִּי יוֹחָנָן אָמַר: בְּקֶרֶן זָוִית.

The Sages of the **school of Rav said in the name of Rav:** The ruling of the mishna is taught **with regard to** one who placed not just one barrel in the road, but rather **filled the entire public domain with barrels,** blocking the path. Since the public domain belongs to everyone, a pedestrian is entitled to traverse the road even if it necessitates breaking the vessels. **Shmuel says:** The ruling of the mishna is **taught with regard to** a case where he broke it in **the dark.** Therefore, he could not have avoided breaking the barrel by examining the road in front of him. **Rabbi Yoḥanan says:** The ruling of the mishna is **taught with regard to** a case where the barrel was placed at **the corner** of the road, and so the pedestrian could not have seen it, as he rounded the corner, before stumbling on it.

אֲמַר רַב פַּפָּא: לָא דַּיְקָא מַתְנִיתִין אֶלָּא אוֹ כִּשְׁמוּאֵל אוֹ כְּרַבִּי יוֹחָנָן, דְּאִי כְּרַב, מַאי אִרְיָא נִתְקַל? אֲפִילּוּ שָׁבַר נַמִּי!

Rav Pappa said: The mishna is precise only according to either the explanation of **Shmuel or** that of **Rabbi Yoḥanan,** but not that of Rav. **As, if** the mishna is explained **in accordance with** the explanation of **Rav, what** is the reason it refers **specifically** to a case where one **stumbled** on the barrel? **Even if he broke** the barrel intentionally he should not be liable to pay, as the owner of the barrel had no right to block the public road.

אֲמַר רַב זְבִיד מִשְּׁמֵיהּ דְּרָבָא: הוּא הַדִּין דַּאֲפִילּוּ שָׁבַר. וְהַאי דְּקָתָנֵי ״נִתְקַל״ – אַיְּידֵי דְּבָעֵי לְמִתְנֵי סֵיפָא: וְאִם הוּזַּק בָּהּ בַּעַל חָבִית חַיָּיב בְּנִזְקוֹ, דַּוְקָא נִתְקַל, אֲבָל שָׁבַר לָא, מַאי טַעְמָא? הוּא דְּאַזֵּיק אַנַּפְשֵׁיהּ – קָתָנֵי רֵישָׁא ״נִתְקַל״.

Rav Zevid said in the name of Rava in defense of Rav's explanation: **The same is true even if he broke** the barrel intentionally. **And** as for **this** fact, **that** the *tanna* of the mishna **teaches** a case where **he stumbled,** it is **because he wants to teach** in **the last clause: And if he incurred damage due to** the vessel,[H] **the owner of the** ***ḥavit*** **is liable** to pay **for his damage. As** this ruling applies **specifically when he stumbled, but** if **he broke** the barrel intentionally and incurred damage in the process, the owner of the barrel is **not** required to compensate him. **What is the reason** for this? Although the pedestrian had the right to break the barrel, **it is he who damaged himself,** by not being careful while breaking it. Therefore, in **the first clause** the mishna **teaches** a case where **he stumbled.** Accordingly, the mishna's wording is precise according to Rav's explanation as well.

אֲמַר לֵיהּ רַבִּי אַבָּא לְרַב אַשִׁי, הָכִי אָמְרִי בְּמַעַרְבָא מִשְּׁמֵיהּ דְּרַבִּי עוּלָּא: לְפִי שֶׁאֵין דַּרְכָּן שֶׁל בְּנֵי אָדָם לְהִתְבּוֹנֵן בִּדְרָכִים.

Rabbi Abba said to Rav Ashi that **this is what they say in the West,** Eretz Yisrael, **in the name of Rabbi Ulla,** in explanation of the mishna: Even if the barrel is clearly visible, one who stumbles on it is exempt from liability **because the** typical **manner of people is not**[H] **to examine the roads,** as they assume that the road is unobstructed. Therefore, one who breaks an item placed in the road as a result of not watching is not liable to pay restitution.

הֲוָה עוּבְדָּא בִּנְהַרְדְּעָא וְחַיֵּיב שְׁמוּאֵל, בְּפוּמְבְּדִיתָא – וְחַיֵּיב רָבָא.

The Gemara relates: **There was an incident in Neharde'a** where a pedestrian stumbled on a jug in an open area and broke it, **and Shmuel deemed him liable** to pay for the damage. A similar incident took place **in Pumbedita, and Rava deemed** the person **liable** to pay.

בִּשְׁלָמָא שְׁמוּאֵל – כִּשְׁמַעְתֵּיהּ. אֶלָּא רָבָא, לֵימָא כִּשְׁמוּאֵל סְבִירָא לֵיהּ?

The Gemara asks: **Granted, Shmuel** ruled **in accordance with his halakhic** opinion that the exemption stated in the mishna refers specifically to a case where one stumbles in the dark, as otherwise he is liable for breaking the barrel, since he should have examined the road. **But** with regard to **Rava, shall we say that he holds in accordance with Shmuel's** opinion that one who breaks an item in the public domain is exempt from paying for it only if it was dark?

HALAKHA

And if he incurred damage due to the vessel – וְאִם הוּזַּק בָּהּ: If one fills the road with barrels in a manner that makes it impossible to pass and a pedestrian breaks a barrel while trying to traverse the road, he is exempt. If the pedestrian is injured in the process, the owner of the barrel is exempt, since the pedestrian caused the damage to himself (Rambam *Sefer Nezikin, Hilkhot Nizkei Mamon* 13:6; *Shulḥan Arukh, Ḥoshen Mishpat* 412:2).

Because the typical manner of people is not, etc. – לְפִי שֶׁאֵין דַּרְכָּן שֶׁל בְּנֵי אָדָם וכו׳: If one places his barrel in the public domain and another person stumbles on it and breaks it, that person is exempt. Moreover, if the pedestrian is injured, the owner of the barrel is liable to pay damages, since it is not the typical manner of people to look down at the road while walking. This applies during the day as well, in accordance with the opinion of Rabbi Abba in the name of Ulla (Rambam *Sefer Nezikin, Hilkhot Nizkei Mamon* 13:5; *Shulḥan Arukh, Ḥoshen Mishpat* 412:1).

אֲמַר רַב פַּפָּא: קַרְנָא דְּעָצְרָא הֲוַי, דְּכֵיוָן דְּבִרְשׁוּת קָעָבְדִי – אִיבָּעֵי לֵיהּ לְעַיּוּנֵי וּמֵיזַל.

Rav Pappa said: That inference is not necessary, as this incident was at **the corner where** there was an olive **press** [*de'atzera*],[LH] where it is known that people put their jugs down while waiting for oil. Consequently, **since they were acting with permission,** a pedestrian **should examine** the road **and** then continue **walking.**

שְׁלַח לֵיהּ רַב חִסְדָּא לְרַב נַחְמָן, הֲרֵי אָמְרוּ: לִרְכוּבָה – שָׁלֹשׁ, וְלִבְעִיטָה – חָמֵשׁ, וְלִסְנוֹקֶרֶת – שְׁלֹשׁ עֶשְׂרֵה; לְפַנְדָּא דְּמָרָא וּלְקוּפִינָא דְּמָרָא מַאי?

§ **Rav Ḥisda sent** the following question **to Rav Naḥman:** The Sages **said** that when one strikes another, humiliating him, the judges determine liability according to the following formula: **For kneeing** [*rekhuva*][L] him, he must pay **three**[H] *sela*; **for kicking, five;** and **for punching** [*velisnokeret*][LN] him, **thirteen.** The Gemara asks: If so, for hitting him with **the handle of a hoe** [*demara*][LN] **and** for hitting him with **the top** [*ulkofina*][L] **of a hoe, what** amount is one liable to pay him?

שְׁלַח לֵיהּ: חִסְדָּא, חִסְדָּא, קְנָסָא קָא מַגְבֵּית בְּבָבֶל?! אֵימָא לִי גּוּפָא דְּעוּבְדָא הֵיכִי הֲוָה?

Rav Naḥman **sent him** the following response: **Ḥisda, Ḥisda, are you collecting a fine**[N] for humiliation **in Babylonia,**[H] where judges are not authorized to collect fines? **Tell me how the incident itself** transpired.

שְׁלַח לֵיהּ: דְּהַהוּא גַּרְגּוּתָא דְּבֵי תְּרֵי דְּכָל יוֹמָא הֲוָה דָּלֵי חַד מִנַּיְיהוּ, אֲתָא חַד קָא דָלֵי בְּיוֹמָא דְּלָא דִּילֵיהּ, אֲמַר לֵיהּ: יוֹמָא דִּידִי הוּא! לָא אַשְׁגַּח בֵּיהּ, שְׁקַל פַּנְדָּא דְּמָרָא מַחְיֵיהּ.

Rav Ḥisda **sent him** in response: There is **a certain cistern belonging to two** people whose arrangement was to alternate its use so **that every day one of them would draw** from it in turn. It happened that **one of them came and was drawing** water **on a day that was not his** turn. His co-owner **said to him: This is my day** to draw, not yours. His colleague **did not pay attention to him.** The person whose turn it was therefore **took the handle of a hoe** and **struck** the person who was stealing his water, who then sued for damages.

אֲמַר לֵיהּ: מֵאָה פַּנְדֵּי בְּפַנְדָּא לְמַחְיֵיהּ! אֲפִילּוּ לְמַאן דְּאָמַר לָא עָבֵיד אִינִישׁ דִּינָא לְנַפְשֵׁיהּ, בִּמְקוֹם פְּסֵידָא עָבֵיד אִינִישׁ דִּינָא לְנַפְשֵׁיהּ.

Rav Naḥman **said to him:** In that case, he was right to do so, and he **should** have **hit him** even **a hundred times with the hoe. Even according to the one who says** that **a person may not take justice into his own** hands but should go to court, in a case **where** there would be **a loss** involved if no immediate action is taken, **a person may take justice into his own** hands.[H]

דְּאִתְּמַר, רַב יְהוּדָה אָמַר: לָא עָבֵיד אִינִישׁ דִּינָא לְנַפְשֵׁיהּ, רַב נַחְמָן אָמַר: עָבֵיד אִינִישׁ דִּינָא לְנַפְשֵׁיהּ.

This is **as it was stated,** that **Rav Yehuda says: A person may not take justice into his own** hands, whereas **Rav Naḥman says: A person may take justice into his own** hands.

LANGUAGE

The corner where there was an olive press [*karna de'atzera*] – קַרְנָא דְּעָצְרָא: An *atzera* is a place where fruit is squeezed. Rashi explains that is referring to an oil press, whereas the Aramaic translations of this word in the Bible (see Numbers 18:27) use the term in reference to a place where grapes are squeezed. Customers would bring their jugs to the *atzera* to carry the wine or oil home.

Kneeing [*rekhuva*] – רְכוּבָה: This word, which also appears as *arkuva*, is a cognate form of the Hebrew *berekh*, or knee.

Punching [*senokeret*] – סְנוֹקֶרֶת: This term is possibly associated with the Assyrian snak, which means to apply pressure or inflict pain. The verb *senak* is also used in the meaning of throwing or removing. Some suggest that *senokeret* is a part of the body.

Hoe [*mara*] – מָרָא: From the Latin marra, meaning hoe.

Top [*kofina*] – קוּפִינָא: Apparently, this is a diminutive form of the word *kof*, which means the hole in a utensil facilitating its use, e.g., the eye of a needle. Accordingly, here it would denote the hole at the top of a hoe that allows the insertion of the handle. Some associate it with the Greek σκαπάνη, *skapanē*, meaning a tool used for hoeing.

NOTES

Punching [*senokeret*] – סְנוֹקֶרֶת: According to Rashi *senokeret* is referring to striking someone with a donkey's saddle, similar to the explanation of *Halakhot Gedolot* that it is referring to striking someone with a wooden fixture placed on an animal for carrying a load. Others explain it to mean kicking someone in the buttocks (*Ge'onim*), punching with a fist (Rabbeinu Ḥananel), striking with an elbow, or slapping with the back of one's hand, which results in greater humiliation than a regular slap.

Of a hoe [*demara*] – דְּמָרָא: Rashi explains that this is the handle of a hoe, while others explain it to mean a handle for utensils (*Ge'onim*).

Are you collecting a fine – קְנָסָא קָא מַגְבֵּית: Indemnity for humiliating someone is not a fine. Yet, the Sages of Babylonia were not ordained by the ordained Sages in Eretz Yisrael, and therefore could impose payment of an indemnity only for cases of damage that they were empowered to judge as agents of the Sages in Eretz Yisrael. They were not empowered to impose payment of fines. Since humiliation involves no financial loss, it is akin to the category of fines (*Tosafot*).

HALAKHA

It was at the corner where there was an olive press – קַרְנָא דְּעָצְרָא הֲוָה: If one places his jug in a place where it is permitted for him to do so, such as an open area in front of an olive press, and another stumbles on it and breaks it, the one who stumbled is liable to pay for it. If the pedestrian is injured, the owner of the jug is exempt from liability. If this occurred in darkness, such as at night, or if the owner of the jug filled the entire public thoroughfare with jugs, the pedestrian is exempt from paying for breaking it, and if he is injured, the owner of the jug is liable to pay for the damage (Rambam *Sefer Nezikin, Hilkhot Nizkei Mamon* 13:6; *Shulḥan Arukh, Ḥoshen Mishpat* 412:2).

For kneeing three, etc. – לִרְכוּבָה שָׁלֹשׁ וכו׳: There are certain manners of striking that do not cause pain or injury but do humiliate, and the Sages determined fixed amounts that an attacker is required to pay his victim in these cases. If one kicks another person he is required to pay five *sela*; if he knees him, three *sela*; and if he punches him he must pay thirteen. These specific amounts refer to a case where the individual who was struck is a person of stature; for an ordinary person the judges deduct from this amount at their discretion. The Rema writes that there are authorities who maintain that this payment is for humiliation only. If the victim requires medical treatment or loses work as a result of his injury, these must be paid for separately by an amount corresponding to the situation (Rambam *Sefer Nezikin, Hilkhot Ḥovel UMazik* 3:9; *Shulḥan Arukh, Ḥoshen Mishpat* 420:41, 43).

Are you collecting a fine in Babylonia – קְנָסָא קָא מַגְבֵּית בְּבָבֶל: All fines that were instituted by the Sages, e.g., the fine for slapping someone, may be imposed only by the ordained judges of Eretz Yisrael. Therefore, they do not apply nowadays at all, even in Eretz Yisrael (Rambam *Sefer Shofetim, Hilkhot Sanhedrin* 5:9; *Shulḥan Arukh, Ḥoshen Mishpat* 1:1, 1:5).

A person may take justice into his own hands – עָבֵיד אִינִישׁ דִּינָא לְנַפְשֵׁיהּ: If one sees something that belongs to him in another's possession, he may take justice into his own hands and take what is rightfully his, even by the use of force, e.g., striking the other person if he stands in his way. This applies even if he would not incur a loss were he to wait to bring the case to court, on condition that he can prove his claim in court. This is in accordance with the opinion of Rav Naḥman, as the *halakha* is ruled in accordance with Rav Naḥman's opinion in monetary issues. The Rema writes, citing the *Tur*, that it is permitted to use violence only when there is no other means available at the time to retrieve his property (Rambam *Sefer Nezikin, Hilkhot Ḥovel UMazik* 2:12; *Shulḥan Arukh, Ḥoshen Mishpat* 4:1).

PERSONALITIES

Ben Bag Bag – בֶּן בַּג בַּג: The full name of this Sage was Rabbi Yoḥanan ben Bag Bag. He is commonly thought to be a *tanna* who lived in the generation of the destruction of the Second Temple. Some commentaries maintain that he was a contemporary of Hillel and Shammai, who lived several generations earlier. Although only a few statements of Rabbi Yoḥanan ben Bag Bag are recorded in the Talmud and in *midrashim*, it appears that he was highly regarded by the Sages of his generation. Indeed, Rabbi Yehuda ben Beteira wrote to him: I know that you are expert in the chambers of Torah.

Some commentaries state that he was a son of converts and that ben Bag Bag was a nickname. *Tosafot* maintain that the name alludes to the Patriarch Abraham, the first convert. The letter *heh* was added by God (Genesis 17:5) to Abram, which was Abraham's original name, and the numerical value of the letters comprising *bag*, *beit* and *gimmel*, is five, corresponding to the numerical value of the letter *heh*. Others explain that the name Bag Bag is an acronym for the son of both a male convert, *ben ger*, and a female convert, *ben giyoret*.

הֵיכָא דְּאִיכָּא פְּסֵידָא – כּוּלֵּי עָלְמָא לָא פְּלִיגִי דְּעָבֵיד אִינִישׁ דִּינָא לְנַפְשֵׁיהּ, כִּי פְּלִיגִי – הֵיכָא דְּלֵיכָּא פְּסֵידָא. רַב יְהוּדָה אָמַר: לָא עָבֵיד אִינִישׁ דִּינָא לְנַפְשֵׁיהּ, דְּכֵיוָן דְּלֵיכָּא פְּסֵידָא לֵיזִיל קַמֵּיהּ דְּדַיָּינָא; רַב נַחְמָן אָמַר: עָבֵיד אִינִישׁ דִּינָא לְנַפְשֵׁיהּ, דְּכֵיוָן דִּבְדִין עָבֵיד לָא טָרַח.

Where there is an imminent **loss** that will be suffered if the injured party does not take action, **everyone agrees that a person may take justice into his own** hands. **They disagree** only **when there is no** imminent **loss** that will be suffered. **Rav Yehuda says** that **a person may not take justice into his own** hands, **because since there is no loss, he should go before the judge** to have him enforce the law. **Rav Naḥman says** that **a person may take justice into his own** hands. **Since he is acting lawfully,** as he is clearly in the right, **he need not trouble** himself to go before the judge to have him enforce the law.

מְתִיב רַב כָּהֲנָא, בֶּן בַּג בַּג אוֹמֵר: אַל תִּיכָּנֵס לַחֲצַר חֲבֵרְךָ לִיטּוֹל אֶת שֶׁלְּךָ שֶׁלֹּא בִּרְשׁוּת, שֶׁמָּא תֵּרָאֶה עָלָיו כְּגַנָּב, אֶלָּא שְׁבוֹר אֶת שִׁינָּיו וֶאֱמוֹר לוֹ: שֶׁלִּי אֲנִי נוֹטֵל!

Rav Kahana raises an objection to Rav Yehuda's opinion based on a *baraita*: **Ben Bag Bag**[P] **says: Do not enter another** person's **courtyard** secretly **to take what is** rightfully **yours without permission, lest you appear to him as a thief** trying to steal his property. **Rather, break his teeth,** i.e., take it by force, **and say to him: I am taking what is mine.** Evidently one may take justice into his own hands.

אֲמַר לֵיהּ:

Rav Yehuda **said to him:**

Perek **III**
Daf **28** Amud **a**

עִמָּךְ! בֶּן בַּג בַּג יְחִידָאָה הוּא, וּפְלִיגִי רַבָּנַן עֲלֵיהּ.

You can keep this question **to yourself,** as it poses no difficulty at all. **Ben Bag Bag** states **an individual** opinion in this regard, **and the Rabbis disagree with him.**

רַבִּי יַנַּאי אָמַר: מַאי "שְׁבוֹר אֶת שִׁינָּיו" – בַּדִּין.

Rabbi Yannai says an alternative response to Rav Kahana's objection: **What** does the *baraita* mean by the phrase: **Break his teeth?** It means sue him **in judgment.**

אִי הָכִי, "וֶאֱמוֹר לוֹ" – "וְאוֹמְרִים לוֹ" מִיבְּעֵי לֵיהּ! "שֶׁלִּי אֲנִי נוֹטֵל" – "שֶׁלּוֹ הוּא נוֹטֵל" מִיבְּעֵי לֵיהּ! קַשְׁיָא.

The Gemara asks: **If so,** the subsequent statement in the *baraita*: **And say to him,** is inaccurate. It **should have** stated: **And they,** the court, **say to him.** Likewise, the wording: **I am taking what is mine,** is inaccurate. Since it is the court who makes this statement, the *baraita* **should have** stated: **He is taking what is his.** The Gemara concludes: Indeed, this poses **a difficulty** for Rav Yehuda's version of the response.

תָּא שְׁמַע: שׁוֹר שֶׁעָלָה עַל גַּבֵּי חֲבֵירוֹ לְהוֹרְגוֹ, וּבָא בַּעַל הַתַּחְתּוֹן וְשָׁמַט אֶת שֶׁלּוֹ, וְנָפַל עֶלְיוֹן וּמֵת – פָּטוּר; מַאי לָאו בְּמוּעָד, דְּלֵיכָּא פְּסֵידָא?

The Gemara suggests: **Come and hear** an alternative proof for Rav Naḥman's opinion. It is stated in a *baraita*: With regard to **an ox that climbed on the back of another** ox[H] **to kill it, and the owner of the** ox on the **bottom came and removed his** ox, **and the** ox **on top** consequently **fell and died,** the owner of the ox on the bottom is **exempt** from paying for the dead ox. **What, is** this ruling **not** stated **with regard to** a case where the attacker is **a forewarned** ox, **where there is no loss** to the owner of the bottom ox, since even if the owner of the ox on the bottom does not remove his ox, he will eventually receive full restitution from the owner of the belligerent ox? Yet he is exempt from paying restitution for causing the death of the belligerent ox. Evidently, he had the right to take justice into his own hands.

HALAKHA

An ox that climbed on the back of another ox – שׁוֹר שֶׁעָלָה עַל גַּבֵּי חֲבֵירוֹ: If an ox, whether innocuous or forewarned, climbs on top of another ox belonging to a different owner, on the property of the other owner and with the intention of killing the other ox, and the owner of the attacked animal pulls his ox away to save it, causing the ox on top to fall and die, the owner of the ox on the bottom is exempt from liability for the death of the ox. If he pushes the belligerent ox off when he could have saved the ox underneath by pulling it away, and the belligerent ox consequently dies, the owner of the attacked animal is liable for the death of the ox. If the option to pull his ox away is not available, he is exempt (Rambam *Sefer Nezikin*, *Hilkhot Ḥovel UMazik* 6:6–7; *Shulḥan Arukh*, *Ḥoshen Mishpat* 383:2).

לָא, בְּתָם, דְּאִיכָּא פְּסֵידָא.

The Gemara rejects this proof: **No,** the ruling is **with regard to** a case where the attacker is **an innocuous** ox,[B] **where there is a loss** for the owner of the ox on the bottom if he does not save it, since the owner of an innocuous ox pays for only half the damages resulting from his ox's attack.

אִי הָכִי, אֵימָא סֵיפָא: דְּחָפוֹ לָעֶלְיוֹן וּמֵת – חַיָּיב; וְאִי בְּתָם, אַמַּאי חַיָּיב?

The Gemara asks: **If so, say the latter clause** of that *baraita*: If, instead of removing his own ox, the owner of the ox on the bottom **pushed the one on top and it died,** he is **liable. And if** it is referring **to an innocuous** ox, **why is he liable?**[N] He is defending his property so as not to incur a loss.

שֶׁהָיָה לוֹ לְשַׁמְטוֹ וְלֹא שְׁמָטוֹ.

The Gemara answers: He is liable **because he should have removed** his ox from underneath the belligerent ox, **and he did not remove it.** Instead, he pushed the belligerent ox and caused it to die. Although one may take justice into his own hands, if he damages another person's property when he could have protected his own property in a harmless manner he is liable.

תָּא שְׁמַע: הַמְמַלֵּא חֲצַר חֲבֵירוֹ כַּדֵּי יַיִן וְכַדֵּי שֶׁמֶן – בַּעַל הֶחָצֵר מְשַׁבֵּר וְיוֹצֵא מְשַׁבֵּר וְנִכְנָס!

The Gemara suggests: **Come** and **hear** a proof for Rav Naḥman's opinion from a *baraita*: With regard to **one who fills another's courtyard**[H] **with jugs of wine and jugs of oil, the owner of the courtyard may break** his way through them **and exit** his courtyard or he **may break** his way through them **and enter** his courtyard. Since the one who put the jugs there had no right to do so, the owner of the courtyard may take justice into his own hands. This is apparently the ruling even where there is no loss involved to the owner of the courtyard.

אָמַר רַב נַחְמָן בַּר יִצְחָק: מְשַׁבֵּר וְיוֹצֵא – לְבֵית דִּין, מְשַׁבֵּר וְנִכְנָס – לְהָבִיא זְכִיּוֹתָיו.

Rav Naḥman bar Yitzḥak said in response that the *baraita* can be explained as follows: The owner of the courtyard **may break** the jugs **and exit to court,** and he **may break** the jugs **and enter** his house **to bring** proof of **his rights,** i.e., documents proving that the courtyard belongs to him. Since by refraining from doing so he would sustain a loss, he may break the jugs when exiting and entering. He may not take justice into his own hands beyond this extent. Therefore, no proof for Rav Naḥman's opinion can be inferred from this *baraita*.

תָּא שְׁמַע: מִנַּיִן לְנִרְצָע שֶׁכָּלוּ לוֹ יָמָיו וְרַבּוֹ מְסַרְהֵב בּוֹ לָצֵאת, וְחָבַל וְעָשָׂה בּוֹ חַבּוּרָה, שֶׁהוּא פָּטוּר?

The Gemara suggests: **Come** and **hear** an alternative proof from a *baraita*: **From where** is it derived with regard **to a Hebrew slave** who had his ear **pierced** with an awl to extend his tenure as a slave, but **whose days** of servitude **have** now **ended**[H] with the arrival of the Jubilee Year; **and his master is urging** [*mesarhev*][L] **him to leave** but he insists on remaining; **and the** master **injured** the slave **and inflicted an injury on him** in the process of forcing him out, **that** the master **is exempt** from paying for this injury?

NOTES

If it is referring to an innocuous ox why is he liable – וְאִי בְּתָם אַמַּאי חַיָּיב: *Tosafot* explain that if the *baraita* is referring to a forewarned ox, the distinction between the cases in the two clauses is clearer. Since the owner was not in danger of incurring a financial loss, he should have considered the possibility of saving his ox by removing it from underneath the other one, thereby causing less danger to the belligerent ox. By contrast, if the *baraita* is referring to an innocuous ox, its owner should not be held liable, as he was presumably frenzied and could not have been expected to take all options into account.

This teaches the principle that even when one is permitted to take justice into his own hands and even to use force to do so, he still must not use force beyond what is necessary, and if he does he is liable to pay damages.

LANGUAGE

Urging [*mesarhev*] – מְסַרְהֵב: Ostensibly an expanded form of the Hebrew *serev*, refuse, this Aramaic word carries a similar meaning of urging, imploring, or rushing someone not to refuse to perform an act.

HALAKHA

One who fills another's courtyard – הַמְמַלֵּא חֲצַר חֲבֵירוֹ: If one fills another's courtyard with jugs of wine and oil, the owner may go in and out in his usual manner, and he is exempt from any damage caused to the jugs on account of his actions.

The Ra'avad and the *Tur* maintain that this applies only if one places the jugs there without permission, whereas the Rambam holds that the owner of the property is exempt even if he gave the owner of the jugs permission to place them there, as long as he did not accept responsibility for safeguarding them (see *Sma* and Gra).

If the owner of the courtyard broke the jugs intentionally, the owner of the courtyard is liable to pay damages, even if the owner of the jugs put them there without permission (Rambam *Sefer Nezikin, Hilkhot Ḥovel UMazik* 6:5; *Shulḥan Arukh, Ḥoshen Mishpat* 379:4).

A Hebrew slave who had his ear pierced but whose days of servitude have ended – לְנִרְצָע שֶׁכָּלוּ לוֹ יָמָיו: Several authorities derive from here that if one enters another's courtyard without permission, and when the owner of the courtyard tells him to leave he refuses, the owner may use even violent means to force him to leave. This is because the interpretations suggested by the Gemara relate only to Rav Yehuda's opinion that one may not take justice into his own hands, whereas Rav Naḥman's opinion is the accepted *halakha* (*Shulḥan Arukh, Ḥoshen Mishpat* 421:6).

תַּלְמוּד לוֹמַר: ״לֹא תִקְחוּ כֹפֶר...לָשׁוּב״, לֹא תִּקְחוּ כּוֹפֶר לַשָּׁב!

To counter this, **the verse states: "You shall take no ransom… that he should return"** (Numbers 35:32). Although this verse is referring to the prohibition against an unintentional killer paying a ransom instead of going to a city of refuge, this verse is also interpreted to mean that **you shall take no ransom for** a Hebrew slave who is obligated to **return** to his family. In other words, if the slave refuses to return to his family and is injured in the process of his eviction, he does not receive compensation. This seems to indicate that the master may take justice into his own hands even for a matter that involves no loss to him.

הָכָא בְּמַאי עָסְקִינַן – בְּעַבְדָּא גַּנָּבָא.

The Gemara responds to this proof: **With what are we dealing here?** We are dealing **with a slave** who is **a thief,**[H] and consequently, if he remains a slave, his master will sustain a loss. Therefore, it is permitted for the master to take justice into his own hands and evict the slave by force.

עַד הָאִידָּנָא לָא גָּנַב, וְהָשְׁתָּא גָּנַב? עַד הָאִידָּנָא הֲוָה אֵימְתֵיהּ דְּרַבֵּיהּ עֲלֵיהּ, הָשְׁתָּא לֵית לֵיהּ אֵימְתָא דְּרַבֵּיהּ עֲלֵיהּ.

The Gemara questions this explanation: **Until now he did not steal, and now he will** begin to **steal?** Why would the master be worried about this just when the slave's tenure ends? The Gemara answers: **Until now,** while he was still a slave, **the awe of his master was upon him,**[N] so he did not steal from him. **Now** that he may go free **he does not have the awe of his master upon him,** and the master is therefore worried that he might steal from him.

רַב נַחְמָן בַּר יִצְחָק אֲמַר: בְּעֶבֶד שֶׁמָּסַר לוֹ רַבּוֹ שִׁפְחָה כְּנַעֲנִית, עַד הָאִידָּנָא הֶיתֵּירָא, וְהָשְׁתָּא אִיסּוּרָא.

Rav Naḥman bar Yitzḥak said an alternative explanation: The *baraita* is referring **to a slave whose master provided a Canaanite maidservant to him**[H] as a wife and he wishes to remain with her. **Until now,** it was **permitted** for him to engage in sexual intercourse with her, **but now** that he is free, it is **prohibited** for him to do so. In this case, his master may evict him forcefully, assuming the role of an emissary of the court, to prevent him from violating the prohibition. Therefore, this is not considered taking justice into his own hands.

תָּא שְׁמַע: הַמַּנִּיחַ אֶת הַכַּד בִּרְשׁוּת הָרַבִּים, וּבָא אַחֵר וְנִתְקַל בָּהּ וּשְׁבָרָהּ – פָּטוּר. טַעֲמָא דְּנִתְקַל בָּהּ, הָא שְׁבָרָהּ – חַיָּיב!

The Gemara suggests a proof for Rav Yehuda's opinion from the mishna. **Come and hear:** In the case of **one who places a jug in the public domain and another** person **comes and stumbles on it and breaks it,** he is **exempt.** It may be inferred that **the reason** he is exempt **is that he stumbled on it. But if he broke it** intentionally, he is **liable.** This indicates that one may not take justice into his own hands.

אֲמַר רַב זְבִיד מִשְּׁמֵיהּ דְּרָבָא: הוּא הַדִּין אֲפִילּוּ שְׁבָרָהּ, וְהַאי דְּקָתָנֵי ״נִתְקַל״ – אַיְּידֵי דְּקָבָעֵי לְמִיתְנֵי סֵיפָא: אִם הוּזַּק – בַּעַל חָבִית חַיָּיב בְּנִזְקוֹ, דַּוְקָא נִתְקַל, אֲבָל שָׁבַר לָא, דְּהוּא אַזֵּיק נַפְשֵׁיהּ – קָתָנֵי רֵישָׁא ״נִתְקַל״.

Rav Zevid said in the name of Rava: That is not a proof, as **the same is true even if he broke** the barrel intentionally. **And** as for **this** fact **that** the *tanna* of the mishna **teaches** a case where **he stumbled,** it is **because he wants to teach in the last clause:** And **if he incurred damage due to** the vessel, **the owner of the** ***ḥavit*** **is liable** to pay **for his damages. As** this ruling applies **specifically when he stumbled, but** if **he broke** the barrel intentionally and incurred damage in the process, the owner of the barrel is **not** required to compensate him. Although the pedestrian had the right to break the barrel, **it is he who damaged himself,** by not being careful while breaking it. Therefore, in **the first clause** the mishna **teaches** a case where **he stumbled.**

תָּא שְׁמַע: ״וְקַצֹּתָה אֶת כַּפָּהּ״ – מָמוֹן. מַאי לָאו בְּשֶׁאֵינָהּ יְכוֹלָה לְהַצִּיל עַל יְדֵי דָּבָר אַחֵר? לָא, שֶׁיְּכוֹלָה לְהַצִּיל עַל יְדֵי דָּבָר אַחֵר.

The Gemara suggests: **Come** and **hear** a proof from a *baraita*, which relates to the case of a woman who, during a fight between her husband and another man, grabs the other man's genitals: The verse that states: **"Then you shall cut off her hand"** (Deuteronomy 25:12), should not be taken literally; rather, it is referring to **monetary restitution. What, is it not** referring to a case **where she cannot save** her husband from his attacker **by a means other** than grabbing the attacker's genitals, and nevertheless she is punished? This indicates that one may not take justice into his own hands. The Gemara answers: **No,** the verse is referring to a case **where she can save** him **by other means.** Otherwise she is exempt from paying restitution.

HALAKHA

With a slave who is a thief – בְּעַבְדָּא גַּנָּבָא: One who is concerned that his slave will steal from him may dismiss the slave before the end of his tenure. Moreover, if the slave refuses to leave, the master may use forceful means to evict him (*Shulḥan Arukh*, *Ḥoshen Mishpat* 421:6, and in the comment of Rema, and *Pitḥei Teshuva* there).

To a slave whose master provided a Canaanite maidservant to him – בְּעֶבֶד שֶׁמָּסַר לוֹ רַבּוֹ שִׁפְחָה כְּנַעֲנִית: With regard to a slave who had his ear pierced with an awl and was provided a Canaanite maidservant as a wife by his master, when the Jubilee Year arrives, if his master urges him to go free and he refuses, and the master wounds him in the process of forcing him out, the master is exempt from liability, as he is preventing the slave from violating a prohibition (Rambam *Sefer Kinyan*, *Hilkhot Avadim* 3:5).

NOTES

Until now the awe of his master was upon him – עַד הָאִידָּנָא הֲוָה אֵימְתֵיהּ דְּרַבֵּיהּ עֲלֵיהּ: Based on this explanation it is clear why the master has to use such extraordinary measures to evict the slave from his house. Since the slave no longer fears his master and also knows the location of all of the master's possessions, as he lived in his master's house, he might take advantage of his master's absence if the master were to go to court to notify the courts of the situation. Therefore, the master is compelled to act on his own, and to use force to evict him.

אֲבָל אֵינָהּ יְכוֹלָה לְהַצִּיל עַל יְדֵי דָּבָר אַחֵר – פְּטוּרָה? אִי הָכִי, אַדְּתָנֵי סֵיפָא: ״וְשָׁלְחָה יָדָהּ״ פְּרָט לִשְׁלִיחַ בֵּית דִּין – לִפְלוֹג וְלִתְנֵי בְּדִידָהּ: בַּמֶּה דְּבָרִים אֲמוּרִים – בְּשֶׁיְּכוֹלָה לְהַצִּיל עַל יְדֵי דָּבָר אַחֵר, אֲבָל אֵינָהּ יְכוֹלָה לְהַצִּיל עַל יְדֵי דָּבָר אַחֵר – פְּטוּרָה!

The Gemara asks: **But if she cannot save him by other means,** is it possible that **she is exempt? If so, instead of teaching** in **the latter clause** of that *baraita* that the expression mentioned in the previous verse: **"And extended her hand"** (Deuteronomy 25:11), **excludes an emissary of the court,**[H] who is authorized to act in this manner and is therefore exempt from paying restitution, **let** the *baraita* **distinguish and teach within** the case under discussion in the verse **itself,** as follows: **In what** case **is this statement** that the wife is liable **said?** It is **in** a case **where she can save** her husband **by another means. But if she cannot save** him **by other means, she** is **exempt.**

הָכִי נַמִי קָאָמַר: בַּמֶּה דְּבָרִים אֲמוּרִים – בְּשֶׁיְּכוֹלָה לְהַצִּיל עַל יְדֵי דָּבָר אַחֵר, אֲבָל אֵינָהּ יְכוֹלָה לְהַצִּיל עַל יְדֵי דָּבָר אַחֵר – נַעֲשָׂה יָדָהּ כִּשְׁלִיחַ בֵּית דִּין, וּפְטוּרָה.

The Gemara answers: **That is also what** the *baraita* **is saying: In what** case **is this statement said?** It is said **in a** case **where she can save** him **by other means. But if she cannot save** him **by other means, her hand is rendered like an emissary of the court, and she is exempt.**

תָּא שְׁמַע: הֲרֵי שֶׁהָיְתָה דֶּרֶךְ הָרַבִּים עוֹבֶרֶת בְּתוֹךְ שָׂדֵהוּ, נְטָלָהּ וְנָתַן לָהֶם מִן הַצַּד – מַה שֶּׁנָּתַן נָתַן, וְשֶׁלּוֹ לֹא הִגִּיעוֹ.

The Gemara suggests: **Come and hear** a proof for Rav Yehuda's opinion from a mishna (*Bava Batra* 99b): In a case **where a public thoroughfare would pass through** one's **field,**[H] **and he appropriated it and** instead **gave** the public an alternative route **on the side** of his property, the *halakha* is that the route **that he has given** is the route **that he gave** them, and they may use it. **But his** property, which he appropriated, **has not reached him,** i.e., he cannot appropriate it for his personal use since it was already in public use.

וְאִי אָמְרַתְּ עָבֵיד אִינִישׁ דִּינָא לְנַפְשֵׁיהּ, לִנְקוֹט פּוּזְרָא וְלֵיתִיב!

And if you say that a person may take justice into his own hands, why does the owner of the field not have the right to close the thoroughfare? Since it is his property and he gave the public an alternative route, **let him take a stick** [*pazra*][L] in his hand **and sit** by the side of the road, preventing the public from passing through.

אָמַר רַב זְבִיד מִשְּׁמֵיהּ דְּרָבָא: גְּזֵירָה שֶׁמָּא יִתֵּן לָהֶם דֶּרֶךְ עֲקַלָּתוֹן.

Rav Zevid[P] **said in the name of Rava: It is** a rabbinic **decree, lest he give them a circuitous route.** Since the public has the right to pass through his field, as the Gemara will soon explain, the owner cannot appropriate their thoroughfare without giving the public a similar alternative route. Therefore, the Sages decreed that he cannot appropriate it without their consent, lest he provide an inadequate route.

רַב מְשַׁרְשְׁיָא אָמַר: בְּנוֹתֵן לָהֶם דֶּרֶךְ עֲקַלָּתוֹן.

Rav Mesharshiyya said: The mishna is referring to a case **where he** actually **gave them a circuitous route.** If one in fact gives the public a straight path, he need not surrender his rights, and he may take justice into his own hands by blocking the original thoroughfare.

רַב אָשֵׁי אָמַר: כָּל מִן הַצַּד דֶּרֶךְ עֲקַלָּתוֹן הוּא, קְרוֹבָה לָזֶה וּרְחוֹקָה לָזֶה.

Rav Ashi said: Any route **on the side** that the property owner might give them **is** necessarily considered **a circuitous route,** as **it is close for this** person, **and it is far for that** person. While some will benefit from the change, it will be detrimental for others.

אִי הָכִי, אַמַּאי שֶׁלּוֹ לֹא הִגִּיעוֹ? לֵימָא לְהוּ: שְׁקוֹלוּ דִּידְכוּ וְהַבוּ לִי דִּידִי!

The Gemara asks: **If so, why has his** property **not reached him?** If he cannot make the change, why can he not reclaim the path that he intended to turn over to the public? **Let him say to them: Take your** original route **and give me** back **my** property, so that he will not lose both pieces of land.

LANGUAGE

Stick [*pazra*] – **פּוּזְרָא:** This is referring to a stick or staff. According to the *Arukh*, the cantillation note *pazer* owes its name to its form, which resembles a staff.

HALAKHA

Excludes an emissary of the court – **פְּרָט לִשְׁלִיחַ בֵּית דִּין:** An emissary of the court who is harassed in the presence of witnesses by the person to whom he was sent may use forceful means toward him, in the same manner as is permitted to the judges. The emissary is exempt from liability if he causes that person injury or damage. It is added in the *Sma* that this is the *halakha* even if he could have achieved his objective in another manner (*Shulḥan Arukh*, *Ḥoshen Mishpat* 421:6, and in the comment of Rema).

In a case where a public thoroughfare would pass through one's field – **הֲרֵי שֶׁהָיְתָה דֶּרֶךְ הָרַבִּים עוֹבֶרֶת בְּתוֹךְ שָׂדֵהוּ:** With regard to one whose field has a public thoroughfare passing through it, and he appropriated it for his own use, providing an alternative route for the public, the original route does not become his own. Rather, both routes become public property (Rambam *Sefer Nezikin*, *Hilkhot Nizkei Mamon* 13:27; *Shulḥan Arukh*, *Ḥoshen Mishpat* 377:1).

HALAKHA

A path that the masses established – **מֵיצַר שֶׁהֶחְזִיקוּ בּוֹ רַבִּים**: It is prohibited to impair the public's usage of a certain path that they established with the owner's permission. Moreover, with regard to any space of which the public has established usage, it is assumed that they did so with the permission of the owner (Rambam *Sefer Nezikin*, *Hilkhot Nizkei Mamon* 13:24; *Shulḥan Arukh*, *Ḥoshen Mishpat* 417:2 and *Sma* there).

The owner of a field who left ***pe'a*** – **בַּעַל הַבַּיִת שֶׁהִנִּיחַ פֵּאָה**: If the owner of a field left *pe'a* for the poor on one side of the field, and poor people came and requested *pe'a* from the other side and he allowed them to take it, both portions are considered *pe'a* (Rambam *Sefer Zera'im*, *Hilkhot Mattenot Aniyyim* 2:13).

One who renounces ownership of his vineyard – **הַמַּפְקִיר אֶת כַּרְמוֹ**: If one renounces ownership of his vineyard but arises early the next day to harvest the grapes, he is obligated to observe the *halakhot* of *peret*, *olelot*, forgotten clusters of grapes left for the poor, and *pe'a* but is exempt from tithing the grapes of the vineyard (Rambam *Sefer Zera'im*, *Hilkhot Mattenot Aniyyim* 5:27).

מִשּׁוּם דְּרַב יְהוּדָה, דְּאָמַר רַב יְהוּדָה: מֵיצַר שֶׁהֶחְזִיקוּ בּוֹ רַבִּים – אָסוּר לְקַלְקְלוֹ.

The Gemara answers that he cannot reclaim it **due to Rav Yehuda's** statement, **as Rav Yehuda says:** With regard to **a path that the masses established**[H] as a public thoroughfare, **it is prohibited to destroy it** for them. Therefore, since the public already began using the alternative route, the owner cannot appropriate it from them.

תָּא שְׁמַע: בַּעַל הַבַּיִת שֶׁהִנִּיחַ פֵּאָה מִצַּד אֶחָד, וּבָאוּ עֲנִיִּים וְנָטְלוּ מִצַּד אַחֵר – זֶה וָזֶה פֵּאָה. וְאִי אָמְרַתְּ עָבֵיד אִינִישׁ דִּינָא לְנַפְשֵׁיהּ, אַמַּאי זֶה וָזֶה פֵּאָה? לִנְקוֹט פּוּזְרָא וְלֵיתֵיב!

The Gemara suggests: **Come** and **hear** an alternative proof from a *baraita*: With regard to **the owner** of a field **who left produce in the corner of the field, which is given to the poor** [***pe'a***],[HB] **on one side** of the field, **and poor people came and took from another side, this** produce **and that** produce are both considered ***pe'a*****. And if you say that a person may take justice into his own** hands, **why are this and that** both considered ***pe'a*****? Let him take a stick and sit** in his field on the side from which the poor people are taking produce without his permission, and let him warn them to take only from the side that he allocated.

אָמַר רָבָא: מַאי ״זֶה וָזֶה פֵּאָה״ – לְפוֹטְרָן מִן הַמַּעֲשֵׂר,

Rava said: In terms of monetary law he can prevent them from taking *pe'a* from the side that he did not allocate. **What** is meant by the ruling of: **This** produce **and that** produce are both considered ***pe'a*****?** It means that they are considered *pe'a* **with regard to exempting** both portions of produce **from tithes.** Just as the portion that the poor people took is exempt from tithes, so is the portion that he allocated initially.

כִּדְתַנְיָא: הַמַּפְקִיר אֶת כַּרְמוֹ, וְהִשְׁכִּים בַּבֹּקֶר וּבְצָרוֹ – חַיָּיב בְּפֶרֶט וּבְעוֹלֵלוֹת וּבְשִׁכְחָה וּבְפֵאָה, וּפָטוּר מִן הַמַּעֲשֵׂר.

This is **as it is taught** in a *baraita*: In the case of **one who renounces ownership of his vineyard**[H] **and arose early in the morning** before anyone else took possession of it **and harvested it,** the one who renounces ownership **is obligated in** the mitzva of **individual fallen** grapes left for the poor [***peret***],[BN] **and in** the mitzva **of incompletely formed clusters** of grapes left for the poor [***olelot***],[B] **and in** the mitzva of **forgotten** clusters of grapes[B] left for the poor, **and in** the mitzva of ***pe'a*****,** the four gifts to the poor that the Torah requires one to give from a vineyard (see Leviticus 19:9–10). **But he is exempt from the** mitzva to **tithe**[N] his produce, because this requirement does not apply to an ownerless field. Likewise, in the above case the portion of the field that was allocated for *pe'a* is exempt from tithes even after the owner reclaims it, as *pe'a* is considered ownerless property in this regard.

BACKGROUND

Produce in the corner of the field which is given to the poor [*pe'a*] – **פֵּאָה**: The Torah states that it is prohibited for a farmer to harvest the produce in a corner of his field. He must allow the poor to collect this produce themselves. The Sages decreed that the area of the corner must be at least one-sixtieth of the field. This mitzva appears in the Torah (Leviticus 19:9 and 23:22), and tractate *Pe'a* is devoted to the details of this mitzva. By Torah law, fields, vineyards, and olive groves are included in this mitzva.

Individual fallen grapes [*peret*] – **פֶּרֶט**: It is prohibited for the owner of a vineyard to collect individual fallen grapes at the time of the harvest. Such grapes must be left for the poor.

Incompletely formed clusters of grapes [*olelot*] – **עוֹלֵלוֹת**: *Olelot* are clusters of grapes lacking a central stalk, or ones in which the grapes do not hang down one upon the other. The Torah prohibits gathering such incompletely formed clusters of grapes (Leviticus 19:10; see Deuteronomy 24:21). They must be left for the poor. There is a dispute among the Sages as to whether this *halakha* applies if one's entire vineyard grew in this manner.

Forgotten clusters of grapes – **שִׁכְחָה**: This is one of the agricultural gifts to the poor. A farmer who forgot a cluster of grapes in the vineyard while harvesting them may not return to collect it. It must instead be left for the poor (Deuteronomy 24:19).

NOTES

Obligated in individual fallen grapes left for the poor, etc. – **חַיָּיב בְּפֶרֶט וכו׳**: Rashi explains, based on the Gemara later (94a), that although ownerless fruits are exempt from the mitzvot of obligatory gifts for the poor, in a case where one renders his fruit ownerless without actually enabling others to take it, he is obligated to observe these mitzvot. This is derived from the fact that the expression "You shall leave them" is mentioned twice with regard to these mitzvot (Leviticus 19:10, 23:22).

But he is exempt from the mitzva to tithe – **וּפָטוּר מִן הַמַּעֲשֵׂר**: Rashi explains that *pe'a* is exempt from tithes because it is considered a form of ownerless property. *Tosafot* maintain that since *pe'a* is reserved for the poor, it cannot be considered ownerless property, which is by definition free for all. Rather, it is exempt because poor Levites have equal rights to *pe'a* (see Deuteronomy 14:29), so the mitzva of separating tithes, which are designated for the Levites, no longer applies to it.

מתני׳ נִשְׁבְּרָה כַּדּוֹ בִּרְשׁוּת הָרַבִּים, וְהוּחְלַק אֶחָד בַּמַּיִם אוֹ שֶׁלָּקָה בַּחֲרָסִית – חַיָּיב. רַבִּי יְהוּדָה אוֹמֵר: בְּמִתְכַּוֵּין – חַיָּיב, בְּאֵינוֹ מִתְכַּוֵּין – פָּטוּר.

MISHNA If one's **jug broke in the public domain and** another person **slipped in the water** from the jug and was injured from the fall, **or** if he **was injured by the shards** of the broken jug, the owner of the jug **is liable. Rabbi Yehuda says: In** a case where the owner of the jug acted **with intent,** he is **liable,** and **in** a case where he acted **without intent,** he is **exempt.**

גמ׳ אָמַר רַב יְהוּדָה אָמַר רַב: לֹא שָׁנוּ אֶלָּא שֶׁטִּינְּפוּ כֵּלָיו בַּמַּיִם,

GEMARA Rav Yehuda says that **Rav says: They taught** that the owner of the jug is liable **only when the clothes of** the one who slipped **were soiled by the** dirty **water.**

Perek **III**
Daf **28** Amud **b**

אֲבָל הוּא עַצְמוֹ – פָּטוּר, קַרְקַע עוֹלָם הִזִּיקַתּוּ.

But if the person **himself** was injured, the owner of the jug is **exempt,** as it is **the ground** that **caused his injury,** not the jug or the water.

כִּי אָמְרִיתַהּ קַמֵּיהּ דִּשְׁמוּאֵל, אֲמַר לִי: מִכְּדֵי אַבְנוֹ וְסַכִּינוֹ וּמַשָּׂאוֹ מִבּוֹרוֹ לָמַדְנוּ, וְכוּלָּן אֲנִי קוֹרֵא בָּהֶן: ״שׁוֹר״ – וְלֹא אָדָם, ״חֲמוֹר״ – וְלֹא כֵּלִים.

Rav Yehuda continued: **When I stated this** ruling of Rav **before Shmuel, he said to me: After all, we derive** the cases of damage caused by leaving **one's stone, one's knife, or one's load**[H] in the public domain **from** the case of **one's pit, and I** therefore **read,** i.e., apply, **with regard to all of them** the inference of the Sages from the verse: "And an ox or a donkey fall therein" (Exodus 21:33), that the one who dug the pit is liable only if what incurred damage is **an ox, but not a person,**[H] or **a donkey, but not vessels.**

וְהָנֵי מִילֵּי לְעִנְיַן קְטָלָא, אֲבָל לְעִנְיַן נְזָקִין – אָדָם חַיָּיב, וְכֵלִים פְּטוּרִין.

And this statement applies with regard to a situation where the person is **killed,** i.e., if one fell into a pit and was killed, the person who dug it is exempt from paying restitution, since the verse refers exclusively to an animal that was killed. **But with regard to damage,** the digger of the pit is **liable** to pay restitution for injury to **a person, but exempt** from paying restitution for damage to **vessels,**[H] for which no distinction between death and injury can be applied. Therefore, the ruling in the case of the jug that broke in the public domain should be the opposite. The owner of the jug is liable to pay restitution for injury caused to another, as Shmuel holds that he is liable even if the injury is caused by the impact with the ground, but that he is exempt from paying restitution for the damage done to the clothes of the one who slipped.

וְרַב? הָנֵי מִילֵּי הֵיכָא דְּאַפְקְרִינְהוּ, אֲבָל הֵיכָא דְּלָא אַפְקְרִינְהוּ – מָמוֹנוֹ הוּא.

The Gemara asks: **And** how would **Rav** answer this difficulty? The Gemara answers: **This** presumption that liability for damage caused by one's stone, knife, or load is derived from the category of Pit, thereby exempting him from payment for damage to vessels, **applies** only in a case **where he renounced ownership of them. But** in a case **where he did not renounce ownership of them, it is** considered to be like any other case where **his property** causes damage.[N] Therefore, he is liable to pay for damage caused to the vessels.

מֵתִיב רַב אוֹשַׁעְיָא: ״וְנָפַל שָׁמָּה שׁוֹר אוֹ חֲמוֹר״, ״שׁוֹר״ – וְלֹא אָדָם, ״חֲמוֹר״ – וְלֹא כֵּלִים, מִכָּאן אָמְרוּ: נָפַל לְתוֹכוֹ שׁוֹר וְכֵלָיו וְנִשְׁתַּבְּרוּ, חֲמוֹר וְכֵלָיו וְנִתְקָרְעוּ – חַיָּיב עַל הַבְּהֵמָה וּפָטוּר עַל הַכֵּלִים, הָא לְמָה זֶה דּוֹמֶה? לְאַבְנוֹ וְסַכִּינוֹ וּמַשָּׂאוֹ שֶׁהִנִּיחָן בִּרְשׁוּת הָרַבִּים וְהִזִּיקוּ.

Rav Oshaya raises an objection from a *baraita* discussing Pit: It is derived from the verse: "And if a man shall open a pit, or if a man shall dig a pit and not cover it, **and an ox or a donkey fall therein**" (Exodus 21:33), that the digger is liable to pay restitution only if what incurred damage is **an ox but not a person,** or **a donkey but not vessels. From here** the Sages **stated** that if **an ox with its equipment fell into** a pit, and the ox was wounded **and** the equipment **broke;** or if **a donkey with its equipment** fell in, and the donkey was wounded **and** the equipment **tore,** then the one who dug the pit is **liable** to pay restitution **for** any injury sustained by **the animal but exempt** from paying restitution **for the** damaged **equipment. To what** case **is this similar?** It is similar **to** the case of **his stone, or his knife, or his load that he left in the public domain, and they caused damage.**

HALAKHA

One's stone, one's knife, or one's load – אַבְנוֹ וְסַכִּינוֹ וּמַשָּׂאוֹ: If damage was caused because of one's stone, knife, or load that he left in the public domain, then whether he renounced ownership of that item or not, the *halakhot* of a pit apply. Specifically, he is liable to pay if an animal is injured or killed by that property, or if a person is injured. This is also the *halakha* in a case where one leaves hazardous items on property that he had previously owned but later renounced while he retained ownership of the objects. This is in accordance with Shmuel's opinion, as the *halakha* is ruled in accordance with his opinion in monetary matters (Rambam *Sefer Nezikin*, *Hilkhot Nizkei Mamon* 13:3–4; *Shulḥan Arukh*, *Ḥoshen Mishpat* 412:1).

An ox but not a person, etc. – שׁוֹר וְלֹא אָדָם וכו׳: If one falls into a pit, the person who dug the pit is liable to pay restitution for his injury but is not liable to pay restitution if he dies. He is exempt from liability for damage caused to vessels, whether they break completely or are just damaged (Rambam *Sefer Nezikin*, *Hilkhot Nizkei Mamon* 13:1; *Shulḥan Arukh*, *Ḥoshen Mishpat* 410:21).

Liable for injury to a person but exempt for damage to vessels – אָדָם חַיָּיב וְכֵלִים פְּטוּרִין: If one pours water in the public domain, and the clothes of another are soiled by it, he is exempt, whether or not he renounced ownership of the water. If another person slips in the water and is injured, the one who poured the water is liable, in accordance with Shmuel's opinion (Rambam *Sefer Nezikin*, *Hilkhot Nizkei Mamon* 13:12; *Shulḥan Arukh*, *Ḥoshen Mishpat* 412:5).

NOTES

Where he did not renounce ownership of them it is like his property causes damage – הֵיכָא דְּלָא אַפְקְרִינְהוּ מָמוֹנוֹ הוּא: Into what category does this liability fall? Rashi explains that if one's item causes damage, he is liable due to the category of Ox. Ra'avad deems it as having the same *halakhot* as a forewarned ox. Since an item left in the public domain is an obvious hazard, as it is very likely to cause injury or damage, it is therefore analogous to a forewarned ox. He adds that it is also analogous to the case of a forewarned ox in that there is an element of negligence in leaving out an item in the public domain, as its owner should have guarded it more carefully.

HALAKHA

The pedestrian stumbled on the stone – נִתְקַל בְּאֶבֶן: If a stone is left in the public domain, and a pedestrian stumbles on it and is injured by it, or if he stumbles on the ground and is injured by the stone, the owner of the stone is liable, in accordance with the second version of Rabbi Elazar's statement. If he stumbles on the stone and is injured by his impact with the ground, the owner of the stone is exempt from liability, as even Rabbi Elazar and Shmuel agree with Rav in this case (Rambam *Sefer Nezikin*, *Hilkhot Nizkei Mamon* 13:3 and *Leḥem Mishne* there; *Shulḥan Arukh*, *Ḥoshen Mishpat* 411:1 and *Beur HaGra* there).

אַדְּרַבָּה, ״מַה דּוֹמֶה לָזֶה״ מִבְּעֵי לֵיהּ! אֶלָּא: מַאי דּוֹמֶה לָזֶה? אַבְנוֹ וְסַכִּינוֹ וּמַשָּׂאוֹ שֶׁהִנִּיחָן בִּרְשׁוּת הָרַבִּים וְהִזִּיקוּ.

The Gemara questions the wording of the *baraita*: **On the contrary, it should have** stated: **What is similar to this,** since the cases of one's stone, knife, or load are not mentioned in the Torah, but are derived from the case of Pit. **Rather,** the wording should be emended as follows: **What is similar to this?** It is the case of **his stone, or his knife, or his load that he left in the public domain, and they caused damage.**

לְפִיכָךְ אִם הִטִּיחַ צְלוֹחִיתוֹ בְּאֶבֶן – חַיָּיב.

The *baraita* continues: **Therefore,** if one **dropped his flask on a stone** that was left in the public domain, breaking the flask, the owner of the stone is **liable.**

רֵישָׁא קַשְׁיָא לְרַב, וְסֵיפָא קַשְׁיָא לִשְׁמוּאֵל!

The first clause of this *baraita* is **difficult according to** the opinion of **Rav,** since it compares the cases of a stone, a knife, and a load to the case of Pit, and it does not distinguish between a situation in which he renounced ownership of them or one where he did not. **And the last clause** of the *baraita*, which deems the owner of a stone in the public domain liable to pay restitution for the damage to the broken flask, is **difficult according to** the opinion of **Shmuel.** According to him, the owner should be liable only for causing injury and not for damaging vessels.

וּלְטַעְמֵיךְ, תִּיקְשֵׁי לָךְ הִיא גּוּפָא: (קַשְׁיָא) רֵישָׁא פָּטוּר, וְסֵיפָא חַיָּיב!

The Gemara responds to this objection: **And according to your reasoning,** the *baraita* **itself should pose a difficulty for you,** since **the first clause** states that one is **exempt** from liability for damage to vessels, **and the last clause** states that he is **liable.**

אֶלָּא, רַב מְתָרֵץ לְטַעְמֵיהּ, וּשְׁמוּאֵל מְתָרֵץ לְטַעְמֵיהּ.

Rather, Rav resolves the contradiction according **to his** line of **reasoning, and Shmuel resolves** it according **to his** line of **reasoning.**

רַב מְתָרֵץ לְטַעְמֵיהּ: בַּמֶּה דְּבָרִים אֲמוּרִים – כְּשֶׁהִפְקִירָן, אֲבָל לֹא הִפְקִירָן – חַיָּיב, לְפִיכָךְ הִטִּיחַ צְלוֹחִיתוֹ בְּאֶבֶן – חַיָּיב.

Rav resolves it according **to his** line of **reasoning** as follows: **In what** case **is this statement said?** Concerning what case does the *baraita* rule that a stone, a knife, and a load are analogous to Pit, exempting their owner from liability for breakage to vessels caused by them? It is **where he renounced ownership of them. But if he did not renounce ownership of them he is liable. Therefore,** if one **dropped his flask on a stone** belonging to another person in the public domain, the owner of the stone is **liable** to pay for the damage to the flask.

וּשְׁמוּאֵל מְתָרֵץ לְטַעְמֵיהּ: הַשְׁתָּא דְּאָמְרַתְּ אַבְנוֹ סַכִּינוֹ וּמַשָּׂאוֹ כְּבוֹרוֹ דָּמֵי, לְרַבִּי יְהוּדָה דִּמְחַיֵּיב עַל נִזְקֵי כֵלִים בְּבוֹר, לְפִיכָךְ הִטִּיחַ צְלוֹחִיתוֹ בְּאֶבֶן – חַיָּיב.

And Shmuel resolves the contradiction according **to his** line of **reasoning: Now that you said** that the cases of **one's stone, one's knife, and one's load are similar to one's pit,** then **according to Rabbi Yehuda, who deems** one **liable** to pay **for damage** caused **to vessels by** falling into **a pit** that he dug, one is **therefore liable** in a case where someone **dropped his flask on a stone** belonging to him, and the flask broke.

אָמַר רַבִּי אֶלְעָזָר: לֹא שָׁנוּ אֶלָּא שֶׁנִּתְקַל בְּאֶבֶן וְנִשּׁוֹף בְּאֶבֶן, אֲבָל נִתְקַל בְּקַרְקַע וְנִשּׁוֹף בְּאֶבֶן – פָּטוּר.

§ **Rabbi Elazar says: They taught** that the owner of the stone is liable **only** in a case **where** the pedestrian **stumbled on the stone and** the flask **scraped against the stone** and broke. **But if he stumbled on the ground,** not the stone, **and** the flask consequently fell and **scraped against the stone,** causing the flask to break, the owner of the stone is **exempt** from liability for the damage.

כְּמַאן? דְּלָא כְּרַבִּי נָתָן.

In accordance with whose opinion is this statement? It is **not in accordance with** the opinion of **Rabbi Natan,** who maintains that if damage is caused by two people and one of them is exempt from paying compensation, the other must pay the entire amount. Similarly here, since there is no liability for damage caused by stumbling on the ground, compensation should be collected from the owner of the stone.

אִיכָּא דְּאָמְרִי, אָמַר רַבִּי אֶלְעָזָר: לֹא תֵּימָא בְּנִתְקַל בְּאֶבֶן וְנִשּׁוֹף בְּאֶבֶן הוּא דִּמְחַיֵּיב, אֲבָל נִתְקַל בְּקַרְקַע וְנִשּׁוֹף בְּאֶבֶן – פָּטוּר. אֶלָּא אֲפִילּוּ נִתְקַל בְּקַרְקַע וְנִשּׁוֹף בְּאֶבֶן – חַיָּיב. כְּמַאן? כְּרַבִּי נָתָן.

There are those **who say** an alternative version of this discourse: **Rabbi Elazar says: Do not say** that it is only in a case **where** the pedestrian **stumbled on the stone**[H] **and** the flask **scraped against the stone,** causing the flask to break, **that** he **is deemed liable, but** that **if he stumbled on the ground and** the flask **scraped against the stone,** causing the flask to break, he is **exempt. Rather, even** if the pedestrian **stumbled on the ground and** the flask **scraped against the stone,** causing the flask to break, he is **liable. In accordance with whose** opinion is this statement? It is **in accordance with** the opinion of **Rabbi Natan.**

״רַבִּי יְהוּדָה אוֹמֵר: בְּמִתְכַּוֵּין – חַיָּיב״ וכו׳. הֵיכִי דָּמֵי מִתְכַּוֵּין?

§ The mishna teaches that if someone's jug broke in the public domain and one slipped in the water from the jug and was injured from the fall, or if he was injured by the shards of the broken jug, the owner of the jug is liable. Rabbi Yehuda says: In a case where the owner of the jug acted **with intent**, he is liable, and in a case where he acted without intent, he is exempt. The Gemara asks: **What are the circumstances** in which it is considered that he acted with **intent?**

אָמַר רַבָּה: בְּמִתְכַּוֵּין לְהוֹרִידָהּ לְמַטָּה מִכְּתֵיפוֹ. אֲמַר לֵיהּ אַבָּיֵי: מִכְּלָל דִּמְחַיֵּיב רַבִּי מֵאִיר אֲפִילּוּ נִפְשְׁרָה? אֲמַר לֵיהּ: אִין, מְחַיֵּיב הָיָה רַבִּי מֵאִיר אֲפִילּוּ אָזְנָהּ בְּיָדוֹ.

Rabba says: Even **where he** just **intends to lower** the jug **off his shoulder** and accidentally breaks it, he is liable to pay for the damage he causes, according to Rabbi Yehuda. **Abaye said to him: By inference, does Rabbi Meir,** who is the anonymous first *tanna* of the mishna, **deem** him **liable even** if the jug **cracked** by itself? Rabba **said to him: Indeed, Rabbi Meir would deem** him **liable even** if he were holding **the handle of** the jug **in his hand,** the optimal manner for holding it, and the handle snapped, causing the jug to fall and break, an accident clearly beyond his control.

אַמַּאי? אָנוּס הוּא, וְאוֹנֶס רַחֲמָנָא פַּטְרֵיהּ, דִּכְתִיב: ״וְלַנַּעֲרָ לֹא תַעֲשֶׂה דָבָר״!

The Gemara asks: **Why** is this so? Isn't he the **victim of circumstances beyond his control? And the Merciful One exempts** a victim of **circumstances beyond his control**[NH] from punishment, **as it is written** with regard to a betrothed young woman who is raped: **"But to the young woman you shall do nothing"** (Deuteronomy 22:26).

וְכִי תֵּימָא, הָנֵי מִילֵּי לְעִנְיַן קְטָלָא, אֲבָל לְעִנְיַן נְזָקִין חַיָּיב – וְהָתַנְיָא: נִשְׁבְּרָה כַּדּוֹ וְלֹא סִלְּקוֹ, נָפַל גְּמַלּוֹ וְלֹא הֶעֱמִידוֹ – רַבִּי מֵאִיר מְחַיֵּיב בְּהֶיזֵּקָן, וַחֲכָמִים אוֹמְרִים:

And if you would say that **this matter applies** only **with regard** to exemption from the **death** penalty, **but with regard to damages** one is **liable** even for circumstances beyond his control, **but isn't it taught** in a *baraita*: If one's **jug broke and he did not remove** its shards, or if **his camel fell and he did not stand it up, Rabbi Meir deems him liable** to pay **for** any **damage** they cause, **and the Rabbis say** that

Perek **III**
Daf **29** Amud **a**

פָּטוּר מִדִּינֵי אָדָם וְחַיָּיב בְּדִינֵי שָׁמַיִם.

he is **exempt according to human laws but liable according to the laws of Heaven.**

וּמוֹדִים חֲכָמִים לְרַבִּי מֵאִיר בְּאַבְנוֹ סַכִּינוֹ וּמַשָּׂאוֹ שֶׁהִנִּיחָן בְּרֹאשׁ גַּגּוֹ וְנָפְלוּ בְּרוּחַ מְצוּיָה וְהִזִּיקוּ – שֶׁהוּא חַיָּיב. וּמוֹדֶה רַבִּי מֵאִיר לְרַבָּנַן בְּמַעֲלֶה קַנְקַנִּין עַל הַגַּג עַל מְנָת לְנַגְּבָן וְנָפְלוּ בְּרוּחַ שֶׁאֵינָהּ מְצוּיָה וְהִזִּיקוּ – שֶׁהוּא פָּטוּר!

The Gemara comments: **And the Rabbis concede to** the opinion **of Rabbi Meir in** the cases of **one's stone, one's knife, or one's load, that if he placed them on top of his roof and they fell** as a result of being blown off **by a typical wind,** i.e., one of ordinary force, **and they caused damage, that** he is **liable. And Rabbi Meir concedes to** the opinion **of the Rabbis in** the case of one who **puts pitchers** [*kankanin*][L] **on the roof in order to dry them, and they fell** as a result of being blown off **by an atypical wind,** i.e., one of unusual force, **and they caused damage, that** he is **exempt.** Evidently, even Rabbi Meir concedes that if one's property causes damage due to circumstances completely beyond his control, he is exempt.

אֶלָּא אֲמַר אַבָּיֵי: בְּתַרְתֵּי פְּלִיגִי, פְּלִיגִי בִּשְׁעַת נְפִילָה, וּפְלִיגִי לְאַחַר נְפִילָה.

Accordingly, Abaye rejects Rabba's explanation of Rabbi Yehuda's statement, that he deems the owner of the jug liable even if he merely attempted to take it off his shoulder and it broke, and offers another explanation. **Rather, Abaye said** that Rabbi Meir and Rabbi Yehuda **disagree with regard to two** different situations. **They disagree** with regard to a situation where the damage was caused **at the time of** the person's **fall,**[N] **and they disagree** with regard to a situation where the damage was caused **after** the person's **fall.**

NOTES

The Merciful One exempts a victim of circumstances beyond his control – **אוֹנֶס רַחֲמָנָא פַּטְרֵיהּ**: The early commentaries draw a contrast between this statement and the Gemara elsewhere (26b), where it is derived from the verse: "A burn for a burn" (Exodus 21:25), that one is liable to pay for damage he causes, whether he does so willfully or due to circumstances beyond his control. *Tosafot* explain that while one is liable if circumstances are partially beyond his control, if they are completely beyond his control he is exempt. Rabbeinu Ḥananel and the Ra'avad write that one is liable to pay for damage he causes with his body even if it was completely unavoidable, but that it stands to reason that one should be exempt from paying for damage caused by his property.

HALAKHA

And the Merciful One exempts a victim of circumstances beyond his control – **וְאוֹנֶס רַחֲמָנָא פַּטְרֵיהּ**: When one acts under circumstances beyond his control, he is exempt from any consequences, including lashes or an obligation to bring a sacrifice, and certainly from capital punishment (Rambam *Sefer Kedusha*, *Hilkhot Issurei Bia* 1:9).

LANGUAGE

Pitchers [*kankanin*] – **קַנְקַנִּין**: Apparently from the Assyrian and Ugaritic kankan, which means vessel or container. In the context here it is referring to a clay pitcher.

NOTES

At the time of the person's fall – **בִּשְׁעַת נְפִילָה**: *Tosafot* maintain that this does not refer to damage caused during the fall, as that would be considered damage caused by one's body, which would render the owner of the jug liable even if it was beyond his control. Rather, it is referring to damage caused shortly after the fall, when the owner of the barrel did not yet have the chance to clear away the broken pieces.

By contrast, the Ra'avad maintains that it is referring to damage caused during the fall. He explains that Rabbi Yehuda holds that the owner of the jug is exempt because he considers stumbling completely beyond one's control, and one is not liable in such a case even for damage caused by his body. In addition, since the person stumbled on a stone or a bump in the road, he is not the direct cause of the damage, similar to a case where one pushes another. The Ramban adds that even according to Rabbi Meir, the one who stumbled is not considered to have caused the damage directly; rather, Rabbi Meir holds him liable to pay for damage resulting from negligence.

פְּלִיגִי בִּשְׁעַת נְפִילָה – בְּנִתְקַל פּוֹשֵׁעַ, מָר סָבַר: נִתְקַל פּוֹשֵׁעַ הוּא, וּמָר סָבַר: נִתְקַל לָאו פּוֹשֵׁעַ הוּא.

They disagree in a situation where the damage was caused **at the time of** the person's **fall, with regard to** whether or not **one who stumbles,** thereby causing his jug to break, is considered **negligent.** One **Sage,** Rabbi Meir, **holds** that **one who stumbles** is considered **negligent,**[N] as his carelessness caused him to stumble. Therefore, he is liable to pay for damage caused by the shards of the jug, which broke as result of his stumbling. **And one Sage,** Rabbi Yehuda, **holds** that **one who stumbles is not** considered **negligent.**[H]

פְּלִיגִי לְאַחַר נְפִילָה – בְּמַפְקִיר נְזָקָיו, מָר סָבַר: מַפְקִיר נְזָקָיו – חַיָּיב, וּמָר סָבַר: פָּטוּר.

They disagree in a situation where the damage was caused **after** the person's **fall, with regard to one who renounces ownership of his hazardous property.**[N] Presumably, the owner of the jug has no interest in keeping the shards, and it is considered as though he renounced his ownership of them. One **Sage,** Rabbi Meir, **holds** that **one who renounces ownership of his hazardous property is liable** to pay restitution for damage caused by it, despite the fact that it no longer belongs to him. **And one Sage,** Rabbi Yehuda, **holds** that **he is exempt** from paying restitution, as it does not belong to him anymore.

וּמִמַּאי? מִדְּקָתָנֵי תַּרְתֵּי: הוּחְלַק אֶחָד בַּמַּיִם אוֹ שֶׁלָּקָה בַּחֲרָסִית. הַיְינוּ הָךְ! אֶלָּא לָאו הָכִי קָאָמַר: הוּחְלַק אֶחָד בַּמַּיִם בִּשְׁעַת נְפִילָה, אוֹ שֶׁלָּקָה בַּחֲרָסִית לְאַחַר נְפִילָה.

And from where is this interpretation derived? It is derived **from** the fact **that** the mishna **teaches two** possible cases of damage, stating: Another person **slipped in the water or was injured by the shards. This** case, slipping in the water, **is** seemingly identical to **that** case, injured by the shards. **Rather, is it not** necessary to explain that **this is** what the mishna **is saying:** Another person **slipped in the water at the time of** the person's **fall, or was injured by the shards after** the person's **fall?**

וּמִדְּמַתְנִיתִין בְּתַרְתֵּי, בָּרַיְיתָא נַמִי בְּתַרְתֵּי.

The Gemara infers: **And since** the dispute in **the mishna is with regard to two** situations, the dispute in **the** ***baraita*** between Rabbi Meir and the Rabbis must **also** relate **to two** situations, as there too, two cases are mentioned, a case where one's jug broke and a case where one's camel fell. Apparently, the dispute is with regard to damage caused both at the time of the fall and after the fall. Rabbi Meir holds that one who stumbles and breaks his jug, causing damage to others, is considered negligent and that one who renounces ownership of his hazardous property is liable, and the Rabbis disagree with regard to both issues.

בִּשְׁלָמָא כַּדּוֹ מַשְׁכַּחַתְּ לַהּ אוֹ בִּשְׁעַת נְפִילָה אוֹ לְאַחַר נְפִילָה. אֶלָּא גְּמַלּוֹ, בִּשְׁלָמָא לְאַחַר נְפִילָה מַשְׁכַּחַתְּ לַהּ בְּמַפְקִיר נִבְלָתוֹ, אֶלָּא בִּשְׁעַת נְפִילָה הֵיכִי מַשְׁכַּחַתְּ לַהּ?

The Gemara asks: **Granted,** with regard to the case where **one's jug** broke, **you find** these circumstances **either at the time of the fall or after the fall. But** with regard to the case where **his camel** fell, **granted, you find** this circumstance **after the fall, when he renounces his ownership of the carcass,** not considering it worth keeping, **but how can you find** these circumstances **at the time of the fall?** How can the camel's falling be considered to be due to the owner's negligence, possibly rendering him liable to pay for injuries caused by it?

אֲמַר רַב אַחָא: כְּגוֹן דְּעַבְרָה בְּמַיָּא דֶּרֶךְ שַׁרְעֲתָא דְּנַהֲרָא.

Rav Aḥa said: For example, in a case **where** the camel **crossed through water, through the inundation** [*serata*][L] **of a river** that overflowed its banks, and it stumbled there, the owner was negligent, as he should not have gone this way.

הֵיכִי דָּמֵי? אִי דְּאִיכָּא דַּרְכָּא אַחֲרִינָא – פּוֹשֵׁעַ הוּא, וְאִי דְּלֵיכָּא דַּרְכָּא אַחֲרִינָא – אָנוּס הוּא!

The Gemara asks: **What are the circumstances? If there was another route,** and he nevertheless chose this one, **he is** clearly **negligent** according to all opinions. **And if there was no other route, he is a victim of circumstances beyond his control,** and he is exempt from liability according to all opinions.

NOTES

One who stumbles is considered negligent – נִתְקַל פּוֹשֵׁעַ הוּא: The *Tosefot Rid* explains that Rabbi Meir holds that one should look out for obstacles and if he does not notice them, he is responsible for damage caused as a result, whereas Rabbi Yehuda maintains that one is not expected to look at the ground while he walks and therefore would not be considered negligent if he stumbled and caused damage.

With regard to one who renounces ownership of his hazardous property – בְּמַפְקִיר נְזָקָיו: This dispute is not only with regard to the case mentioned here, where the items fell due to one's negligence and he renounced ownership of them. Even if he is not the cause of their falling in the public domain, Rabbi Meir holds that he incurs liability for failing to remove them. According to Rabbi Yehuda, no one is liable to pay for damage caused by an ownerless pit or other obstacle in the public domain and one is liable to pay only for damage caused by a pit that belongs to him. For example, one is liable to pay for damage caused by a pit when he digs the pit on his own property and subsequently renounces ownership of the property but not of the pit.

HALAKHA

One who stumbles is not considered negligent – נִתְקַל לָאו פּוֹשֵׁעַ הוּא: If one carrying his jug in his hand stumbles, causing the jug to break, he is exempt from any damage caused as a result, as stumbling is not deemed negligence. Nevertheless, if he could have cleared the shards and did not, he is liable by the laws of Heaven. This is in accordance with the opinion of the Rabbis (Rambam *Sefer Nezikin*, *Hilkhot Nizkei Mamon* 13:7; *Shulḥan Arukh*, *Ḥoshen Mishpat* 412:4).

LANGUAGE

Inundation [*serata*] – שַׁרְעֲתָא: Possibly from the biblical root *shin*, *reish*, *ayin*, meaning wide, indicating here the widening or swelling of the river, where it overflows its banks. Syriac has a similar word that is used in *Targum Yonatan*, *sorata*, meaning slippery. Accordingly, the word here would mean a place where one could slip into the river.

אֶלָּא מַשְׁכַּחַתְּ לַהּ, דְּאִתְּקִיל וְאִתְּקִילָה בֵּיהּ גַּמְלָא.

Rather, you find this circumstance in a case **where** the owner **stumbled and the camel** then **stumbled on him.** In this case, the Sages engage in a dispute whether or not one who stumbles is considered negligent.

מַפְקִיר נְזָקָיו מַאי מִתְכַּוֵּין אִיכָּא?

The Gemara asks: According to Abaye's explanation that the dispute between Rabbi Meir and Rabbi Yehuda is with regard to a situation where the owner of the jug **renounces ownership of his hazardous property** after it falls, **what** is the meaning of Rabbi Yehuda's statement that if the owner of the jug acted **with intent** he is liable? What intention **is there** after the jug fell and broke?

אֲמַר רַב יוֹסֵף: בְּמִתְכַּוֵּין לִזְכּוֹת בַּחֲרָסֶיהָ. וְכֵן אֲמַר רַב אַשִׁי: בְּמִתְכַּוֵּין לִזְכּוֹת בַּחֲרָסֶיהָ.

Rav Yosef said: It is a situation **where he intends to acquire the shards**[H] of the broken jug, and he does not renounce his ownership of them. It is specifically in that case that Rabbi Yehuda holds him liable to pay for damage caused by the shards. **And similarly, Rav Ashi said:** It is a situation **where he intends to acquire the shards.**

רַבִּי אֶלְעָזָר אָמַר: בִּשְׁעַת נְפִילָה מַחֲלוֹקֶת.

§ **Rabbi Elazar says: The dispute** in the *baraita* is with regard to a situation where the damage occurred **at the time of** the person's **fall.**

אֲבָל לְאַחַר נְפִילָה מַאי – דִּבְרֵי הַכֹּל פָּטוּר? וְהָא אִיכָּא רַבִּי מֵאִיר דִּמְחַיֵּיב! אֶלָּא מַאי – דִּבְרֵי הַכֹּל חַיָּיב? וְהָא אִיכָּא רַבָּנַן דְּפָטְרִי!

The Gemara asks: **But after the fall,** according to this statement, **what** is the *halakha*? Does **everyone agree** that the owner of the jug is **exempt** from liability? **But isn't there Rabbi Meir, who deems** him **liable,** since he did not remove the shards? **Rather, what** is the *halakha*? Does **everyone agree** that **he is liable? But aren't there the Rabbis, who deem** him **exempt?**

אֶלָּא מַאי בִּשְׁעַת נְפִילָה – אַף בִּשְׁעַת נְפִילָה, וְקָמַשְׁמַע לָן כִּדְאַבַּיֵי.

The Gemara answers: **Rather, what** is the explanation of the phrase: **At the time of** the person's **fall?** It means **even at the time of** the person's **fall, and** it **teaches us** that the dispute is referring to a situation where the damage occurred after the fall and also to a situation where it occurred at the time of the fall, **in accordance with Abaye's** explanation of the mishna.

Perek **III**
Daf **29** Amud **b**

וְרַבִּי יוֹחָנָן אָמַר: לְאַחַר נְפִילָה מַחֲלוֹקֶת.

And Rabbi Yoḥanan says: The **dispute** is with regard to a situation where the damage occurred **after the fall.**

אֲבָל בִּשְׁעַת נְפִילָה מַאי – דִּבְרֵי הַכֹּל פָּטוּר? וְהָא מִדְּקָאָמַר רַבִּי יוֹחָנָן לְקַמָּן: לָא תֵּימָא מַתְנִיתִין רַבִּי מֵאִיר הִיא דְּאָמַר נִתְקַל פּוֹשֵׁעַ הוּא, מִכְּלָל דְּרַבִּי מֵאִיר מְחַיֵּיב!

The Gemara asks: **But at the time of** the person's **fall,** according to this statement, **what** is the *halakha*? Does **everyone agree** that the owner of the jug is **exempt** from liability? **But from the fact that Rabbi Yoḥanan says later** (31a), with regard to another mishna in this chapter: **Do not say that the mishna is** the opinion **of Rabbi Meir, who says** that **one who stumbles is** considered **negligent, by inference** it is clear **that** he holds that **Rabbi Meir deems** one who stumbles **liable** to pay damages. Evidently, it is not unanimously agreed upon that he is exempt.

אֶלָּא מַאי, דִּבְרֵי הַכֹּל חַיָּיב? וְהָא מִדְּקָאָמַר רַבִּי יוֹחָנָן לְקַמָּן: לָא תֵּימָא מַתְנִיתִין רַבִּי מֵאִיר הִיא דְּאָמַר נִתְקַל פּוֹשֵׁעַ הוּא, מִכְּלָל דְּפָטְרִי רַבָּנַן!

Rather, what is the *halakha* in this case? **Does** he say that **everyone agrees that he is liable? But from the fact** that **Rabbi Yoḥanan says later: Do not say that the mishna is** the opinion of **Rabbi Meir, who says** that **one who stumbles is** considered **negligent, by inference** it is clear **that** he holds that **the Rabbis deem** him **exempt.**

אֶלָּא הָא קָא מַשְׁמַע לָן, דְּמַפְקִיר נְזָקָיו דְּהָכָא הוּא דְּפָטְרִי רַבָּנַן, דְּאָנוּס הוּא, אֲבָל מַפְקִיר נְזָקָיו דְּעָלְמָא – מְחַיְּיבִי.

The Gemara answers: **Rather, this** is what Rabbi Yoḥanan **teaches us: That** the circumstance in **which the Rabbis deem one who renounces ownership of his hazardous property**[H] **exempt is** only the situation stated **here,**[N] i.e., where he stumbled, **as he is the victim of circumstances beyond his control. But in the general** case of **one who renounces ownership of his hazardous property, they deem** him **liable** to pay for damage caused by it.

HALAKHA

Where he intends to acquire the shards – בְּמִתְכַּוֵּין לִזְכּוֹת בַּחֲרָסֶיהָ: If one's jug broke, even if it was due to circumstances beyond his control, and he intended to retain possession of the broken pieces, he is liable to pay for any damage caused by them (Rambam *Sefer Nezikin, Hilkhot Nizkei Mamon* 13:7; *Shulḥan Arukh, Ḥoshen Mishpat* 412:4).

HALAKHA

One who renounces ownership of his hazardous property – מַפְקִיר נְזָקָיו: If one's jug broke due to circumstances beyond his control, and he did not intend to retain possession of the shards, he is exempt from damage caused by them. If it fell and broke due to his negligence, he is liable to pay for damage caused by the shards, whether during the fall itself or afterward, even if he renounces ownership of the shards, in accordance with the opinion of Rabbi Yoḥanan (Rambam *Sefer Nezikin, Hilkhot Nizkei Mamon* 13:5; *Shulḥan Arukh, Ḥoshen Mishpat* 412:4).

NOTES

One who renounces ownership of his hazardous property is exempt – מַפְקִיר נְזָקָיו פָּטוּר: In the Jerusalem Talmud it is noted that this exemption applies only to a pit and the like. By contrast, if one renounces ownership of his ox and leaves it in the public domain knowing it is likely to cause damage, then, since an ox walks and causes damage on its own, he is liable to pay for the damage it causes.

אִיתְּמַר: מַפְקִיר נְזָקָיו – רַבִּי יוֹחָנָן וְרַבִּי אֶלְעָזָר, חַד אֲמַר: חַיָּיב, וְחַד אֲמַר: פָּטוּר.

§ It was stated: With regard to **one who renounces ownership of his hazardous property** that he left in the public domain, there is a dispute between the *amora'im* **Rabbi Yoḥanan and Rabbi Elazar. One said** that he is **liable, and one said** that he is **exempt.**

לֵימָא, מַאן דִּמְחַיֵּיב – כְּרַבִּי מֵאִיר, וּמַאן דְּפָטַר – כְּרַבָּנַן?

The Gemara suggests: **Shall we say** that **the one who deems** him **liable** holds **in accordance with** the opinion of **Rabbi Meir, and the one who deems** him **exempt** holds **in accordance with** the opinion of **the Rabbis?**

אַלִּיבָּא דְּרַבִּי מֵאִיר כּוּלֵּי עָלְמָא לָא פְּלִיגִי. כִּי פְּלִיגִי – אַלִּיבָּא דְּרַבָּנַן. מַאן דְּפָטַר – כְּרַבָּנַן, וּמַאן דִּמְחַיֵּיב – אָמַר לָךְ: אֲנָא דַּאֲמַרִי אֲפִילּוּ לְרַבָּנַן, עַד כָּאן לָא פָּטְרִי רַבָּנַן אֶלָּא בְּמַפְקִיר נְזָקָיו דְּהָכָא, מִשּׁוּם דְּאָנוּס הוּא, אֲבָל מַפְקִיר נְזָקָיו דְּעָלְמָא – מְחַיְּיבִי.

The Gemara responds: No; **in accordance with** the opinion of **Rabbi Meir, everyone agrees** that one who renounces ownership over his hazardous property is liable. Rather, **when they disagree** it **is in accordance with** the opinion of **the Rabbis.** They disagree as to what the opinion of the Rabbis is. **The one who deems** him **exempt** holds that his opinion **is in accordance with** the opinion of **the Rabbis. And the one who deems** him **liable** could have **said to you: I** maintain **that** what **I say** is correct **even according to** the opinion of **the Rabbis; the Rabbis deem one who renounces ownership over his hazardous property exempt only** in the situation **here, because he is a victim of circumstances beyond his control. But** in **a general** case of **one who renounces ownership of his hazardous property, they deem** him **liable.**

תִּסְתַּיֵּים דְּרַבִּי אֶלְעָזָר הוּא דַּאֲמַר חַיָּיב, דְּאָמַר רַבִּי אֶלְעָזָר מִשּׁוּם רַבִּי יִשְׁמָעֵאל: שְׁנֵי דְבָרִים אֵינָן בִּרְשׁוּתוֹ שֶׁל אָדָם וַעֲשָׂאָן הַכָּתוּב כְּאִילּוּ הֵן בִּרְשׁוּתוֹ, וְאֵלּוּ הֵן: בּוֹר בִּרְשׁוּת הָרַבִּים, וְחָמֵץ מִשֵּׁשׁ שָׁעוֹת וּלְמַעְלָה. תִּסְתַּיֵּים.

The Gemara suggests: **It may be concluded that Rabbi Elazar is the one who says** that **he is liable, as Rabbi Elazar says in the name of Rabbi Yishmael:** There are **two entities** that **are not in a person's** legal **possession** and nevertheless **the verse rendered them as though they were in his possession** with regard to certain halakhic responsibilities. **And these are: A pit** that he dug **in the public domain**[H] **and leavened bread** remaining in his possession on the eve of Passover **from six hours,** i.e., noon, **onward.**[HN] Although deriving any benefit from the bread is prohibited, and it is therefore no longer in its owner's legal possession, nevertheless he is commanded to destroy it. The Gemara concludes: **It may be concluded** that Rabbi Elazar is the one who says that he is liable.

וּמִי אֲמַר רַבִּי אֶלְעָזָר הָכִי? וְהָא אֲמַר רַבִּי אֶלְעָזָר אִיפְּכָא! דִּתְנַן: הַהוֹפֵךְ אֶת הַגָּלָל בִּרְשׁוּת הָרַבִּים וְהוּזַּק בָּהֶן אַחֵר – חַיָּיב בְּנִזְקוֹ, וְאָמַר רַבִּי אֶלְעָזָר: לֹא שָׁנוּ אֶלָּא שֶׁנִּתְכַּוֵּין לִזְכּוֹת בָּהֶן, אֲבָל לֹא נִתְכַּוֵּין לִזְכּוֹת בָּהֶן – פָּטוּר. אַלְמָא, מַפְקִיר נְזָקָיו – פָּטוּר!

The Gemara asks: **And did Rabbi Elazar** actually **say this,** that one who renounces ownership of his hazardous objects is liable? **But didn't Rabbi Elazar say the opposite? As we learned** in a mishna (30a): In the case of **one who turns over dung in the public domain and another** person **incurred damage due to it,** he is **liable** to pay **for his damage. And Rabbi Elazar says: They taught** this ruling **only** in a case **where** the one who turned over the dung **intended to acquire it, but** in a case where **he did not intend to acquire it** he is **exempt. Apparently,** according to Rabbi Elazar, **one who renounces ownership of his hazardous property is exempt,** since he is liable only if he intends to take possession of the dung, even if he moved it significantly.

אֲמַר רַב אַדָּא בַּר אַהֲבָה: שֶׁהֶחֱזִירָהּ לִמְקוֹמָהּ. אֲמַר רָבִינָא: מָשָׁל דְּרַב אַדָּא בַּר אַהֲבָה לְמַה הַדָּבָר דּוֹמֶה? לְמוֹצֵא בּוֹר מְגוּלֶּה וְכִסָּהוּ, וְחָזַר וְגִילָּהוּ.

Rav Adda bar Ahava said: Rabbi Elazar was referring to a case **where he returned** the dung **to its** prior **place.** Therefore, he is exempt unless he intended to acquire it. **Ravina said:** This can be explained by means of **a parable: To what is** the statement of **Rav Adda bar Ahava comparable? To one who finds an uncovered** pit in the public domain **and covers it,**[H] **and** then **uncovers it again.**[N] Since he left the pit as he found it, he is exempt from paying damages, and the liability lies with the one who dug the pit.

אֲמַר לֵיהּ מָר זוּטְרָא בְּרֵיהּ דְּרַב מָרִי לְרָבִינָא: מִי דָּמֵי? הָתָם לָא אִסְתַּלֵּק לְהוּ מַעֲשֶׂה רִאשׁוֹן, הָכָא אִסְתַּלֵּק לְהוּ מַעֲשֶׂה רִאשׁוֹן!

Mar Zutra, son of Rav Mari, said to Ravina: Is this comparable? There, in the case of the pit, the result of **the initial act** of digging the pit **was not removed,** since even when he covered the pit, the pit itself still existed. But **here,** the result of **the initial act was removed,** since once the dung was moved from its prior place, there was no longer any hazardous object there. Therefore, by returning it to its place, the hazard is created anew.

HALAKHA

A pit in the public domain – בּוֹר בִּרְשׁוּת הָרַבִּים: If one digs a pit in the public domain, although it does not belong to him, he is liable to pay for any damage caused by it, since he is the one who created it (Rambam *Sefer Nezikin, Hilkhot Nizkei Mamon* 12:2; *Shulḥan Arukh, Ḥoshen Mishpat* 410:6).

And leavened bread from six hours onward – וְחָמֵץ מִשֵּׁשׁ שָׁעוֹת וּלְמַעְלָה: It is prohibited to derive benefit from leavened bread that is in the possession of a Jew after the sixth hour, i.e., noon, of the eve of Passover, since the owner violated the mitzva to destroy his leavened bread. Rashi holds that he also transgressed the prohibition of: It shall not be seen and it shall not be found (Rambam *Sefer Zemanim, Hilkhot Ḥametz UMatza* 1:9; *Shulḥan Arukh, Oraḥ Ḥayyim* 443:1).

One who finds an uncovered pit and covers it, etc. – מוֹצֵא בּוֹר מְגוּלֶּה וְכִסָּהוּ וכו׳: If one finds an uncovered pit, covers it, and then uncovers it again, the one who dug the pit in the first place is liable to pay for the damage it causes, and the one who covered and uncovered it is exempt, since he merely restored it to its prior state. By contrast, if one finds a pit, fills it with dirt, and then removes the dirt again, he is liable, since by filling it he reverses the initial act of digging it (Rambam *Sefer Nezikin, Hilkhot Nizkei Mamon* 12:6; *Shulḥan Arukh, Ḥoshen Mishpat* 410:3).

NOTES

Leavened bread from six hours onward – חָמֵץ מִשֵּׁשׁ שָׁעוֹת וּלְמַעְלָה: It is forbidden to derive benefit from leavened bread from the sixth hour of the day on the eve of Passover. Since this prohibition includes deriving any benefit, not just eating, the leavened bread is rendered useless and no longer has any monetary value. Since an item that has no value cannot be owned, it is not considered its owner's property.

An uncovered pit in the public domain and covers it, and then uncovers it again – בּוֹר מְגוּלֶּה וְכִסָּהוּ וְחָזַר וְגִילָּהוּ: Even if the one who dug a pit saw it being covered by someone else, he is not exempt from responsibility for it, since he must take into account the possibility that someone may uncover it.

הָא לָא דָּמֵי אֶלָּא לְמוֹצֵא בּוֹר מְגוּלֶּה וְטִמְּמָהּ וְחָזַר וַחֲפָרָהּ, דְּאִסְתַּלְּקוּ לְהוּ מַעֲשֶׂה רִאשׁוֹן וְקַיְּימָא לָהּ בִּרְשׁוּתוֹ!

Rather, **it is comparable only to one who finds an uncovered pit and fills it** with dirt **and** then **digs it up again,** as in this case the result of **the initial act is removed, and** the new pit therefore **exists in his possession** and he is liable. Likewise, one who moves dung in the public domain and then restores it to its prior place is deemed liable whether or not he intends to acquire it.

אֶלָּא אָמַר רַב אַשִׁי: כְּשֶׁהֲפָכָהּ לְפָחוֹת מִשְּׁלֹשָׁה.

Rather, Rav Ashi said that Rabbi Elazar was referring to a case **when he turned it over at** a height of **less than three** handbreadths, which is not considered removal of the dung from its place.

וּמַאי דּוּחְקֵיהּ דְּרַבִּי אֶלְעָזָר לְאוֹקְמֵיהּ כְּגוֹן שֶׁהֲפָכָהּ לְפָחוֹת מִשְּׁלֹשָׁה, וְטַעֲמָא דְּכִי נִתְכַּוֵּין לִזְכּוֹת בָּהּ, הָא אֵין מִתְכַּוֵּין לִזְכּוֹת בָּהּ – לָא? לוֹקְמָהּ לְמַעְלָה מִשְּׁלֹשָׁה, וְאַף עַל גַּב דְּלָא נִתְכַּוֵּין לִזְכּוֹת בָּהּ – חַיָּיב!

The Gemara asks: **But** according to this explanation, **what forced Rabbi Elazar to interpret** the mishna as referring specifically to the unique case **where he turned over** the dung **at** a height of **less than three** handbreadths, **and** consequently **the reason** he is liable **is that he intended to acquire it, but if he does not intend to acquire it** he is **not** liable? **Let him interpret** the mishna as referring to a case where he turned over the dung at a height **above three** handbreadths, in which case **even if he did not intend to acquire it, he is liable.**

אָמַר רָבָא: מַתְנִיתִין קְשִׁיתֵיהּ; מַאי אִירְיָא הָפַךְ? לִתְנֵי "הִגְבִּיהַּ"! אֶלָּא שְׁמַע מִינָּהּ, כָּל הָפַךְ – לְמַטָּה מִשְּׁלֹשָׁה הוּא.

Rava said: What forced him was that **the mishna was difficult for him. Why** does it state **specifically** that **he turned over** the dung? **Let it teach** that **he lifted** the dung. **Rather, learn from** the fact that the mishna does not use the term: Lifted, which generally is referring to the act of lifting an object three handbreadths for the purpose of acquisition, that **whenever** the term **turned over** is used, it is referring to an act in which the object is lifted to a height of **under three** handbreadths from the ground.

וּמִדְּרַבִּי אֶלְעָזָר אָמַר חַיָּיב, רַבִּי יוֹחָנָן אָמַר פָּטוּר.

The Gemara concludes: **And from** the fact **that Rabbi Elazar** was evidently the one who **said** that one who renounces ownership of his hazardous object in the public domain is still **liable** to pay for any damage it causes, **Rabbi Yoḥanan** is clearly the one who **said** he is **exempt.**

וּמִי אָמַר רַבִּי יוֹחָנָן הָכִי? וְהָתְנַן: הַמַּצְנִיעַ אֶת הַקּוֹץ וְאֶת הַזְּכוּכִית, וְהַגּוֹדֵר גְּדֵרוֹ בְּקוֹצִים, וְגָדֵר שֶׁנָּפַל לִרְשׁוּת הָרַבִּים, וְהוּזַּק בָּהֶן אַחֵר – חַיָּיב בְּנִזְקוֹ.

The Gemara asks: **And did Rabbi Yoḥanan** actually **say this,** that if one renounces ownership of his object he is exempt from liability for any damage it causes? **But didn't we learn** in a mishna (30a): With regard to **one who conceals a thorn or** a piece of **glass, or who puts up a fence of thorns, or** who puts up **a fence that** subsequently **fell into the public domain, and another** person **incurred damage due to** any of **these,** he is **liable** to pay **for** this person's **damage.**

וְאָמַר רַבִּי יוֹחָנָן: לֹא שָׁנוּ אֶלָּא בְּמַפְרִיחַ, אֲבָל בִּמְצַמְצֵם – פָּטוּר; מְצַמְצֵם מַאי טַעֲמָא פָּטוּר – לָאו מִשּׁוּם דְּהָוְיָא לֵיהּ בּוֹר בִּרְשׁוּתוֹ? מִכְּלָל דְּחִיּוּבָא דְּבוֹר בִּרְשׁוּת הָרַבִּים הוּא. אַלְמָא מַפְקִיר נְזָקָיו – חַיָּיב!

And Rabbi Yoḥanan says: With regard to one who puts up a fence of thorns, **they taught** that he is liable **only in** a case where he **projects** the thorns out into the public domain, **but in** a case where he **restricts** them[H] to his own property, he is **exempt.** The Gemara infers: In a case where he **restricts** them, **what is the reason** that he is **exempt? Is it not because it is** considered **a pit on his** own **property?**[H] **By inference, the liability** in the category **of Pit,** according to Rabbi Yoḥanan, **is in the public domain,** where a pit generally does not belong to the one who dug it. **Apparently,** Rabbi Yoḥanan holds that **one who renounces ownership of his hazardous property is liable.**

לָא, לְעוֹלָם אֵימָא לָךְ: מַפְקִיר נְזָקָיו – פָּטוּר, וּמְצַמְצֵם מַאי טַעֲמָא פָּטוּר? מִשּׁוּם דְּאִתְּמַר עֲלָהּ, אָמַר רַב אַחָא בְּרֵיהּ דְּרַב אִיקָא: לְפִי שֶׁאֵין דַּרְכָּן שֶׁל בְּנֵי אָדָם לְהִתְחַכֵּךְ בַּכְּתָלִים.

The Gemara answers: **No, actually I** could **say to you** that in principle, **one who renounces ownership of his hazardous property is exempt.** Nevertheless, one who puts up a fence of thorns is liable, because he does not renounce ownership of the thorns that protrude into the public domain. **And** in a case where **he restricts** the thorns to his own property, **what is the reason** he is **exempt?** The reason is not that he is not liable to pay for the damage of a pit in his own property, but rather **because it was stated about** this case that **Rav Aḥa, son of Rav Ika, said:** He is exempt **because it is not the** typical **manner of people to rub against walls,**[N] but to keep a small distance from them. Therefore, if a pedestrian is injured by the thorns, it is considered an unusual accident, for which the owner of the fence is not liable.

HALAKHA

In a case where he restricts them, etc. – **בִּמְצַמְצֵם וכו׳:** If one makes a fence of thorns that protrude into the public domain, causing injury, he is liable to pay full restitution for damage it causes. If he confines the thorns to his own property, he is exempt from liability, as it is uncommon for people to rub against walls. This is in accordance with the opinion of Rabbi Yoḥanan and Rav Aḥa, son of Rav Ika (*Shulḥan Arukh, Ḥoshen Mishpat* 415:1).

A pit on his own property – **בּוֹר בִּרְשׁוּתוֹ:** If one digs a pit in the public domain or he digs a pit on his own property but opens it to the public domain, he is liable to pay for the damage it causes (Rambam *Sefer Nezikin, Hilkhot Nizkei Mamon* 12:2; *Shulḥan Arukh, Ḥoshen Mishpat* 410:6).

NOTES

Because it is not the typical manner of people to rub against walls – **לְפִי שֶׁאֵין דַּרְכָּן שֶׁל בְּנֵי אָדָם לְהִתְחַכֵּךְ בַּכְּתָלִים:** The later commentaries state a possible practical difference between the two reasons for exemption in a case where he restricted the thorns to his own property: In a case where an animal is injured by the thorns, then according to the reason that it is not the typical manner of people to rub against walls, perhaps he is liable, as this does not apply to animals. If the reason one is exempt is that it is a pit in his own property, he is exempt in this case as well (*Ayyelet HaShaḥar*). See the Meiri on the mishna on 30a, and *Yam shel Shlomo*.

ומי אמר רבי יוחנן הכי? והא אמר רבי יוחנן: הלכה כסתם משנה, ותנן: החופר בור ברשות הרבים, ונפל לתוכו שור או חמור ומת – חייב!

The Gemara asks: **And did Rabbi Yoḥanan** actually **say that** one who renounces ownership of his hazardous objects is exempt? **But didn't Rabbi Yoḥanan say** that in general, **the *halakha* is in accordance with an unattributed mishna, and we learned** in an unattributed mishna (50b): In the case of **one who digs a pit in the public domain and an ox or a donkey fell into it and died,** he is **liable.** This mishna is referring to one who digs a pit in the public domain, where it is not owned by the one who dug it, yet the mishna deems him liable.

אלא, לעולם רבי יוחנן אמר חייב.

The Gemara concludes: **Rather, Rabbi Yoḥanan** is **actually** the one who **said** that one who renounces ownership of his hazardous objects is **liable.**[N]

ומדרבי יוחנן אמר חייב, רבי אלעזר אמר פטור? והאמר רבי אלעזר

The Gemara asks: **And from** the fact **that Rabbi Yoḥanan said** that he is **liable,** is it evident that **Rabbi Elazar said** that he is **exempt? But doesn't Rabbi Elazar say**

NOTES

Rather, Rabbi Yoḥanan is actually the one who said he is liable – אלא לעולם רבי יוחנן אמר חייב: If Rabbi Yoḥanan is the one who said he is liable, why was it necessary for Rav Aḥa, son of Rav Ika, to explain Rabbi Yoḥanan's statement with regard to a fence of thorns based on the reasoning that it is not the typical manner of people to rub against walls? *Tosafot* answer that Rabbi Yoḥanan could have held that one is liable both for a pit that he placed in the public domain and for one on his own property.

משום רבי ישמעאל כו'!

in the name of Rabbi Yishmael that one is liable to pay for damage caused by a pit that he dug in the public domain, even if it is not his personal property?

לא קשיא, הא דידיה, הא דרביה.

The Gemara answers: This is **not difficult. This** ruling, that he is exempt, **is his own** opinion, whereas **that** ruling, that he is liable, **is** the opinion **of his teacher** Rabbi Yishmael, and he disagrees with it.

מתני׳ השופך מים ברשות הרבים והוזק בהן אחר – חייב בנזקו. המצניע את הקוץ ואת הזכוכית, והגודר את גדרו בקוצים, וגדר שנפל לרשות הרבים, והוזקו בהן אחרים – חייב בנזקן.

MISHNA In the case of **one who pours water in the public domain,**[H] **and another** person **incurred damage due to it,** the one who poured water **is liable** to pay **for his damage.** In the case of **one who conceals a thorn or a piece of glass** in his wall adjacent to the public domain, **or one who puts up a fence of thorns,**[H] **or** one who puts up **a fence that** subsequently **fell into the public domain, and others incurred damage due to** any of **these, he is liable** to pay **for their damage.**

גמ׳ אמר רב: לא שנו אלא דנטנפו כליו במים, אבל הוא עצמו – פטור, קרקע עולם הזיקתו.

GEMARA With regard to the case of one who pours water in the public domain, **Rav says: They taught** that he is liable **only when the clothes** of one who slipped **were soiled by the** dirty **water, but** if the one who slipped **himself** was injured, the one who poured the water **is exempt,** as it is the impact with **the ground** that **injured him,** not the water.

אמר ליה רב הונא לרב: לא יהא אלא כרפשו!

Rav Huna said to Rav: Why should he be exempt from paying restitution for the injury? Even if the water that he poured is considered **only like his filth**[N] that he tossed in the public domain, he should be liable. Since the muddy ground caused the injury, and the mud belongs to him, as it results from the addition of his water to the dirt, he should be liable.

מי סברת דלא תמו מיא? בדתמו מיא.

Rav responded: **Do you maintain** that this is a case **where the water was not absorbed** into the ground? It is a case **where the water was absorbed,** leaving only moist dirt. Since there is no mud there that can be deemed as belonging to the one who spilled the water, he is exempt from liability.

ותרתי למה לי?

The Gemara asks: **But** if the mishna's ruling refers only to the soiling of the pedestrian's clothes, **why do I** need **two** *mishnayot* to state this *halakha*? According to Rav, this *halakha* was already addressed in the previous mishna, with regard to a jug that broke, causing a pedestrian to fall and his clothes to become soiled.

חדא בימות החמה, וחדא בימות הגשמים.

The Gemara answers: **One** *halakha* was stated with regard to a case where this occurred **in the summer,** the dry season, **and one** with regard to a case where it occurred **in the rainy season.**

HALAKHA

One who pours water in the public domain – השופך מים ברשות הרבים: If one pours water in the public domain, and another person is physically injured, even if it is by impact with the ground, he is liable, in accordance with Shmuel's opinion that one is liable to pay for injury caused by a pit even if the injury is caused by impact with the ground. This is the *halakha* even if one poured the water during the period when it is permitted for him to do so, and even if he renounced ownership of the water. If another's items are damaged, e.g., if his clothes get soiled from the water, he is exempt, in accordance with the *halakhot* of a pit (Rambam *Sefer Nezikin, Hilkhot Nizkei Mamon* 13:12–13; *Shulḥan Arukh, Ḥoshen Mishpat* 412:5).

Or one who puts up a fence of thorns – והגודר את גדרו בקוצים: If one conceals thorns or pieces of glass in his wall or fences in his field with thorns, if they protrude into the public domain and a passerby is thereby injured, he is liable. If he confines the thorns to his own property, he is exempt, as it is not the typical manner of people to rub against walls. This is in accordance with the mishna and the statement of Rabbi Yoḥanan (Rambam *Sefer Nezikin, Hilkhot Nizkei Mamon* 13:20; *Shulḥan Arukh, Ḥoshen Mishpat* 415:1).

NOTES

Like his filth – כרפשו: The assumption is that as long as the water did not dry up, the owner still wants to retain ownership of it, and he owns the mud formed by the water and the dirt. Therefore, he should be liable to pay for injury it causes to another, as it is his property causing the damage. If he does not own the resultant mud, it has the status of a pit, for which one is not liable, in Rav's opinion, for damage to vessels (see Jerusalem Talmud).

דְּתַנְיָא, כׇּל אֵלּוּ שֶׁאָמְרוּ: פּוֹתְקִין בִּיבוֹתֵיהֶן וְגוֹרְפִין מְעָרוֹתֵיהֶן, בִּימוֹת הַחַמָּה אֵין לָהֶן רְשׁוּת, וּבִימוֹת הַגְּשָׁמִים יֵשׁ לָהֶם רְשׁוּת, וְאַף עַל פִּי שֶׁבִּרְשׁוּת, אִם הִזִּיקוּ – חַיָּיבִין לְשַׁלֵּם.

As it is taught in a *baraita*: With regard to **all those** people **who** engage in activities that the Sages **stated** are permitted, i.e., those who **open** [*potkin*][L] **their gutters** and drain the sewage from their houses into the public domain, **and** those who **flush out** the water **from their caves,**[B] where foul-smelling water was stored, into the public domain, **during the summer they do not have permission** to do so, while **during the rainy season they have permission** to do so, since the street is rained upon in any event and thereby washed. **And although** all these people perform their actions **with permission, if they cause damage they are liable to pay** for it. Because of the difference between the summer and the rainy season with regard to whether it is permitted for one to pour water into the public domain, both *mishnayot* are necessary, one for each season. This is in order to teach that even in the rainy season, when it is permitted to pour water into the public domain, one is nevertheless liable to pay for damage resulting from the water.

"הַמַּצְנִיעַ אֶת הַקּוֹץ" [וכו']. אָמַר רַבִּי יוֹחָנָן: לֹא שָׁנוּ אֶלָּא מַפְרִיחַ, אֲבָל מְצַמְצֵם לֹא. מַאי טַעְמָא פָּטוּר? אָמַר רַב אַחָא בְּרֵיהּ דְּרַב אִיקָא: לְפִי שֶׁאֵין דַּרְכָּן שֶׁל בְּנֵי אָדָם לְהִתְחַכֵּךְ בַּכְּתָלִים.

§ It is stated in the mishna that **one who conceals a thorn** or a piece of glass, or one who puts up a fence of thorns, is liable to pay for damage resulting from them. **Rabbi Yoḥanan says: They taught** that he is liable **only** in a case where he **projects** these obstacles into the public domain, **but** if he **restricts** them to his own property, he is **not** liable. The Gemara asks: **What is the reason** that **he is exempt? Rav Aḥa, son of Rav Ika, says:** It is **because it is not the** typical **manner of people to rub against walls,** but to keep a certain distance from them. Therefore, if a pedestrian is wounded by the thorns, it is considered an unusual accident, for which the owner of the fence is not liable.

תָּנוּ רַבָּנַן: הַמַּצְנִיעַ קוֹצוֹתָיו וּזְכוּכִיּוֹתָיו לְתוֹךְ כּוֹתֶל שֶׁל חֲבֵירוֹ, וּבָא בַּעַל כּוֹתֶל וְסָתַר כּוֹתְלוֹ וְנָפַל לִרְשׁוּת הָרַבִּים, וְהִזִּיקוּ – חַיָּיב הַמַּצְנִיעַ.

The Sages taught (*Tosefta* 2:6): With regard to **one who conceals his thorns or his pieces of glass in another's wall,**[H] **and the owner of the wall came and demolished his wall and it fell into the public domain,** and the thorns or glass **caused damage, the one who concealed them is liable.**

אָמַר רַבִּי יוֹחָנָן: לֹא שָׁנוּ אֶלָּא בְּכוֹתֶל רָעוּעַ, אֲבָל בְּכוֹתֶל בָּרִיא – הַמַּצְנִיעַ פָּטוּר, וְחַיָּיב בַּעַל הַכּוֹתֶל.

Rabbi Yoḥanan says: They taught this **only in** the case of **an unstable wall,** since the one who concealed his items should have anticipated that the owner of the wall would soon demolish it, **but in** the case of **a stable wall, the one who concealed** his items **is exempt, and the owner of the wall is liable.**

אָמַר רָבִינָא, זֹאת אוֹמֶרֶת: הַמְכַסֶּה בּוֹרוֹ בְּדַלְיוֹ שֶׁל חֲבֵירוֹ, וּבָא בַּעַל דְּלִי וְנָטַל דַּלְיוֹ – חַיָּיב בַּעַל הַבּוֹר.

Ravina says: That is to say that in the case of **one who covers his pit with another's bucket,**[H] **and the owner of the bucket came and took his bucket,** and the pit causes damage, **the owner of the pit is liable.**

פְּשִׁיטָא!

The Gemara asks: Isn't this **obvious?** This is exactly the same *halakha* as Rabbi Yoḥanan's statement with regard to one who conceals thorns in an unstable wall, i.e., that the hazardous item was likely to be revealed from the moment that it was concealed, and therefore its owner is liable to pay for any damage that it causes. What is the novel element in Ravina's statement?

מַהוּ דְּתֵימָא, הָתָם הוּא דְּלָא הֲוֵי יָדַע לֵיהּ דְּלוֹדְעֵיהּ, אֲבָל הָכָא דְּיָדַע לֵיהּ – הֲוָה לֵיהּ לְאוֹדוֹעֵיהּ, קָא מַשְׁמַע לַן.

The Gemara answers: It is necessary. **Lest you say:** It is only **there,** in the case of the thorns, that the owner of the wall is exempt, **since he did not know** who concealed the hazardous item in order **to inform him** that he should remove them, **but here, since** the owner of the bucket **knew** who dug the pit, **he should have informed him** that he was taking his bucket and is consequently liable to pay for damage caused by the pit, Ravina therefore, **teaches us**[N] that he is not required to inform the owner of the pit, and he bears no responsibility for any damage caused.

תָּנוּ רַבָּנַן: חֲסִידִים הָרִאשׁוֹנִים הָיוּ מַצְנִיעִים קוֹצוֹתֵיהֶם וּזְכוּכִיּוֹתֵיהֶם בְּתוֹךְ שְׂדוֹתֵיהֶן, וּמַעֲמִיקִים לָהֶן שְׁלֹשָׁה טְפָחִים, כְּדֵי שֶׁלֹּא יְעַכֵּב הַמַּחֲרֵישָׁה.

The Sages taught: The early pious people would conceal their thorns[H] **and their pieces of glass in their fields, and would dig to the depth of** at least **three handbreadths** in order to bury them, **so that they would not obstruct the plow.**

LANGUAGE

Open [*potkin*] – **פּוֹתְקִין:** This word comes from the root *peh, tav, kuf* and is closely related to the Hebrew *petaḥ*, meaning an opening. It generally refers to the opening of a dam or a barrier to allow for the passage of water.

BACKGROUND

Those who flush out the water from their caves – **גּוֹרְפִין מְעָרוֹתֵיהֶן:** The word cave refers here to a cistern with a roof, where water was stored for use in the house or the garden. During the rainy season people would flush out the old water, which often became putrid over the course of the summer, and replace it with fresh, clean rainwater.

HALAKHA

One who conceals his thorns or his pieces of glass in another's wall – **הַמַּצְנִיעַ קוֹצוֹתָיו וּזְכוּכִיּוֹתָיו לְתוֹךְ כּוֹתֶל שֶׁל חֲבֵירוֹ:** If one conceals thorns or pieces of glass in another's wall and the wall falls, and a passerby is subsequently injured by the thorns, if the wall was unstable then the one who concealed his items is liable. If it was stable, the owner of the wall is liable (Rambam *Sefer Nezikin, Hilkhot Nizkei Mamon* 13:21; *Shulḥan Arukh, Ḥoshen Mishpat* 415:2).

One who covers his pit with another's bucket – **הַמְכַסֶּה בּוֹרוֹ בְּדַלְיוֹ שֶׁל חֲבֵירוֹ:** If one covers his pit with another's bucket, and the owner of the bucket removes it, and the pit subsequently causes injury or damage, the owner of the pit is liable (Rambam *Sefer Nezikin, Hilkhot Nizkei Mamon* 12:9; *Shulḥan Arukh, Ḥoshen Mishpat* 410:29).

Would conceal their thorns – **הָיוּ מַצְנִיעִים קוֹצוֹתֵיהֶם:** It is praiseworthy to conceal his thorns or other hazardous items or discard them in a place where they cannot cause harm (Rambam *Sefer Nezikin, Hilkhot Nizkei Mamon* 13:22; *Shulḥan Arukh, Ḥoshen Mishpat* 415:3).

NOTES

Teaches us – **קָא מַשְׁמַע לַן:** Rabbeinu Ḥananel and Rashi offer different explanations for the ruling that the owner of the bucket is not responsible for informing the owner of the pit that he removed the bucket. Rabbeinu Ḥananel explains that since the owner of the bucket is taking what is his, he has no responsibility with regard to the pit. By contrast, Rashi explains that the possibility of informing the owner of the pit does not have any bearing on the latter's liability. There may be a practical difference between these explanations with regard to a case where another person, other than the bucket's owner, took it (see Meiri; *Nimmukei Yosef*, citing Ramah).

LANGUAGE

Tigris [*Diglat*] – דִּגְלַת: The Tigris River is called *Diglat* in Aramaic and Diklat in Syriac. The name derives from the Babylonian-Assyrian name Idiklat, from which its Hebrew name *Ḥiddekel* is also derived.

NOTES

One who wants to be pious – הַאי מַאן דְּבָעֵי לְמֶהֱוֵי חֲסִידָא: The Rashba and Rabbeinu Yehonatan of Lunel explain that these three tractates are cited because in each of them there are statements stating how a pious person should behave. Rabbeinu Yehonatan of Lunel notes that to be considered a pious person one must go beyond the letter of the law and must therefore be meticulous in the matters mentioned in all three of these tractates. He concludes that these Sages do not disagree with each other, but rather each Sage provides a different example. The Maharsha adds that these three tractates correspond to the three aspects of moral perfection: One must act exemplarily toward Heaven by observing the matters of *Berakhot*, exemplarily toward other people by observing the matters of *Nezikin*, and exemplarily toward himself by observing the matters of tractate *Avot*, which teaches how to attain perfection of soul.

Rabbeinu Ḥananel writes that the term: Matters of tractate *Nezikin*, refers to going beyond the letter of the law to avoid causing damage, even where one does not bear legal responsibility, and *Berakhot* is referring to the prohibition against benefiting from this world without a blessing.

The matters of tractate *Nezikin* – מִילֵּי דִּנְזִיקִין: The first three tractates of order *Nezikin*, i.e., *Bava Kamma*, *Bava Metzia*, and *Bava Batra*, were originally a single tractate called *Nezikin*.

BACKGROUND

His straw and his hay – תִּבְנוֹ וְקַשּׁוֹ: To serve as good fertilizer, straw and hay should be broken down and ground as much as possible. Otherwise, they will not decay quickly and will consequently be of little benefit to the soil. If they are trampled upon together with mud, the straw and hay will be better suited to serve as fertilizer.

רַב שֵׁשֶׁת שָׁדֵי לְהוּ בְּנוּרָא. רָבָא שָׁדֵי לְהוּ בְּדִגְלַת.

The Gemara relates: **Rav Sheshet would toss** his thorns **into fire,** so they would not cause damage to others. **Rava would toss them into the Tigris [*Diglat*]**[L] River.

אָמַר רַב יְהוּדָה: הַאי מַאן דְּבָעֵי לְמֶהֱוֵי חֲסִידָא, לְקַיֵּים מִילֵּי דִּנְזִיקִין; רָבָא אָמַר: מִילֵּי דְּאָבוֹת; וְאָמְרִי לַהּ: מִילֵּי דִּבְרָכוֹת.

Rav Yehuda says: One who wants to be pious[N] **should observe the matters of** tractate ***Nezikin***,[N] so as to avoid causing damage to others. **Rava said** he should observe **the matters of** tractate ***Avot*. And some say** he should observe **the matters of** tractate ***Berakhot*.**

מתני׳ הַמּוֹצִיא אֶת תִּבְנוֹ וְקַשּׁוֹ לִרְשׁוּת הָרַבִּים לִזְבָלִים, וְהוּזַּק בָּהֶן אַחֵר – חַיָּיב בְּנִזְקוֹ, וְכָל הַקּוֹדֵם בָּהֶן זָכָה; רַבָּן שִׁמְעוֹן בֶּן גַּמְלִיאֵל אוֹמֵר: כָּל הַמְקַלְקְלִין בִּרְשׁוּת הָרַבִּים וְהִזִּיקוּ – חַיָּיבִין לְשַׁלֵּם, וְכָל הַקּוֹדֵם בָּהֶן זָכָה.

MISHNA In the case of **one who takes out his straw** [*teven*] **and his hay** [*kash*][BH] **to the public domain to** use afterward as **fertilizer and another** person **incurred damage due to them,** he **is liable** to pay **for his damage, and whoever** takes possession of the hay and straw **first acquires** them for himself. **Rabban Shimon ben Gamliel says:** With regard to **anyone who places obstacles in the public domain and they cause damage,** he **is liable to pay** damages, **and whoever** takes possession **of them first acquires** them.

הַהוֹפֵךְ אֶת הַגָּלָל בִּרְשׁוּת הָרַבִּים וְהוּזַּק בָּהֶן אַחֵר – חַיָּיב בְּנִזְקוֹ.

In the case of **one who turns over dung in the public domain and another** person **incurred damage due to it,** the former **is liable** to pay **for his damage.**

גמ׳ לֵימָא מַתְנִיתִין דְּלָא כְּרַבִּי יְהוּדָה.

GEMARA **Let us say** that the ruling in **the mishna** that one is liable to pay for damage caused by straw or hay that he put in the public domain **is not in accordance with** the opinion of **Rabbi Yehuda.**

דְּתַנְיָא, רַבִּי יְהוּדָה אוֹמֵר: בִּשְׁעַת הוֹצָאַת זְבָלִים, אָדָם מוֹצִיא זִבְלוֹ לִרְשׁוּת הָרַבִּים וְצוֹבְרוֹ כָּל שְׁלֹשִׁים יוֹם, כְּדֵי שֶׁיְּהֵא נִישּׁוֹף בְּרַגְלֵי אָדָם וּבְרַגְלֵי בְהֵמָה, שֶׁעַל מְנָת כֵּן הִנְחִיל יְהוֹשֻׁעַ אֶת הָאָרֶץ?

As it is taught in a *baraita* that **Rabbi Yehuda says: During the period when fertilizer is taken out,**[H] **a person may take his fertilizer out to the public domain and let it accumulate** there **for a full thirty days, so that it gets trampled by people's feet and by animals' feet, as** it was **on this condition** that **Joshua bequeathed Eretz** Yisrael to the Jewish people (see 80b). In other words, people do not have the right to prevent someone from taking out his straw to the public domain, since they received their portion of Eretz Yisrael following Joshua's conquest on this condition. Apparently, since one has the right to take out his straw, he is not held liable to pay for damage caused by it.

אֲפִילּוּ תֵּימָא רַבִּי יְהוּדָה, מוֹדֶה רַבִּי יְהוּדָה שֶׁאִם הִזִּיק – מְשַׁלֵּם מַה שֶּׁהִזִּיק.

The Gemara rejects this suggestion: **You can even say** that the mishna is in accordance with the opinion of **Rabbi Yehuda,** since **Rabbi Yehuda** possibly **concedes that if** the fertilizer **caused damage,** he is liable to **pay for the damage it caused,** although he acted within his rights.

וְהָתְנַן, רַבִּי יְהוּדָה אוֹמֵר: בְּנֵר חֲנוּכָּה – פָּטוּר, מִפְּנֵי שֶׁהוּא בִּרְשׁוּת; מַאי לָאו מִשּׁוּם רְשׁוּת בֵּית דִּין?

The Gemara asks: **But didn't we learn** in a *baraita* that **Rabbi Yehuda says:** If a pile of straw on the back of an animal that was passing through the public domain catches fire **from a Hanukkah lamp** that was placed outside a store, the owner of the lamp is **exempt, since he** put it there **with permission** (see 62b)? **What, is it not because** he put it there with the **permission of the court** and is therefore exempt from paying for damage caused by it?

HALAKHA

One who takes out his straw and his hay, etc. – הַמּוֹצִיא אֶת תִּבְנוֹ וְקַשּׁוֹ וכו׳: One may not put his straw or hay in the public domain to be trampled upon and become fertilizer. The Sages instituted that if one does so, the straw or hay is rendered ownerless. Nevertheless, if a person or an animal is injured as a result, the owner of the straw is liable (Rambam *Sefer Nezikin*, *Hilkhot Nizkei Mamon* 13:14; *Shulḥan Arukh*, *Ḥoshen Mishpat* 414:1).

During the period when fertilizer is taken out – בִּשְׁעַת הוֹצָאַת זְבָלִים: One may place fertilizer and dung in the public domain during the designated period and let it accumulate there for thirty days so that it gets trampled on by pedestrians and animals. Nevertheless, if it causes damage, the owner of the fertilizer is liable to pay, in accordance with the opinion of the Rabbis, who disagreed with Rabbi Yehuda (Rambam *Sefer Nezikin*, *Hilkhot Nizkei Mamon* 13:15; *Shulḥan Arukh*, *Ḥoshen Mishpat* 414:2).

לָא, מִשּׁוּם רְשׁוּת מִצְוָה. דְּתַנְיָא, רַבִּי יְהוּדָה אוֹמֵר: בְּנֵר חֲנוּכָּה – פָּטוּר, מִפְּנֵי שֶׁהוּא רְשׁוּת מִצְוָה.

The Gemara answers: **No,** it is **because** he put it there with the **permission** granted to those performing **a mitzva.** Permission of the court is not sufficient to exempt him from paying damages, unless, in addition, permission was granted for the purpose of performing a mitzva. **As it is taught** in a *baraita*: **Rabbi Yehuda says** that if it caught fire **from a Hanukkah lamp** he is **exempt because** he had **permission** to put it there in order to perform **a mitzva.**[N]

תָּא שְׁמַע: כׇּל אֵלּוּ שֶׁאָמְרוּ מוּתָּרִין לְקַלְקֵל בִּרְשׁוּת הָרַבִּים, אִם הִזִּיקוּ – חַיָּיבִין לְשַׁלֵּם, וְרַבִּי יְהוּדָה פּוֹטֵר!

Come and hear an alternative proof from a *baraita*: With regard to **all these** cases in **which** the Sages **said** that **it is permitted** for people **to place obstacles in the public domain, if they caused damage,** these people **are liable to pay, and Rabbi Yehuda exempts** them. Evidently, according to Rabbi Yehuda, if one has the permission of the court to put an item in the public domain, he is exempt from paying damages.

אָמַר רַב נַחְמָן: מַתְנִיתִין – שֶׁלֹּא בִּשְׁעַת הוֹצָאַת זְבָלִים, וְרַבִּי יְהוּדָה הִיא.

Rav Naḥman said: The mishna is referring to a case where one put his fertilizer outside **not during the period when fertilizer is taken out.** Therefore, he did not have permission to do so. **And it is** in accordance with the opinion of **Rabbi Yehuda,** who holds that one is liable only if he acts without permission.

רַב אַשִׁי אָמַר:

Rav Ashi said an alternative explanation of the mishna according to Rabbi Yehuda:

NOTES

Permission in order to perform a mitzva – רְשׁוּת מִצְוָה: It is a mitzva to light the Hanukkah lamp in a place where it is visible and publicizes the Hanukkah miracle. Ideally it should be placed at the outer entrance of a house. For this reason Rabbi Yehuda says that one who places his lamp outside is exempt from liability for damage it causes.

Perek **III**
Daf **30** Amud **b**

תִּבְנוֹ וְקַשּׁוֹ תְּנַן, מִשּׁוּם דְּמַשְׁרְקִי.

What **we learned** in the mishna was specifically with regard to a case where one put out **his straw and his hay,** which are more likely to cause injury than fertilizer and other objects, **because they are** particularly **slippery.** Therefore, Rabbi Yehuda agrees that in this case he is liable to pay for damage they cause.

״כׇּל הַקּוֹדֵם בָּהֶן זָכָה״. אָמַר רַב: בֵּין בְּגוּפָן בֵּין בְּשִׁבְחָן, וּזְעֵירִי אָמַר: בְּשִׁבְחָן אֲבָל לֹא בְּגוּפָן.

§ It is stated in the mishna that if one puts his straw and hay out in the public domain, **whoever** takes possession **of them first acquires** them. The Sages disagreed with regard to the extent of this acquisition. **Rav says:** He acquires them **both with regard to** the items **themselves and with regard to** the value of **their enhancement,**[H] which took place while they were in the public domain. **And Ze'eiri says:** He acquires them **with regard to** the value of **their enhancement but not with regard to** the items **themselves,** and he must pay the owner of the straw according to their value at the time he placed them in the public domain.

בְּמַאי קָמִיפַּלְגִי? רַב סָבַר: קָנְסוּ גּוּפָן מִשּׁוּם שִׁבְחָן, וּזְעֵירִי סָבַר: לֹא קָנְסוּ גּוּפָן מִשּׁוּם שִׁבְחָן.

With regard to what do they disagree? Rav holds that the Sages **penalized** the owner by revoking his ownership of the items **themselves due to** the value of **their enhancement** that he stands to earn by putting them in the public domain, **whereas Ze'eiri holds** that **they did not penalize** him by revoking his ownership of the items **themselves due to** the value of **their enhancement.** Rather, he loses only the increase in their value due to their enhancement.

HALAKHA

Both with regard to the items themselves and with regard to their enhancement – בֵּין בְּגוּפָן בֵּין בְּשִׁבְחָן: It is prohibited to put out straw or hay in the public domain so that it gets trampled. The Sages imposed a penalty on one who does, so that the straw is rendered ownerless, and whoever comes first may take possession of it. This is in accordance with the opinion of Rav, whose opinion is accepted because Ze'eiri was his student. Once the straw becomes fertilizer, anyone may come and take it for himself. Before it becomes fertilizer one may not take it *ab initio*, as the status of the straw at this stage was deliberated in the Gemara and the dispute was not resolved. The Rambam rules that if one takes it at this stage, the court does not remove it from his possession, due to the uncertainty with regard to this matter. The Rosh, on the other hand, holds that his seizure is not effective, and it is removed from his possession (Rambam *Sefer Nezikin, Hilkhot Nizkei Mamon* 13:14; *Shulḥan Arukh, Ḥoshen Mishpat* 414:1).

HALAKHA

One who turns over dung – הַהוֹפֵךְ אֶת הַגָּלָל: One is permitted to put dung in the public domain during the period designated for putting out fertilizer. Nevertheless, he is liable to pay for any damage it causes. If another takes it for himself, that person is in violation of the prohibition against robbery. This is in accordance with the response of Rav Naḥman bar Yitzḥak. The Rema writes that according to some authorities, if someone is injured by the dung it becomes ownerless and anyone may take possession of it (Rambam *Sefer Nezikin, Hilkhot Nizkei Mamon* 13:15; *Shulḥan Arukh, Ḥoshen Mishpat* 414:2).

תְּנַן: הַהוֹפֵךְ אֶת הַגָּלָל בִּרְשׁוּת הָרַבִּים וְהוּזַּק בָּהֶן אַחֵר – חַיָּיב בְּנִזְקוֹ, וְאִילּוּ ״כׇּל הַקּוֹדֵם זָכָה״ לָא קָתָנֵי!

The Gemara attempts to prove that Ze'eiri's opinion is correct from a case where there is no enhancement at all. **We learned** in the continuation of the mishna that in the case of **one who turns over dung**[H] **in the public domain and another** person **incurred damage due to it,** the former is **liable** to pay **for his damage. But it does not teach** in this clause that **whoever** takes possession of it **first acquires** it. Apparently the Sages did not revoke his ownership of the dung, as it has no enhanced value. This does not seem to accord with Rav's opinion.

תְּנָא לְרֵישָׁא וְהוּא הַדִּין לְסֵיפָא.

The Gemara answers: The *halakha* that whoever takes possession of it acquires it **is taught in the first clause,** with regard to one who puts out straw, **and the same is true in the last clause,** with regard to one who turns over dung. It is unnecessary to repeat it. Therefore, no support for the opinion of Ze'eiri can be derived from here.

וְהָא תָּנֵי עֲלָהּ: אֲסוּרִין מִשּׁוּם גֶּזֶל!

The Gemara asks: **But isn't it taught** in a *baraita* **in that regard,** i.e., a *baraita* that discusses the same cases as the mishna, that the hay and straw **are forbidden due to** the prohibition against **robbery,** which apparently means that one may not take possession of the dung, contrary to Rav's opinion?

כִּי קָתָנֵי אֲסוּרִין מִשּׁוּם גֶּזֶל – אַכּוּלָּהּ מַתְנִיתִין קָאֵי, לְאוֹתוֹ שֶׁקָּדַם וְזָכָה.

The Gemara answers: **When it is taught** in the *baraita* that **they are forbidden due to** the prohibition against **robbery, it applies to the entire mishna,** not just to this particular clause, and it is referring **to** taking the items from **the one who came first and acquired** them. In other words, once someone takes possession of them, it is forbidden for anyone else to take them from him, as that is considered robbery.

וְהָא לָא קָתָנֵי הָכִי! דִּתְנַן: הַמּוֹצִיא תִּבְנוֹ וְקַשּׁוֹ לִרְשׁוּת הָרַבִּים לְזִבְלִים וְהוּזַּק בָּהֶן אַחֵר – חַיָּיב בְּנִזְקוֹ, וְכׇל הַקּוֹדֵם בָּהֶן זָכָה, וּמוּתָּר מִשּׁוּם גֶּזֶל. וְהַהוֹפֵךְ אֶת הַגָּלָל לִרְשׁוּת הָרַבִּים וְהוּזַּק בָּהֶן אַחֵר – חַיָּיב, וְאָסוּר מִשּׁוּם גֶּזֶל!

The Gemara asks: **But it is not taught in this manner** elsewhere, **as we learned** in a *baraita*: In the case of **one who takes out his straw and his hay to the public domain to** use afterward as **fertilizer and another** person **incurred damage due to them, he is liable** to pay **for his damage. And** furthermore, **whoever** takes possession **of them first acquires** them, **and is permitted** to do so **with regard to** the prohibition against **robbery. And** in the case of **one who turns over dung in the public domain and another incurred damage due to it,** he **is liable, but it is forbidden** to take possession of it **due to** the prohibition against **robbery.**

אָמַר רַב נַחְמָן בַּר יִצְחָק: גָּלָל קָרָמֵית? דָּבָר שֶׁיֵּשׁ בּוֹ שֶׁבַח – קָנְסוּ גּוּפוֹ מִשּׁוּם שִׁבְחוֹ, דָּבָר שֶׁאֵין בּוֹ שֶׁבַח – לֹא קָנְסוּ.

Rav Naḥman bar Yitzḥak said: Is it from the case of **dung** that **you raise a contradiction** to Rav's opinion that one may take possession of straw and hay in the public domain? With regard to **an item that has** added value due to **enhancement** over time as a result of lying in the public domain, Rav holds that the Sages **penalized** one who leaves it in the public domain, revoking his ownership of the item **itself because of its** added value due to **enhancement,** but with regard to **an item that does not have** added value due to **enhancement** by lying in the public domain, such as dung, perhaps Rav concedes that **they did not penalize** him in this manner.

אִיבַּעְיָא לְהוּ: לְדִבְרֵי הָאוֹמֵר קָנְסוּ גּוּפָן מִשּׁוּם שִׁבְחָן, לְאַלְתַּר קָנְסִינַן אוֹ לְכִי מַיְיתֵי שִׁבְחָא קָנְסִינַן?

A dilemma was raised before the Sages: **According to the statement of** Rav, **who says that they penalized** him by revoking his ownership of **the items themselves because of its** added value due to **enhancement, do we impose** this **penalty immediately** when he takes the straw out, allowing one to take possession of it even before it has time for its value to become enhanced, **or do we impose the penalty** only **when its enhancement** in value **emerges?**

תָּא שְׁמַע, מִדְּקָאַיְירִינַן גָּלָל.

Come and **hear** a proof that the penalty is imposed immediately **from** the fact **that we spoke of** a difficulty to Rav's opinion from the case of **dung,** whose value does not become enhanced, indicating that according to Rav the penalty is imposed before there is any enhancement.

וְתִסְבְּרָא? כִּי אַיְירִינַן גָּלָל – מִיקַּמֵּי דְּלִשְׁנֵי רַב נַחְמָן, לְבָתַר דְּשַׁנֵּי רַב נַחְמָן מִי אִיכָּא לְמִירְמָא גָּלָל כְּלָל?!

The Gemara responds: **And** how can **you understand** this proof? **When we spoke of dung,** this was **before Rav Naḥman** bar Yitzḥak **resolved** the difficulty, explaining that perhaps Rav concedes that there is no penalty in this case. But **after Rav Naḥman resolved** it, **is it at all possible to raise an objection** to Rav's opinion from the case of **dung?** Therefore, no proof can be brought from there.

לֵימָא כְּתַנָּאֵי: שְׁטָר שֶׁכָּתוּב בּוֹ רִבִּית – קוֹנְסִין אוֹתוֹ וְאֵינוֹ גּוֹבֶה לֹא אֶת הַקֶּרֶן וְלֹא אֶת הָרִבִּית, דִּבְרֵי רַבִּי מֵאִיר, וַחֲכָמִים אוֹמְרִים: גּוֹבֶה אֶת הַקֶּרֶן אֲבָל לֹא אֶת הָרִבִּית. לֵימָא, רַב דַּאֲמַר כְּרַבִּי מֵאִיר, וּזְעֵירִי דַּאֲמַר כְּרַבָּנַן?

The Gemara suggests: **Let us say** that this dispute is **parallel to** a dispute between *tanna'im*, as it is stated in a *baraita*: With regard to **a document in which** a loan with **interest is written,**[H] **we penalize** the lender, and he therefore **collects neither the principal nor the interest;** this is **the statement of Rabbi Meir. And the Rabbis say: He collects the principal but not the interest. Shall** we say that **Rav stated** his opinion **in accordance with** the opinion of **Rabbi Meir,** whose penalty applies to the value of the loan itself due to its enhancement, i.e., the interest, which is prohibited, **and** that **Ze'eiri stated** his opinion **in accordance with** the opinion of **the Rabbis,** who impose the penalty only on the interest?

אָמַר לָךְ רַב: אֲנָא דַּאֲמַרִי אֲפִילּוּ לְרַבָּנַן. עַד כָּאן לָא קָאָמְרִי רַבָּנַן הָתָם – אֶלָּא קֶרֶן דִּבְהֶתֵּירָא, אֲבָל הָכָא קֶרֶן גּוּפָא קָמַזִּיק.

The Gemara answers that **Rav** could have **said to you: I stated** my opinion **even** according **to the** opinion of the **Rabbis. The Rabbis were saying there** that the principal is not forfeited by the lender **only because the principal** was loaned **in a permissible** manner, as the prohibition applies only to the interest. **But here,** in the case of one who put his straw in the public domain, **the principal,** i.e., the hazardous object **itself, causes damage.** Therefore, the penalty should relate to the object itself.

וּזְעֵירִי אָמַר לָךְ: אֲנָא דַּאֲמַרִי אֲפִילּוּ לְרַבִּי מֵאִיר. עַד כָּאן לָא קָאָמַר רַבִּי מֵאִיר הָתָם – אֶלָּא דְּמִשְּׁעַת כְּתִיבָה דַּעֲבַד לֵיהּ שׁוּמָא, אֲבָל הָכָא מִי יֵימַר דְּמַזִּיק.

And conversely, **Ze'eiri** could have **said to you: I stated** my opinion **even** according **to** the opinion of **Rabbi Meir.** The reason **Rabbi Meir was saying there,** in the case of a loan with interest, that the principal is also forfeited is **only that** the prohibition was already violated **from the time of the writing** of the document, **by making an appraisal** [*shuma*][N] of how much money is to be repaid, which included interest. **But here,** in the case of straw that one placed in the public domain, **who can say that it will cause damage?** Since the damage was not inevitable at the time that the straw was placed there, there is no justification for revoking the ownership of the straw itself.

לֵימָא כְּהָנֵי תַּנָּאֵי: הַמּוֹצִיא תִּבְנוֹ וְקַשּׁוֹ לִרְשׁוּת הָרַבִּים לִזְבָלִים וְהוּזַּק בָּהֶן אַחֵר – חַיָּיב בְּנִזְקוֹ, וְכׇל הַקּוֹדֵם בָּהֶן זָכָה, וַאֲסוּרִין מִשּׁוּם גֶּזֶל. רַבָּן שִׁמְעוֹן בֶּן גַּמְלִיאֵל אוֹמֵר: כׇּל הַמְקַלְקְלִין בִּרְשׁוּת הָרַבִּים וְהִזִּיקוּ – חַיָּיבִין לְשַׁלֵּם, וְכׇל הַקּוֹדֵם בָּהֶן זָכָה, וּמוּתָּרִין מִשּׁוּם גֶּזֶל.

The Gemara suggests alternatively: **Let us say** that the dispute between Rav and Ze'eiri is **parallel to** a dispute between **these** *tanna'im*, as it is stated in a *baraita*: In the case of **one who takes his straw and his hay out to the public domain to** use afterward as **fertilizer, and another incurred damage due to them,** he is **liable** to pay **for his damage. And whoever** takes possession **of them first acquires** them, **but they are forbidden due to** the prohibition against **robbery. Rabban Shimon ben Gamliel says:** In the case of **anyone who places obstacles in the public domain and they cause damage,** he is **liable to pay. And whoever** takes possession **of them first acquires** them **and they are permitted** to him **with regard to** the prohibition against **robbery.**

הָא גּוּפָא קַשְׁיָא, אָמְרַתְּ כׇּל הַקּוֹדֵם בָּהֶן זָכָה, וַהֲדַר קָאָמַר אֲסוּרִין מִשּׁוּם גֶּזֶל! אֶלָּא לָאו הָכִי קָאָמַר: וְכׇל הַקּוֹדֵם בָּהֶן זָכָה – בְּשִׁבְחָן, וַאֲסוּרִין מִשּׁוּם גֶּזֶל – אַגּוּפָן. וַאֲתָא רַבָּן שִׁמְעוֹן בֶּן גַּמְלִיאֵל לְמֵימַר: אֲפִילּוּ גּוּפָן נַמִי כׇּל הַקּוֹדֵם בָּהֶן זָכָה.

The Gemara clarifies: **This matter itself is difficult.** First **you said** that **whoever** takes possession **of them first acquires** them, **and then it says that they are forbidden due to** the prohibition against **robbery,** indicating that one may not take possession of them. **Rather, is this not what** the *baraita* **is saying:** This statement: **And whoever** takes possession **of them first acquires** them, is stated **with regard to** the value of **their enhancement.** And this statement: **But they are forbidden due to** the prohibition against **robbery,** is stated **with regard to** the items **themselves? And Rabban Shimon ben Gamliel came to say** that **even** with regard to the items **themselves, whoever** takes possession **of them first acquires** them. Therefore, this tannaitic dispute apparently relates to whether the penalty applies to the items themselves or just to the value of their enhancement.

HALAKHA

A document in which interest is written – שְׁטָר שֶׁכָּתוּב בּוֹ רִבִּית: If a promissory note specifies that interest must be paid, whether it is the type of interest prohibited by Torah law or by rabbinic law, only the principal may be collected with it, and not the interest, in accordance with the opinion of the Rabbis, who disagree with Rabbi Meir. *Tosafot* rule that if interest is implicitly included in the amount that is due to be repaid, then even the original amount lent may not be collected (Rambam *Sefer Mishpatim*, *Hilkhot Malve VeLoveh* 4:6; *Shulḥan Arukh*, *Yoreh De'a* 161:11, *Ḥoshen Mishpat* 52:1).

NOTES

By making an appraisal [*shuma*] **– דַּעֲבַד לֵיהּ שׁוּמָא:** This apparently refers to a case of fixed interest, i.e., at the time of the loan it was established how much interest the borrower would pay. Therefore, the transgression was committed at the time the document was written and signed, as the borrower effectively granted the lender the amount constituting interest by creating the document.

Rashi reads this as laying, *suma*, instead of appraisal, *shuma*. Accordingly, the reference is to the verse: "Neither shall you lay [*tesimun*] upon him interest" (Exodus 22:24).

NOTES

This is the *halakha* but a public ruling is not issued to that effect – **הֲלָכָה וְאֵין מוֹרִין כֵּן**: In other words, if someone asks a halakhic authority whether or not he may take the straw, the halakhic authority should answer that he may not. Consequently, only one who knows this *halakha* on his own is capable of utilizing it.

Most authorities understand this directive as referring only to the items themselves, i.e., the public ruling should be that one may take possession of only the value of their enhancement (Rashi). By contrast, the *Nimmukei Yosef* holds that people should be instructed not to take the items at all, not even to take possession of the value of their enhancement.

Dried barley [*ḥushelei*] – **חוּשְׁלֵי**: Several *ge'onim* interpret this as referring to ropes that people stretched out in the public domain, which Rav Huna therefore declared ownerless since they constituted a public hazard. These *ge'onim* probably had a version that read *ushelei*, meaning ropes, as found in several manuscripts.

HALAKHA

This is the *halakha* but a public ruling is not issued to that effect – **הֲלָכָה וְאֵין מוֹרִין כֵּן**: Some authorities maintain that when one asks if he may take straw or hay that was put in the public domain, he is instructed that he may keep only the value of the straw's enhancement, not of the straw itself, *ab initio*, in accordance with the opinion of Rav Huna (*Shulḥan Arukh*, *Ḥoshen Mishpat* 414:1, in the comment of Rema).

LANGUAGE

Dried barley [*ḥushelei*] – **חוּשְׁלֵי**: The word *ḥushelei* refers to dried and peeled barley. It is possibly related to the root *ḥet*, *shin*, *lamed*, meaning beat or crush, since barley was often crushed in a mortar to remove the hull.

לִזְעִירִי וַדַּאי תַּנָּאֵי הִיא, לְרַב מִי לֵימָא תַּנָּאֵי הִיא?

The Gemara comments: **According to Ze'eiri, it is certainly** a dispute between ***tanna'im*,** since Rabban Shimon ben Gamliel explicitly deems it permitted for one to take possession of the items. According **to Rav, shall we say** that **it is a dispute between *tanna'im*?**

אָמַר לָךְ רַב: דְּכוּלֵּי עָלְמָא – קָנְסוּ גּוּפָן מִשּׁוּם שִׁבְחָן, וְהָכָא בַּהֲלָכָה וְאֵין מוֹרִין כֵּן קָא מִיפַּלְגִי. דְּאִתְּמַר, רַב הוּנָא אָמַר רַב: הֲלָכָה וְאֵין מוֹרִין כֵּן, רַב אַדָּא בַּר אַהֲבָה אָמַר: הֲלָכָה וּמוֹרִין כֵּן.

The Gemara responds that **Rav** could have **said to you:** According **to all** opinions, the Sages **imposed a penalty** revoking his ownership of the items **themselves due to** the value of **their enhancement. And here** in the *baraita* the ***tanna'im* disagree with regard to** whether or not it is ruled that this is the ***halakha* but** a public **ruling is not issued to that effect, as it was stated** that *amora'im* disagreed as to whether the *halakha* revoking his ownership of the items themselves should be taught to the public. **Rav Huna** says that **Rav says:** This is the ***halakha*, but** a public **ruling is not issued to that effect.**[NH] In other words, although it is permitted for one to take possession of the straw, halakhic authorities should not publicly rule that people may do so, lest people become accustomed to taking items that belong to others. This is the opinion of the first *tanna* in the *baraita*. **Rav Adda bar Ahava says:** This is the ***halakha* and** a public **ruling is issued to that effect.** This, Rav could have said, is the opinion of Rabban Shimon ben Gamliel.

אִינִי? וְהָא רַב הוּנָא אַפְקַר חוּשְׁלֵי, רַב אַדָּא בַּר אַהֲבָה אַפְקַר

The Gemara asks: **Is that so? But didn't Rav Huna declare dried barley [*ḥushelei*]**[NL] that people laid out in the public domain **ownerless?** Similarly, didn't **Rav Adda bar Ahava declare ownerless**

Perek **III**
Daf **31** Amud **a**

HALAKHA

Those owners of the barley were forewarned – **הָנְהוּ מוּתְרִין הָווּ**: Even according to the authorities who maintain that one may not take possession of the items themselves that were put out in the public domain illegally, if the owners were forewarned and still did not remove the hazard, the items are rendered ownerless, and anyone may take possession of them (*Shulḥan Arukh*, *Ḥoshen Mishpat* 414:1, in the comment of Rema).

Two potters, etc. – **שְׁנֵי קַדָּרִין וכו׳**: If two potters were walking in the public domain, one after the other, and the first one stumbled and fell, and the second stumbled over the first, then if the first one could have stood up but did not do so, he is liable to pay for the damage incurred by the second (Rambam *Sefer Nezikin*, *Hilkhot Nizkei Mamon* 13:8; *Shulḥan Arukh*, *Ḥoshen Mishpat* 413:1).

סַלִּיקוּסְתָּא!

residue from dates?

בִּשְׁלָמָא רַב אַדָּא בַּר אַהֲבָה כִּשְׁמַעְתֵּיהּ, אֶלָּא רַב הוּנָא – לֵימָא הֲדַר בֵּיהּ?

The Gemara comments: **Granted, Rav Adda bar Ahava** acted **in accordance with his halakhic** opinion that this is the *halakha* and a public ruling is issued to that effect. **But** with regard **to Rav Huna, shall we say** that **he retracted** his prior opinion?

הָנְהוּ מוּתְרִין הָווּ.

The Gemara answers: **Those** owners of the barley **were forewarned**[H] to remove the barley from the public domain, and they did not comply. Therefore, they were penalized by Rav Huna declaring publicly that their barley was ownerless.

מתני׳ שְׁנֵי קַדָּרִין שֶׁהָיוּ מְהַלְּכִין זֶה אַחַר זֶה, וְנִתְקַל הָרִאשׁוֹן וְנָפַל, וְנִתְקַל הַשֵּׁנִי בָּרִאשׁוֹן – הָרִאשׁוֹן חַיָּיב בְּנִזְקֵי שֵׁנִי.

MISHNA In the case of **two potters**[H] carrying pots **who were walking one after the other** in the public domain, **and the first stumbled** on a bump **and fell, and the second stumbled over the first** and fell too, **the first** is **liable** to pay **for the damage incurred by the second.**

גמ׳ אָמַר רַבִּי יוֹחָנָן: לָא תֵּימָא מַתְנִיתִין רַבִּי מֵאִיר הִיא, דְּאָמַר: נִתְקַל פּוֹשֵׁעַ הוּא וְחַיָּיב. אֶלָּא אֲפִילּוּ לְרַבָּנַן, דְּאָמְרִי: אָנוּס הוּא וּפָטוּר – הָכָא חַיָּיב, שֶׁהָיָה לוֹ לַעֲמוֹד וְלֹא עָמַד.

GEMARA **Rabbi Yoḥanan said: Do not say that the mishna is** the opinion of **Rabbi Meir, who says** that one **who stumbles** is considered **negligent and** therefore **liable. Rather, even according to the Rabbis, who say** that one who stumbles is generally **a victim of circumstances beyond his control and** is consequently **exempt, here,** in the case in the mishna, he is **liable, since** after falling **he had** the opportunity **to stand up, and he did not stand up.**

רַב נַחְמָן בַּר יִצְחָק אֲמַר: אֲפִילּוּ תֵּימָא לֹא הָיָה לוֹ לַעֲמוֹד, הָיָה לוֹ לְהַזְהִיר וְלֹא הִזְהִיר.

Rav Naḥman bar Yitzḥak said: Even if you say that **he did not have** the opportunity **to stand** up, **he had** the opportunity **to warn** the person behind him, **and he did not warn** him.

וְרַבִּי יוֹחָנָן אָמַר: כֵּיוָן דְּלֹא הָיָה לוֹ לַעֲמוֹד לֹא הָיָה לוֹ לְהַזְהִיר, דִּטְרִיד.

And Rabbi Yoḥanan could have **said** in response that **since he did not have** the opportunity **to stand** up, **he did not have** the opportunity **to warn**[H] the other person either, **as he was busy** trying to stand up. Therefore, the mishna, which holds him liable, must be referring to a case where he could have stood up.

תְּנַן: הָיָה בַּעַל קוֹרָה רִאשׁוֹן וּבַעַל חָבִית אַחֲרוֹן, נִשְׁבְּרָה חָבִית בַּקּוֹרָה – פָּטוּר, וְאִם עָמַד בַּעַל קוֹרָה – חַיָּיב.

The Gemara attempts to prove that the opinion of Rav Naḥman bar Yitzḥak is correct. **We learned** in the next mishna (31b): **If the owner of** a cross **beam was** walking in the public domain carrying his beam **first,**[H] **and the owner of a barrel was** walking with his barrel **last,** i.e., behind him, and **the barrel was broken by the** cross **beam,** the one who carried the cross beam is **exempt. But if the owner of the** cross **beam stopped,** he is **liable,** since the accident was caused by his stopping.

מַאי לָאו שֶׁעָמַד לְכַתֵּף, דְּאוֹרְחֵיהּ הוּא, וְקָתָנֵי חַיָּיב, דַּהֲוָה לֵיהּ לְהַזְהִיר?

The Gemara asks: **What, is it not** referring to a situation **where** the one carrying the cross beam **stopped** in order **to adjust** the load **on his shoulder, which is the normative behavior of** one carrying a beam, and is not considered negligence? **And** nevertheless **the** *tanna* **teaches** that he is **liable,** as, although **he had** the opportunity **to warn** the person behind him that he was about to stop, he did not warn him. This supports the opinion of Rav Naḥman bar Yitzḥak.

לָא, כְּשֶׁעָמַד לָפוּשׁ.

The Gemara responds: **No,** it is referring to a situation **where he stopped to rest,**[N] which could not have been anticipated by the person walking behind him. Consequently, he is liable.

אֲבָל עָמַד לְכַתֵּף מַאי, פָּטוּר? אַדְּתָנֵי סֵיפָא: וְאִם אָמַר לוֹ לְבַעַל חָבִית "עֲמוֹד" – פָּטוּר, לִפְלוֹג וְלִיתְנֵי בְּדִידָהּ: בַּמֶּה דְּבָרִים אֲמוּרִים – כְּשֶׁעָמַד לָפוּשׁ, אֲבָל עָמַד לְכַתֵּף – פָּטוּר!

The Gemara asks: **But** according to this interpretation, if **he stopped to adjust** the load **on his shoulder, what** is the *halakha*? Is he **exempt?** If so, **rather than teaching in the latter clause** of that mishna: **But if he said to the owner of the barrel: Stop,** he is **exempt, let** the *tanna* **distinguish and teach within** the former case **itself,** as follows: **In what** case **is this statement,** that he is liable, **said?** In a case **when he stopped to rest. But** in a case where **he stopped to adjust** the load **on his shoulder,** he is **exempt.**

הָא קָא מַשְׁמַע לָן, דְּאַף עַל גַּב דְּעָמַד לָפוּשׁ, כִּי קָאָמַר לוֹ לְבַעַל חָבִית "עֲמוֹד" – פָּטוּר.

The Gemara answers: The mishna is presented in **this** manner because it **teaches us this** novelty, **that even if he stopped to rest,** in a case **when he says to the owner of the barrel: Stop,** he **is exempt.**

תָּא שְׁמַע: הַקַּדָּרִין וְהַזַּגָּגִין שֶׁהָיוּ מְהַלְּכִין זֶה אַחַר זֶה, נִתְקַל הָרִאשׁוֹן וְנָפַל, וְנִתְקַל הַשֵּׁנִי בָּרִאשׁוֹן וְהַשְּׁלִישִׁי בַּשֵּׁנִי – רִאשׁוֹן חַיָּיב בְּנִזְקֵי שֵׁנִי, וְשֵׁנִי חַיָּיב בְּנִזְקֵי שְׁלִישִׁי. וְאִם מֵחֲמַת רִאשׁוֹן נָפְלוּ – רִאשׁוֹן חַיָּיב בְּנִזְקֵי כּוּלָּם. וְאִם הִזְהִירוּ זֶה אֶת זֶה – פְּטוּרִין. מַאי לָאו שֶׁלֹּא הָיָה לָהֶן לַעֲמוֹד?

Come and **hear** an alternative proof from what is taught in a *baraita*: With regard to **potters and glaziers**[H] **who were walking one after the other,** and **the first stumbled and fell, and the second stumbled over the first,** sustaining damage, **and the third** stumbled **over the second,** also falling and sustaining damage, in this case, **the first** person is **liable** to pay **for the damage of the second, and the second is liable** to pay **for the damage of the third. But if they** all **fell because of the first, the first is liable** to pay **for the damage of them all. And if they warned each other,** i.e., each one warned the next, **they are** all **exempt.** The Gemara concludes: **What, is it not** a case **where they did not have** the opportunity **to stand** up, and they are nevertheless liable to pay for not warning the people behind them, in accordance with the opinion of Rav Naḥman bar Yitzḥak?

לָא, שֶׁהָיָה לָהֶן לַעֲמוֹד.

The Gemara answers: **No,** it is a case **where they had** the opportunity **to stand up** and they did not do so.

HALAKHA

He did not have the opportunity to warn – לֹא הָיָה לוֹ לְהַזְהִיר: If one stumbled in a public thoroughfare and did not have the opportunity to stand up before those walking behind him stumbled over him and incurred damage, he is exempt. The Rambam rules that he is exempt even if he had the time to warn those walking behind him and did not do so, in accordance with Rabbi Yoḥanan's opinion. By contrast, the Rosh maintains that if he had time to warn him he is liable, in accordance with the opinion of Rav Naḥman bar Yitzḥak, since his opinion follows the straightforward meaning of the mishna and *baraita* that are cited by the Gemara in his support. See *Halakhot Gedolot* (Rambam *Sefer Nezikin, Hilkhot Nizkei Mamon* 13:8; *Shulḥan Arukh, Ḥoshen Mishpat* 413:1).

The owner of a cross beam was first – הָיָה בַּעַל קוֹרָה רִאשׁוֹן: If two people were walking down the road, the first carrying a cross beam and the second carrying a barrel, then if the barrel was broken by the beam, the one carrying the cross beam is exempt. If the one carrying the cross beam stopped to rest without warning the one carrying the barrel, he is liable. If the one carrying the cross beam stopped merely to adjust the load on his shoulder, he is exempt even if he did not warn the one carrying the barrel (Rambam *Sefer Nezikin, Hilkhot Ḥovel UMazik* 6:8; *Shulḥan Arukh, Ḥoshen Mishpat* 379:2).

Potters and glaziers – הַקַּדָּרִין וְהַזַּגָּגִין: If potters, glaziers, or the like were walking down the road one after the other, and the one in front stumbled and fell, causing the second to stumble over him and the third to stumble over the second, if each of them had the chance to rise but did not, the first one is liable to pay for the damage incurred by the second, whether the second sustained injury to his body or damage to his property, and whether the damage was caused by the body of the first or by his load. The second is liable only for damage caused to the third by his body, not for damage caused by his load. If they warned each other, they are all exempt. The Rema notes that according to some authorities (*Tur*, citing Rosh), the first is also exempt from paying restitution for damage caused by his load, even if the second is injured by it. The differences of opinion stem from the variant readings of the Gemara's discussion of the mishna on 31b (Rambam *Sefer Nezikin, Hilkhot Nizkei Mamon* 13:10; *Shulḥan Arukh, Ḥoshen Mishpat* 413:2).

NOTES

Where he stopped to rest – כְּשֶׁעָמַד לָפוּשׁ: Why is one deemed more responsible for causing damage when he stops to rest than when he stops to adjust the load on his shoulder? Rabbeinu Ḥananel explains that one who stops to rest is less preoccupied than one who is adjusting his load, and therefore he has greater responsibility to warn the one walking behind him. Others explain that it is easier for the one walking behind him to watch out for his complete halt if it is to adjust his load, as he can see in advance what he is trying to do. If the one in front stops to rest, it can take the one behind him completely by surprise (*Tosafot*; *Tosefot Rabbeinu Peretz*).

אֲבָל לֹא הָיָה לָהֶם לַעֲמוֹד מַאי, פָּטוּר? אִי הָכִי, אַדְּתָנֵי סֵיפָא: אִם הִזְהִירוּ זֶה אֶת זֶה – פָּטוּר, לִפְלוֹג וְלִיתְנֵי בְּדִידָהּ: בַּמֶּה דְּבָרִים אֲמוּרִים – שֶׁהָיָה לָהֶן לַעֲמוֹד, אֲבָל לֹא הָיָה לָהֶן לַעֲמוֹד – פְּטוּרִין!

The Gemara asks: **But** according to this interpretation, if **they did not have** the opportunity **to stand up, what** would be the *halakha*? Would they be **exempt? If so, rather than teaching in** the latter **clause** of the *baraita*: **If they warned one another, they are exempt, let** the *tanna* **distinguish and teach within** the former case **itself,** as follows: **In what** case **is this statement,** that they are liable, **said?** It is a case **where they had** the opportunity **to stand up, but if they did not have** the opportunity **to stand up, they are exempt.**

הָא קָא מַשְׁמַע לָן, דְּאַף עַל גַּב דְּהָיָה לָהֶן לַעֲמוֹד, כִּי הִזְהִירוּ זֶה אֶת זֶה – פְּטוּרִין.

The Gemara answers: The *baraita* is presented in **this** manner because it **teaches us this** novelty, **that even if they had** the opportunity **to stand up,** in a case **when they warned each other they are exempt.**

אֲמַר רָבָא: רִאשׁוֹן חַיָּיב בְּנִזְקֵי שֵׁנִי – בֵּין בְּנִזְקֵי גוּפוֹ בֵּין בְּנִזְקֵי מָמוֹנוֹ, שֵׁנִי חַיָּיב בְּנִזְקֵי שְׁלִישִׁי – בְּנִזְקֵי גוּפוֹ, אֲבָל לֹא בְּנִזְקֵי מָמוֹנוֹ.

§ With regard to this *halakha*, **Rava said: The first** one who stumbled **is liable** to pay **for the damage of the second, both for damage caused** to the second person **by his body and for damage caused** to him **by his property.**[N] By contrast, **the second is liable** to pay **for the damage of the third** only **with regard to damage caused by his body** as result of the fall, **and not with regard to damage caused by his property.**

מִמָּה נַפְשָׁךְ? אִי נִתְקַל פּוֹשֵׁעַ הוּא – שֵׁנִי נַמִי לִיחַיַּיב, אִי נִתְקַל לָאו פּוֹשֵׁעַ הוּא – אֲפִילּוּ רִאשׁוֹן נַמִי לִיפַּטַר!

The Gemara questions Rava's statement: **Whichever way you** look at it, this is difficult to understand. **If** Rava maintains that **one who stumbles** is considered **negligent, the second** person **should also be liable** to pay for all forms of damage caused by his negligence. And **if** Rava maintains that **one who stumbles is not** considered **negligent, even the first should be exempt** from liability for the damage incurred by the second.

NOTES

Both for damage caused by his body and for damage caused by his property – בֵּין בְּנִזְקֵי גוּפוֹ בֵּין בְּנִזְקֵי מָמוֹנוֹ: Among the early commentaries there are two versions of Rava's statement, and consequently two different opinions concerning how to understand it.

According to the opinion adopted by most commentaries (see Rashi; *Tosafot*; Ra'avad; Rabbeinu Tam, *Sefer HaYashar*), the first one who stumbles is liable to pay for any damage caused to the second, both for damage caused by his body and for damage caused by his property, e.g., a vessel he was carrying that broke. He is liable even if he renounces ownership of the broken vessel, even according to the opinion that one who renounces ownership of his hazardous property is exempt from payment (see 30b), because he is deemed responsible for the fact that it broke in the first place. The second one is liable to pay for damage his body causes to the third, but not for the damage caused by his property, as it was not his negligence that caused them to fall.

The other interpretation of Rav's statement is that of Rabbeinu Ḥananel: The first one who stumbles is liable to pay for damage he caused to the second, both for injury he caused to the second's body and for damage he caused to the second's property. This is because it is not considered the case of a pit, for which he would be exempt from paying restitution for damage to vessels, but rather it is considered damage caused directly by the person. The second is liable only for injury he caused to the third's body, but not for damage to his property, even if he causes it damage with his body. See *Tosafot* for a detailed discussion of this subject.

רִאשׁוֹן וַדַּאי פּוֹשֵׁעַ הוּא. שֵׁנִי, אַגּוּפוֹ מִחַיַּיב – דַּהֲוָה לוֹ לַעֲמוֹד וְלֹא עָמַד, אַמָּמוֹנוֹ פָּטוּר – דְּאָמַר לֵיהּ: הַאי בֵּירָא לָאו אֲנָא כְּרִיתֵיהּ.

The Gemara explains: **The first is certainly** considered **negligent,**[N] and is therefore liable to pay for damage caused by both his body and his property. **The second is deemed liable** to pay **for** damage caused by **his body, as he had** the opportunity **to stand up and he did not stand up.** For damage caused by **his property** that was lying there and that caused the third person to stumble and fall, he is **exempt, as he can say to him: I did not dig this pit,**[N] i.e., I did not cause this obstacle. Since it was the first person who stumbled and brought about the situation where the items of the second were lying on the ground, the second is not deemed liable.

מֵיתִיבֵי: כּוּלָּן חַיָּיבִין עַל נִזְקֵי גוּפָן, וּפְטוּרִין עַל נִזְקֵי מָמוֹנָן. מַאי לָאו אֲפִילּוּ רִאשׁוֹן?

The Gemara **raises an objection** to Rava's statement from a *baraita* that comments on this case: **All of them are liable** to pay **for damage caused by their bodies and exempt** from paying restitution **for damage caused by their property. What, does this not** refer **even to the first,** indicating that even he is exempt from damage caused by his property?

לָא, לְבַר מֵרִאשׁוֹן. וְהָא ״כּוּלָּם״ קָתָנֵי! אֲמַר רַב אַדָּא בַּר אַהֲבָה: ״כּוּלָּן״ – הַנִּיזָּקִין.

The Gemara answers: **No,** it is referring to all of them **except for the first.** The Gemara asks: **But doesn't** the *baraita* **teach** the term **all of them,** indicating that the first is also included? **Rav Adda bar Ahava said:** The term **all of them** refers only to **those who incurred damage,** and excludes the first one, who only caused damage to others.

הַאי מַאי? אִי אָמְרַתְּ בִּשְׁלָמָא אֲפִילּוּ רִאשׁוֹן, הַיְינוּ דְּקָתָנֵי ״כּוּלָּן״, אֶלָּא אִי אָמְרַתְּ לְבַר מֵרִאשׁוֹן, מַאי ״כּוּלָּן״? לִיתְנֵי: הַנִּיזָּקִין!

The Gemara questions this answer: **What is this** interpretation? **Granted, if you say** that the term includes **even the first, this** explanation is consistent with **that which is taught: All of them. But if you say** that it is referring to all of them **except for the first, what is** the reason that the misleading term: **All of them** is used? **Let** the *baraita* **teach** more accurately that **those who incurred damage** are liable in turn for the damage caused by their bodies, but are exempt from paying restitution for damage caused by their property.

NOTES

The first is certainly considered negligent – רִאשׁוֹן וַדַּאי פּוֹשֵׁעַ הוּא: Rashi explains that according to Rava, one who stumbles is considered negligent (see 29a). Therefore, his vessels are considered like his pit, and he is liable to pay for damage they cause. By contrast, the second person fell due to circumstances beyond his control, and consequently he is not liable to pay for damage caused by his vessels.

As he can say to him, I did not dig this pit – דְּאָמַר לֵיהּ הַאי בֵּירָא לָאו אֲנָא כְּרִיתֵיהּ: Alternatively, according to the version that the second one is exempt from paying restitution for damage he causes to the property of the third person (see last note on 31a), the Gemara reasons here: It is because after his fall, the body of the second person is effectively a pit, and we do not find that in the category of Pit one is liable to pay for damage caused to vessels.

אֶלָּא אֲמַר רָבָא: רִאשׁוֹן חַיָּיב בֵּין בְּנִזְקֵי גּוּפוֹ דְּשֵׁנִי בֵּין בְּנִזְקֵי מָמוֹנוֹ דְּשֵׁנִי, וְשֵׁנִי חַיָּיב בְּנִזְקֵי שְׁלִישִׁי בְּנִזְקֵי גּוּפוֹ, אֲבָל לֹא בְּנִזְקֵי מְמוֹנוֹ, מַאי טַעְמָא? דַּהֲוָה לֵיהּ בּוֹר, וְלֹא מָצִינוּ בּוֹר שֶׁחַיָּיב בּוֹ אֶת הַכֵּלִים.

Rather, this entire explanation of Rava's statement should be rejected, and it should be explained as follows: **Rava said** that **the first is liable both for injury** caused **to the body of the second and for damage** caused **to the property of the second, and the second is liable** to pay **for damage incurred by the third with regard to injury to his body but not with regard to damage to his property. What is the reason** for the exemption in the last case? It is **because** after his fall, the body of the second person **is** effectively **a pit, and we do not find that** in the category of **Pit** one is **liable** to pay restitution **for** damage caused to **vessels.**

הָנִיחָא לִשְׁמוּאֵל, דְּאָמַר: כָּל תַּקָּלָה בּוֹר הוּא, אֶלָּא לְרַב דְּאָמַר: אִי אַפְקְרֵיהּ – אִין, אִי לָא – לָא, מַאי אִיכָּא לְמֵימַר?

The Gemara asks: **This works out well** according **to Shmuel, who says** that **any obstacle** that was placed in the public domain **constitutes a pit,** i.e., the *halakhot* of a pit apply to it. **But** according **to Rav, who says** that **if** the one who placed it there **renounces ownership** of the hazardous object it is considered a pit, **but if** he does **not** renounce ownership of it then it is **not** considered a pit, **what is there to say?** The second one who fell obviously did not renounce ownership of his body, so why is he exempt from damage he caused to vessels as though he were a pit?

לְעוֹלָם כְּדַאֲמַר מֵעִיקָּרָא. וּדְקַשְׁיָא לָךְ "כּוּלָּן חַיָּיבִין" – תַּרְגְּמָהּ רַב אַדָּא בַּר מִנְיוּמִי קַמֵּיהּ דְּרָבִינָא: שֶׁהוּזְקוּ כֵּלִים בְּכֵלִים.

The Gemara answers: **Actually,** Rava's statement should be explained **as** he was understood to have **said initially,** i.e., that he distinguishes between damage caused by another's body and damage caused by his property. **And as for your difficulty** from the statement in the *baraita* that **all of them are liable** to pay for the damage caused by their bodies but exempt from paying restitution for the damage caused by their property, apparently including even the first one, contrary to Rava's opinion, **Rav Adda bar Minyumi interpreted it before Ravina** as referring to a case **where vessels were damaged by vessels.**[B] In other words, it is not the body, but the vessels of the second that were damaged by the property of the first, and since the broken vessels of the first have the status of a pit, the owner is exempt from liability for damage caused to the vessels of others.

אָמַר מָר: אִם מֵחֲמַת רִאשׁוֹן נָפְלוּ – רִאשׁוֹן חַיָּיב בְּנִזְקֵי כּוּלָּם. מֵחֲמַת רִאשׁוֹן הֵיכִי נָפֵיל? רַב פַּפָּא אָמַר: דִּפְסָקָהּ לְאוֹרְחֵיהּ כְּשִׁלְדָּא; רַב זְבִיד אָמַר: כְּחוּטְרָא דְּסַמְיוּתָא.

The Master said above: **If they all fell because of the first,**[H] **the first is liable** to pay **for the damage of them all.** The Gemara asks: **How did they** all **fall because of the first? Rav Pappa said:** It is a case **where he blocked the road like a skeleton** [***keshilda***],[L] filling the entire width of the road and causing the rest to stumble over different parts of his body. **Rav Zevid said:** He fell diagonally **like a blind man's cane,**[N] and they all stumbled over him.

מתני׳ זֶה בָּא בְּחָבִיתוֹ וְזֶה בָּא בְּקוֹרָתוֹ, נִשְׁבְּרָה כַּדּוֹ שֶׁל זֶה בְּקוֹרָתוֹ שֶׁל זֶה – פָּטוּר, שֶׁלָּזֶה רְשׁוּת לְהַלֵּךְ וְלָזֶה רְשׁוּת לְהַלֵּךְ.

MISHNA If **this** person **came** in the public domain **with his barrel,**[H] **and that** person **came** from the opposite direction **with his cross beam, and this one's jug was broken by that one's** cross **beam,** the one carrying the cross beam is **exempt, because this one had permission to walk** in the public domain, **and that one** also **had permission to walk** there.

הָיָה בַּעַל הַקּוֹרָה רִאשׁוֹן וּבַעַל חָבִית אַחֲרוֹן, נִשְׁבְּרָה חָבִית בַּקּוֹרָה – פָּטוּר בַּעַל הַקּוֹרָה,

If they were walking in the same direction, so that **the owner of the cross beam was walking first,**[H] in front, **and the owner of a barrel last,** behind him, and **the barrel was broken by the** cross **beam, the owner of the** cross **beam is exempt,** since the owner of the barrel saw him in front of him and should have been more careful.

BACKGROUND

Vessels were damaged by vessels – הוּזְקוּ כֵּלִים בְּכֵלִים:

	First person	Second person
Damage to body by body	Liable	Exempt
Damage to possessions by body	Liable	Liable
Damage to possessions by possessions	Exempt	Exempt

Summary of liability with regard to one who fell and caused damage

HALAKHA

If they fell because of the first – אִם מֵחֲמַת רִאשׁוֹן נָפְלוּ: If people were walking down the road carrying fragile loads, and the one in front fell and lay widthwise across the road, and the others stumbled over different parts of his body, if he could have stood up but did not do so, he is liable to pay for the damage incurred by all of them. The Rema notes that according to the Rosh and *Tur*, it is specifically when the first one falls diagonally that he is liable, in accordance with the explanation of Rav Zevid's opinion found in *Tosafot*. They rule according to this opinion because it is lenient, in keeping with the principle that with regard to uncertainty in monetary matters the ruling is lenient (Rambam *Sefer Nezikin, Hilkhot Nizkei Mamon* 13:11; *Shulḥan Arukh, Ḥoshen Mishpat* 413:3).

If this person came with his barrel, etc. – זֶה בָּא בְּחָבִיתוֹ וכו׳: If two people were walking in the public domain, one of them carrying a cross beam and the other carrying a barrel, and they collided so that the barrel was broken by the cross beam, the one carrying the cross beam is exempt. This applies specifically if the one carrying the barrel was an active participant in the collision, but if he was standing still, the one carrying the beam is liable (Rambam *Sefer Nezikin, Hilkhot Ḥovel UMazik* 6:8; *Shulḥan Arukh, Ḥoshen Mishpat* 379:1 and *Sma* there).

The owner of the cross beam was walking first – הָיָה בַּעַל הַקּוֹרָה רִאשׁוֹן: If the one carrying the cross beam was in front and the one carrying the barrel was walking behind him, and the barrel was broken by the cross beam, the one carrying the cross beam is exempt from liability (Rambam *Sefer Nezikin, Hilkhot Ḥovel UMazik* 6:8; *Shulḥan Arukh, Ḥoshen Mishpat* 379:2).

LANGUAGE

Skeleton [*shilda*] – שִׁלְדָּא: This word apparently derives from Assyrian, in which it means corpse. In the parlance of the Sages it generally is referring to a skeleton.

NOTES

Like a blind man's cane – כְּחוּטְרָא דְּסַמְיוּתָא: Rashi and Rabbeinu Ḥananel explain that he blocked the road like a blind man, who gropes with his cane from one side of the road to the other to find his way. Similarly, this man's body stretched from one side of the road to the other. According to this explanation, there is apparently no difference between the two descriptions: Like a carcass, and: Like a blind man's cane. *Tosafot* and *Tosefot Rabbeinu Peretz* claim that there is a practical difference between the two opinions, as the expression: Like a carcass, indicates that he was lying widthwise across the road, whereas the phrase: Like a blind man's cane, means that he was lying diagonally, like a blind man groping with his cane, wandering diagonally from one side to the other. Accordingly, Rav Zevid holds that if the first person was lying on the road widthwise, then after the second one tripped over him the third should have been careful to avoid him, but if he fell diagonally, the people following tripped over different parts of his body that they could not see.

The Ra'avad and Meiri understand Rav Zevid's answer not as an analogy, but rather as an interpretation that the *baraita* actually is referring to a blind man who causes people to trip on his cane. The *baraita* rules that he is liable whether he caused one person or several to fall, as they all fell due to his cane that he moved around to all sides of the road.

וְאִם עָמַד בַּעַל קוֹרָה – חַיָּיב, וְאִם אָמַר לְבַעַל חָבִית ״עֲמוֹד״! פָּטוּר.

But if the owner of the cross **beam stopped,**[H] causing the barrel to collide with the beam and break, the former is **liable,** since the latter had no way of anticipating that he would stop. **And if he said to the owner of the barrel: Stop,** he is **exempt** from liability for breaking the barrel.

הָיָה בַּעַל חָבִית רִאשׁוֹן וּבַעַל קוֹרָה אַחֲרוֹן, נִשְׁבְּרָה חָבִית בַּקּוֹרָה – חַיָּיב, וְאִם עָמַד בַּעַל חָבִית – פָּטוּר. וְאִם אָמַר לְבַעַל קוֹרָה ״עֲמוֹד״ – חַיָּיב. וְכֵן זֶה בָּא בְּנֵרוֹ וְזֶה בְּפִשְׁתָּנוֹ.

Conversely, if **the owner of the barrel was walking first**[H] **and the owner of the** cross **beam last,** and **the barrel was broken by the** cross **beam,** the owner of the cross beam is **liable. But if owner of the barrel stopped,** the owner of the cross beam is **exempt** from liability for breaking the barrel. **And if he said to the owner of the** cross **beam: Stop,** the owner of the cross beam is **liable. And similarly,** these *halakhot* apply in a case where **this one came with his lamp and that one came with his flax,** and the lamp set fire to the flax.

גמ׳ בְּעָא מִינֵּיהּ רַבָּה בַּר נָתָן מֵרַב הוּנָא: הַמַּזִּיק אֶת אִשְׁתּוֹ בְּתַשְׁמִישׁ הַמִּטָּה, מַהוּ? כֵּיוָן דְּבִרְשׁוּת קָעָבֵיד פָּטוּר, אוֹ דִילְמָא אִיבָּעֵי לֵיהּ לְעַיּוּנֵי?

GEMARA **Rabba bar Natan asked Rav Huna:** With regard to **one who causes injury to his wife during sexual intercourse,**[H] **what is the** *halakha*? Is he liable to pay damages? Is it reasoned that **since he is acting in a permitted manner** he is **exempt, or perhaps he should pay attention** and be more careful?

אֲמַר לֵיהּ, תְּנֵיתוּהָ: שֶׁלָּזֶה רְשׁוּת לְהַלֵּךְ וְלָזֶה רְשׁוּת לְהַלֵּךְ.

Rav Huna **said to** Rabba bar Natan: **You learned this** *halakha* in the mishna concerning one person walking with a cross beam and another with a barrel, which rules that the owner of the cross beam is exempt **because this one had permission to walk and** that one also **had permission to walk.** Similarly, since the husband has permission to engage in intercourse with his wife, if he injures her in the process he is exempt.

אֲמַר רָבָא: קַל וָחוֹמֶר, וּמָה יַּעַר שֶׁזֶּה לִרְשׁוּתוֹ נִכְנָס וְזֶה לִרְשׁוּתוֹ נִכְנָס – נַעֲשָׂה כְּמִי שֶׁנִּכְנָס לִרְשׁוּת חֲבֵירוֹ וְחַיָּיב, זֶה שֶׁלִּרְשׁוּת חֲבֵירוֹ נִכְנָס לֹא כׇּל שֶׁכֵּן?

Rava disagreed with Rav Huna's opinion and **said:** The husband is liable due to an ***a fortiori*** inference from the *halakha* with regard to manslaughter, as it is stated in the Torah: "As when a man goes into the forest with his neighbor to chop wood…and the head slips off the helve, and finds his neighbor, and he dies; he shall flee to one of these cities and live" (Deuteronomy 19:5). **And just as** in the **forest, where this** person **entered his domain and that** person **entered his domain,** as it is the domain of the public, and nevertheless the one who kills unintentionally is **considered like one who entered another's domain and** is therefore **liable** to be exiled to a city of refuge, then with regard to **this** husband, **who** actually **enters another's domain, all the more so** is it **not** clear that he should be liable for the injury he causes her?

אֶלָּא הָא קָתָנֵי: שֶׁלָּזֶה רְשׁוּת לְהַלֵּךְ וְלָזֶה רְשׁוּת לְהַלֵּךְ!

The Gemara raises an objection to Rava's opinion: **But** what of **this** mishna, **which teaches** that the owner of the cross beam is exempt, as **this one had permission to walk and that one had permission to walk,** and Rav Huna inferred from here that the husband is likewise exempt.

הָתָם תַּרְוַיְיהוּ כַּהֲדָדֵי נִינְהוּ, הָכָא אִיהוּ קָעָבֵיד מַעֲשֶׂה.

The Gemara answers: The two cases are different. **There,** in the case in the mishna, **both** sides **were similarly** walking, and the one who caused the damage is therefore exempt due to his right to walk there. By contrast, **here,** the husband is the only active participant in the intercourse. Therefore, since **he is** the one **performing an action,** he is liable even though he is acting with permission.

וְהִיא לָא? וְהָכְתִיב ״וְנִכְרְתוּ הַנְּפָשׁוֹת הָעֹשֹׂת מִקֶּרֶב עַמָּם״!

The Gemara asks: **And is she not** considered an active participant? **But isn't it written** with regard to forbidden sexual intercourse: **"Even the souls that do them shall be cut off from among their people"** (Leviticus 18:29), indicating that both the man and woman are considered to be performing an action?

HALAKHA

But if the owner of the cross beam stopped – וְאִם עָמַד בַּעַל קוֹרָה: If the one carrying the cross beam stopped to rest and the one carrying the barrel bumped into him from behind, causing the barrel to break, the one carrying the cross beam is liable. If he warned the one carrying the barrel, he is exempt. If the one carrying the cross beam merely stopped to adjust his load, even if he did not warn the one carrying the barrel, he is exempt, since he was presumably busy with his own load and was not obligated to warn the other person. This is in accordance with the Gemara's earlier conclusion (31a). The same *halakha* applies if one person was carrying flax and the other was carrying a lamp (Rambam *Sefer Nezikin, Hilkhot Ḥovel UMazik* 6:8; *Shulḥan Arukh, Ḥoshen Mishpat* 379:2).

The owner of the barrel was first – הָיָה בַּעַל חָבִית רִאשׁוֹן: If the one carrying the barrel was in front and the one carrying the cross beam was behind him, and the barrel was broken by the cross beam, the one carrying the cross beam is liable. If the one carrying the barrel stopped to rest, the one carrying the cross beam is exempt, but if the one carrying the barrel warned him, he is liable. If the one carrying the barrel merely stopped to adjust the load on his shoulder, the one carrying the cross beam is liable even if he was not warned. If one person was carrying flax and the other was carrying a lamp, the same *halakha* applies (Rambam *Sefer Nezikin, Hilkhot Ḥovel UMazik* 6:8; *Shulḥan Arukh, Ḥoshen Mishpat* 379:3, and see 413:1–3).

One who causes injury to his wife during sexual intercourse – הַמַּזִּיק אֶת אִשְׁתּוֹ בְּתַשְׁמִישׁ הַמִּטָּה: One who causes injury to his wife during intercourse is liable to receive punishment for her injury, in accordance with the opinion of Rava, who is a later authority than Rav Huna. This includes compensation for damage, pain, medical costs, and loss of livelihood. He is exempt from compensating her for humiliation, since he did not intend to humiliate her (Rambam *Sefer Nezikin, Hilkhot Ḥovel UMazik* 4:17; *Shulḥan Arukh, Even HaEzer* 83:2 and *Ḥoshen Mishpat* 421:12, and *Sma* there).

הֲנָאָה לְתַרְוַיְיהוּ אִית לְהוּ, אִיהוּ מַעֲשֶׂה הוּא דְּקָעָבֵיד.

The Gemara answers: The verse is referring to the fact that **they both have pleasure** from the act. The woman's pleasure is tantamount to active transgression, and she is therefore punished if she participates willfully. But with regard to a wife's injury, **he is** the one who is considered to be **performing an action,** and he is therefore liable.

״הָיָה בַּעַל קוֹרָה רִאשׁוֹן״ כו׳. אָמַר רֵישׁ לָקִישׁ: שְׁתֵּי פָרוֹת בִּרְשׁוּת הָרַבִּים אַחַת רְבוּצָה וְאַחַת מְהַלֶּכֶת, בָּעֲטָה מְהַלֶּכֶת בִּרְבוּצָה – פְּטוּרָה, בָּעֲטָה רְבוּצָה בִּמְהַלֶּכֶת – חַיֶּיבֶת.

§ The mishna teaches: In a case where **the owner of the** cross **beam was** walking **first** and the owner of the barrel was walking behind him, if the barrel was broken by the cross beam, the owner of the cross beam is exempt. **Reish Lakish says:** If **two cows** were **in the public domain, one** of them **prone and one walking,**[H] and the cow that was **walking kicked the** cow that was **prone,** its owner is **exempt.** If the **prone** cow **kicked** the cow that was **walking,** its owner is **liable** to pay.

לֵימָא מְסַיַּיע לֵיהּ: הָיָה בַּעַל קוֹרָה רִאשׁוֹן וּבַעַל חָבִית אַחֲרוֹן, נִשְׁבְּרָה הֶחָבִית בַּקּוֹרָה – פָּטוּר, וְאִם עָמַד בַּעַל קוֹרָה – חַיָּיב. וְהָא הָכָא, דִּכְרְבוּצָה בִּמְהַלֶּכֶת דָּמֵי, וְקָתָנֵי חַיָּיב.

Let us say that the mishna **supports** this statement, as it states: If **the owner of the** cross **beam was first and the owner of the barrel was last,** and **the barrel was broken by the** cross **beam, he is exempt. But if the owner of the** cross **beam stopped,** the owner of the cross beam is **liable.** The Gemara explains the proof: **But here,** it is clear **that** it is **like** a case where the **prone** cow kicked the cow that was **walking,** since the one carrying the barrel was walking and the one carrying the cross beam stopped in the public domain, causing damage to the former. **And the** mishna **teaches** in this case that the owner of the cross beam **is liable.**

וְתִסְבְּרָא? הָא סַיְּיעֵי בָּעֵיָא, לָא מִסְתַּיְּיא דְּלָא מְסַיְּיעֵי אֶלָּא מַקְשָׁה נָמֵי קַשְׁיָא; טַעְמָא דְּבָעֲטָה, הָא הוּזְּקָה מִמֵּילָא – פָּטוּר. וְהָא מַתְנִיתִין דְּמִמֵּילָא, וְקָתָנֵי חַיָּיב!

The Gemara responds: **And** how can **you understand** that reasoning? **You wanted to support** the statement of Reish Lakish from the mishna. **Not only does it not support** Reish Lakish; **it even raises a difficulty** to his opinion. **The reason** Reish Lakish stated that the owner of the prone cow is liable is **that it kicked** the walking cow; **but** if the walking cow **was damaged** because **by itself** it collided with the prone cow, he would be **exempt. But the mishna** discusses a case **where** the one carrying the barrel ran into the cross beam **by himself,** without the one carrying the cross beam actively hitting it, **and it teaches** that the owner of the cross beam is nevertheless **liable.**

מַתְנִיתִין – דִּפְסָקָהּ לְאוֹרְחָא כִּשְׁלְדָּא. הָכָא כְּגוֹן דִּרְבְעָה בְּחַד גִּיסָא, אִיבָּעֵי לָהּ לְסַגּוֹיֵי בְּאִידָּךְ גִּיסָא.

The Gemara explains: **The mishna** is referring to a case **where** the cross beam **blocked the** entire width of the **road like a carcass.** Since the one carrying the barrel could not avoid it, the one carrying the cross beam is liable although he did not actively break the barrel. By contrast, **here,** Reish Lakish's statement is referring to a case **where** the cow **was lying down on one side** of the public domain, and the other cow **should have walked on the other,** unobstructed **side.** Therefore, if the damage is caused only as a result of their collision, the owner of the prone cow is exempt.

אֶלָּא סֵיפָא דְּמַתְנִיתִין מְסַיַּיע לֵיהּ לְרֵישׁ לָקִישׁ, דְּקָתָנֵי: הָיָה בַּעַל חָבִית רִאשׁוֹן וּבַעַל קוֹרָה אַחֲרוֹן, נִשְׁבְּרָה חָבִית בַּקּוֹרָה חַיָּיב, וְאִם עָמַד בַּעַל חָבִית פָּטוּר. וְהָא הָכָא דִּכְמְהַלֶּכֶת בִּרְבוּצָה דָּמֵי, וְקָתָנֵי פָּטוּר.

The Gemara suggests: **Rather,** it is **the latter clause of the mishna** that **supports Reish Lakish's** statement, **as it teaches:** Conversely, **if the owner of the barrel was** walking **first and the owner of the** cross **beam last,** and **the barrel was broken by the** cross **beam,** the owner of the cross beam is **liable. But if the owner of the barrel stopped,** the owner of the cross beam is **exempt** from liability for breaking the barrel. **But here,** it is clear **that** it is **like** a case where **the walking** cow kicked **the prone** cow.[N] **And** the mishna **teaches that** the owner of the cross beam is **exempt,** lending support to Reish Lakish's ruling.

מַתְנִיתִין – דְּכִי אוֹרְחֵיהּ קָא מַסְגֵּי. הָכָא אָמְרָה לָהּ: נְהִי דְּאִית לָךְ רְשׁוּת לְסַגּוֹיֵי עֲלַי, לְבָעוֹטֵי בִּי לֵית לָךְ רְשׁוּתָא.

The Gemara rejects this suggestion: **The mishna** exempts the one carrying the cross beam **because he was walking in his normal manner** when he hit the barrel. **Here,** perhaps the owner of the prone cow **can say to** the owner of the walking cow: **Although you have permission to walk over me,** i.e., for your cow to walk over my cow, **you have no permission to kick me,** i.e., for your cow to kick my cow.

HALAKHA

One prone and one walking – אַחַת רְבוּצָה וְאַחַת מְהַלֶּכֶת: If a cow lies down in the public domain, and another cow wounds it with its legs in the normal course of its walking, the owner of the second cow is exempt. If it kicks the prone cow, he is liable, as this behavior is included in the category of Goring (Rambam *Sefer Nezikin, Hilkhot Nizkei Mamon* 2:20; *Shulḥan Arukh, Ḥoshen Mishpat* 389:20).

NOTES

It is like a case where the walking cow kicked the prone cow – דִּכְמְהַלֶּכֶת בִּרְבוּצָה דָּמֵי: This analogy seems tenuous, since in Reish Lakish's case the animal caused damage intentionally, whereas the barrel was broken unintentionally due to the sudden stop of the one carrying it. Evidently, the Gemara presumes that just as the owner of the beam does not have to take precautions out of concern that the owner of the barrel might stop, the owner of a cow does not have to take precautions so that his animal will not kick a prone cow in the public thoroughfare. The Gemara answers that although the animal is prone, this should not warrant another animal kicking it, as it should walk over it (*Tosafot*).

HALAKHA

One running and one walking – אֶחָד רָץ וְאֶחָד מְהַלֵּךְ: If on a weekday one person was walking in the public domain and another was running, and the one walking was injured by the one running, the latter is liable. If this occurred at twilight on the eve of Shabbat, he is exempt, since it is permitted to run in the public domain at that time, in accordance with the opinion of Isi ben Yehuda. The Rema writes that he is exempt only if the reason for his running is unknown, as it is assumed that he was running because of the mitzva of greeting the Shabbat. If it is known that he was running for another purpose, he is liable just as he would be on a weekday (Rambam *Sefer Nezikin*, *Hilkhot Ḥovel UMazik* 6:9; *Shulḥan Arukh*, *Ḥoshen Mishpat* 378:8).

Who were both running – שֶׁהָיוּ שְׁנֵיהֶם רָצִין: If two people were running in the public domain, or if they were both walking, and they collided and injured each other, they are exempt. As noted on 48b, if they actively injured each other, they are liable (Rambam *Sefer Nezikin*, *Hilkhot Ḥovel UMazik* 6:9; *Shulḥan Arukh*, *Ḥoshen Mishpat* 378:7).

מתני׳ שְׁנַיִם שֶׁהָיוּ מְהַלְּכִין בִּרְשׁוּת הָרַבִּים, אֶחָד רָץ וְאֶחָד מְהַלֵּךְ, אוֹ שֶׁהָיוּ שְׁנֵיהֶם רָצִין, וְהִזִּיקוּ זֶה אֶת זֶה – שְׁנֵיהֶם פְּטוּרִין.

MISHNA With regard to **two people who were walking in the public domain,** or one who was **running and** another **one** who was **walking,**[H] **or who were both running,**[H] **and they damaged one another, both of them are exempt.**

גמ׳ מַתְנִיתִין דְּלָא כְּאִיסִי בֶּן יְהוּדָה. דְּתַנְיָא, אִיסִי בֶּן יְהוּדָה אוֹמֵר: רָץ חַיָּיב, מִפְּנֵי שֶׁהוּא מְשׁוּנֶּה. וּמוֹדֶה אִיסִי בְּעֶרֶב שַׁבָּת בֵּין הַשְּׁמָשׁוֹת שֶׁהוּא פָּטוּר, מִפְּנֵי שֶׁרָץ בִּרְשׁוּת.

GEMARA The Gemara comments: **The mishna is not in accordance with** the opinion of **Isi ben Yehuda. As it is taught** in a *baraita*: **Isi ben Yehuda says** that one who **runs** in the public domain and causes damage **is liable** to pay for any damage he causes **because** his behavior **is unusual** in the public domain. **And Isi concedes** with regard to one who runs and causes damage at **twilight on the eve of Shabbat that he is exempt, because he is running with permission.**

אָמַר רַבִּי יוֹחָנָן: הֲלָכָה כְּאִיסִי בֶּן יְהוּדָה. וּמִי אָמַר רַבִּי יוֹחָנָן הָכִי? וְהָאָמַר רַבִּי יוֹחָנָן: הֲלָכָה כִּסְתַם מִשְׁנָה. וּתְנַן: אֶחָד רָץ וְאֶחָד מְהַלֵּךְ, אוֹ שֶׁהָיוּ שְׁנֵיהֶם רָצִין – פְּטוּרִין!

Rabbi Yoḥanan says: The *halakha* **is in accordance with the** opinion of **Isi ben Yehuda.** The Gemara asks: **And did Rabbi Yoḥanan** actually **say this,** that if one runs and causes damage he is liable? **But doesn't Rabbi Yoḥanan say,** as a principle, that the *halakha* **is in accordance with an unattributed mishna? And we learned** in this mishna that if **one was running and** the other **one was walking, or if they were both running, they are exempt.**

מַתְנִיתִין בְּעֶרֶב שַׁבָּת בֵּין הַשְּׁמָשׁוֹת.

The Gemara answers: **The mishna,** which exempts one who was running, is referring **to twilight on the eve of Shabbat,** when people are permitted to run in the public domain.

מִמַּאי? מִדְּקָתָנֵי: אוֹ שֶׁהָיוּ שְׁנֵיהֶם רָצִין פְּטוּרִין. הָא תּוּ לָמָּה לִי? הַשְׁתָּא אֶחָד רָץ וְאֶחָד מְהַלֵּךְ פָּטוּר, שְׁנֵיהֶם רָצִין מִיבַּעְיָא? אֶלָּא הָכִי קָאָמַר: אֶחָד רָץ וְאֶחָד מְהַלֵּךְ – פָּטוּר, בַּמֶּה דְּבָרִים אֲמוּרִים – בְּעֶרֶב שַׁבָּת בֵּין הַשְּׁמָשׁוֹת. אֲבָל בְּחוֹל אֶחָד רָץ וְאֶחָד מְהַלֵּךְ חַיָּיב. שְׁנֵיהֶם רָצִין אֲפִילּוּ בְּחוֹל פְּטוּרִין.

The Gemara explains: **From where** is it inferred that the mishna is referring to twilight on the eve of Shabbat? It is inferred **from** the fact **that it teaches: Or who were both running, they are exempt. Why do I need this** case **as well? Now** that the mishna teaches that if **one was running and** the other **one was walking,** the one running is **exempt, is it necessary** to state that he is exempt when **both of them were running? Rather, this is** what the mishna **is saying:** If **one was running and** the other **one was walking,** he is **exempt. In what case is this statement said?** It is said **with regard to twilight on the eve of Shabbat,** when running in the public domain is permitted. **But on a weekday,** if **one was running and** the other **one was walking,** the one who was running is **liable.** If **both were running, even on a weekday, they are exempt.** This emendation explains the need to mention the case where both were running.

אָמַר מָר: וּמוֹדֶה אִיסִי בְּעֶרֶב שַׁבָּת בֵּין הַשְּׁמָשׁוֹת שֶׁהוּא פָּטוּר מִפְּנֵי שֶׁרָץ בִּרְשׁוּת. בְּעֶרֶב שַׁבָּת מַאי בִּרְשׁוּת אִיכָּא?

The Master said above: **And Isi concedes** with regard to one who runs and causes damage at **twilight on the eve of Shabbat that he is exempt, because he is running with permission.** The Gemara asks: **What is** the reason that running at twilight **on the eve of Shabbat** is considered to be **with permission?**[N]

כִּדְרַבִּי חֲנִינָא. דְּאָמַר רַבִּי חֲנִינָא:

The Gemara answers: It is **like** that **which Rabbi Ḥanina** would say, **as Rabbi Ḥanina would say** at twilight on the eve of Shabbat:

NOTES

What is the reason that running at twilight on the eve of Shabbat is with permission – בְּעֶרֶב שַׁבָּת מַאי בִּרְשׁוּת אִיכָּא: Rabbeinu Yehonatan of Lunel explains that the Gemara understands that on Friday during the daytime, it is reasonable to permit running in the public domain, as people normally rush in preparation for Shabbat. The Gemara's question is why would one be running at twilight, when preparations have already been completed.

Tosefot Yom Tov cites different opinions among the authorities with regard to one who runs on the eve of Shabbat for a purpose other than a mitzva. Some authorities hold that in that case the person would be liable, whereas others maintain that since it is common for people to be running at that time, he would be exempt regardless of the purpose of his running, because it would not be considered unusual behavior.

בּוֹאוּ וְנֵצֵא לִקְרַאת כַּלָּה מַלְכְּתָא. וְאָמְרִי לַהּ: לִקְרַאת שַׁבָּת כַּלָּה מַלְכְּתָא. רַבִּי יַנַּאי מִתְעַטֵּף וְקָאֵי, וְאָמַר: בּוֹאִי כַלָּה, בּוֹאִי כַלָּה.

Come and let us go out[N] **to greet**[H] **the bride, the queen. And some say** that this is what he would say: Come and let us go out **to greet Shabbat, the bride, the queen. Rabbi Yannai would wrap himself** in his *tallit* **and stand** at the eve of Shabbat at twilight, **saying: Come, bride;**[B] **come, bride.** Similarly, it is appropriate for one to run out in honor of Shabbat.

מתני׳ הַמְבַקֵּעַ בִּרְשׁוּת הָרַבִּים וְהִזִּיק בִּרְשׁוּת הַיָּחִיד, בִּרְשׁוּת הַיָּחִיד וְהִזִּיק בִּרְשׁוּת הָרַבִּים, בִּרְשׁוּת הַיָּחִיד וְהִזִּיק בִּרְשׁוּת הַיָּחִיד אַחֵר – חַיָּיב.

MISHNA With regard to **one who was chopping wood**[H] **in the public domain and** a chip flew off and **caused damage in** the **private property** of another person, or one who was chopping wood **in** his **private property and caused damage in the public domain,** or one who was chopping wood **in** his **private property** and **caused damage in the private property** of **another,** in all these cases he is **liable.**

גמ׳ וּצְרִיכָא; דְּאִי תְּנָא הַמְבַקֵּעַ בִּרְשׁוּת הַיָּחִיד וְהִזִּיק בִּרְשׁוּת הָרַבִּים – מִשּׁוּם דִּשְׁכִיחִי רַבִּים, אֲבָל מֵרְשׁוּת הָרַבִּים לִרְשׁוּת הַיָּחִיד דְּלָא שְׁכִיחִי רַבִּים – אֵימָא לָא.

GEMARA The Gemara comments: **And it is necessary** for the mishna to teach that he is liable in all these cases because in each one there is a novel element. **As if it had taught** only the case of **one who was chopping** wood in his **private property and caused damage in the public domain,** it might have been reasoned that he is liable, despite the fact that he was working in his private property, **because** it is **common** for the **multitudes** to be there. **But** if a chip flew **from the public domain to** another person's **private property, where** it is **not common** for the **multitudes** to be, one might **say** that he is **not** liable. Therefore, it is necessary to teach this case as well.

וְאִי תְּנָא מֵרְשׁוּת הָרַבִּים לִרְשׁוּת הַיָּחִיד – מִשּׁוּם דְּמֵעִיקָּרָא שֶׁלֹּא בִּרְשׁוּת עָבֵיד, אֲבָל מֵרְשׁוּת הַיָּחִיד לִרְשׁוּת הָרַבִּים דְּבִרְשׁוּת עָבֵיד – אֵימָא לָא.

And conversely, **if it had taught** that he is liable where the chip flew **from the public domain to** another's **private property,** it might have been reasoned that he is liable **because at the outset he was acting without permission by chopping wood in the public domain. But** if it flew **from** his **private property to the public domain, since he was acting with permission** by chopping wood in his private property, one might **say** that he is **not** liable. Therefore, it is necessary to teach both cases.

וְאִי תְּנָא הָנָךְ תַּרְתֵּי – הָא מִשּׁוּם דִּשְׁכִיחִי רַבִּים וְהָא מִשּׁוּם דְּשֶׁלֹּא בִּרְשׁוּת, אֲבָל מֵרְשׁוּת הַיָּחִיד לִרְשׁוּת הַיָּחִיד אַחֵר, דְּלָא שְׁכִיחִי רַבִּים וּמֵעִיקָּרָא בִּרְשׁוּת – אֵימָא לָא, צְרִיכָא.

And if the mishna **had taught** only that he is liable in **these two** cases, it might have been reasoned that in **this** case, where the damage was caused in the public domain, he is liable **because** it is **common** for the **multitudes** to be there, **and** in **that** case, where he was chopping in the public domain, he is liable **because** he was acting **without permission. But** in the last case, where the chip flew **from** his **private property** to **another's private property,** where neither of the above reasons applies, **as** it is **not common** for the **multitudes** to be in the place where the damage was caused **and** he was acting **with permission at the outset,** one might **say** he is **not** liable. Therefore, it is **necessary** for the mishna to teach all these cases.

NOTES

Come and let us go out – בּוֹאוּ וְנֵצֵא: The Maharsha writes that Rabbi Ḥanina would act as one would upon receiving a king, by going out to greet him, whereas Rabbi Yannai would act as a groom waiting in place for his bride to come to him. From the wording of this *halakha* in the *Mishne Torah* and *Shulḥan Arukh*, it appears that receiving a king has the connotation of seriousness, whereas greeting a bride and bridegroom connotes joy.

BACKGROUND

Come, bride – בּוֹאִי כַלָּה: This is the source for the custom to stand during the Kiddush ceremony on Friday nights, as people customarily stand in honor of the bride, and Shabbat is termed the bride of the Jewish nation. Those who sit during Kiddush relate to Shabbat as the queen of the Jewish people, in accordance with Rabbi Ḥanina's custom, and a king is not required to stand for his queen (*Iggerot Moshe, Oraḥ Ḥayyim* 5:16).

HALAKHA

Come and let us go out to greet, etc. – בּוֹאוּ וְנֵצֵא לִקְרַאת וכו׳: It is appropriate for one to wear festive clothes and rejoice at the entrance of Shabbat, as the great Sages did, like one who is greeting a king, or a bride and bridegroom. This passage in the Gemara is also a source for the custom to recite the poem *Lekha Dodi* at twilight on the eve of Shabbat (Rambam *Sefer Zemanim, Hilkhot Shabbat* 30:2; *Shulḥan Arukh, Oraḥ Ḥayyim* 262:3).

One who was chopping wood – הַמְבַקֵּעַ: If one chops wood in the public domain or on his private property, and a chip flies into another person's private property and injures him, or if one enters a carpenter's workshop, whether with permission or without, and a chip of wood injures him, the one who chopped the wood and caused the injury is liable to pay four types of indemnity for the injury but is exempt from payment for humiliation. This is in accordance with the latter version of Rabbi Yosei bar Ḥanina's explanation of the *baraita* (Rambam *Sefer Nezikin, Hilkhot Ḥovel UMazik* 1:17; *Shulḥan Arukh, Ḥoshen Mishpat* 421:9).

תָּנוּ רַבָּנַן: הַנִּכְנָס לַחֲנוּתוֹ שֶׁל נַגָּר שֶׁלֹּא בִּרְשׁוּת, וְנִתְּזָה בְּקַעַת וְטָפְחָה עַל פָּנָיו וּמֵת – פָּטוּר, וְאִם נִכְנָס בִּרְשׁוּת – חַיָּיב.

§ **The Sages taught** (*Tosefta* 6:25): With regard to **one who entered the workshop of a carpenter without** the latter's **permission, and a chip of wood flew off and hit him in the face and he died,** the carpenter is **exempt.**[N] **But if he entered** the shop **with permission,** the carpenter is **liable.**

מַאי חַיָּיב? אָמַר רַבִּי יוֹסֵי בַּר חֲנִינָא: חַיָּיב בְּאַרְבָּעָה דְּבָרִים וּפָטוּר מִגָּלוּת,

The Gemara asks: **What** does the *baraita* mean when it rules that the carpenter is **liable? Rabbi Yosei bar Ḥanina says:** If the other person was injured, he is **liable to** pay **four types of indemnity**[N] that one who injures another must pay. These are: Cost of the damage, pain, medical costs, and loss of livelihood. **But** if the one who entered was killed, he is **exempt from exile.**

לְפִי שֶׁאֵין דּוֹמֶה לְיַעַר, יַעַר – זֶה לִרְשׁוּתוֹ נִכְנָס וְזֶה לִרְשׁוּתוֹ נִכְנָס, זֶה – לִרְשׁוּת חֲבֵירוֹ נִכְנָס.

The Gemara explains that he is exempt **because** this case **is not similar to** the case of **a forest,** which is the archetypal case stated in the Torah requiring one who kills unintentionally to be exiled, as it is written: "As when a man goes into the forest with his neighbor to chop wood, and his hand fetches a stroke with the axe to cut down the tree, and the head slips off the helve, and finds his neighbor, and he dies" (Deuteronomy 19:5). This is because in the case of the **forest,** both **this one entered his domain and that one entered his domain,** as anyone may use the public domain, whereas in **this** case, the victim **entered another's property.** Therefore, the carpenter is not exiled.

אֲמַר רָבָא, קַל וָחוֹמֶר: וּמַה יַּעַר, זֶה לְדַעְתּוֹ נִכְנָס וְזֶה לְדַעְתּוֹ נִכְנָס, נַעֲשָׂה כְּמִי שֶׁנִּכְנָס לְדַעַת חֲבֵירוֹ וְגוֹלֶה, זֶה שֶׁלְּדַעַת חֲבֵירוֹ נִכְנָס – לֹא כׇּל שֶׁכֵּן?

Rava said: On the contrary; it can be inferred ***a fortiori*** that he is exiled. **And if** in the case of the **forest,** where **this one entered of his own accord and that one entered of his own accord,** neither asking for the other's permission, nevertheless the victim **is considered like one who entered with the other's consent and** therefore the one who kills unintentionally **is exiled, all the more so** is it **not** clear that in **this** case, **where** the victim **entered another's** workshop **with his consent,** the carpenter should be exiled?

אֶלָּא אֲמַר רָבָא: מַאי פָּטוּר מִגָּלוּת – דְּלָא סַגִּי לֵיהּ בְּגָלוּת, וְהַיְינוּ טַעֲמָא דְּרַבִּי יוֹסֵי בַּר חֲנִינָא, מִשּׁוּם דַּהֲוֵי לֵיהּ שׁוֹגֵג קָרוֹב לְמֵזִיד.

Rather, Rava said: What is the reason **he is exempt from exile? As exile is not sufficient for him,**[N] **and this is the reason of Rabbi Yosei bar Ḥanina,** who exempts him from exile: **Because it is** an **unintentional** killing that is **approaching intentional** manslaughter. The purpose of exile is to atone for one who kills another completely unintentionally; if he was exceedingly negligent, exile is not sufficient to atone for him.

מְתִיב רָבָא: הוֹסִיף לוֹ רְצוּעָה אַחַת וּמֵת – הֲרֵי זֶה גּוֹלֶה עַל יָדוֹ. וְהָא הָכָא דְּשׁוֹגֵג קָרוֹב לְמֵזִיד הוּא, דְּאִיבָּעֵי אַסּוֹקֵי אַדַּעְתֵּיהּ דְּמָיְיתִי אֱינָשֵׁי בַּחֲדָא רְצוּעָה, וְקָתָנֵי: הֲרֵי זֶה גּוֹלֶה! אֲמַר רַב שִׁימִי מִנְּהַרְדְּעָא: דְּטָעֵי בְּמִנְיָנָא.

Rava raises an objection to his own explanation from a mishna: If one is sentenced to be flogged in court and the doctors assessed that he would be able to endure only a certain number of lashes, but the one administering the lashes **added one lash to his** punishment[H] **and he died,** the agent of the court **is exiled on account of him** (*Makkot* 22b). **But here,** it is clear **that it is** a case of **an unintentional** killing that is **approaching intentional** manslaughter, **as it should have entered his mind that people can die by one** additional **lash. And the** *tanna* **teaches** that the agent of the court **is exiled. Rav Shimi of Neharde'a said** in response: It is a case **where he erred in the counting,** which is not considered approaching intentional manslaughter.

טְפַח לֵיהּ רָבָא בְּסַנְדָּלֵיהּ, אֲמַר לֵיהּ: אַטּוּ הוּא מָנֵי? וְהָתַנְיָא: גָּדוֹל שֶׁבַּדַּיָּינִין קוֹרֵא, וְהַשֵּׁנִי מוֹנֶה, וְהַשְּׁלִישִׁי אוֹמֵר "הַכֵּהוּ"!

Rava slapped Rav Shimi **on his sandal,** a gesture of disparagement, **and said to him: Is that to say** that the one administering the lashes is the one who **counts** them? **But isn't it taught** in a *baraita* that **the eldest of the judges**[H] **recites** the verses that are read to a person while he receives lashes, **and the second** judge **counts, and the third says** to the one administering the lashes: **Strike him?** Accordingly, it is not the one administering the lashes who erred in counting.

אֶלָּא אֲמַר רַב שִׁימִי מִנְּהַרְדְּעָא: דְּטָעָה דַּיָּינָא גּוּפֵיהּ.

Rather, Rav Shimi of Neharde'a said: It is a case **where the judge himself erred**[N] in counting, and the one administering the lashes did not notice this error and meted out an extra lash, causing the person to die. It is therefore considered a completely unintentional killing. Consequently, he is exiled.

NOTES

Without permission…the carpenter is exempt – שֶׁלֹּא בִּרְשׁוּת...פָּטוּר: Rashi explains that he is exempt from paying four of the five types of indemnity, just as the liability stated in the latter clause of the *baraita* is referring to only four types of indemnity, per Rabbi Yosei bar Ḥanina's explanation. The type from which he is not exempt is damage, in accordance with the principle that one is liable for damage he causes with his body, even if it is due to circumstances beyond his control, as opposed to the latter clause, where the type he is exempt from is humiliation.

He is liable to pay four types of indemnity – חַיָּיב בְּאַרְבָּעָה דְּבָרִים: He is exempt from paying indemnity for humiliation caused, since that is paid only when he intended to humiliate the injured party.

As exile is not sufficient for him – דְּלָא סַגִּי לֵיהּ בְּגָלוּת: The Meiri explains that there are three categories of unintentional killing. One category is an ordinary unintentional killing, with regard to which the Torah states that the killer is exiled to one of the cities of refuge, where he gains immunity from relatives of the victim seeking to avenge the killing. If the relatives kill him while he is dwelling there, they are themselves liable to receive the death penalty. In addition, there is the case where the killing was almost unavoidable by the killer, in which case he is not exiled, and any relative of the victim who murders him anywhere is liable to receive the death penalty. The third type is the case where the killing approaches intentional manslaughter. In this case too, the killer is not exiled, but for a different reason: That exile does not suffice to atone for his sin. If he is subsequently killed by a relative of the victim seeking revenge, the latter is not liable to receive the death penalty.

The judge himself erred – דְּטָעָה דַּיָּינָא גּוּפֵיהּ: Although the one administering the lashes is not held responsible for the error, he is still liable to be exiled, since he intentionally hit the victim and he too should have kept count of the lashes.

HALAKHA

Added one lash to his punishment, etc. – הוֹסִיף לוֹ רְצוּעָה אַחַת וכו׳: In a case where one is liable to receive lashes and he is assessed as being capable of enduring only a certain number of lashes, if the one administering the lashes metes out one lash more than he can endure, killing the person, he is exiled (Rambam *Sefer Shofetim*, *Hilkhot Sanhedrin* 16:12).

The eldest of the judges, etc. – גָּדוֹל שֶׁבַּדַּיָּינִין: Lashes are administered in the following manner: The eldest judge recites the verses: "If you will not observe to do all the words of this law that are written in this book, that you may fear this glorious and awful name, the Lord your God; then the Lord will make your plagues wonderful, and the plagues of your seed, even great plagues, and of long continuance, and sore sicknesses, and of long continuance" (Deuteronomy 28:58–59). A second judge counts the lashes while they are being administered, and a third says to the one delivering the lashes: Strike, as he may not administer a lash before being instructed to do so by the judge (Rambam *Sefer Shofetim*, *Hilkhot Sanhedrin* 16:11).

מֵיתִיבֵי: הַזּוֹרֵק אֶת הָאֶבֶן לִרְשׁוּת הָרַבִּים וְהָרַג – הֲרֵי זֶה גּוֹלֶה. וְהָא הָכָא דְּשׁוֹגֵג קָרוֹב לְמֵזִיד הוּא, דְּאִיבָּעֵי לֵיהּ אַסּוֹקֵי אַדַּעְתֵּיהּ דְּבִרְשׁוּת הָרַבִּים שְׁכִיחִי אֱינָשֵׁי, וְקָתָנֵי: הֲרֵי זֶה גּוֹלֶה!

The Gemara **raises an objection** from another mishna: With regard to **one who throws a stone into the public domain**[H] **and kills** someone, **he is exiled. But here,** it is clear **that it is** a case of an **unintentional** killing that is **approaching intentional** manslaughter, **as it should have entered his mind that people are commonly** found **in the public domain. And the** *tanna* **teaches that he is exiled.**

אָמַר רַב שְׁמוּאֵל בַּר יִצְחָק: בְּסוֹתֵר אֶת כּוֹתְלוֹ.

Rav Shmuel bar Yitzḥak said: It is not a case where one threw a stone into the public domain for no purpose, but rather **where he demolishes his wall,** which borders on the public domain, and stones fall into the public domain. Therefore, it is not considered to be approaching intentional manslaughter.

אִיבָּעֵי לֵיהּ עִיּוּנֵי! בְּסוֹתֵר בַּלַּיְלָה.

The Gemara questions this assertion: Nevertheless, **he should have paid attention** to see if there was anyone there, and therefore it should be considered an unintentional killing that approaches intentional manslaughter. The Gemara answers: It is a case **where he demolishes** the wall **at night.**

בַּלַּיְלָה נַמִי אִיבָּעֵי לֵיהּ עִיּוּנֵי! בְּסוֹתֵר אֶת כּוֹתְלוֹ בַּיּוֹם לָאַשְׁפָּה.

The Gemara asks: Even **at night, he should also have paid attention** to see if there was anyone there. The Gemara suggests an alternative interpretation: It is a case **where he demolishes his wall during the day into a garbage dump,**[H] where people are not commonly found.

הַאי אַשְׁפָּה הֵיכִי דָּמֵי? אִי דִּשְׁכִיחִי רַבִּים – מֵזִיד הוּא, וְאִי לָא שְׁכִיחִי רַבִּים – אָנוּס הוּא!

The Gemara asks: **What are the circumstances of this garbage dump? If** it is a garbage dump **where the multitudes are commonly** found, **it is** considered **intentional** manslaughter. **And if the multitudes are not commonly** found there, he should be considered not only one who kills unintentionally, but **a victim of circumstances beyond his control,** since he could not have anticipated that someone would be there. Therefore, he should be exempt from exile.

אָמַר רַב פַּפָּא: [לָא צְרִיכָא, אֶלָּא] בְּאַשְׁפָּה הָעֲשׂוּיָה לְהִפָּנוֹת בַּלַּיְלָה וְאֵינָהּ עֲשׂוּיָה לְהִפָּנוֹת בַּיּוֹם, וְאִיכָּא דְּמִיקְרֵי וְיָתֵיב. מֵזִיד לָא הָוֵי – דְּהָא אֵינָהּ עֲשׂוּיָה לְהִפָּנוֹת בַּיּוֹם, אָנוּס נַמִי לָא הָוֵי – דְּהָא אִיכָּא דְּמִיקְרֵי וְיָתֵיב.

Rav Pappa said: This *halakha* **is necessary only in** the case of a **garbage dump where** people are **given to relieve themselves at night**[H] **and are not given to relieve themselves during the day,** as it is near the public domain. **But there are those who chance by and sit** there for this purpose even during the day. On the one hand, **he is not** one who kills **intentionally, as** people **are not given to relieve themselves** there **during the day.** On the other hand, **he is not a victim of circumstances beyond his control either, as there are those who chance by and sit there.** Therefore, he is considered one who kills unintentionally and is liable to be exiled.

רַב פַּפָּא מִשְּׁמֵיהּ דְּרָבָא מַתְנֵי לַהּ אַרֵישָׁא: הַנִּכְנָס לַחֲנוּתוֹ שֶׁל נַגָּר שֶׁלֹּא בִּרְשׁוּת, וְנִתְּזָה לוֹ בְּקַעַת וְטָפְחָה לוֹ עַל פָּנָיו וּמֵת – פָּטוּר. אָמַר רַבִּי יוֹסֵי בַּר חֲנִינָא: חַיָּיב בְּאַרְבָּעָה דְּבָרִים וּפָטוּר מִגָּלוּת.

Rav Pappa taught in the name of Rava that **this** aforementioned statement of Rabbi Yosei bar Ḥanina is in reference not to the latter clause of the *baraita* but is **in reference to the first clause:** With regard to **one who enters the workshop of a carpenter**[H] **without permission, and a chip** of wood **flies off and strikes him in the face and he dies,** the carpenter is **exempt.** In reference to this clause **Rabbi Yosei bar Ḥanina says:** If the one who entered was merely injured, the carpenter is **liable** to pay **four types of indemnity. But** if the one who entered was killed, he is **exempt from exile.**

מַאן דְּמַתְנֵי לַהּ אַסֵּיפָא – כׇּל שֶׁכֵּן אַרֵישָׁא, וּמַאן דְּמַתְנֵי לַהּ אַרֵישָׁא, אֲבָל אַסֵּיפָא, כֵּיוָן דְּבִרְשׁוּת – חַיָּיב גָּלוּת.

The Gemara comments: With regard to **the one who teaches this** statement **in reference to the last clause** of the *baraita,* where one enters with permission, **all the more so** would he teach it **in reference to the first clause,** where one enters without permission. **But the one who teaches this** statement **in reference to the first clause** teaches it only in reference to that clause. **But in the** case of the **last clause, since** he entered **with permission** the carpenter is **liable** to go into **exile.**

וּמִי חַיָּיב גָּלוּת? וְהָתַנְיָא: הַנִּכְנָס לַחֲנוּתוֹ שֶׁל נַפָּח, וְנִתְּזוּ נִיצוֹצוֹת וְטָפְחוּ לוֹ עַל פָּנָיו וּמֵת – פָּטוּר, וַאֲפִילּוּ נִכְנַס בִּרְשׁוּת!

The Gemara asks: **But is he liable** to go into **exile** when the victim had permission to enter? **But isn't it taught** in a *baraita* that with regard to **one who enters the workshop of a welder, and sparks** [*nitzotzot*][L] **fly off and strike him in his face and he dies,** the welder **is exempt, and** this is the *halakha* **even if** the victim **entered with permission?**

HALAKHA

One who throws a stone into the public domain – **הַזּוֹרֵק אֶת הָאֶבֶן לִרְשׁוּת הָרַבִּים:** If one throws a stone into the public domain, or demolishes a wall of his and it falls into the public domain, killing another person, whether during the day or night, it is considered approaching intentional manslaughter, and the killer is therefore not exiled to a city of refuge (Rambam *Sefer Nezikin, Hilkhot Rotze'aḥ UShmirat HaNefesh* 6:6).

Where he demolishes his wall during the day into a garbage dump – **בְּסוֹתֵר אֶת כּוֹתְלוֹ בַּיּוֹם לָאַשְׁפָּה:** If one demolishes his wall at night, and it falls into a garbage dump where people are generally found and kills someone, it is considered approaching intentional manslaughter. If it is a garbage dump where people are rarely found, it is considered approaching circumstances beyond his control. In both cases, he is not exiled (Rambam *Sefer Nezikin, Hilkhot Rotze'aḥ UShmirat HaNefesh* 6:7).

A garbage dump where people are given to relieve themselves at night, etc. – **אַשְׁפָּה הָעֲשׂוּיָה לְהִפָּנוֹת בַּלַּיְלָה וכו׳:** If, during the day, one demolishes his wall into a garbage dump where people relieve themselves at night but not during the day, and a person happens to be there and is killed by the wall, the one who demolished it is exiled (Rambam *Sefer Nezikin, Hilkhot Rotze'aḥ UShmirat HaNefesh* 6:8).

One who enters the workshop of a carpenter, etc. – **הַנִּכְנָס לַחֲנוּתוֹ שֶׁל נַגָּר וכו׳:** If one enters the courtyard of another without permission and is killed by him accidentally, the latter is exempt from being exiled. If he enters with permission, the one who caused the death is exiled, in accordance with the latter version of Rabbi Yosei bar Ḥanina's explanation of the *baraita* (Rambam *Sefer Nezikin, Hilkhot Rotze'aḥ UShmirat HaNefesh* 6:11).

LANGUAGE

Sparks [*nitzotzot*] – **נִיצוֹצוֹת:** The principal meaning of this term is sparks of light, whether resulting from the reflection of a light source or from a burning flame. In the parlance of the Sages its meaning was broadened to include tiny particles splintering off of any item. In this context it is referring to tiny fragments of metal that fly off a metal item when it is struck by a hammer, which can cause burns or damage one's eyes.

הָכָא בְּמַאי עָסְקִינַן – בְּשׁוּלְיָא דְּנַפָּחֵי. שׁוּלְיָא דְּנַפָּחֵי לְמִקְטְלָא קָאֵי? כְּשֶׁרַבּוֹ מְסַרְהֵב בּוֹ לָצֵאת וְאֵינוֹ יוֹצֵא.

The Gemara answers: **With what are we dealing here,** in this *baraita*? We are dealing **with the welder's apprentice** who enters his workshop. The Gemara asks: **Does the welder's apprentice stand to be killed,** i.e., is it permitted to kill him? The Gemara answers: It is a case **where his mentor is urging him to leave, and he does not leave.**

וּמִשּׁוּם דְּרַבּוֹ מְסַרְהֵב בּוֹ לָצֵאת, לְמִיקְטְלֵיהּ קָאֵי? כְּסָבוּר יָצָא. אִי הָכִי, אַחֵר נַמִּי!

The Gemara asks: **And because his mentor is urging him to leave, does he stand to be killed?** The welder should be careful until his apprentice leaves. The Gemara answers: The welder **thought** that **he** had already **left** when the accident happened. The Gemara asks: **If so,** why establish that the *baraita* refers specifically to an apprentice? The welder would be exempt if it were any **other** person **also.**

Perek **III**
Daf **33** Amud **a**

HALAKHA

One whom a stone departed, etc. – מִי שֶׁיָּצְתָה אֶבֶן וכו׳: If one throws a stone, and after it leaves his hand another person sticks out his head and is struck by the stone and killed, the one who threw the stone is exempt from exile. If the victim is only injured, the one who threw the stone is not liable to pay restitution (Rambam *Sefer Nezikin, Hilkhot Ḥovel UMazik* 1:19; *Shulḥan Arukh, Ḥoshen Mishpat* 420:30).

Laborers who came to claim their wages – פּוֹעֲלִים שֶׁבָּאוּ לִתְבּוֹעַ שְׂכָרָן: The Rambam writes that if one enters the courtyard of another without permission, even a salaried laborer who enters to claim his wages or a debt, and the homeowner's ox gores him and he dies, the ox is liable to be executed by stoning, and the owner is exempt. The Rema writes that nowadays if laborers enter their employer's courtyard to claim their wages, and the homeowner's ox gores them, he is liable; since it is common practice for salaried laborers to enter their employer's property, it is considered entrance with permission. The *Beit Yosef* writes that the Rambam would agree with this ruling (Rambam *Sefer Nezikin, Hilkhot Nizkei Mamon* 10:11, and see *Maggid Mishne* and *Mishne LaMelekh* there; *Shulḥan Arukh, Ḥoshen Mishpat* 389:10).

NOTES

But in this *baraita* he is entirely exempt – אַהָא פָּטוּר לְגַמְרֵי: Rabbeinu Ḥananel writes that although he is exempt from paying four types of indemnity, he is liable to pay for damage, as one is forever considered forewarned and is liable to pay for damage he causes even when it is beyond his control. The Rambam rules that he is exempt from paying for damage as well, as here the damage was completely beyond his control.

אַחֵר לֵית לֵיהּ אֵימְתָא דְּרַבֵּיהּ, הַאי אִית לֵיהּ אֵימְתָא דְּרַבֵּיהּ.

The Gemara answers: **Another** person **does not have awe of his mentor.** Therefore, even if the welder urges another person to leave, he must ascertain that that person actually did so, and otherwise he is liable to be exiled. By contrast, **this** apprentice **has awe of his mentor,** and so the welder may assume that if he instructed him to leave, he certainly did. Therefore, if in reality the apprentice did not leave and is killed by the sparks, the welder is not liable to be exiled, as he is not held accountable.

רַב זְבִיד מִשְּׁמֵיהּ דְּרָבָא מַתְנֵי לָהּ אַהָא: ״וּמָצָא״ – פְּרָט לַמַּמְצִיא אֶת עַצְמוֹ. מִכָּאן אָמַר רַבִּי אֱלִיעֶזֶר בֶּן יַעֲקֹב: מִי שֶׁיָּצְתָה אֶבֶן מִתַּחַת יָדוֹ, וְהוֹצִיא הַלָּה אֶת רֹאשׁוֹ וְקִיבְּלָהּ – פָּטוּר; אָמַר רַבִּי יוֹסֵי בַּר חֲנִינָא: פָּטוּר מִגָּלוּת וְחַיָּיב בְּאַרְבָּעָה דְּבָרִים.

Rav Zevid taught in the name of Rava that **this** aforementioned statement of Rabbi Yosei bar Ḥanina is in reference not to the above *baraita* but is **in reference to this** *baraita*: It is stated in the verse concerning one who kills unintentionally: "And the head slips off the helve, **and finds** his neighbor, and he dies" (Deuteronomy 19:5); this serves to **exclude** one **who introduces himself** into an area of danger, in which case the one who kills unintentionally is exempt from exile. **From here Rabbi Eliezer Ben Ya'akov says:** With regard to **one whom a stone departed**[H] **from his hand, and another** person **stuck out his head and received** a blow from **it** and died, the one who threw the stone is **exempt** from exile. It is in reference to this statement that **Rabbi Yosei bar Ḥanina says: He is exempt from exile** for killing him. **But** if the victim was merely injured, he is **liable to** pay **four types of indemnity.**

מַאן דְּמַתְנֵי לָהּ אַהָא – כׇּל שֶׁכֵּן אַקַּמַּיְיתָא, וּמַאן דְּמַתְנֵי לָהּ אַקַּמַּיְיתָא, אֲבָל אַהָא פָּטוּר לְגַמְרֵי.

The Gemara comments: **The one who teaches this** statement **in reference to this** *baraita*, **all the more so** he would teach it **in reference to the first** *baraita*, where one entered the workshop of the carpenter. **But the one who teaches it with regard to the first** *baraita* teaches it only in reference to that *baraita*. **But in this** *baraita* he is **entirely exempt**[N] from liability for injury, as one could claim that he is completely blameless.

תָּנוּ רַבָּנַן: פּוֹעֲלִים שֶׁבָּאוּ לִתְבּוֹעַ שְׂכָרָן מִבַּעַל הַבַּיִת, וּנְגָחָן שׁוֹרוֹ שֶׁל בַּעַל הַבַּיִת, וּנְשָׁכָן כַּלְבּוֹ שֶׁל בַּעַל הַבַּיִת, וּמֵת – פָּטוּר; אֲחֵרִים אוֹמְרִים: רַשָּׁאִין פּוֹעֲלִין לִתְבּוֹעַ שְׂכָרָן מִבַּעַל הַבַּיִת.

§ **The Sages taught:** With regard to salaried **laborers who came** into their employer's courtyard **to claim their wages**[H] **from the homeowner, and the homeowner's ox gored them, or the homeowner's dog bit them, and** a laborer **died,** the homeowner is **exempt. Others say** that he is liable, as salaried **laborers are allowed** to enter their employer's property **to claim their wages from the homeowner.**

הֵיכִי דָּמֵי? אִי דִּשְׁכִיחַ בְּמָתָא, מַאי טַעְמָא דַּאֲחֵרִים? אִי דִּשְׁכִיחַ בְּבֵית, מַאי טַעְמָא דְּתַנָּא קַמָּא?

The Gemara asks: **What are the circumstances? If** the employer **can be found in the city, what is the reason of the others,** who hold him liable? The laborers could have met him in the city to claim their wages and did not need to enter his courtyard. **If he can be found** only **at home, what is the reason of the first** *tanna*, who exempts him? Clearly they are entitled to claim their wages.

לָא צְרִיכָא, בְּגַבְרָא דִּשְׁכִיחַ וְלָא שְׁכִיחַ, וְקָרֵי אַבָּבָא וַאֲמַר לְהוּ "אִין"; מָר סָבַר: "אִין" – עוּל תָּא מַשְׁמַע, וּמָר סָבַר: "אִין" – קוּם אַדּוּכְתָּךְ מַשְׁמַע.

The Gemara answers: No, these are not the circumstances under discussion. This *halakha* is **necessary** only **with regard to a man who can** sometimes **be found** in town **and** sometimes **cannot be found** in town, **and** the laborers **called** to him **at the gate** of his courtyard, **and he said to them: Yes.** One Sage, referred to as the others, **holds** that the term **yes** in this context **indicates: Come in.** Therefore, he is liable for their death. **And** one **Sage,** the first *tanna*, **holds** that the term **yes** in this context **indicates: Stand in your place**[H] and I will come out to you. Since he did not give them permission to enter, he is exempt.

תַּנְיָא כְּמַאן דְּאָמַר: "אִין" – קוּם אַדּוּכְתָּךְ מַשְׁמַע, דְּתַנְיָא: פּוֹעֵל שֶׁנִּכְנַס לִתְבּוֹעַ שְׂכָרוֹ מִבַּעַל הַבַּיִת, וּנְגָחוֹ שׁוֹרוֹ שֶׁל בַּעַל הַבַּיִת אוֹ נְשָׁכוֹ כַּלְבּוֹ – פָּטוּר, אַף עַל פִּי שֶׁנִּכְנַס בִּרְשׁוּת; אַמַּאי פָּטוּר? אֶלָּא לָאו דְּקָרֵי אַבָּבָא וַאֲמַר לֵיהּ "אִין", וּשְׁמַע מִינַּהּ: "אִין" – קוּם אַדּוּכְתָּךְ מַשְׁמַע.

It is taught in a *baraita* **in accordance with** the opinion of **the one who says** that **yes** in this context **indicates: Stand in your place. As it is taught** in a *baraita*: With regard to a salaried **laborer who entered** his employer's courtyard **to claim his wages from the homeowner, and the homeowner's ox gored him, or his dog bit him,** the homeowner **is exempt, although** the laborer **entered with permission.** The Gemara asks: **Why** is he **exempt** if the laborer entered with permission? **Rather, is it not** because it is a case **where** the laborer **called** him **at the gate, and he said to him: Yes? Conclude from it** that **yes** in this context **indicates: Stand in your place.**

מתני׳ שְׁנֵי שְׁוָורִין תַּמִּין שֶׁחָבְלוּ זֶה אֶת זֶה – מְשַׁלְּמִין בַּמּוֹתָר חֲצִי נֶזֶק; שְׁנֵיהֶן מוּעָדִין – מְשַׁלְּמִין בַּמּוֹתָר נֶזֶק שָׁלֵם;

MISHNA With regard to **two innocuous oxen that injured**[H] **each other,**[N] the respective damages are evaluated, and if one amount is more than the other, the owner **pays half the damages with regard to the difference.** In other words, the owner of the ox that caused the greater damage pays the other owner half the difference. If **both oxen were forewarned,** the owner of the ox that caused the greater damage **pays the full** cost of the **damage with regard to the difference.**

אֶחָד תָּם וְאֶחָד מוּעָד, מוּעָד בְּתָם – מְשַׁלֵּם בַּמּוֹתָר נֶזֶק שָׁלֵם, תָּם בְּמוּעָד – מְשַׁלֵּם בַּמּוֹתָר חֲצִי נֶזֶק.

In a case where **one** of the oxen was **innocuous and** the other **one** was **forewarned,** if the **forewarned** ox caused greater damage **to the innocuous** ox than the reverse, the owner of the forewarned ox **pays the full** cost of the **damage with regard to the difference.** If the **innocuous** ox caused greater damage **to** the **forewarned** ox, its owner **pays half the damage with regard to the difference.**

וְכֵן שְׁנֵי אֲנָשִׁים שֶׁחָבְלוּ זֶה בָּזֶה – מְשַׁלְּמִין בַּמּוֹתָר נֶזֶק שָׁלֵם.

And similarly, with regard to **two people who injured each other,**[H] the one who did greater damage **pays the full** cost of the **damage with regard to the difference,** since one is always considered forewarned with regard to damage he causes.

אָדָם בְּמוּעָד וּמוּעָד בְּאָדָם – מְשַׁלֵּם בַּמּוֹתָר נֶזֶק שָׁלֵם; אָדָם בְּתָם וְתָם בְּאָדָם, אָדָם בְּתָם – מְשַׁלֵּם בַּמּוֹתָר נֶזֶק שָׁלֵם; תָּם בְּאָדָם – מְשַׁלֵּם בַּמּוֹתָר חֲצִי נֶזֶק. רַבִּי עֲקִיבָא אוֹמֵר: אַף תָּם שֶׁחָבַל בְּאָדָם מְשַׁלֵּם בַּמּוֹתָר נֶזֶק שָׁלֵם.

If a **person** caused damage **to a forewarned** ox **and the forewarned** ox caused damage **to the person,** whichever side caused the greater damage **pays the full** cost of the **damage with regard to the difference.** In a case where **a person** caused damage **to an innocuous** ox **and the innocuous** ox caused damage **to the person,** if **the person** caused greater financial damage **to the innocuous ox**[H] **he pays the full** cost of the **damage with regard to the difference.** If the **innocuous** ox caused greater damage **to the person,**[H] its owner **pays** only **half the damage with regard to the difference. Rabbi Akiva says:** The owner of the **innocuous** ox **that injured a person also pays the full** cost of the **damage with regard to the difference.** Rabbi Akiva does not distinguish between an innocuous and a forewarned ox in a case where an ox injures a person.

HALAKHA

Yes indicates stand in your place – אִין, קוּם אַדּוּכְתָּךְ מַשְׁמַע: If one stood at the entrance to another's courtyard and called to him, and the latter responded: Yes, and the visitor entered and was injured by the owner's ox, the owner is exempt, since by replying yes he intended only that the person should wait at the entrance until he lets him in, and not that he should enter by himself (Rambam *Sefer Nezikin, Hilkhot Nizkei Mamon* 10:12).

Two innocuous oxen that injured, etc. – שְׁנֵי שְׁוָורִין תַּמִּין שֶׁחָבְלוּ וכו׳: If two innocuous oxen injure each other, the owner of the one that caused the greater financial loss pays half the difference. If the oxen were forewarned, he pays the full difference. In a case where one was innocuous and the other forewarned, if the forewarned ox caused the greater damage, its owner pays the full difference, and if the innocuous one caused the greater damage, its owner pays the full difference. According to the Rambam, this is referring to the difference between the amounts that each party is liable to pay the other. According to the Rosh, however, it is referring to the difference in value between the damage caused to each party.

The Rema writes that if one of the oxen instigated the fight, its owner is liable and the other is exempt. These *halakhot* apply only when they injured each other simultaneously, or in a case where after they were separated from each other, the injured ox went back and injured its attacker (Rambam *Sefer Nezikin, Hilkhot Nizkei Mamon* 9:14; *Shulḥan Arukh, Ḥoshen Mishpat* 402).

Two people who injured each other – שְׁנֵי אֲנָשִׁים שֶׁחָבְלוּ זֶה בָּזֶה: If two people injured each other, and one injury was more severe than the other, the one who caused the greater injury must pay the difference. This applies if they started the fight simultaneously or if one attacked the other and the injured party came back later to assault him. If one of them attacked first and the other struck back in self-defense, the latter is exempt from liability. Nevertheless, the court must assess whether he could have defended himself in a less injurious manner, and if so he is liable (*Shulḥan Arukh, Ḥoshen Mishpat* 421:13).

The person caused greater financial damage to the innocuous ox – אָדָם בְּתָם: It is prohibited for one to damage another's property. If one does so, he is liable to pay the full cost of the damage, even if he did not benefit from the action. Therefore, if a person injures another's ox, he must pay the full cost of the damage (Rambam *Sefer Nezikin, Hilkhot Ḥovel UMazik* 6:1; *Shulḥan Arukh, Ḥoshen Mishpat* 378:1).

The innocuous ox caused greater damage to the person – תָּם בְּאָדָם: If an ox injures a person, the same *halakha* applies as in a case where an ox injures another animal: If it is an innocuous ox, its owner pays half the damages, and his liability is limited to the value of the damaging ox. If it is a forewarned ox he pays the full cost of the damage. In a case where a person and an animal injure each other, the person is considered forewarned, and the ox is judged as is. Whichever party caused the greater financial loss is liable to pay, whether full or half the damages, according to that party's status. This is in accordance with the first opinion in the mishna, as opposed to the opinion of Rabbi Akiva (Rambam *Sefer Nezikin, Hilkhot Nizkei Mamon* 7:3; *Shulḥan Arukh, Ḥoshen Mishpat* 405:1).

NOTES

Two innocuous oxen that injured each other – שְׁנֵי שְׁוָורִין תַּמִּין שֶׁחָבְלוּ זֶה אֶת זֶה: The Rosh writes that this *halakha* applies specifically in a case where the oxen injure each other simultaneously, or where each one injures the other at a different time. If one ox attacks the other and injures it and the wounded ox injures the attacker in response, the latter's owner is exempt for two reasons. First, the ox was merely defending itself; second, there is a principle that if one deviates from the norm in his actions and another comes along afterward and deviates from the norm in his actions and damages him, the one who causes the damage is exempt from liability. The Rosh adds that this is true with regard to two people who injure each other as well, i.e., if the one who was attacked first reacts by injuring the other, he is exempt.

גמ׳ תָּנוּ רַבָּנַן: ״כַּמִּשְׁפָּט הַזֶּה יֵעָשֶׂה לוֹ״ – כְּמִשְׁפַּט שׁוֹר בְּשׁוֹר כָּךְ מִשְׁפַּט שׁוֹר בְּאָדָם, מַה שׁוֹר בְּשׁוֹר – תָּם מְשַׁלֵּם חֲצִי נֶזֶק וּמוּעָד נֶזֶק שָׁלֵם, אַף שׁוֹר בְּאָדָם – תָּם מְשַׁלֵּם חֲצִי נֶזֶק וּמוּעָד נֶזֶק שָׁלֵם.

GEMARA With regard to the dispute between Rabbi Akiva and the Rabbis about a case where an ox injures a person, **the Sages taught:** It is derived from the verse: "Whether it has gored a son, or has gored a daughter, **according to this judgment shall it be done to him**" (Exodus 21:31), that **as is the judgment** concerning **an ox** that causes damage **to an ox, so is the judgment** with regard to **an ox** that causes damage **to a person. Just as** with regard to **an ox** that causes damage **to an ox,** if it is **innocuous** its owner **pays half** the cost of **the damage and** if it is **forewarned** he pays the **full** cost of the **damage, so too,** with regard to **an ox** that causes damage **to a person,** if it is an **innocuous** ox its owner **pays half** the cost of **the damage and** if it is a **forewarned** ox the owner pays the **full** cost of the **damage.**

רַבִּי עֲקִיבָא אוֹמֵר: ״כַּמִּשְׁפָּט הַזֶּה״ – כַּתַּחְתּוֹן וְלֹא כָּעֶלְיוֹן.

Rabbi Akiva says: It is derived from the phrase **"according to this judgment"** that the *halakha* with regard to an ox that gores a person is judged **like** the case that appears in **the lower** verse, i.e., the case of a forewarned ox, which appears in Exodus 21:29, **and not like** the case that appears in **the upper** verse, i.e., the case of an innocuous ox, which appears in Exodus 21:28.

יָכוֹל מְשַׁלֵּם מִן הָעֲלִיָּיה? תַּלְמוּד לוֹמַר: ״יֵעָשֶׂה לוֹ״, מִגּוּפוֹ מְשַׁלֵּם, וְאֵינוֹ מְשַׁלֵּם מִן הָעֲלִיָּיה.

One **might** have thought that since the case of an ox that gored a person is compared to the case of a forewarned ox, the owner also **pays from** his **superior-quality** property. Therefore, **the verse states: "Shall it be done to him [*lo*],"** indicating **he pays** restitution exclusively **from** the proceeds of the sale of the **body** of his belligerent ox **and does not pay from** his **superior-quality** property, as the word *lo* can also be understood as referring to the ox. In this manner the case of an innocuous ox that gores a person is compared to the *halakha* of an innocuous ox that gores another ox, whereas with regard to the amount of restitution, it is compared to the case of a forewarned ox.

וְרַבָּנַן, ״זֶה״ לָמָּה לִי? לְפוֹטְרוֹ מֵאַרְבָּעָה דְּבָרִים.

The Gemara asks: **And** according to the opinion of **the Rabbis,** who do not differentiate between an ox that gores a person and one that gores an animal, inasmuch as the distinction between an innocuous and a forewarned ox applies in both cases, **why do I** need the seemingly superfluous word **"this"?** The Gemara answers: The word is stated **to exempt him from the four types of indemnity**[H] that one who injures another person is liable to pay, thereby emphasizing the comparison to the case of an ox that gores an ox.

וְרַבִּי עֲקִיבָא, לְפוֹטְרוֹ מֵאַרְבָּעָה דְּבָרִים מְנָא לֵיהּ? נָפְקָא לֵיהּ מֵ״אִישׁ כִּי יִתֵּן מוּם בַּעֲמִיתוֹ״, אִישׁ בַּעֲמִיתוֹ, וְלֹא שׁוֹר בַּעֲמִיתוֹ.

The Gemara asks: **And from where does Rabbi Akiva** derive the *halakha* **exempting him from** paying these **four types of indemnity?** The Gemara answers: **He derives it from** the verse: **"And if a man maims his neighbor,** as he has done, so shall be done to him" (Leviticus 24:19). Rabbi Akiva derives from here that only when **a man** injures **his neighbor** is he liable to pay these four types of indemnity, **but not** when **an ox** injures **his neighbor.**

וְרַבָּנַן? אִי מֵהַהִיא הֲוָה אָמִינָא צַעַר לְחוּדֵיהּ, אֲבָל רִיפּוּי וְשֶׁבֶת – אֵימָא לִיתֵּן לֵיהּ, קָא מַשְׁמַע לַן.

The Gemara asks: **And** why do **the Rabbis** not derive this *halakha* from that verse? The Gemara answers: **If** it would have been derived **from that** verse, **I would have said** that he is exempt **only** from paying for **pain,**[N] **but** for **medical costs and loss of livelihood,** I would **say** that he is liable **to give him** compensation. Therefore, the phrase "according to this judgment" **teaches us** that he is not liable to pay compensation for anything other than the damage itself.

מתני׳ שׁוֹר שָׁוֶה מָנֶה שֶׁנָּגַח שׁוֹר שָׁוֶה מָאתַיִם, וְאֵין הַנְּבֵילָה יָפָה כְּלוּם – נוֹטֵל אֶת הַשּׁוֹר.

MISHNA With regard to an innocuous **ox worth one hundred dinars**[B] **that gored an ox worth two hundred** dinars, **and the carcass** of the dead ox **is not worth anything,** its owner **takes the** entire **ox** that gored it, since it is worth half the value of the damage.

HALAKHA

To exempt him from the four types of indemnity – לְפוֹטְרוֹ מֵאַרְבָּעָה דְּבָרִים: If an ox gores a person, even intentionally, its owner is liable to pay only for the damage, or for half of the damage in the case of an innocuous ox. He is exempt from restitution for the injured party's loss of livelihood, medical costs, pain, or humiliation (Rambam *Sefer Nezikin, Hilkhot Nizkei Mamon* 7:3; *Shulḥan Arukh, Ḥoshen Mishpat* 405:1).

NOTES

I would have said that he is exempt only from paying for pain – הֲוָה אָמִינָא צַעַר לְחוּדֵיהּ: The rationale for this distinction is that contrary to medical costs and loss of livelihood, pain does not involve monetary loss; neither does humiliation (Rashi).

BACKGROUND

One hundred dinars [*maneh*] – מָנֶה: *Maneh* refers to a one-hundred-dinar coin. To estimate its buying power one should take into account that the average daily wage of a salaried laborer was four dinars.

גמ׳ מַתְנִיתִין מַנִּי? רַבִּי עֲקִיבָא הִיא, דְּתַנְיָא: יוּשַׁם הַשּׁוֹר בְּבֵית דִּין, דִּבְרֵי רַבִּי יִשְׁמָעֵאל; רַבִּי עֲקִיבָא אוֹמֵר: הוּחְלַט הַשּׁוֹר.

GEMARA Whose opinion is expressed in the **mishna**, which rules that the injured party takes the ox immediately? **It is the opinion of Rabbi Akiva, as it is taught** in a *baraita*: After it gores another ox, **the** belligerent **ox shall be appraised in court**[N] before it is taken by the injured party, this is **the statement of Rabbi Yishmael. Rabbi Akiva says: The ox was** already **assigned** to the owner of the dead ox as payment, and if the amount of damages is not contested by the owner of the goring ox, no further legal steps are required.

בְּמַאי קָמִיפַּלְגִי? רַבִּי יִשְׁמָעֵאל סָבַר: בַּעַל חוֹב הוּא וְזוּזֵי הוּא דְּמַסֵּיק לֵיהּ, וְרַבִּי עֲקִיבָא סָבַר: שׁוּתָּפֵי נִינְהוּ.

The Gemara explains: **With regard to what** principle **do** they **disagree? Rabbi Yishmael holds** that the owner of the dead ox is considered **a creditor** of the owner of the belligerent ox, **and it is money that he is claiming from him,** but he has no ownership of the body of the belligerent ox. **And Rabbi Akiva holds** that **they are partners,** i.e., from the time the innocuous ox killed the other ox, the owner of the dead ox has a share of ownership in the belligerent ox.

וְקָמִיפַּלְגִי בְּהַאי קְרָא: ״וּמָכְרוּ אֶת הַשּׁוֹר הַחַי וְחָצוּ אֶת כַּסְפּוֹ״, רַבִּי יִשְׁמָעֵאל סָבַר: לְבֵי דִינָא קָמַזְהַר רַחֲמָנָא, וְרַבִּי עֲקִיבָא סָבַר: לְנִיזָּק וּמַזִּיק מַזְהַר לְהוּ רַחֲמָנָא.

And they disagree with regard to the meaning of **this verse: "Then they shall sell the live ox, and divide its monetary value"** (Exodus 21:35). **Rabbi Yishmael holds** that **the Merciful One is commanding the court** to evaluate the damages in this manner, **and Rabbi Akiva holds** that **the Merciful One is commanding the injured** party **and the one liable for damage** to split ownership of the live ox, without the involvement of the court.

מַאי בֵּינַיְיהוּ? הִקְדִּישׁוֹ נִיזָּק אִיכָּא בֵּינַיְיהוּ.

The Gemara asks: **What is** the practical difference **between** the two opinions as to whether or not they are considered partners? The Gemara answers: There **is** a practical difference **between them** in a case where **the injured** party **consecrated** the ox to the Temple. According to the opinion of Rabbi Yishmael, until the court transfers the ox to the injured party, it still belongs to its owner, and therefore the injured party cannot consecrate it. According to the opinion of Rabbi Akiva, the injured party owns the ox from the time the damage was inflicted, and he can therefore consecrate it.

בְּעָא מִינֵּיהּ רָבָא מֵרַב נַחְמָן: מְכָרוֹ מַזִּיק, לְרַבִּי יִשְׁמָעֵאל מַהוּ? כֵּיוָן דְּאָמַר רַבִּי יִשְׁמָעֵאל בַּעַל חוֹב הוּא וְזוּזֵי הוּא דְּמַסֵּיק לֵיהּ – מָכוּר, אוֹ דִלְמָא:

Rava asked Rav Naḥman: If the one liable for damage sold the ox, **what is the** *halakha* **according to Rabbi Yishmael?** Is it that **since Rabbi Yishmael says** that the injured party **is** considered **a creditor, and it is** merely **money that he is claiming from him, it is sold? Or perhaps**

Perek **III**
Daf **33** Amud **b**

כֵּיוָן דִּמְשַׁעְבַּד לֵיהּ לַנִּיזָּק לָאו כָּל כְּמִינֵּיהּ? אֲמַר לֵיהּ: אֵינוֹ מָכוּר.

does he say that **since** the ox **is liened** to the debt **to the injured** party, who will collect it should the ox's owner not have sufficient funds, **it is not in his power** to sell it? **Rav Naḥman said to him: It is not sold.**

וְהָתַנְיָא: מְכָרוֹ – מָכוּר! חוֹזֵר וְגוֹבֵהוּ. וְכִי מֵאַחַר שֶׁחוֹזֵר וְגוֹבֵהוּ, לְמָה מָכוּר? לְרִידְיָא.

Rava asked him: **But isn't it taught** in a *baraita* that if **he sold it, it is sold?** Rav Naḥman replied: Nevertheless, the injured party **then collects it** from the purchaser. The Gemara asks: **Since** the injured party **then collects it** from the purchaser, **with regard to what** matter **is it sold?** His right to collect it negates the effectiveness of the sale. The Gemara answers: It is sold **for** the purpose of **plowing** [*ridya*].[NL] The purchaser may use the ox for plowing until the injured party collects it from him, and the purchaser is not required to reimburse the injured party for the use of his ox.

NOTES

The ox shall be appraised in court – יוּשַׁם הַשּׁוֹר בְּבֵית דִּין: The Ra'avad explains that when the case is brought before the court, the court evaluates the value of the belligerent ox and the dead ox, and orders the owner of the former to pay the determined amount either in cash or from the body of his ox. If he responds that he does not wish to pay in cash, the court immediately assigns a share in the ownership of the ox to the injured party. By contrast, according to Rabbi Akiva, as soon as the witnesses testify about the incident, the court orders both sides to sell the belligerent ox, and the injured party receives the amount that he deserves. The judges do not evaluate the ox, nor do they assign ownership of it to the claimant.

LANGUAGE

Plowing [*ridya*] – רִידְיָא: From the Aramaic root *reish, dalet, alef*, meaning plow. This word is possibly related to the Hebrew root *reish, dalet, heh*, meaning to rule or control.

NOTES

Sold for the purpose of plowing – לְרִידְיָא: Rashi and the Ra'avad explain that the injured party collects the ox from the purchaser but cannot claim payment for the use of it for plowing. The Rashba comments that this indicates that according to Rabbi Akiva the purchaser would be required to pay for the use of the ox, which is difficult, since even a thief who makes use of the stolen article is not required to reimburse the owner for the usage unless its value decreases as a result. Therefore, the Rashba asserts that even according to Rabbi Akiva, the purchaser is not required to pay for using the ox; the difference is that while Rabbi Akiva holds that he is not allowed to use it *ab initio*, Rabbi Yishmael maintains that he may use it. The Meiri distinguishes between a thief, who is not liable to reimburse the owner for usage, as the item is considered his acquisition, and the purchaser in this case, who must return the ox on the grounds of a mistaken transaction. He must reimburse the injured party, as the ox was never legally acquired by him.

שְׁמַע מִינַּהּ: לֹוֶה וּמוֹכֵר מִטַּלְטְלִין, בֵּית דִּין גּוֹבִין לוֹ מֵהֶם? שָׁאנֵי הָתָם, דִּכְמַאן דַּעֲשָׂאוֹ אַפּוֹתֵיקִי דָּמֵי.

The Gemara asks: Should one **conclude from** this ruling that with regard to one who **borrows** money **and** then **sells** his **movable property, the court can collect** the debt **from** this property **on behalf of** the creditor, as according to Rabbi Yishmael the belligerent ox is only a lien for the debt owed to the injured party? The Gemara answers: **There,** in the case of the belligerent ox, **it is different, as** the owner of the ox **is** considered **like one who rendered it designated payment** of the debt, since the Torah specifies that the injured party collects damages from the ox. In general, however, movable property that is sold by a debtor cannot be collected by the creditor.

וְהָאָמַר רָבָא: עָשָׂה עַבְדּוֹ אַפּוֹתֵיקִי וּמְכָרוֹ – בַּעַל חוֹב גּוֹבֶה הֵימֶנּוּ, שׁוֹרוֹ אַפּוֹתֵיקִי וּמְכָרוֹ – אֵין בַּעַל חוֹב גּוֹבֶה הֵימֶנּוּ!

The Gemara asks: **But doesn't Rava say** that if one **rendered his slave** as **designated repayment** for a debt **and** subsequently **sold him,** the **creditor collects** payment **from** the purchaser, whereas if one rendered **his ox** as **designated repayment and** then **sold it, the creditor cannot collect** it **from** the purchaser? This contradicts the previous statement that the belligerent ox is considered designated repayment, and therefore even if it is sold the injured party can collect it from the purchaser.

עֶבֶד מַאי טַעְמָא? מִשּׁוּם דְּאִית לֵיהּ קָלָא, הַאי נָמֵי, כֵּיוָן דְּנָגַח – קָלָא אִית לֵיהּ, דְּתוֹרָא נַגְחָנָא קָרוּ לֵיהּ.

The Gemara answers: The distinction made in Rava's statement answers this question. **What is the reason** that **a slave** who was rendered as designated repayment can be collected from the purchaser? It is **because** rendering a slave as designated repayment is not common and generates **publicity.** The purchaser was therefore aware of this when he bought the slave. Similarly, with regard to **this ox as well, since it gored** an animal, it generates **publicity, as** it is publicly **called a goring ox,** and so the purchaser was aware of the lien attached to it. Therefore, the injured party can collect it from the purchaser.

תָּנֵי רַב תַּחְלִיפָא בַּר מַעַרְבָא קַמֵּיהּ דְּרַבִּי אַבָּהוּ: מְכָרוֹ – אֵין מָכוּר, הִקְדִּישׁוֹ – מוּקְדָּשׁ.

Rav Taḥalifa from the West, Eretz Yisrael, **taught** the following *baraita* with regard to the belligerent ox **before Rabbi Abbahu:** If **he sold it, it is not sold,** but if **he consecrated it, it is consecrated.**

מְכָרוֹ מַאן? אִילֵימָא מַזִּיק, "מְכָרוֹ אֵין מָכוּר" מַנִּי – רַבִּי עֲקִיבָא הִיא, דְּאָמַר: הוּחְלַט הַשּׁוֹר, וְ"הִקְדִּישׁוֹ מוּקְדָּשׁ" – אֲתָאן לְרַבִּי יִשְׁמָעֵאל, דְּאָמַר: יוּשַׁם הַשּׁוֹר בְּבֵית דִּין!

The Gemara asks: **Who sold it?** Is it the injured party or the liable party? **If we say** it is **the one liable for the damage, whose** opinion is it that if **he sold it,** it is **not sold? It is** the opinion of **Rabbi Akiva, who says** that **the ox was** already **assigned** to the injured party. **But** in the following statement of the *baraita*, that if **he consecrated it,** it is **consecrated, we arrive at** the opinion of **Rabbi Yishmael, who says** that **the ox shall be appraised in court.**

אֶלָּא נִיזָּק, "מְכָרוֹ אֵינוֹ מָכוּר" מַנִּי – רַבִּי יִשְׁמָעֵאל, "הִקְדִּישׁוֹ מוּקְדָּשׁ" – אֲתָאן לְרַבִּי עֲקִיבָא!

If, **rather,** it is referring to **the injured** party selling it, **whose** opinion is it that if **he sold it, it is not sold?** It is the opinion of **Rabbi Yishmael,** who holds that the injured party has no share of ownership in the ox until it is transferred to him by the court. But in the statement that if **he consecrated it,** it is **consecrated, we arrive at** the opinion of **Rabbi Akiva.** The *baraita* does not seem to accord with either opinion.

לְעוֹלָם מַזִּיק, וְדִבְרֵי הַכֹּל. מְכָרוֹ אֵינוֹ מָכוּר – אֲפִילּוּ לְרַבִּי יִשְׁמָעֵאל, דְּהָא מְשַׁעְבְּדָא לֵיהּ לַנִּיזָּק,

The Gemara answers: **Actually,** it is referring to **the one liable for the damage, and everyone agrees** with its ruling. The ruling that if **he sold it, it is not sold** is the *halakha* **even** according **to** the opinion of **Rabbi Yishmael, as** the ox **is liened to the injured** party, precluding the owner from selling it.

הִקְדִּישׁוֹ מוּקְדָּשׁ – אֲפִילּוּ לְרַבִּי עֲקִיבָא, מִשּׁוּם דְּרַבִּי אַבָּהוּ, דְּאָמַר רַבִּי אַבָּהוּ: גְּזֵירָה שֶׁמָּא יֹאמְרוּ הֶקְדֵּשׁ יוֹצֵא בְּלֹא פִּדְיוֹן.

The statement that if **he consecrated it,** it is **consecrated,** is the *halakha* **even** according **to Rabbi Akiva,** since it is not actually consecrated but is considered so only **due to** the statement **of Rabbi Abbahu. As Rabbi Abbahu says** that if one consecrates liened property, although the consecration does not take effect, nevertheless he is required to redeem it, due to a rabbinic **decree lest** people **say** that **consecrated** property can be **removed** from the ownership of the Temple treasury **without redemption.** Therefore, the ineffectiveness of the ox's consecration notwithstanding, he is still required to redeem it, by means of minimal payment, so as not to cause the denigration of Temple property.

תָּנוּ רַבָּנַן: שׁוֹר תָּם שֶׁהִזִּיק, עַד שֶׁלֹּא עָמַד בַּדִּין, מְכָרוֹ – מָכוּר, הִקְדִּישׁוֹ – מוּקְדָּשׁ, שְׁחָטוֹ וּנְתָנוֹ בְּמַתָּנָה – מַה שֶּׁעָשָׂה עָשׂוּי. מִשֶּׁעָמַד בַּדִּין, מְכָרוֹ – אֵינוֹ מָכוּר, הִקְדִּישׁוֹ – אֵינוֹ מוּקְדָּשׁ, שְׁחָטוֹ וּנְתָנוֹ בְּמַתָּנָה – לֹא עָשָׂה וְלֹא כְלוּם;

§ **The Sages taught** in a *baraita*: With regard to **an innocuous ox that caused damage,** if, **before** its owner **stood trial, he sold it,** it **is sold.**[NH] **If he consecrated it, it is consecrated.**[H] **If he slaughtered it**[H] **or gave it as a gift,**[H] **what he did is done,** i.e., takes effect. By contrast, **once he stood trial**[H] and is now obligated to pay the injured party, **if he sold it, it is not sold; if he consecrated it, it is not consecrated; if he slaughtered it or gave it is a gift, he has done nothing.**

קָדְמוּ בַּעֲלֵי חוֹבוֹת וְהִגְבִּיהוּ, בֵּין חָב עַד שֶׁלֹּא הִזִּיק בֵּין הִזִּיק עַד שֶׁלֹּא חָב – לֹא עָשׂוּ וְלֹא כְלוּם, לְפִי שֶׁאֵין מְשַׁתֵּלֵּם אֶלָּא מִגּוּפוֹ.

If **creditors** of the ox's owner **collected** the ox **first,**[H] **whether he owed** the creditors **before** his ox **caused** the **damage or whether it caused** the **damage before he owed** them, **they have done nothing.** Their collection is void, **because** compensation to the injured party is **paid only from the body of** the ox, as it was innocuous, and it is therefore designated exclusively for this compensation.

מוּעָד שֶׁהִזִּיק, בֵּין שֶׁעָמַד בַּדִּין בֵּין שֶׁלֹּא עָמַד בַּדִּין, מְכָרוֹ – מָכוּר, הִקְדִּישׁוֹ – מוּקְדָּשׁ, שְׁחָטוֹ וּנְתָנוֹ בְּמַתָּנָה מַה שֶּׁעָשָׂה עָשׂוּי. קָדְמוּ בַּעֲלֵי חוֹבוֹת וְהִגְבִּיהוּ, בֵּין חָב עַד שֶׁלֹּא הִזִּיק בֵּין הִזִּיק עַד שֶׁלֹּא חָב – מַה שֶּׁעָשָׂה עָשׂוּי, לְפִי שֶׁאֵין מְשַׁתֵּלֵּם אֶלָּא מִן הָעֲלִיָּיה.

The *baraita* continues: With regard to **a forewarned** ox **that caused damage,**[H] **whether** its owner **stood trial or whether he did not stand trial, if he sold it,** it **is sold; if he consecrated it,** it **is consecrated; if he slaughtered it or gave it as a gift, what he did is done.** Likewise, if **creditors collected** the ox **first, whether he owed** them **before it caused** the **damage,** or **whether it caused** the **damage before he owed** them, **what** they **did is done.** This is **because** the restitution is **paid only from** his **superior-quality** property, not from the body of the ox. Therefore, what he or his creditors do with the ox takes effect.

אָמַר מָר: מְכָרוֹ מָכוּר – לְרִדְיָא.

The Gemara explains the *baraita*: **The Master said** above, with regard to an innocuous ox, that if **he sold it,** it **is sold.** As explained above, the sale is valid only with regard to the purchaser using the ox **for plowing** in the interim, until the injured party collects it.

הִקְדִּישׁוֹ מוּקְדָּשׁ – מִשּׁוּם דְּרַבִּי אַבָּהוּ.

The statement that if **he consecrated it,** it is **consecrated** does not mean that it is actually consecrated, but rather that it must be redeemed through payment of a minimal sum, **due to Rabbi Abbahu's** statement mentioned above.

שְׁחָטוֹ וּנְתָנוֹ בְּמַתָּנָה מַה שֶּׁעָשָׂה עָשׂוּי. בִּשְׁלָמָא נְתָנוֹ בְּמַתָּנָה מַה שֶּׁעָשָׂה עָשׂוּי – לְרִדְיָא, אֶלָּא שְׁחָטוֹ – לֵיתֵי וְלִשְׁתַּלֵּם מִבִּשְׂרֵיהּ.

With regard to the statement that if **he slaughtered it or gave it as a present, what he did is done,** the Gemara asks: **Granted,** if **he gave it as a present, what he did is done** with regard to the recipient's permission to use it **for plowing. But if he slaughtered it,** how does that affect the injured party's rights? **Let him come and receive payment from** the slaughtered ox's **meat.**

NOTES

If before its owner stood trial he sold it, it is sold – עַד שֶׁלֹּא עָמַד בַּדִּין מְכָרוֹ מָכוּר: The Ra'avad and the Rashba explain that this *baraita* is in accordance with the opinion of Rabbi Yishmael, since, according to Rabbi Akiva, the ox already belongs to the injured party from the time the damage occurred, and therefore the owner cannot sell it. By contrast, the Rambam apparently understands Rabbi Akiva's opinion as being that it belongs to the injured party only following the court ruling (see Meiri; *Ketzot HaHoshen*, *Hoshen Mishpat* 407:1).

HALAKHA

If before its owner stood trial he sold it, it is sold – עַד שֶׁלֹּא עָמַד בַּדִּין מְכָרוֹ מָכוּר: The Rambam rules that if an innocuous ox causes damage, and the owner sells it before standing trial, the sale takes effect. The injured party can collect it as compensation, as an ox's goring generates publicity and the purchaser should have been aware of the incident. The purchaser must then be reimbursed by the owner, who sold it to him. The Rambam maintains that Rabbi Akiva concedes that the sale takes effect, and the purchaser may use the ox to plow *ab initio*. The *Shakh* rules, in accordance with his understanding of *Tosafot* and *Tur*, that the sale is completely invalid, and if the purchaser uses the ox he must pay the injured party a rental fee (Rambam *Sefer Nezikin, Hilkhot Nizkei Mamon* 8:6; *Shulhan Arukh, Hoshen Mishpat* 407:1–2).

If he consecrated it, it is consecrated – הִקְדִּישׁוֹ מוּקְדָּשׁ: If the owner of an innocuous ox consecrates it before standing trial for damage it caused, the consecration takes effect, even according to Rabbi Akiva, in accordance with Rabbi Abbahu's statement (*Maggid Mishne*). The Sages instituted this ordinance so that no property would be removed from the Temple treasury without redemption. Therefore, the injured party may redeem the animal through minimal payment and collect it (Rambam *Sefer Nezikin, Hilkhot Nizkei Mamon* 8:7).

If he slaughtered it – שְׁחָטוֹ: If the owner of an innocuous ox that caused damage slaughters it, the injured party collects compensation from its meat. The Rema cites the opinion of some authorities that compensation is also required for the loss incurred by the slaughter, since the *halakha* is that one is liable even for indirect damage, in accordance with Rabbi Meir's opinion, contrary to Rabba's statement below with regard to burning one's documents (Rambam *Sefer Nezikin, Hilkhot Nizkei Mamon* 8:7; *Shulhan Arukh, Hoshen Mishpat* 407:2).

Or gave it as a gift – וּנְתָנוֹ בְּמַתָּנָה: If the owner of an innocuous ox that caused damage gives someone the ox as a gift, his action takes effect with regard to the recipient's permission to use it for plowing (*Shakh*, citing Maharshal and *Levush*). Nevertheless, the injured party can collect it from the recipient (Rambam *Sefer Nezikin, Hilkhot Nizkei Mamon* 8:7; *Shulhan Arukh, Hoshen Mishpat* 407:2).

Once he stood trial – מִשֶּׁעָמַד בַּדִּין: Once the owner of an innocuous ox that caused damage has stood trial and has been deemed liable, if he subsequently sells the ox or gives it as a gift, he has done nothing (Rambam *Sefer Nezikin, Hilkhot Nizkei Mamon* 8:8; *Shulhan Arukh, Hoshen Mishpat* 407:3).

If creditors collected the ox first – קָדְמוּ בַּעֲלֵי חוֹבוֹת וְהִגְבִּיהוּ: If an innocuous ox causes damage, and a creditor of its owner preempts and seizes it as payment for the debt owed to him, whether the debt preceded the damage or vice versa, the seizure is ineffective, and the injured party may collect the ox from the creditor. The Rema cites the opinion of some authorities (*Tur*, Rosh) that this is the *halakha* only in a case where the creditor can collect the debt from other assets of the debtor. If the ox is designated payment for the debt, and the debt preceded the damage, the creditor has the priority (Rambam *Sefer Nezikin, Hilkhot Nizkei Mamon* 8:8; *Shulhan Arukh, Hoshen Mishpat* 407:4).

A forewarned ox that caused damage – מוּעָד שֶׁהִזִּיק: If a forewarned ox caused damage, then even if the owner has stood trial, and he then consecrates the ox, sells it, or gives it to someone as a gift, his action is effective. Similarly, if his creditors seize it as payment for a debt, they become the legal owners. For damage caused by a forewarned ox, compensation is paid from its owner's property in general, and not specifically from the ox itself (Rambam *Sefer Nezikin, Hilkhot Nizkei Mamon* 8:9).

דְּתַנְיָא: חַי – אֵין לִי אֶלָּא חַי, שְׁחָטוֹ מִנַּיִן? תַּלְמוּד לוֹמַר: ״וּמָכְרוּ אֶת הַשּׁוֹר״ מִכָּל מָקוֹם!

This is **as it is taught** in a *baraita*: It is stated in the Torah: "Then they shall sell the **live** ox" (Exodus 21:35). **I have** derived **only** that the injured party receives a share of ownership if the belligerent ox is **alive. From where** do I derive that this applies even if the ox's owner **slaughtered it? The verse states: "Then they shall sell** the live **ox,"** indicating that **in any case,** whatever the circumstances, the injured party is paid from proceeds of the sale of the belligerent ox.

אֲמַר רַב שֵׁיזְבִי: לָא נִצְרְכָא אֶלָּא לְפַחַת שְׁחִיטָה.

Rav Sheizevi said: This statement **is necessary only** with regard **to the diminished** value of the ox due to its **slaughter.** Although the value of the ox may no longer cover the damage, its owner is not liable to compensate the injured party beyond the ox's current value.

אֲמַר רַב הוּנָא בְּרֵיהּ דְּרַב יְהוֹשֻׁעַ, זֹאת אוֹמֶרֶת: הַמַּזִּיק שִׁעְבּוּדוֹ שֶׁל חֲבֵירוֹ – פָּטוּר.

Rav Huna, son of Rav Yehoshua, said: That is to say that **one who causes damage to another's liened property**[N] **is exempt** from paying compensation, since the property does not actually belong to the one who holds the lien.

פְּשִׁיטָא! מַהוּ דְּתֵימָא, הָתָם הוּא דְּאָמַר לֵיהּ: לָא חֲסַרְתִּיךְ וְלָא מִידֵּי, דְּאָמַר לֵיהּ: זִיקָא בְּעָלְמָא הוּא דִּשְׁקַלִי מִינָּךְ, אֲבָל בְּעָלְמָא לִיחַיֵּיב, קָא מַשְׁמַע לָן.

The Gemara asks: Isn't this inference from the *baraita* **obvious?** The Gemara answers: Rav Huna, son of Rav Yehoshua, states this *halakha* **lest you say** that **it is** specifically **there,** in the case where one slaughters a liened ox, that he is exempt, **as he can say to him: I have not detracted anything from** what is **yours, as he can say to him: I took only spirit from** what is **yours.** He detracted only the life of the ox, not its physical body, and one who causes damage to another's liened property might be exempt from liability for this intangible damage. **But generally** one who causes damage to another's lien **should be liable.** Therefore, Rav Huna, son of Rav Yehoshua, **teaches us** that one is exempt from liability for all types of damage he causes to another's liened property.

הָא נַמִי רַבָּה אֲמָרָהּ, דְּאָמַר רַבָּה: הַשּׂוֹרֵף שְׁטָרוֹתָיו שֶׁל חֲבֵירוֹ – פָּטוּר!

The Gemara challenges this explanation: **Rabba stated this** principle, **as well,** and there would be no need for Rav Huna, son of Rav Yehoshua, to state it. **As Rabba says: One who burns another's documents,**[H] in which other people's debts to him are recorded, **is exempt,** although the owner of the documents can no longer collect payment from liened property.

מַהוּ דְּתֵימָא, הָתָם הוּא דְּאָמַר לֵיהּ: נְיָירָא בְּעָלְמָא קְלַאי מִינָּךְ, אֲבָל הֵיכָא דְּחָפַר בָּהּ בּוֹרוֹת שִׁיחִין וּמְעָרוֹת – לִיחַיֵּיב, קָא מַשְׁמַע לָן, דְּהָא הָכָא כְּמַאן דְּחָפַר בָּהּ בּוֹרוֹת שִׁיחִין וּמְעָרוֹת דָּמֵי, וְקָאָמַר: מַה שֶּׁעָשָׂה עָשׂוּי.

The Gemara answers: Rav Huna, son of Rav Yehoshua, states this principle **lest you say** that **it is** specifically **there** that he is exempt, **as** the perpetrator of the damage **can say to** the owner of the documents: **I burned your mere paper,** for which I am prepared to pay. **But** in a case **where one dug pits, ditches, or caves**[B] **on** liened land, causing substantial damage, **he should be liable** to compensate the one holding the lien. Therefore, Rav Huna, son of Rav Yehoshua, **teaches us** that even in a case of substantial damage he is exempt, **as** the case **here,** where the ox was slaughtered, **is like one who dug pits, ditches, or caves,** as slaughter is considered substantial damage, **and** the *tanna* **said** that in this case **what he did is done.**

קָדְמוּ בַּעֲלֵי חוֹבוֹת וְהִגְבִּיהוּ, בֵּין חָב עַד שֶׁלֹּא הִזִּיק בֵּין הִזִּיק עַד שֶׁלֹּא חָב – לֹא עָשָׂה וְלֹא כְלוּם, לְפִי שֶׁאֵין מְשַׁלֵּם אֶלָּא מִגּוּפוֹ.

The Gemara continues to explain the *baraita,* which states: If **creditors collected** the innocuous ox **first, whether** its owner **owed** them **before** his ox **caused damage or whether it caused damage before he owed** them, they **have done nothing, because** restitution is **paid only from the body of** the ox.

בִּשְׁלָמָא הִזִּיק עַד שֶׁלֹּא חָב – נִיזָּקִין קָדְמוּ, אֲבָל חָב עַד שֶׁלֹּא הִזִּיק – בַּעַל חוֹב קָדֵים!

The Gemara asks: **Granted,** in the case where **it caused damage before he owed** them, **the injured parties came first,** and the ox is liened to the debt. **But** in the case where **he owed** them **before it caused damage, the creditor** collected it **first,** so why does he not have the preemptive right to the ox?

NOTES

One who causes damage to another's liened property – **הַמַּזִּיק שִׁעְבּוּדוֹ שֶׁל חֲבֵירוֹ**: The Meiri concludes that this entire discussion is in accordance with the opinion that there is no liability for damage caused by indirect action, as Rabba demonstrates below with regard to burning a person's documents. Since the accepted *halakha* is that there is liability for this type of damage, and one who burns another's documents is liable to compensate him for the full amount of the loan, similarly, one who causes damage to another's liened property is liable for the damage (see *Gittin* 41a).

BACKGROUND

Pits, ditches, or caves – **בּוֹרוֹת שִׁיחִין וּמְעָרוֹת**: The difference between the three is that pits were round, ditches were long and narrow, and the caves referred to here were like cisterns with roofs. Pits were used to collect water for general use while ditches were dug in fields specifically for agricultural use.

Spiral pit in Peru, known as a stepwell, dating to the talmudic period

Ditches

Roofed cistern referred to here as a cave

HALAKHA

One who burns another's documents – **הַשּׂוֹרֵף שְׁטָרוֹתָיו שֶׁל חֲבֵירוֹ**: If one damages an asset of another, indirectly causing him financial loss, e.g., by burning his documents, he is liable to compensate him for the entire amount of any debt specified in the document, in accordance with Rabbi Meir's opinion that one is liable for causing indirect damage (Rambam *Sefer Nezikin, Hilkhot Ḥovel UMazik* 7:9–11; *Shulḥan Arukh, Ḥoshen Mishpat* 386:1–2).

וַאֲפִילּוּ הִזִּיק עַד שֶׁלֹּא חָב – בַּעַל חוֹב קָדִים. שְׁמַע מִינַּהּ: בַּעַל חוֹב מְאוּחָר שֶׁקָּדַם וְגָבָה – מַה שֶּׁגָּבָה לֹא גָּבָה?

Moreover, **even if** the ox **caused damage before he owed** them, nevertheless **the creditor** came **first** and seized what he rightfully deserved. Should one **conclude from** the *baraita* that if **a later creditor**[H] **collected** a debt **before** an earlier creditor, **his collection is not valid** and payment should instead be given to the earlier creditor?

לָא, לְעוֹלָם אֵימָא לָךְ: מַה שֶּׁגָּבָה גָּבָה, וְשָׁאנֵי הָתָם, דְּאָמַר לֵיהּ: אִילּוּ גַּבָּךְ הֲוָה, לָא מִינָּךְ הֲוָה גָּבֵי לֵיהּ? דְּהַאי תּוֹרָא דְּאַזְּקַן מִינֵּיהּ מִשְׁתַּלַּמְנָא.

The Gemara answers: **No; actually, I could say to you that the collection of** the later creditor **is valid, and there,** in the case where a creditor seized the belligerent ox, **it is different, as the** injured party **can say to** the creditor who seized the ox: **If the ox was in your possession,**[N] **would I not have collected it from you?** The reason I would take it is **that I am paid from this ox that caused me damage.** Therefore, the creditor cannot collect the ox, even if the debt preceded the damage.

תָּנוּ רַבָּנַן: שׁוֹר שָׁוֶה מָאתַיִם שֶׁנָּגַח שׁוֹר שָׁוֶה מָאתַיִם וְחָבַל בּוֹ בַּחֲמִשִּׁים זוּז, וְשָׁבַח וְעָמַד עַל אַרְבַּע מֵאוֹת זוּז, שֶׁאִלְמָלֵא לֹא הִזִּיקוֹ הָיָה עוֹמֵד עַל שְׁמוֹנֶה מֵאוֹת זוּז – נוֹתֵן כִּשְׁעַת הַנֵּזֶק,

§ **The Sages taught:** With regard to an innocuous **ox worth two hundred** dinars[H] **that gored** another **ox** worth **two hundred** dinars **and injured it,** reducing its value **by fifty dinars** [*zuz*],[L] **and** the injured ox subsequently **appreciated** in value, **and** its value **stood at four hundred dinars,**[N] **while if** the belligerent ox **had not injured it,** its value **would have** now **stood at eight hundred dinars,** in this case the owner of the belligerent ox **gives him** only twenty-five dinars, which is half the value of the damage **according to** its value at **the time the injury** occurred.

כָּחַשׁ – כִּשְׁעַת הַעֲמָדָה בַּדִּין.

If the injured ox **depreciated** in value and its worth is now less than at the time it was injured, the damage is evaluated **according to** the ox's worth at **the time of standing trial.** In other words, the owner of the belligerent ox must pay the difference between its value before it was injured and its current value.

שָׁבַח מַזִּיק – נוֹתֵן לוֹ כִּשְׁעַת הַנֵּזֶק, כָּחַשׁ – כִּשְׁעַת הַעֲמָדָה בַּדִּין.

If the ox **that caused the injury,** from which the owner of the injured ox collects damages, **appreciated**[H] in value, its owner **gives** the injured party a share of the ox **according to** its value **at the time of the injury. If it depreciated** in value, the owner gives him a share **according to** its value at **the time of standing trial.**

אָמַר מָר: שָׁבַח מַזִּיק – נוֹתֵן כִּשְׁעַת הַנֵּזֶק. מַנִּי? רַבִּי יִשְׁמָעֵאל הִיא, דְּאָמַר: בַּעַל חוֹב הוּא, וְזוּזֵי הוּא דְּמַסֵּיק לֵיהּ.

The Gemara asks: **The Master said** in the first clause of the second half of the *baraita* that if the ox **that caused the damage appreciated** in value, its owner **gives** the injured party a share **according to** the ox's value at **the time of the injury.** In accordance with **whose** opinion **is** this ruling? **It is** apparently in accordance with the opinion of **Rabbi Yishmael, who says** that the injured party is considered **a creditor, and it is money that he is claiming from him,** as he has no share of ownership in the belligerent ox.

HALAKHA

A later creditor – בַּעַל חוֹב מְאוּחָר: If one is indebted to several creditors, the owner of the document that is dated earliest has the preemptive right of collection, even if the loan specified in a later document is due to be paid earlier, as the determining factor is the date of the transaction recorded in the document. If a later creditor came first and seized land from the debtor, the court removes it from his possession. With regard to movable property, there is no preemptive right (Rambam *Sefer Mishpatim, Hilkhot Malve VeLoveh* 20:1–2; *Shulḥan Arukh, Ḥoshen Mishpat* 104:1, 3).

An ox worth two hundred dinars, etc. – שׁוֹר שָׁוֶה מָאתַיִם וכו׳: If an ox worth two hundred dinars was injured by another ox, reducing its value by fifty dinars, and it subsequently appreciated and is now worth four hundred dinars, then compensation is paid according to the decrease in value at the time of the injury. This is the *halakha* even if, were it not for the injury, the ox would currently be worth eight hundred dinars. If it continued to diminish in value because of the injury and is worth only one hundred dinars at the time of the trial, the owner of the belligerent ox is liable to pay half the damage according to its value at the time of the trial (Rambam *Sefer Nezikin, Hilkhot Nizkei Mamon* 7:11; *Shulḥan Arukh, Ḥoshen Mishpat* 404:1–2).

If the ox that caused the injury appreciated, etc. – שָׁבַח מַזִּיק וכו׳: In a case where an innocuous ox injured another ox and subsequently appreciated in value, if its appreciation is due to its owner fattening it, the injured party can collect compensation from the proceeds of the sale of the ox based only on its value at the time of the injury. Some authorities maintain that if the increased value exceeds the owner's expenses of fattening it, the injured party receives a share of the profit (*Tur*, citing *Tosafot*). If it appreciated in value on its own, compensation is collected according to its value at the time of the trial. If the belligerent ox depreciates in value over time, compensation is collected according to its value at the time of the trial (Rambam *Sefer Nezikin, Hilkhot Nizkei Mamon* 7:12; *Shulḥan Arukh, Ḥoshen Mishpat* 404:2).

LANGUAGE

Dinars [*zuz*] – זוּז: A dinar, or *zuza* in Aramaic, is a unit of money. The origin of the word is unclear, but it is interpreted homiletically in *Midrash Rabba*: Why are they called *zuzim*? It is because they move [*zazim*] from one person to another (*Bemidbar Rabba*, chapter 22).

NOTES

If the ox was in your possession – אִילּוּ גַּבָּךְ הֲוָה: Rashi explains the injured party's claim as follows: If the creditor had owned the ox when the damage occurred, the injured party would have collected compensation from the creditor, since it would have been in his possession. The Ra'avad elaborates that seizure of the ox after the damage cannot be rendered more effective than before the damage vis-à-vis the injured party's right to the ox. *Tosafot* and *Tosefot Rabbeinu Peretz* assert that the main reason for this ruling is that the injured party has a stronger lien on the ox than the creditor, since the former collects compensation exclusively from the ox, whereas the latter collects from the debtor's property in general.

And the ox appreciated and its value stood at four hundred dinars – וְשָׁבַח וְעָמַד עַל אַרְבַּע מֵאוֹת זוּז: The Rambam explains that the novel element of this ruling is that the injured party cannot demand compensation for his loss of the potential profit. Rashi cites this explanation and rejects it, preferring the explanation that the novel element is that the defendant cannot claim that because the ox has appreciated beyond its value at the time of the injury, he therefore owes nothing to the injured party. This is because if not for the injury, the ox would have appreciated in value even more.

BACKGROUND

Where its owner fattened it – כְּשֶׁפִּיטְמוֹ: Most oxen were used as work animals, while rearing them for their meat was only a secondary objective. Consequently, they were fed only what they needed. If an ox was injured, or if its owner decided to sell it for its meat, it would be fattened with more nutritious, and typically more expensive, food.

The horn of your ox is buried in it – קַרְנָא דְּתוֹרָךְ קְבִירָא בֵּיהּ: When an ox gores another ox, it may cause a permanent scar or disfigurement, as with any severe wound, and sometimes the wound itself never fully heals. The recovery process also generally weakens the animal. Therefore, an injury caused by the horn of an ox can have a prolonged effect on its victim, far beyond the immediate wound.

אֵימָא סֵיפָא: כָּחַשׁ – כִּשְׁעַת הַעֲמָדָה בַּדִּין. אֲתָאן לְרַבִּי עֲקִיבָא, דְּאָמַר: שׁוּתָּפֵי נִינְהוּ. רֵישָׁא רַבִּי יִשְׁמָעֵאל וְסֵיפָא רַבִּי עֲקִיבָא?

The Gemara states a difficulty with this explanation: **Say the latter clause** of the second half of the *baraita*: If the belligerent ox **depreciated** in value, the owner gives the injured party a share **according to** its value at **the time of standing trial.** Here **we arrive at** the opinion of **Rabbi Akiva, who says** that the owners of the two oxen **are partners,** i.e., the injured party has a share of ownership in the belligerent ox. How can it be that **the first clause** is in accordance with **Rabbi Yishmael's** opinion, and **the latter clause** follows the opinion of **Rabbi Akiva?**

לָא, כּוּלָּהּ רַבִּי עֲקִיבָא הִיא, וְהָכָא בְּמַאי עָסְקִינַן – כְּשֶׁפִּיטְמוֹ.

The Gemara answers: **No, it is all** in accordance with the opinion of **Rabbi Akiva** that they are partners, **and here,** in the case where the belligerent ox appreciated in value, **we are dealing with** a case **where** the reason it appreciated is that its owner **fattened it.**[B] Though the injured party has a share of ownership in the ox, he has no share in the appreciation in value, and his share is therefore calculated according to its value at the time of the injury.

אִי כְּשֶׁפִּיטְמוֹ, אֵימָא רֵישָׁא: שָׁבַח וְעָמַד עַל אַרְבַּע מֵאוֹת זוּז – נוֹתֵן לוֹ כִּשְׁעַת הַנֵּזֶק. אִי כְּשֶׁפִּיטְמוֹ, צְרִיכָא לְמֵימַר?

The Gemara asks: **If** it is a case **where** the owner **fattened it, say the first clause** of the first half of the *baraita*, stated with regard to the injured ox: If **it appreciated** in value, and its value **stood at four hundred dinars,** the owner of the belligerent ox **gives him** compensation **according to** its value **at the time of the injury. If** this is referring to a case **where** its owner **fattened it, need it be said** that the owner of the belligerent ox is not exempt from compensation?

אֲמַר רַב פַּפָּא: רֵישָׁא מַשְׁכַּחַתְּ לָהּ בֵּין דְּפַטְמַהּ פַּטּוּמֵי בֵּין דְּשַׁבְחָא מִמֵּילָא, וְאִיצְטְרִיךְ לְאַשְׁמוֹעִינַן דְּהֵיכָא דְּשַׁבְחָא מִמֵּילָא נוֹתֵן לוֹ כִּשְׁעַת הַנֵּזֶק. סֵיפָא לָא מַשְׁכַּחַתְּ לָהּ אֶלָּא כְּשֶׁפִּטְמוֹ.

Rav Pappa said: You find the *halakha* stated in **the first clause** of the first half of the *baraita* to be true **whether he fattened it or whether it appreciated** in value **by itself. And** the *tanna* **found it necessary** to mention this *halakha* **to teach us that** even in a case **where** the ox **appreciated** in value **by itself,** the owner of the belligerent ox **gives him** compensation **according to** its value **at the time of the injury** and not at the time of the trial. By contrast, **you find** the *halakha* stated in **the latter clause** of the second half of the *baraita*, with regard to a case where the belligerent ox appreciated in value, **only where** its owner **fattened it.**

כָּחַשׁ – כִּשְׁעַת הַעֲמָדָה בַּדִּין. כָּחַשׁ מֵחֲמַת מַאי? אִילֵימָא דְּכָחֲשָׁא מֵחֲמַת מְלָאכָה, לֵימָא לֵיהּ: אַתְּ מַכְחַשְׁתְּ וַאֲנָא יָהֵיבְנָא?

It is stated in the latter clause of the first half of the *baraita* that if the injured ox **depreciated** in value, it is evaluated **according to** its worth at **the time of standing trial.** The Gemara asks: **Due to what did it depreciate** in value? **If we say that** the ox **depreciated** in value **due to labor** for which it was used, **let** the liable party **say to him: You reduced** its **value and I should** therefore **give** you extra compensation?

אֲמַר רַב אַשִׁי: דִּכְחַשׁ מֵחֲמַת מַכָּה, דְּאָמַר לֵיהּ: קַרְנָא דְּתוֹרָךְ קְבִירָא בֵּיהּ.

Rav Ashi said: It is a case **where it depreciated** in value **due to the** continuous effect of the **wound, as** the injured party **can say to him: The horn of your ox is buried in it,**[B] i.e., it is still losing value due to the wound.

מתני׳ שׁוֹר שָׁוֶה מָאתַיִם שֶׁנָּגַח שׁוֹר שָׁוֶה מָאתַיִם, וְאֵין הַנְּבֵילָה יָפָה כְּלוּם, אָמַר רַבִּי מֵאִיר: עַל זֶה נֶאֱמַר ״וּמָכְרוּ אֶת הַשּׁוֹר הַחַי וְחָצוּ אֶת כַּסְפּוֹ״.

MISHNA With regard to an innocuous **ox worth two hundred** dinars **that gored** another **ox worth two hundred, and the carcass is worth nothing, Rabbi Meir said:** It is **about this** type of case that **it is stated: "Then they shall sell the live ox, and divide its monetary value"** (Exodus 21:35).

אָמַר לוֹ רַבִּי יְהוּדָה: וְכֵן הֲלָכָה, קִיַּימְתָּ ״וּמָכְרוּ אֶת הַשּׁוֹר הַחַי וְחָצוּ אֶת כַּסְפּוֹ״, וְלֹא קִיַּימְתָּ ״וְגַם הַמֵּת יֶחֱצוּן״, וְאֵיזֶה? זֶה שׁוֹר שָׁוֶה מָאתַיִם שֶׁנָּגַח שׁוֹר שָׁוֶה מָאתַיִם, וְהַנְּבֵילָה יָפָה חֲמִשִּׁים זוּז, שֶׁזֶּה נוֹטֵל חֲצִי הַחַי וַחֲצִי הַמֵּת, וְזֶה נוֹטֵל חֲצִי הַחַי וַחֲצִי הַמֵּת.

Rabbi Yehuda said to him: And that is the *halakha*, yet your interpretation of the verse is incorrect. **You have upheld** the clause: **"Then they shall sell the live ox and divide its monetary value,"** which fits your interpretation of the case. But **you have not upheld** the latter clause of the verse: **"And the dead they shall also divide,"** since in the case you mentioned the carcass is worthless. Rather, to **which** case is the verse referring? **It is** the case of **an ox worth two hundred** dinars **that gored** another **ox worth two hundred** dinars, **and the carcass is worth fifty dinars.** In this case, **this** party **takes half** the value of **the living** ox, one hundred dinars, **and half the** value of the **dead** ox, twenty-five dinars; **and that** party also **takes half** the value of **the living** ox **and half** the value **of the dead** ox.

גמ׳ תָּנוּ רַבָּנַן: שׁוֹר שָׁוֶה מָאתַיִם שֶׁנָּגַח שׁוֹר שָׁוֶה מָאתַיִם, וְהַנְּבֵילָה יָפָה חֲמִשִּׁים זוּז – זֶה נוֹטֵל חֲצִי הַחַי וַחֲצִי הַמֵּת, וְזֶה נוֹטֵל חֲצִי הַחַי וַחֲצִי הַמֵּת, וְזֶהוּ שׁוֹר הָאָמוּר בַּתּוֹרָה, דִּבְרֵי רַבִּי יְהוּדָה.

GEMARA **The Sages taught:** With regard to **an ox worth two hundred** dinars **that gored an ox worth two hundred** dinars, **and the carcass is worth fifty dinars, this** party **takes half** the value of **the living** ox **and half** the value of **the dead** ox, **and that** party also **takes half** the value of **the living** ox **and half** the value of **the dead** ox, **and this is the** case of the belligerent **ox stated in the Torah.** This is **the statement of Rabbi Yehuda.**

רַבִּי מֵאִיר אוֹמֵר: אֵין זֶהוּ שׁוֹר הָאָמוּר בַּתּוֹרָה, אֶלָּא שׁוֹר שָׁוֶה מָאתַיִם שֶׁנָּגַח לְשׁוֹר שָׁוֶה מָאתַיִם, וְאֵין הַנְּבֵילָה יָפָה כְּלוּם, עַל זֶה נֶאֱמַר: ״וּמָכְרוּ אֶת הַשּׁוֹר הַחַי וְחָצוּ אֶת כַּסְפּוֹ״. אֶלָּא מָה אֲנִי מְקַיֵּים ״וְגַם אֶת הַמֵּת יֶחֱצוּן״ – פְּחָת שֶׁפְּחָתוֹ מִיתָה מַחֲצִין בַּחַי.

Rabbi Meir says: This is not the case of the **ox stated in the Torah. Rather,** it is the case of **an ox worth two hundred** dinars **that gored an ox worth two hundred** dinars, **and the carcass is worth nothing.** It is **about this** case that **it is stated** in the verse: **"Then they shall sell the live ox, and divide its monetary value." Rather, how do I realize** the meaning of **"And the dead they shall also divide"?** This clause means that the **diminished** value of the dead ox **that was diminished by** its **death** is compensated for by **dividing** the value of **the live ox**[N] between the two parties, while its owner does not receive a share in the carcass of the dead ox.

מִכְּדִי בֵּין רַבִּי מֵאִיר בֵּין רַבִּי יְהוּדָה, הַאי מֵאָה וְעֶשְׂרִים וַחֲמִשָּׁה שָׁקֵיל, וְהַאי מֵאָה וְעֶשְׂרִים וַחֲמִשָּׁה שָׁקֵיל, מַאי בֵּינַיְיהוּ?

The Gemara asks: **Now, both Rabbi Meir and Rabbi Yehuda** hold that in the case described by Rabbi Yehuda, where the carcass is worth fifty, **this** party **takes one hundred and twenty-five, and that** party **takes one hundred and twenty-five.** Rabbi Meir holds that the injured party keeps the carcass, worth fifty, and receives another seventy-five dinars, half the value of the damage, from the proceeds of the sale of the belligerent ox. Its owner is thereby left with one hundred and twenty-five dinars out of the two hundred that it is worth. Rabbi Yehuda maintains that the value of both oxen is split between the two parties, leaving each with one hundred and twenty-five. If so, **what is** the difference **between** the two *tanna'im*? Why does it matter in which manner the compensation is calculated?

אֲמַר רָבָא: פְּחַת נְבֵילָה אִיכָּא בֵּינַיְיהוּ, רַבִּי מֵאִיר סָבַר: פְּחַת נְבֵילָה דְּנִיזָּק הָוֵי, וְרַבִּי יְהוּדָה סָבַר: פְּחַת נְבֵילָה דְּמַזִּיק הָוֵי פַּלְגָא.

Rava said: There is a practical difference **between them** with regard to **the diminishing** value **of the carcass.**[B] If the carcass depreciates in value between the ox's death and the time it is sold, **Rabbi Meir holds** that **the diminishing** value **of the carcass** is sustained **by the injured** party. The one liable for the damage is not responsible for any depreciation in value that occurs after the loss caused by the attack has been evaluated. **And Rabbi Yehuda holds** that **half of the diminishing** value **of the carcass** is sustained **by the one liable for damage,** since he receives half of the dead ox.

אֲמַר לֵיהּ אַבָּיֵי: אִם כֵּן, מָצִינוּ לְרַבִּי יְהוּדָה

Abaye said to Rava: **If so, we have found, according to Rabbi Yehuda,**

Perek **III**
Daf **34** Amud **b**

תָּם חָמוּר מִמּוּעָד!

a case where the *halakha* with regard to **an innocuous** ox that causes damage **is more stringent than** with regard to **a forewarned** ox, since according to all opinions, in a case where a forewarned ox kills another ox, the carcass belongs exclusively to the injured party, and he sustains any subsequent decrease in its value.

וְכִי תֵּימָא: הָכִי נַמִי, כִּדְתְנַן, רַבִּי יְהוּדָה אוֹמֵר: תָּם חַיָּיב וּמוּעָד פָּטוּר, אֵימַר דְּשָׁמְעַתְּ לֵיהּ לְרַבִּי יְהוּדָה – לְעִנְיַן שְׁמִירָה, דִּכְתִיבִי קְרָאֵי, לְעִנְיַן תַּשְׁלוּמִין מִי שָׁמְעַתְּ לֵיהּ?

And if you would say that **indeed,** Rabbi Yehuda holds that the *halakha* with regard to an innocuous ox is more stringent than with regard to a forewarned ox, **as we learned** in a mishna that **Rabbi Yehuda says:** If a bailee did not safeguard an ox properly, and it escaped and caused damage, if it was **an innocuous** ox he **is liable, and** if it was **a forewarned** ox he **is exempt** (45b), that mishna cannot serve as proof for the issue under discussion. **Say that you heard Rabbi Yehuda** express this opinion, that the *halakha* with regard to an innocuous ox is more stringent, **with regard to** the *halakhot* of **safeguarding, as verses are written** in the Torah from which this *halakha* is derived. But **with regard to compensation, did you** ever **hear him** express this opinion?

NOTES

By dividing the live ox – מַחֲצִין בַּחַי: According to Rashi's interpretation, this means that the difference between the current value of the dead ox and its value when it was alive is divided, with the liable party paying half. Rabbeinu Ḥananel, however, explains that the two parties divide the living ox, i.e., the belligerent one, so that half the value of the damage is collected from it.

BACKGROUND

The diminishing value of the carcass – פְּחַת נְבֵילָה: When an ox is killed in an accident it has a certain value for its hide and its non-kosher meat, which is typically less expensive than kosher meat. The longer it is left, the more it rots, reducing its worth significantly.

LANGUAGE

Sela – סֶלַע: A *sela* is a coin worth four dinars, both in Tyrian coinage and in provincial coinage. Its name means stone and likely derives from the ancient use of standard stone weights to mint various coins.

HALAKHA

Appreciation of the carcass – שֶׁבַח נְבֵילָה: A depreciation in the value of the carcass is sustained exclusively by the injured party. An appreciation in its value is divided between the two parties, in accordance with Rabbi Yehuda's opinion. For example, if an ox worth two hundred dinars is gored and killed, and the carcass is worth one hundred at the time of its death, but depreciates to a value of eighty by the time of the trial, in this case, if the belligerent ox was forewarned, its owner is liable to pay one hundred, and if it was innocuous, he pays fifty. By contrast, if the carcass has appreciated in value at the time of the trial to a value of one hundred and twenty, he pays ninety if the belligerent ox was forewarned, and forty-five if it was innocuous. The Rema notes that if the carcass appreciates to the extent that half of its increased value is more than the value of the damage, the liable party does not receive half of the appreciation in value, whereby he would profit. In the *Sma* it is ruled that he is exempt from paying for the damage his ox caused. This is contrary to the Meiri's opinion that in such a case he pays half the damage and the appreciation in value is ignored (Rambam *Sefer Nezikin, Hilkhot Nizkei Mamon* 7:8–10; *Shulḥan Arukh, Ḥoshen Mishpat* 403:2).

וְהָתַנְיָא, רַבִּי יְהוּדָה אוֹמֵר: יָכוֹל שׁוֹר שָׁוֶה מָנֶה שֶׁנָּגַח שׁוֹר שָׁוֶה חָמֵשׁ סְלָעִים וְהַנְּבֵילָה יָפָה סֶלַע, זֶה נוֹטֵל חֲצִי הַחַי וַחֲצִי הַמֵּת, וְזֶה נוֹטֵל חֲצִי הַחַי וַחֲצִי הַמֵּת?

On the contrary; **but isn't it taught** in a *baraita* that **Rabbi Yehuda says:** One **might** have thought that in the case of **an ox worth one hundred dinars that gored an ox worth five *sela*,**[L] i.e., twenty dinars, **and the carcass is worth one *sela*,** i.e., four dinars, the *halakha* is that **this** party **takes half the living** ox **and half the dead** ox, **and that** party **takes half the living** ox **and half the dead** ox. Accordingly, the injured party receives fifty-two dinars in value, which is much more than his ox was worth before it was killed.

אָמַרְתָּ: וְכִי מוּעָד לָמָּה יוֹצֵא, לְהַחְמִיר עָלָיו אוֹ לְהָקֵל עָלָיו? הֱוֵי אוֹמֵר: לְהַחְמִיר עָלָיו. וּמַה מּוּעָד אֵינוֹ מְשַׁלֵּם אֶלָּא מַה שֶּׁהִזִּיק, תָּם הַקַּל לֹא כָּל שֶׁכֵּן?

Instead, continues Rabbi Yehuda, you should **say: For what** purpose **is** the case of **a forewarned** ox **singled out** by the *halakha*? Is it **to render it** more **stringent** than the case of an innocuous ox, or **to render it** more **lenient?** Clearly, **you must say** that it is **to render it** more **stringent.** And therefore, **if** in the case of **a forewarned** ox, its owner **pays only** the value of **what he damaged** and no more, in the case of **an innocuous** ox, **which is** more **lenient, all the more so** is it **not** clear that the owner is not liable to pay more than the value of the damage? Evidently, Rabbi Yehuda does not allow for liability in the case of an innocuous ox to be more stringent than in the case of a forewarned ox.

אֶלָּא, אֲמַר רַבִּי יוֹחָנָן: שֶׁבַח נְבֵילָה אִיכָּא בֵּינַיְיהוּ, דְּמָר סָבַר: דְּנִיזָּק הָוֵי, וּמָר סָבַר: פַּלְגָא.

Rather, Rava's explanation, that Rabbi Meir and Rabbi Yehuda disagree with regard to a case where the carcass depreciated in value, should be rejected. Instead, their dispute should be explained according to what **Rabbi Yoḥanan said,** i.e., that the practical difference **between them** is with regard to **the appreciation of the carcass**[H] in value after the ox's death; **as one Sage,** Rabbi Meir, **holds** that the entire increased value of the carcass **belongs to the injured** party, since the owner of the belligerent ox has no share in the carcass, **and one Sage,** Rabbi Yehuda, **holds** that **half** of the increased value belongs to the injured party and half goes to the one liable for the damage.

וְהַיְינוּ דְּקָא קַשְׁיָא לֵיהּ לְרַבִּי יְהוּדָה: הָשְׁתָּא דְּאָמְרַתְּ חָס רַחֲמָנָא עִילָּוֵיהּ דְּמַזִּיק, דְּשָׁקֵיל בְּשִׁבְחָא, יָכוֹל שׁוֹר שָׁוֶה חָמֵשׁ סְלָעִים שֶׁנָּגַח שׁוֹר שָׁוֶה מָנֶה וְהַנְּבֵילָה יָפָה חֲמִשִּׁים זוּז, זֶה נוֹטֵל חֲצִי הַחַי וַחֲצִי הַמֵּת וְזֶה נוֹטֵל חֲצִי הַחַי וַחֲצִי הַמֵּת?

And this explains **what was difficult for Rabbi Yehuda** in another *baraita*. **Now that you say** that **the Merciful One has mercy on the one liable for damage, as he takes** a share **of the increased value** of the carcass, **can** it be that in the case of **an ox worth five *sela*,** i.e., twenty dinars, **that gored an ox worth one hundred dinars, and the carcass is worth fifty dinars, this** party **takes half the live** ox **and half the dead** ox, **and that** party **takes half the live** ox **and half the dead** ox? Accordingly, the owner of the belligerent ox receives thirty-five dinars in value, which is more than his ox was worth.

אָמַרְתָּ: הֵיכָן מָצִינוּ מַזִּיק נִשְׂכָּר שֶׁזֶּה נִשְׂכָּר? וְאוֹמֵר: ״שַׁלֵּם יְשַׁלֵּם״, בְּעָלִים מְשַׁלְּמִין וְאֵין בְּעָלִים נוֹטְלִין.

Rather, **you** should **say: Where do we find** a case where **the one liable for damage gains** from the damage, comparable to this case, **where this** owner of the belligerent ox **gains,** receiving more than the value of his ox? Clearly there is no such case, as one who is liable for damage does not gain from it. **And** in addition, **it says: "He shall pay"** (Exodus 21:36), indicating that **the owner** of the belligerent ox **pays, and the owner does not take** more than the amount his animal was worth at the time of the damage.

מַאי ״וְאוֹמֵר״? וְכִי תֵּימָא, הָנֵי מִילֵּי הֵיכָא דְּאִיכָּא פְּסֵידָא לַנִּיזָּק, אֲבָל הֵיכָא דְּלֵיכָּא פְּסֵידָא לַנִּיזָּק, כְּגוֹן שׁוֹר שָׁוֶה חָמֵשׁ סְלָעִים שֶׁנָּגַח שׁוֹר שָׁוֶה חָמֵשׁ סְלָעִים, וְהַנְּבֵילָה יָפָה שְׁלֹשִׁים זוּז, שָׁקֵיל נַמִי מַזִּיק בְּשִׁבְחָא.

The Gemara asks: For **what** reason was it necessary to add the claim: **And it says:** "He shall pay"? The Gemara answers: **Lest you say** that **this matter,** that the one liable for damage does not gain, **applies** specifically **where there is a loss sustained by the injured** party, as in this case, where the decrease in the ox's value is fifty dinars, and if the carcass is shared by the liable party, the injured party receives only thirty-five dinars, thereby sustaining a loss. **But** in a case **where there is no loss sustained by the injured** party, **for example,** the case of **an ox worth five *sela*,** i.e., twenty dinars, **that gored** another **ox worth five *sela*, and the carcass** appreciated in value and is now **worth thirty dinars,** more than the ox was worth when it was alive, in this case **the one liable for damage also takes** a share **of the increased value,** since the injured party ends up not having sustained any financial loss, as he receives a share of ten dinars in the belligerent ox and another fifteen in the carcass, gaining five dinars over the value of his ox.

וְאוֹמֵר: ״שַׁלֵּם יְשַׁלֵּם״, בְּעָלִים מְשַׁלְּמִין וְאֵין בְּעָלִים נוֹטְלִין.

It is to counter this claim that Rabbi Yehuda adds: **And it says: "He shall pay,"** indicating that **the owner** of the belligerent ox **pays, and the owner does not take** more than the amount his animal was worth at the time of the damage.

אֲמַר לֵיהּ רַב אַחָא בַּר תַּחְלִיפָא לְרָבָא: אִם כֵּן, מָצִינוּ לְרַבִּי יְהוּדָה תָּם מְשַׁלֵּם יוֹתֵר מֵחֲצִי נֶזֶק, וְהַתּוֹרָה אָמְרָה: ״וּמָכְרוּ אֶת הַשּׁוֹר הַחַי וְחָצוּ אֶת כַּסְפּוֹ״!

§ With regard to Rabbi Yehuda's opinion that the two owners split the value of both the belligerent ox and the dead ox between them, **Rav Aḥa bar Taḥalifa said to Rava: If so, we find** that **according to Rabbi Yehuda,** when **an innocuous** ox gores an ox that is worth less than it, its owner **pays more than half the damage.**[N] **But the Torah stated: "Then they shall sell**[N] **the live ox, and divide its monetary value"** (Exodus 21:35).

אִית לֵיהּ לְרַבִּי יְהוּדָה: פְּחַת שֶׁפָּחֲתָה מִיתָה מַחֲצִין בַּחַי.

Rava answered him: **Rabbi Yehuda** also **holds** that only the **diminished** value of the dead ox **that was diminished by** its **death** is compensated for by **dividing the live** ox between the two parties. The liable party never pays more than half the damage.

מְנָא לֵיהּ? מִ״וְגַם אֶת הַמֵּת יֶחֱצוּן״? וְהָא אַפְּקֵיהּ רַבִּי יְהוּדָה לְזֶה נוֹטֵל חֲצִי הַחַי וַחֲצִי הַמֵּת, וְזֶה נוֹטֵל חֲצִי הַחַי וַחֲצִי הַמֵּת!

The Gemara asks: **From where** does Rabbi Yehuda derive this *halakha*? Is it **from** the verse: **"And the carcass they shall also divide"** (Exodus 21:35), from which Rabbi Meir derived it? **But didn't Rabbi Yehuda** already **derive from** this verse **that this** party **takes** the value of **half the live** ox **and half the dead** ox, **and that** party **takes** the value of **half the live** ox and **half the dead** ox?

אִם כֵּן, נִכְתּוֹב קְרָא: וְאֶת הַמֵּת, מַאי ״וְגַם״? שְׁמַע מִינָּהּ תַּרְתֵּי.

The Gemara answers: **If so,** if that is the only *halakha* indicated by this clause, **let the verse** simply **write: And the carcass** they shall divide. **What is** the reason that the word **"also"** is added? It is added so that one may **conclude two** conclusions **from** the clause: That the carcass is also divided between the two parties, and that the liable party is never required to pay more than half the damage.

מתני׳ יֵשׁ חַיָּיב עַל מַעֲשֵׂה שׁוֹרוֹ וּפָטוּר עַל מַעֲשֵׂה עַצְמוֹ, פָּטוּר עַל מַעֲשֵׂה שׁוֹרוֹ וְחַיָּיב עַל מַעֲשֵׂה עַצְמוֹ.

MISHNA There are cases where one is **liable for an act** of damage caused by **his ox, but exempt** from liability **for the same action** if he performed it **himself.** Conversely, there are also cases where one is **exempt** from liability **for the action of his ox, but liable for his own action.**

כֵּיצַד? שׁוֹרוֹ שֶׁבִּיֵּישׁ – פָּטוּר, וְהוּא שֶׁבִּיֵּישׁ – חַיָּיב; שׁוֹרוֹ שֶׁסִּימֵּא אֶת עֵין עַבְדּוֹ וְהִפִּיל אֶת שִׁינּוֹ – פָּטוּר, וְהוּא שֶׁסִּימֵּא אֶת עֵין עַבְדּוֹ וְהִפִּיל אֶת שִׁינּוֹ – חַיָּיב;

How so? If **his ox caused** a person **humiliation,**[H] he is **exempt** from paying compensation, **but if he** himself **humiliated** another, he is **liable.** Similarly, if **his ox blinded the eye of his slave or knocked out** his slave's **tooth,** he is **exempt** from having to emancipate the slave for this mutilation. **But if he** himself **blinded his slave's eye or knocked out his tooth,** he is **liable** to emancipate him, as stated in the Torah (Exodus 21:26–27).

שׁוֹרוֹ שֶׁחָבַל בְּאָבִיו וּבְאִמּוֹ – חַיָּיב, וְהוּא שֶׁחָבַל בְּאָבִיו וְאִמּוֹ – פָּטוּר; שׁוֹרוֹ שֶׁהִדְלִיק אֶת הַגָּדִישׁ בְּשַׁבָּת – חַיָּיב, וְהוּא שֶׁהִדְלִיק אֶת הַגָּדִישׁ בְּשַׁבָּת – פָּטוּר, מִפְּנֵי שֶׁהוּא מִתְחַיֵּיב בְּנַפְשׁוֹ.

By contrast, if **his ox injured** the owner's **father or his mother,**[H] he is **liable** to pay damages, **but if he** himself **injured his father or his mother,**[H] he is **exempt** from paying compensation. Similarly, if **his ox set fire to a haystack on Shabbat,** he is **liable** to pay damages. **But if he** himself **set fire to a haystack on Shabbat,** he is **exempt** from paying damages. He is exempt from payment in these cases **due to the fact that he is liable to** receive the **death** penalty[B] for injuring his father or mother or for desecrating Shabbat.

NOTES

An innocuous ox, its owner pays more than half the damage – תָּם מְשַׁלֵּם יוֹתֵר מֵחֲצִי נֶזֶק: For example, if an innocuous ox worth three hundred dinars gores an ox worth two hundred, and the carcass is worth fifty, after dividing the value of both the living ox and the dead ox, each side receives one hundred and seventy-five dinars, so the injured party receives more than half the value of the damage, which was only one hundred and fifty (Rabbeinu Ḥananel; Rashi).

But the Torah stated, Then they shall sell, etc. – וְהַתּוֹרָה אָמְרָה וּמָכְרוּ וכו׳: *Tosafot* explain that while this verse does not constitute proof that for damage caused by his innocuous ox one is never liable to pay more than half the damage, there are other sources where Rabbi Yehuda states clearly that he pays half the damage, so the verse cannot be interpreted, according to his opinion, in a manner that can render one liable to pay more than that. In *Tosefot Rabbeinu Peretz* it is explained that this reasoning is derived from the verse itself. Since the injured party does not receive more than half the value of the living ox, even if it ultimately equals less than half the damage, all the more so it stands to reason that he cannot receive more than half the damage.

HALAKHA

If his ox caused humiliation – שׁוֹרוֹ שֶׁבִּיֵּישׁ: If an ox injures a person, its owner is liable to pay for the damage, or half the damage in the case of an innocuous ox, but is exempt from paying restitution for pain, medical costs, loss of livelihood, and humiliation (Rambam *Sefer Nezikin, Hilkhot Nizkei Mamon* 7:3; *Shulḥan Arukh, Ḥoshen Mishpat* 405:1).

If his ox injured his father or his mother – שׁוֹרוֹ שֶׁחָבַל בְּאָבִיו וּבְאִמּוֹ: If one's ox injures his father or mother, or ignites a fire on Shabbat, he is liable to pay damages. If he himself does so, he is exempt from monetary restitution, since these are sins punishable by death (*Shulḥan Arukh, Ḥoshen Mishpat* 405:2).

If he himself injured his father or his mother – וְהוּא שֶׁחָבַל בְּאָבִיו וְאִמּוֹ: If one strikes his father or mother but does not cause a wound or bleeding, he is liable to pay the five types of indemnity for injuring a person. If he does cause a wound, even unintentionally, he is exempt from monetary restitution, since it is a sin punishable by death (Rambam *Sefer Nezikin, Hilkhot Ḥovel UMazik* 4:8; *Shulḥan Arukh, Ḥoshen Mishpat* 424:1).

BACKGROUND

Due to the fact that he is liable to receive the death penalty – מִפְּנֵי שֶׁהוּא מִתְחַיֵּיב בְּנַפְשׁוֹ: There is a halakhic principle that when one is liable to receive two different punishments for one action, he receives only the more severe of the two punishments but not the less severe one. This is derived from the verse: "According to the measure of his wickedness" (Deuteronomy 25:2), indicating that only one element of wickedness is punishable for each action (*Ketubot* 32b). In this case, because causing injury to a parent is a capital offense, one is exempt from paying damages for the injury caused. Even if the injury was caused unintentionally, in which case one would not actually be liable to receive the death penalty, he is exempt from paying for monetary damages, as Rava concludes further on.

גמ׳ תָּנֵי רַבִּי אַבָּהוּ קַמֵּיהּ דְּרַבִּי יוֹחָנָן: כׇּל הַמְקַלְקְלִין פְּטוּרִין, חוּץ מֵחוֹבֵל וּמַבְעִיר. אֲמַר לֵיהּ: פּוֹק תְּנֵי לְבָרָא, חוֹבֵל וּמַבְעִיר אֵינָהּ מִשְׁנָה. וְאִם תִּימְצֵי לוֹמַר מִשְׁנָה, חוֹבֵל – בְּצָרִיךְ לְכַלְבּוֹ, מַבְעִיר – בְּצָרִיךְ לְאֶפְרוֹ.

GEMARA Rabbi Abbahu taught the following *baraita* before Rabbi Yoḥanan: **Anyone who performs** labor **destructively** on Shabbat **is exempt,**[H] **except for one who injures** another **or kindles** a fire.[N] Rabbi Yoḥanan **said to him: Go out** and **teach it outside;**[N] this *baraita* is not fit for discussion in the study hall. The opinion that deems one liable for **injuring** another **or kindling** a fire on Shabbat **is not a mishna** and should be ignored. **And if you say that it is a mishna, one who injures** another would be liable only in a case **where he requires** the blood to give **to his dog,**[H] **and one who kindles** a fire[H] would be liable only in a case **where he requires its ashes.** In these cases, the act is not purely destructive but has some constructive purpose.

תְּנַן: שׁוֹרוֹ שֶׁהִדְלִיק אֶת הַגָּדִישׁ בְּשַׁבָּת – חַיָּיב, וְהוּא שֶׁהִדְלִיק אֶת הַגָּדִישׁ בְּשַׁבָּת – פָּטוּר; וְקָתָנֵי הוּא דּוּמְיָא דְּשׁוֹרוֹ, מָה שׁוֹרוֹ דְּלָא קָבָעֵי לֵיהּ,

We learned in the mishna: If **his ox set fire to a haystack on Shabbat,** he is **liable. But** if **he** himself **set fire to a haystack on Shabbat,** he is **exempt. And** the mishna **is** presumably **teaching** a case where **he** set the fire in a scenario that is **similar to** the case **where his ox** did so. **Just as** in the case **where his ox** set the fire **it** clearly **does not need** the ashes, as an ox does not act with such intentions,

---

NOTES

Except for one who injures another or kindles a fire – **חוּץ מֵחוֹבֵל וּמַבְעִיר**: It is explained in tractate *Shabbat* (106a) that the prohibition against causing injury destructively on Shabbat is derived from the verse that indicates that circumcision is permitted on Shabbat (Leviticus 12:3; see *Shabbat* 132a). Evidently, causing any other injury is prohibited. The prohibition against kindling a fire destructively is derived from the prohibition against executing a person by burning on Shabbat (see *Yevamot* 6b).

Go and teach it outside – **פּוֹק תְּנֵי לְבָרָא**: This expression indicates that a *baraita* quoted in the study hall is viewed by the Sage to whom it was quoted as insufficiently established, either because it contains an internal contradiction or due to its unclear wording. Such a *baraita* is unsuitable for discussion in the study hall. Even if the Sage teaching the *baraita* knows that it represents a tradition, the text must be clarified properly before it is presented for discussion.

HALAKHA

Anyone who performs labor destructively is exempt – **כׇּל הַמְקַלְקְלִין פְּטוּרִין**: One who performs a labor on Shabbat with purely destructive intentions is exempt, since the Torah deems one liable only for performing a constructive act of labor (Rambam *Sefer Zemanim*, *Hilkhot Shabbat* 1:17).

One who injures another would be liable only where he requires the blood to give to his dog – **חוֹבֵל בְּצָרִיךְ לְכַלְבּוֹ**: One who injures an animal on Shabbat is liable to receive the death penalty if he does so intentionally and is obligated to bring a sin-offering if he does so unintentionally, as would anyone who desecrates Shabbat. This applies in a case where he needs the blood that emerges from the wound. If his sole purpose is to cause damage, he is exempt, as it is a destructive act. This is in accordance with the opinion of Rabbi Yoḥanan (Rambam *Sefer Zemanim*, *Hilkhot Shabbat* 8:7).

One who kindles a fire – **מַבְעִיר**: One who kindles a fire on Shabbat is liable for desecrating Shabbat. This applies only if he needs the ashes from the fire; if one kindles a fire solely for destructive purposes, he is exempt, in accordance with the opinion of Rabbi Yoḥanan (Rambam *Sefer Zemanim*, *Hilkhot Shabbat* 12:1).

Perek **III**
Daf **35** Amud **a**

אַף הוּא נַמִי דְּלָא קָבָעֵי לֵיהּ. וְקָתָנֵי: פָּטוּר מִפְּנֵי שֶׁהוּא נִדּוֹן בְּנַפְשׁוֹ!

so too, in the case where **he** set the fire, it is presumably a case **where he does not need** the ashes. **And** nevertheless, the mishna **teaches** that he is **exempt because he is sentenced to death.** Apparently, one who lights a fire on Shabbat is liable even if he does not need the ashes, contrary to the opinion of Rabbi Yoḥanan.

לָא, שׁוֹרוֹ דּוּמְיָא דִּידֵיהּ, מָה הוּא דְּקָבָעֵי לֵיהּ, אַף שׁוֹרוֹ דְּקָבָעֵי לֵיהּ.

The Gemara rejects this proof: **No,** the comparison is the other way around; the case where **his ox** set the fire **is similar to** the case where **he** set the fire. **Just as** the case where **he** is liable for lighting a fire on Shabbat is one **where he needs** the ashes, **so too,** the case of **his ox** setting fire to the haystack is one **where it needs** the ashes.

שׁוֹרוֹ הֵיכִי מַשְׁכַּחַתְּ לַהּ? אֲמַר לֵיהּ רַב אָוְיָא: הָכָא בְּמַאי עָסְקִינַן – בְּשׁוֹר פִּקֵּחַ שֶׁעָלְתָה לוֹ נְשִׁיכָה בְּגַבּוֹ, וְקָא בָּעֵי לְמִקְלְיֵיהּ וְאִיגַּנְדַּר בְּקוּטְמָא.

The Gemara asks: In the case where **his ox** set the fire, **how can you find these** circumstances, where it did so because it needed the ashes? **Rav Avya said to him: Here we are dealing with an intelligent ox that was bitten on its back and wants to burn down** the haystack **and then roll around** [*iggandar*][L] **in the ashes**[B] in order to heal the bite.

וּמְנָא יָדְעִינַן? דִּלְבָתַר דְּקַלְיֵיהּ קָמִגַּנְדַּר בְּקוּטְמָא.

The Gemara asks: **And from where do we know** that this is the reason that it set the fire? The Gemara answers: **Because after** the ox **burned** the haystack, **it was rolling around in the ashes.**

וּמִי אִיכָּא כִּי הַאי גַּוְונָא? אִין, דְּהַהוּא תּוֹרָא דַּהֲוָה בֵּי רַב פַּפָּא דַּהֲוָה כָּיֵיבִין לֵיהּ חִינְכֵיהּ, עָיֵיל וּפַתְקֵיהּ לְנַזְיָיתָא וְשָׁתֵי שִׁיכְרָא וְאִיתַּסֵּי.

The Gemara asks: **And is there** really **a case like this?** The Gemara answers: **Yes, as a certain ox that was at the house of Rav Pappa had a toothache. It went inside, and broke the lid** of a utensil, **and drank the liquor** inside **and was cured.**[B] Evidently there are oxen with this level of intelligence.

LANGUAGE

Roll around [*iggandar*] – **אִיגַּנְדַּר**: This word is found in Onkelos's Aramaic translation in reference to Jacob rolling the stone off the well (see Genesis 29:3). Here it is referring to an ox wallowing or rolling around in the ashes.

BACKGROUND

Roll around in the ashes – **אִיגַּנְדַּר בְּקוּטְמָא**: The hot ashes or cinders have a twofold healing effect on a wound. They disinfect the wound, and in addition, the heat causes the blood vessels in the area of the wound to swell, increasing the flow of blood, antibodies, and clotting agents to the wound, which facilitates the healing process.

Drank the liquor and was cured – **שָׁתֵי שִׁיכְרָא וְאִיתַּסֵּי**: The healing effect of liquor apparently stems from the alcohol it contains, which on the one hand dulls the sensations, thereby alleviating the pain, and on the other hand sterilizes the wound in the gums or teeth.

אֲמַרוּ רַבָּנַן קַמֵּיהּ דְּרַב פַּפָּא: מִי מָצֵית אָמְרַתְּ שׁוֹרוֹ דּוּמְיָא דִּידֵיהּ? וְהָא קָתָנֵי: שׁוֹרוֹ שֶׁבִּיֵּישׁ – פָּטוּר, וְהוּא שֶׁבִּיֵּישׁ – חַיָּיב. שׁוֹרוֹ דּוּמְיָא דִּידֵיהּ, נִתְכַּוֵּין לְבַיֵּישׁ הֵיכִי מַשְׁכַּחַתְּ לַהּ?

The Sages said before Rav Pappa: How can you say that the case involving **his ox is similar to** the case involving **him? But doesn't** the mishna **teach: If his ox caused** a person **humiliation,** he is **exempt, but if he humiliated** someone, he is **liable?** If the case of **his ox is** understood to be **similar to** the case involving **him, how can you find** a case where the ox **intended to humiliate** the person? One is liable for humiliating someone only when he intends to do so, and an ox never has intention to humiliate.

כְּגוֹן שֶׁנִּתְכַּוֵּין לְהַזִּיק, דְּאָמַר מָר: נִתְכַּוֵּין לְהַזִּיק אַף עַל פִּי שֶׁלֹּא נִתְכַּוֵּין לְבַיֵּישׁ.

The Gemara answers: It is a case **where** the ox **intended to cause injury.** If it was the action of a person, he would be liable for the humiliation he caused as well, **as the Master said:** In a case where **a person intended to cause injury,** he is liable for humiliation **even if he did not intend to humiliate** his victim.

רָבָא אֲמַר: מַתְנִיתִין בְּשׁוֹגֵג,

Rava said a different solution with regard to the difficulty that the mishna poses to the opinion of Rabbi Yoḥanan: **The mishna** is referring **to** a case where one lit a fire on Shabbat **unintentionally.** Although he is not liable to receive the death penalty, nevertheless, since he performed a prohibited action that would carry the death penalty were it to be performed deliberately, he is still exempt from monetary restitution.

וְכִדְתָנָא דְּבֵי חִזְקִיָּה, דְּתָנָא דְּבֵי חִזְקִיָּה: מַכֵּה אָדָם וּמַכֵּה בְהֵמָה,

The Gemara explains: This is **in accordance with what the school of Ḥizkiyya taught, as the school of Ḥizkiyya taught:** The verse states: "And he who kills an animal shall pay for it, and he who kills a man shall be put to death" (Leviticus 24:21), indicating that **one who kills a man and one who kills an animal** are comparable.

מַה מַּכֵּה בְהֵמָה – לֹא חָלַקְתָּ בָּהּ בֵּין שׁוֹגֵג בֵּין מֵזִיד, בֵּין מִתְכַּוֵּין לְשֶׁאֵין מִתְכַּוֵּין, בֵּין דֶּרֶךְ יְרִידָה לְדֶרֶךְ עֲלִיָּיה, לְפוֹטְרוֹ מָמוֹן אֶלָּא לְחַיְּיבוֹ מָמוֹן, אַף מַכֵּה אָדָם – לֹא תַּחֲלוֹק בּוֹ בֵּין שׁוֹגֵג לְמֵזִיד, בֵּין מִתְכַּוֵּין לְשֶׁאֵין מִתְכַּוֵּין, בֵּין דֶּרֶךְ יְרִידָה לְדֶרֶךְ עֲלִיָּיה, לְחַיְּיבוֹ מָמוֹן אֶלָּא לְפוֹטְרוֹ מָמוֹן.

This teaches that **just as** with regard to **one who kills an animal,** the Torah **did not differentiate** between **whether** he does so **unintentionally or whether** he does so **intentionally, whether advertently or inadvertently, whether by way of descent or by way of ascent,**[N] and this was not **to exempt him from** paying **monetary restitution** in all these cases but **rather to render him liable** to pay **monetary restitution,** as one who kills an animal is liable in any event, **similarly, with regard to one who kills a man,**[H] **do not differentiate** between **whether** he does so **intentionally or unintentionally, whether advertently or inadvertently, whether by way of descent or by way of ascent,** and this was not **to render him liable** to pay **monetary restitution** for the damage he causes in the process of killing him, but **rather to exempt him from** paying **monetary restitution** in any event. It is derived from here that one who commits a transgression carrying the death penalty is exempt from paying damages for his action, even if he is not in practice given the death penalty.

אֲמַרוּ לֵיהּ רַבָּנַן לְרָבָא: מִי מָצֵית מוֹקְמַתְּ לַהּ בְּשׁוֹגֵג? וְהָא "מִפְּנֵי שֶׁנִּדּוֹן בְּנַפְשׁוֹ" קָתָנֵי!

The Sages said to Rava: Can you really **interpret** the mishna as referring **to** a case where the transgression was **unintentional? But doesn't it teach** that the transgressor is exempt **because he is sentenced to death,** which is only the case if the transgression was intentional?

הָכִי קָאָמַר: כֵּיוָן דִּבְמֵזִיד – נִדּוֹן בְּנַפְשׁוֹ, וְהֵיכִי דָּמֵי? דְּקָא בָּעֵי לְאֶפְרוֹ, הַשְׁתָּא בְּשׁוֹגֵג – פָּטוּר.

Rava answered that **this is** what the mishna **is saying:** He is exempt, **since** when this action is performed **intentionally,** the transgressor is liable to be **sentenced to death. And what are the circumstances** in which one is liable to receive the death penalty for deliberately lighting a fire on Shabbat? It is a case **where he needs the ashes.** Therefore, even **now, when** the transgression was **unintentional, he is exempt** from paying damages.

NOTES

Whether by way of descent or by way of ascent – בֵּין דֶּרֶךְ יְרִידָה לְדֶרֶךְ עֲלִיָּיה: This distinction is stated with regard to liability to be exiled for unintentional killing. The Sages derive from the verses that one is exiled only when he kills by way of descent, e.g., if he falls on top of a person, killing him, while climbing down a ladder; or if while he is chopping wood, the head of the ax slips off during the downward swing. By contrast, if he kills by way of ascent, e.g., while climbing up the ladder, or while lifting the ax, he is not liable to be exiled. Nevertheless, Ḥizkiyya claims that although he is exempt from exile, he is exempt from monetary liability as well.

HALAKHA

Similarly with regard to one who kills a man, etc. – אַף מַכֵּה אָדָם וכו׳: One who strikes a woman, causing her to miscarry and die, is exempt from payment of damages for the miscarried offspring, even if he killed the woman unintentionally. This is because when one commits an action that is punishable by death, he is exempt from any monetary liability that would ensue from the action, even in a case where the person is not, in fact, liable to receive the death penalty, e.g., a case where the transgression was unintentional. The Rambam rules that if the assailant intended to strike someone else, inadvertently striking the woman and causing her to miscarry and die, he is liable to pay damages for the miscarried offspring, since he did not strike her intentionally at all. The Rema cites authorities (*Tur*, citing Ra'avad) who rule that the assailant is exempt from liability in this case too (Rambam *Sefer Nezikin, Hilkhot Ḥovel UMazik* 4:5; *Shulḥan Arukh, Ḥoshen Mishpat* 423:4).

HALAKHA

An ox that was pursuing another ox, etc. – שׁוֹר שֶׁהָיָה רוֹדֵף אַחַר שׁוֹר וכו׳: In a case where one ox was pursuing another, and the ox being pursued became injured, and there are no witnesses as to how the injury occurred, if the injured party claims against the owner of the pursuing ox that the latter's ox caused the injury, and the latter party claims that it was injured not by his ox but by a rock, the burden of proof rests with the claimant. This applies even if the injured party is certain of his claim and the other states an uncertain claim. It is added in the *Sma* that if the ox was in fact injured by a rock, the owner of the pursuing ox is exempt even if his ox caused the injury by pursuing it (Rambam *Sefer Nezikin, Hilkhot Nizkei Mamon* 9:6; *Shulḥan Arukh, Ḥoshen Mishpat* 400:1).

Two oxen were pursuing one – הָיוּ שְׁנַיִם רוֹדְפִים אַחַר אֶחָד: If two oxen were pursuing a third, and there are witnesses that one of the pursuing oxen injured the ox being pursued, but they are unsure which of the two caused the injury, the owners of both are exempt. If both oxen belong to the same person, he is liable (Rambam *Sefer Nezikin, Hilkhot Nizkei Mamon* 9:7; *Shulḥan Arukh, Ḥoshen Mishpat* 400:2).

מתני׳ שׁוֹר שֶׁהָיָה רוֹדֵף אַחַר שׁוֹר אַחֵר וְהוּזַּק, זֶה אוֹמֵר: שׁוֹרְךָ הִזִּיק, וְזֶה אוֹמֵר: לֹא כִּי, אֶלָּא בְּסֶלַע לָקָה – הַמּוֹצִיא מֵחֲבֵירוֹ עָלָיו הָרְאָיָה.

MISHNA With regard to **an ox that was pursuing another ox,**[H] and the ox being pursued **became injured,** but there are no witnesses as to how it was injured, and **this** one, the owner of the injured ox, **says** to the owner of the pursuing ox: **Your ox injured** my ox, and you are liable to pay me damages, **and that** one, the owner of the pursuing ox, **says** in response: **No; rather, it was hurt by a rock,**[N] and I am not liable, then in this case, **the burden of proof rests upon the claimant.** As long as the owner of the injured ox cannot prove that the injury was inflicted by the pursuing ox, the owner of the pursuing ox is not liable.

הָיוּ שְׁנַיִם רוֹדְפִים אַחַר אֶחָד, זֶה אוֹמֵר: שׁוֹרְךָ הִזִּיק, וְזֶה אוֹמֵר: שׁוֹרְךָ הִזִּיק

In a case where **two** oxen, belonging to two different owners, **were pursuing one**[H] ox belonging to a third person, and that ox was injured by one of the pursuing oxen, and **this** one, the owner of one of the pursuing oxen, **says** to the owner of the other: It was **your ox** that **caused the injury, and that** one, the owner of the other pursuing ox, **says:** No, it was **your ox** that **caused the injury,**

NOTES

It was hurt by a rock – בְּסֶלַע לָקָה: Rashi explains that the owner of the pursuing ox claims that the other ox was injured while trying to rub itself against a rock for pleasure. The later commentaries take this to mean that if it is injured by a rock in the course of its flight from the pursuing ox, the owner of the pursuing ox is liable. The Rashba maintains that the owner's claim is that the ox was injured while fleeing, and the owner of the pursuing ox is not liable because his ox is considered merely an indirect cause of the damage.

NOTES

The two of them are exempt – שְׁנֵיהֶם פְּטוּרִים: Since the injured party cannot prove which ox caused the damage, each defendant can reject his claim against him. Rabbeinu Barukh writes that this is alluded to in the verse: "And if one man's ox hurts the ox of another" (Exodus 21:35), indicating that the liability is only where the owner of the ox causing the damage is known.

HALAKHA

One was large and the other one small – אֶחָד גָּדוֹל וְאֶחָד קָטָן: If two oxen, one large and one small, or one innocuous and one forewarned, were pursuing a third ox and injured it, and the injured party claims that the large, or forewarned, ox is the one that caused the injury, whereas the owner of the pursuing oxen claims that the small, or innocuous, ox caused the injury, in this case, the burden of proof rests on the claimant (Rambam *Sefer Nezikin, Hilkhot Nizkei Mamon* 9:9; *Shulḥan Arukh, Ḥoshen Mishpat* 400:3).

If the injured animals were two oxen – הָיוּ הַנִּיזָּקִין שְׁנַיִם: If two oxen pursued two others and injured them, and the owner of the injured oxen claims that the large, or forewarned, ox injured his large ox, and the small, or innocuous, ox injured his small one, and the owner of the belligerent oxen claims the opposite, in this case, the burden of proof rests on the claimant (Rambam *Sefer Nezikin, Hilkhot Nizkei Mamon* 9:11; *Shulḥan Arukh, Ḥoshen Mishpat* 400:4).

שְׁנֵיהֶם פְּטוּרִים. אִם הָיוּ שְׁנֵיהֶם שֶׁל אִישׁ אֶחָד – שְׁנֵיהֶם חַיָּיבִים.

the two of them are exempt,[N] since each of them rejects the claim of the injured party that his ox caused the injury. **If both** oxen **belonged to one person, both are liable,** as will be explained in the Gemara.

הָיָה אֶחָד גָּדוֹל וְאֶחָד קָטָן, הַנִּיזָּק אוֹמֵר: גָּדוֹל הִזִּיק, וְהַמַּזִּיק אוֹמֵר: לֹא כִּי, אֶלָּא קָטָן הִזִּיק. אֶחָד תָּם וְאֶחָד מוּעָד, הַנִּיזָּק אוֹמֵר: מוּעָד הִזִּיק, וְהַמַּזִּיק אוֹמֵר: לֹא כִּי, אֶלָּא תָּם הִזִּיק – הַמּוֹצִיא מֵחֲבֵירוֹ עָלָיו הָרְאָיָה.

If the pursuing oxen both belonged to one person, and were both innocuous, so that restitution is paid exclusively from proceeds of the sale of the belligerent ox, and **one was large and** the other **one small,**[H] in this case, if **the injured** party **says** that **the large** ox **caused the damage,** and he is therefore entitled to receive restitution for half the damage from the value of the large ox, **but the one liable for damage says: No; rather, the small** ox **caused the damage,** and half of its value is not sufficient to cover half the damage; or, similarly, in a case where **one** ox **is innocuous and one is forewarned,** and **the injured** party **says:** The **forewarned** ox **caused the damage,** and the injured party is therefore eligible to receive full damages, **but the one liable for damage says: No; rather,** the **innocuous** ox **caused the damage,** in which case he is liable to pay only half the damage; in both of the above cases, the principle is that **the burden of proof rests upon the claimant.**

הָיוּ הַנִּיזָּקִין שְׁנַיִם – אֶחָד גָּדוֹל וְאֶחָד קָטָן, וְהַמַּזִּיקִין שְׁנַיִם – אֶחָד גָּדוֹל וְאֶחָד קָטָן, הַנִּיזָּק אוֹמֵר: גָּדוֹל הִזִּיק אֶת הַגָּדוֹל, וְקָטָן אֶת הַקָּטָן, וְהַמַּזִּיק אוֹמֵר: לֹא כִּי, אֶלָּא קָטָן אֶת הַגָּדוֹל וְגָדוֹל אֶת הַקָּטָן. אֶחָד תָּם וְאֶחָד מוּעָד, הַנִּיזָּק אוֹמֵר: מוּעָד הִזִּיק אֶת הַגָּדוֹל וְתָם אֶת הַקָּטָן, וְהַמַּזִּיק אוֹמֵר: לֹא כִּי, אֶלָּא תָּם אֶת הַגָּדוֹל וּמוּעָד אֶת הַקָּטָן – הַמּוֹצִיא מֵחֲבֵירוֹ עָלָיו הָרְאָיָה.

If the **injured** animals **were two** oxen,[H] **one large and** the other **one small, and the ones that caused the damage** were also **two** oxen, **one large and one small,** and **the injured** party **says: The large one injured the large one and the small one injured the small one, and the one liable for damage says: No; rather, the small one** injured **the large one,** in which case, if half the value of the belligerent ox does not cover half the damage, he is not required to pay more, **and the large one** injured **the small one;** or, similarly, if **one** of the belligerent oxen was **innocuous and one forewarned,** and **the injured** party **says:** The **forewarned** ox **injured the large** one, **and the innocuous** ox injured **the small one, and the one liable for damage says: No; rather,** the **innocuous** ox injured **the large one and** the **forewarned** ox injured **the small one;** here too, **the burden of proof rests upon the claimant.**

גמ׳ אָמַר רַבִּי חִיָּיא בַּר אַבָּא: [זֹאת אוֹמֶרֶת] חֲלוּקִים עָלָיו חֲבֵירָיו עַל סוּמָכוֹס, דְּאָמַר: מָמוֹן הַמּוּטָּל בְּסָפֵק חוֹלְקִין.

GEMARA The mishna rules that in a case where there is uncertainty with regard to whether it was the pursuing ox that caused the injury to the other ox, the burden of proof rests upon the claimant. **Rabbi Ḥiyya bar Abba says: That is to say that the colleagues of Sumakhos, who says that property of uncertain ownership is divided,**[N] **disagree with his** opinion.

אֲמַר לֵיהּ רַבִּי אַבָּא בַּר מֶמֶל לְרַבִּי חִיָּיא בַּר אַבָּא: אָמַר סוּמָכוֹס אֲפִילּוּ בָּרִי וּבָרִי? אֲמַר לֵיהּ: אִין, אָמַר סוּמָכוֹס אֲפִילּוּ בָּרִי וּבָרִי.

Rabbi Abba bar Memel said to Rabbi Ḥiyya bar Abba: Does Sumakhos state this principle **even** in the case of **a certain** claim **and a certain** claim, i.e., where both parties maintain the certainty of their claims, as appears to be the case in the mishna? Rabbi Ḥiyya bar Abba **said to him: Yes, Sumakhos says** this **even** in a case of **a certain** claim **and a certain** claim.

וּמִמַּאי דְּמַתְנִיתִין בְּבָרִי וּבָרִי הוּא? דְּקָתָנֵי: זֶה אוֹמֵר: שׁוֹרְךָ הִזִּיק, וְזֶה אוֹמֵר: לֹא כִי.

The Gemara asks: **And from where** is it inferred **that the mishna** is referring to a case of **a certain** claim **and a certain** claim? **As it teaches** that **this** one, the owner of the injured ox, **says: Your ox injured** my ox, **and that** one, the owner of the pursuing ox, **says: No, rather,** etc., indicating that both make their claims with certainty.

מַתְקִיף לָהּ רַב פַּפָּא: מִדְּרֵישָׁא בָּרִי וּבָרִי, סֵיפָא נַמִי בָּרִי וּבָרִי.

Rav Pappa objects to this interpretation of the case: **From** the suggestion **that** the case in **the first clause** of the mishna is one where there is **a certain** claim **and a certain** claim, it may be inferred that **the latter clause,** the subsequent clause in the mishna, **also** is referring to a case where there is **a certain** claim **and a certain** claim.

אֵימָא סֵיפָא: הָיָה אֶחָד גָּדוֹל וְאֶחָד קָטָן, נִיזָּק אוֹמֵר: גָּדוֹל הִזִּיק, וּמַזִּיק אוֹמֵר: לֹא כִי, אֶלָּא קָטָן הִזִּיק. אֶחָד תָּם וְאֶחָד מוּעָד, נִיזָּק אוֹמֵר: מוּעָד הִזִּיק, וְהַמַּזִּיק אוֹמֵר: לֹא כִי, אֶלָּא תָּם הִזִּיק – הַמּוֹצִיא מֵחֲבֵירוֹ עָלָיו הָרְאָיָה.

If so, **say the latter clause:** If **one was large and** the other **one small,** and **the injured** party **says** that **the large** ox **caused the damage, and the one liable for damage says: No; rather, the small** ox **caused the damage;** or if **one** ox **is innocuous and one is forewarned,** and **the injured** party **says:** The **forewarned** ox **caused the damage, but the one liable for damage says: No; rather,** the **innocuous** ox **caused the damage, the burden of proof rests upon the claimant.**

הָא לָא מַיְיתֵי רְאָיָה – שָׁקֵיל כִּדְאָמַר מַזִּיק. נֵימָא תֶּהֱוֵי תְּיוּבְתָּא דְּרַבָּה בַּר נָתָן, דְּאָמַר: טְעָנוֹ חִטִּים וְהוֹדָה לוֹ בִּשְׂעוֹרִים – פָּטוּר!

This indicates that **if he does not bring proof, he takes** compensation **according to what the one liable for damage says.** If it is a case where both parties maintain certainty of their claims, **let us say** that this mishna **is a conclusive refutation of** the statement of **Rabba bar Natan, who says** that if one **claims** that another owes him **wheat,**[N] which he claims he deposited with him, **and** the other **concedes** that he owes **him barley,** which is less expensive than wheat, he is **exempt** from any payment, since he did not admit to what was claimed, and what he did admit was not claimed. Similarly, here, the injured party claims that it was the large ox that injured his ox, and the defendant admits that his small ox caused the injury, but not the large ox. His admission does not correspond to the claim. Yet, he is apparently liable to pay according to his admission, contrary to the ruling of Rabba bar Natan.

אֶלָּא, בְּבָרִי וְשֶׁמָּא,

Rather, this clause must be referring to a case where there is **a certain** claim **and an uncertain** claim, i.e., one party maintains certainty of his claim, while the other merely states his claim as a possibility.

דְּקָאָמַר בָּרִי מַאן, דְּקָאָמַר שֶׁמָּא מַאן? אִי נֵימָא דְּקָאָמַר נִיזָּק בָּרִי וְקָאָמַר מַזִּיק שֶׁמָּא, אַכַּתִּי לֵימָא תֶּהֱוֵי תְּיוּבְתָּא דְּרַבָּה בַּר נָתָן!

The Gemara asks: **Who is** the one **who states a certain** claim, and **who is** the one **who states an uncertain** claim? **If we say that** it is **the injured** party who **states** with **a certain** claim that the large ox caused the injury, **and** it is **the one liable for damage** who **states an uncertain claim** that it was the small one, **let us still say that** the mishna **is a conclusive refutation of** the opinion of **Rabba bar Natan,** since the defendant does not admit to the claim of the injured party, and nevertheless he is liable to pay compensation from the small one.

אֶלָּא דְּקָאָמַר נִיזָּק שֶׁמָּא וְקָאָמַר מַזִּיק בָּרִי.

Rather, it must be a case **where the injured** party **states an uncertain** claim that it was the large ox that caused the injury, **and the one liable for damage states a certain** claim that it was the small one. Since the claimant does not contradict the defendant's admission, the latter is liable to pay the amount that he admitted he owes.

NOTES

Property of uncertain ownership is divided – מָמוֹן הַמּוּטָּל בְּסָפֵק חוֹלְקִין: The early commentaries explain that Sumakhos's principle does not apply in all cases. Otherwise, anyone could claim ownership of an item belonging to another, and the defendant may not always be able to bring sufficient evidence to refute the claim. Rather, this is referring to a case where the court is uncertain concerning the rightful owner regardless of the claims of the two parties, such as a case where they both have a certain degree of possession over it, e.g., where two people are holding a garment and quarreling over its ownership (see *Bava Metzia* 2a). Since neither party can prove his claim, the money is divided by the court. The case here falls into this latter category, since it is clear, even without the respective claims of the two parties, that one ox was pursuing the other, and it is therefore uncertain whether or not it caused the injury.

If one claims that another owes him wheat, etc. – טְעָנוֹ חִטִּים וכו׳: Why is he exempt from paying what he admitted to owing? Some commentaries explain that by claiming that another owes him wheat the claimant effectively admitted that he is not owed barley, and, since the admission of a litigant carries the weight of one hundred witnesses, the defendant is not required to pay anything. Accordingly, several *ge'onim* rule that if the claimant responds to the defendant: Indeed, you owe me barley, but I am currently claiming only one of the items you owe me, the defendant is required to pay what he admitted to.

Others explain that by claiming that another owes him wheat and not barley, the claimant effectively waives the debt of barley and cannot subsequently retract this waiver. This is apparently the opinion of Rashi and *Tosafot*.

The Ramah suggests that a litigant's admission is not considered to be proof unless made in court and in response to a claim. In this case, since he voluntarily admitted to a debt that was not claimed of him, he can later claim that he did so in jest, and therefore his admission is of no consequence (see Rosh).

HALAKHA

If one claims that another owes him wheat and the other concedes that he owes him barley – טְעָנוֹ חִטִּין וְהוֹדָה לוֹ בִּשְׂעוֹרִין: If one claims that another owes him wheat, and the defendant claims that he owes him barley, by Torah law the defendant is completely exempt and is not liable to pay even for the barley, in accordance with the statement of Rabba bar Natan. By rabbinic law the defendant must take an oath of inducement that he does not owe the wheat. An oath of inducement is an oath instituted by the Sages in a case where a defendant completely denies a claim, and only after taking the oath is he exempt (Rambam *Sefer Nezikin, Hilkhot To'en VeNitan* 1:3, 3:10; *Shulḥan Arukh, Ḥoshen Mishpat* 88:12).

NOTES

We already learned it in a mishna, if one claims that another owes him wheat, etc. – תְּנֵינָא טְעָנוֹ חִטִּין וכו׳: The context of this mishna is not monetary liability but rather the obligation of one who makes a partial admission to take an oath. Since the defendant's admission relates to a different matter than the claim made against him, it is not considered to be a case of partial admission, and therefore he is exempt from taking an oath. Later in the mishna, Rabban Gamliel disputes this opinion and claims that he is obligated to take an oath. The commentaries conclude that the Gemara assumes that although there is a dispute with regard to his obligation to take an oath, with regard to payment, Rabban Gamliel concedes that, after taking an oath, the defendant is exempt from paying what he admitted to.

וּמִדְּסֵיפָא נִיזָּק שֶׁמָּא וּמַזִּיק בָּרִי, רֵישָׁא נַמִי – נִיזָּק שֶׁמָּא וּמַזִּיק בָּרִי,

The Gemara notes: **And from** the fact **that the latter clause** of the mishna is referring to a case where **the injured** party states **an uncertain** claim **and the one liable for damage** states **a certain** claim, it may be inferred that **the first clause** is **also** referring to a case where **the injured** party states **an uncertain** claim that it was the defendant's ox that injured his ox, **and the one liable for damage** states **a certain** claim that it was injured by a stone. It is not referring to a case of two certain claims as inferred above.

וְאָמַר סוּמָכוֹס אֲפִילּוּ בְּהָא, דְּאִיצְטְרִיךְ לְאַשְׁמוּעִינַן דְּלָא?!

The Gemara asks: **And does Sumakhos state** his ruling that the disputed property is divided between the two parties **even with regard to this** case, where the claimant states an uncertain claim, so **that it was necessary** for the mishna **to teach us that** according to the other Rabbis it is **not** divided? Certainly Sumakhos would concede that in this case the burden of proof rests upon the claimant.

לָא, סֵיפָא – נִיזָּק שֶׁמָּא וּמַזִּיק בָּרִי, רֵישָׁא – נִיזָּק בָּרִי וּמַזִּיק שֶׁמָּא.

The Gemara answers: **No;** although **the latter clause** is referring to a case where **the injured** party states **an uncertain** claim **and the one liable for damage** states **a certain** claim, **the first clause** is referring to a case where **the injured** party states **a certain** claim **and the one liable for damage** states **an uncertain** claim. It is with regard to this case that the Rabbis disagree with the opinion of Sumakhos that the property is divided.

וְהָא לָא דָּמְיָא רֵישָׁא לְסֵיפָא!

The Gemara questions this interpretation: **But** according to this interpretation, **the first clause is not similar to the last clause.** Why not explain the first clause as referring to a case of two certain claims?

אָמְרִי: בָּרִי וְשֶׁמָּא, שֶׁמָּא וּבָרִי – חֲדָא מִילְּתָא הִיא. בָּרִי וּבָרִי, שֶׁמָּא וּבָרִי – תְּרֵי מִילֵּי נִינְהוּ.

The Sages **said** in response: A case of **a certain** claim **and an uncertain** claim, and a case of **an uncertain** claim **and a certain** claim, **are one matter.** Therefore, the two clauses are congruent. By contrast, a case of **a certain** claim **and a certain** claim, and a case of **an uncertain** claim **and a certain** claim, **are two matters.** Therefore, the first clause of the mishna cannot be referring to a case of two certain claims.

גּוּפָא, אָמַר רַבָּה בַּר נָתָן: טְעָנוֹ חִטִּין וְהוֹדָה לוֹ בִּשְׂעוֹרִין – פָּטוּר. מַאי קָא מַשְׁמַע לָן? תְּנֵינָא: טְעָנוֹ חִטִּין וְהוֹדָה לוֹ בִּשְׂעוֹרִין – פָּטוּר!

§ The Gemara returns to discuss **the** matter **itself** that was mentioned above. **Rabba bar Natan says:** If one **claims** that another owes him **wheat, and** the other **concedes** that he owes **him barley,**[H] the latter is **exempt** from payment. The Gemara asks: **What** novel element **is** this **teaching us? We** already **learned** it in a mishna: If one **claims** that another owes him **wheat,**[N] **and** the other **concedes** that he owes **him barley,** he is **exempt** (*Shevuot* 38b).

אִי מֵהָתָם, הֲוָה אָמִינָא: פָּטוּר מִדְּמֵי חִטִּין וְחַיָּיב בִּדְמֵי שְׂעוֹרִין, קָא מַשְׁמַע לָן דְּפָטוּר לְגַמְרֵי.

The Gemara answers: **If** it had been taught only **from there, I would say** the mishna means that he is **exempt from** payment of **the value of the wheat but liable to** pay **the value of the barley,** which he conceded that he owes. Therefore, Rabba bar Natan **teaches us that** the mishna means that he is **completely exempt,** even from paying for the barley.

תְּנַן: הָיוּ הַנִּיזָּקִין שְׁנַיִם, אֶחָד גָּדוֹל וְאֶחָד קָטָן וכו׳; הָא לָא מַיְיתֵי רְאָיָה – שָׁקֵיל כִּדְקָאָמַר מַזִּיק. אַמַּאי? חִטִּים וּשְׂעוֹרִים נִינְהוּ!

The Gemara raises an objection to this statement: **We learned** in the mishna here that if the **injured** animals **were two** oxen, **one large and** the other **one small,** and the ones that caused the damage were also two oxen, one large and one small, and the injured party claims that the large one injured the large one, and the small one injured the small one, and the liable party claims that the small one injured the large one, and the large one injured the small one, the burden of proof rests upon the claimant. This indicates that **if** the injured party **does not bring proof** for his claim, **he takes** compensation **according to what the one liable for damage says.** According to Rabba bar Natan's statement, **why** does he receive compensation at all? The case **is** parallel to the case of **wheat and barley,** and the defendant should be entirely exempt.

רָאוּי לִיטּוֹל וְאֵין לוֹ.

The Gemara answers: The mishna does not indicate that the injured party receives compensation, rather, that **it is fitting for him to take** compensation. **But** in practice **he does not** receive any compensation.[N]

וְהָתַנְיָא: הֲרֵי זֶה מְשַׁתֵּלֵּם עַל הַקָּטָן מִן הַגָּדוֹל, וְלַגָּדוֹל מִן הַקָּטָן!

The Gemara asks: **But isn't it taught** in a *baraita* that the injured party **receives payment for** his **small ox from the** liable party's **large** ox, **and for** his **large** ox **from the** liable party's **small** ox? Evidently he does receive payment.

דְּתָפַס.

The Gemara answers: The *baraita* is referring to a case **where** the injured party **seized** the defendant's ox, in which case the court allows it to remain in his possession, since his taking it was appropriate, although the court cannot compel the defendant to pay him *ab initio*.

תְּנַן: הָיָה אֶחָד תָּם וְאֶחָד מוּעָד, הַנִּיזָּק אוֹמֵר: מוּעָד הִזִּיק אֶת הַגָּדוֹל וְתָם אֶת הַקָּטָן, וְהַמַּזִּיק אוֹמֵר: לֹא כִּי, אֶלָּא תָּם אֶת הַגָּדוֹל וּמוּעָד אֶת הַקָּטָן – הַמּוֹצִיא מֵחֲבֵירוֹ עָלָיו הָרְאָיָה; הָא לָא מַיְיתֵי רְאָיָה – שָׁקֵיל כִּדְקָאָמַר מַזִּיק. וְאַמַּאי? חִטִּין וּשְׂעוֹרִין נִינְהוּ!

The Gemara raises an objection to Rabba bar Natan's statement from the last clause of the mishna as well: **We learned** in the mishna that if **one** of the belligerent oxen **was innocuous and** the other **one** was **forewarned,** and **the injured** party **says:** The **forewarned** ox **injured the large one and** the **innocuous** ox injured **the small one, and the one liable for damage says: No; rather,** the **innocuous** ox injured **the large one and** the **forewarned** ox injured **the small one,** in this case, **the burden of proof rests upon the claimant.** This indicates that **if he does not bring proof** for his claim, **he takes** compensation **according to what the one liable for damage says. Why** does he receive compensation at all? The case **is** parallel to the case of **wheat and barley.**

NOTES

It is fitting for him to take compensation but in practice he does not receive any compensation – רָאוּי לִיטּוֹל וְאֵין לוֹ: Rashi explains that he can potentially receive it if he provides proof; he does not receive it if he does not provide proof. *Tosafot* explain that he can potentially receive it by seizing the claimed property, as once he would do so the court would not repossess it from him. He does not receive it if he does not seize it unilaterally.

Perek **III**
Daf **36** Amud **a**

רָאוּי לִיטּוֹל, וְאֵין לוֹ. וְהָתַנְיָא: הֲרֵי זֶה מְשַׁתֵּלֵּם לַקָּטָן מִן הַמּוּעָד, וְלַגָּדוֹל מִן הַתָּם! דְּתָפַס.

The Gemara answers: The mishna does not indicate that the injured party receives compensation. Rather, it indicates that **it is fitting for him to take** compensation,[H] **but** in practice **he does not** receive any compensation. The Gemara asks: **But isn't it taught** in a *baraita* that **he receives payment for** his **small ox from the** liable party's **forewarned** ox, **and for** his **large** ox **from the** liable party's **innocuous** ox? Evidently he does receive payment. The Gemara answers: This *baraita* is also referring to a case **where** the injured party **seized** the defendant's ox, in which case the court allows it to remain in his possession. The court cannot compel the defendant to pay him *ab initio*.

"הָיוּ שְׁנֵיהֶם שֶׁל אִישׁ אֶחָד – שְׁנֵיהֶם חַיָּיבִים". אֲמַר לֵיהּ רָבָא מִפַּרְזִיקָא לְרַב אַשִׁי, שְׁמַע מִינָּהּ: שְׁוָורִים תַּמִּים שֶׁהִזִּיקוּ, רָצָה – מִזֶּה גּוֹבֶה, רָצָה – מִזֶּה גּוֹבֶה?

§ The mishna teaches: In a case where an ox was injured by one of two oxen that were pursuing it, if **both** oxen **belonged to one person, both are liable. Rava of Parzika said to Rav Ashi:** Should one **learn from** the fact that both are liable that in a case of **innocuous oxen that caused damage,** if the injured party **wishes,** he can **collect** damages **from** the proceeds from the sale of **this** ox, and if **he wishes,** he can **collect from** the sale of **that** ox?

הָכָא בְּמַאי עָסְקִינַן – בְּמוּעָדִין.

Rav Ashi rejected this inference: **With what are we dealing here?** We are dealing **with forewarned** oxen, in which case the injured party does not collect damages exclusively from the belligerent ox but rather from any of its owner's property. Therefore, he can collect from either ox as compensation.

אִי בְּמוּעָדִין, אֵימָא סֵיפָא: הָיָה אֶחָד גָּדוֹל וְאֶחָד קָטָן, הַנִּיזָּק אוֹמֵר: גָּדוֹל הִזִּיק, וְהַמַּזִּיק אוֹמֵר: לֹא כִּי, אֶלָּא קָטָן הִזִּיק – הַמּוֹצִיא מֵחֲבֵירוֹ עָלָיו הָרְאָיָה; אִי בְּמוּעָדִין, מַאי נָפְקָא לֵיהּ מִינֵּיהּ? סוֹף סוֹף דְּמֵי תּוֹרָא מְעַלְיָא בָּעֵי לְשַׁלּוּמֵי!

Rava of Parzika replied: **If** the mishna is referring **to forewarned** oxen, **say the latter clause** of the mishna: If **one** of the belligerent oxen **was large** and the other **one** was **small,** and **the injured** party **says** that **the large** ox **caused the damage, but the one liable for damage says: No; rather, the small** ox **caused the damage, the burden of proof rests upon the claimant. If** this is referring **to forewarned** oxen, **what difference does it make to him** which one caused the injury? **Ultimately,** the liable party **is required to pay** the **value of a full ox** in any case.

HALAKHA

It is fitting for him to take compensation – רָאוּי לִיטּוֹל: In a case where two oxen, one large and one small, injured two other oxen, one large and one small, if the owner of the injured oxen claims that the large belligerent ox injured his large ox, and the small ox injured his small ox, and the injured party cannot prove his claim, the owner of the belligerent oxen is entirely exempt, as in a case where one sues another for wheat and the defendant admits that he owes barley. In a parallel case, where one of the belligerent oxen is innocuous and the other is forewarned, the *halakha* is the same. The Rema writes that according to some authorities, if witnesses testified that they saw that one of the oxen caused the injury, but they do not know which one it was, the defendant is required to pay the amount that he admitted to owing the other party.

If the claimant seizes assets of the defendant in lieu of payment before the trial, he may retain possession of an amount that is equal in value to that which the defendant admitted to. If he seizes assets after going to court, he must return what he seized (Rambam *Sefer Nezikin, Hilkhot Nizkei Mamon* 9:11; *Shulḥan Arukh, Ḥoshen Mishpat* 400:4).

אֲמַר לֵיהּ: סֵיפָא בְּתַמִּין, וְרֵישָׁא בְּמוּעָדִין.

Rav Ashi **said to him: The latter clause** of the mishna is referring **to innocuous** oxen, **and the first clause** is referring **to forewarned** oxen.

אֲמַר לֵיהּ רַב אַחָא סָבָא לְרַב אַשִׁי: אִי בְּמוּעָדִין – "חַיָּיבִים"?! חַיָּיב גַּבְרָא מִיבָּעֵי לֵיהּ! וְתוּ, מַאי "שְׁנֵיהֶם"?

Rav Aḥa the Elder said to Rav Ashi: If it is referring **to** a case of **forewarned** oxen, where compensation is not collected specifically from the belligerent ox, why does the mishna state: **They are liable,** in the plural form? **It should have** stated: The **man is liable. And furthermore, what** is the word **both** in the statement: Both are liable, referring to?

אֶלָּא, לְעוֹלָם בְּתַמִּין, וְרַבִּי עֲקִיבָא הִיא, דְּאָמַר: שׁוּתָּפִין נִינְהוּ, וְטַעְמָא דְּאִיתְנְהוּ לְתַרְוַיְיהוּ, דְּלָא מָצֵי מַדְחֵי לֵיהּ, אֲבָל לֵיתְנְהוּ לְתַרְוַיְיהוּ, מָצֵי אָמַר לֵיהּ: זִיל אַיְיתֵי רְאָיָה דְּהַאי תּוֹרָא אַזְּקָךְ וַאֲשַׁלֵּם לָךְ.

Rather, the first clause of the mishna is **actually** referring **to innocuous** oxen, **and it is** the opinion of **Rabbi Akiva, who says** that the injured party and the liable party **are partners,** as they share ownership of the belligerent ox. **And** therefore, **the reason** that the owner of the belligerent oxen is liable is that **the two of them are** available,[NH] **so he cannot dismiss** the injured party by claiming that this ox is not the one that caused the injury. **But if the two of them are not** available, e.g., if one died or was lost, **he can say to** the injured party: **Go bring proof that** it was **this ox** that **caused you damage, and I will pay you** compensation.

הדרן עלך המניח

NOTES

And the reason is that the two of them are available – וְטַעְמָא דְּאִיתְנְהוּ לְתַרְוַיְיהוּ: Rashi explains that since, according to the opinion of Rabbi Akiva, the injured party's compensation is a share in the ownership of the belligerent ox, if one of the oxen is lost, he receives nothing, as the owner can claim that it is the belligerent ox that is lost. According to the opinion of Rabbi Yishmael, who holds that the injured party is considered the owner's creditor, he can collect payment from the latter's property.

Tosafot raise an objection to this explanation, as even according to the opinion of Rabbi Yishmael the belligerent ox is designated as payment to the injured party (see 32a), and when designated property is lost the creditor loses the debt. In Torat Ḥayyim Rashi's opinion is justified; since the owner certainly owes the injured party compensation, he cannot relieve himself of paying the debt without proving that the ox that was lost is the one that caused the damage and is therefore designated property. Since he has no such proof, he is still liable.

According to the Ra'avad, the reference is to a case where the liable party requested in court to pay cash and not a share of the ox, which he is entitled to do according to the opinion of Rabbi Yishmael. Therefore, according to that opinion, it is inconsequential that one of the oxen was lost.

The explanation of Tosafot is that according to the opinion of Rabbi Yishmael, the exemption in this case is obvious, as the designated property was lost. Only according to the opinion of Rabbi Akiva must this halakha be stated, as otherwise one might reason that the injured party has a presumptive share of the remaining ox, and its owner cannot claim it unless he proves that it is the lost ox that they share.

HALAKHA

And the reason is that the two of them are available – וְטַעְמָא דְּאִיתְנְהוּ לְתַרְוַיְיהוּ: If two oxen, one innocuous and the other forewarned, belong to the same person, and witnesses saw one of them gore the ox of another person, the injured party may collect half the damage from the proceeds of the sale of the less valuable of the two oxen. If one of them was lost or died, the owner can claim that it was that one that gored the injured party's ox. It is stated in the *Sma* that if the remaining ox is the innocuous one, the injured party may collect half the damage from the value of the ox. If both oxen were forewarned, the injured party collects full damages from the owner's assets (Rambam *Sefer Nezikin*, *Hilkhot Nizkei Mamon* 9:8; *Shulḥan Arukh*, *Ḥoshen Mishpat* 400:2).

Summary of **Perek III**

This chapter explored various topics. The first topic was obstacles in the public domain, whether human obstacles, obstacles that merely belong to a person, or those that are placed by a person. The second subject was collision, two people or animals that collide with each other and thereby cause damage or injury. The third topic was the halakhic differences between damage inflicted by a person and damage caused by his animal. The last topic in the chapter concerned situations where the identity of the animal that caused an injury is uncertain.

Just as one is responsible for damage he causes with his own body, he is likewise responsible for damage caused by his property. Generally speaking, an obstacle that one creates in the public domain, whether deliberately or out of negligence, is categorized as a pit, and he is liable for damage it causes unless he is completely blameless. For example, one who leaves a utensil, pours water, or puts out garbage in the public domain is liable for any damage caused as a result. One is liable for damage to a person or an animal caused by his pit, but not for damage caused to utensils. The Sages instituted an ordinance that if one puts out his straw or hay in the public domain at a time when he is not permitted to do so, it is rendered ownerless and anyone can take possession of it, although there is a dispute whether one may take possession of it *ab initio*.

If two people were walking in a normative manner in a place where it is permitted for them to walk, and one caused injury or damage to the other, he is exempt. If the one who caused the damage was running, which is not a normative manner of moving on the street, or if he stopped suddenly without warning, he is liable. If two people collide and cause mutual damage to one another, the amount each is liable to pay is evaluated, and the one who is liable to pay the greater sum must pay the difference of the two sums. The same holds for a case where two animals, two people, or a person and an animal injure each other: The amount each party is liable to pay is evaluated separately, and the one who is liable to pay more than the other pays the difference.

When an innocuous ox gores and kills another ox, the *halakha* is that the injured party receives a share of ownership of the belligerent ox, contrary to the opinion that the ox is merely designated repayment for the damage. The carcass of the dead ox belongs to its owner and is not shared by the liable party, but any increase in its value subsequent to the incident is deducted from the share its owner receives in the belligerent ox.

Four types of indemnity for injury, i.e., humiliation, pain, medical costs, and loss of livelihood, are owed only when a person injures another, not when his ox injures someone. Similarly, one is liable to emancipate his slave only if he himself mutilates the slave, not if his animal does so. Conversely, if one causes damage through an

action that carries the death penalty, he is exempt from monetary restitution, since the death penalty is the more severe punishment. If one's ox causes damage in such a manner, he is liable to pay damages.

If an ox is injured by another ox, but the identity of the belligerent ox is a subject of dispute between the two owners, e.g., one innocuous ox and one forewarned ox were involved in a confrontation, the *halakha* is that the burden of proof rests upon the claimant; in the absence of such proof, he receives nothing. Furthermore, even if the owner of the belligerent oxen admits that he owes compensation to the claimant, but the latter demanded compensation from a different ox, the former's admission does not render him liable to pay. This is analogous to the *halakha* that if one claims that he is owed wheat by another, and the latter admits to owing barley, he is not liable to give him even barley, as his admission is ineffective.

Image **Credits**

My Notes

My Notes

My Notes